平成时代

——日本三十年发展轨迹与前瞻

主　编◎杨伯江

副主编◎胡　澎　唐永亮

世界知识出版社

图书在版编目（CIP）数据

平成时代：日本三十年发展轨迹与前瞻 / 杨伯江主编；胡澎，唐永亮副主编 . --北京：世界知识出版社，2022. 1

ISBN 978-7-5012-6392-9

Ⅰ. ①平… Ⅱ. ①杨… ②胡… ③唐… Ⅲ. ①日本—概况—1989-2019 Ⅳ. ①K931. 3

中国版本图书馆 CIP 数据核字（2022）第 008040 号

责任编辑 刘豫徽
责任出版 王勇刚
责任校对 陈可望

书　　名 平成时代
——日本三十年发展轨迹与前瞻
Pingcheng Shidai
—Riben Sanshinian Fazhan Guiji yu Qianzhan

主　　编 杨伯江
副 主 编 胡　澎　唐永亮

出版发行 世界知识出版社
地址邮编 北京市东城区干面胡同 51 号（100010）
经　　销 新华书店
网　　址 www. ishizhi. cn
投稿信箱 lyhbbi@ 163. com
电　　话 010-65265923（发行）
010-85119023（邮购）
印　　刷 艺堂印刷（天津）有限公司
开本印张 787 毫米×1092 毫米　1/16　42 印张
字　　数 624 千字
版次印次 2022 年 1 月第一版　2022 年 1 月第一次印刷
标准书号 ISBN 978-7-5012-6392-9
定　　价 168. 00 元

国家社科基金社科学术社团主题学术活动

资助项目成果

序

天地风霜尽　乾坤气象和

2020 年，新冠肺炎疫情肆虐，全球经济出现范围广大、程度严重的衰退。中国人民在党和政府领导下，万众一心抗击疫情，发挥优势，取得了令世界瞩目的成果。世界各国，尤其是东邻日本对中国事务越发关注。与之相应，国人对包含日本在内的世界的观察了解需求也在上升。针对专业性研究目的和大众性阅读需求，中国社会科学院日本研究所及中华日本学会合力编撰了这部论文集。

本书以“平成时代”作为书名，并缀上“日本三十年发展轨迹与前瞻”作为本书的副标题，主要是基于如下三点考虑。

第一，此书是将过去三十年中的日本作为研究对象的。具体言之，上起“昭和”落幕的 1989 年，下讫开始使用“令和”新年号的 2019 年的三十年。“三十”这个数字在中国古代典籍《易经》“数理吉凶”里属于“半吉”，即向好或坏的方向变化可能性各占一半，呈现出“沉浮不定，凶吉难辨，若明若暗，大成大败”的凶吉概率均等态势。由此，出现变化的可能方向就难以逆料，而不是一种大概率压倒小概率的明显倾向。民间也因此有“三十年河东，三十年河西”的说法，用来譬喻社会运动尺度上的沧桑巨变。

我们是唯物主义者，当然并不真的相信一个国家的每一段历史都可以用三十年为刻度做简单区隔。但是，日本明仁天皇在位恰好三十年，至少在纪年上形成了独立的平成时代。而且，这一历史时期与冷战结束到百年大变局来临后国际局势的新一轮动荡大体吻合，其间，日本曾发生了若干带有质变性质的情况，使我们可以从历史长河中截取这三十年，作为深入剖析日本的时间跨度。

第二，力求全面、系统地梳理日本的国家战略、政治外交、日本经济和社会文化。其中很多章节由独立成篇的论文修改而成，虽不能说字字珠玑，但的确是精选优秀文章汇集而成。作者大多为中国的日本研究界中顶尖权威，也有少数学术新秀。论文集的“共性”在于每篇之作品都基于可资凭据的历史材料，逻辑推导言之成理，问题意识明晰且言之有物，代表了近年中国日本研究界的学术水平和问题导向。

第三，此外，本书收录论文来源。书稿一部分论文是从两次会议论文中精选出来的，还有一部分选择了近年来学术刊物上发表的关于平成时代的论文，在此基础上作者又进行了修订，此外还有专门约稿的。这当然不是说未选的论文就不是佳作，只因为书籍篇幅限制，无法容纳同类研究的多篇作品。谨此，对未能入选的作者略表歉意。而选中的作品除作者本人略加修改完善外，中华日本学会的新一届领导班子成员主动承担起全书的稿件审定编撰工作——学会法人代表、常务副会长杨伯江研究员亲自担任主编，学会秘书长胡澎研究员和学会出版部主任唐永亮研究员担任副主编，更有多名编辑同志为之辛劳。中国社会科学院日本研究所投入力量之大，中华日本学会同行们重视程度之高，可见一斑。

那么，平成时代的日本究竟如何？日本的“平成”年号，语出《史记·五帝本纪》和《尚书·虞书·大禹谟》。前者的原文是“父义，母慈，兄友，弟恭，子孝，内平外成”。后者的原文是“俞！地平天成，六府三事允治，万世永赖，时乃功”。显然，1989 年的日本是取其双重含义，图个“内外、天地都能够和谐平安”的吉祥的。

然而，我们今天回望平成历史，不免嗟叹。“失去的十年”“失去的二十年”虽然有夸张成分，但整个平成三十年中老百姓的日子与20世纪80年代经济高涨下的富足生活形成了明显反差也是不争的事实。而在政治、外交层面，民族保守主义政治集团的大国主义理想与长期以来和平发展过程中形成的理念并不兼容，体现在宪法修改、有事立法、将专守防卫转化为动态防卫等诸多事关国家发展战略方向上的对立矛盾，使原本就很扭曲错位的国内政治生活显得越发眼花缭乱。

这种情况投射到内政上，产生了所谓“日本的国家战略觉醒”。所谓“日本绝不做二流国家”的政治宣言，正是第二次安倍政权的国家发展目标写照。作为内政延长的外交上，也随之出现了“自立外交”“价值观外交”“俯瞰地球仪外交”“平衡外交”等花样翻新的各式招牌。至于社会文化意义上的变动，三十年也是一个足够的时长，20世纪90年代与随即到来的21世纪第三个十年之间，技术进步催生了多少世道人伦的变换，说是恍如隔世亦不为过。这与举头仰望天空的情况相同，连续观察就不太容易注意到事物变化，但闭上眼睛少顷睁开，才发现早已是白云苍狗。

日本位于欧亚板块和太平洋板块交界处，地壳活动异常活跃，地震、火山、泥石流、海啸等地质灾难频发。2011年“3·11”特大地震引发的海啸摧毁了福岛核电站，核泄漏、核污染水倾倒至今仍是令人头痛的问题。显然，平成时代发生的这一类重大自然灾害以及由此引发的社会政治问题仍在持续发酵中，我们将在日后邀请方家另设主题专门论述这方面问题。

此外，还必须强调一点。作为外国人的日本研究，我们只是外在地做事后观察。站在今天的高度回眸历史长河中的人物故事，或臧否，或慨叹，终究只是一次复盘。套用诗人词句，说来说去也不过是“此情可待成追忆，只是当时已惘然”。平成时代已经逝去，总结其历史意在探究令和时期日本新的发展变化，多少有些“在现实中发现问题，到历史中寻找答案”的意味。至于我们的回溯描摹是否准确，分析解读是否合理透辟，均交给广大读者——行里的同道先学，抑或是行外的热心读者，均欢迎大家对作品“评头品足”——勉励是我们继续研究的动力，帮我们挑错误、抓虫子也同样是帮助和关爱，在此一并谢过。

最后，本书付梓恰逢岁末年头。今日世界仍处在抗击疫情的艰苦努力之中，疫苗研发已成为全球公共卫生危机漫漫长夜中的一丝光亮。我们期盼世界充满和谐与光明，也同样希望我们的近邻日本在“平成时代”结束之后，能够如愿变得“初春令月，气淑风和”。因为，中日是无法搬迁的邻国，谁不希望自己的邻人是和平、健康、友善的伙伴呢。为此，借用明初诗人叶颙《已酉新正》里的名句“天地风霜尽，乾坤气象和”，书赠日本，是以为序。

高　洪
中国社会科学院日本研究所研究员
中华日本学会会长

目　录

第一章　平成时代的日本国家战略

第二章　平成时代的日本政治外交

第三章　平成时代的日本经济

第四章　平成时代的日本社会

第五章　平成时代的日本文化与思潮

第一章

平成时代的日本国家战略

第一节
平成日本：战后历史流变中的国家战略转型*

国家战略是“国家的最高战略”,① 是指国家为达生存与繁荣之目的，不拘平时与战时，全面调动政治、经济、外交、军事、文化等一切可以利用的资源并加以统筹运用的“科学”与“艺术”。国家战略依据国家在较长一段时间内相对稳定的利益需求而制定，规定着这个国家要实现的长远战略目标和达到目标的手段与谋略，其制定与实施包括形势判断、确立目标、制订计划、政策落实等主要环节，其中涉及以自身价值取向为基础的核心利益的界定、以内外形势研判为前提的实施路径的选择等关键要素。根据美国陆军学院上将小阿瑟·莱克的战略结构分析理论，战略由目的（追求的目标）、途径（行动方案）、手段（实现目标的工具）三部分要件构成,② 而日本战略学界对国家战略给出的最简约的定义是：在国际形势的大潮中，确立符合国家理念的国家目标，充分调动国家力量以实现国家目标的方法。③

1945 年后，日本基于对战败的反思，结合国际格局变化与国内情况，

---

* 作者杨伯江，中华日本学会法人代表、常务副会长，中国社会科学院日本研究所研究员。本文在《战后 70 年日本国家战略的发展演变》（发表于《日本学刊》2015 年第 5 期）和《世界大变局：日本的战略认知与应对路径》（载《南开日本研究 2020》，天津人民出版社，2020）的基础上修改而成。

① 对于“国家最高战略”，各国有不同的说法。美国通常称为“国家战略”，英国则有“大战略”之名，法国曾有“总体战略”之说。参见军事科学院计划组织部编《战争与战略问题研究》，军事科学出版社，1988，第 181-186 页。

② 美国陆军军事学院编《军事战略》，军事科学院外国军事研究部译，军事科学出版社，1986，第 3 页。

③ 本田優『日本に国家戦略はあるのか』、朝日新聞社、2007 年、26 頁。

确立了“经济中心”型国家战略，此后，在不同时期随形势的发展变化而有所调整。进入20世纪80年代，在国内外因素的交互作用下，日本奏响了国家战略调整的序曲，至冷战结束，明确将成为“政治大国”作为新的战略目标。平成30年间，“政治大国”化目标导向型国家战略的框架设计以及实现新战略目标的政策体系不断充实完备，至第二次安倍政权时期达到新的历史高点。日本对国家利益的界定有所扩大，重点也发生转移，“综合战略活跃度”空前上升。与此同时，该战略面临的结构性障碍也同步显现。

一、战后日本“经济中心”导向型国家战略

1945年日本战败，不仅是其军事战略的失败，也宣告了战前其“军事立国”国家战略的破产，日本面临近现代史上继“明治开国”之后又一次道路抉择，而主题是如何在战争的废墟上实现复兴并重返国际社会。在经过短暂的过渡期后，从1946年吉田茂首次组阁，到1947年《日本国宪法》施行，再到1951年《旧金山和约》《日美安全保障条约》签署，战后日本在选择投身西方阵营的同时，“经济中心”导向型国家战略体系逐步确立。

（一）“经济中心”导向型和平发展道路是现实选择

日本明治维新后持续在海外进行军事扩张，对邻国实施侵略，通过战争掠夺殖民地，获取原材料和市场。第二次世界大战的失败，彻底粉碎了其“大东亚共荣圈”的梦想，日本不仅丧失了军事力量，也丧失了

海外殖民地，“军事立国”丧失了赖以存在的物质基础。[①] 从国内看，经济衰败，民生凋敝，民众普遍向往和平，和平主义思潮势头强劲，“军事立国”路线为主流民意所不容。国际环境也不允许有待处置的战败国日本重走“军事立国”道路。在1947年3月“杜鲁门主义”出台、东西方冷战全面打响之前，削弱日本、防止其东山再起，曾是美国对日本的基本政策。这一时期，吉田茂等保守派政治家认识到，不仅亚洲邻国，即使“盟国似乎都把日本看作破坏和平的好战民族”。因此，“为了使盟国消除这种误会，并承认日本国民是爱好和平的国民，在（1946年颁布的）宪法中列入放弃战争的规定是非常恰当的”。[②]

现实严格限定了日本统治集团只能在和平主义的方向上构思新的国家战略。在此基础上，以吉田茂为首的保守派政治家将实现国家经济自立确定为最优先课题，主张放弃军事力量而专心恢复经济，形成了以“重经济、轻军备”为核心的“吉田路线”。在美国占领当局的主导下，日本于1946年11月颁布、1947年5月开始施行《日本国宪法》，从此走上和平发展道路。这部和平宪法的第九条规定：“日本国民衷心谋求基于正义与秩序的国际和平，永远放弃以国权发动的战争、武力威胁或武力行使作为解决国际争端的手段。”[③] 和平宪法成为保障战后日本走和平发展道路的最高法律依据，使之能够集中精力专心于经济的恢复和振兴，国家战略得以从战前的“军事立国”平稳转向“经济中心”。

---

① 1957年9月，岸信介内阁期间，日本外务省首次发表《外交蓝皮书》，称日本在战后失去了46%的“国土”。参见复旦大学历史系《日本军国主义史》编写小组：《日本军国主义史》（征求意见稿），上海人民出版社，1972。

② 吉田茂：《十年回忆》第四卷，韩润棠译，世界知识出版社，1965，第121页。

③ 《日本国宪法》，http://web-japan.org/factsheet/ch/pdf/C09_consti.pdf；日本衆議院『日本国憲法』、1946年11月公布、1947年5月実施、http://www.shugiin.go.jp/internet/itdb_annai.nsf/html/statics/shiryo/dl-constitution.htm。

（二）追随与借助是该战略的基本思路

战后日本国家战略的基本目标，是通过优先发展经济恢复元气、壮大自身实力，进而以经济实力为基础，在国际舞台上重新获得发言权。为此，从吉田茂开始，战后历届内阁高度重视经济复兴与增长，先后制定实施了以“倾斜生产方式”为核心的产业复兴政策、确立“贸易立国”发展战略，千方百计增强日本产品的国际竞争力、拓展海外市场。同时，充分利用美国扶植下的有利条件，拼抢包括朝鲜战争、越南战争在内的各种发展机遇。在对外战略层面，随着冷战的全面爆发，处于美国单独占领之下的日本确立了在外交上追随美国、在安全上依赖美国的基本路线。1945—1952 年，围绕如何走出一条既符合现实又有助于实现国家利益最大化的发展道路，因战败而丧失主权的日本一直未停止思考与筹划，并就此与美国进行了频密沟通与讨价还价。

作为战后日本与美国等 48 个战胜国片面媾和的产物，1951 年 9 月签署的《旧金山和约》标志着日本最终选择加入西方阵营，并将以此为立足点，致力于重返国际社会、开拓海外市场。而此后几小时签署的《日美安全保障条约》，则意味着日本在通过《旧金山和约》解决了战后领土边界与国际地位问题的基础上，以牺牲部分主权（允许美军基地驻留、镇压日本“暴乱与骚动”）为代价，换取了被占领状态的结束，并与美国化宿敌为盟友、被纳入后者的全球与地区战略轨道，从此仰仗其庇护。此后，1960 年 1 月《日美安全保障条约》的修订，标志着日本沿既定方向再迈进一步。《日美共同合作和安全保障条约》即“新安保条约”，不仅使日美关系的“对等性”有所增强，也使条约从单纯军事性质扩充为兼具政治、经济和军事等方面的综合性质。新条约第二条专门就经济合作做出规定：日美“将通过加强两国的各种自由制度，通过更好地了解这些制度所根据的原则，并且通过促进稳定和福利的条件，对进一步发展和平和友好的国际关系做出贡献。两国将设法消除在它们国际经济政策中的矛盾，并且将鼓励两国之间的经济合作”。[①]

（三）在恢复与壮大经济实力方面，该战略取得非凡成就

在“经济中心”导向型国家战略指引下，战后日本经济迅速得到恢复并实现腾飞。在经过约10年的恢复发展阶段后，日本经济在20世纪50年代中期进入高速增长时期，并一直持续到1973年第一次石油危机爆发。据统计，1946—1975年，日本国民生产总值（GNP）增长11倍，年均增长率保持在10%以上。其间，1960—1970年，国民生产总值年均增长率达11.3%，工业生产年均增长率达16%。1968年，日本国民生产总值超过联邦德国，成为仅次于美国的资本主义世界第二经济大国。至1972年，日本国民生产总值占到资本主义世界的9.4%，至1974年，出口总额占到7%。[②] 第一次石油危机后，日本经济由高速增长转入稳定增长，但增长速度仍明显高于其他发达国家。

在这一阶段，日本通过与美国结盟，将优先发展经济、恢复国力的战略思路与获得安全庇护、重返国际社会、获取技术转让和扩大出口市场等多元目标巧妙地结合起来，最终实现了经济利益与安全利益的兼顾。世界分裂、东西对抗、美苏冷战的国际大背景，使得日本利用美国的战略需求、借助与美欧的“命运共同体”关系、通过安保体制将国家安全置于美国核保护伞之下、将节约下来的防务开支用于经济发展成为可能。与美国结盟，不仅意味着获得了安全保障，也意味着实现经济发展目标的便利化，意味着日本可以直接、充分地利用来自美国的全方位支

① 外務省『日本国とアメリカ合衆国との間の相互協力及び安全保障条約』、1961年1月19日、http://www.mofa.go.jp/mofaj/area/usa/hosho/jyoyaku.html。

② 参见杨伯江：《战后70年日本国家战略的发展演变》，载日本战后70年编委会编《日本战后70年：轨迹与走向》，中国社会科学出版社，2015，第6页。

持——从资金援助到技术转让再到市场开放。吉田茂就曾提出："为了不断地发展经济，必须吸收先进国家的资本和技术。而想要扩大对外贸易和吸收投资，则只有以世界各国中经济最富裕、技术水平最高的国家为对象。尤其是，日本如果考虑到为今后国内建设所必需的外资的吸收问题，特别同美国保持友好关系，自然是十分重要的。"宫泽喜一在分析日美结盟的战略收益时也强调："从世界战略的角度考虑，美国不能置日本于真空状态而不顾；日本则需要重建今后的经济。从双方的立场看，唯有选择日美安保条约才是上策。"①

（四）当追赶美欧的经济发展目标基本实现后，该战略开始面临调整压力

战后日本"走上了日美结盟的道路，最大限度地利用他国的力量，不惜牺牲部分国家主权，以实现国家利益的最大化，对冷战格局加以最大限度地利用，使日本在冷战格局下定位为美国保护下的通商国家，成为冷战的最大受益者。这种有效利用他国力量为本国国家战略服务的实例是极为罕见的"。② "经济中心"导向型战略在不长的时间内造就了战后日本的"经济奇迹"，但也正是从这个时候起，该战略开始受到来自日本国内的质疑，面对调整的压力。概言之，质疑主要集中于两点。

第一，该战略在造就了经济腾飞的同时，也给日本的长远发展带来了制约。战后日本国际政治现实主义学派的鼻祖高坂正尧认为，"吉田路线"体现了"商人式的国际政治观"，这一观点被看作当时日本国内对"经济中心"导向型战略的主流评判。在把旧金山片面媾和视为吉田外交头号功绩的同时，高坂认为，"吉田路线"的保守倾向扼杀了战后日本人

① 转引自富森睿儿：《战后日本保守党史》，吴晓新等译，上海译文出版社，1984，第58页。

② 田庆立：《战后初期日本国家战略的三大转变及其原因分析》，《哈尔滨工业大学学报（社会科学版）》2011年第4期。

民选择新价值体系的可能性，认为虽然媾和从总体上看利大于弊，但日本也为此付出了与东方阵营对立、冲绳为美军所控制、对华政策追随美国等重大代价。此外，日本国内围绕自卫队是否违宪的问题长期争论不休，这也是“吉田路线”忽视社会民意、仅执着于经济发展目标而留下的败笔。①

第二，当战后日本实现了经济复兴与腾飞的目标后，不可避免地要面对下一步向何处去的问题，而“吉田路线”并未就此给出答案。② 高坂认为，“经济优先主义”虽然使日本实现了繁荣，但对美从属却束缚了日本外交的独立性，国际活动空间变得狭窄，国民的精神目标也因安于现状而逐渐丧失。“虽然拥有了如此巨大的国力，日本却在迷惘应将之运用于何方”。高坂警示日本社会，日美安保条约不可能永世不变，日本只有增强自身国力，才能避免一旦失去美国的核保护伞之后难以自立的局面。为此，他主张日本以“海洋国家”为标准，超越作为岛国的过去，以积极的对外政策面对全球化趋势，发展具有自身特色的国家力量。③ 高坂的观点体现了这一时期日本知识精英层对社会经济发达而精神空虚的担忧，以及对增强日本外交自主性的期待。④ 但客观而言，高坂提出的问题原本就不在“经济中心”导向型战略的设计范畴内，而应属于该战略引领实现经济腾飞之后日本所必然面对的问题。换言之，“日本向何处去”问题的提出，恰恰寓意“吉田路线”的历史使命基本完成，日本需要新的国家战略。

---

① 参见张帆：《高坂正尧早期国际政治思想述评》，《国际政治研究》2012 年第 2 期。

② 实际上，这一时期日本所处的国际环境构成促其反思“吉田路线”的重要因素。特别是 1969 年美国总统尼克松在关岛发表讲话，表明美国将对亚洲实施战略收缩，要求日本等盟友承担更多的地区安全义务——“美国将恪守对亚洲盟国的条约义务，同时希望由亚洲国家自己来承担国内安全和军事防务责任，除非存在某个核大国的威胁”——直接推动了日本加紧思考在安全军事上“何去何从”。

③ 高坂正尭『海洋国家日本構想』、中央公論社、1969 年、174 頁。

④ 参见张帆：《高坂正尧早期国际政治思想述评》，《国际政治研究》2012 年第 2 期。

二、内外因素交互作用，推动国家战略转型

进入20世纪80年代，日本奏响了国家战略调整的序曲，至90年代初冷战终结，明确将成为“政治大国”作为新的战略目标。日本的诉求主要表现为要参与主导国际秩序重构、成为联合国安理会常任理事国以及在国内进行政治行政体制改革、修改《日本国宪法》等。不过，在这一阶段，与“政治大国”化这一目标的鲜明度相比，日本新国家战略的展开尚缺乏体系完整性，政策路径选择的主体架构尚未完全成型。

（一）“经济能量政治化”法则推动日本诉求升级

20世纪80年代日本经济的发展速度继续领先于美国等主要发达国家。1983年，日本贸易出超超过联邦德国、资本输出超过英国，此后长期保持世界第一贸易出超国、经常收支盈余大国和资本输出大国地位。1985年，日本取代英国，成为世界第一大债权国（同期美国沦为世界最大海外债务国）；1987年人均国民生产总值超过美国；1988年外汇储备居世界首位；1989年人均国民生产总值达到24499美元，列世界第一位。1986—1988年，日本长期资本输出额连续三年超过1300亿美元，大大超过其他发达国家的总和。1986年底，日本迎来持续时间长达58个月的“平成景气”。至此，日本经济达到了战后以来的顶点，国际竞争力迅速提高。①

战后日本在资本主义经济政治发展不平衡规律作用下迅速崛起，进而又在“经济能量政治化”法则的推动下，自我期待值急剧攀升，大国

① 参见杨伯江：《战后70年日本国家战略的发展演变》，载日本战后70年编委会编《日本战后70年：轨迹与走向》，中国社会科学出版社，2015，第8-9页。

意识复苏、膨胀，对国家核心利益的界定趋于扩大，谋求在国际政治舞台发挥更大作用的愿望日渐强烈。在这一时期，“日本不甘心居于美国之下，在各个领域与美国争第一”。“日本报刊上经常出现‘美国霸权地位崩溃’、‘21 世纪是太平洋时代’、‘21 世纪是日本的时代’等字眼，并声称‘日本的生产率继续上升’、将成为世界第一”。① 此后，随着冷战与昭和时代几乎同步结束，“告别战后”“迈入新时代”的气氛弥漫了整个日本社会。据 1991 年 11 月《朝日新闻》进行的舆论调查，针对“今后日本应该在国际社会发挥什么样的作用”的设问，有 52%的日本人回答，“不仅在经济方面，还应该在政治方面发挥领导世界的作用”。关于“日本是否应该在亚洲成为领袖”的提问，给予肯定回答的日本人占 72%，予以否定的只有 18%。②

进入这一时期，日本朝野都不再满足于只做经济大国，而是渴望成为“政治大国”。1982 年 11 月中曾根康弘就任首相后，明确提出日本要进行“战后政治总决算”，要从经济大国走向政治大国。1990 年 5 月，外务省事务次官栗山尚一撰文《剧烈变动的 90 年代与日本外交的新展开》，提出日美欧构建“三极体制”、共同领导世界的主张。1993 年 5 月，自民党干事长小泽一郎在率众退党、另组新生党的前夜，推出其重要政治论著——《日本改造计划》，提出日本成为“正常国家”③ 的政治主张。小泽认为，“日本的 GNP 占世界的 16%，仅次于美国，是世界第二位。日美两国的 GNP 占世界的将近一半”。“日本与欧洲、美国并立，构成世界三极中的一极。就是说，日本的举动已影响到世界各处。日本已经成为世界大国”。④

---

① 凌星光：《八十年代后半期日本国家战略及其对外政策》，《日本研究》1985 年第 4 期。

② 参见李建民：《冷战后日本的“普通国家化”与中日关系的发展》，中国社会科学出版社，2005，第 59 页。

③ 这一概念实际是 20 世纪 80 年代中曾根所提“政治大国”（或曰“国际国家”）概念的延伸，二者内涵高度一致。它不仅是小泽个人的观点，也反映了冷战后日本民族主义保守势力的共同心态。

④ 小沢一郎『日本改造計画』、講談社、1993 年。

（二）国际局势的剧烈变动构成日本战略调整重要动因

基于日本战略文化中“外压应对式决策”的特点，这一时期日本国家战略的调整从酝酿阶段开始即受到外部环境的深刻影响。① 20 世纪 70 年代末 80 年代初，苏联在军事战略上发起攻势，大有在全球范围内排斥美国势力与影响之势。里根政府为扭转军事战略上的不利处境，迫切要求日本加强与美国的战略协调，分担防务责任，共同抗衡苏联的军事扩张。1982 年 4 月，美国副总统乔治·布什访日，强调“随着日本所发挥作用的扩大，它的责任也会相应增大”，“日本不能逃避发挥政治作用”。② 美国的要求与日本政坛主导势力的愿望一拍即合。日本决策层认为，“为美国分担责任”既可以维持西方阵营对苏战略优势，维护有利于日美及整个西方阵营的国际体系，又能帮助日本进一步提高在同盟及美国全球战略中的地位，在国际上树立起政治大国的形象。因此，日本对来自美国的“压力”做出了积极回应。

进入 20 世纪 90 年代，冷战结束及国力结构、发展态势的国际比较，同样成为日本大国志向膨胀的重要源泉。1991 年苏联解体，使得经济要素在国家综合实力中的重要性凸显，经济指标在衡量国家相对位置时的重要性上升，这使得国力结构以经济技术见长的日本处于有利位置。从理论上看，在一个自助型的国际体系中，一个国家如何“自助”，依环境的变化而变化。“国家间的经济竞争最终比军事竞争更重要”，因为“强

---

① 在美国学术界对日本战略调整深层动力的探讨中，肯尼思·派尔论证了“在整个近代史上，外部压力决定性地造就了日本的外交政策与国内政治”，认为“国际体系的结构、运行方式、制度、原则与规范决定性地影响着近代以来日本的国际行为和国内政治结构”。参见 Kenneth B. Pyle, *Japan Rising: The Resurgence of Japanese Power and Purpose* (New York: Public Affairs, 2007); Kenneth B. Pyle, “Profound Forces in the Making of Modern Japan,” *Journal of Japanese Studies* 32, no. 2 (2006): 393。

② 转引自方连庆、刘金质、王炳元主编《战后国际关系史（1945—1995）》，北京大学出版社，1999，第 678 页。

大的经济力量能够轻易地转化为军事力量”，反之则不可能。① 冷战结束后，日本国内生产总值（GDP）占美国百分比从1991年的58.76%持续上升，1995年达到71.74%的历史最高纪录。② 同期，日本从国内生产总值是俄罗斯的约7倍逐年增大到1995年的约13倍，对中国则保持在7倍以上。环顾世界主要战略力量，日本发展优势明显，上升势头迅猛。90年代初日本楼市、股市双双崩盘，泡沫经济崩溃，但这在当时被看作周期性调整。1994年9月8日，日本外务省向国内各相关机构散发题为《改组联合国安理会——我国应成为常任理事国》的文件，详细阐述日本政府在“入常”问题上的观点。③ 其中，日本“应当成为常任理事国”的主要理由之一，是“现任五个常任理事国的国力相对下降”，联合国要成为真正有实效的国际组织，需要更多的主要国家发挥作用。④

（三）实现“政治大国”化成为日本新的国家战略目标

经过自20世纪80年代以来的长期酝酿，日本要“在经济大国的基础上成为政治大国”的战略目标在冷战后最终确立，日本的诉求主要体现在以下几个方面。

第一，参与主导国际新秩序构建。1990年1月，日本首相海部俊树致信美国总统布什，提出“必须以美、日、欧三极为主导形成世界新秩序”。同年3月，海部在国会发表施政演说，提出“日本将动用它的经济、技术力量和经验在国际合作中扮演积极角色，以期创造一个新的世界秩序”。同年7月，海部在美国《外交》季刊撰文《日本的构想》，全

---

① Kenneth N. Waltz “The Emerging Structure of International Politics,” *International Security* 18, no. 2(1993): 60.

② 参见杨伯江：《战后70年日本国家战略的发展演变》，载日本战后70年编委会编《日本战后70年　轨迹与走向》，中国社会科学出版社，2015，第10页。

③ 同上书，第10-11页。

④ 『軍事民論』1995年1月号、73頁；『「外国から失礼します」河野外相が安保理資料を送付—ロス滞在中』、1994年9月10日、『毎日新聞』。

面阐述日本的国际政治新秩序构想，认为90年代将成为国际秩序的转折点，日本必须在建设一个和平与繁荣的国际秩序的工作中发挥重大作用。在日本官方文件中，1991年版《外交蓝皮书》提出，“如今的日本正处于能够对与构建国际新秩序相关的所有方面都产生实质性影响的位置”。① 1992年版《外交蓝皮书》进一步指出，日本在解决地区冲突、促进军控与裁军、参与联合国维和行动等问题上的积极参与表明，其行为已经实质性影响到所有与未来国际秩序构建相关的问题。②

第二，成为联合国安理会常任理事国。这一时期，《日本改造计划》《剧烈变动的90年代与日本外交的新展开》等各界重要言论，均把日本定位于“与美国、欧洲并列构成世界三极中的一极”。栗山提出，1988年世界国民生产总值为20万亿美元，其中美国和欧共体分别为5万亿美元，日本为3万亿美元，三者比例为5∶5∶3。由此可见，日本“依靠经济力量再度作为5∶5∶3的一员，处于负责构筑和维持国际秩序的地位”，而“把美国所支撑的秩序视为理所当然、并单方面维护这一秩序的时代已成为历史”。③ “5∶5∶3”系1922年华盛顿会议《限制海军军备条约》中对美、英、日拥有主力舰的比例规定。④ 栗山援引这段历史作比，意在说明日本已重获大国地位，自当参与国际新秩序的构建。1992年1月，日本首相宫泽喜一在联合国安理会成员国首脑会议上发表讲话，表示日本支持联合国改革，并希望得到安理会常任理事国的席位。这是日本首相首次在联合国会议上表明“入常”诉求。1993年第48届联

---

① 外務省『外交青書わが外交の近況』、1991年（第35号）、http://www.mofa.go.jp/mofaj/gaiko/bluebook/1991/h03-contents-1.htm。

② 外務省『1992平成4年版（第36号）外交青書転換期の世界と日本』、http://www.mofa.go.jp/mofaj/gaiko/bluebook/1992/h04-contents-1.htm。

③ 栗山尚一「激動の90年代と日本外交の新展開—新しい国際秩序構築経ての積極的貢献のために」、『外交フォーラム』1990年5月号。

④ 根据《限制海军军备条约》第四条规定：美、英、日三国拥有海军舰艇总吨位分别不得超过：52万5千吨、52万5千吨、31万5千吨。数据引自海軍大臣官房編「海軍制度沿革　巻17」、1944年、751頁。

大会议前夕，日本正式向联大提交了题为《日本关于安理会议席平衡分配与扩大的意见》的报告。

第三，着手政治行政体制改革，酝酿修改和平宪法。鉴于冷战后国际环境的急剧变化，战后日本长期维系的埋头于经济发展和收入再分配的内向型治理模式难以为继，决策的速度与效率亟须提高，为了及时有效地应对“国际大竞争”，日本在20世纪90年代实施了一系列政治行政改革。通过改革，日本确立了“政治主导”体制，首相和内阁的制度化权力显著增强，包括强化内阁职能、首相作为行政首脑的领导作用和决策机制，充实辅助内阁和首相的机构及工作人员，以及重组省厅等行政部门，以适应“扮演更重要的国际角色”的需要。通过改革，维系自民党派阀政治、分权结构的制度基础随之消失，党内权力向以总裁、干事长为核心的中央执行部集中。由此，集国会重要党团领袖与制度化权力显著增强的内阁首长于一体的“首相主导体制”最终确立。①

这一时期，前首相中曾根康弘、自民党政调会长三冢博在1992年相继提出修改和平宪法的主张。1993年，小泽一郎的《日本改造计划》从“国际贡献”角度为“修宪”提出依据——“宪法当然也应随时代的变迁而变迁”，然而，“现行宪法中，没有关于与国际环境对应的明确规定”。为此，小泽主张，宪法应当在第九条的前两款之后增加第三款，规定“前两项不妨碍为创造和平而进行活动的自卫队”开赴海外，以及将自卫队“专守防卫战略”改为“创造和平战略”。②

（四）“政治大国”化战略尚缺乏体系完整性

总体来看，直至20世纪90年代中期，日本“政治大国”化或曰

① 张伯玉：《制度改革与体制转型——20世纪90年代日本政治行政改革分析》，《日本学刊》2014年第2期。

② 小沢一郎『日本改造計画』、75頁。

“正常国家”化战略的展开还主要停留在战略构想与目标宣示阶段。首先，在为战略转型进行的体制性、制度性准备工作中，这一时期日本触及的主要还是对内“自我矫畸”较浅的层面，即“矫正”小泽一郎所谓日本战后体制中那些明显“不正常”的部分。① 这一局面的形成，除国内因素外，还因为在这一阶段的前期，日本的战略展开受到世界范围内冷战格局的严格束缚。在美苏对峙的大背景下，日本始终面临着来自苏联的军事威胁，依靠美国提供安全保障仍是确保国家安全的主要手段，日本对国际权力的追求实际上只能限定在西方阵营范围内。

同时，日本选择何种政策手段、通过何种路径实现“政治大国”化战略目标，也尚未确定。这一时期，日本战略精英层“尽管在世界上谋求体面地位这一点上没有什么异议，但在如何谋求体面地位的方法上存在着相当大的差异。是加强日美安保体制，还是走独立防卫路线，或是走把日美安保体制与多边措施相结合的路线”，其说不一。② 其中的关键点有二：一是对日美同盟的定位，二是与此直接相关的日本安全军事政策。彼时日本国内的“战略论争”基本上是两大对立观点。第一种观点是继续坚持“吉田路线”，即与美国保持联盟关系，在美国的核保护伞下谋求日本的安全保障。日本将主要资源继续用于经济建设，同时适度增加国防预算，以有效对抗苏联威胁，更好地发挥作为美国盟国的作用。第二种观点是修改“吉田路线”，即改变军事上从属于美国的状态，逐渐提高日本在军事上的独立自主性。中曾根是这一派的代表人物。至少从20世纪80年代中期开始，尽管第一种观点仍占据着主导地位，但第二种观点明显呈现上升趋势。③

---

① 小泽在《日本改造计划》中提出，尽管日本克服了战后的经济混乱，创造了经济奇迹，但是长期持续的“经济优于政治”原则，导致日本在政治上与“正常国家”渐行渐远，成了一个“单肺国家”，即“非正常的国家”。

② 猪口孝「視野不良が晴われるまであと10年かかる」、『エコノミスト』1996年1月9日。

③ 参见凌星光：《八十年代后半期日本国家战略及其对外政策》，《日本研究》1985年第4期。

三、政治大国化目标导向型战略逐步成形

平成30年间，从冷战结束到1997年亚洲金融危机，到2008年国际金融危机再到“百年未有之大变局”，日本对世界大势、发展安全环境以及日本与国际秩序关系的认知和研判经过了几次重要调整。其间，几乎与平成时代同步开启的国家战略调整持续进行，“政治大国”化目标导向型战略的设计框架越来越清晰，系统完整性明显增强。

（一）形势认知渐趋现实，对既定目标的追求愈益迫切

20世纪90年代中后期，在亚洲金融危机、地区安全热点爆发等一系列重大事件的冲击下，日本对国际形势的研判出现重要转折。此前日本国内普遍认为，“经济全球化和相互依存的加深增进了共同价值观的分享，这使得冷战后的国际环境更加安全和友善，安全挑战来自不与国际社会共享经济利益和价值观的国际秩序边缘国家”。① 然而，种族冲突多点爆发、安全热点轮番涌动，使得日本战略精英层很快意识到，冷战后的世界远比苏联解体之初所预想的更为复杂和艰险。

不仅如此，泡沫经济崩溃、增长失速，世界主要大国力量对比出现不利于自身的趋势，更是将此前日本国内的乐观氛围一扫而光。在冷战后世界“一超多强”的格局下，“多强”各国相对于“一超”美国的国内生产总值占比普遍上升，而日本成为唯一的例外。② 与此相应，日本的

① Yutaka Kawashima, *Japanese Foreign Policy at the Crossroads: Challenges and Options for the Twenty-first Century* (Washington, D. C.: Brookings Institution Press, 2003), p. 151.

② 根据国际货币基金组织数据，按现价美元计算，2000年、2010年、2013年，日本国内生产总值占美国百分比持续下滑到47.15%、38.06%、29.17%，而同期中国国内生产总值占美国百分比持续上升到12.10%、41.12%、54.65%，占日本百分比上升到25.66%、108.05%、187.32%。

国际影响力受到新兴市场国家“群体性崛起”的挑战，1999 年形成、2008 年起每年举行的二十国集团（G20）峰会这一全球治理新平台的出现，不仅使得日本在日美同盟之外的另一大外交支柱——七国集团的全球作用被削弱，而且二十国集团的 20 个成员中亚洲国家占了约三分之一，也标志着日本长年保持的“亚洲代表”身份不再。①

日本的战略感知经历了急剧起伏，但战略反应却呈现反向运动。换言之，日本自我认知的“差评”与对战略目标的欲求度同步增强，对既定战略目标的追求更加执着。日本社会思潮中民族主义的影响持续扩大，尽管基调从曾经“高昂的民族主义”转向“悲情的民族主义”，② 但对成为“政治大国”政治诉求的支撑作用有增无减。日本对“自我价值的实现”与“来自国际社会的尊重”更加重视，开始将其明确纳入国家核心利益。2000 年中曾根康弘在《日本的国家战略》中明确提出，“作为国家的长远目标，应当追求实现自我。这是更为理想的生存方式，实现独立、维护安全和追求基于国际责任意识的自我实现”。③ 2011 年，安倍晋三的智囊兼原信克在其论著《战略外交原论——21 世纪日本的大战略》中借用《论语·颜渊》“兵”（安全）、“食”（繁荣）、“信”（伦理、价值观）④ 的概念，提出，“对日本而言，生死攸关的国家利益是‘兵’、‘食’、‘信’”。⑤

---

① 参见杨伯江：《国家权力转移与日本的战略回应》，《现代国际关系》2009 年第 11 期。

② 参见杨伯江：《当前日本社会思潮与“新民族主义”》，《现代国际关系》2001 年第 5 期。

③ 中曽根康弘『二十一世紀日本の国家戦略』、PHP 研究所、2000 年、37 頁 。

④ 兼原信克的《战略外交原论——21 世纪日本大战略》就“兵”“食”“信”进行的具体阐述与《论语》的原意有出入，《论语·颜渊》：子贡问政。子曰：“足食，足兵，民信之矣。”参见杨伯峻先生在《论语译注》里的译文：子贡问怎样治理国家。孔子说，“粮食充足，军备充足，老百姓信任统治者”。——编辑注

⑤ 兼原信克『戰略外交原論—A Grand Strategy of Japan for 21st Century』、日本経済新聞出版社、2011 年、61 頁。

（二）重新界定“国家利益”，强调价值观与安全利益

在国家战略的诸多构成要素中，国家利益位居第一。它体现一个国家的根本需求和愿望，决定其主流价值追求，是这个国家确立目标、制定战略的依据和基础。① 国家利益是内部结构、层阶极其复杂的综合体，包含政治、经济、军事等不同领域，涉及从地区到全球的不同范围。在国际行为体之间，有些利益可以共享，如发展贸易、消除恐怖主义、控制温室气体排放等；但也有许多利益是排他的，如主权、领土、军事优势乃至世界霸权地位等。② 从平成前夜酝酿调整阶段开始，到政治大国化目标导向型战略形成，日本新的国家利益观逐步形成了以下特点。

一是对国家利益内涵的界定呈泛化趋势。其一，将广泛内容纳入国家利益范畴。兼原信克的《战略外交原论——21 世纪日本大战略》就“兵”“食”“信”进行了具体阐述：（1）安全保障。即确保生存与安全，维持和平与安定。（2）经济繁荣。不仅包括维持经济发展，还包括坚持自由贸易体制，保障海上交通线的安全，确保能源安全和保护地球环境。（3）维持和传播基本的伦理观、价值观，其核心是现代日本的自由与民主主义。③ 其二，将国家利益与保持综合国力等动态概念杂糅。“从国家利益中我们能够看到这样的特征：其概念模糊不清的最大原因就是，作为追求国家利益的手段，保持综合国力也是维护国家利益。因此很难区

---

① 国家战略目标与国家利益的界定密不可分，“因为国家利益所体现的需求，不可能是盲目的，必定是有所指的”。但二者又有明显区别。第一，国家利益尽管可以分层，但它总是具备宏观属性，而国家目标既有宏观的内容，也有微观的内容。第二，国家利益是指导原则，通常不属于具体操作层面，总的来看比较笼统、概括，而国家目标既有指导性又有操作性，既有总体方向又有具体的实施指标。第三，国家利益通常只有少数几条，而国家目标则有一个完整的体系，既包括具有整体性的宏观目标，也包括各行业、各部门的具体目标。参见李少军主编《国际战略学》，中国社会科学出版社，2009，第 35 页。

② 李少军主编《国际战略学》，中国社会科学出版社，2009，第 27 页。

③ 兼原信克『戦略外交原論：A Grand Strategy of Japan for the 21st Century』、日本経済新聞出版社、2011 年、348-349 頁。

别国家利益和综合国力的概念”。“军事实力是实现国家目的的必要手段，而维持军事实力的增强也是国家利益。在多数情况下，目的与手段都是这样一种关系”。①

二是强调国家利益界定的便宜性，强调从长远战略价值而非短期商业价值评估国家利益。“国家利益主要分为两个维度：一是时间维度，二是重要性维度”。“通常情况下，从短期来看国家利益和从长期来看国家利益，会得出不同的结论。例如，日本对外援助，若从短期来看，国家要加大财政支出，有损国家利益；若从长期来看，能增强日本与受援国之间的友好关系。另外，还能够扩大日本的对外出口，有助于国家利益”。② 和平安保研究所理事长西原正尝试以约翰逊政府到尼克松政府期间美国对越战政策变化为例，说明国家利益界定的可变性。他认为，“国家利益实际上是取得政权的政治集团，以国家利益的名义追求对于自己而言最重要的利益”。“对利益的判断，是随着掌权的政治势力到底重视何种利益而不断变化的。国家利益不仅是贯彻执行政策的指针，在更多情况下它能够使政策正当化、有说服力”。③

三是强调价值观是日本国家利益的基本要件之一。政治学者本田优认为，国家利益包括“国家主权、价值观、国家领土、国民安全和国民利益”等多项内容。兼原信克将“21 世纪日本的新价值观”概括为：(1) 法治；(2) “人的尊严”；(3) “民主主义制度的重要性”；(4) “和平”，即 21 世纪的日本不能只是消极地贪享和平，而必须转变为维持和平的一员；(5) “自由贸易”。兼原认为，日本应向世界主张自己的价值观。为推广价值观，必须塑造“21 世纪日本的自画像”。新的自画像中，日

---

① 西原正『戦略研究の視角—平和と安全のための12 章』、人間の科学社、1988 年、104 頁。

② 西原正『戦略研究の視角—平和と安全のための12 章』、人間の科学社、1988 年、105 頁。

③ 西原正『戦略研究の視角—平和と安全のための12 章』、人間の科学社、1988 年、109-112 頁。

本必须成为能“说出自己坚信正确的东西，并为之付诸实践”的国家。①2013年，日本发布战后第一份《国家安全保障战略》，首次在官方文件中明确纳入“国家利益”概念，并对其内涵做出界定：（1）维护国家的主权和独立，保卫领土完整，确保国民的生命和财产安全，继承优良文化和传统，维护国家的和平与安全，保障国家的存在；（2）通过发展经济实现国家和国民的进一步繁荣，使我国的和平与安全更加牢固；（3）维护以尊重自由、民主和基本人权及法治等“普世”价值、规则为基础的国际秩序。②

四是越来越强调国家利益中的安全利益，并且将“生死攸关的利益”与“广义上的安全保障”直接对接。西原正认为，“对于国家而言，最重要的利害关系就是与国家生存息息相关的利益”。“生死攸关的利益关系到国家的生死存亡，即关系到安全保障”。不仅是国防安全和领土安全，“而且还包括经济安全这种大范围的安全”。“生死攸关的利益”与广义上的安全保障是同义词。③ 兼原信克则强调，作为保卫国家的力量，相较于经济力量和政治力量，军事力量最为直接。要对日本进行“物理性守卫”，有三个基本点，即“不屈服于核武器的恫吓，保卫海洋（包括海上生命线）与天空，防备来自战略要冲桦太岛（中国称‘库页岛’，俄罗斯称‘萨哈林岛’）与朝鲜半岛的侵略”。此外，“与中国军队近来的军力增强相关联，防卫西南诸岛的重要性与日俱增”。④

---

① 兼原信克『戦略外交原論：A Grand Strategy of Japan for the 21st Century』、日本経済新聞出版社、2011年、179-185頁。

② 内閣官房『国家安全保障戦略（概要）』、http://www.cas.go.jp/jp/siryou/131217anzenhoshou/gaiyou.html；外務省『国家安全保障戦略』、2013年12月17日、http://www.kantei.go.jp/jp/kakugikettei/2013/__icsFiles/afieldfile/2013/12/17/20131217-1_1.pdf。

③ 西原正『戦略研究の視角—平和と安全のための12章』、人間の科学社、1988年、110-114頁。

④ 兼原信克『戦略外交原論：A Grand Strategy of Japan for the 21st Century』、日本経済新聞出版社、2011年、179-185頁。

（三）新“战略增长点”集中于政治安全领域

在经过长期反复的“战略论争”后，至世纪之交，日本国内最终针对将军事大国化指标纳入政治大国体系达成共识。“军事大国”既是日本实现政治大国化目标的重要手段，又构成政治大国概念的重要组成部分。20 世纪 90 年代，用美国学者迈克尔·J. 格林的话说，日本国内关于国际身份认同和安全外交政策的看法呈现出一种分散的态势。在这种分散之中，关于国家目标存在着激烈的争论。而在 1996 年日美同盟结束“漂流”状态，重新走向稳固与强化之后，“围绕日美同盟的重要性以及经济是日本的首要目标这两个原则性观点的争议减少，争论的核心转向国家战略的具体目标”。[①]

2001 年，“9·11”恐袭事件的发生为日本借由助美反恐强化自主安全能力提供了重要契机，此后，日本实现军事大国化的目标渐趋明朗。21 世纪初，在日本经济进入第二个“失去的十年”，此时，唯有安全政策领域“欣欣向荣”，成为“唯一的朝阳产业”。2003 年，美国绕过联合国安理会发动伊拉克战争，在日本为期 190 天的第 156 届通常国会期间，执政党共提出 121 项法案，118 项获得通过，通过率高达 97.5%。[②] 其中，“有事立法”相关三法，以及旨在向伊拉克派兵的“支援伊拉克重建特别措施法”尤其为小泉内阁所重视，被作为重大提案提交审议，并赶在国会闭幕前加紧通过，而原本作为本届国会最大课题的经济政策议题却因此被搁置。为抓住机遇增强自身军事行为能力，小泉内阁不惜采取了轻经济、重安保的施政方针。2013 年，安倍内阁在《国家安全保障战

---

① Michael Jonathan Green, *Japan's Reluctant Realism—Foreign Policy Challenges in an Era of Uncertain Power* (New York: Palgrave Macmillan, 2001), p. 31.

② 衆議院『第 156 回国会議案の一覧』、https://www.shugiin.go.jp/internet/itdb_gian.nsf/html/gian/kaiji156.htm。

略》中，把“积极和平主义”（Proactive Contribution to Peace）作为引领日本外交、安全政策的基本理念。至此，日本应以何种方式谋求国际社会“体面地位”的问题，最终有了答案：为了“维护和平”，不惜采取非和平手段。①

从理论上看，借助西方国际关系理论中“结构压力”的概念，任何国家都会受到来自它所处的国际体系的压力，而所承受压力的大小直接影响到它对国家战略的选择。就日本而言，自20世纪90年代中后期开始，它所承受的“结构压力”出现了两点重要变化：一是压力本身未减反增；二是主要压力源出现转移，从美国转向整体国际社会，转向新兴市场国家群体性崛起，特别是与日本有着特殊、复杂关系的中国的全面崛起。在此背景下，日本实现“政治大国”化目标的战略工具箱发生了重要变化。

这一点，通过对平成30年间日本国内国家战略研究的纵向梳理对比，可以看得十分清楚。冷战结束之初，日本强调，在全球化背景下，“如果各主权国家像过去那样仅仅把战略目标限定在确保本国的和平与繁荣之上，那么地球作为一个社会、生态系统本身的维持与发展将变得困难，进而也就无法确保本国的安宁”。鉴于“只有实现了全球的和平与繁荣，（一个国家）自身的安全保障与经济发展才可能实现”，所以，“仅仅把本国利益纳入视野的一国繁荣的国家战略已经不再适用”。② 而在近20年之后，日本战略精英层对国家战略的描述演变为“将外交、同盟政

① “积极和平主义”系安倍晋三借用的传统国际政治学概念，但改变了其含义。1942年，美国历史学家昆西·莱特在《战争研究》一书中提出“积极和平”与“消极和平”的概念。此后，挪威和平研究学者约翰·格尔腾进一步将“消极和平”定义为“非战争状态”，将“积极和平”定义为“不仅没有战争，也意味着消除了贫困、剥削、歧视等结构性暴力的状态”，其英文表达为Positive Peace。而安倍所谓的“积极和平主义”实为“不排除军事介入的和平”，英文为Proactive Contribution to Peace。Proactive在军事学上含有“先发制人”之意。所以，安倍的“积极和平主义”实则意在抛弃和平主义，其中的“积极”并非限定“和平”，而是用以描述“维护和平”的姿态与手段。参见李薇、杨伯江：《安倍内阁加速日本“全面正常化”》，《日本研究报告（2014）》，社会科学文献出版社，2014，第11-12页。

② 西川吉光『ポスト冷戦の国際政治と日本の国家戦略』、晃洋書房、1993年、6頁。

策与国防政策相互组合、为实现生存与繁荣而采取的方策”。“其制定与实施由三个环节（阶段）组成：一是准确认识外部环境、形势，二是界定对本国生存与繁荣生死攸关的利益，三是将实现上述利益的各种政策手段进行合理的组合”。[①] 从中不难发现，纵观平成时代，日本思考国家战略的视角和重点出现了重要变化，即从包括经济、社会、生态等要素在内的综合视角，转变为强调外交、同盟政策特别是防卫政策以及价值观的推广、国际权威的获取。

正是在这样一种变化了的战略思路的引领下，自桥本龙太郎以来的日本历届内阁均致力于自主防卫能力的构筑，而手法首先是重置“软件”，即通过打破战后以来的政治政策束缚来释放军事行为能力。[②] 特别是小泉内阁以来，日本修改《防卫计划大纲》频率加快，在无联合国授权的情况下出兵伊拉克助美反恐。2011 年福岛核泄漏事故后，尽管面对经济、社会、能源等诸多政策难题，日本政府也丝毫未放松“安全进取”的姿态。[③] 2012 年底安倍晋三再次执政后，借助行政权力修改宪法解释、解禁集体自卫权、实际废弃“武器出口三原则”，[④] 进而以既成事实在国会强行通过“新安保法”，为“抢跑的政策”寻求法律背书。

---

① 兼原信克『戰略外交原論 —A Grand Strategy of Japan for 21st Century』、日本経済新聞出版社、2011 年、31 頁。

② 在“硬件”方面主要表现为结构性调整、强化。譬如 2001 年“9・11”事件后，日本虽然没有大幅度增加防务预算，但军费的使用明显向武器研发和远洋海上行动倾斜。参见 Daniel M. Kliman, *Japan's Security Strategy in the Post-9/11 World: Embracing a New Realpolitik* (Landon: Greenwood Publishing Group, Praeger Publishers, 2006) 。

③ David Fouse, “Japan Unlikely to Redirect Defense Policy, ”PacNet, Pacific Forum CSIS, May 5, 2011.

④ 外務省「防衛装備移転三原則」、2014 年 4 月 1 日、https: //www. mofa. go. jp/mofaj/files/000484094. pdf。

四、路径重构，“综合战略活跃度”空前上升

至平成晚期，在安倍内阁的全力推动下，日本为实现新国家战略目标的政策体系逐步完备，对内推动法律制度修改、决策体制改革，对外融合政治、经济、安全等各个领域，“综合战略活跃度”空前上升。

（一）加强自主力量建设，增进战略行为能力

日本将强化自主安全能力视为夯实国力基础、健全国力结构、确保国家战略转型成功的前提条件与基本路径。其操作方式，一是直接通过增加军费开支、加快武器系统更新等刚性措施，强化防卫力量；二是通过政治上自我松绑等柔性方式，在政策上拓展国际行动空间，间接强化自主安保能力。尤其是安倍再度执政后，日本防卫预算连年增加。在武器装备方面，日本强大的工业能力，尤其是军民两用产品的研发制造能力，为其建设和发展提供了有力支撑。为保障持续、稳定的军备供给，增强战时动员和生产能力，日本实行了同一行业内多家企业轮流生产军工产品的制度，这种制度在海上自卫队军备生产中尤为常见。此外，2017 年特朗普总统上台后，日本每年斥巨资从美国采购高端武器装备。

日本以政治上自我松绑等柔性方式强化安全能力，基本路径是修改或新立政策和法律法规。这在废除“武器出口三原则”、修改关于集体自卫权的宪法解释等案例中体现得最为明显。2006 年，小泉内阁放宽“武器出口三原则”，向印尼提供巡逻舰。2010 年，民主党菅直人内阁也曾试图突破该原则，但因社会民主党和公明党反对而无果。2014 年 4 月，安倍政府以内阁决议方式通过“防卫装备转移三原则”，名为替代实则废除了“武器出口三原则”。关于集体自卫权，战后日本曾长期抱持“拥有但

不行使（这一权利）”的官方立场。2012 年，民主党野田佳彦内阁提出重新解释集体自卫权。2014 年 7 月，安倍政府通过内阁决议，以修改宪法解释方式解禁集体自卫权。2015 年 9 月，日本国会通过“新安保法”，解禁了集体自卫权。2016 年 11 月，安倍内阁将体现行使集体自卫权的“驰援护卫”作为新任务，赋予在南苏丹参加联合国维和行动的日本自卫队。至此，日本自卫队彻底突破集体自卫权禁区，成为一支具有进攻性的军事力量。

在对外关系上，战后日本传统上奉行经济外交，而在国家战略转型过程中，随着军事要素的地位和作用日渐凸显，军事外交逐渐成为日本外交的一大特征。这集中体现在“外长+防长会晤机制”即“2+2”机制的建设上。日本早在 1960 年即与美国建立了“2+2”磋商机制，其正式名称为“日美安全保障协商委员会”，1990 年升格至部长级。[①] 2007 年，日本与澳大利亚建立“2+2”机制。安倍再次执政后，日本 2013 年与俄罗斯、2014 年与法国建立“2+2”机制，2015 年又分别与英国、印度尼西亚建立了这一机制。日本对外“2+2”机制的迅速增加，反映了在其国家战略转型中，安全路径作为政策选项重要性的上升，以及军事要素迅速融入对外关系的趋势。同时，日本政府也要借此模式增加自卫队对外接触与合作的机会，帮助其扩大国际影响、树立良好形象，促使国际社会对有着军国主义侵略历史的日本军事力量“脱敏”。

（二）强化战略主导意识，力争引领国际规则

鉴于国际秩序面临“自由主义的危机”，日本积极推动构筑“自由、公正、以透明性的规则为基础的国际秩序”，强调参与规则制定是日本外交的重要功能。安倍 2014 年提出的“海洋法治三原则”，以及“印太”

① 美俄之间的“2+2”磋商机制最早是 2001 年两国就小布什政府在东欧部署导弹防御系统问题进行磋商而建立的，后来作为一种新型军事外交模式而逐渐被其他国家运用。——作者注

构想中的“法治”原则都是日本“规则外交”的体现，但这一点表现最突出的是在经济领域。在逆全球化思潮和贸易保护主义抬头、特朗普执政后美国缺席多边谈判的背景下，日本将自身定位为“自由贸易旗手”，一方面以世界贸易组织为核心，强调全球经济规则；另一方面力争在构建新型广域经济秩序中发挥核心作用，成为制定“全面、均衡、高水平规则”的引领者。日本注重概念的提出、理念的创新、观念的领先，以此推动国际社会的议题设置、标准制定，抓住规则制定引导权。在政策议题设置方面，日本注重引导世界贸易组织改革的讨论方向，表现出极强的战略主导意识。

2019 年，安倍首先在达沃斯世界经济论坛上提出“基于信任的数据自由流动体系”（Data Free Flow with Trust，DFFT）概念，希望二十国集团大阪峰会能成为一个“开启全球数字治理的峰会”，“在世界贸易组织（WTO）支持下，讨论如何在不牺牲个人隐私的基础上，制定出安全数据治理的新跑道，同时还能促进医疗、工业和交通等数据的自由流动”。[①] 进而，日本推动二十国集团峰会发布“大阪共同宣言”，提出“基于信任的数据自由流动体系”概念，即“在确保隐私和安全相关的信任的同时实现数据的自由流通”，进而推动世界贸易组织以宣言为基础制定数字经济规则。同样，在 2019 年，日本与欧盟签署“可持续互联互通伙伴关系协议”，共同推动“基于规则和可持续原则”的投资项目。该协议涵盖贸易、经济、运输、环境和高质量基础设施建设等多个领域，旨在“促进自由、开放、以规则为基础、公平、非歧视和可预测的区域和国际贸易与投资、透明的采购方式、债务的可持续性以及经济、财政、金融、社会和环境可持续性的高标准”。同期，日本还与美国签署了数字贸易协定，规定“国家不得要求公开为隐匿企业技术和信息而使用的密码”，这是全球首例将禁止公开密码的规定写入数字贸易协定。“日美希望协

① 『平成 31 年 1 月 23 日世界経済フォーラム年次総会安倍総理スピーチ』、http://www.kantei.go.jp/jp/98_ abe/statement/2019/0123wef.html。

定内容能够体现在世界贸易组织的规则之中，成为制定数字领域规则的模板”。①

在影响国际秩序调整的方向上，日本反对贸易保护主义，认为解决全球化负面问题的出路恰恰在于自由贸易，主张稳步有序推进“全面与进步跨太平洋伙伴关系协定”（CPTPP）、“日欧经济伙伴关系协定”（EPA）、“区域全面经济伙伴关系协定”（RCEP）三大巨型自由贸易协定，维持和强化以法治为基础的自由开放的国际经济体系。“全面与进步跨太平洋伙伴关系协定”“日欧经济伙伴关系协定”“区域全面经济伙伴关系协定”以及2019年签署的“日美贸易协定”（TAG）打造了占世界国内生产总值（GDP）六成的“自由经济圈”，日本认为自身在其中发挥了枢纽和核心作用。虽然美国没有参加“全面与进步跨太平洋伙伴关系协定”，但是日本通过“日美贸易协定”将美国与“亚太自由经济圈”联结起来；同时，日本希望把新兴市场国家也纳入规则框架内，确保平等竞争的环境（level playing field）。

（三）对美采取“建设性追随”方针，推进“日美+”区域安全合作

早在冷战末期，贸易摩擦引发的日美矛盾即伴随戈尔巴乔夫上台后美苏关系的缓和而趋于激化。苏联解体后，日美同盟一度陷入“漂流”状态。“在冷战结束至1995年的亚太国际体系中，日本的相对物质力量能力已跃居第二，这也奠定了它在结构中位列第二的相对位置。无论在经济总量还是军费支出方面，日本与美国的比率整体上都在增大，因此它与霸权国美国的物质力量能力差距在逐步缩小”。“美国有强烈的动机进行霸权护持，它将日本视为自身霸权的严重威胁与挑战”。而日本“鉴

① 《日本经济新闻》2019年7月31日。

于其相对位置的提升，必将寻求更多的国际权力，对外战略目标也将得到拓展”。“面对霸权国美国的打压，日本会有较强的制衡意图，因为美国是它寻求更多国际权力的最大外部障碍”。[①] 1994年8月，作为日本首相咨询机构的防卫问题恳谈会向首相村山富市提交的政策建言《日本安全保障与防卫力量的应有状态——面向21世纪的展望》[②]（通称“樋口报告”）印证了这种理论分析。报告首先建议日本政府采取“能动的、建设性的安保政策”，推动“多边安保合作”，其次才是“充实日美安保合作的机能”。[③] 这普遍被看作日本要在安全上“脱美”的迹象，也由此触发了1995年秋季开始的、旨在“重新定义”美日同盟的“奈倡议”[④]进程。

20世纪90年代中期以后，日本所承受的“结构压力”增大，压力源发生变化，战略制衡的标的也随之转移，逐步锁定加速崛起的中国，日本重返追随美国路线的战略需求上升。同时，以1995年为转折点，日美经济贸易摩擦趋于缓解，也为两国改善关系、深化安全合作提供了契机。[⑤] 日美贸易摩擦趋缓不单是美国加大压力、日本自我约束产生的政策性结果，同时也因为日美经济关系内外条件发生了变化，它意味着日本发展失速、对美国构成的威胁开始衰减，美国对日战略心态趋于平和。以1996年4月桥本龙太郎与克林顿在东京签署《日美安全保障联合宣言》、“重新定义”日美同盟为标志，日本重新回归追随美国战略轨道。进而，从2001年小泉纯一郎执政开始，日本启动了对美“建设性追随”

---

① 马千里：《冷战后日本大战略调整研究——基于结构压力与战略文化的考察》，http：//www. jylw. com/49/wz1927249. html。

② 防衛問題懇談会「日本の安全保障と防衛力のあり方—21世紀へ向けての展望—」（樋口レポート）、1994年8月2日、https：//worldjpn. grips. ac. jp/documents/texts/JPSC/19940812. O1J. html。

③ 防衛問題懇談会「日本の安全保障と防衛力のあり方—21世紀へ向けての展望—」（樋口レポート）、1994年8月2日、https：//worldjpn. grips. ac. jp/documents/texts/JPSC/19940812. O1J. html。

④ 「東アジア戦略報告」（《东亚战略报告》）。

⑤ 参见杨伯江：《日美贸易摩擦何以趋缓》，《现代国际关系》1996年第3期。

之旅，即在追随的过程中主动提出日方意见、积极影响美国决策、最大限度争取利益。

日本对美“建设性追随”，意味着它对日美同盟的“战略性运用”。与冷战时期相比，日本对日美同盟的运用，一是突出以服务自身国家利益为前提，强调“是日本战略下的日美同盟，而非日美同盟下的日本战略”；二是强调日美同盟的“双务性”，即相互性，追求与美国平等、对等的政治地位，在承担更多责任的同时分享更多权力。概言之，日本要把日美同盟作为实现“正常国家”化、“政治大国”化目标的战略性工具加以利用。特别是经过小泉内阁、安倍内阁的重点经营，日本通过助美反恐、修订《日美防卫合作指针》等增加出兵海外的依据，军事活动范围逐渐扩大，对政治安全事务的参与深化。

日本还在与美协调的基础上，强化东亚地区角色。冷战时期，为避免招忌美国，日本对牵头地区合作一直持谨慎态度，以至1990年马来西亚总理马哈蒂尔提出“东亚经济论坛”（EAEC）倡议之际，日本虽内心赞同但回避公开表态支持。1997年亚洲金融危机后，日本曾提出创建“亚洲货币基金组织”（AMF）的构想，却因美国打压而放弃。然而，进入21世纪，面对区域国家力量对比的迅速变化，日本对东亚一贯采取的“模糊性政策”开始走向终结。[①] 日本最终决定加入“跨太平洋伙伴关系协定”（TPP），意在借此倒逼国内结构改革、谋求经济可持续发展的同时，协助美国掌握地区合作主导权，形成环绕中国的“规则高地”。在安全领域，日本采取积极参与、尝试牵头的姿态。2012年，组阁伊始的安倍在世界报业辛迪加网站发表文章，表示日本将打造地区“民主安全菱

① Envall H. D. P., “The U. S. Japan Security Alliance: Regional Multilateralism,” edited by Takashi Inoguchi, G. John Ikenberry and Yoichiro Sato, *Asian Politics & Policy* 4, no. 2 (2012): 261.

形”。① 2013 年，安倍访问东南亚三国期间，发表对东盟外交五原则，强调要“在法律支配下寻求海洋稳定”。② 安倍表示，日本“不仅在经济方面，也要在亚太地区安全领域发挥领导力量”。③ “日本已做好准备，采取更强硬的态度来抗衡中国影响力”。④ 2016 年，安倍提出“自由、开放的印太”概念，并推销给刚刚上台的特朗普总统。此后，日本积极参加美日印澳“四边机制”（Quad），推动四国安全合作迈出实质性步伐。

五、日本国家战略转型引发的若干思考

综上所述，在长达 75 年的战后历史流变中，日本国家战略经历了从“经济中心”导向到“政治大国”化目标导向的重要蜕变，除前期酝酿阶段外，这一过程全部是在平成 30 年间完成的。转变的内在逻辑，在于日本自身条件与外部环境的发展演变及其相互作用，根本动力源于日本对重新成为“大国”的孜孜以求。日本随环境和处境的变化调整其国家利益的界定，实现国家战略目标的路径选择和政策体系也随之发生改变。

纵观 75 年来日本国家战略的发展演变，追求“大国化”的基因似乎是一直存在并贯穿始终的。这促使我们思考，首先，战后“经济中心”导向型阶段与此后酝酿转型阶段、“政治大国”化目标导向型阶段之间，是否存在一脉相承的关系？如果这种关系存在，那么它主要是客观形成

① “民主安全菱形”指日本加强与印度、澳大利亚、美国夏威夷州之间的安全合作，构成地缘政治上的菱形结构，对中国进行海上防范与遏制。参见 Shinzo Abe, “Asia's Democratic Security Diamond,” PROJECT-SYNDICATE website, December 27, 2012, https://www.project-syndicate.org/commentary/a-strategic-alliance-for-japan-and-india-by-shinzo-abe?barrier=true。

② 内容包括：扩大和巩固（日本与东盟的）普遍价值观，共同维护在法律支配下的海洋秩序，强化经济合作，扩充文化交流，促进青年交流。

③ 《安倍：日要采取更强硬态度抗衡中国》，联合早报网，2013 年 10 月 27 日，http://www.zaobao.com/special/report/politic/sino-jp/story20131027-269333。

④ “Japan will stand up against China,” says PM Shinzo Abe, BBC. NEWS, October 26, 2013, http://www.bbc.com/news/business-24684683.

的结果还是主观设计的产物？吉田茂在提出以牺牲部分主权为代价、换取美国安全庇护之际曾表示，“当年美国是英国的殖民地，如今美国强于英国。如果日本现在甘当美国的殖民地，将来日本必定强于美国”。按照战后“吉田路线者”们的说法，日本走“重经济、轻军备”的和平发展道路，就是先要实现国家经济实力的增长，然后以此为后盾，谋求“其他问题”的解决。那么，“正常国家”化、“政治大国”化，是否从一开始就被纳入了“其他问题”之中？

其次，日本国家战略转型的方向是否具有合理性，能否做到“可持续发展”？一是追求包括军事大国在内的政治大国目标，是否是日本真正的国家利益之所在？“积极和平主义”倡导者将“消极和平主义”定义为“日本越是非武装化，世界就越和平”的错误逻辑，那么反之，是否“日本越军事化，世界就越和平”？二是假设“正常国家”化、“政治大国”化符合日本真正的国家利益，那么，现行政策路径是否真的有助于这一目标的达成？毕竟，日本深化对美国的追随，不管怎么具有“建设性”，但它首先是“追随”，它意味着日本将被更牢固地嵌入美国的战略轨道之中。三是从日本自身的基本国情看，通过“强军路线”实现国家战略目标的路径选择是否可行？它不仅面对人口问题、财政赤字等诸多结构性障碍，更关键的是，难以确保得到主流民意的支持。在外部环境上，日本战略的展开缺乏一个正向周边环境的支撑。被日本视为亚太国际秩序法理基础的《旧金山和约》主要解决了它与美欧之间的战后处理问题，但其与多数亚洲邻国的战后处理远未完结，周边关系迟迟无法卸下历史的包袱。

美国学者彼得·卡赞斯坦曾认为，日本战略文化在战后数十年的时间里完成了转型，日本已经成为和平国家，“非暴力”已经成为日本国家管理者的行为标准和认同，因此，它在冷战后既不会追求中等强国的自主防卫态势，也不会担当“军事超级大国”这一不大可能的角色。① 但现实证明了这一论断的谬误。日本正在追求超出中等强国之上的自主防卫能力。不过，彼得·卡赞斯坦在一点上是正确的：经过战后的长期浸染，和平主义已经深深植根于日本社会并深入多数民众的观念之中，体现这种观念的主流民意对统治阶层任何带有极端倾向的战略抉择都会构成根本性制约。

① 参见彼得·卡赞斯坦：《文化规范与国家安全：战后日本警察与自卫队》，李小华译，新华出版社，2002，第241页。

第二节
冷战后日本国家战略的演变及其面临的困境*

冷战结束后，日本越来越不满足于冷战期间的“和平国家”与“经济大国”的国家身份定位，在制定国家战略方面，逐步呈现由“经济大国”向“政治大国”和“军事大国”迈进的态势，其内在驱动力是国内形成的官民一体的大国化志向。① 面对全球化的时代潮流，日本政府对国家决策体制进行了集权式改革，旨在打破条块分割，整合既有资源，提高行政效率，从国内层面为走向“政治大国”铺平道路。与此同时，日本力争在军事领域有所作为，积极借助国际格局转换所形成的外在压力，在安全领域和防卫层面制定通过了一系列法律法规，试图拆解宪法第九条对其走向“军事大国”的制约。冷战后日本实现的国家战略转型，有效地吸纳了源自国内的变革压力和政治诉求，同时积极响应美国盟友的诉求，以渐进式积累的方式为日本走向“正常国家”奠定了坚实基础。

---

* 作者田庆立，天津外国语大学国别和区域研究院执行院长、研究员，中华日本学会常务理事。本文在《冷战后日本国家战略的演变及其面临的困境》（发表于《日本学刊》2017 年第 1 期）基础上修改而成。

① 有关国家战略方面的详细论述，参见杨伯江：《战后 70 年日本国家战略的发展演变》，《日本学刊》2015 年第 5 期。谷内正太郎・高橋昌之『外交の戦略と志』、産経新聞出版、2011 年、120 頁。兼原信克『戦略外交原論』、日本経済新聞出版社、2011 年、31 頁。关于冷战后日本的国家战略定位问题，虽然日本国内也存在着诸如船桥洋一的“民生大国”（船橋洋一編『日本戦略宣言―シビリアン大国を目指して―』、講談社、1994 年）的观点，以及添谷芳秀的“中等国家”（添谷芳秀『日本の「ミドルパワー」外交―戦後日本の選択と構想―』、筑摩書房、2005 年）的主张。但是，日本政界流行的主流外交思想，仍然是以追求“正常国家化”的“政治大国”作为日本国家战略的首选。从 21 世纪开始后日本政局的演变趋势来看，在冷战结束后关于日本国家未来走向的路线论争中，对外主张国际协调主义的“民生大国”论市场渐失，而以对外自由、自助、自决为特征的“正常国家”论逐步占据了主导地位。

一、冷战后日本国家战略的演进

冷战结束后，日本国家战略调整步入了近代以来的第三次重大历史转折时期。泡沫经济崩溃后，经济大国日本面临着后资本主义发展阶段的困境，国内诸项改革受挫，政局不稳，右翼保守势力抬头。日本在继续维持和平国家形象的同时，出现了试图扩大军事能力、提升区域安全干预力量、突破战后和平宪法的一系列保守举动。① 面对国际环境发生的重大变化，日本政府顺应国内谋求变革的呼声及诉求，利用国际形势剧变形成的外部条件，稳步推进国家战略转变，试图将冷战期间蓄积的想有所为而不敢为的大国化政策选项激发出来。

进入20世纪90年代之后，日本经济开始衰退，普通国民不满生活水平的下降，希望求新求变。随着中国的迅速崛起，日本社会弥漫着被中国超越的焦躁情绪。加之政局变动频繁，首相如走马灯般更换，普通国民渴望出现强有力的政治领导人，重拾日本的自豪感与自信心。日本国内涌现官民上下联动以期实现重新定位国家战略目标的变革思潮。

冷战结束后，日本顺势而为地调整国家战略：在理念层面，逐步完成了由冷战时期的“一国和平主义”向“积极和平主义”的转变；在体制层面，强化首相官邸的决策权，制定和修改相关法律法规；在行动层面，在防卫空间上取得了自本土向全球范围的拓展。冷战后日本国家战略的转变，既崇尚从思想观念层面予以突破，也注重依托本国的雄厚实力，以维护和平活动及为“国际社会做贡献”为名，紧密追随美国，在行动层面审慎地推进大国化步伐。

---

① 参见高兰：《冷战后日本对华外交的思想与实践》，新华出版社，2009，第199页。

（一）国家战略理念的嬗变

战后日本推行的“吉田路线”在冷战结束后面临前所未有的挑战，迫使日本不得不在国家战略定位上做出相应调整，以消除美国盟友的不信任，同时回应国内修正主义势力谋求国家自主性的诉求。冷战结束后，日本政界人士深刻地认识到，随着自身经济实力的增强，国家间相互依赖程度日益加深，日本不可能继续奉行此前独善其身的“一国和平主义”，而必须调整和转变国家战略，积极参与构建世界新秩序，才能有效地维护国家利益，进而提升自身在国际舞台上的地位。① 海湾战争之后，日本终结了所谓的“一国和平主义”，走上了一条参与维护国际社会和平之路，并开始将自卫队派遣到海外。

冷战后日本进行国家战略调整具有标志性的事件，是1993年小泽一郎在《日本改造计划》中倡导“正常国家论”。小泽一郎认为，在安全保障领域，“只有同美国保持步调一致，才是日本为世界和平做贡献最为合理且富有效率的对策”，提倡将“专守防卫战略”转变为“和平创新战略”。② 小泽辞去自民党干事长后，担任自民党“关于在国际社会发挥日本作用特别调查会”会长，围绕如何为国际社会做贡献展开讨论，认为日本今后应该转向讴歌“与国际社会协调，致力于推行维护世界和平秩序和世界经济繁荣”的“积极性、能动性和平主义”。由此，“关于在国际社会发挥日本作用特别调查会”提出的主张是，“若对宪法第九条赋予新解释的话，联合国为了维持国际社会的和平秩序，可以在集体安全保障的框架之内，以行使实力作担保，探讨日本参加联合国军的可能性”。③ 从当时讨论的具体内容来看，与今天围绕集体自卫权的论争有所

① 佐道明広『「改革」政治の混迷』、吉川弘文館、2012年、234頁。
② 小沢一郎『日本改造計画』、講談社、1993年、112-137頁。
③ 中野晃一『右傾化する日本政治』、岩波新書、2015年、88-89頁。

差异，始终采取以联合国为中心的集体安保框架。小泽认为，以往日本过多地纠结于“消极和平主义”乃至“一国和平主义”，在冷战结束的背景下应该及时转向“积极和平主义”，这完全符合宪法前言中的国际协调主义精神。这种由“消极和平主义”转变为“积极和平主义”的解释逻辑，最初由小泽倡导并确立。

小泽奉行的国际协调主义和联合国中心主义路线，明显是随着日本国家实力的不断增强，大国志向日趋强烈，体现了某种国家主义特质。尽管最终未能实现参加联合国维和部队的设想，但以维护和平活动为契机，通过参加联合国维和部队的活动，日本向海外派遣自卫队则稳步地推进开来。① 小泽虽然主张采取联合国中心主义，但将重点放在面向军事层面的对国际协调主义的扩大解释上。与此同时，在历史问题上倡导与亚洲诸国实现和解，也是贯彻其国际协调主义的重要一环。因此，20世纪90年代中期，日本推行的外交路线既注重发展日美关系，也重视与亚洲的和解，并具体体现在安保政策上。

冷战结束给国际格局带来的剧烈冲击，深刻地影响了日本的国家战略行为。日本开始考虑双重身份的战略定位，在政策取向上从“一国和平主义”转向“国际贡献”，认为彰显国家实力的途径不应仅仅停留在经济领域，而且要力争在军事领域有所作为。② 2001年1月，森喜朗首相在第151届国会上发表施政演说：“在迎来21世纪的今天，日本在外交上应该具备支撑国际体制的‘责任感和领导能力’，必须发挥我国的主体性，在国际上做出贡献。”③ 2006年，兼原信克表示：“日本必须从以消极和平主义为特征的战略转变为积极和平主义，从经济超级大国转型为政治超级大国，以赢得世界上其他国家的尊重，而且日本应该创造条件，

① 中野晃一『右傾化する日本政治』、岩波新書、2015年、90頁。
② 「検証戦後日本に戦略はあったか」、『朝日新聞』2006年4月23日。
③ 「森首相151回国会演説」、『読売新聞』（夕刊）2001年1月31日。

并按照自身的节奏实现这一转型。”①

所谓的“积极和平主义”，在日本政界最早是由小泽在痛批“专守防卫”而独善其身的“消极和平主义”和“一国和平主义”的过程中，作为其对立面提出来的概念。由于并无正式定义，其具体内涵也不断发生变化，这一概念力图通过改变宪法解释的方式推导出一个完全相反的结论。小泽构想的着眼点主要集中于在集体安保框架之内参加联合国维和部队。随着冷战后国际环境发生重大变化，联合国并未充分发挥相应功能，因此，日本政界人士对联合国寄予的期待感也日益淡薄，遂将关注的焦点转移至日本究竟在日美同盟中能够多大程度响应美国的诉求上来。②

参与制定国家安全保障战略的北冈伸一认为：“所谓的积极和平主义，是与消极和平主义相对立的。持消极和平主义观点的人士认为，日本的非武装化程度越高，世界就会变得更和平。”③ 更为明确地讲，安倍内阁推行“积极和平主义”的内在逻辑是：“日本通过不断强化军事力量进一步地武装起来，世界才会更和平。”④ 安倍内阁提出的“积极和平主义”，实际上是利用日本国民珍爱和平的心理，以和平主义之名掩盖军事主义之实，具有很强的迷惑性。安倍第二次执政后提出的“积极和平主义”，既与小泽的“积极和平主义”保持着一脉相承的共性，也有其自身的鲜明特征。安倍内阁的“积极和平主义”主要着眼于强化日美同盟以行使集体自卫权，将日本的军事力量投送至全球范围，进而实现日本的政治大国和军事大国梦想。

近年来，从第二次安倍执政期间直至步入后安倍时代，日本逐步树立全方位的防御理念。随着从战后时代向后冷战时代的时间推移，日本

---

① 「検証戦後日本に戦略はあったか」、『朝日新聞』2006 年 4 月 24 日。

② 中野晃一『右傾化する日本政治』、岩波新書、2015 年、183 頁。

③ 北岡伸一「経済教室」、『日本経済新聞』2014 年 1 月 9 日。

④ 柳澤協二『亡国の安保政策—安倍政権と「積極平和主義」の罠—』、岩波書店、2014 年、80-88 頁。

的防卫空间也经历了“本土防御”“周边防御”向“俯瞰全球”的大范围拓展。从空间范围来看，基本呈现出从最初以防御日本本土为核心而延展至全球的发展过程，由固守一隅转向俯瞰全球。与此同时，日本开始筹划寻求应对多种威胁替代系统的发展机会，开始探索追随美国通过选择构建“综合防空和导弹防御”（IAMD）的方式，不仅仅停留在弹道导弹防御层面，还会形成应对所有空中威胁的全方位防御理念，从而达到拓展防卫范围和提升攻击能力的战略目标。从战略与战术层面而言，注重强化多维度遏制能力。既往日本的安保战略重点集中在陆、海、空一体化协同作战层面，而进入2020年之后，日本政府在安保和防卫领域逐渐从资金和技术层面向太空、网络、电磁等领域加大扶持力度，通过在航空自卫队组建“太空作战部队”，扩充“网络防卫队”至290人，在陆上自卫队组建“网络系统防护队”和“电子战部队”等手段，同时还将建设太空态势感知系统，研发防区外电子战飞机、高能微波武器及高能激光武器，采购具备较强电子防护能力的F-35战斗机，提升F-15战斗机的电子战能力，以期多维度强化对敌作战的遏制能力。

（二）国家体制机制的建构

冷战结束后，日本国家决策体制也随之发生显著变化，一方面是由于日本国内政治势力分化组合，决策机构与程序也发生相应变化；另一方面是日本为适应在国际社会进一步发挥政治主导作用的现实需要亟待进行战略调整。日本过去以“自民党—财界—外务省官僚”为支柱的决策体制趋于解体，一种更加多元化的“多方参与、集中决策”的新体制正在形成。[①] 国家决策体制的多元化，主要表现为参与政党、参与部门及舆论的多元化。与此同时，居于国家决策体制核心的内阁，尤其是首相

① 参见梁云祥、应霄燕：《后冷战时代的日本政治、经济与外交》，北京大学出版社，2000，第204页。

的权限，则随着改革的不断推进呈现日益强化的态势，首相官邸主导政治引人注目。内阁和首相逐步摆脱过去自民党、财界和外务省官僚三角结构直接参与或影响决策的制约，在多元参与的基础上进一步强化最终决断权。

自民党通过不断加大政治改革力度，精简机构，降低各部门权限，权力更多地集中在首相官邸及首相个人手中，首相在主导国家战略走向方面逐步发挥重要作用。1996 年桥本龙太郎担任首相后，专门成立探讨政府职能和如何通过精简中央行政机构以加强首相官邸权限的“行政改革会议”，并亲自担任会长。2001 年日本实施中央政府机构重组后，首相的法定权限和辅佐体制得到进一步强化。2001—2006 年担任首相的小泉纯一郎是这一改革成果的首位受益者，小泉充分利用新增权力，在国内和对外政策方面推行了一系列激进改革。冷战后日本国家决策体制的集权化倾向，赋予首相前所未有的权限，为实现国家战略转型强化了领导功能。

冷战后，日本进一步构建安全战略体系，从国家安全、防卫体制、社会治安、自然灾害等不同层面，建立了多重安全应对机制和危机管理体系。同时，通过制定一系列法律法规，不断强化首相在安全应对机制和危机管理中的指挥权，提高了安保会议的地位与作用，旨在增强应对危机的能力。

1995 年 11 月，日本通过新的《防卫计划大纲》。大纲认为：“如果在我国周边地区发生对和平与安全产生重要影响的事态，遵循宪法和有关法令，根据情况需要适时地支持联合国的行动，并谋求顺畅而又有效地运用日美安保体制，采取适当对策。”以此为契机，大纲将日本的防卫范围由日本本土扩大到“周边地区”，将使用武力的时机由“遭到敌人入侵之后”提前到“日本安全受到威胁”之时。

1997 年 9 月 23 日，日美两国公布新《日美防卫合作指针》，将日美之间的军事合作分为平时合作、日本遭受武力攻击时的合作和发生“周边事态”时的合作。“新指针”中的日美军事合作原则属于两国政府之间的防卫安排，并无法律效力，某些地方甚至与日本既有的法律法规相抵触。鉴于此，日本加大了立法力度。1999 年 5 月，国会通过了“周边事态相关三法案”——《周边事态法案》《自卫队法修正案》《日美相互提供物资与劳务协定修正案》，2000 年 11 月通过了《船舶检查活动法》。这四部法案是日本为强化日美同盟、落实“新指针”量身定制的，法案的通过为“新指针”规定的日美防卫合作提供了法律保障。①

小泉纯一郎在首相任内制定了《反恐特别措施法》（2001 年），赋予自卫队在日本境外进行调遣的自由，使得日本能够在反恐战争期间部署自卫队支持在阿富汗和伊拉克的美军，自此从法律上逾越了限制日本军事行动的樊篱。事实上，由于日本对“和平宪法”的变通解释与宪法第九条之间存在差距，导致许多人要求修订宪法，以使宪法同现实相一致。② 2003 年 6 月，日本国会通过了“有事法制”相关三法案——《应对武力攻击事态法案》《自卫队法修正案》和《安全保障会议设置法修正案》。伊拉克战争爆发后，2003 年 7 月，日本国会众、参两院分别通过了《支援伊拉克重建特别措施法》。2004 年 6 月，日本又通过与“有事法制”相关的《国民保护法案》《支援美军行动措施法案》等七项法案。“有事法制”等相关法案的出台，凸显日美同盟进一步强化，表现出日本配合美国盟友进行全球“反恐”、应对紧急事态的战略动向，“日美同盟全球化”趋势日趋明朗。

2012 年 12 月，安倍晋三再度出任首相后，重新强化首相官邸在外交和安全保障方面的功能，进一步加强首相的决策能力。2013 年 11 月，日本国会通过了“国家安全保障会议设置法案”，12 月 4 日，日本“国家安全保障会议”正式启动。“国家安全保障会议”是以美国国家安全委员会为范本设立的机构，因而又被称为日本版国安会（NSC）。国安会的核

① 参见孙成岗：《冷战后日本国家安全战略研究》，解放军出版社，2008，第 121 页。
② 参见克里斯托弗·戈托-琼斯：《现代日本》，顾馨媛译，译林出版社，2014，第 112 页。

心是由首相、官房长官、外务大臣和防卫大臣组成的“四大臣会议”，其执行机构为内阁官房下设的“国家安全保障局”。国安会成为统筹有关日本外交、安全保障政策及国家战略的核心部门。此后日本以国安会所在的首相官邸为中心，迅速收集有关外交、安全保障等信息，辅助乃至做出重要决策。

2015 年 3 月，日本政府通过修订《防卫省设置法》的内阁决议，取消防卫省内文职官员相对于军职官员的优势地位，把对防卫大臣的辅佐权从“西服组”（文职官员）扩大到“制服组”（军职官员），表面上两者地位对等，实际上剥夺了文职官员对军职官员的制约权，这意味着在安全体制架构中，“制服组”将成为自卫队作战等各项行动的主导核心。日本政府声称，这项修订案有利于提高防卫省的决策效率和自卫队各项行动的效率。但日本学者批评指出，这项改革实际上重新确立了军职人员统领自卫队的优势地位，是对日本发动侵略战争历史教训的彻底否定。①

2015 年 9 月，日本国会强行通过十一部新安保法案，其中一部为全新立法，十部为修订法。“一揽子”法案涵盖了此前三套安保法律体系：一是“有事法制相关法”，二是“日美防卫合作指导相关法”，三是“海外派兵相关法”。新安保法正式施行后，日本行使武力的空间范围将会得到极大拓展。从“灰色区间事态”（介于平时与冲突之间的事态）、“武力攻击事态”、“重要影响事态”，到“存亡危机事态”以及“国际和平联合应对事态”，构成了一整套从日本本土到亚太地区乃至覆盖全球的事态应对法律体系，意味着日本单独或与其他国家合作通过武力参与国际安全事务的大门已然洞开。

2018 年 12 月，日本拓殖大学校长、前防卫大臣森本敏撰文指出：“为构筑多次元综合防卫力，有必要重新审视统合幕僚的应有状态，扩大

---

① 参见《日本修法废除防止自卫　恣意妄为的重要防线》，新华网，2015 年 3 月 6 日，http://www.xinhuanet.com/world/2015-03/07/c_127553534.htm。

统合幕僚长权限和扩充统合幕僚组织，开设统合幕僚指挥所，扩充预算，将横向领域、灰色地带事态的活动以及运输和补给等后方支援活动等统一起来，调整统合幕僚总括官制度。”① 显然，这一建议是试图从防卫机构层面增强协同指挥作战的综合统筹能力。

2020 年 3 月 20 日，自民党的“规则形成战略议员联盟”完成一份建议报告，要求日本政府效仿美国国家经济委员会，在首相官邸设立一个经济外交和安全保障领导机构。此举意在应对国际社会接连出现的一种情况，即企业数据因受网络攻击而被泄露，进而威胁到国家安全。国家经济委员会将是把经济和安保结合起来考虑进而制定战略的机构，能加强研讨有效对抗措施，包括对其他国家实施经济制裁等。

2020 年 7 月，日本防卫省发布新版《防卫白皮书》，宣布日本将制造新一代战机，装备无人潜航器，增强太空、网络和电磁战力量等计划，声称日本正在打造“真正有效的多维一体化军事力量”。在太空领域准备建立宇宙作战队体系和太空侦察体系。日本军方还打算加强网络和电磁空间的力量。为此采取的措施包括“购买拥有最强电子防御能力的 F35-A 和 F35-B 战机”。有关专家分析认为，日本早就在美国的协助下增强本国军力，其力量的进一步增强或成为地区不稳定的新因素。

2020 年 7 月，英国首相鲍里斯·约翰逊及下院外交委员会主席汤姆·图根达特等人积极主张让日本加入美国、英国、澳大利亚、加拿大和新西兰等英语圈五国结成共享情报的“五眼联盟”，对此，时任日本防卫大臣河野太郎在接受记者采访时表示有意深化与“五眼联盟”的合作，相关讨论在日本国内逐步升温。鉴于“五眼联盟”的主要功能在于情报合作，同时也是维护民主主义价值观采取共同行动的志同道合者，庆应大学的鹤冈路人对于日本加入展现出慎重态度：“‘五眼联盟’的前提不仅包含情报共享，还包括共享外交、安全保障和人权的价值，采取一致

① 「新防衛大綱は防衛政策に転機をもたらす」、『日本経済新聞』2018 年 12 月 24 日。

行动。日本如果要加入，则在人权等问题上能否对中俄采取更严厉姿态将受到考验。如果日本没有这一觉悟，则连强化合作都会遇到障碍。”①

纵观冷战后日本构建安全战略体系的演进路径，实际上是以配合美国的反恐战争为名，而行迈向军事大国之实。日本向海外派遣自卫队、参与联合国维和行动的真实目的，在于造成一种既成事实，设定一种先例，并通过及时构建国内法律体系，将在国际和国内获得承认的合法性资源予以法律化和制度化，最终形成和平宪法被架空的局面，以不为人所察知的隐蔽方式，将实现走向军事大国的国家战略转型引导成为一种水到渠成式的“合乎逻辑”的结果。

（三）国家防卫空间的拓展

冷战结束后，日本国家战略在防卫领域实现了空间范围的巨大拓展，呈现了由“本土区域—周边有事—俯瞰全球”的自本土向全球辐射的态势。1996 年 4 月，日美双方共同发表《日美安全联合宣言》，重点在于传递出了将《日美安全条约》中此前限定在“远东地区”② 的地理范围予以扩大的讯息。③ 以此为契机，日美同盟不断强化的动向日益显著。1999 年日本制定通过的《周边事态法》富有标志性意义，首先是在平时“日本有事”甚或日本“周边地区”有事之际，从日美两国共同发挥作用入手，通过双方的合作与调整，目标是将宪法第九条架空，容忍日本行使集体自卫权，也就是通过解除地理上的限制，自卫队事实上被整编至美军当中。2000 年 10 月，美国发表题为《美国与日本——面向成熟的伙伴关系》的报告（通称“阿米蒂奇报告”），进一步加快了这一进程。报

---

① 秋田浩之「スパイ同盟、険しい道まず『閣外協力』で」、『日本経済新聞』2020 年 12 月 22 日。

② 《日美安全保障条约》中的“远东地区”，主要指菲律宾以北以及日本及其周边地区，韩国和中国台湾地区也包括在内。

③ 斎藤貴男『ルポ 改憲潮流』、岩波新書、2006 年、86 頁。

告提出："禁止日本行使集体自卫权将制约美日同盟之间的合作，取消这一禁令，将能够实现更密切而有效的安全保障合作。"① 报告敦促日本宜尽快解禁集体自卫权。显然，小泉政府推进有事法制等诸项举措就是对该报告的积极回应。

苏联解体后，面对来自北方的威胁大幅度降低，日本自卫队也相应地获得了战略灵活性，开始考虑防备"朝鲜有事"的事态，其结果是诞生了新《日美防卫合作指针》。这一文件传递出的信息是，在对日本的安全保障带来影响的周边地区发生纷争之际，为履行和平与安全上的责任，可以对美军进行后方区域支援。制定通过新《日美防卫合作指针》及与之相关的法律后，日本在二战后首次超越了本土防卫范围，开始在关涉本国周边地区的和平与安全问题上担负一定责任。② 2001 年美国"9·11"事件发生后，小泉首相积极配合美国的反恐战略，向印度洋派遣了海上自卫队。其后，日本还向赴阿富汗作战的多国部队实施了供油活动。

小泉执政期间注重加强对美协调，走上了一条紧密追随美国的路线。小泉内阁时期的《反恐特别措施法》主要由官僚主导制定，虽然在表面上限定为"非战斗地域"，结果却是将自卫队派遣至正在进行战争的国家。日本不仅向美军针对阿富汗的塔利班开展军事行动提供合作，而且制定了通过《支援伊拉克重建特别措施法》。随后，日本派遣了大约千人规模的自卫队前往伊拉克，首开日本战时直接向冲突地区派遣自卫队的先例，并为日本在不经联合国授权和冲突当事国认可的前提下，实施向海外派遣自卫队开启了法理之门。小泉的这一应对不乏基于宏观立场的战略性判断，一方面起因于受"海湾战争的精神创伤"采取的"受强迫观念所驱使的行动"；另一方面，则暗含着以配合美国发动的战争为"名"，而行向海外派遣自卫队松绑之"实"。可见，不断增强自卫队在国际社会上的存在感业已在日本政界达成共识。值得注意的是，小泉内

---

① 中野晃一『右傾化する日本政治』、岩波新書、2015 年、105 頁。

② 兼原信克『戦略外交原論』、日本経済新聞出版社、2011 年、400 頁。

阁时期日本的国家战略走向引人注目，以小泉为首的政界人士打着反恐“旗号”，在奉行对美追随路线之下，不断推动自卫队的活动范围向本土之外拓展，日本的防卫空间以十分隐蔽的方式取得了较大程度的突破。

针对日本配合美国做出的安全防卫方面的努力，2007 年 2 月，美国公布的第二份“阿米蒂奇报告”——《美日同盟：引领亚洲沿着正确方向走向 2020 年》对此评价道：“日本派遣自卫队到印度洋支持‘持续性行动’、到伊拉克地区帮助重建，这些举动表明日本积极主动做出贡献已大大超越了东亚这一地理范围。日本对海外事务的积极参与，更好地反映出日本积极参与全球事务的热情，有助于减少过去美日关系中一直存在的安全等级色彩。”① 安倍第二次上台执政后，日本的防卫战略呈现出更加鲜明的“俯瞰全球”态势，既注重防卫领域的空间范围突破，也着重加强国内相关法制的内功“修炼”。安倍内阁的主要策略是，以日美安保体制和“国际贡献”为杠杆，将宪法第九条的制约进行分阶段剥离，不断增强防卫力量，参加联合国维护和平活动，将自卫队派遣至“非战斗地域”，认可行使集体自卫权，以“正常国家”为目标加以逐步推进。② 这种动向不仅停留在对外层面，在国内层面也伴随着限制国民的权利和自由，面向打造“可战之国”完善有事法制（《武力攻击事态法》和《国民保护法》等），加强治安立法等（《通信监听法》和《特定秘密保护法》）。

2020 年 12 月 7 日，美国政策研究机构战略与国际问题研究中心（CSIS）发表超党派有识者制定的关于日美同盟的建议书第五份“阿米蒂奇报告”，这份报告题为《2020 年的美日同盟——一个带有全球议程的平等联盟》。报告指出，为了让日本加入“五眼联盟”，日美应该认真努

---

① Richard L. Armitage and Joseph S. Nye, “The U. S. -Japan Alliance: Getting Asia Right through 2020,” in *Report of Center for Strategic and International Studies*, Washington, D. C., February 17, 2007, pp. 1-20.

② 中野晃一『右傾化する日本政治』、岩波新書、2015 年、16 頁。

力。报告认为中国一直尝试变更现状，因而将中国定位为安全保障领域的最大课题。报告声称为对抗中国等国的威胁，日美比以往更加需要彼此，要进一步强化同盟关系。报告撰写者之一美国前助理国防部长约瑟夫·奈明确表示："如果美国和日本合作，我们可以影响有关环境，而中国的实力是在这种环境中增长的。我们的联盟将远远超出安全范畴……在技术和经济援助方面，在为对抗中国'一带一路'倡议的基础设施方面，你会看到日本的领导地位至关重要。"① 可见，从当前美国各界的联盟认知来看，对于日本在维护和巩固其在印太地区的战略优势寄予厚望。

菅义伟内阁延续了其前任安倍晋三的路线，2021 年的新防卫预算实现连续 9 年增长。这些预算主要用于购买隐形战机、保护岛屿的防御武器和用于向敌方基地发动先发制人打击的远程导弹，新内阁秉持着把日本变成独立军事大国的方针。防卫大臣岸信夫毫不含糊地指出，"这种武器首先是为了对抗中国在海上越来越具有的挑衅性行为，特别是在中国声称拥有主权的岛屿区"。②

从日本发布的 2020 年版《防卫白皮书》的核心理念来看，日本的安保战略和防卫政策呈现出鲜明的外向型和攻击性的显著特征。一方面，日本重视塑造拥有"对敌基地攻击力"，从而改变既往在日美军事一体化层面仅仅充当"盾"的角色，而转化为富有进攻性的"矛"的攻击能力；另一方面，随着安倍内阁于 2014 年以"防卫装备转移三原则"取代"武器出口三原则"，这一举措为日本军工产业走向国际市场奠定基础，日本试图利用在高端武器技术零配件等方面的优势，通过寻求与美国的军事技术合作，试图在国际军工市场中分得一杯羹。

近年来，日本在安保领域和防卫层面动作频频，日益偏离长期以来的"专守防卫"的发展路线，更多地体现出一种主动性、自立性和进攻

---

① 「日本も『五眼連盟』に参加 情報を共有する」、『読売新聞』2020 年 12 月 8 日。

② 弗拉基米尔·斯科瑟列夫：《东京在中国和朝鲜寻找战略目标》，［俄］《独立报》2020 年 12 月 22 日。

性的特征，对于东北亚地区的和平与稳定而言，这种消极的发展态势绝非地域安全合作的福音。

从冷战后日本国家战略的演进轨迹来看，日本政界人士的施政理念发生了从被动消极转为主动积极的显著变化，并且大多以维护和平活动和为国际社会做贡献为名，旨在彰显在国际社会的存在感，提升政治层面的话语权。同时，在军事层面主要通过拓展自卫队的活动范围进行实质性突破。由于和平宪法的约束，向海外派遣自卫队受到严格限制，日本则通过回应美国分担防卫责任的诉求，以及配合美国发动的一系列所谓“反恐战争”予以跟进，依托自身的经济实力，不断增强政治影响力和军事威慑力。显然，冷战后日本国家战略转变的战略意图及终极目标在安倍第二次执政后体现得较为明显，加快了架空宪法第九条及迈向军事大国化的步伐，这一动向不能不引起世人的关注和警惕。

二、安倍及后安倍时代日本的大国化战略

安倍第二次上台执政后推行的大国化战略，承袭了冷战结束以来日本政府谋求实现国家战略转型的政治遗产。一方面，安倍内阁继承了自民党既往的执政路线，试图突破和平宪法对日本的制约和束缚，力争将日本的政治能量和军事实力释放出来，将过去执政者想做而不敢做甚至不具备条件做的一系列内外政策，利用自身任内所具备的有利条件，实现了国家战略转型的大幅度跨越；另一方面，安倍内阁之所以能够大刀阔斧地进行实质性变革，主要得益于冷战结束以来日本国内推动的诸项改革，无论是1994年推行的小选区比例代表并立制导致的自民党一党独大，还是首相主导权的不断强化，使得内阁首相拥有前所未有的权力。若没有这些改革成果做铺垫，即便安倍本人具有强烈意愿，国家战略转型也不会如此顺畅地进行。冷战后日本的国家战略转型以安倍第二次执

政为临界点，经历了由此前“渐进式积累的量变”向“跨越式突破的质变”的转换。

（一）安倍内阁推行大国化战略的逻辑起点

安倍内阁在推动日本国家战略转型上处于承前启后的位置，一方面着力应对国家战略转型中的挑战和危机，另一方面试图在构建“强大的日本”的国家蓝图上有所作为。佐道明广分析指出：“日本在‘1955年体制’时代将安全保障这一关乎国家根基的问题托付给美国，结果造成在事关重要外交问题上的自身判断力遭到削弱。如何面对实力不断强大的中国，如何有效管理与美国的同盟关系，是日本必须认真考虑的重要问题，日本进入了应该制定相应战略的时期。”①

安倍内阁推行大国化战略的逻辑起点是，在谋求国家自主性和独立性的基础上，寻求有效处理与盟友美国及近邻中国之间关系的途径。因此，安倍内阁自觉地承担并推进保守统治层20世纪90年代以来一直期待而尚未完成的两大改革。第一项是转变战后日本的安保政策。日本试图达成的目标是，自身并非仅仅从属于美国，而是能够及时响应美国的相关诉求，将自卫队派往海外，积极维持美国主导的世界秩序。“这一改革的着眼点在于转变战后军事上的‘小国主义’，可将其称为‘军事大国化’”。② 第二项改革集中在经济领域，安倍内阁重启新自由主义改革，主要增加两方面内容：一是推行“安倍经济学”中的“强化产业竞争力”路线，二是继承历来的“撤销规制、小政府”路线。通过两条路线的齐头并进、紧密配合，旨在将日本打造成“在世界上最适合企业开展活动的国度”。日本学者渡边治等将安倍推行的这一改革命名为“构建全

① 佐道明広『「改革」政治の混迷』、吉川弘文館、2012年、235-236頁。

② 渡辺治・岡田知弘等『〈大国〉への執念　安倍政権と日本の危機』、大月書店、2014年、5頁。

球竞争大国”，改革目标是谋求增强本国跨国企业的竞争力，实施对既存的政治与经济体制向大企业本位方向转变。①

安倍内阁推进的“军事大国化”，并非如战前日本一般单纯地扩充军事实力，而是以强化日美同盟的方式，通过加强与美国的合作，从而行使集体自卫权。结果导致安倍内阁的大国化战略始终崇尚对美从属——在日美同盟体制的框架内持续推进。

安倍显然认识到，谋求“军事大国化”势必以强大的经济实力做支撑，这也正是安倍大张旗鼓地在国内推动新自由主义改革的原因所在。因此，对于安倍而言，无论是财界鼎力支持的新自由主义改革，还是“安倍经济学”，都是构成军事大国基础的要素，具有增强军事实力的重要意义。因此，安倍在很大程度上是将经济政策和“安倍经济学”基于政治主义的目标加以审视和考量的。譬如，安倍在与百田尚树对谈时表示，“通过经济复兴构建强大的日本”，“若无强大的经济，日本的存在感将在世界上不断降低，由此也会丧失外交力，防卫力也会进一步弱化”。②

实际上，无论是安倍内阁在经济领域推动的新自由主义改革，还是颇具安倍色彩的承认行使集体自卫权的动议，甚至着力推进的“军事大国化”政策，都是安倍在整合冷战后日本诸项改革成果基础上进行的实质性突破。因此，“安倍以其特有的个性，有效地将保守统治层刻意追求的两大课题合二为一地汇总为‘大国化’的统一目标，通过自身的坚定信念予以推进，其中也暗含着保守统治层对安倍个人寄予的强烈期待”。③

（二）安倍内阁推行大国化战略的目标指向

安倍内阁推行大国化战略的目标指向十分明晰，主要通过强化日美

---

① 参见渡辺治、岡田知弘等『〈大国〉への執念　安倍政権と日本の危機』、21 頁。

② 安倍晋三・百田尚樹『日本よ、世界の真ん中で咲き誇れ』、ワック、2013 年、28 頁。

③ 渡辺治・岡田知弘等『〈大国〉への執念　安倍政権と日本の危機』、21 頁。

同盟体制，拆除一系列束缚自卫队向全球范围拓展的障碍，将近邻中国想象为“假想敌”，通过日美联手的途径对中国进行全方位的围堵和遏制，最终达成其构建“强大的日本”的终极目标。

安倍内阁的施政目标，主要是在安倍首相主导下，在继承自民党乃至民主党时期执政路线的基础上，依靠外务省、经济产业省等官僚群体的鼎力支持，实质性地推进日本的国家战略转型。主要群体是以外务省官僚为核心的新日美同盟派，也被称为“新主流派”，核心成员是柳井俊二、谷内正太郎及兼原信克等，这一集团主导安倍内阁制定安全防卫政策。经产省官僚出身的首相助理今井尚哉、经济产业政策局长菅原育郎等新旧经产省官僚，以及财务省部分成员，还包括滨田宏一、本田悦朗及竹中平藏等新自由主义学者，这一群体主要负责制定并推行新自由主义经济政策。右翼保守势力的主要成员是卫藤晟一、萩生田光一，还包括下村博文、高市早苗、山本一太、新藤义孝、古屋圭司、稻田朋美等鹰派国会议员。①

金融危机之后，美国经济形势恶化，财政状况日益窘迫，于是向日本提出谋求建立更为对等的关系。谷内正太郎认为：“值此之际，日本不应再抱有‘被美国抛弃之恐惧’的想法，相反，应该视为将片面防卫关系发展为对等关系的绝佳机会，致力于强化同盟关系。同时重新审视有关集体自卫权的解释，在日美安保和国际和平合作中，日本应该在军事层面进一步加强与美国合作。为了坦率地向美国申明自身主张，日本有必要在安全保障层面变成对美国而言更为值得信赖的国家。”②

在安倍内阁的外交及安保智囊团中，谷内正太郎居于核心地位，从其思想理念里也可管窥安倍内阁的国家战略。谷内思想理念的第一个特征，是以日本的大国化为目标。他主张为确保日本独自的国家利益，应该制定明晰的国家战略。始终贯穿于谷内外交生涯中的问题意识就是

---

① 渡辺治・岡田知弘等『〈大国〉への執念　安倍政権と日本の危機』、36、51–52 頁。
② 谷内正太郎・高橋昌之『外交の戦略と志』、産経新聞出版、2011 年、119 頁。

“在国际舞台上谋求国家利益”。尽管谷内也认为应该强化日美同盟，但其更强调的是，日美同盟仅仅是日本推行国家战略的重要手段，而非终极目标。这一思想与冷战时期外务省内居主流的对美依存主义有着明显不同。谷内认为：“若‘消极主义’在国力衰颓时代尚可勉强维持的话，作为大国付诸行动就必须体现为‘积极主义’，才能称其为战略。”① 由此可以看到安倍内阁倡导的“积极和平主义”的思想原型。谷内思想理念的第二个特征，是主张日美同盟的强化与“对等化”。“对等化”并非放弃对美从属，而是为强化日美同盟出力流汗，在此框架下谋求“对等化”。谷内认为“对等化”的主要障碍就是和平宪法的制约，其不仅影响日美同盟，也成为大国化进程中加强“国际和平合作”的枷锁。谷内思想理念的第三个特征，是通过解释的方式承认集体自卫权。谷内认为只有在行使集体自卫权之后，日美“对等化”才具备实现的可能性。“以集体自卫权问题为首，日本在开展国际和平合作时，尽可能地消除宪法上的制约，才能更加积极地与美国开展合作”。②

值得关注的是，谷内虽然也主张修改宪法第九条，但考虑到明文修宪的困难，因此采取解释修宪的迂回方式。正如谷内所言：“我认为应该修改宪法，但政治状况尚未成熟。因此，有必要首先对宪法重新解释。”③ 这是谷内在第一次安倍执政时期“安保法制恳谈会”上提出的主张。这一解释修宪战略最终成为安倍第二次上台执政后的具体施政目标。

日本学者渡边治等评价指出：“安倍政府拥有历代政府所不具备的野心——日本通过与中国的对峙以实现‘大国化’及‘军事大国’目标。”④ 安倍为增强国家凝聚力习惯应用的政治手法是，通过渲染来自他国的武力攻击和侵略威胁，从而构建“他国—日本及国民”的对立图式，

① 谷内正太郎・高橋昌之『外交の戦略と志』、産経新聞出版、2011 年、23-24 頁。
② 谷内正太郎・高橋昌之『外交の戦略と志』、産経新聞出版、2011 年、107 页。
③ 谷内正太郎・高橋昌之『外交の戦略と志』、産経新聞出版、2011 年、136 页。
④ 渡辺治・岡田知弘等『〈大国〉への執念　安倍政権と日本の危機』、5 頁。

旨在达到动员民众的目的。安倍的国家观深受其外祖父岸信介的影响，认为“国家是为国民的自由和权利做担保”，其特征是通过设定具体的敌人，并与之对抗，从而激发国民对国家的认同感。安倍继承了岸信介的“敌对型”国家观，“这一国家观的动力机制在于迫切寻找与自身相对抗的对手，安倍遂将国外目标锁定为正在崛起的中国、不断进行核试验的朝鲜，国内目标则定为拥有社会主义思想的工会及其所支持的政党”。① 2005年7月，安倍晋三在担任自民党代理干事长发表演讲时指出：“思考中国问题，不能仅考虑日本和中国，有必要从全球层面予以俯视。首先应将日美关系发展为更加稳固的同盟关系，构筑信赖关系，不给对方以可乘之机。”②

在安倍政府制定并通过一系列法律、赋予自卫队以更重要角色的同时，2015年的《防卫白皮书》强调：“中国是令地区紧张局势升级的威胁之一。”白皮书通过炒作“中国威胁论”，大力渲染紧张气氛，为制定并通过新安保相关法案、加强防卫体制、强化日美同盟寻找借口。白皮书中不断重复“安全环境日益严峻，中国已成为最大威胁”的论调，实际上是为扩充军事力量做铺垫。

（三）安倍内阁推行大国化战略的绩效评析

通常而言，构建现代大国的合法性与正当性的途径无非两种：其一是如德国一般，通过否定自身在二战时的战争侵略行为进而确立现代大国的位置；其二是重视连续性，将自古以来的传统正当化并作为国家的立足之基。显然，后一种途径试图对战争侵略行为加以美化和修正，这种大国化往往被视为复活战前的帝国形态。“日本并未像德国一样全面否

① 柿崎明二『検証安倍イズム—胎動する新国家主義—』、岩波書店、2015年、169-170頁。

② 安倍晋三「日本の国家戦略」、『アジア時報』2005年9月号。

定战前的政治和行动，与战前断绝开来。作为日本国家统合象征而被拥戴的天皇，也是曾经统率过大日本帝国的天皇。正因如此，保守派政治家也就不可能彻底否定其前辈在二战时期的一系列举动”。①

从日本的国家体制而言，战后政治家的施政理念依然保留着与战前一脉相承的连续性。以安倍为首的保守派政治家具有强烈的“明治情结”，复归战前的大国梦想，始终是他们矢志不渝的追求目标。只不过由于受和平宪法的约束以及革新阵营的有效制衡，这种蛰伏于保守派政治家内心深处的大国信念留存下来，一俟外在约束条件松懈，这种复古型大国主义信念就会体现在政治家的行动上。安倍内阁倡导构建“强大的日本”的口号，即是大国化战略的具体表现。

安倍内阁推行的大国化战略，富有鲜明的“军事化”和“复古型”色彩，极大地影响了日本的国内政治生态。从国内层面而言，围绕宪法和教育、治安等国家和个人的关系等问题，个人的权利和自由受到某种程度上的限制，国家的权威和权限则呈现扩大之势。当前日本政治中引人注目的现象是，“容忍不平等和阶层间差距扩大”，“限制个人自由与强化国家推行的秩序管理”，“重视依靠军事力量进行抑制”以及“历史修正主义和排外主义主流化”等，体现了日本政治右倾化不断加剧的态势。“即便是在外交及安保政策层面，也从以往的以日美安保为基轴、贯彻专守防卫的和平主义以及与中国和韩国等亚洲邻国和解的立场上脱离开来，日益蜕变为历史修正主义主流化，并逐步向打造能在海外参加战争的国家方向演进”。②

在安倍内阁构建“强大的日本”的总体目标下，国家功能呈现收缩或扩张的态势：一方面，为顺应全球化的发展潮流，国家功能进行相应收缩，在经济领域放松管制，实施新自由主义改革，以及向地方分权等；另一方面，则是国家功能的扩张和强化，注重向国民灌输对国家的认同

---

① 渡辺治・岡田知弘等『〈大国〉への執念　安倍政権と日本の危機』、19頁。

② 中野晃一『右傾化する日本政治』、岩波新書、2015年、7頁。

感，加强对国民的监管与控制，甚至不惜动用国家权力侵入国民的私人领域。安倍内阁制定通过的《特定秘密保护法》等，可能会蕴含着国家主义极端化的风险。

（四）后安倍时代日本大国化战略的新动向

后安倍时代的菅义伟内阁继承了安倍的外交路线，2020 年 9 月 16 日，菅义伟首相在举行的记者会上表示，他的使命是"继承并推进安倍政权的政策"，并"全力应对新冠肺炎疫情、促进经济复苏"。围绕外交问题做出如下表态："面对日益严峻的国际环境，我认为我国应以有效的日美同盟为基础，发展政策。为了捍卫国家利益，在推进'自由开放的印太战略'同时，与中俄等邻近国家构建稳定的关系。"① 自由开放的印太战略（FOIP）是安倍晋三首相在 2016 年提出的外交战略，核心内容包括重视印度作用、加大对非洲投资等，体现出在维护并强化以美国为主导的现有秩序的同时，强化日本在印太地区的存在感与伙伴关系。

2020 年 6 月，日本政府以放弃部署陆基"宙斯盾"系统为契机，开始研究是否需要拥有对敌基地攻击能力。安倍晋三首相在 9 月 11 日卸任前的最后一刻发表"首相谈话"，敦促在 2020 年底前出台有关导弹防御的安全保障政策新方针。据防卫省相关人士透露，美国从加强对中国威慑的视角出发，对日本研究拥有攻击能力表示了欢迎和期待。日本政府一直以来主张，当敌人着手对日本发动导弹攻击之时，宪法上是允许日本实施对敌基地攻击的。但是，出于依赖美国的打击能力更为有利的政策判断，日本并未真正保有对敌基地的攻击能力。防卫研究所防卫政策研究室室长高桥杉雄提出阶段性提高相关能力予以应对，把困难的目标拜托给美军，自卫队应当具备攻击敌方导弹基地、雷达设施和司令部等

---

① 鞠峰：《当上首相后菅义伟这么谈对华政策》，观察者网，2020 年 9 月 16 日，http://app.myzaker.com/news/article.php?pk=5f6222f28e9f09747964d356。

固定目标的能力。①

然而，2020 年 11 月 8 日，根据《每日新闻》报道披露，日本首相菅义伟在国会发表演说时表示：前任首相安倍晋三关于保留对敌基地攻击能力的谈话不具备任何效力，明确否定了安倍的这一政策设想。菅义伟自就任首相以来，面临着重大的国内外压力：一方面，他要保持安倍晋三时期的政策，从而获得更多支持；另一方面，菅本人并不甘心做一个“提线木偶”，希望自己可以摆脱安倍晋三的影响，这一发言显然就是对安倍干涉政治的一种反击。安倍晋三所提出的突破和平宪法、升级军力等相关言论，均是希望能够让日本拥有远程攻击导弹等军事力量。但是，菅义伟通常被认为是温和派，这种相对激进和冒险的政策是他不愿意实行的。与此同时，菅义伟也有着自身的政治抱负，希望能够留下具有自身特色的政绩，而不是一直受到前任安倍晋三的控制和影响。

三、冷战后日本国家战略调整面临的困境

冷战结束后，面对国际局势的剧烈动荡局面，日本国内也随之进行艰难的国家战略转型。日本在海湾战争中的表现遭到美国等的质疑，对长期以来日本人的国家观念形成巨大冲击，严重动摇了以和平宪法为核心的国家认同。全球化的时代洪流，不断冲蚀和瓦解着民族国家的疆界，传统的民族国家面临着一系列难以应对的困境。日本当然也不能置身事外，出现了诸多亟待解决的课题，诸如如何保持自主防卫与对美依存的平衡，如何化解经济全球化与政治保守化及文化本土化之间的抵牾，如何保持开放性又避免封闭性，等等。对于日本而言，化解上述困境的过程，既是冷战后实现国家转型亟须解决的重大课题，也关乎今后日本的

① 「米国『中国を威嚇する矛』として抜け穴を残す」、『読売新聞』2020 年 11 月 1 日。

国家战略走向。

（一）自主性与依附性的纠结

冷战后日本相应地调整了国家战略，国家自主性意识不断增强，但在制定外交政策时，依然奉行对美追随路线，不断强化日美同盟，在践行国家战略过程中难以消除其依附性色彩。

20世纪90年代初期，日本政界人士倡导“日美欧三极论”，体现了谋求自主性的初步尝试，继而出现的“美国霸权稳定论”和“日美主导东亚论”等设想，意味着日本选择了一条以崇尚自主为特征的外交路线。以1996年4月17日桥本龙太郎与克林顿签署发表《日美安全联合宣言》、“重新定义”日美同盟为标志，日本重新回归追随美国战略。① 日本调整了“日美欧三极”主导国际新秩序的大国路线，转而采取通过维护美国的霸权地位，以谋求自身在东亚地区充当主导性大国的途径。

虽然日本积极谋求自主性，探索摆脱美国走上自主防卫之路，但由于受诸多因素的影响和制约，效果并不明显。寺岛实郎认为：“日本必须放弃‘亲美国家’的认同，才能建立起‘真正的独立性以及自尊’。”② 1999年，石原慎太郎当选东京都知事后，深入研究如何修改“美国强加的宪法”，并支持自主防卫。2005年末，他又提出：“日本需要认识到自己所盲目信仰的美国军队的根本弱点，必须准备在危机中能够独立防御……美国不能赢得与中国的战争，也不会因为保卫日本而打这场战争。”③ 2000年，森喜朗首相私人咨询机构撰写的报告明确指出：“依靠美国维护日本的安全，在冷战期间成为根深蒂固的习惯，这降低了日本

---

① 参见杨伯江：《战后70年日本国家战略的发展演变》，《日本学刊》2015年第5期。

② 转引自理查德·J. 塞缪尔斯：《日本大战略与东亚的未来》，刘铁娃译，上海人民出版社，2010，第170页。

③ 石原慎太郎「米国が勝つできない」、『産経新聞』2005年12月5日。

的国际责任感以及自我决策的能力。”①

2013 年 1 月，安倍晋三首相在施政演说中呼吁，无论是个人还是国家，丧失了“依靠自身力量发展”的信念都不会拥有美好的未来，建立“强大的日本”不能依赖别人，只能靠日本自己。② 在同年 2 月发表的演说中，安倍引用福泽谕吉提出的“一身独立则一国独立”的名言，再次强调“如果不抛弃依附别人的心态，不具备开创自身命运的意志，日本就没有未来”。③ 尽管安倍拥有无比强烈的谋求自主性的意愿，但从其后推行的内外政策来看，并未脱离追随美国的“窠臼”，也未找到根治对美依附性“痼疾”的良方。

实际上，制约日本增强自主性的现实因素异常复杂，正如兼原信克分析指出的：“连维持通常兵力都勉为其难的日本，大概不具备完全从零开始构筑独自开发核武器和侦察卫星系统的财政余力。将来若大幅度地提高消费税率、进行彻底的财政改革则另当别论，不过，当前的日本尚不具备那样的实力。财政窘迫与少子老龄化的叠加，成为那些持有日本应该实施自主防卫论调的政治家们应该深思的问题。”④

“9·11”事件后，小泉政府改变了对未来世界秩序的多极化设想，认为“国际关系正向着以美国为中心的方向演进”，因此，日本的对外战略也应进行相应调整，以期利用美国的霸权地位，谋求日本的国家利益。⑤ 日本缘何紧密追随美国，曾任防卫大臣的森本敏的观点很有代表性：“日本要在亚洲进而在国际社会彰显存在感，排除中国干涉以亚洲主要国家身份发挥重要作用，至关重要的一点，就是要使美国参与到亚太

---

① 参见理查德·J. 塞缪尔斯：《日本大战略与东亚的未来》，刘铁娃译，上海人民出版社，2010，第 2 页。

② 「第 183 回国会における安倍内閣総理大臣所信表明演説」、http://www.kantei.go.jp/jp96_abe/statement2/20130128syosin.html，访问日期：2016 年 11 月 1 日。

③ 转引自李建民：《日本战略文化与“普通国家化”问题研究》，人民出版社，2015，第 165-166 页。

④ 兼原信克『戦略外交原論』、日本経済新聞出版社、2011 年、314 頁。

⑤ 日本防衛省編『防衛白書』、大蔵省印刷局、2004 年 3 月。

地区中来。不管是东亚共同体还是亚太地区的其他制度框架，只要没有美国的参与就无法运转。必须把美国拉进来，让它尽量发挥参与作用，除此之外，日本别无他法。”①

自“9·11”事件后，日本推行的对美追随外交不断强化，自主性受到削弱，依附性日益显著。对此，曾任防卫厅官员的西川吉光有着犀利的批判，“在自民党长期政权统治之下，依循惯例和保持连续性的官僚机构的逻辑居于支配地位。不经意之间，迎合美国成为外交的主要目标，不让对美关系掀起波澜成为官僚升迁的便捷途径。亲美姿态堕落为对美追随，本来是应该自身行使的权力却让渡给美国，对同盟国的依附性不断增强，导致日本的外交自主性受到侵害，交涉能力也趋于弱化”。②

冷战后日本国家战略的转变，一方面试图通过加强自主防卫以谋求自主性与独立性，然而，事与愿违，由于多重因素的制约，日本的自主性很大程度上受到限制；另一方面，日本的国家战略与强化日美同盟绑定在一起，对美依存程度日益加深。日本纠结于自主性与依附性的两难之间，进行着艰难的国家战略转型。

（二）全球化与本土化的冲突

由于全球化具有瓦解民族国家认同的意义，因而“国家的退却”问题备受关注，这种状况对于民族主义政治家们而言难以容忍。顺应全球化动向并制定相应政策的政治家，又对全球化表露出民族主义的态度，是非常奇特的现象。但如果考虑到全球化是难以抗拒的力量，那么出现这种现象也就不必大惊小怪了。换言之，他们既不得不引领政治顺应全球化潮流，而又无法抑制自身的民族主义情感。③ 日本作为经济大国，且

① 森本敏「日米同盟を強化する国家戦略の中核となる」、『産経新聞』2006年1月1日。

② 西川吉光『日本の外交戦略』、晃洋書房、2012年、148-149頁。

③ 参见五十岚晓郎：《日本政治论》，殷国梁、高伟译，北京大学出版社，2015，第33页。

与超级大国美国结成同盟关系，尤其是在“9·11”事件后，日本为美国在阿富汗作战提供支援，向伊拉克派遣自卫队等，强化了参与“全球化安全保障”的姿态。但是，这种动向明显与战后日本采取的和平主义、自卫队遵循的专守防卫原则及国民共识相违背。“日本政府在经济等方面肯定全球化，然而，由于国家权力以及国家认同正在不断消退，有的政治家表现出了民族主义的反抗，呈现出回归本土化的迹象。这种倾向尤其影响到与亚洲邻国的关系，如何解决这一问题成为当今日本政治的重要课题”。①

20世纪90年代初，日本人热衷于讨论“国际化”。本来“国际化”是掌握世界霸权的美国强加给日本的，现在日本却变被动为主动，反而以“国际化”或“全球化”为手段，追求“经济大国”“政治大国”乃至“军事大国”的目标。② 2001年“9·11”事件后，美国主导发动了反恐战争，并发布安全保障全球化宣言，日本政府对此积极支持并向海外派遣自卫队。但是，“全球化所造成的危机不仅仅包括恐怖活动，还有全球气候变暖、金融危机、海盗、毒品和传染病等问题，这些问题显然并非单靠国家的军事力量就能解决。然而日本却并不这样认为，而是始终坚持以国家为中心保障安全，不断动员军事力量，这将使日本在应对危机方面处于落后状态”。③

冷战结束后，日本政界人士为应对全球化挑战进行了一系列改革，关键在于，有关改革的目标——最终构建什么样的国家并未进行认真讨论。小泽一郎的《日本改造计划》体现了构建新时代日本国家蓝图的努力，桥本首相推动改革的目标呈现了从国家整体上通盘考虑的态势。但是，由于桥本内阁遭受严厉批判，其改革目标仅仅实现了一部分。小泉内阁的结构改革实施至最后，首相本身也并未提及改革的总体蓝图，改

① 五十岚晓郎：《日本政治论》，殷国梁、高伟译，北京大学出版社，2015，第5页。
② 参见许介鳞：《日本现代史》，台北：三民书局，1991，序言。
③ 五十岚晓郎：《日本政治论》，殷国梁、高伟译，北京大学出版社，2015，第34页。

革的结果最终将日本建设成什么样的国家也不明朗，无疑，小泉并未基于国家论的视角对此进行规划和设计。安倍内阁似乎从国家论层面进行了考量，但由于政治上的不成熟在第一次执政期间遭遇挫折。

安倍第二次执政后，在面对全球化与本土化之间的冲突时，推行的内外政策具有鲜明的复归战前的国家主义色彩，安倍的大国化战略体现在“为强化全球化竞争力进行国民总动员”，在民族国家框架之内不可能放弃民族主义，对于安倍而言，“为实现构建‘全球竞争大国’的目标势必会驱使民族主义”。因此，除了依靠右翼国家主义，更无其他有效手段。这也正是安倍内阁不得不紧密依赖右翼国家主义不肯放手的重要原因。①

无疑，本土化中的民族主义具有“内聚性”与“外斥性”的双重向度。所谓“内聚性”，是指大众对于族群、民族和国家保持的一种朴素、持久而感性的观念，政治家往往对这种情感进行有意识地培育、激发及利用，达到强化国家统合的目的。以安倍为首的保守派政治家致力于“摆脱战后体制”的束缚，从国内层面而言，将“爱国主义”和“民族主义”作为精神支柱，通过彰显“值得骄傲的历史与传统”，本质上试图从文化角度唤起民众支持。日本执政者之所以注重挖掘本土化的传统文化资源，目的是以此为突破口，激发日本国民的爱国情感和民族意识，寻求一种内在的凝聚力和向心力，增强日本国民的国家观念，从而为在世界上谋求与其经济实力相匹配的政治大国地位奠定稳固的民意基础。所谓的“外斥性”，是将民族主义作为凝聚国内共识、寻求外在敌对“他者”予以对抗的动力装置，当一个民族面临所谓的外部“危机”或“威胁”时，社会中的不同派别乃至大众的民族主义情绪被调动起来，将会形成同仇敌忾的气势，政治家即会有效地利用这种强大的政治能量，为自身的国家战略转型服务。

---

① 渡辺治・岡田知弘等『〈大国〉への執念　安倍政権と日本の危機』、大月書店、2014年、340 頁。

面对全球化与本土化之间的冲突，安倍内阁的应对方式是，一方面顺应全球化的发展潮流，基于全球视野不断增强日本在国际社会的政治影响力，彰显其军事层面的存在感；另一方面又热衷于从本土化的民族主义情绪中汇聚能量。日本的政治合法性十分仰赖本土文化的作用，通过激发国民的本土意识和爱国情感，进而达到动员民族主义情绪的目的。正如汤林森所言，这种做法“在政治上产生的效果或许是点燃了另一种文化支配的形式……通过建构文化‘他者’（other）甚或是‘敌人’的论述，依靠民族国家的疆界作为凭据，任何一种文化势力，只要能够自行宣称代表‘民族国家’，或是通过巧妙手腕以民族国家的姿态发言，都能从中得到负面而虚假的合法性”。[①] 日本保守派政治家即是通过坚持对本民族“独特性”的大力宣扬，旨在为构建“强大的日本”赋予正当性与合法性的依据。

面对冷战后美国一如既往地对日本的支配，昔日弱邻中国的不断崛起，日本的民族危机意识空前强烈，“所谓‘新明治意识’的扩张性与对本国政治、经济的内在改革要求结合在一起，构成了冷战后日本社会政治生态的强烈色彩”。[②] 在冷战后日本进行国家战略转型的过程中，将中国视为“竞争对手”，无非就是通过将近邻国家描绘成“敌人”的方式，达到增强民族国家凝聚力的目的。

2013 年 2 月 28 日，安倍晋三首相在施政演说中表示，要以日美同盟为基轴重建日本外交，使日本在世界上的地位稳固起来，同时将“重视普遍价值的外交”“战略外交”及“重视国家利益的外交”一起作为日本外交政策的基本方针，并强调日本要依靠尖端技术为诸如抑制全球变暖、建立低碳社会等做贡献。2013 年 9 月，安倍晋三提出“积极和平主义”外交理念，其背景在于非传统安全日益引人注目，全球性经济危机、网络空间风险、贫困等人道主义危机可能对海外日本人及日本的权益造

① 约翰·汤林森：《文化帝国主义》，冯健三译，台北时报文化企业公司，1993，第 44 页。
② 高兰：《冷战后日本对华外交的思想与实践》，新华出版社，2009，第 191 页。

成侵害。值得关注的是，尽管日本政府竭力回避“积极和平主义”与解禁集体自卫权之间的内在关联性，强调“积极和平主义”主要是“扩大包括联合国维和行动和打击海盗等国际社会所要求的活动”，但是随着自卫队活动空间的扩大，行使集体自卫权必然会成为日本推行“积极和平主义”的根本保障。安倍试图在解决人类面临的全球性课题方面充分发挥日本的作用，但我们不应忽视其中隐含的崇尚军事实力的本质。

（三）开放性与封闭性的悖论

冷战结束后，迎来了全球化时代，但在实现国家战略转型过程中，日本依然无法克服开放性与封闭性之间的悖论。西川吉光对此批评道：“内向而封闭的时代一直持续，就会丧失顺应国际形势的变化灵活地调整政策的能力，不久即会看到通过外压导致政权崩溃的情形，目前的日本就处于这种状况。尽管从战后复兴到高速增长直至实现经济繁荣已近半个世纪，但是这个国家尚未提出应该明确推进的新方向。只要国家不揭示最终的奋斗目标，为了实现国家利益所开展的外交活动也就缺乏凝聚力。”①

随着冷战结束，日本政治家理应顺应全球化时代的发展潮流，推动本国承担更大责任，但由于日本政府并未及时制定中长期的发展规划，导致在面临国内外环境发生重大变化时难以灵活应对。对此，长期在外务省工作的谷内正太郎写道：“日本在国际和平及安全保障方面尚未充分履行责任，面向包括联合国维和行动在内的国际合作的贡献也不充分，尤其是在涉及安全保障乃至军事层面的问题时态度立刻暧昧起来。国际社会的安全保障状态业已发生重大变化，日本却试图仍与此前一样发挥作用是不合适的。即便是日本在经济层面发挥了第二经济大国的责任，

① 西川吉光『日本の外交戦略』、晃洋書房、2012 年、148 頁。

但并未赢得外国人的相应评价。日本给世人的印象是，一方面封闭本国市场，另一方面却最大限度地享受自由贸易体制带来的好处。”①

泡沫经济崩溃后，日本经济持续停滞，政府背负庞大的财政赤字，日本在国际社会的存在感日益降低。为尽早从这种游离状态中摆脱出来，使日本社会更具方向性，日本政治家不得不考虑应该重新设定明晰的国家目标。“为增强国民凝聚力和提高官僚士气，制定国家战略目标和战略构想至关重要。正是由于日本此前并未鲜明地提出战略目标，结果导致难以确定国家利益，沿袭既往成例的思维惯性占优势，并陷入将追随同盟国和回避纠纷当作外交本义的错觉之中”。② 因此，制定富有前瞻性、明晰性及开放性的国家发展目标，成为日本政治家迫切需要解决的课题。

日本学者针对日本社会暴露的封闭性弊端给出了富有建设性的意见：“日本易于成为内向而封闭的社会，我们从日本外交中应该吸取的教训是，在回避向霸权主义方向倾斜的同时，也应该防止形成封闭社会，推动构建面向外部世界开放的社会至关重要。不应闭关锁国，而应该有意识地开国，保持开放性，维持自我封闭的微观小宇宙的日本社会，注定会落后于世界潮流。为构建开放式的国家体制，有必要改善国际化政策和移民政策。此前日本人视为常识的所谓‘因为是日本人因此必须向日本人学习’‘因为是日本人就应该在日本企业就职’‘因为是日本人居住在日本，也就要以日本为生活据点’等陈旧的思维方式必须打破。”③ 不容否认的是，冷战后日本国家战略转型时呈现的开放性与封闭性的悖论，短期之内难以彻底解决。原因在于，在全球化时代，日本政治家处理相关问题时，当认为于己有利时即会强调开放性，若认为有损本国国家利益时则会保持一种墨守成规的封闭性姿态。这大概也是全球化时代的开放性与固守民族国家疆界的封闭性之间存在无法克服的矛盾使然。

---

① 谷内正太郎・高橋昌之『外交の戦略と志』、産経新聞出版、2011年、122-123頁。
② 村田良平『なぜ外務省はダメになったか』、扶桑社、2002年、25頁。
③ 西川吉光『日本の外交戦略』、晃洋書房、2012年、152頁。

冷战结束的国际背景以及全球化浪潮的洗礼，从外部有力地冲击着战后日本的国家体制，加之保守派政治家争当政治大国和军事大国的政治诉求，以及日本国内主张推动结构改革的呼声，内外形成双重力量的合力，推动冷战后日本进行国家战略转型和制度变迁。新时代的日本如何谋求国家自主性，如何顺应全球化的时代发展潮流保持开放性，从而制定出明晰的国家发展目标以激发出国家的活力，考验着执政者的政治智慧。

综上所述，冷战后日本国家战略的演进表现为，日本政府积极回应国内谋求变革的内在诉求，充分利用国际格局的转变，审慎地推进大国化进程，通过“渐进式积累”的方式加以突破，逐步从理念、体制及行动三个层面进行嬗变和转换。具体而言，始终摆荡于宪法第九条与日美安保体制的夹缝之间，通过因应美国的对外战略，日益突破自卫队的“专守防卫”原则，不断拓展军事活动空间，在国际社会彰显存在感，并以较为隐晦的方式架空宪法第九条，通过强化日美同盟为日本的国家战略转型背书。“以参加联合国为中心的维和活动为开端，以朝鲜威胁和中国崛起等为杠杆，最终在奉行对美追随路线的情形下，达到了行使集体自卫权的目标”。① 可见，冷战后日本国家战略的演变，刻意将外部条件当作诱因，外因往往通过内因起作用，战后一直涌动在保守政治家心目中的大国志向，成为冷战后推动国家战略转型的精神动力。换言之，冷战后日本政治家为实现此前难以实现的大国梦想，通过渲染所谓邻国的“威胁”或“崛起”等，为践行一以贯之的大国信念、实现政治大国和军事大国的国家战略目标提供依据。

日本保守派政治家希望利用与中国或者朝鲜的紧张关系，证明其强化军事力量的合理性。自小泉时代以来，日本的对美追随路线就与奉行强硬的亚洲外交互为表里，直至安倍内阁近乎达到顶峰。通过刺激中国

---

① 中野晃一『右傾化する日本政治』、岩波新書、2015 年、182 頁。

和韩国等邻国的方式，激起日本与亚洲邻国的民族主义情绪对立，制造周边形势的紧张感，且保持一种“斗而不破”的状态，似乎最为符合安倍内阁推进军事大国化的战略谋算。在“远交近攻”外交理念的指导下，积极响应美国盟友的战略诉求，寻求美国对日本实施国家战略转型进行后方支援；与之相对，在历史认识、领土争端及战争责任等方面一再酝酿和制造事端，旨在将中国和朝鲜等邻国打造为“可怕的敌人”，从而为追加防卫预算和将军事触角伸向全球谋求民意支持。这就是安倍时代及后安倍时代日本持续推行的貌似自相矛盾的“亲美疏亚”外交，实则具有内在逻辑统一性的实质所在。

第三节 冷战后日本国家战略转变中经济与安全关系分析*

广义的国家经济安全，包括“安全领域内的经济范畴”和“经济领域内的安全范畴”，本文所研究的国家战略中经济与安全的关系主要涉及“安全领域内的经济范畴”。这个范畴内的主要内容涉及在实现国家战略中经济手段与军事手段的相互替代、补充或加强的关系，即关注经济措施和经济政策对国家安全的影响，如何利用经济手段来达到国家安全的目的。事实上，当经济手段被用于达到国家安全目的时，它就与军事手段有了可比性。①

冷战后期，国际学术界主流并没有重视对国家战略中经济与安全相互关系的研究，但有些学者已开始了这方面的工作。在 20 世纪 80 年代，吉尔平（Gilpin）和保罗·凯美蒂（Paul Kemmedy）通过全面评估美国的对外政策，强调经济和安全的更广泛的相互作用。冷战结束后，国际体制发生了巨大转变，各主要国家在制定和实施国家战略上的变化驱使学者们关注经济与安全的融合。约瑟夫·奈（Joseph Nye）和肖恩·林恩-琼斯（Sean Lynn-Jones）把政治经济因素与安全研究的分离称为“在政治学科中最严重的问题之一”。甚至那些一直捍卫“传统的”安全研究从而反对扩展的学者们，也认识到更紧密联系经济与安全的重要性。例如，

---

* 作者崔健，吉林大学东北亚研究院教授。本文发表于《日本学刊》2016 年第 4 期，略有修改。

① 参见雷家骕：《国家经济安全理论与方法》，经济科学出版社，2000，第 9 页。

史蒂芬·沃尔特（Stephen Walt）提出，冷战后“经济与安全的关系”将成为研究安全的学者们重点关注的新领域。①

20世纪50年代初，日本确立了以“重经济、轻武装”为核心思想的“吉田路线”，充分发挥经济因素在国家安全中的作用。也就是说，日本较早地在国家战略中做到了经济与安全的融合。对此，日本学者也较早地展开了这方面的研究。

20世纪70年代末，船桥洋一从权力经济学的角度研究了经济与安全的关系。他认为，安全是国家能够和必须拥有的一种状态，这与权力和财富（在国家关系上具有重要性的另外两种价值）有相同之处。财富是由一个国家的物质财产的总量来计算的，而权力是由对他国行为的控制能力来衡量的。② 80年代初，通商产业省明确提出，经济手段处于保障国家安全手段的中心位置，但是经济手段受到国际政治、文化等主要因素的影响，因此，关于经济安全，不是单指经济方面，还有必要综合政治、外交、文化等方面的因素来考虑。③

冷战结束后，日本学者在这方面展开了深入研究。村山裕三认为，虽然把经济和安全分开进行研究是学术界的主流，但是，国际政治经济学和国防经济学表明，经济和安全显然存在相互交叉的领域，把两者统一起来进行分析是很有必要的。④ 关井裕二把冷战后出现的金融危机、能源危机和“市场暴力”看作对国家安全的新威胁，认为市场化时代经济与安全不仅已经高度融合，而且经济对国家安全的影响越来越大。⑤ 长谷川将规从信号、强化、封锁、强制、收买、抵销、榨取、诱导八种维护国家安全的经济手段出发，认为在国家安全的构成要素、目标、威胁、

① Michael Mastanduno, “Economics and Security in Statecraft and Scholarship,” *International Organization* 52, no. 4 (Autumn, 1998): 850-853.

② 船橋洋一『経済安全保障論』、東洋経済新報社、1978年、297頁。

③ 通商産業省産業構造審議会『経済安全保障の确立を目指して』、1982年、14-15頁。

④ 村山裕三『経済安全保障を考える—海洋国家日本の選択—』、日本放送出版協会、2003年、56-57頁。

⑤ 関井裕二『市場化時代の経済と安全保障』、内外出版株式会社、2008年、24-28頁。

手段中分别加入经济要素的情况就可称为经济安全，而且在维护国家安全上利用经济要素的情况，是从古代到现代广泛存在的普遍的国际政治现象。①

冷战后，日本在强化“正常国家”化或“政治大国”化战略过程中，随着形势的变化而不断调整甚至转变实现国家战略的途径和手段，其突出表现就是经济与安全关系的表现形式发生了变化。以往日本较习惯和擅长使用的主要以经济手段来保障国家安全的综合安全路线正在被改变，军事手段正在被强化。那么，在日本国家战略转变当中，经济与安全的关系是否被军事与安全的关系取代？日本真的要与世界潮流相背离，把本来相互融合的经济与安全强行分离吗？弄清楚这些问题，有助于我们更加深入、客观地把握日本国家战略的变化。

一、冷战后日本国家战略转变中经济与安全关系的表现

在日本，并不存在一般性的广为国民所知的国家战略，日本政府也一直没有提出过全面而明确地阐述其国家战略的正式官方文件，但这绝不意味着日本政府对于国家战略没有考虑。事实上，在日本，关于国家战略的讨论一直在进行，官方或民间研究机构对国家战略的研究也一直得到政府的支持和重视。

国家战略是决定国家方向性的最重要方略，一般指以国家目的和国力为基础，综合判断国内外形势所制定的综合战略，以此为基础规定军事、外交等战略。国家战略不仅包括军事方面，也要融入政治、经济、文化等因素，主要内容包括如何考虑本国在国际社会中的位置、以何种

① 長谷川将規『経済安全保障—経済は安全保障にどのように利用されているのか—』、日本経済評論社、2013年、2-18頁。

姿态面对盟友和国际机构、判断谁可能成为敌人以及谁会制造麻烦等。① 把日本实际表现放入上述定义的框架当中，冷战后日本国家战略及其调整与转变就一目了然了。

冷战后日本围绕国家发展模式的首次思想论争，主要是涉及经济与安全的关系。继小泽一郎倡导“正常国家论”和船桥洋一提出“民生大国论”以后，日本的国家战略目标围绕经济立国还是争当政治大国、军事大国展开了论争，最终争当“政治大国”的目标得到了执政者相对广泛的认同。总的来说，日本国家战略是在维持与加强经济大国地位的同时，寻求政治大国的地位，实现“正常国家”化的发展目标，强调国际贡献与国际地位的吻合。为了实现“正常国家”化目标，日本首先要立足于自身的发展，重振和提升本国的国力。为此，面对着泡沫经济崩溃后长期经济不景气，日本历届内阁都花大力气来刺激经济，从不同角度开展结构改革、行政改革等工作，但实际效果并不明显。所以，国家战略目标更主要的还是要通过对外战略来实现，逐渐形成以坚持和强化日美同盟为基础，重视联合国外交和抢占亚洲主导权为核心的对外战略思想。在日本实现上述国家战略目标和贯彻对外战略思想的过程中，国家战略的基本任务和实现战略的手段与路径在发生着明显变化。

随着形势变化，日本所承受的国际体系压力出现了两点重要变化：一是压力本身未减反增；二是主要压力源出现转移，从美国转向整体国际局势，转向新兴市场国家特别是与日本有着特殊关系的中国。② 日本国家战略转型的两大基本任务也被确定在实现“正常国家”化和如何应对中国的崛起上。在此背景下，虽然日本国家战略目标未曾变化，但实现目标的战略手段和路径发生了重要变化。以政治安全战略转型为代表的

---

① 「『国家戦略』とは何か 日英の専門家2氏に聞く」、http://www.asahi.com/strategy/0424c.html。

② 参见杨伯江：《战后70年日本国家战略的发展演变》，《日本学刊》2015年第5期，第23页。

“总体保守化”趋势加强，政治安全战略的转型可以说是冷战后日本国家战略转变过程中的突出表现。总的来说，依靠军事力量成为国际政治大国的方式，成为21世纪以来日本国家战略调整的主流方向。①

国家安全战略是国家战略的重要组成部分。日本政府从20世纪60年代开始就非常关注国家安全战略中经济与安全的相互促进关系。60年代后半期，在美国要求日本更多地承担安全成本的压力下，日本开始出现运用经济手段为安全做贡献的新看法，把经济看作战略上保障安全的手段。70年代，把经济手段作为重点的安全保障政策和重点应对经济威胁的安全保障政策成为安全战略讨论的主要内容。80年代，在日本产生了综合安全保障的理论和政策，从经济利益与政治利益相互强化的前提出发，强调通过经济和外交手段而不是军事手段来保护日本的国家安全。冷战后，日本国家战略转变中最为突出的是国家安全战略的变化，也就是在日美同盟保护下，以往日本自身在维护国家安全上更多使用非军事手段尤其是经济手段的情况在发生变化，即日本国家战略中经济与安全的关系在变化。大体来看，这种变化表现在看似相互矛盾的两个方面：一是继续对“吉田路线”和综合安全路径进行改进和拓展；二是抛弃“吉田路线”和综合安全观，选择军事安全路线。当然，这两种变化是综合性和系统性的，涉及多方面内容。受篇幅所限，这里主要通过日本在实施国家战略中非军事手段（主要是经济手段）和军事手段与安全的关系、经济与军事相互促进与转化的关系，来探讨经济与安全关系的变化。

（一）改进“吉田路线”和综合安全路径

冷战后，日本不仅坚持而且扩展了综合安全的范畴。20世纪80年代末开始，日本日益认识到自然资源（如食物、水和能源）的稀缺是直接

① 参见高兰：《全面解读冷战后日本国家战略的变革与影响——从模糊战略到清晰战略的转型》，《国际观察》2005年第5期，第63页。

与国家稳定、经济安全和可持续发展相联系的，于是把环境因素纳入综合安全当中。90 年代末，日本进一步把所谓“人类安全”的概念增加到其外交和安全战略当中。进入 21 世纪，日本的地区和全球安全内容又扩展到海洋、太空和网络空间安全。因此，琳达 · 韦斯（Linda Weiss）认为，日本是正在进行综合安全的“调整、废除和革新”，而不是本质上的改变。理查德 · 塞缪尔斯（Richard Samuels）也认为这种变化可能是连续的，涉及对“吉田路线”的改进而不是抛弃。2012 年日本的《外交蓝皮书》提出，“最小化风险和最大化来自亚太增长的机会”都是重要的，日本在实施国家战略当中军事安全方面的“积极和平主义”，是与政府强化经济安全的态度相伴随的。① 这从日本应对亚洲地区可能面临危险的实例中可以得到验证。自 2006 年 7 月以来，日本根据《外汇和外国贸易法修改案》和相关国际规则，对朝鲜实施制裁。虽然在 1950 年美国就对朝鲜实施了制裁，但直到 20 世纪 90 年代初期，日本政府还在努力与朝鲜开展多种方式的经济往来。1998 年朝鲜发射大浦洞导弹以后，日本才开始了对朝鲜实施制裁的激烈讨论，直到 2004 年单边制裁的法律才开始生效。虽然日本通过把朝鲜确定为对其国家安全的最大威胁，从而增强国家防卫，部署反导弹系统，强化日美同盟，但是实际上，日本只不过是以朝鲜的威胁为借口来强化军事，其在军事上的主要防卫对象并不是朝鲜。日本在很大程度上主要还是借助经济手段而不是军事手段来化解朝鲜的威胁。

如果说，对朝鲜的经济制裁和消极的经济外交并没有达到减弱威胁的目的，那么，日本并不缺少通过积极和消极的经济外交来化解安全挑战的例子。例如，针对伊朗和缅甸，日本政府虽然更希望与它们进行经济上的往来，但近些年日本还是与国际制裁保持一致来实施惩罚措施。即使这样，日本的制裁也是与包括促进基础设施建设在内的积极手段一

① Maaike Okano-Heijmans, “Japan’s Security Posture in Asia: Changing Tactics or Strategy?” *ISPI (Istituto Per Gli Studi Di Politica Internazionale)—Analysis*, no. 125 (July 2012): 3.

起运用的。尽管西方国家因为伊朗拒绝执行联合国决议而对其实施惩罚，但日本还是相对地保持了与伊朗的经济关系。2004 年，日本在伊朗投资开发阿扎德甘（Azadegan）油田，但随着国际紧张关系的升级和美国可能对伊朗的制裁，2010 年日本撤资。因为伊朗拒绝停止核计划，在 2010 年中期，日本站到美国及其他盟友的一边支持新的联合国制裁，持续减少从伊朗进口石油。但是，日本一直努力寻求在稳定石油供给和良好同盟关系之间的平衡，例如，在美国的制裁框架中包括与伊朗有交易的银行，大幅限制其与美国金融机构的交易，而日本的大型银行通过货款结算与伊朗的银行存在交易，为此，日本政府持续地为其银行在美国金融制裁中获得豁免而进行努力，2012 年 3 月，谈判取得成功。这样，日本既保证了来自伊朗的石油供给，又避免了日本的银行被挤出美元采购市场的可能。2016 年 2 月，伊朗也表示愿意和日本合作，建设小型核电项目。从对缅甸的态度来看，在西方国家制裁缅甸军政府的背景下，2007 年日本政府表示愿意对其进行国际制裁并取消经济援助，但自 2011 年 11 月开始，日本又意图通过经济合作和投资来帮助缅甸的经济发展，明显倾向于使用更积极的经济手段。

从上面的例子来看，尽管日本政府曾对其具有重要经济利益的国家采取惩罚措施，但又尽早地恢复了对这些国家的援助，这正是综合安全方法的体现。日本政府在军事安全上采取更加积极主动的立场，并且越来越愿意选择经济外交的强力手段，大量地使用积极的经济手段维护国家安全。

（二）偏离综合安全政策，选择军事安全路线

日本正在偏离直接把安全与政治、经济、环境和个人安全联系在一起的综合安全政策，选择更传统的军事安全路线。20 世纪 80 年代以后，经济强盛的日本对自己的安全环境怀有深深的忧虑，担心实力相对下降

的美国不会再继续为自己提供安全保障，同时日本经济强盛又给了其充分的自信，因此，在军事上，日本开始逐步增强防卫力量。到了 90 年代中期以后，由于经济泡沫破灭的恶果不断显现，日本经济在低谷中徘徊，日本由目空一切到自信受挫。“如果说 80 年代日本民族主义情绪的高涨来自日本成为世界第二经济强国后带来的民族优越感，那么目前的经济持续衰退所引起的不安心理则是推动日本走向军事大国的社会基础”。[①] 因此，克里斯托弗·休斯（Christopher Hughes）认为，日本政府正在“失去其在综合安全路线上的信念，取而代之，集中于军事安全维度”。莱纳斯·哈格斯特龙（Linus Hagstrom）指出，当符合日本利益时，日本并不回避采取强硬路线的安全政策。肯尼斯·派尔（Kenneth Pyle）认为，日本的对外政策与 20 世纪 50 年代吉田茂首相倡导的“大战略”可能有很大不同。[②]

进入 21 世纪后，日本加强军事化的趋势愈加明显。2010 年 12 月，日本通过了 2010 年版《防卫计划大纲》，旨在转向“动态防卫力量”。一年后，当时的民主党政府同意放松已实施几十年的武器出口禁令。2013 年 12 月 17 日，日本内阁会议通过《国家安全保障战略》（NSS）。新战略是日本在成为正常军事国家方向上的另一重要步骤。这个战略把朝鲜的军事建设和中国的快速崛起看作对日本的重要安全威胁，其关键内容是通过发展自己的威慑机制来为日本提供一条维护国家安全的“独立”的道路。

在公布《国家安全保障战略》的同时，日本也提出了 2013 年版《防卫计划大纲》，呼吁建设“综合机动防卫力量”来阻止或击退直接抵达日本本土的威胁。根据新大纲，下一个五年日本防卫预算的上限将升至

---

① 孙叶青：《第二次世界大战以来日本安全观的形成和演变》，上海世纪出版集团，2014，第 115、第 202 页。

② Maaike Okano-Heijmans, “Japan’s Security Posture in Asia: Changing Tactics or Strategy?” *ISPI (Istituto Per Gli Studi Di Politica Internazionale)—Analysis*, no. 125 (July 2012): 3.

24.67万亿日元（约合2400亿美元），同比增加5%。总之，新《防卫计划大纲》和《国家安全保障战略》，旨在把日本转变成一个真正的军事大国。[①] 2014年4月，安倍政府正式通过“防卫装备转移三原则”，实质性地推动了日本武器装备的出口。2015年9月，安倍政府强行通过解禁日本集体自卫权的“新安保法”，并于2016年3月29日正式实施。新安保法标志着日本战后“专守防卫”的安保政策发生重大转变。

日本国家战略转变中经济与安全关系的两种不同表现，看似矛盾，但本质上却存在内在的同一性，两种表现都符合依靠军事力量成为国际政治大国这一日本国家战略转变的主流方向。

第一，军事手段和经济手段的调整都是服务于国家战略的，两种手段所涉及的内容和对象各有分工，相互配合。在军事方面，日本极力提高军事力量在保障国家安全中的地位，军事战略从专守防卫型调整为主动进攻型，并把中国确定为“重点防卫对象”。在经济方面，作为经济大国的日本，在政治、军事手段受限的情况下，借用经济手段来实现国家战略一直是其最佳选择。信号、强化、封锁、强制、收买、抵销、榨取、诱导等经济手段给军事安全乃至国家安全带来了不能忽视的影响。（积极的）“信号”，会使对方的威胁感降低，防止制衡的发生和促进；“强化”，有利于维持在经济和安全保障上重要的缓冲国；“封锁”，会阻碍对方势力的增大；“强制”，向第三国发出不能与敌对国合作的警告；“收买”，可以在获得军事基地和重要武器方面发挥作用；“抵销”，有助于减少本国经济脆弱性，由此缓解来自对方的经济压力；“榨取”，可以增强筹措战略物资的能力；“诱导”，会减弱对方的制衡行为，甚至向追随转化。[②] 实践证明，这些经济手段对相对弱小的国家更为有效，这也是日本

---

① Joshy M. Paul, “Japan’s National Security Strategy: A Military Power in the Making?”January 28, 2014, http://www.maritimeindia.org/commentryview.aspx?NMFCID=3353.

② 長谷川将規『経済安全保障—経済は安全保障にどのように利用されているのか—』、日本経済評論社、2013年、154-162頁。

对亚非拉一些国家偏爱使用经济手段化解威胁或挑战的主要原因。

一方面，日本在历史、领土等问题上同相关国家矛盾升级，并以中国军事不透明以及朝鲜的核试验和导弹试射为借口，大力强化军事力量；另一方面，通过经济手段强化同亚非拉一些相对弱小国家的关系。日本强调对这些国家使用经济手段的重要性，并不意味着放弃对军事手段的使用，如果不能在经济上充分抑制对象国，为了实现国家战略，日本必然利用经济以外的手段（包括军事手段）。日本对中国的战略转变就是明显的例证。

第二，经济力与军事力是在实现国家战略、维护国家安全中能够相互转化和相互促进的不可缺少的力量。冷战后，在新旧国际战略格局转换的过程中，日本将经济实力看成实现“政治大国”战略的最为重要的方面。基于这种认识，日本不仅将其强大的经济实力运用到各个领域之中，发挥强大的后盾作用，还为21世纪继续保持、巩固经济大国地位，以便更好地为“政治大国”战略服务，不断调整其经济发展战略。①

通过长期积累，日本基本具备了把财富快速转换成军事力的能力。尽管目前日本国家安全战略变化当中呈现出提升军事力的倾向，但是，还要对其军事力和经济力的相互转换做出准确判断。

任何一个国家都对自身安全设有“底线”，即国家安全不能低于一定水平。那么，日本在经济力下降（与20世纪八九十年代相比，现在日本的经济力确实在下降）时，为了保证国家安全水平不降低，就会选择把财富快速转化为军事力，用提升军事力来弥补经济力的下降（军事力是目的，经济力是手段），或者用军事力促进和转化成经济力，来重新推动经济力上升（经济力是目的，军事力是手段）。这两种选择关涉日本国家战略尤其是安全战略的走向，前者会导致日本重走“富国强兵”路线，后者会使日本继续坚持“吉田路线”。从目前日本的做法来看，这两种选

① 参见张卫娣、肖传国：《近代以来日本国家战略的演变》，时事出版社，2013，第381-382页。

择都存在，解禁集体自卫权、增加军事投入都表明其要提高军事力，而从放宽对外输出日本武器装备和军事技术的条件以及振兴国防产业的措施当中，又能看到其寻找新经济增长点的意图。但在实施“正常国家”化战略中，日本越来越体现出把经济力作为手段，通过把财富快速地转化成军事力来实现军事大国的目的。

二、影响日本国家战略转变中经济与安全关系的原因

冷战后，尽管日本国家战略转变中经济与安全关系的表现在发生变化，但经济与安全相互融合的关系并没有改变。这既有国际秩序变化等普遍存在的具有共性的原因，也有政策制定者对战略环境的判断以及国际竞争中地位下降等日本自身的原因。

（一）国际秩序的变化

不同的国际秩序安排，为经济与安全的融合或分离提供了不同的诱因。冷战时期，两极世界政治秩序促使主要国家制定和实施国家战略时把经济与安全进行一定程度的分离。处于两极的超级大国倾向于在经济上独立，它们很少依赖盟友，并且，以军事安全为主要目的的两大阵营各自的联盟结构相对比较稳固，盟友背叛的风险相当低，与军事安全相比，国家战略中经济因素的重要性较低。

单极秩序和保持优势的综合战略，促使以美国为首的西方国家在实施国家战略中把经济与安全相结合。冷战结束后，世界各国对国家经济利益的追求逐渐成为与安全利益同样重要的事情，甚至某种程度上对国家经济利益的追求还要具有更大优先权。冷战结束使以美国为首的发达国家的经济优势暴露在国际挑战之下，这必然促使各国更加重视对国家

经济利益的保护和提升。对外经济政策越来越能够补充和增强一个国家与其他国家已经实施的相互保证和一体化的安全政策，在一个相互依存的世界经济中，积极的经济关系是对其他国家做出保证的一个重要手段。

随着世界新兴国家和国际集团的崛起，以及传统大国的相对衰落，国家间的国力平衡发生变化，国际社会正走向多极化。多极世界政治秩序也同样促使国家战略中经济与安全的融合。在多极秩序下，由于共同面对的威胁逐渐减弱甚至消失，政治和军事联盟结构缺乏稳定性，盟友背叛的风险逐渐增大。在这种背景下，经济上相互依存的各主要国家更多地依赖经济手段来维护其国家安全。①

国际秩序安排提供了融合或分离经济与安全的诱因，但这并不能完全决定国家行为。各国的国家战略都会对国际秩序的机会和局限做出反应，但其经济和安全的融合或分离会呈现不同的表现方式，因为这还要受其他因素的影响。

（二）战略环境的改变

不同的战略环境能够增强或弱化经济与安全融合的诱因。对国家安全的挑战越急迫或直接，政策制定者就越强烈地感觉到要动用各种手段（包括经济手段）形成合力来维护国家安全，这时，经济与安全是紧密结合的。战略环境受到的威胁越少，或者说国际关系越和睦，经济问题安全化的必要性就大大减弱，政策制定者就越容易把经济与安全进行适当的分离。

在一种特定的战略环境当中，维持国家安全就要努力做到防患于未然，所以，必须要事前假定现实或潜在威胁安全的事物。在国家安全当中，所谓的威胁，不仅指实际存在的威胁，也包含产生威胁恐惧的事物，

---

① Michael Mastanduno, "Economics and Security in Statecraft and Scholarship," *International Organization* 52, no. 4 (Autumn, 1998): 827-829.

其根据人们的认识、观点、感性而改变。① 当执政者证明它们是对国家安全形成的一种威胁时，该问题就会被纳入安全议题中。例如，曾经被认为基本没有争议的国际贸易问题可能会受到国家安全战略的影响，如果全球均势发生改变，或者一个或更多国家采取行动破坏市场准入规则或策划商品价格大幅度上涨，这些被认为对国家安全来说是非常重要的。当经济措施与传统的对外政策考虑联系在一起时，关于上升为国家安全的经济事件，人们的主观认识和判断的程度往往是远远大于现实的客观描述。目前，日本政府在能源、对外经济合作战略等方面就呈现出这样的表现。

1. 能源安全化

随着战略环境的变化，日本政府逐渐把获得对国家利益至关重要的进口视为安全的重要内容，这也是经济与安全相融合的最典型的原因。一般来说，在合理价格下初级原材料的稳定供给对一个国家来说是非常重要的，而这在很大程度上是由市场条件决定的。但是，随着 20 世纪 70 年代石油输出国组织在提高石油价格上的成功，能源安全上升到日本国家议程的最高位置。

能源市场涉及广泛的地理范围，能源的稳定获得是基于稳定和良性的战略规则的。能源安全基本上是一个观念问题，政府相信其能够可靠、合理和持续地获得能源供给是维持一般经济活动的必要条件。战略环境变化对能源供给安全的国家认识会产生很大影响。②

一个国家重点考虑其对重要初级原料进口的脆弱性并不奇怪，但是，目前在东亚地区，因为能源供给掺杂安全因素而引发的紧张形势并不正常，这种形势会对现存的合作模式产生消极的影响并导致地区

---

① 関井裕二『市場化時代の経済と安全保障』、内外出版、2008 年、20 頁。

② John Ravenhill, "Economics and Security in the Asia-Pacific Region," *The Pacific Review* 26, no. 1 (2013): 5.

或国家间的恶性竞争。1972年以后，东亚地区享受着相对良好的安全环境，中美在该地区暂停对抗关系有所缓和，这又有利于稳定中国与日本的关系。20世纪70年代，石油危机推动日本与美国形成了更紧密的战略合作。同时，1978年随《中日和平友好条约》一起签订的《中日长期贸易协定》，为中国向日本供给原油提供了保证。日本出于对能源安全的考虑，也强化了日本与美国在这个地区的其他战略盟友尤其是澳大利亚的关系。

但是，东亚能源合作上的这种互相巩固的安排在冷战后逐渐被削弱，东亚地区的战略对抗由于能源需求的新竞争正在变得复杂。因迅速增加的能源需求，中国已经快速地从净能源出口国转变成严重依赖能源进口的国家。同时，印度自身经济的快速增长也导致其日益依赖外国的能源。日本仍然高度依赖进口能源，加之2011年核电站事故，其对进口石油的依赖性更加增强。这三个国家都在积极地开展能源外交，强化能源供给安全。21世纪，中日对能源安全的关注，已经使双边的紧张关系恶化为一些冲突，不仅围绕东海问题，而且包括对西伯利亚的资源开发。

2. 对外经济战略政治化

近年来，日本加快了区域和跨区域经济合作步伐，但同时，日本的对外经济战略也越来越多地包含了政治安全因素，这也是和日本政府在特定战略环境下对安全以及面临威胁的认识密切联系的。

日本对外经济战略中明显体现出安全因素的典型例子，就是参加“跨太平洋伙伴关系协定”（TPP）谈判并达成协议。当前，在世界贸易组织（WTO）多边贸易新规则制定难以取得进展的背景下，为了适应经济合作的新形势，出现了通过其他组织形式制定新国际规则的情况，日本当然要积极参与有利于反映日本利益的新国际规则制定。日本积极参加“跨太平洋伙伴关系协定”谈判，将自身利益反映到“跨太平洋伙伴关系协定”规则之中，就希望使新国际规则的制定有利于日本利益。①同时，日本参加“跨太平洋伙伴关系协定”谈判并达成协议也有安全方面的考虑。一方面，是为了迎合美国亚洲政策的变化。目前，美国“亚太再平衡”战略是双轮驱动，一个轮子利用军事同盟，强化军事存在，另一个则是推行“跨太平洋伙伴关系协定”等经济协定，强化经济主导。日本为了维护和加强与美国的同盟关系，不得不迎合美国“自由贸易协定”（FTA）政策的这种变化。另一方面，是为了牵制中国在东亚的经济合作。目前，日本在难以撼动中国与东盟国家牢固的经济关系的情况下，不得不把在东亚对中国的牵制从以往的“利用域内自由贸易协定”转向“利用美国主导的跨太平洋伙伴关系协定”，妄图寻求从更广范围在经济上围堵或遏制中国。

（三）国际经济竞争中地位下降

一个国家在国际经济竞争中越具有优势，其政策制定者就越容易把对外经济政策作为国家安全政策的补充来实施，经济与安全的结合就不一定非常密切，而当一个国家在国际竞争中面临越来越大的挑战时，其政策制定者就面临越来越大的国内压力来把对外经济政策运用于特殊目的（如安全）或借用其他力量来提高经济实力，经济与安全的结合会愈加密切。

1. 美日经济竞争形势的变化，为日本在经济与安全融合上提供了更大空间

20世纪七八十年代流行的“霸权衰落”的说法，描述了美国受其下降的生产力、消失的技术威力和巨额财政赤字牵制，当其竞争者尤其是

① 参见吴昊、姜保中：《日本围绕参加TPP谈判的争论》，《现代日本经济》2014年第3期，第29页。

日本大肆获得好处并处于世界领先时，美国却深陷与苏联的军备竞赛拖累之中。到20世纪90年代末期，这种情况发生了巨大变化。美国经历了长达几乎十年的经济稳定增长，财政赤字基本消失，多数美国企业认为其处于国际商业和经济竞争的顶端。而日本自身似乎没有能力摆脱衰退，曾经被视为无所不能的“亚洲发展模式”受到质疑，其金融部门陷入严重危机，大多数曾经强大的企业没有能力与美国对手在技术前沿上竞争。美国和日本之间的差距似乎在扩大。在这样的背景下，美国政府并不太看重与日本的经济竞争，容忍其在经济与安全上的密切融合。如果说，在20世纪80年代末多数美国人相信，与苏联的军事力量相比，日本逐渐增强的经济实力对美国产生了更大的威胁，那么，当时美国既要应对苏联的军事威胁，也要应对日本的经济威胁。然而，到了20世纪90年代末，美国所面对的军事和经济威胁都大大减弱了。

2. 日本经济民族主义与政治民族主义相结合，推动经济与安全进一步融合

冷战结束后，日本进一步强化了在重建国际新秩序中捞取更多政治资本的动机。随着国家战略的转变，日本不再满足于经济上的民族优越性，经济民族主义逐渐与政治民族主义相结合。并且，随着国际经济竞争形势日益严峻，这种结合的表现形式在发生变化。

20世纪90年代以后，在全球化背景下，日本企业通过海外投资大范围地参与到全球竞争当中，大企业及其资本需要国家保障其海外利益，因此，这一时期日本民族主义中的政治色彩逐渐加重。但是，这种政治民族主义主要是以资本的全球化这种新趋势为背景和依据，其主要目标是满足资本的需求。进入21世纪，日本面临的国际经济竞争越发严峻，中国、韩国等的企业逐渐成为日本资本的强力竞争对手，其间，以往建立在压倒性经济优势基础上的日本经济民族主义，随着危机意识逐渐增强而慢慢地发生变化。这就促使日本不得不把经济民族主义与政治民族

主义相结合，甚至利用经济民族主义刺激政治民族主义的发展。换句话说，以经济为理由，以安全为目标，推动国家战略转变。

长期以来，经济成就成为日本民族意识中的中心价值观念，导致日本将民族威望方面的竞争首先视为经济竞争，并且，经济竞争是另一种形式的战争，是实现民族目标的仅次于战争的最佳手段。① 如果由于从低增长走向经济衰退致使日本经济竞争力后退，日本无法赢得经济战争，经济民族主义就会受挫，可能会借用政治力量。

3. 日本民用和国防技术面临的巨大挑战，促进了技术领域上经济与安全的关系

冷战结束后，经济全球化得到迅速发展，技术全球主义逐渐成为世界的主流。在技术全球主义大潮中，作为发达国家的日本显得小心谨慎。在20世纪90年代，日本做出了一些有限的努力来放宽其技术民族主义政策和推动技术全球主义行动，但这是一个严格管理和高度选择的过程。日本在亚洲金融危机中并没有受到严重冲击，所以也没有受到像其邻国韩国那样面临进一步开放市场的强烈外部压力。虽然对外国投资和参与者开放了诸如金融和汽车产业等很少数量的领域，但外国企业只是被允许获得少数股权，日本经济及其科学技术领域对外部世界来说仍然受到保护。实际上，一些分析者指出，日本企业在亚洲金融危机期间通过增加在韩国和东南亚的直接投资，强化和扩展了整个区域的日本技术民族主义和产业政策。而在2008年世界经济危机中，日本企业不能用相同的方式来应对，即难以获得投资机会来进一步增强其海外网络。由于日本经济持久的不景气状况和激烈的国际竞争，日本企业尤其是一些制造部门和产业组装部门的企业，几乎不能扩展其海外投资。

在国防技术领域，日本努力维持技术民族主义的政策变得越来越不

---

① 参见里亚·格林菲尔德：《资本主义精神——民族主义与经济增长》，张京生、刘新义译，上海世纪出版集团，2009，第379、第387页。

明确。因为本土军事装备的生产与国外相比的成本明显偏高，导致国防技术研发和取得的成本猛增，致使在20世纪90年代中后期至21世纪初日本国防产业规模持续下降，越来越多的企业特别是二、三级分包商由于订单减少而退出市场或倒闭，这导致有些人认为日本的国防技术民族主义模式面临危机并且不可持续。克里斯托弗·休斯认为，如果没有重大改革，日本国内的国防产业面临着“慢慢衰退”，并且，这会“逐渐破坏日本国家的技术和综合实力以及在安全政策上的自主性”。①

技术研发与创新对一个国家在国际关系中的地位、实力乃至安全都有重要的影响，日本也认为技术创新和发展对其经济竞争和国家安全至关重要。日本民用和国防领域技术面临的巨大挑战，促使日本进一步加强在技术领域上的经济与安全的合作。2013年12月公布的《国家安全保障战略》提出，要努力创造日本自己的国防产业综合体，强调通过“研究、开发、生产以及操作防卫设备”来“维持和增强国防生产和技术基础”的必要性，重点是把商业领域的技术创新复制到国防领域，尤其是为了安全的目标而最有效地利用军民两用技术。②

三、冷战后日本国家战略转变中经济与安全关系变化引发的思考

政治安全战略的转型，是冷战后日本国家战略转变的突出表现。在日美同盟保护下，以往日本自身在维护国家安全上更多使用非军事手段尤其是经济手段的情况在发生变化，即日本国家战略中经济与安全关系

---

① Tai Ming Cheung, “Economics, Security, and Technology in Northeast Asia: Maneuvering between Nationalist and Globalist Forces,” *The Economic-Security Nexus in Northeast Asia* (Routledge, 2013), pp. 70–77.

② Joshy M. Paul, “Japan’s National Security Strategy: A Military Power in the Making?” January 28, 2014, http://www.maritimeindia.org/commentryview.aspx?NMFCID=3353.

的表现在变化。大体来看，这种变化表现在看似相互矛盾的两个方面：一是继续对“吉田路线”和综合安全路径进行改进和拓展；二是抛弃“吉田路线”和综合安全观，选择军事安全路线。这两种表现实际上涉及经济与安全、军事与安全、经济与军事三种关系。由于在日本国家安全战略中体现出军事手段与经济手段相互补充、经济力与军事力相互转化的关系，所以，经济、军事各自与安全的关系并不是替代或者矛盾的，日本国家战略转变中经济与安全关系变化的两种表现存在内在的统一性。也就是说，即使目前日本越来越呈现出通过强化军事力来维护其国家安全乃至实现政治大国的倾向，也不能证明经济与安全的关系被淡化或分离。鉴于冷战后国际秩序变化等普遍共性的原因、日本的政策制定者对战略环境的判断和日本国际竞争地位下降等原因，日本国家战略转变中经济与安全的融合是在不断强化，只是表现形式出现了变化。

冷战后日本国家战略转变中经济与安全关系的变化，至少给我们带来了两个需要深入思考的问题：（1）日本在拥有强大经济实力基础上，还要强化军事实力，是否符合时代发展逻辑？（2）日本通过强化军事实力来实现国家战略目标的路径选择是否可行？

第一，冷战后，正常国家在拥有强大经济实力的基础上还要发展军事力量，合理地运用经济因素（包括经济力和经济手段）和军事因素（包括军事力和军事手段）来维护国家安全是符合逻辑的，但对日本来说却未必如此。随着国际秩序的变化和全球化进程的加快，除了军事、政治等传统安全问题，金融和经济危机、跨国犯罪、恐怖袭击、生态环境恶化等非传统安全问题日益成为国家乃至国际安全的重大威胁。面对这些非传统安全问题，军事实力的局限性越发突出。信息技术进步促进了贸易、投资尤其是金融市场的全球化，国家实力日益以无形的经济力体现出来，可以与军事力相媲美，甚至在某种程度上可以超过军事力。这说明，国家和公民的现实安全在更大程度上日益由经济活力和经济竞争力所决定。[1] 所以，以美国为代表的军事大国开始重视经济因素在维护国家安全中的作用。

尽管在国家间使用或威胁使用军事力量和军事手段的概率大大降低了，但如果考虑到战争可能产生的破坏程度，正常国家都要保持一定的军事力或者寻求其他大国的军事保护。所以，虽然冷战后经济因素的重要性在提高，运用军事力和军事手段的困难在增加，但也不能说军事因素的作用消失了，其仍然是世界政治中极其重要的权力要素。[2] 因此，为了更好地维护国家安全，无论是传统军事大国强调经济因素的作用，还是新兴经济强国进一步寻求军事力的提升，都具有一定的合理性。

但是，这也不能说明当前日本强化军事的做法具有合理性。日本作为一个曾经发动侵略战争的国家，在没有对当年罪行深刻反省和认罪且具备相对充分的自卫能力的前提下，打着“积极和平主义”的旗号，极力突破对发动战争的各种制度约束，发展主动进攻的军事能力，这显然不符合情理。日本的这些做法，到底是为了维护自身安全，还是威胁其他国家乃至国际的安全？事实证明，日本在军事上的这些做法既不符合其国家利益，也会因为招致其他国家日益提高警惕性而不利于改善国家间关系。[3]

第二，从自身国情和外部条件来看，通过强化军事来实现国家战略的做法未必行得通。目前，从安倍政府的做法来看，似乎是从制度和能力建设上一意孤行地发展进攻型军事的倾向日益明显。那么，这种做法行得通吗？

从日本自身国情来看，其一，长期经济不景气和财政赤字等问题严

---

① Strange, S. , *The Retreat of the State: The Diffusion of Power in the World Economy* (New York : Cambridge University Press, 1996) , pp. 8-9.

② ジョセフ・S. ナイ「経済力と軍事力のどちらがより重要か」、『週刊東洋経済』2011年7月9日号。

③ Nutthathirataa Withitwinyuchon, "Japan's New Defense Policy: Identity Change or Strategic Shift," *International Journal of Social Science and Humanity* 6, no. 3 (March 2016) : 246.

重地制约着日本的军事发展。增强军事，需要巨大的财政投入，这无疑会使多年居高不下的财政赤字雪上加霜。当前，日本面临的真正威胁不是来自军事因素，而是源于经济因素，即由于经济衰退产生的不良影响。① 其二，日本主流的反军国主义文化会约束和矫正军事发展的程度和方向。二战后嵌入日本社会当中的反军国主义文化，规定了日本的国家特性，即避免直接卷入战争并把自卫队的作用限制在非作战方面。随着新出现的国内和国际压力，日本外交和防卫政策的变化已经偏离了这个“原点”，但在反军国主义文化上的完全转变还不明显。这是因为，虽然政治文化较易受到社会、经济和政治压力的影响，但是，在没有对核心信仰、价值彻底失去信任或者整个社会没有承受巨大压力的情况下，文化不可能发生剧烈或完全的转变。当重要的新政策违背主流认可的规范和价值时，一定会遭到民众特别激烈的反抗。例如，日本各界纷纷以不同形式抗议安倍修改宪法、强行通过新安保法案等行为，由此也导致安倍内阁支持率下降。

从外部条件来看，以美国为首的西方势力也会监控着日本的军事发展。尽管美国对日本施加压力，希望其在双边安全安排上发挥更加积极的作用，但美国也要确保日本的行为不会动摇均势状态或加剧地区紧张关系。2014 年 4 月，当安倍表达出渴望日本具有发射导弹攻击敌对国家的能力时，美国却在不同场合表示，不能完全支持日本在即将修订的双边防卫指针中提出这个问题。②

---

① 「日本がもたらす脅威、軍事力増強ではなく経済衰退に関係」、http://japanese.china.org.cn/business/txt/2013-08/02/content_29608523.htm。

② “Japan won't Express Intention to Gain Ability to Strike Missile Sites, Source Says,” *Japan Times*, Septermber 1, 2014, http://www.japantimes.co.jp/news/2014/09/01/national/japan-wont-express-intention-gain-ability-strike-missile-sites-source-says/#.VAzJyfnV8e4.

第四节
冷战后日本国家角色的转变过程分析*

冷战结束特别是进入21世纪以来，政治评论家们对于日本正在进行国家角色转变的议论不绝于耳。诸如“政治大国化”“军事大国化”“正常国家化”等词语，虽然在理论上缺乏精确性，但在经验分析的基础上已经完全描绘出了这种倾向。在日本，早在20世纪80年代，对日本原有国家角色进行反思的声音就已沸沸扬扬。从中曾根首相的“战后政治总决算”到民间的“日本可以说不”，这些被称为“新国家主义”或“新民族主义”的思潮，其核心政治诉求就是要实现日本的国家角色转变。尽管如此，日本真正在行动上开始推动国家角色转变则是在冷战之后。本文运用角色理论来分析冷战后日本国家角色转变的过程，并透析推动这种转变的原因所在。

一、日本国家角色的概念界定

在概念上，国家角色具有对内和对外之分。对内是国家相对于国内社会和个人所扮演的角色，对外则是国家在参与国际事务时对自身身份的一种界定。本文中所涉及的国家角色指的是后者。对于国家在国际社

---

* 作者程蕴，南开大学日本研究院讲师。本文为作者在《冷战后日本国家角色的转变过程分析——基于角色理论的探讨》（发表于《日本学刊》2016年第4期）基础上修改而成。

会中所扮演的对外角色，学者们众说纷纭、莫衷一是。角色理论家们往往根据自身的理论建构需要将国家划分成不同的角色类型。如霍尔斯蒂（Holsti）根据各国发表的正式文件和领袖讲话，将国家角色细分为17种；[①] 沃克（Walker）根据自己理论需要，将国家所扮演的角色概括性地归纳为消费者（consumer）、生产者（producer）、敌对者（belligerent）、霸权者（hegemony）、促进者（facilitator）、破坏者（provocateur）6种。[②] 无论何种方法都力图避免概念上的模糊性。诸如“不结盟”“第三世界”等日常通用的关于国家属性的描述性词语，因在理论分析上具有很大的模糊性，所以一般不被使用。

具体到日本的国家角色，按照通俗的说法，冷战结束前日本常常被描述成“经济大国”“和平国家”等，而冷战后，日本的一些政治家则提出了“正常国家”的构想。这些词语为我们认识日本的国家角色转变提供了帮助，但由于其定义并未被严格界定，所以无法直接用于理论分析。鉴于此，我们在进入讨论之前，有必要对冷战结束前日本所扮演的国家角色和之后日本希望扮演的角色做一精确定义。

对于冷战结束前的日本，汉斯·毛尔（Hanns W. Maull）提出了“民生大国”（civilian power）[③] 的概念。他从三个方面对这一概念进行了界定：（1）同其他国家合作，共同推进国际目标；（2）专注于首先使用经济手段而非军事手段来实现国家目标，军事力量只是作为保障，其他

---

① K. J. Holsti, “National Role Conceptions in the Study of Foreign Policy,” *International Studies Quarterly* 14, no. 3 (September 1970): 260-273.

② Stephen G. Walker, “Role Theory and the International System: A Postscript to Waltz’s Theory of International Politics?” in Stephen G. Walker edited, *Role Theory and Foreign Policy Analysis* (Durham: Duke University Press, 1987), p. 78.

③ 有关“civilian power”一词，国内学者多将其翻译成“民事强权”（熊炜：《“欧洲民事强权”概念、决定性因素及其发展》，《欧洲研究》2007年第2期）或“民事力量”（张浚：《从亚欧会议进程看发展国际关系的“欧洲模式”》，《欧洲研究》2006年第1期），但“民事”一词多做法律用语出现，用在此处并不符合中文习惯。鉴于研究日本问题的学者一般都借用船桥洋一对该词的日语翻译——“民生大国”（『日本の対外構想—冷戦後のビジョンを書く—』、岩波新書、1993年），故在此将其译为“民生大国”。

手段能够得以正常实施的辅助工具；（3）致力于发展超国家结构，以解决国际管理中的核心问题。①毛尔的概念简明地概括了冷战结束前日本参与国际政治的主要特征，因此，我们可以将其作为当时日本的国家角色定位。根据毛尔的概念并结合现实经验，我们可以进一步推导出冷战结束后日本希望扮演角色的内涵：（1）在推进国际目标时，选择性地与某些国家合作，而忽视另一些国家的合理关切；（2）对使用军事手段追求国家目标仍持谨慎态度，但开始强调军事手段的特殊重要性；（3）致力于发展超国家结构解决国际管理核心问题的同时，更多地注重日本在其中的发言权并开始追求主导地位。从现实经验来说，这三点分别代表了冷战后日本加强日美同盟、追求集体自卫权并力图突破和平宪法、试图强化七国集团（G7）在国际政治安全领域中的发言权并争取联合国安理会常任理事国地位等的政治目标。考虑到冷战后日本社会流行的“正常国家”论，我们在此就将这三点具体内容归于“正常国家”这一概念之下。

但冷战结束后，日本由“民生大国”到“正常国家”的转变并非在以上三个层面同时展开，而是经历了一个逐级推进的过程。对军事手段的重视和争取在国际组织中的主导权开始得较早；而选择性地与某些国家合作，忽视另一些国家的合理关切则出现得很晚。究竟为何会导致这种现象，我们还须根据角色理论对现实做一过程分析。

二、国家角色定位及其转变的相关理论

分析国家角色定位及其转变，大体可分为两种路径。

一种是采用类似外交决策过程分析的国内政治研究方法。克里斯蒂

---

① Hanns W. Maull, “Germany and Japan: The New Civilian Powers,” *Foreign Affairs* 69, no. 5 (Winter, 1990): 92.

安·坎特（Cristian Cantir）和朱丽叶·卡尔波（Juliet Kaarbo）认为，国内政治的研究方法可以提供一个大众与精英以及精英内部冲突与联系的视角，从而可以有效地证实或者证伪一些角色理论文献中提出的国家内部存在角色共识的假设。他们提出了“竞争性角色”（contested roles）的概念，并将其分为垂直型竞争和水平型竞争。前者反映了大众与精英之间关于国家所应扮演角色在观念上的分歧与联系，而后者则反映的是政治精英内部有关国家角色观念的冲突与融合，包括执政精英与政治反对派之间的对立、官僚机构不同分支间的斗争以及执政联盟内部的分歧等。①

另一种是采用国际政治的研究方法，出现在有关角色理论的多数文献中。这是由于角色理论本身脱胎于社会学中的交换理论②和互动理论，所以它天然倾向于系统的研究方法。但这种方法并非将单元和系统割裂开来。事实上，角色理论分析的起点往往是单元层次的国家，但在研究推进的过程中将焦点放在了国家和结构之间的相互建构之上，而研究的终点又回到了国家是如何在国际社会中获得稳定的角色这一单元层次的问题上。

这一分析方式，在角色理论的创始人霍尔斯蒂那里就有所体现。他虽然认为国家的角色行为最终直接取决于决策者的国家角色观念，但也承认国际社会所施加的角色规范（包括系统的结构、价值、普遍的法律原则以及条约的承诺等）对决策者观念的潜在影响。③真正将国家和结构

① Cristian Cantir, Juliet Kaarbo, “Contested Roles and Domestic Politics: Reflections on Role Theory in Foreign Policy Analysis and IR Theory,” *Foreign Policy Analysis*, August, 2012, pp. 5-24.

② 社会学的交换理论试图回答社会结构形成的动力和机制问题（代表人物霍曼斯、彼得·布劳）。它认为，个人的资源都是有限的，不能完成自给自足，为了有所获取必然需要有所付出，人们正是通过“支付—回报—再支付—再回报”的连续行动，结成了一定的社会关系和结构（需要注意的是社会学上的交换并不等同于经济学上的交换）。交换理论中的概念和研究方法，诸如作为间接交换媒介的共同价值、宏观社会结构的制度化等，都对本文中所提到的沃克的理论产生了重要的影响。

③ K. J. Holsti, “National Role Conceptions in the Study of Foreign Policy,” *International Studies Quarterly* 14, no. 3 (September 1970): 244-245.

的互构过程理论化的是斯蒂芬·沃克。他认为，国家决策者的政策目标主要集中在三个方面：免受外敌的入侵、避免经济的崩溃、免于文化上被阉割或者领土被肢解。虽然国家处于一个自助的国际体系之中，但决策者常常发现，如果能使自身政权或本国社会得到拯救，寻求外部帮助往往非常具有吸引力且有时是必要的。所以，自助的原则并不妨碍交换过程（exchange process）的出现。在交换的过程中，针对上述三类国家政策目标，既有国家担任消费者的角色，又有国家担任提供者的角色。如果交换双方或多方对这一交换成果满意，则这些参与者之间会形成一套彼此分享的共同期望，而根据这些期望，交换参与者彼此的角色关系也就逐渐确定了（role-location process）。但问题是，在很多时候，交换参与者们彼此或者单方面对这一交换过程并不满意。在这种时候，公认的分配原则没能建立，交换参与者之间往往会形成一种敌对关系，而且如果交换双方实力悬殊，则很可能诱发实力较强的一方采取霸权行为，这一过程被称为冲突过程（conflict process）。冲突过程还存在另一种情形，就是交换参与者之间已经建立的彼此分享的共同期望被破坏。在这种情况下，交换参与者中会出现破坏者的角色。最后，在经过一系列复杂互动过程之后，交换参与者之间彼此分享的新的共同期望会重新确立并逐渐制度化，这一过程被称为制度建设过程（institution-building process）。在此过程中，一些国家会扮演促进者的角色。①

以上就是国家和结构相互建构的基本过程。沃克还专门研究了交换参与者共享期望被破坏的过程。在他看来，共享期望走向崩溃的一个重要隐患，就是交换参与者同时扮演多种相互冲突的角色。这一点并不稀奇，霍尔斯蒂在他的归纳研究中已经指出了这一点，但他既没有解释这些相互冲突的角色如何共存，也没有指明这一内在冲突可能会对结构所

---

① Stephen G. Walker, “Role Theory and the International System: A Postscript to Waltz’s Theory of International Politics?” in Stephen G. Walker edited, *Role Theory and Foreign Policy Analysis*, pp. 66–79.

产生的冲击作用。[①] 关于这一问题，沃克指出，当一个行为体被要求同时扮演相互冲突的角色，且该行为体不打算以牺牲其中一种角色为代价来扮演好另一种角色时，会采取以下几种方法：（1）合并两个或更多的角色，以便外界在一定时期内难以区分行为体所扮演的角色内容（merger）；（2）使角色间相互渗透而非在行为上使它们合并（interpenetration）；（3）角色交替（alternation），在一段时期内轮流扮演两个或更多的角色；（4）角色转换（altercasting），即行为体以一种能动的态度回应对方的行为暗示或期望，以引导对方对角色期望进行重新定位。

沃克进一步指出，如果行为体内在的角色冲突来源属于同一个对象国，则行为体往往会采取合并和相互渗透的方式来解决，而如果角色冲突的来源属于不同的对象国，那么行为体则多采取角色交替或角色转换的方式来应对。然而，现实中还存在另一种状况，即无论上述哪种方式都不可能化解行为体内在的角色冲突，行为体不可避免地需要牺牲其中一种角色而努力扮演好另一种角色。在这种情况下，行为体的角色扮演就会对既有的国际政治结构形成冲击，从而进入重新确立交换关系和角色定位的过程。[②]

虽然沃克承认国际社会中存在秩序的“破坏者”，但他的理论实质上强调的是国家角色定位及其转变的被动过程。他始终强调，在一般情况下，国家会力图避免以牺牲一种角色为代价来扮演好另一种角色。但现实中，一些大国确实会响应突变的国内需求而改变自身的角色定位。例如，“9·11”事件之后，美国布什政府为应对国内高涨的安全需求，改变了以往美国政府尊重联合国决议以及与盟国协调的负责任态度，转而

---

① K. J. Holsti, “National Role Conceptions in the Study of Foreign Policy,” *International Studies Quarterly* 14, no. 3 (September 1970): 273-289.

② Stephen G. Walker and Sheldon W. Simon, “Role Sets and Foreign Policy Analysis in Southeast Asia,” in Stephen G. Walker edited, *Role Theory and Foreign Policy Analysis* (Durham: Duke University Press, 1987), pp. 142-159.

采取不受约束的单边行动。① 这一现象实际上揭示了国家特别是有实力的国家在改变自身角色定位和国际互动结构方面所具有的主动性。

塞巴斯蒂安·哈尼什（Sebastian Harnisch）的理论主要探讨的就是这个问题。他根据社会学家米德的符号互动论，将国家分为“主我”（ego-part 或者 I-part）和“客我”（alter-part 或者 me-part）两部分。他认为，“主我”部分代表了国家对自身利益的冲动性认知，反映的是国内诉求，而“客我”部分虽然也是国家决策者认知的一部分，但表示的是决策者所认识到的国际社会中的其他国家对于自己国家所应扮演角色的期望。② 哈尼什指出，在正常状况下，国家内在的“主我”和“客我”处于一种和解的状态，而一旦这种状态无法使国家达到所期望的预期效果时，国家就会面临一种问题状态。在问题状态下，“主我”部分会变得非常活跃，它使国家行为变得似乎是在扮演一种新的角色，这一情形就被称为国家角色的试扮演过程（as-if role taking process）。但国家角色的试扮演过程并非代表新的角色已经稳固或相关国家间互动结构发生改变。国家还须依靠自身的能力去有意识地操纵其他国家扮演相应的反角色（counter role）或相称角色（commensurate role），达成之后才可最终完成新角色的固化和互动结构的改变；如果这一过程失败，国家则至少需要回到以前的角色中去。③

哈尼什的最大贡献在于，提出在某些情况下国家（通常是大国）会具有改变自身角色定位进而重塑互动结构的冲动，并具体揭示了这一转变的过程。如果将其融进沃克的理论中，则意味着当一个大国被赋予了相互冲突的角色时，在某些情况下它可能不会力图维持角色冲突的平衡，

① Sebastian Harnisch, “Conceptualizing in the Minefield: Role Theory and Foreign Policy Learning,” *Foreign Policy Analysis*, August 2012, pp. 58-60.

② Vít Beneš, Sebastian Harnisch, “Role Theory in Symbolic Interactionism: Czech Republic, Germany and the EU,” *Cooperation and Conflict* 50, no. 1 (2015): 149.

③ Sebastian Harnisch, “Conceptualizing in the Minefield: Role Theory and Foreign Policy Learning,” *Foreign Policy Analysis*, August 2012, pp. 54-57.

而是伺机重塑自身角色和改变相关互动结构。这些国家以现状改变者的面目出现，成为地区乃至全球稳定的破坏者。

那么，在运用角色理论分析冷战后日本的国家角色转变时，我们应该运用何种方法从何种角度进行分析呢？毫无疑问，兼顾国际与国内因素可以更好地把握一个历史事件的全貌，形成一些更全面的认识。但是，这种巨细无遗的考察，却往往又会使我们失去对事物变化主要动因的把握。所以，本文对于冷战后日本国家角色转变的考察，在不排斥国内因素的同时，主要从国际政治的视角糅合沃克和哈尼什的理论对其进行诠释。选择这一路径的原因，还取决于以下两点：（1）国内集团对本国所应扮演角色的不同主张，往往反映了其他国家对本国的不同期望。换句话说，在外交决策领域，国内集团间的斗争在某种程度上反映了国际政治领域不同国家之间的角力。这一点在战后日本政治中表现得颇为明显。在美苏冷战的大背景下，日本国内保守阵营与革新阵营分庭抗礼，而在苏联解体之后，以社会党为代表的革新阵营也随之历史性地衰落了。当然，本文并不是主张国内政治依附于国际政治，只是假设对于冷战后的日本，国际政治的结构性因素在驱动国家角色定位及其转变方面具有主导作用。（2）冷战结束后，日本国内对于国家角色转变的共识正在形成。如果说，在20世纪90年代日本国内各个集团在国家所应扮演的角色问题上尚存意见分歧的话，那么在进入21世纪后，这种共识正在逐渐形成。在分析了2003年伊拉克战争时期小泉政府的决策过程后，宫城由纪子（Yukiko Miyagi）认为，日本在伊拉克战争中的亲美军事激进主义行为很明显背离了自身的外交传统，而这种对传统非军事主义的背离已经在绝大多数精英集团之间达成了共识，在小泉政府“官邸主导”决策模式下的少数反对显得微不足道。① 林晓光和范晓军从另一个侧面分析了日本在冷战后国家发展战略的推进过程中同步进行的社会舆论“共识动

① Yukiko Miyagi, “Foreign Policy Making Under Koizumi: Norms and Japan’s Role in the 2003 Iraq War,” *Foreign Policy Analysis*, May 2009, pp. 349–366.

员”。由于这种动员的结果，“以往所谓‘国论两分’的两级对立意识构造逐渐解体，代之以强烈民族主义为核心的政治思潮”。①

以上研究均表明，冷战后日本国内关于国家角色转变所形成的共识，正在迅速降低角色理论中有关国内政治路径的解释力，而自小泉政府开始，日本政府不断推行的“官邸主导”或“政治主导”决策模式，无疑也强化了这一结果。

三、冷战后日本国家角色转变过程的经验分析

正如沃克所说，决策者常常发现，为使自身政权或本国社会能够得到拯救，寻求外部帮助往往非常具有吸引力且有时是必要的。这一点对于日本来说尤为适用。二战后美军对日单独占领，使日本政府在国家安全上除了寻求美国的帮助，几乎没有其他选项。在这一点上，日本显然是国家安全的消费者，而美国则是提供者。但两大阵营的对立，也使日本必须扮演冲突中的角色。在整个冷战期间，此起彼伏的反基地运动以及声势浩大的安保斗争，都是日本试图脱离上述日美交换关系的例证。

冷战期间日本角色冲突的根源来自不同国家，而其处理方式也显然符合沃克所提出的角色交替模式。当然，日本也进行过角色转换的尝试，例如，社会党曾经提出积极中立的构想，石桥湛山等自民党的有识之士也提出过“日中美苏和平同盟”的东北亚和平构想。但这些试图摆脱角色冲突的积极对策，最终都未能成功。20 世纪 80 年代之后，日本政府开始公开宣扬日美同盟，中曾根政府更是直接表明了站在苏联对立面的国家立场，但口头宣传远大于行动，并未真正实现国家角色的转变。

相比安全方面，在经济和国家主权问题上，日本政府在冷战期间已

① 林晓光、范晓军：《日本国家发展战略推进中的社会舆论动员》，《当代亚太》2007 年第 11 期，第 22-33 页。

经较为成功地修正了战后初期与美国形成的交换关系。从战后对美国的经济依附，到20世纪七八十年代的日美经济并驾齐驱，从1951年《日美安全保障条约》中规定的类似美国半殖民地的地位，到1972年美国将冲绳施政权归还日本，这一切都表明，对于后冷战时期的日本来说，东亚地区美日交换关系重构的重点都集中在了安全和政治地位问题上。

（一）交换关系重新构建的尝试

冷战的结束，为日本重构东亚地区的互动结构提供了契机。虽然日本国内仍对国家所应扮演的角色存在分歧，但外部环境的重大改变已促使日本政府开始行动起来。在安全方面，由于来自北方军事压力的消失以及美国在冷战期间帮助日本积累了较强的军事实力，冷战后的日本在一定程度上具备了向别国提供安全保障的能力。同时，作为最重要的盟友，美国也一直希望日本能够承担更广泛的国际责任。

但是，有两个因素对日本形成了制约。第一，国内舆论的反对。战后，和平主义和非军事化的理念深入人心，在某种程度上也成为约束日本外交行为的规范。所以，即使外界环境发生变化，要在国内立刻形成一个日本成为安全保障提供者的角色共识是非常困难的。第二，日本无法通过双边或主导多边结构的方式，直接与需要安全保障的消费者建立交换关系。这是由于，一方面，在日本势力所及的东亚地区，冷战结束所带来的震动并不如欧洲那么剧烈；另一方面，美国作为该地区传统的安全保障提供者，也不希望日本能够单独发挥作用。此外，虽然20世纪90年代初期的日本已与东盟建立了安全对话关系，但在安全保障问题上，日本与东盟国家之间尚处于建立信任关系的阶段。①

由于以上因素的制约，日本作为安全保障提供者的出口，只能是在

① 乔林生：《日本对外政策与东盟》，人民出版社，2006，第210-212页。

联合国框架下的维和行动。但这一出口同样面临问题。虽然经过战后的努力，日本从一个战败国变成了联合国成员，并多次当选安理会非常任理事国，但在安理会中日本的作用依然有限，除了没有常任理事国的否决权，日本也常常唯美国马首是瞻，并没有发出自己的声音。因此，在不掌握国际安全事务发言权的情况下，日本即使在联合国的框架下为别国提供了安全保障服务，也无法与对象国之间建立特殊的交换关系。所以，日本几乎条件反射式地追求联合国安理会常任理事国的地位。然而，这一尝试同样未获成功。

如果说，在冷战结束初期，日本由于国内舆论和国际机制的制约而导致作为安全保障提供者的角色推进并不顺利的话，那么，日本利用其经济大国地位，通过给予别国经济支援而换取自身政治地位提高的交换关系构建也同样面临问题。首先，在中日互动中，虽然日本的经济支援对中国非常重要，但中国政府更多的是将日本作为与西方改善关系的突破口，对日本政治地位的提高仍抱有疑虑。其疑虑之一就是日本在历史问题上摇摆不定的态度。1992 年天皇访华时就历史问题表达了深刻的反省，但到了临近战后 50 周年的 1994 年，日本接连发生了内阁成员公开否认侵略历史的事件。这无疑加深了中国政府对日的不信任感。其疑虑之二是，日本政府利用对华政府开发援助（ODA）来干涉中国内政。1992 年制定的政府开发援助大纲以维护国际和平为名，表示要关注发展中国家的军费支出和大规模杀伤性武器及导弹的开发。具体对中国来说，政府开发援助大纲原则首先针对的就是中国核武器试验。1995 年中国实施了两次核试验之后，日本冻结了对华无偿资金援助；1996 年日本又以中国在台湾海峡试射导弹为借口，推迟了日元贷款谈判。这些制裁行为以及日本国内存在的对华政府开发援助的批判之声，虽使中国政府在其后的决策中顾及了日本国内舆论的反应，但在中日之间交换关系的构建上两国之间显然已不会形成共同期望了。①

同样，利用经济支援来换取在领土交涉问题上的政治优势，是20世纪90年代初期日本对俄外交的策略。早在苏联解体之前的1991年4月，日本政府就以25亿美元的对苏援助来试图打破日苏两国在领土交涉问题上的僵局。其后的苏联解体让日本政府看到了解决领土问题千载难逢的机会，而处于经济困境中的俄罗斯也在领土问题上显示出有别于前的柔软姿态。这一情形促使日本外交部门放弃了原有的渐进原则，试图一次性解决“北方四岛”的归还问题。但这一激进姿态最终激怒了叶利钦。1992年9月，在叶利钦预定访问日本的前四天，俄罗斯方面突然宣布取消了这次访问。其后，经过日本方面的不懈努力，日俄关系虽又很快回归正常，但解决领土问题的时机已经消失。②

唯一在这一交换原则之下取得较成功结果的，是日本对东南亚国家的支援。而原因之一，恰恰是日本没有严格按照政府开发援助大纲所明确的四点原则来处理对东南亚国家的援助。对于这些国家，日本所要求的回报是支持其成为联合国安理会常任理事国。对此，在1994年，菲律宾、马来西亚、印度尼西亚、泰国、老挝、柬埔寨东南亚六国，明确表态支持日本成为联合国安理会常任理事国。③

（二）角色冲突的再现

如上所述，冷战结束初期，日本与东亚国家间的关系重构既有成功也有失败。这说明，在整个重构的过程中，日本与相关国家之间并未形

① 関山健「対中ODA（円借款）の終了」、服部健治・丸川知雄編『日中関係史1972—2012Ⅱ経済』、東京大学出版会、2012年、300-303頁。

② 東郷和彦「東京宣言からイルクーツク声明へ」、五百旗頭真・下斗米伸夫、A.V.トルクノフ、D.V.ストレリツォフ編『日ロ関係史パラレル・ヒストリーの挑戦』、東京大学出版会、2015年、545-564頁。

③ 乔林生：《日本对外政策与东盟》，人民出版社，2006，第97-101页。

成稳定的交换关系，所以其后的相互角色定位过程也无法实现。加之在安全保障方面的束缚，极大地冲淡了日本在经济上的优势，重掌政权的自民党开始以加强日美同盟的方式来支撑自己新的国家角色定位。恰逢此时，在经历了冷战结束初期的战略调整之后，周边大国也开始对日本赋予新的角色期望。

首先，虽然美国在冷战结束后的头几年一度弱化了美日同盟的重要性，强调日本在经贸领域对自身的威胁，但当1994—1995年两国间的贸易问题趋于解决之后，美国对日期望的中心又回到了安全保障问题上。从1994年秋开始，在美国助理国防部长约瑟夫·奈的主导下，美日之间展开了安全保障对话。在1995年2月最后生成的《东亚战略报告》中，奈建议美国继续维持在东亚地区军事存在的同时，以责任分担的方式期待日本发挥更积极的作用。①

在经历了美国国内的一番讨论之后，1996年克林顿访日，与桥本龙太郎签订了《美日安全保障联合宣言》。实质上，这个宣言表达的就是美国对日本在东亚地区所担当角色的期望。它重新定义了美日同盟，将其从遏制苏联的堡垒转变成了维持亚太地区稳定繁荣的基础，这就不可避免地使美日同盟脱离了专守防卫的基调。在1997年的《新美日防卫合作指针》中，“周边事态”被明确纳入了美日同盟的适用范围。虽然“周边事态”一词的范围并不明确，但台湾海峡和朝鲜半岛显然是其关注的重点。美日同盟的再定义，体现了美国试图主导冷战后亚太地区安全秩序的意愿，而日本则在这个秩序中被定义成美国最重要的伙伴，被期待发挥更重要的作用。

面对美国想在亚太地区确立霸权的企图，中国自然不希望日本成为其帮手，所以，中国从两个方面表达了对冷战后日本所应承担角色的期望。首先，继续促使日本坚持非军事化的战后规范。1996年4月《日美

① 上野英詞・内野龍之・内藤正「第1次クリントン政権下における日米防衛関係」、『防衛研究所紀要』第1巻第1号、1998年、83-92頁。

安全保障联合宣言》签订后，又接连发生了7月桥本龙太郎参拜靖国神社以及日本右翼在钓鱼岛上设置灯塔的事件。对此，中国政府在当年9月展开了对日集中批判，《朝日新闻》用“过去从未有过”来形容这次批判之激烈。[①] 但对于中国政府来说，这次批判所表达的主要是对日警示作用，并不意味着中日关系走向对立。事实上，中国对于美日安保体制的态度是复杂的。根据徐显芬的研究，中国虽然反对美日同盟范围的扩大，但对该体制对于日本军事大国化的制约作用仍持肯定态度。[②] 于是从1996年末开始，中日关系就迅速回暖。1997年恰逢中日复交25周年，以桥本龙太郎访华和李鹏访日为代表，中日高层互动非常频繁。在这些互访中，中国领导人几乎无一例外地表达了希望日本正视历史、不干涉中国内政、恪守《中日联合声明》（1972年）和《中日和平友好条约》（1978年）的愿望。这些所要传达的正是希望日本延续非军事化传统以及不谋求或协助他国在本地区称霸的期望。最终，在1998年的《中日联合宣言》中，这一期望得到了双方政府的共同确认。

其次，通过合作和对话来化解冷战式的对抗关系。美日同盟的再定义，无疑对中国的安全构成了很大的威胁，而中国以建立大国之间协作伙伴关系的方式，力图化解旧式的同盟关系。1997年，通过中日两国领导人的互访，中日双方就加强双边对话合作关系达成了共识。虽然两国对国际新秩序的看法不尽相同，但这一系列的高层互动已经明显削弱了中国与美日同盟发生对抗的可能性。[③]同时，对于地区安全问题，中国也不同意以美日同盟为核心的架构，力图以东盟地区论坛（ARF）为中心确立一种合作对话式的新安全机制来确保亚太地区的稳定。最终，这些也都在1998年的《中日联合宣言》中得以制度性地规范下来。

---

① 『朝日新聞』1996年9月17日。

② 徐顕芬「日米安保体制の再定義と中国—擬似的脅威の形成—」、松村史紀編『東アジアにおける二つの「戦後」』、国際書院、2012年、221頁。

③ 江口伸吾「橋本首相のユーラシア外交と江沢民主席の来日 1997—98年」、高原明生・服部龍二編『日中関係史 1972—2012 Ⅰ政治』、東京大学出版会、2012年、317-324頁。

在经历了冷战结束初期的摸索之后，20 世纪 90 年代后期，东亚的国际政治结构得以重新确立。日本身处日美和日中两个矛盾的双边结构之中。前者要求日本扩大军事能力，作为同盟一员的身份来配合美国在亚太地区霸权的实现，而后者则要求日本坚持非军事化的传统路线，在不预设假想敌的前提下，通过合作对话来共同维护亚太地区的和平与稳定。当然，在某种程度上，这种相互冲突的角色构建也是日本自主选择的结果。20 世纪 90 年代后期的桥本龙太郎政府一方面不希望中美之间过分对抗，使日本无法独善其身；另一方面又不希望中美合作过深，从而导致两国在东亚事务上抛弃日本。①所以，在安保领域，这一时期的日本采取了一种双轨政策，在依靠日美同盟的同时，也致力于在这一地区建立多边安全合作机制。正是东亚地区这一复杂互动的结果，使日本最终构建了冷战后相互冲突的国家角色。

（三）应对角色冲突的方案一：角色交替

日中、日美双重互动结构决定了日本相互冲突的国家角色，而自民党政府在接下来的时间通过交替扮演相互矛盾的角色，来处理日本国家角色定位所具有的内在冲突。

1999 年，在经过反复的国内协调之后，与新《日美防卫合作指针》相配套的国内立法相继通过（《周边事态安全保障法草案》等）。在 2001 年“9·11”事件爆发、美国总统布什宣布开始反恐战争之后，日本首相小泉纯一郎飞往华盛顿表示要推动新的立法，为美国的反恐战争做出贡献。于是，在当年 10 月末，《反恐对策特别措施法》获得批准通过，日本自卫队得以出动补给舰和护卫舰为出征阿富汗的美英舰船提供油料补

① 東郷和彦「東京宣言からイルクーツク声明へ」、五百旗頭真・下斗米伸夫、A. V. トルクノフ、D. V. ストレリツォフ編『日ロ関係史　パラレル・ヒストリーの挑戦』、東京大学出版会、2015 年、555 頁。

给。这是二战后日本自卫队以后方支援的形式首次参战。

在2003年的伊拉克战争中，小泉政府又将日美同盟推向了新的高度。美英联军以伊拉克发展大规模杀伤性武器为由，不经联合国安理会授权就对伊拉克采取军事行动。这一行为遭到了大多数联合国成员的反对。但小泉纯一郎在美发表对伊拉克发动军事打击的最后通牒后的当天，就召开紧急记者招待会对美国的行为表示了“理解”和“支持”。同时，应美国的要求，小泉政府开始积极为向伊拉克派遣地面部队做准备，但迫于国内舆论的压力，日本政府在战争结束之后才向伊拉克南部的萨马瓦派出地面部队，用于战后重建和维持秩序。对于小泉政府来说，伊拉克战争虽未实现让自卫队参与战斗，但通过这种方式也让自卫队“呼吸到了战场的空气”。于是在2005年，经历了“战火”磨砺的日美同盟终于完成了又一次重新定义。在当年签订的《日美同盟：未来的变革与重整》中，自卫队和美军的一体化建设被进一步深化，日美同盟也正式走出了东亚，开始应对世界性的安全保障课题。

在逐步推进日美同盟的同时，小泉政府也积极扮演了地区经贸合作推动者的角色。这在一定程度上符合中国的期望。因为根据功能主义理论，经济一体化的推进成果会逐步外溢到政治和安全领域，从而在很大程度上缓解了东亚地区的安全困境。然而，2002年小泉纯一郎在新加坡发表的“东南亚外交政策演说”却使人对日本的动机产生怀疑。其东亚共同体的边界，不仅扩大到了澳大利亚和新西兰，在安全和经济领域内美国的作用也被特别强调，这显然包含了防范中国的意图。[①]而在对华关系上，小泉本人更直接地触及了中国政府的底线。接连不断地参拜靖国神社，不仅使中日政府间关系进入了冰冻期，也极大地影响了中国民间的对日感情。“政冷经热”成为小泉时期中日关系的写照。

中日关系的恶化，使后小泉时代的日本政府不得不重新调整自身的

---

① 山下英次「小泉首相の『東アジア外交政策演説』（2002年シンガポール演説）とその評価」、『経済学雑誌』第105巻第2号、28-46頁。

国家角色扮演方式。以保守著称的安倍晋三，在首次上台后立即展开了针对中国的“破冰之旅”，并提出了中日之间构建“战略互惠关系”的构想。事实上，从战略的高度而非局限于一时一事来构建面向未来的中日关系，从来就是中国政府的对日期望。日本政府出于对美关系的考虑，总是极力避免将日中关系提升至“战略”层次。安倍访华所确立的日本国家角色扮演方式，在很大程度上扭转了小泉时期的单向亲美姿态。对此，中国政府给予了积极回应。2007 年温家宝的“融冰之旅”，不仅将“战略互惠关系”具体化，还对战后日本的和平主义道路予以了积极评价。阿南友亮认为，安倍提出的日中战略互惠关系构想，是日美间已经达成的对华“接触”战略的具体实施。①但这一在小泉时期就已确认的基本战略，直到安倍上台才开始推进，本身也反映了中日互动对日本角色定位的巨大作用。

不过，安倍在重视日中互动关系的同时，也没有忘记日本所扮演的另一个角色。在构建东亚共同体的问题上，安倍主张扩大东盟加中日韩（10+3）框架，将拥有共同价值观的澳大利亚、新西兰、印度纳入其中，并力推日、美、澳、印打造“自由与繁荣之弧”。相比之下，安倍内阁之后的福田康夫则进一步剔除了安倍对华外交中的意识形态因素。2007 年访华的福田在北京大学的演讲中，除进一步阐释了“战略互惠关系”外，还特别强调了日中两国以儒家思想为基础的共同价值观。用福田自己的话来说，他所追求的就是“日美同盟和亚洲政策的共鸣”。至此，自小泉当政以来一边倒的亲美姿态得以完全修正，日本又找回了角色扮演上的平衡。2008 年胡锦涛访日，中日之间第四个重要文件《中日关于全面推进战略互惠关系的联合声明》诞生，指导中日互动的“战略互惠关系”被制度化地确定了下来。

---

① 阿南友亮「戦略的互恵関係の模索と東シナ海問題 2006—08 年」、高原明生・服部龍二編『日中関係史 1972—2012 Ⅰ政治』、東京大学出版会、2012 年、447 頁。

（四）应对角色冲突的方案二：角色转换

2009年民主党的上台，无异于日本政坛的一次大地震。民主党上台之初的外交政策显示出了与自民党政府完全不同的思路。面对日中、日美双重互动结构，自民党政府采取了角色交替的方式来化解国家角色内在的冲突，而民主党政府则另辟蹊径，选择了角色转换的解决方案。

所谓角色转换，就是日本以一种能动的方式跳出日中、日美双重互动结构所形成的国家角色内在冲突。具体而言，以鸠山为代表的民主党政府的外交政策主要体现在以下两个方面：一是东亚共同体论，二是日中美正三角论。如前所述，最先提出东亚共同体论的并非鸠山由纪夫而是小泉纯一郎，但是鸠山的东亚共同体论至少在两方面有别于前者：首先，鸠山构想的东亚共同体未来是朝着欧盟模式前进的，其最终的目标不仅要实现诸如发行亚洲共同货币等经济上的融合，也要消灭东亚各国内部“过剩的”民族主义、实现政治上的统合；其次，鸠山的构想排除了美国对东亚的介入。他强调日本的亚洲认同并预言美国单极世界的终结，将东亚共同体定位为未来多极世界的一极。① 日中美正三角论的主要提倡者是鸠山的盟友小泽一郎。他在2009年率领民主党议员代表团访华时，向中国国家主席胡锦涛阐明了这一构想。虽然正三角论暗示未来日中将不会同处一极，但多极化的主张同样预示着日美同盟将被拆散。

然而，这种角色转换的尝试并没有使日本脱离国家角色内在的冲突。一方面，标榜“紧密对等的日美关系”使美国对日本民主党政府产生了不信任感，其后的普天间机场搬迁问题更造成了日美同盟的裂痕。另一方面，中国政府对鸠山的主张虽然总体欢迎，但也有疑虑。因为鸠山的东亚共同体论所包含的合作内容以及合作国范围都不明确，且鉴于东亚

---

① 鸠山由紀夫「私の政治哲学」、『Voice』2009年9月、132-141頁。

共同体建设的长期性以及日本国内政局的不稳定性，日本政府很难保证采取长期一致的政策推进这一目标的实现。所以，中国政府依旧谨慎地与民主党政府再次确认中日战略互惠关系，并使其保证在历史问题、台湾问题上不侵犯中国的核心利益。①

事实证明，鸠山、小泽的角色转换构想没有得到民主党内的绝对支持。这一构想最终带来了日本政府外交政策的混乱，在弱化了日美同盟的同时，也未能使日中关系中的问题得到相应的管控。在民主党执政的后期，日美同盟重新得到重视，而日中关系则因野田政府的"购岛"迅速恶化。

（五）角色冲突的打破与再平衡

沃克认为，国家在面临角色冲突时，会尽量避免以牺牲一种角色为代价来扮演好另一种角色。但哈尼什却指出，国家基于对自身利益的冲动性认知，会选择主动牺牲原有角色。从安倍第二次执政初期来看，哈尼什的论断显然更为适用。2012 年末诞生的安倍政府由于在钓鱼岛问题上面临对抗中国的短期利益诉求，开始无视中国对日本的角色期望而积极迎合美国的对日角色期望。2013 年 2 月，安倍在美国战略与国际问题研究中心（CSIS）发表演说时表示，日本绝非二流国家，而是要成为印太地区投资、贸易、环境等规则的发起人，海洋公共权益等全球公共产品的守护者，以及团结的自由民主国家的一员。②

这种角色定位的本质就是通过牺牲与中国的伙伴关系，来强化与美国的同盟关系。一方面，"武器出口三原则"的突破与"集体自卫权"的解禁，标志着日本愿意为成为美国的全球性盟友而承担更多的义务，并以此来换取美国对包括钓鱼岛在内的日本周边海域的安全承诺；另一

① 垂秀夫「新政権下の日中関係」、『立命館国際地域研究』第 32 号、19-26 頁。
② 安倍晋三「日本は戻ってきました」、『日本の決意』、新潮社、2014 年、13-20 頁。

方面，通过在海洋问题上拉拢周边国家结成围堵中国的包围圈，日本不断寻求扩大美国在亚洲的同盟体系，并试图建立起该体系主导下的海洋秩序。

牺牲与中国的伙伴关系不仅带来了中日在政治与安全上的对立，也使两国经济关系遭受巨大冲击。根据中国海关的统计，2012—2016 年中日贸易总额连续五年出现负增长，尤其是 2012 年的贸易增长率比上一年下降了 19 个百分点。① 而根据中国商务部的统计，2013—2016 年日本对华投资实际使用金额连续四年出现负增长。其中，最严重的 2014 年和 2015 年分别下降了 38.8%和 26.2%。② 经济关系的恶化不仅表现在双边层次上，从对待“跨太平洋伙伴关系协定”（TPP）和“一带一路”倡议的最初态度来看，中日两国对于对方所倡导的国际经济合作构想也充满了疑虑，以致在基础设施出口方面，两国在国际市场上的激烈竞争随处可见。

然而，日美间在角色分配中并未形成一套共享的期望。两国对于同盟的不同理解使处于弱势一方的日本往往需要付出更大的代价去迎合美国的要求。虽然在短期内日本似乎获得了对华权力制衡的筹码，但同盟的发展并没有像安倍所设想的那样，朝着“希望的同盟”方向迈进，即演化成一个注重规范和多边协商，并愿意为建立国际制度提供公共产品的同盟。特朗普冲击进一步放大了日美间的矛盾。当美国优先的单边主义上升为国策时，日本不仅在经贸领域遭到美国制裁的威胁，还面临既有国际机制可能失灵的风险。这使得同盟不仅无法为拓展日本的外交影响力提供助力，还成为迫使日本政府不断做出让步的枷锁。

于是，在与中美两国的互动中重新建立平衡的必要性就显现出来。安倍执政下的日本再次承担起了相互冲突的角色。即一方面通过推行“印

---

① 张季风主编《日本经济与中日经贸关系研究报告（2018）：新时代背景下的中日经贸关系》，社会科学文献出版社，2018，第 373 页。

② 同上书，第 375 页。

太战略/构想”，继续构建以日美同盟为基础的价值观共同体，主导国际规则制定，建立海洋秩序，对中国形成制约；另一方面，在经贸领域改变对中国“一带一路”倡议的态度，通过与中国进行第三方市场合作，为两国在该领域可能的战略对接寻找机会。与此同时，中日两国也在共同维护多边主义和自由贸易体制、积极引领区域一体化、推动构建开放型世界经济等方面重新达成了一致。2019 年 6 月，中日两国领导人在二十国集团大阪峰会期间达成十点共识，将构建契合新时代要求的中日关系设定为未来两国关系发展的方向。

至此，日本又回到了角色交替之中，且交替之频繁在一些日本政治家的言论中随处可见。不过，与以往不同的是，中美关系的稳定性已大不如前，且随着中国实力的不断增长，在印太地区出现中美两极格局的前景正在显现。对于日本来说，这意味着其所扮演的角色间的冲突将空前增大，而角色交替的方式则可能会使自己陷入疲于应对的状态。于是在推行“印太构想”的过程中，日本也在积极摸索通过角色转换的方式来应对激烈的角色间冲突。具体来说，就是构建一个中等大国的网络，通过在这些国家间形成一套共享的价值和行为规范，来约束相关国家，尤其是中美两个大国的行为，避免印太地区出现两极或单极的格局。① 当然，这种尝试是否能够成功还未为可知。在与中美重新构建互动平衡的过程中，日本仍显示出浓厚的亲美色彩和对中国的不信任，这说明面对激烈的角色冲突，日本仍可能基于短期利益诉求而抛弃与中国的伙伴关系。

---

① Hiroyuki Suzuki, “Japan’s Leadership Role in a Multipolar Indo-Pacific,” CSIS, October 23, 2020, https://www.csis.org/analysis/japans-leadership-role-multipolar-indo-pacific.

四、日本国家角色转变与东亚互动平衡

国家角色虽然描述的是一种单元层次上行为体的身份特征，但本质上是一种社会现象。所以，一国的角色选择，必须得到国际社会其他主要行为体的认可或至少容忍之后才能真正得以确立。从这一点来说，冷战后日本从“民生大国”向“正常国家”转变的过程中，无论是开始强调军事手段在对外政策中的特殊重要性，还是追求日本在国际机制中的发言权和主导地位，都在一定程度上得到中美两国的认可或容忍。当然，这种认可或容忍的边界是模糊的，中美两国对于日本在这些方面所应发挥的作用也有不同的期待。所以，在日美和日中双重互动格局下，日本所承担的角色不可避免地形成了内在冲突。

虽然存在角色冲突，但至少在民主党政府之前，日本较好地化解了中美两国对日不同角色期望所产生的内在矛盾。例如，在扩展日本军事力量的海外影响力方面，相比美国的积极态度，中国始终持一种怀疑和戒备的心理。对此，日本将扩大自卫队影响力的努力大都放在了远离东亚的中东舞台上。这种“借船出海”的方式，在迎合了美国对日期望的同时，也将其对日中关系的影响降至最低。相反，在亚洲舞台上，即使在小泉纯一郎执政时期，日本也更多地利用了与中国的合作关系。东盟地区论坛（ARF）、东盟加中日韩（“10+3”）、朝核问题六方会谈等一系列机制的建立或加强，使日本在东亚地区得到了更多的发言权。中日、日美两个互动结构的平衡状态，使日本在一定程度上实现了从“民生大国”到“正常国家”的角色转变。虽然存在一定的模糊性，但这种转变也以制度化的形式逐渐稳定了下来（日美安保相关协议及中日间的两个政治文件）。所以，在安倍第二次执政之前，日本实现国家角色转变的原因，在于美日和中日两个互动结构能够长期保持平衡性。

但是，安倍第二次执政初期，日本开始以一个共同期望“破坏者”的面目出现。利用哈尼什的理论我们可以分析得出，从2010年的中日钓鱼岛海域撞船事件（9月）到2012年的“购岛”事件（4—9月），在一系列围绕钓鱼岛的日中冲突中，日本政府发现无法通过保持两个双边互动结构的平衡来达成其对钓鱼岛的政策预期。在这种“问题状况”下就产生了“主我”超越“客我”的状态。于是，安倍第二次执政（2012年12月）下的日本，就开始了重新定义国家角色以及重构东亚互动结构的尝试。对这一角色的重新定义，除了进一步推进日本军事力量的影响力和加强其在国际舞台上的发言权，日本还开始选择性地与拥有相同意识形态的国家加强合作，并放任对华关系的恶化。

然而，角色理论告诉我们，如果互动双方或多方没有形成一套彼此共享的期望，这种单方面的角色重新定义就不具有稳定性。除非日本有能力可以按照自己的意愿重新确立东亚国家间的交换关系并使其制度化。但从现实来看，尽管日本努力将美国留在了东亚，但东亚国家乃至日美间的角色再分配并没有完成。于是，日本的角色定位最终只能取决于日中、日美两个互动结构的重新平衡。这种重新平衡带来了日本外交鲜明的“两面性”特征。而不同于以往的是，由于中美对抗的加剧，日本以角色交替的方式处理角色冲突的难度正在成倍增加。

第五节
平成时代日本军事战略调整*

1989 年 1 月平成时代开启，不久就迎来冷战的终结。冷战结束以来，世界和地区军事安全形势发生重大变化。日本根据世界和周边安全形势的变化和自身军事发展的需求，进行了军事战略调整。其主要内容分别体现在日本防卫省分别于 1995 年、2004 年、2010 年、2013 年和 2018 年底发布的五份《防卫计划大纲》中（以下分别简称为“95 大纲”“04 大纲”“10 大纲”“13 大纲”“18 大纲”）。总体来看，日本的军事战略目标更加拓展，实施手段更加综合多样，军事力量建设步伐不断加快，军事战略主动遏制趋势日益明显。

一、冷战结束后的“全方位防御”军事战略（1989—2000）

冷战结束后，亚太地区的安全环境发生了重大变化。为此，日本相继出台了《1996 年度以后的防卫计划大纲》（“95 大纲”）、《日美安全保障联合宣言——面向 21 世纪的同盟》、新《日美防卫合作指针》及《武力攻击事态法》《周边事态法》等法律文件，进行了冷战后的第一次军事战略调整，其主要特点是由重点应对苏联威胁转变为全方位防御。

---

* 作者江新风，军事科学院战争研究院研究员，中华日本学会常务理事。

（一）应对“多元威胁”

冷战后，日本防卫当局对周边安全形势和威胁的判断发生了较大改变，由冷战时期的主要对付苏联转向应对朝、中、俄“多元威胁”。日本认为，冷战结束后，东西方军事对峙局面不复存在，爆发世界规模军事冲突的可能性减小。但在本地区，朝鲜半岛仍然存在着紧张局势，包括核武器在内的军事力量仍大量集中存在，悬而未决的领土问题、潜在的地区争端、大规模杀伤性武器及其运载工具的扩散等仍是“造成地区不稳定的因素”。

（二）建立均衡部署的全方位防御体系

基于以上分析，日本防卫当局对其兵力部署进行了调整，力求建立起全方位防御体系。日本的军事部署由过去单纯侧重北方转变为兼顾西部、西南方向的均衡部署，即在继续保持北部地区作战力量的同时，有针对性地加强西部、西南方向的军事部署，其重点是提高反导能力、快速反应能力和机动作战能力。为配合这一调整，日本自卫队还重点增加了中西部地区的高技术武器装备数量，同时加强了针对朝鲜和中国的训练演习。

（三）赋予自卫队三大任务

冷战时期日本自卫队的主要任务是应对外来侵略，冷战后，随着形势的变化，“95 大纲”取消了“独立应付有限小规模侵略”的提法，提出自卫队的三大任务是：保卫日本；应对大规模自然灾害等各种事态；

为建立更加稳定的安全保障环境做贡献。[①] 首次赋予自卫队参加国际维和的任务，并把“应付大规模自然灾害”从以前的附属任务提升到基本任务。

（四）提出“合理、高效、精干”的建军思路

“95大纲”认为，尽管国际国内形势已与20年前大不相同，但1976年提出的“基础防卫力量构想”仍然是适宜的。今后日本自卫队将继续坚持质量建军的指导思想，按照“基础防卫力量构想”提出的基本内容，建设“合理、高效、精干”的防卫力量，使其能有效地应对各种事态。

（五）日美联合遏制和应对军事威胁

经过20世纪90年代初日美同盟关系的“摇摆期”后，日美两国达成加强日美同盟关系的共识，并于1996年发表《日美安全保障联合宣言——面向21世纪的同盟》，并于1997年日美两国制定新《日美防卫合作指针》，把日美军事合作分为三个层次：平时的合作、日遭受武力攻击时的应对行动、发生“周边事态”对日本的和平与安全带来影响时的合作，同时把日美军事合作的范围扩大到日本周边。[②] 其总方针是，当对日本的武力进攻迫近时，要遏制事态的扩大，同时做好必要的准备；当对日武力攻击已经发生时，日美联合采取行动，力争早期排除之。即实施“遏制和应对”军事战略，将“短期决战”和“早期排除”作为日本的军事战略原则。

---

① 「平成8年度以降に係る防衛計画の大綱」、11月28日、https://warp.da.ndl.go.jp/info:ndljp/pid/11591426/www.mod.go.jp/j/approach/agenda/guideline/1996_taikou/dp96j.html。

② 「日米防衛協力のための指針」、1997年9月23日、https://www.mod.go.jp/j/presiding/treaty/sisin/sisin.html。

二、“9·11”事件后的“多能、弹性、有效”军事战略（2001—2010）

“9·11”事件发生后，日本相继出台了《反恐特别措施法》《支援伊拉克重建特别措施法》《武力攻击事态法》，并于2004年底出台了《2005年度后的防卫计划大纲》①（“04大纲”），启动日美“2+2”安全磋商机制，制定日美“共同战略目标”，完成了冷战后的第二次军事战略调整，其主要特点是“主动遏制”色彩明显加强。

（一）应对“新型威胁和多种事态”

“04大纲”指出，“9·11”事件发生后，国际恐怖组织等非国家主体的恐怖活动成为国际安全的主要威胁，日本的安全环境面临着“新型威胁及多种事态”，即大规模杀伤性武器和弹道导弹的进一步扩散、国际恐怖组织活动等“新型威胁”及影响和平与安全的“多种事态”。其中重点提到朝鲜的大规模杀伤性武器、弹道导弹及特种部队等威胁，以及中国的核武器、导弹、海空军现代化建设及海洋活动范围扩大等动向，重点应对朝鲜半岛和台湾海峡等周边地区未来可能发生的冲突，表明日本把朝中作为其周边最大的潜在威胁。

（二）提出通过三种途径实现两大安全战略目标

“04大纲”提出了日本的两大安全战略目标，即“防止日本受到直

---

① 「平成17年度以降に係る防衛計画の大綱について」、2004年12月10日、https://www.mod.go.jp/j/approach/agenda/guideline/2005/taikou.html。

接威胁、当受到威胁时予以排除，并将其危害降至最小限度”和“改善国际安全环境，避免威胁波及日本”。并提出了实现三种途径，即日本自身的努力、日美安保体制以及与国际社会的合作。这表明日本的军事战略目标已不仅仅满足于确保日本本土安全，还要通过积极参与国际安全合作，主动遏制潜在的威胁，创造有利于日本的外部安全环境，实现间接保卫日本安全的战略目标。这明显突破了只限于本土防卫的“专守防卫”原则，从根本上改变了“专守防卫”被动防御性质，而开始转向“主动遏制”战略。2003 年 6 月通过的《武力攻击事态法》也是日本开始转向“主动遏制”战略的一个标志。其中提出，当出现“预测武力攻击事态”，即未遭到武力攻击但预测将发生武力攻击时，将发布防卫招集命令或防卫出动待机命令，以为防卫出动做准备。这意味把自卫队行使武力的时机从遭到武力攻击后提前到武力攻击发生前，突破了“仅在遭到武力攻击后才进行必要最小限度的自卫”的原则，体现了“主动遏制”的战略思想。

（三）提出“多能、灵活、有效”防卫力量构想

“04 大纲”指出，将继承“基础防卫力量构想”的有效部分，建设一支“多能、弹性、有效”的防卫力量。“中期防卫力量发展计划（2005—2010 年度）”① 按照“04 大纲”精神提出了自卫队今后建设的基本方针：为有效应对新威胁和多种事态，同时积极主动地参与旨在改善国际安全环境的国际和平合作活动，将在确保用以防备正规侵略的基础力量的同时，有效发展快速、机动、灵活和多目的且以高技术力量和情报能力为支柱的“多能、灵活、有效”的防卫力量。

① 「中期防衛力整備計画（平成 13 年度~平成 17 年度）について」、2000 年 12 月 15 日、https://www.mod.go.jp/j/approach/agenda/guideline/2001/mp01j.html。

（四）调整自卫队三大任务

根据国际和周边安全形势的新发展，“04 大纲”对自卫队的职能任务进行了进一步调整，赋予新的三大任务：一是有效应对新型威胁及多种事态，包括弹道导弹攻击、游击队及特种部队的攻击、军事入侵岛屿、侵犯领空及领海、大规模灾害等；二是防止正规侵略日本；三是自主、积极地致力于改善国际安全保障环境。其表明日本军事战略的重点是主动应对其周边地区可能发生的各种威胁和事态。

（五）建立面向全球的日美同盟关系

“04 大纲”强调，要进一步提高日美两国对新安全形势下战略目标的共识，加强情报交流，加强日美在周边事态中的合作以及在弹道导弹防御系统中的合作，强化日美安保体制。2005 年，美日“2+2”安全磋商委员会发表联合声明，确立寻求和平解决朝鲜相关问题、发展与中国的合作关系、鼓励通过对话和平解决台湾问题等 12 项亚太地区共同战略目标，以及进一步巩固美日两国在国际和平及发展援助中的伙伴关系、阻止并根除恐怖主义、促成日本成为联合国安理会常任理事国等 7 项全球共同战略目标。① 2006 年，日美两国首脑发表《新世纪的日美同盟》联合声明，② 强调日美共同的价值观和共同利益是两国在地区乃至全球范围内进行双边合作的基础，把日美同盟合作的范围由日本周边地区扩大到全球范围，合作领域由安全领域扩展到政治、经济等领域，建立起全

---

① 《美日安全磋商委员会联合声明》，新浪网，2005 年 2 月 21 日，http://news.sina.com.cn/c/2005-02-21/19015894247.shtml。

② 外務省『新世紀の日米同盟』、2006 年 6 月 29 日、https://www.mofa.go.jp/mofaj/kaidan/s_koi/cnd_usa_06/ju_doumei.html。

领域、全球范围内合作的新型日美同盟合作关系。日美同盟是日本军事战略的重要支柱，也是日本实现其战略目标的重要途径之一。

三、“动态威慑”军事战略（2011—2013）

2009年10月，日本民主党取代自民党成为执政党。经过一年多的酝酿，日本菅直人政府于2010年12月底出台了《2011年度以后的防卫计划大纲》（简称“10大纲”），[①] 提出了“机动防卫力量构想”，实行“动态威慑”军事战略。

（一）提出“多层次合作”安全保障战略，明确将通过四种手段实现三大安全战略目标

“10大纲”提出日本三大安全战略目标：防止日本受到直接威胁、当受到威胁时予以排除，并将其危害降至最小，以确保日本的和平与安全及国民的安心与安全；通过营造更加稳定的亚太地区安全环境和改善全球安全环境，防止发生威胁，强化国际秩序，确保日本安全与繁荣；为确保世界和平稳定与人类安全做贡献，并通过综合推进日本自身的努力、与盟国的合作、亚太地区合作及与国际社会的合作等多层次安全合作，实现上述安全战略目标。即综合运用外交力量、军事力量等各种力量，努力发挥日本自身的作用，并在同盟国、亚太地区和国际三个层次上，与美国及伙伴国开展多层次合作，以确保本国安全，实现其国家安全利益。与“04大纲”相比，安全战略目标更加拓展，手段更加多元。

---

① 「平成23年度以降に係る防衛計画の大綱」、2010年12月17日、https://www.mod.go.jp/j/approach/agenda/guideline/2011/taikou.html。

（二）提出“机动防卫力量”构想，实行“动态威慑”军事战略

“10 大纲”明确提出，今后要彻底放弃以往注重“存在性静态威慑”的“基础防卫力量”构想，而要建设一支注重“实效性动态威慑”的“机动防卫力量”，使其能够更加有效遏制和应对各种事态、进一步稳定亚太地区安全保障环境、能动地改善全球安全保障环境。“机动防卫力量”强调军事力量要具备“五性两力”：快反性、机动性、灵活性、持续性、多用性和高技术能力及情报能力，即更加注重军事力量运用的快速机动性、侦察监视活动的持续性、任务能力的多样性、武器装备的高技术性、情报的支撑性和行动参与的主动性。目的是通过机动运用、动态威慑、主动作为，更加有效地遏制和应对各种事态，特别是强调确保远离本土的离岛及周边海空域的安全，其军事战略的“主动遏制”色彩进一步加强。

（三）赋予自卫队三大职能

“10 大纲”赋予自卫队三大职能，即实施有效威慑和应对各种事态；进一步稳定亚太地区安全环境；改善全球安全环境。在实施有效威慑和应对方面，列举了七项具体任务：确保周边海空域安全、应对岛屿地区攻击、应对网络攻击、应对游击队及特种部队攻击、应对弹道导弹攻击、应对复合事态、应对大规模或特殊灾害等。由于“10 大纲”彻底放弃重在应对小规模军事入侵的“基础防卫力量构想”，自卫队职能中取消了“防止正规侵略日本”一项，强调其首要职能是有效威慑和应对各种事态。与“04 大纲”相比，其第一职能增加了“威慑”，具体任务增加了“应对网络攻击”和“应对复合事态”（多种事态连续或同时发生）。同

时拓展了其参与地区和国际安全事务的职能。

（四）重点加强西南方向的军事部署，确保西南诸岛的安全

“10大纲”对军事部署方式做出调整。主要是改变以往的部队均衡部署方式，军事重心进一步向西南方向转移，重点加强西南地区的警戒监视、防空、反导、运输、指挥通信等能力建设。目的在于加强对西南诸岛的防御，为与中国武力争夺钓鱼岛做准备，同时加强对中国海军舰机活动的监视，牵制中国海军突破第一岛链。

对照前几版《防卫计划大纲》，“10大纲”开始拿中国说事，称中国军费持续增长、军事现代化快速发展、军事不透明、远程投送能力不断增强、在周边海域活动频繁扩大，并首次称中国是“地区和国际社会的担忧事项”。可以认为，日本的威胁判断顺序实际上已开始调整为中、朝、俄。

四、“联合机动防卫”军事战略（2014—2018）

2013年12月17日，日本政府制订《2014年度以后的防卫计划大纲》①（“13大纲”）和《中期防卫力量发展计划（2014—2018年度）》②（“新中期防”），提出了“联合机动防卫”军事战略。其主要内容如下。

---

① 「平成26年度以降に係る防衛計画の大綱について」、2013年12月17日、https://www.mod.go.jp/j/approach/agenda/guideline/2014/pdf/20131217.pdf。

② 「中期防衛力整備計画（平成13年度~平成17年度）について」、2005年11月28日、https://www.mod.go.jp/j/approach/agenda/guideline/2001/mp01j.html。

（一）渲染周边安全环境，突出“中国威胁”

“13 大纲”认为，围绕领土主权、海洋经济权益等发生的非和非战的所谓“灰色事态”在增加，大规模杀伤性武器和弹道导弹扩散、恐怖主义、海盗等问题依然悬而未决；在技术革命迅速发展的背景下，确保太空及网络空间等领域的稳定利用，成为包括日本在内的国际社会面临的重要问题；先进军事技术、精确制导技术、无人化技术、隐身技术、纳米技术等不断发展和扩散，将对今后的军事战略和力量平衡带来巨大影响。

对于日本周边安全环境，“13 大纲”依然强调朝鲜是地区和国际社会“重大不稳定因素”，同时，“13 大纲”大力着墨所谓“中国军事威胁”，称中国军费持续保持大幅增长、军力高速发展、军事不透明、海空活动急速扩大化与活跃化、试图以实力改变现状，“不断侵入日本领海和领空”，并单方面划设“东海防空识别区”，妨碍公海上空的飞行自由，且舰机进出太平洋已成为常态化，活动的海空域范围进一步扩大等。“13 大纲”称，“中国的军事动向令日本十分担忧，今后须继续保持强烈关注，同时引起地区和国际社会的担忧”。这是日本《防卫计划大纲》首次用强烈措辞定位日本对中国军事动向的警惕姿态，其中一个重要背景是，2012 年 9 月，日本非法“购岛”引发东海局势紧张和中日关系陷入低谷。“13 大纲”用较大篇幅渲染“中国军事威胁”，是对中国和平崛起的曲解，体现了日本把综合国力超过日本的中国作为其军事安全领域的主要潜在对手，同时为其增加军费、强化军备、提升军事能力制造借口。

（二）提出“防卫基本方针”，突出自主安全

“13 大纲”提出了日本新的“防卫基本方针”，取代了 1957 年制定

的《国防基本方针》。1957 年的《国防基本方针》主要内容包括：遵循战后和平宪法，贯彻“专守防卫”的战略方针，不做威胁他国的军事大国；加强国际间的协调与合作，遏制侵略，实现世界和平；确立保障国家安全所必需的国际基础；根据国力和国情，在自卫所必要的限度内建设一支适度规模的防卫力量；坚持日美军事同盟，确立能对付任何形式侵略的防卫体制，防侵略于未然。而新“防卫基本方针”内容包括：（1）从基于国际合作原则的积极和平主义立场出发，强化自身的外交与防务能力，同时以日美同盟为基础，扩大、深化与各国的合作关系，谋求日本的安全和亚太地区的和平与稳定，为确保世界的和平稳定与繁荣做出更加积极的贡献；（2）构建“综合防卫体制”，强调加强威慑与应对能力，强化日美同盟，推进双边和多边安全合作，为发挥防卫力量能力奠定基础；（3）遵守宪法，贯彻“专守防卫”原则，不做威胁别国的军事大国，确保文官控制，遵守无核三原则，发展高效、联合的防卫力量；（4）针对核威胁，继续依靠美国的核威慑力，加强与美国的密切合作，确保美国核威慑力的可靠性，同时通过加强反导能力加以应对，并积极参与核不扩散与核裁军进程。相较之下，“防卫基本方针”除依然强调日本将继续遵守“专守防卫”原则、不做军事大国外，还注入了不少新内容。突出表现为：强调自主安全，通过构建综合国防体制，提升日本自身的威慑和应对能力；在加强日美同盟的同时，推进与伙伴国和友好国的双边和多边安全合作。日本在不断发展壮大军事实力的同时，逐步摆脱美国约束和国内外各种羁绊，走自主安全之路的战略意图已了然可见。

（三）进一步明确防卫力量的职能

“13 大纲”指出，日本防卫力量的基本职能是：及时、妥当地应对各种事态，切实保护国民生命财产和领土、领海、领空的安全，同时确保亚太地区的稳定，改善全球安全环境。具体而言，一是有效威慑及应对各种事态，包括以下五个方面：（1）确保周边海空域安全。强调平时对日本周边进行广泛和不间断情报监视，同时，针对包括“灰色事态”在内的有可能侵害日本主权的行为进行有效处置，以确保日本周边海空域安全。（2）应对岛屿攻击。一旦发生岛屿攻击，除已部署的部队外，迅速派遣必要部队，确保海空优势，阻止侵略行为，夺回被占岛屿。（3）应对弹道导弹攻击。尽早发现，以多重防御体系应对。（4）应对太空和网络空间攻击。保持对太空和网络的持续监控，防止出现干扰行为。一旦发生攻击事态，迅速解决并恢复，并加强与社会相关部门合作。（5）应对大规模灾害等。发生大规模灾害时，迅速派遣、运送所需部队，妥善进行初期处置，并根据需要进行长期应对。二是维护亚太地区稳定，改善全球安全环境。在日本周边保持持续监视，适时、适当地开展训练、演习等活动，确保亚太地区局势稳定，并通过与同盟、地区和国际社会合作，改善全球安全环境，包括举行双边和多边训练演习、开展防卫合作交流、为发展中国家培养人才和提供技术支援、通过参与反海盗和远海联合训演等确保海上通道安全、开展国际和平合作活动及积极致力于军控、裁军和防扩散等领域的活动。

（四）提出“联合机动防卫力量”建设构想

“10 大纲”提出自卫队要建设“机动防卫力量”，实施“实效性动态威慑”，重点提高防卫力量的“五性两力”，即快反性、机动性、灵活性、持续性、多用性和技术能力与情报能力。“13 大纲”提出的“联合机动防卫力量”建设目标的核心内涵则可概括为“一基两力、两面四性”，即建立广泛的后勤保障基础，提高技术能力和情报指挥通信能力，在硬件和软件两方面提高防卫力量的快反性、持续性、坚韧性和联通性。通过对比，可以看出，“联合机动防卫力量”建设思想更加注重建立广泛的后勤支援基础、联合作战和机动能力。特别是指挥通信、互联互通、后勤保障和战斗力要素等，都是“10大纲”中所未提及的，表明日本防卫力量的建设目标正在向着真正形成联合作战能力的方向发展，其“动态威慑”战略的核心内涵也得到了本质性充实。

（五）提出重点建设防卫力量的九大能力

为高效建设防卫力量，应在重视与美军的相互配合的同时提高综合能力，尤其重点加强以下九方面的能力：警戒监视能力，情报搜集、处理、分析和共享能力，海空综合投送能力，指挥、控制、情报与通信能力，应对岛屿攻击能力，反导能力，应对太空和网络攻击能力，应对大规模灾害能力及参与国际和平合作等活动的能力。为增强岛屿攻防作战能力，“13大纲”要求自卫队确保夺取海空优势，尽可能在海上阻止对岛屿的进攻，并新建水陆两栖作战部队，增强后勤支援等综合能力，提高能够迅速登陆、夺岛和控岛的两栖作战能力。

（六）确定陆海空自卫队建设重点

“13大纲”强调，陆上自卫队为快速有效应对岛屿攻击等各种事态，必须拥有具备高机动能力和警戒监视能力、以机动作战为根本的基本作战部队（机动师、机动旅、装甲师），以及具备专门能力、能够有效遂行空降、水陆两栖作战、特种作战、航空运输、特种防护、国际和平合作行动等任务的机动部队。为此，“新中期防”提出了在现有五个军区之上设置“陆上总队”，以建立地面部队一元化指挥体系，提升联合作战效率。同时，陆上自卫队还将新编多个机动师（旅），新编海岸监视部队和担负应急出动任务的警备部队和两栖作战部队。同时加强岸舰导弹部队和地空导弹部队建设，提高反攻岛作战能力和防空作战能力。海上自卫队重点加强驱逐舰、潜艇、扫雷和巡逻机等部队的建设，以增强海上、空中和水下警戒监视能力，提高防空、反导、反潜作战能力。航空自卫队保持由警戒管制部队和航空警戒部队构成的航空警戒管制部队，提高空中警戒监视和指挥能力；为战斗机部队配备更高性能的战斗机，同时增强空中加油和运输机部队，以提高空中作战能力；保持航空运输部队，提高空中投送能力；保持地空导弹部队，提高陆基反导能力。

（七）提出未来5—10年武器装备发展计划

“13大纲”和“新中期防”提出了日本自卫队未来5—10年的武器装备发展规划。“13大纲”提出在未来10年内自卫队驱护舰由47艘增加到54艘，其中，宙斯盾驱逐舰由6艘增加到8艘，潜艇由16艘增加到22艘，作战飞机保持约170架的水平。“新中期防”提出在2018年前，陆上自卫队将采购99辆机动战斗车，24辆装甲车，52辆美式AAV-7型两栖战车，17架偏转翼MV-22“鱼鹰”运输机，未来可能用于岛屿攻防作战支援任务。海上自卫队继续建造大型、新型驱逐舰，包括：新造2艘“宙斯盾”驱逐舰，未来很可能用于搭载日美联合研制的“标准-3”Block IIA型海基拦截导弹系统，构建海基高层反导体系；继续建造3艘“秋月”级多功能驱逐舰，该型舰具备反潜、防空和反舰等综合作战能力；采购23架日本自主研发的P-1型反潜巡逻机，该型机具备“发现即打击”能力，续航距离长，反潜和对海作战支援能力均比P-3C反潜巡逻机。航空自卫队继续采购28架F-35A型战斗机，以提升夺取制空权的实力；采购10架自主研发的C-2型运输机，该型运输机活动半径超过6000千米，在加油机支援下，可遂行全球范围内运输任务；采购4架预警指挥机和3架空中加油运输机，加上已有的4架E-767预警指挥机和4架KC-767空中加油运输机，航空自卫队的预警能力和空战支援能力将大幅提高。此外，日本自卫队还将采购3架美式“全球鹰”无人机，继续采购中程地空导弹，发展卫星通信、太空态势感知和网络攻防能力。上述举措表明，日本自卫队正在围绕争夺陆海空天网电等“全谱优势”，大幅提升军事实力。

五、“多域联合防卫”军事战略（2019 至今）

2018 年 12 月 18 日，日本内阁会议审议通过了《2019 年度以后的防卫计划大纲》① （以下称“18 大纲”）和《中期防卫力量发展计划（2019—2023 年度）》。② 这两份文件指出，日本将继续增加军费，未来五年防卫预算总额约 27.47 万亿日元，比上一个五年计划增加 11.3%。同时提出“多域联合防卫力量”构想，日本将进军太空、网络、电磁等新兴领域，并发展进攻性武器装备，日本军事发展步伐明显加快，防卫政策外向性、主动性、进攻性趋势明显加强，日本将由此进入一个全新的军事转型期。

（一）进一步强调安全环境发生巨变，突出渲染中国因素

“18 大纲”指出，目前日本面临的安全环境正在发生剧变且日趋严峻，不确定性增加，因而需要根据形势变化彻底改变现行防卫体制和防卫力量建设方向，声称因中国等国的国力快速增长引发世界力量格局加速变化，各国政治、经济、军事竞争加剧，“灰色区间事态”出现长期化趋势，“混合战争”“多域战”等新型战争形态和作战样式开始登场，各

---

① 「平成 31 年度以降に係る防衛計画の大綱について」、2018 年 12 月 18 日、https://www.mod.go.jp/j/approach/agenda/guideline/2019/pdf/20181218.pdf。

② 「中期防衛力整備計画（平成 31 年度~平成 35 年度）について」、2018 年 12 月 18 日、https://www.mod.go.jp/j/approach/agenda/guideline/2019/pdf/chuki_seibi31-35.pdf。

国竞相展开无人武器系统的研发；美国与中俄展开战略竞争，要求同盟国分担更多责任。其中突出强调中国因素，指出中国提出在21世纪中叶建成“世界一流军队”的目标，中国缺乏军事透明度，军费保持高水平增长，加速增强军事力量，且重视确保太空、网络、电磁等新兴领域优势；妄称中国提出与国际秩序不相符的独自主张，在东海、太平洋和日本海频繁开展军事活动，甚至叫嚣中国公务船在钓鱼岛海域“侵入”日本领海，指责中国在南海实施军事据点化行动，称中国试图“以实力单方面改变现状”，“引起地区和国际社会强烈担忧”。另外“18大纲”还指出，朝鲜虽宣称实现半岛彻底无核化，但核导能力并未出现丝毫下降，是日本“迫在眉睫的威胁”，“严重影响国际和平与地区安全”。[1] 可以看出，国际竞争的加剧、周边安全形势的变化、军事技术发展带来的战争形态改变，特别是应对所谓“中国威胁”，是日本制定“18大纲”的主要依据，应对中国的指向性十分明显。

（二）发展进攻性作战力量，防卫政策积极主动色彩明显加强

“18大纲”虽仍称坚持“专守防卫”原则，但无论是在指导思想上还是在武器装备发展上，主动进攻色彩明显加强。第一，指导思想上积极主动色彩明显加强。“18大纲”宣称，日本将在“专守防卫”“不做军事大国”“文官治军”“无核三原则”等基本防卫方针指导下，继续走和平国家道路，但同时强调，面对前所未有的现实安全环境，日本将从战略上积极采取多种措施，积极主动应对的意识明显增强。第二，发展轻型航母，引进F-35战斗机。日本将把“出云”和“加贺”号两艘标准排水量为1.95万吨的“出云”级直升机母舰，改造成可搭载短距离/垂

① 「平成31年度以降に係る防衛計画の大綱について」、2018年12月18日、https://www.mod.go.jp/j/approach/agenda/guideline/2019/pdf/20181218.pdf。

直起降型F-35B战斗机的轻型航母，并计划引进147架F-35战斗机，其中42架为F-35B战斗机。为了淡化航母色彩，麻痹世人警觉，日本政府辩解称，“出云”级改造后将继续担负日本防卫、应对大规模自然灾害等多样化任务，平时不搭载F-35B战斗机，不属于“攻击型航母”。对于日本政府掩人耳目的做法，军事评论家前田哲男一针见血地指出，“出云”级准航母搭载战斗机后就成为不折不扣的攻击型航母，并指出，日本改造航母，意在进一步提高自卫队的远洋作战能力，加强与美军在太平洋和印度洋上的合作。日本一位退役将领以前曾说过，“中国拥有航母之时，便是日本拥有航母之日”，日本发展航母欲与美国联手在印太地区遏制中国拓展海权的意图十分明显。日本进行航母化改造打破了日本“不能拥有航母”的政策限制，并为下一步建造更大吨位的航母打下基础。第三，“18大纲”指出要发展防区外打击能力，包括引进挪威制联合打击导弹（JSM）和美国制联合空地防区外导弹（JASSM）及远程反舰导弹（LRASM）。第四，引进美国生产的“标准”-3 BLOCK ⅡA和“标准”-3 BLOCK ⅠB拦截导弹，分别搭载到“爱宕”级和新建的“宙斯盾”导弹驱逐舰，并从美国引进两套陆基“宙斯盾”反导系统，以及改进型拦截导弹（PAC-3MSE）、远程防空导弹（SM-6）、中程防空导弹等，以提升自卫队反导能力。第五，强调在太空、网络、电磁等新兴领域加强防御能力的同时，将发展干扰敌指挥通信系统、网络及瘫痪敌雷达和通信系统等进攻作战能力。这些均标志着日本在发展进攻作战力量方面取得重大突破，日本防卫政策已远远突破“专守防卫”原则，在今后的军力建设和军事实践中，积极主动的一面将进一步凸显，其外向性、主动性、进攻性趋势明显加强。

（三）提出防卫目标与手段，强调发挥自身军事力量的作用

“18大纲”提出了“塑造、遏制、应对”三个“防卫目标”。即，平

时综合运用日本所有力量，塑造理想的安全环境；使对手意识到难以侵害日本，遏制威胁波及日本；一旦威胁来临，须切实应对，使受损最小化。突出强调要在平时统筹力量，塑造有利于日本的安全环境，并提出实现防卫目标的三种手段，即加强日本自身的防卫体制、加强日美同盟、加强安全合作，体现了日本多手段、多层次安全保障战略思想。其中特别强调，加强并充分发挥日本自身力量的作用是首要的，这也是此版“18 大纲”的主体思想。

根据“18 大纲”，防卫力量应发挥的作用包括六个方面。一是平时应对“灰色区间”事态。平时通过联合训练演习、访问外国港口等活动提高自卫队的存在感，展示国家的意志与能力；在日本周边广域范围进行常态化情报收集、警戒监视和侦察活动，通过采取灵活的慑止措施防患于未然。二是应对针对岛屿等领土的攻击。当岛屿等领土遭受攻击时，快速机动展开部队，确保海空优势，阻止对方部队接近或登陆；一旦领土被占领，将采取一切措施予以夺回。三是应对太空、网络、电磁领域的威胁。进行常态化监视，收集和分析相关信息，预防出现干扰行为；一旦事态发生，迅速判定事态性质，采取必要措施减少危害，并迅速修复损伤；当日本遭受攻击时，还应利用太空、网络、电磁领域阻止或排除攻击。四是与政府和地方团体合力应对大规模灾害。五是加强日美合作，在日美同盟中积极发挥自身作用。六是与相关国家开展防务合作与交流，包括联合训演、装备与技术合作、能力援建、军种交流等。

（四）提出“多域联合防卫力量”构想，谋求太空网络电磁新兴领域优势

构建“多域联合防卫力量”、加强新型力量建设、提升跨域作战能力，是“18 大纲”的最大亮点。“18 大纲”在上一版大纲中“联合机动防卫力量”构想的基础上，又提出“多域联合防卫力量”构想，旨在对

多领域军事力量实施一元化指挥，遂行多域联合作战。所谓“多域联合防卫”，意指未来作战空间将由陆、海、空传统的物理空间，向太空、网络、电磁等新兴领域拓展，因而要有机地融合陆、海、空、天、网、电等领域的力量，对其进行统一指挥，实施多域联合作战，提升跨域协同作战能力，以弥补单个领域作战劣势，综合确保日本的安全。美军自2017年以来相继提出了“多域战”“多域作战”等概念，“18大纲”提出的“多域联合防卫力量”明显受美军作战思想的影响，两者有相似之处。

日本构建“多域联合防卫力量”的具体举措包括：一是赋予自卫队充分运用太空、网络和电磁等手段，阻止并击退对日本攻击的新使命；二是组建太空专门部队、网络防卫部队、电子战力量、海上运输部队等新型力量；三是发展太空情报侦测能力、网络攻防能力、电磁干扰和致盲等新兴领域作战能力；四是加强与美国在天、网、电领域的合作，开展相关联合演练；五是构建由陆基、海基反导力量组成的综合导弹防空体系，提升一体化防空反导能力。同时，“18大纲”还提出建立军、政、民密切配合，政府各部门通力合作，统筹全国之力确保日本安全的综合防卫体制，推动制定太空、网络等领域的国际规则，抢占人工智能制高点，谋求新兴领域优势。

（五）推行“印太构想”，建立海洋安全联盟牵制中国

“18大纲”提出，将根据“自由开放的印太构想”，从战略层面推进多边多层次安全合作。自2006年执政后，安倍先后提出“自由与繁荣之弧”和“亚洲民主安全菱形”构想，并形成了美日澳印“大菱形包围圈”和日越菲印（尼）“小菱形包围圈”构想。2016年，安倍在“双菱形”战略构想的基础上提出了所谓“自由开放的印太战略”。在安倍的积极推动下，美国特朗普政府做出积极响应，在2017年《国家安全战略》

报告中提出“印太战略”构想，并于2018年5月将太平洋司令部改名为“印太司令部”。日美联手推动“印太战略”的实质是，在印太地区建立美日澳印海洋安全联盟，并企图联手东盟部分国家对冲中国“一带一路”建设，联手遏制中国快速崛起，阻止中国向远洋拓展海权。尽管安倍2018年10月访华后，鉴于中日关系得到改善，将“印太战略”改称为“印太构想”，但其遏制中国崛起的本质并未发生改变。日本“印太构想”指导下的多边安全合作基本思路是，以日美同盟为基础，与澳、印、东盟、韩、英、法、加、新西兰等拥有共同价值观和安全利益的国家或组织加强密切合作，特别是进一步加强日美澳、日美印、“日美+X”等三边和多边军事安全合作。同时要求中国遵守国际行动规则，提高军事透明度，并声称将冷静而坚决地应对中国在日本周边海空域的活动。这表明，日本欲在印太地区建立“民主国家海洋联盟”，以遏制中国的快速发展特别是海权的拓展。

“18大纲”的出台，标志着日本军事战略又一次重大调整，以“专守防卫”为名，行“积极防卫”之实，积极主动趋势明显加强。日本在发展进攻性作战力量的同时，强化了对中国快速发展的牵制，这将使中国海上维权行动面临更加严峻挑战，中国海洋强国战略和“一带一路”建设将受到干扰，中日在新兴领域的竞争将进一步加剧。尽管安倍提出中日关系已由“竞争”进入“协调”新时代，但“18大纲”表明，日本在军事安全领域对中国的警惕、防范和遏制丝毫没有减弱。

当前，日本政权发生更替，菅义伟、岸田文雄相继接替担任日本首相，但日本防卫政策将基本延续安倍政权的防卫政策，强化日本自身防卫体制、加强日美同盟、加强国际和地区安全合作，仍将是日本实现防卫目标的三大手段。今后，日本将进一步提升自主防卫能力，引进高技术武器装备，特别是着力发展太空、网络、电磁等新兴领域的作战能力，从日本政府推动“拥有对敌基地攻击能力”等问题看，日本军事战略可能向主动先制突破，值得引起我们高度关注。

第二章

平成时代的日本政治外交

第一节
平成时代日本国家政治转型的经验与教训*

二战后，日本迅速从战争的废墟中复苏，并于20世纪50年代后半期开始经济高速增长。1968年，日本的国民生产总值（GNP）超过联邦德国跃居西方世界第二位；80年代初，日本又超过苏联，坐上了世界第二经济大国的位置。90年代后，各国开始普遍采用国内生产总值（GDP）的指标，日本依然是仅次于美国的世界第二大经济体，直至2010年被中国赶超。近代史上，还没有哪一个国家能像日本这样在世界经济排行榜上长期保持“亚军”位置。随着经济实力的逐渐壮大，日本当权者开始寻求更高的目标，渴望在地区和国际事务中成为具有举足轻重影响的政治大国。进入平成时代后，日本为实现国家政治转型走过了一段曲折的道路。日本历届内阁在这一转型过程中多少有一些作为，其目标设定和策略方针带有浓重的时代特色，是适应内外环境变化、凝聚执政团队内部最大共识的选择。当然，这一转型也不可避免地受到日本战略文化和历史传统的制约。实现“大国梦”的夙愿既是激励日本朝野上下一心、砥砺奋进的驱动力，也是造成其战略误判和政策错位的重要原因。

---

* 作者吴寄南，上海国际问题研究院研究员。本文为作者在《日本“大国梦”的虚与实——20世纪80年代以来日本国家政治转型的经验与教训》（发表于《日本文论》2020年第1辑）基础上修改而成。

一、日本的国家政治转型与“大国梦”

在国际政治的话语体系中，大国（great power）是指相对中等国家（middle power）和小国（small state）而言，拥有更强大的权力资源和地缘政治影响的国家。一般来说，人口众多、疆域辽阔的国家容易造就霸业，但这也不是绝对的。古往今来，许多地跨欧亚的庞大帝国随着时移势迁，不可挽回地走向没落甚至分裂；而看似柔弱的蕞尔小国却凭借贸易和技术优势奇迹般崛起，一跃成为新兴帝国。世界近代史上，葡萄牙、西班牙、荷兰和英国都曾拥有超级强权而煊赫一时，特别是英国，在自19世纪初开始的150多年里，其势力曾经遍及全世界各大洲，被称为“日不落帝国”。

千百年来，在东亚偏居一隅的日本始终处于亚洲文明中心的边缘。它在汲取别国文明精髓、赞叹其博大精深的同时，又常常以妄想代替现实。虽是小国，但日本充当大国的意识却比任何一个国家都强烈。日本人自称是天照大神的子孙，得到天照大神的庇护。汉唐以来，日本是中国周边少有的拒绝向中国长期纳贡称臣的国家之一。这固然得力于海域的天然屏障，也与日本人固执地认为自己处于太阳升起的地方、日本才是世界的中心有关。607年，当时地位还十分脆弱的推古天皇遣使来华，在致隋炀帝的国书中写道“日出处天子致书日没处天子无恙”，隋炀帝览之不悦。[①] 这一方面反映了日本人不甘为他国附庸、要求平起平坐的心理，另一方面也折射出日本人的“大国”心态。[②]

历史不止一次地见证了日本“大国梦”的发飙和破产，影响比较大的有两次。

---

① 《隋书》卷八十一《东夷列传》，中华书局，1973，第1827页。

② 吴寄南主编《站在新世纪入口的日本》，上海教育出版社，1998，第5页。

第一次是丰臣秀吉发动侵朝战争。1592年和1597年，丰臣秀吉在统一日本后，两次派兵渡海攻打朝鲜。①其目的不仅是要并吞朝鲜，而且要借道攻打中国。他曾在致朝鲜国王的信中狂妄声称：“吾欲假道贵国，超越山海直入于明，使四百州尽化吾俗。以施王政亿万斯年。”②但是，丰臣秀吉拼凑的15.8万大军虽一度攻陷朝鲜首都汉城，控制了与明朝隔江相望的咸镜道，但在中朝联军联手打击下损兵折将、死伤惨重。“随露珠而生，随露珠消逝，此即吾身。”正如丰臣秀吉在他的遗书中所写的那样，日本企图征服朝中两国进而征服世界的这场迷梦，犹如旭日东升后阳光下的露珠一般转瞬间便破灭了。

第二次是日本推进“大东亚共荣圈”。日本在明治维新之后走上了穷兵黩武、疯狂侵略和掠夺亚洲邻国的道路。20世纪三四十年代，日本国力达到了鼎盛期。1931年，日本“关东军”策动“九一八事变”，侵占中国东北；1937年，日本挑起全面侵华战争，开始蹂躏中国半壁江山；1941年12月，日本又对珍珠港发动突然袭击，拉开了太平洋战争的序幕。1942年1月21日，时任日本首相东条英机在帝国议会发表演讲，不无得意地夸耀说：“帝国现今举国家之全部力量，正在专门完成雄大而广泛之大作战，向建设大东亚共荣圈之大事业迈进。”③ 日本公然以亚洲霸主身份登台亮相，恰恰是给自己敲响了丧钟。1945年8月，在世界反法西斯阵营联手打击下，日本宣告无条件投降。日本学者井上清如此叙述这场“大国梦”的破灭：“19世纪末叶，除欧美外，在东亚一角像彗星那样登上舞台的近代帝国主义国家大日本帝国……经历了半个多世纪，又像彗星一样消失了。日本的领土无论比日清甲午战争以前，还是比近

---

① 是时恰值明朝的万历年间，中国将这场战争称为“万历朝鲜战争”；而1592年是日本的文禄元年，战争结束的1598年为庆长三年，日本称之为“文禄—庆长之役”；朝鲜推行干支历，1592年是壬辰年，1598年是丁酉年，在朝鲜典籍中丰臣秀吉的这两次侵朝战争分别被称为“壬辰倭乱”和“丁酉再乱”。

② 黄枝连：《天朝礼治体系研究（上卷）：亚洲的华夏秩序——中国与亚洲国家关系形态论》，中国人民大学出版社，1992，第360页。

③ 米庆余：《日本近现代外交史》，世界知识出版社，2010，第280页。

代天皇制开始当时，都变得狭小了，而且还被剥夺了民族主权。这就是‘东洋的霸主’‘世界的一等国’‘世界五大强国、三大强国之一’和以牺牲邻国而连续膨胀的大日本帝国的最后下场。”①

自从成为世界第二经济大国后，“大国梦”在日本列岛悄然抬头，再次成为备受主流社会青睐的思潮，成为日本国家政治转型的重要驱动力。以往的“大国梦”归根结底就是凭借武力攻城略地、攫取资源，用“血”与“火”来确立霸权。这一次的“大国梦”则是依靠日本所掌握的强大的经济筹码，辅之以高超的外交手腕，逐步提高日本的国际话语权和规则制定权，摆脱战后体制的桎梏，寻求成为在地区和国际事务中具有举足轻重影响的政治大国。它规定了日本实现国家政治转型的目标，也提供了推进这一进程不可或缺的精神动力。

在进入平成时代前，日本国家政治转型已经有过一段短暂的“酝酿期”。

1979 年，美国学者傅高义出版的《日本第一》在国际社会引起了极大的轰动。一时间，欧美主流媒体上满是赞颂日本经济奇迹的报道。随着日本各项经济指标逐渐赶超并领先于美欧国家，战后一直比较低调的日本精英们开始飘飘然。掌握日本最高权力的政治家们开始思考日本未来的走向。

人们记得，在 1982—1987 年担任日本首相的中曾根康弘上任伊始就提出了“战后政治总决算”的口号，扬言要重新确定“国家的发展方向”。1983 年 7 月，他在一次竞选演讲中强调：“要在世界政治中加强日本的发言权，不仅要增加日本作为经济大国的分量，而且要增加其作为政治大国的分量。”② 中曾根说出了许多日本政治家的夙愿，日本的“大

① 井上清：《日本历史》下册，天津市历史研究所译校，天津人民出版社，1976，第 915、第 916 页。

② 中曾根康弘在群马县选民集会上的讲话，参见《中曾根说要从长远观点讨论安全保障问题》，《人民日报》1983 年 8 月 9 日第 6 版。

国梦”开始亮相。正是在中曾根任期内，日本追随美欧等国，推行新自由主义政策，对日本国有铁道、日本电报电话公司等国有企业实行了民营化改革。在外交和安全保障领域，在“日美命运共同体”的口号下，日本加紧向美国靠拢。比较典型的是，提出与美国共同承担从日本列岛到马六甲海峡的1000海里海上航线的防务、与美国合作研制“星球大战”的兵器，以及废除防卫费不得超过国民生产总值1%的“红线”、加大军事领域的资源投入等，日本朝“政治大国”的方向迈出了第一步。

不过，可能是觉得“政治大国”这个词太敏感，暂时还难以成为朝野两大阵营政治家的普遍共识，不久以后，中曾根便改用“国际国家”这个相对比较低调的用词。

进入平成时代后，日本的国家政治转型大致经历了三个时期。其中，20世纪90年代是“发力期”，进入21世纪后的两个十年则分别是“拼搏期”和“收获期”。

（一）日本国家政治转型的“发力期”

20世纪90年代，持续近半个世纪的美苏冷战终于画上了句号。与冷战时期大国博弈主要是军事领域的实力比拼和恐怖平衡不同，冷战后的国家间竞争更多是依靠经济体量、金融实力和科技优势等综合国力。这让一些日本评论家踌躇满志，在他们看来，日本距离世界超级大国仅有一步之遥，21世纪毫无疑问是“日本世纪”，是“日本充当世界主角”的时代。

“日本世纪”论的始作俑者当数评论家、东京都前知事石原慎太郎。他在与索尼公司董事长盛田昭夫合著的《敢说“不”的日本》一书中大言不惭地说：“今天，白人创造的现代文明实际上正面临终结……包括经济在内，技术文明正在从西方逐渐向东方、向太平洋方向转移。能否觉察到这一趋势和动向是十分重要的。”“美国是在近代历史的末期取代欧洲而成为世界第一强国的，现在却已出现了日薄西山的征候，在很大程度上将要取代美国的竟是在他们看来根本不值得一提而且是有色人种的日本。”“日本的尖端技术已经可以左右战争力量的核心部分……假如日本把半导体卖给苏联而不是卖给美国，就可能导致军事力量的平衡发生根本变化。”① 就连向来谨言慎行的日本外交官也有一些惊人之语。例如，曾任外务省事务次官的栗山尚一就撰文称，1922 年《华盛顿海军军备限制条约》规定“英、美、日三国主力舰比例为 5∶5∶3”，而 1988 年美国、欧共体、日本在世界国民生产总值中所占比例也是“5∶5∶3”。这两个数字出现惊人的巧合。他认为，这标志着“在半个世纪后，从经济实力来看，日本再次处于负责构筑和维持国际秩序的地位……日、美、欧的协调体制掌握着今后世界和平与繁荣的关键”。他的结论是，国际秩序主要是由大国制定和维护的，中小国家的使命只是适应既成秩序以维护本国利益；日本要摆脱以往的“中小国家外交”，而向“大国外交”过渡。②

20 世纪 90 年代初堪称新一轮日本“大国梦”最喧嚣的时期。没过多久，日本“泡沫经济”崩溃，并带来了持续多年的萧条和萎缩。但是，在“大国梦”的驱动下，整个 90 年代日本国家政治转型非但没有放慢脚步，反而走得更快、更远了，具体表现为以下四大变化。

一是国家发展目标的定位日益清晰。1993 年，卸任自民党干事长不久的小泽一郎出版了《日本改造计划》一书，提出了著名的“正常国家”论。与中曾根康弘的“政治大国”论相比，“正常国家”论更能凝聚朝野两大阵营政治家的共识。小泽一郎《日本改造计划》一书中强调，“日本远未成为正常国家”。他认为，作为正常国家有两大条件，“其一，对于国际社会视为理所当然的事情，就把它作为理所当然的事情尽自己

① 石原慎太郎・盛田昭夫『「NO」と言える日本』、光文社、1989 年、14 頁、40-41 頁。

② 栗山尚一「激動の90 年代と日本外交の新展開—新しい国際秩序構築への積極的貢献のために—」、『外交フォーラム』1990 年 5 月号、16 頁。

的责任去实行……这一点在安全保障领域尤为如此……其二，对于为构筑富裕稳定的国民生活而努力的各国，以及对于保护地球环境等人类共同课题，尽自己所能进行合作”。①显然，小泽一郎认为，日本要成为“正常国家”，就必须从根本上改变迄今为止不能拥有国家军队、不能在海外展开军事行动等“不正常”状态，这是日本由经济大国走向政治大国的前提。

二是日美同盟通过“再定义”升级。冷战结束后，日美一度因贸易摩擦出现剑拔弩张的局面。为消除美国对日本的战略疑虑、确保国家政治转型的有序推进，日本在外交和安全保障领域实行“对美一边倒”政策。其中最重要的举措是1996年4月由时任首相桥本龙太郎与来访的美国总统克林顿签署《日美安保联合宣言》，明确强调日美同盟是“21世纪维护亚太地区和平与繁荣的基础”。②这意味着日美同盟在冷战结束后有了升级版。

三是自卫队取得派兵出国的“通行证”。1992年，在宫泽喜一内阁任内，日本国会通过了《联合国维持和平行动合作法案》（“PKO法”），允许自卫队赴海外参加联合国发起的维和行动。这是日本当权者绕开现行宪法限制的一场政治赌博，其结果是让自卫队获得了参与“非战争军事行动”（Military Operations Other Than War，MOOTW）的权力。1997年9月，新版《日美防卫合作指针》出台，允许自卫队以支援美军为由，在日本周边地区为美军提供后勤支援。1999年，小渊惠三内阁通过的《周边事态法》又为之提供了进一步的法律保障。

四是日本政治制度进行了重大的改革。首先，在细川护熙内阁任内，1994年，日本用小选举区和比例代表并立制取代了原先的中选举区制度，为两大保守政党轮流执政铺平了道路。随后，由桥本龙太郎首相倡议，

---

① 小沢一郎『日本改造計画』、講談社、1992年、18頁、102-105頁。

② 『日米安全保障共同宣言—21世紀に向けての同盟—』、外務省ホームページ、1996年4月17日、https://www.mofa.go.jp/mofaj/area/usa/hosho/sengen.html。

最终在森喜朗首相任内实现了缩编中央省厅的“大部制”改革，其目的在于提高施政效率、强化中央集权。这也是日本向政治大国转型所必需的。

（二）日本国家政治转型的“拼搏期”

进入21世纪头10年，日本虽然未能走出“泡沫经济”崩溃的阴影，但仍醉心于“大国梦”。特别是在小泉纯一郎首相及其继任者安倍晋三的强势推进下，日本国家政治转型在遭遇国内外普遍质疑的情况下依然艰难前行，取得了若干进展。概括起来，主要有四方面的突破。

一是降低自卫队海外派兵“门槛”。在小泉执政期间，美国先后发动了阿富汗战争和伊拉克战争。日本政府一再降低自卫队海外派兵的“门槛”。2001年底，海上自卫队军舰到印度洋给以美国为首的多国舰队提供燃料；2004年1月，陆上自卫队以参与战后复兴为名进驻尚处于战斗状态的伊拉克。与此同时，小泉纯一郎内阁在2003年6月、2004年6月先后出台了《应对武力攻击事态法》等10项有事立法，使日本的“用兵法规”逐步臻于完善。《读卖新闻》评论道：“有关确定政府针对外来入侵应对方针的三项法律，表明日本终于向‘正常国家’迈出了一大步。”①

二是发动安理会“入常”冲刺。2005年是联合国成立60周年，日本在精心策划后发动了一场异乎寻常的安理会“入常”冲刺。首相小泉纯一郎声称：“日本的作用是安理会在维持国际和平与安全过程中所不可缺少的，相信日本所发挥的作用是它成为安理会常任理事国的坚固基础。”②日本一边以增加经济援助为诱饵争取发展中国家的支持，一边与

---

① 「日本『普通の国』へ舵を切り始めた」、『読売新聞』2003年12月28日。

② 小泉純一郎「新しい時代に向ける新しい国連—第59回国連総会における一般討論演説—」、首相官邸ホームページ、2004年9月21日、https://warp.ndl.go.jp/info:ndljp/pid/11236451/www.kantei.go.jp/jp/koizumispeech/2004/09/21speech.html。

印度、德国和巴西结成“四国集团”，企图裹挟联合国多数会员强行闯关。这场冲刺虽然以失败告终，但应该说是日本与实现“大国梦”距离较近的一次。

三是强化首相官邸的主导作用。小泉纯一郎是一位不按常理出牌的首相。他上任后，打破了以往按照自民党派系实力分配阁僚位置的陋习，使各派系领袖逐渐边缘化；成立首相直属的“经济财政咨询会议”，剥夺了历来归财务省垄断的预算制定权；他还不顾自民党内“道路族”以及“邮政族”议员的反对，实行道路公团、邮政事业等国营事业的民营化。日本政论家竹中治坚将小泉纯一郎确立的首相官邸主导体制称为“2001年体制”。“在这种体制下，首相相对于其他政治家和政治组织，拥有非常强势的地位，造成了堪称‘首相支配’的状态。”①

四是将修宪提上议事日程。日本政坛一直存在修宪还是护宪的激烈争论。2005年11月，自民党推出了所谓的“新宪法草案”，其主要内容包括将自卫队改为“自卫军”、设立军事法庭等。2006年9月，安倍晋三在国会发表施政演说时明确提出：“我将就宪法如何与新时代相符合的问题与朝野各党深入讨论，希望能由此形成明确的方向。”②他也因此成为1955年以来唯一在施政演说中提及修宪的自民党首相。在安倍的推动下，日本国会通过了涉及宪法修改手续问题的《国民投票法》，走出了修宪的重要一步。

（三）日本国家政治转型的“收获期”

进入21世纪第二个十年，特别是在安倍复出后的七年半里，“大国

① 竹中治堅『首相支配—日本政治の変貌—』、中公新書、2006年、242頁。

② 安倍晋三「第165回国会における安倍内閣総理大臣所信表明演説」、首相官邸ホームページ、2006年9月29日、https://warp.ndl.go.jp/info:ndljp/pid/11236451/www.kantei.go.jp/jp/abespeech/2006/09/29syosin.html。

梦”再次叩动了日本当权者的心弦。原因是多方面的：其一，日本的国内生产总值（GDP）在2010年被中国赶超，日本失去了占据（30）多年的世界第二经济大国的位置，这给日本民众带来的心理冲击急需当权者设法缓解；其二，全球化浪潮汹涌澎湃给日本带来了前所未有的挑战，各种内外矛盾呈不断激化的态势，朝野上下普遍期盼能出现一位带领日本走出困境、重铸辉煌的强势领导人，而当权者也需要用更加诱人的愿景来获取民众的支持。

安倍复出后，“夺回强大的日本”一直是他乐此不疲的口号。2013年2月22日，安倍在美国战略与国际关系研究中心发表演讲时强调：“日本无论是现在还是将来都不会沦为二流国家……我重任日本首相，而日本也将东山再起。”① 2014年1月1日，他在发表新年感言时强调：“夺回强大的日本的战斗刚刚开始。新年伊始，我重新下定决心，今后仍要保持紧张的感觉，在漫长而又艰难的征途上走下去。”② 正是在“夺回强大的日本”的目标激励下，日本的国家政治转型进入了一个“盘整”和“疑似收官”的阶段。安倍采取了比他的任何一位前任都更具进取性和冒险性的政策，主要表现在如下四方面。

首先，实质性启动修宪进程。安倍再次入主首相官邸后，便将修改宪法列为“亟待解决的重大课题”，以实现其“摆脱战后体制”的夙愿。他任命自己的心腹担任内阁法制局局长，用内阁决议的方式修改宪法解释，解禁了集体自卫权。日本评论家认为这是不改变宪法文字的变相修宪。他甚至为实质性修宪设立时间表，将举行东京奥运会的2020年作为施行新宪法的“元年”。③这是战后任何一位首相都不敢触碰的“禁区”。

---

① 安倍晋三「日本は戻ってきました」、首相官邸ホームページ、2013年2月22日、http://www.kantei.go.jp/jp/96_abe/statement/2013/0223speech.html。

② 安倍晋三「安倍内閣総理大臣平成26年年頭所感」、首相官邸ホームページ、2014年1月1日、http://www.kantei.go.jp/jp/96_abe/statement/2014/0101nentou.html。

③ 「首相『2020年、新しい憲法の施行』改憲派集会」、『朝日新聞』2017年5月3日、https://www.asahi.com/articles/asm534rq3m53utfk005.html。

其次，强行出台新安保法案。安倍在复出后的最初三年便着手解决了历任首相想解决而始终未能如愿的棘手难题。“制定《特定秘密保护法》、修改《防卫计划大纲》让自卫队得以向海外派遣、设立日本版的国家安全保障局（NSC）、发布《国家安保战略》、废除‘武器出口三原则’以及修改宪法解释为集体自卫权解禁等，其速度简直让人们吃惊。”① 尤其是2015年出台的新安保法案，允许自卫队随时向海外出动以支援处理国际纷争的他国军队。这是历届内阁想做而不敢做的举动。

再次，推行“俯瞰地球仪”的战略性外交。安倍提出“积极和平主义”的口号，将“俯瞰地球仪”的战略性外交作为自己的品牌政策。安倍复出的七年半里访问的国家和地区合计有80个，是他外叔祖父佐藤荣作任期（七年零八个月）内访问国家总数（13个）的6倍多。而且，其中贯穿始终的一条红线就是策动旨在围堵中国的美国、日本、澳大利亚、印度四国联盟。

最后，染指国际经济政治规则的制定。安倍决定与美国展开有关“跨太平洋伙伴关系协定”（TPP）谈判时强调：“（谈判）将使日本在亚太地区巨大经济圈中发挥主导作用，并与盟国美国共同制定相关规则。我认为日本应当成为主角。”② 正是在这一目标的指引下，在2017年初美国退出“跨太平洋伙伴关系协定”后，日本又主导缔结了11国版的《全面与进步跨太平洋伙伴关系协定》（CPTPP）。此前，在2013年10月，安倍在会见美国《纽约时报》记者时就明确表示：“我意识到，除了在经济领域，日本还有望在亚太安全领域担任领袖。”③ 在战后历任日本首相中，如此露骨表明日本要充当地区领袖意愿的，安倍堪称第一人。

---

① 渡辺治・岡田知弘・後藤道夫・二宮厚美『「大国」への執念—安倍政権と日本の危機—』、大月書店、2014年、7頁。

② 安倍晋三「自民党全国幹事長会議における挨拶」、2013年3月16日，转引自《安倍出席自民党高层会议就加入TPP谈判寻求理解》，中国新闻网，2013年3月17日，http://www.chinanews.com/gj/2013/03-17/4649989.shtml。

③ 杰勒・德贝克、乔治・西山：《安倍称日本已作好抗衡中国的准备》，《参考消息》2013年10月27日。

二、日本的“大国梦”并不仅仅是梦呓

在二战结束后很长一段时间里，日本奉行经济至上方针和“消极和平主义”，在国际社会是一个非常低调和不起眼的角色。但是，自日本成为世界第二大经济体后，一直致力于推进国家政治转型。自20世纪80年代以来不断努力，日本终于成了国际事务中一个非常活跃的角色。这种变化的规模之大、速度之快让世人叹为观止。美国当权者也匆忙委托有关智库拟定遏制日本作为全球大国崛起的战略。①

哈佛大学教授约瑟夫·奈在担任该校肯尼迪行政学院院长时，在《美国应该怎样对待日本》一文中如此写道：“日本的崛起带有戏剧性色彩……值得惊叹的是，日本占世界总产值的比例在30多年的时间里上升至原来的8倍；日本已成为世界最大的债权国；日本的工业产品出口已是世界第3位；在许多高技术领域，日本已成为世界第一；日本对联合国和世界银行的出资已占第2位，对外援助已超过美国，成为世界第1位的资金供应国。20世纪80年代土地和证券的暴涨所带来的特殊情况使日本经济实力看上去比实际的要强，但从高储蓄率、投资能力和技术力量等方面来看，日本的崛起是有扎实的基础的。”②

可以说，日本从未像现在这样在世界上拥有如此之高的知名度、影响力和话语权。日本历史上两次瞄准地区霸权和世界大国的“冲刺”都以失败告终，近40年的新一轮“大国梦”却不仅仅是梦呓，而且在相当大的程度上变成了现实。日本在历史上凭借军事力量未能拿到的，如今

① 1993年春，由肯尼思·达姆教授领衔的阿斯彭战略小组拟定了一份题为“扼制日本：美国对付日本作为全球大国崛起的战略”的报告，转引自吴寄南主编《站在新世界入口的日本》，上海教育出版社，1998，第30页。

② 约瑟夫·奈：《美国应该怎样对待日本》，载日本《世界》月刊1993年3月号，转引自吴寄南主编《站在新世界入口的日本》，上海教育出版社，1998，第35页。

却靠经济实力和外交手腕如愿以偿地握在手中。

平成时代，日本在经济、外交领域有如下十大颇为突出的表现。

第一，日本的经济体量名列三甲。在1995年的巅峰期，日本的国内生产总值（GDP）占全世界的17.7%，占比仅次于美国。2005年，日本的国内生产总值为4.53万亿美元，比世界人口排名第1位、第2位的中国、印度的总和还要多。2010年，日本的国内生产总值被中国赶超，退居世界第3位。2018年，日本的国内生产总值为4.97万亿美元，依然排名世界第3位，而第4位、第5位的德国、英国分别为3.95万亿美元、2.83万亿美元。①预计日本作为世界第三大经济体的地位在2025年前还不至于被撼动。

第二，日本是世界贸易的“顶级选手”。据世界贸易组织发布的《全球贸易数据与展望》报告，2018年日本对外贸易总额达1.487万亿美元，占全球贸易总额的3.8%，居中国、美国和德国之后，名列全球第4位。值得注意的是，日本在关键零部件和新材料的全球供应链上占据绝对的优势地位。以半导体领域为例，日本掌握了硅晶圆、光刻胶和封装膜等14种基础性原料50%以上的市场份额，2019年日本对韩国半导体产品的部分禁运就引起了半导体业的极大震动。

第三，日本是世界最大的债权国。2006年的统计表明，日本对外直接投资累计总额为53万亿日元，当年返回的直接投资利润就达到4.1万亿日元。如果加上证券投资的收益，每年从海外返回日本本土的利润高达16.3万亿日元，超过全年12.4万亿日元的贸易顺差。② 从国际横向比较来看，2018年，日本的海外纯资产为3.08万亿美元，连续27年居世界第1位，并且与排名第2位、第3位的德国（2.37万亿美元）和中国

① 「世界の名目GDP国別ランキング・推移（IMF）」、Global Note、2019年12月18日、http://www.globalnote.jp/post-1409.html。

② 「海外投资の利益」、OKWAVE、2008年2月18日、http://okwave.jp/qa/q3787948.html。

(2.13万亿美元) 拉开了很长一段距离。①

第四，日本是世界主要对外援助国。凭借雄厚的资金实力，日本提供的政府开发援助（Official Development Assistance，ODA）也非常引人注目。从1977年起，日本政府先后制定了5次政府开发援助中期规划，每年提供的政府开发援助金额由14亿美元增至100亿美元。② 1991—2000年，日本每年对外提供的政府开发援助金额在发达国家中始终名列第一。2016年，日本提供的政府开发援助达104.17亿美元，居世界第4位。政府开发援助成为日本拓展外交影响的重要手段。③

第五，日本在科学技术领域独树一帜。日本一直是全世界申请专利数最多的国家之一。日本在新材料、云计算、生物工程等领域的技术水平居世界领先地位。1949—2019年，日本共有27人获得诺贝尔奖，其中在1980年以后获奖的就有22人，人数之多，堪称亚洲第1位、世界第2位，尤其是在2000年后，日本几乎每年都有人获得诺贝尔奖。2016年，汤森路透集团评选出的“2015全球创新企业百强”榜单里，日本以40家企业高居榜首，力压美国的35家。④

第六，日本在联合国框架内“长袖善舞”。从1956年12月加入联合国后，日本一直利用这一平台提高自己的国际地位。在很长时间里，日本一直是仅次于美国的常规预算第二大出资国。⑤ 2015年10月，日本第11次当选联合国安理会非常任理事国，其当选次数在联合国成员中居第1位。2005年，日本还曾与印度、德国和巴西联合发起一场试图挤进安

① 「世界の名目GDP国別ランキング・推移（IMF）」、Global Note、2019年12月18日、http://www.globalnote.jp/post-14758.html。

② 山下道子「日本のODAの現状と課題」、『ESRI調査研究リポート』第3号、2003年、http://www.esri.go.jp/jp/archive/tyou/tyou010/tyou003a.pdf。

③ 外務省『開発協力白書』、2019年、3頁。

④ 《全球创新企业100强》，搜狐网，2016年5月3日，http://www.sohu.com/a/73085674_131990。

⑤ 自20世纪80年代以来，日本负担的联合国经费的比例一直仅次于美国。直到2019年，日本负担的联合国经费比例（9.6%）才第一次被中国（12%）超越，退居第3位。

理会常任理事国行列的冲刺，这是日本对外关系最活跃也是距离实现“大国梦”最近的时期。

第七，日本掌握一定的全球治理话语权。1975年6月，根据法国的倡议，在巴黎郊外的朗布依埃举行了西方主要发达国家的首脑会议——“七国集团首脑峰会”（G7）。这一机制后来演变为磋商世界经济和政治议题的西方七国首脑会议。作为亚洲唯一的代表，日本一直是这一机制的积极参与者，多次利用东道国身份塞进若干符合日本利益的议题。2008年全球金融危机后问世的“二十国集团峰会”（G20），日本也是其中非常活跃的参与者之一，目的是提高日本的全球治理话语权。

第八，日本积极斡旋和介入地区热点。1990年6月，日本政府邀请柬埔寨冲突四方代表到东京磋商和平进程，促成西哈努克和洪森以私人身份签署了一份有关停火、成立最高委员会和国际监督机构的联合声明。这是柬埔寨和平进程的一个重要节点，也是日本战后首次斡旋国际事务。日本著名国际政治学者五百旗头真称其为日本外交的一大“亮点”。[①] 2019年6月，安倍晋三作为时隔41年访问伊朗的日本首相，与伊朗总统举行会晤，虽然调停美伊冲突的目标未能实现，其试图斡旋的影响却不可小觑。

第九，日本是地区和全球公共产品提供者。从20世纪80年代以来，历届日本内阁积极推进东亚地区的一体化进程，支持成立“亚太经济合作组织”（APEC）。在1997年的亚洲金融危机后，日本提出以设立亚洲基金为核心的“新宫泽构想”，携手中韩两国和东盟在危机后签署“清迈协议”，迈出了亚洲金融合作的关键一步。此外，日本主导成立湄公河合作机制、举办非洲开发会议（TICAD），在区域经济发展和一体化过程中

① 五百旗头真主编《新版战后日本外交史（1945—2005）》，吴万虹译，世界知识出版社，2007，第183页。

发挥了公共产品提供者的正面作用。①

第十，日本拥有不可小觑的军事实力。2018 年，日本的防卫预算居世界第 9 位。② 海上自卫队的舰艇总吨位约 40 万吨，大中型舰艇总数名列世界前茅；航空自卫队拥有的 F-15 战斗机的数量仅次于美国。近 30 年来，自卫队向海外派兵的“门槛”也一再降低。日本对武力的炫耀，折射出日本当权者的大国情结，同时向世界表明了日本在地区和国际军事博弈的舞台上已经是一个不可小觑的厉害角色。

三、支撑日本“大国梦”的因素

在世界史上，经济大国谋求成为政治大国可谓屡见不鲜。这种转型不仅会深深烙上时代的印记，也因为转型国家不同的内外环境、历史传统和战略文化而呈现出不同的态势。其中，既有顺利转型的国家，也有半途而废的国家；在同一个国家，既有高歌猛进的岁月，也有举步维艰的时刻。那么，平成时代日本执政当局在推动国家政治转型上有哪些值得关注的经验？哪些因素支撑着日本不断追求其“大国梦”？

（一）通过持续的政策争辩凝聚朝野共识，让日本国家发展战略渐趋清晰

从 20 世纪 70 年代以来，日本精英阶层围绕日本的国家定位和发展方向展开了热烈的讨论。朝野各种政治势力、利益集团纷纷提出自己的

---

① 卢昊：《日本外交与“印太构想”——基于国际公共产品角度的评析》，《日本学刊》2019 年第 6 期，第 19 页。

② 数据来自世界银行统计，转引自「世界の軍事費国別ランキング（2018）」、Global Note、2019 年 7 月 26 日、https://www.globalnote.jp/post-3871.html。

国家发展构想。进入平成时代后，这种讨论更加广泛而深入。

20世纪70年代，日本刚刚奠定其在西方世界第二经济强国的地位，便遭到石油危机的冲击，举国上下都感到强烈的不安。1978年12月，时任首相大平正芳邀集一些官僚和学者精英进行研讨，提出了著名的“综合安全保障战略”。这一战略强调世界和平正在由美国一国担保演变为各国分担责任，日本的作用基本上以经济为中心，但也要发挥相当的政治上的作用；日本的安全保障应该是包括能源安全、粮食安全以及应对大规模地震灾害在内的综合安全保障。①《朝日新闻》记者本田优对此予以高度评价，认为这是“战后日本历届政权中第一次由政府出面将国家战略明文化的尝试”。②

从日本参众两院的审议记录来看，20世纪70年代，国会讨论时，“国家战略”这个词出现的频率差不多是一年一次，80年代和90年代前期增加为每年数次，从1995年起差不多就是两位数，2002年第一次突破了100次。③ 在国会讨论时首次使用“国家战略”这个概念的是中曾根康弘。④ 他是历届日本首相中为数不多的几位具有战略眼光的政治家之一，在1982年出任首相后不久便提出“战后政治总决算”的口号，要求对战后被占领时期以来的政策方针进行全面评估与纠正。让日本成为“政治大国”就是他为日本设计的新国家定位。中曾根康弘明确指出，所谓“政治大国”就是“要在世界政治中加强日本的发言权，不仅要增加日本作为经济大国的分量，而且要增加其作为政治大国的分量”。⑤ 这是

---

① 吴寄南：《新世纪日本对外战略研究》，时事出版社，2010，第7页。

② 本田优『日本に国家戦略はあるのか』、朝日新書、2007年、115頁。

③ 本田优『日本に国家戦略はあるのか』、朝日新書、2007年、65頁。

④ 本田优『日本に国家戦略はあるのか』、朝日新書、2007年、64頁。民社党议员吉田之久在1970年3月7日众议院预算委员会上呼吁设立讨论国防问题的常设机构防卫委员会。时任防卫厅长官的中曾根康弘回应道：“迄今为止日本政治家中有关安全保障问题的讨论来看，非常高度的国家战略以及由此延伸而来的外交战略和防卫战略的讨论是非常欠缺的。”

⑤ 中曾根康弘在群马县选民集会上的讲话，参见《中曾根说要从长远观点讨论安全保障问题》，《人民日报》1983年8月9日第6版。

与日本政府沿袭多年的习惯做法截然不同的一张“路线图”。

战后，日本政界的主流思潮是被称为“保守主流”的“吉田主义”，这是一条遵循和平宪法、维持日美同盟、以经济发展为中心的路线。它奠定了日本经济复苏和高速增长的基础，但是冷战结束以后，这条路线受到越来越多的挑战。继 20 世纪 80 年代中曾根康弘的“政治大国”论之后，90 年代风靡日本政坛的是小泽一郎倡导的“正常国家”论。中曾根康弘提出“战后政治总决算”时还不敢公开点名吉田茂，小泽一郎就没有那么多的顾虑，他在 1993 年问世的《日本改造计划》一书中强调“经济优先”不应该成为“一成不变的政治原则”。“在冷战结束后的今天，应该尽快地从‘吉田主义’的说教中解放出来，制定一个新的战略。当然，要成为‘正常国家’，并非只要实施政治改革就可以了。日本国民也应该清醒地意识到日本在国际社会中所处的地位，改造自己的思想，使自己成为能被国际社会所接受的‘正常的国民’。”“日本除了成为‘国际国家’外，别无其他的生存方式”。①

但是，“吉田主义”的影响也不是一下子就可以摆脱的。事实上，冷战结束以后，日本政坛有关日本未来走向的构想，除中曾根康弘、小泽一郎倡导的“政治大国”论和“正常国家”论以外，小渊惠三担任首相后提出的“全球民生大国”论也有很多支持者。1999 年，小渊惠三委托京都大学名誉教授河合隼雄牵头成立了“日本 21 世纪恳谈会”，其汇总发表的一份研究报告——《日本的新边疆就在日本》提出，日本应该从战后一贯的“非军事经济大国”走向“全球民生大国”。具体来说，日本要运用民生的手段而不是军事的手段，在稳定世界经济秩序、缩小贫富差距、保护环境、保障人权以及联合国维和活动等领域，为提供国际公共产品做出贡献。“在 21 世纪，日本要更加有意识地朝这一适合自身特征的国家形态努力。同时，也要让国际社会接受这样的日本”。② 不难

① 小沢一郎『日本改造計画』、123 頁。
② 河合隼雄等『日本のフロンティアは日本の中にある』、講談社、2000 年、58 頁。

发现，“全球民生大国”论依然有非常明显的“吉田主义”痕迹。

正是在各种似乎相互对立的战略构想持续不断的碰撞中，日本新的国家战略的基本轮廓渐趋清晰。比如，“全球民生大国”论的内涵这些年来也有变化，主要是增加了要增强日本的防卫力量、在安全保障领域履行国际贡献的义务。这就意味着它在某些方面开始接近“正常大国”论的主张，庆应义塾大学教授细谷雄一称之为“全球民生大国”论的“2.0版”。① 进入21世纪以后，特别是在小泉纯一郎和安倍晋三这两位长期掌握日本权力中枢的强人首相任内，日本统治阶层围绕日本究竟要成为什么样的国家终于达成了若干共识，给出了较为明晰的答案。其要点可以概括为五点。其一，日本应该在联合国框架内发挥更大的影响，特别是要争取成为联合国安理会常任理事国。这既是对日本长期作为联合国第二大出资国的回报，也是日本彻底摘掉“战败国”帽子、成为国际主导国家的标志。其二，日本的对外经贸活动必须服务其国家利益。正如2003年修改《政府开发援助大纲》时所强调的，日本作为世界主要大国，实施政府开发援助应增强日本在国际社会上的话语权，为日本的国家利益服务。② 其三，日本应积极参与和主导制定国际经贸规则。1997年，日本筹划和主办世界气候大会，通过了第一份以日本地名命名的《京都议定书》，对温室气体减排、防止地球气候变暖规定了具体的目标；2019年，日本在二十国集团（G20）峰会上又启动了关于数据治理的“大阪轨道”。其四，日本要持续加大推行全球性战略外交力度。从20世纪90年代初为结束柬埔寨冲突进行斡旋，出台欧亚大陆外交政策，到进入21世纪后推行“自由与繁荣之弧”的构想、密切与非洲各国的关系等，日本在国际事务中越来越成为活跃而有影响的角色。其五，日本在

① 细谷雄一「グローバル・シビリアン・パワー2.0」、船橋洋一編『ガラパゴス・クール』、東洋経済新聞社、2017年、279頁。

② 『政府開発援助大綱』、外務省ホームページ、2003年8月29日、https://www.mofa.go.jp/mofaj/gaiko/oda/shiryo/hakusyo/04_hakusho/ODA2004/html。

国际事务中应逐渐凸显军事存在感。持续增加防卫预算，加大军事领域的投入，在强化日美军事同盟的同时，推进“有事立法”，出台新安保法案，解禁集体自卫权，为自卫队海外派兵彻底“松绑”。

战后日本在国际社会从保持沉默到积极发声，从被动追随到主动出招，从单纯追求经济利益到全面融入战略考量，在各种驱动因素中，核心因素也是最能持久发挥影响的就是上述正在成为涵盖朝野两大阵营、指导历届内阁行动的战略共识。

（二）审慎处理与世界头号强国美国的关系，确保日本国家转型有序推进

二战后，美国成为世界头号强国，它不能容忍任何有可能挑战其霸权地位的竞争对手。美国在发展对外关系中有所谓的“60%”潜规则，即无论哪一个国家，只要其国内生产总值达到美国的60%，美国就会将其视为潜在挑战者而予以遏制。二战前的德国和二战后的苏联都曾被美国视为竞争对手而遭到打压。日本成为世界第二经济大国，特别是1995年其国内生产总值一度达到美国的70%，且人均国内生产总值赶超美国后，日美关系异乎寻常地紧张起来，出现了如日本著名评论家船桥洋一所形容的“同盟漂流”① 的局面。美国对日本施加的压力骤然加大。为了避免来自美国的“敲打”，确保国家政治转型的有序推进，日本当权者可谓煞费苦心。

首先，坚持日美同盟关系定位，消除美国的战略疑虑。1960年，日美两国修订《日美安全条约》后，日本当权者始终将其视为日本外交的基轴。20世纪80年代初，日本政界对于与美国结盟尚有疑虑。1981年，铃木善幸结束访美时在联合声明中第一次写进了“同盟”一词，尽管他

---

①　日本著名政论家、《朝日新闻》前主笔船桥洋一在1997年出版的《同盟漂流》一书中详述了那些年里日美同盟动摇的状态。参见船橋洋一『同盟漂流』、岩波書店、1997年。

再三强调“同盟”一词并无军事上的含义，但还是在日本政坛引起了轩然大波，时任外务大臣伊东正义被迫辞职。① 随着时间的推移，“同盟”一词在首相施政演说和政府出版物中出现的频率越来越高，并成为政坛主流普遍的共识。冷战结束后，通过日美同盟“再定义”结束所谓“同盟漂流”局面的是桥本龙太郎首相。1996 年 4 月，他与来访的美国总统克林顿签署了《日美安保联合宣言》，将日美同盟由单纯的双边军事同盟“升级”为“21 世纪维护亚太地区和平与繁荣的基础”。此后，日本在外交和安全保障领域实行“对美一边倒”，使美国对日本的战略疑虑明显减少。进入平成时代后，日本经历了四次政权轮替，分别是 1993 年七党一派联合政权问世，1994 年自民党、社会党和先驱新党联合执政，2009 年民主党上台和 2012 年自民党、公明党夺回政权，但是日本与美国结盟的政治定位没有丝毫动摇。在小泉纯一郎任内，日美同盟更被提升为“全球规模的伙伴关系”，被奉为不可动摇的圭臬。

其次，密切与美国的战略协调，始终以美国为选边对象。20 世纪 80 年代初，东西方冷战出现新的紧张态势，时任首相中曾根康弘宣布将在必要时封锁津轻、宗谷、对马三海峡，阻止苏联太平洋舰队南下，确保日本成为美国“不沉的航空母舰”。“9 · 11”事件发生后，除英国外，日本在美国所有盟国中表态最快、支持美国的态度最鲜明。在美国先后发动阿富汗战争、伊拉克战争后，日本还通过相关法律分别派遣海上自卫队舰艇赴印度洋为以美国为首的多国部队提供燃料补给，派遣陆上自卫队到伊拉克从事所谓的“人道主义援助”。日本的表现远比欧洲的法、德两国让美国满意。另外，从联合国大会表决的记录来看，日本与美国保持一致的比例与英国并驾齐驱，高于法、德两国。②

再次，精心维护在日美军基地，为美国提供地区战略支撑。日本在

① 丸谷浩司「日美安保同盟 60 年」、『日本経済新聞』2019 年 12 月 24 日。

② 朱立群：《联合国投票变化与国家间关系（1990—2004）》，《世界经济与政治》2006 年第 4 期，第 52 页。

《旧金山对日和平条约》生效、恢复独立国家地位后仍接受美国在日本驻军。截至2019年3月，美国在日本13个都道府县总共拥有78个基地，占地总面积逾263平方千米，驻军3.3万人。其中，神奈川县的横须贺、冲绳县的嘉手纳分别是美国在西太平洋地区最大的海军基地和空军基地。从1978年起，日本政府在每年预算中都列出专项资金用来补贴基地内美军雇员工资和水电煤气等费用。根据美国国防部公布的资料，日本政府承担的驻军费用比例为74.5%，远高于意大利的41.0%、韩国的40.0%和德国的32.6%。[①] 日本防卫省统计的这一比例更高达84.6%（2015年）。[②] 尽管驻日美军给驻地附近居民带来噪声、环境污染甚至发生盗窃和性犯罪等扰民事件，日本民众中反对美国驻军、要求撤销基地的呼声此起彼伏、连绵不断，但日本历届内阁一直加以压制，心甘情愿地将日本作为美国在印太地区最大的战略支撑点。

最后，妥善管控与美国的经济摩擦，避免日美关系整体脱轨。长期以来，作为世界第一大、第二大经济体，美日两国间一直存在难以调和的利益对立和经济博弈，摩擦领域从纺织品、钢铁、电器、汽车到半导体、金融保险，几乎涵盖所有的产品领域和服务领域。冷战结束后，随着苏联威胁的消失，经济摩擦加剧一度导致日美尖锐对立。美国采取了一系列“敲打”日本的做法，日本也开始对美国“离心离德”，出现了所谓“同盟漂流”的状态。但是，为了避免日美关系的整体脱轨，日本历届内阁采取“一拖二磨三让步”的方针，在化解美国贸易攻势的同时，尽可能维持对日本有利的经贸环境。具体而言，有三种比较成功的模式。一是自主设限模式，即通过对特定产品对美出口设定上限的办法化解美国的压力。二是产业融合模式。以汽车行业为例，日本各大汽车公司在本土对美出口受限的情况下，纷纷赴美投资设厂。2017年，日本在美销

① 「韓国の悲鳴『明日は我が身』米軍駐留負担増への圧力」、『朝日新聞』2020年3月2日。

② 『日米安保60年—「ただ乗り論」回避を腐心—』、『日本経済新聞』2020年1月4日。

售汽车达670万辆，市场占有率接近40%。其中，在美国当地生产的有377万辆，远超从日本出口美国的174万辆。[①] 三是开放市场模式，典型事例是农产品摩擦和半导体摩擦。日本在对美国产品进口开放问题上，步步为营、逐步放开，必要时还接受进口数量的约束，以缓和美国的贸易攻势。

整体而言，日本在国家转型过程中成功地避免了美国的打压和排斥，赢得了宝贵的时间和发展机遇。当然，它所付出的代价也是很多国家很难接受的。

（三）发挥对外投资和援助等经济筹码的作用，谋求对外话语权和规则主导权

进入平成时代后，东西方冷战由紧张趋于缓和直至终结，综合国力竞争逐渐成为大国博弈的核心内容。日本利用自己拥有的巨额外汇储备和技术积累，一方面通过对外直接投资和以政府开发援助为轴心的对外援助拓展自己的势力范围；另一方面则通过缔结双边和多边的自由贸易协定，利用作为七国集团（G7）和二十国集团成员的双重身份，为日本争取更大的话语权和规则主导权。

在很长一段时间里，日本政府开发援助的援助对象以亚洲为主，印度尼西亚、中国和印度曾先后成为日本政府开发援助的最大受援国。日本的政府开发援助由无偿援助、无偿技术援助和有偿资金援助构成。其中，有偿资金援助即通常所说的日元贷款，其利率为0.75%—2.2%，偿还期为30—40年，还有为期10年的宽限期。对受援国来说，日元贷款的还本付息负担较轻，有利于兴办一些大型的基础设施项目。对于日本而言，政府开发援助是其按照和平宪法履行国际贡献义务的特殊手段。在

---

① 高田創「日本の対米通商問題は、結局、自動車問題だ」、リサーチTODAY、2018年5月15日、https://www.mizuho-ri.co.jp/publication/research/pdf/today/rt180515.pdf。

日本提供政府开发援助初期，曾附带必须购买日本产品和服务的条件，显然政府开发援助是为日本拓展商品市场服务的，具有既赚名声又获实利的“一箭双雕”效应。不过，随着国际社会对这种变相扩大出口的援助方案的不满日益上升，到20世纪90年代初，这种附带条件的日元贷款下降为总体的30%以下。截至2018年，全世界一共有190个国家和地区接受过或正在接受日本的政府开发援助，① 总金额达61万亿日元，日本先后派遣了18万名专家和5万多名志愿者。②应该说这是一份相当不错的成绩单。同时，日本也从提供政府开发援助中收获了战略利益，主要有三方面：一是受援国的基础设施建设有助于改善其投资环境，为日本企业提供能获利的投资机会；二是日本致力于拓展全球市场，赚取了巨额的贸易顺差，它拿出一部分资金“还流”给发展中国家，在一定程度上还可以缓解美欧等贸易逆差国对日本的不满；三是政府开发援助让日本赢得了国际社会的好感，对外援助的业绩以及在受援国的良好口碑成为日本软实力的重要组成部分。

作为二战战败国，日本在1964年才加入《关税与贸易总协定》（GATT）和经济合作与发展组织（OECD），并且在很长一段时期内是美欧主导的现有国际秩序和经贸规则的遵从者。但随着经济实力的膨胀，特别是在成为世界第二经济大国后，日本越来越热衷于参与国际秩序和经贸规则的谈判，在改善自身贸易环境的同时，提高自己的国际地位。

1975年11月，在巴黎近郊朗布依埃举行了由美、英、德、法、意、日六国首脑参加的旨在讨论世界经济问题的会议。翌年，加拿大加入其中，使这一机制成为一年一度的西方七国集团首脑会议。日本一直是这一“富国俱乐部”的积极成员。进入21世纪，随着新兴经济体国家的群体性崛起，特别是2008年全球金融危机后，一个新的探讨和解决世界经

① 亚洲国家中唯一没有接受过日本政府开发援助的是朝鲜。

② 「5分でわかるODA！活動内容や実績、国別ランキングなどをわかりやすく解説」、Honcierge、2018年11月13日、https://honcierge.jp/articles/shelf_story/6925。

济重大问题的平台——二十国集团应运而生。日本审时度势，充分利用二十国集团平台，积极推销自己的主张。这从它在2019年二十国集团大阪峰会上倡导所谓数据治理的“大阪轨道”中可见一斑。①

日本以2002年1月与新加坡缔结《日本新加坡新时代经济合作协定》（*Japan-Singapore Economic Partnership Agreement*，JSEPA）为开端，积极推进各种双边和多边的自由贸易协定。截至2020年1月，与日本缔结各类自由贸易协定的国家已覆盖日本对外贸易对象国的51%，这一比例高于美国和欧盟。值得注意的是，日本在缔约谈判中致力于改善和提高自己的话语权。例如，在日本主导的《全面与进步跨太平洋伙伴关系协定》中，不仅规定互相减免关税，还对保护知识产权、限制政府补贴、规范国有企业行为等做出规定。在2020年1月生效的日美贸易协定中，也有关于数据自由流通、禁止政府强制企业提供源代码等规定。日本自诩这是为未来全球数据治理立规矩。

（四）增强文化领域的传播力和吸引力，提高日本在大国博弈中的地位

进入平成时代后，日本一直谋求增强文化领域的对外传播能力和吸引力，使之成为国家软实力（soft power）的重要组成部分。“软实力”的概念由哈佛大学教授约瑟夫·奈首创，他认为，软实力是通过吸引力而非威逼或利诱达到目的的一种能力。其核心是文化，是让别的国家感受其魅力的文化。一国软实力越强，国际社会对它的好感度也越高。

从具体实践来看，日本一直注重利用文化交流，增强文化领域传播力和话语权，提升自身国际形象、改善国际舆论环境，主要包括以下三个方面。其一，着眼全球布局，推动日语教育普及。这项工作主要由国

① 孙丽：《日本主导国际经贸规则制定的战略布局——兼谈日本在大阪峰会上的得与失》，《日本学刊》2020年第4期。

际交流基金会负责。每年都拨出巨款，大量增设海外的日语教学点；向海外的日语教育机构派遣专家；扩大海外日语能力测试的网点。2018 年的调查显示，全球有 142 个国家开展了日语教育，日语学习者的总数达 384.7 万人，相当于 1979 年的 30.3 倍。① 其二，弘扬人文精神，推介日本影视文学。进入平成时代后，在日本官方推动下，亚洲一些国家和地区悄然兴起了一股“村上春树热”。日本还多方游说，让这位颇享盛名的小说家多次被列入诺贝尔文学奖的候选人行列。其三，引领世界潮流，弘扬日本动漫文化。漫画是日本政府在提高国家软实力方面最成功的一项事业。日本政府通过设立面向海外的日本动画和电视剧的专用电视频道、向发展中国家赠送动漫版权、举办以海外年轻漫画家为对象的国际漫画大奖赛，甚至将卡通形象机器猫“哆啦 A 梦”任命为“动漫文化大使”，不遗余力地推广日本的动漫文化。据日本经济产业省统计，全世界放映的动画片中有近六成是日本生产的。日本动漫作品以“润物细无声”的方式，在世界各国成功地培养起一个对日本人和日本文化有好感的庞大群体。

美国学者道格拉斯·麦克格雷在《外交政策》上发表的《日本国民酷总值》一文中指出，衡量一国的实力除了国民生产总值，还有一个重要的指标是“国民酷总值”（Gross National Cool，GNC），它是国家软实力的一种形态。日本的“国民酷总值”遥遥领先，成为超越 20 世纪 80 年代经济大国的文化强国。对于 21 世纪的日本来说，“魅力”远比“经济”更能成为有用的指标。② 2006 年 4 月 28 日，时任外务大臣的麻生太郎发表演讲时也称，日本的动漫作者将现代的日本文化推向世界，让各国年轻人从心底里倾慕日本，成为日本的“粉丝”，这是外务省官员无论怎么努力都做不到的。他强调：“我们这代人是在吸收莎士比亚、贝多芬

① 「2018 年度海外日本語教育機関調査結果（速報値）」、国際交流基金ホームページ、2019 年 10 月 8 日、https://www.jpf.go.jp/j/about/press/2019/dl/2019-029-02.pdf。

② Douglas McGray, “Gross National Cool,” *Foreign Policy*, May/June 2002, pp. 44–54.

等西欧文化的精神食粮过程中成长起来的。今天，我们要让漫画、动画、日本料理和大相扑等源自日本的文化，成为世界各国民众特别是年轻人的毫不逊色的精神食粮。"①

应该说，日本旨在提高文化领域传播力和话语权的努力取得了一定的效果，国际社会对日本的好感度明显提高。从2004年起，英国广播公司（BBC）委托国际著名民调公司环球扫描（Globe Scan）公司与美国马里兰大学国际政策态度项目（Program on International Policy Attitudes，PIPA）在全球33个国家共同实施一项调查，了解各国对主要大国在世界上所发挥作用的评价。从2005年起，日本也被列入调查对象，这一年的调查结果表明，在所有被调查的国家中，日本的平均好感度是55%，居第1位。2007年后，英国广播公司与环球扫描公司将调查范围缩小为27个国家，日本在所有国家中获得的正面评价平均值是54%，与加拿大并列第一。2008年的调查中，日本在所有国家中与德国并列第一（56%）。2009年以后，日本的排名有所下降，但最低也是第5位（2011年、2014年）。2017年，日本的排名上升为第3位，在被调查的国家中，日本获得的正面评价平均值是56%，仅次于加拿大（61%）和德国（59%）。②

（五）在军事领域用"切香肠"方式突破和平宪法对日本派兵出国的限制

日本要彻底摘掉"战败国"的帽子，最关键的是自卫队能否堂堂正正地在海外施展拳脚。朝鲜战争爆发后，日本政府根据美国占领当局的旨意建立了警察预备队，后来又先后改名为"保安队"和"自卫队"，

---

① 「麻生外務大臣演説 文化外交の新発想—みなさんの力を求めています—」、データベース「世界と日本」、2006年4月28日、http://worldjpn.grips.ac.jp/documents/texts/exdfam/20060428.S2J.html。

② "2017 Country_Ratings Poll," Globe Scan, July 4, 2017, https://globescan.com/images/images/pressreleases/bbc2017_country_ratings/BBC2017_Country_Ratings_Poll.pdf.

但自卫队问世的1954年，日本国会曾专门通过《自卫队法》禁止自卫队向海外派兵。早在昭和年代末期，自卫队就已发展为东亚地区一支装备精良、训练有素的武装力量。然而，囿于宪法第九条和《自卫队法》，向海外派兵始终是自卫队一道难以逾越的“红线”（1987年9月，时任首相中曾根康弘曾有意派遣海上自卫队的舰艇到波斯湾为维护航行安全做“贡献”，但遭到时任内阁官房长官后藤田正晴的激烈反对，只得放弃）。然而，在平成时代日本先后进行了三轮防卫政策的调整，用“切香肠”的方式，终于突破了这道“红线”。

第一轮调整是在20世纪90年代。其背景是1991年的海湾战争、1994年的朝核危机和1996年的台海危机。日本国会在1992年6月通过《联合国维持和平活动合作法》（PKO），为自卫队颁发了派兵出国的“通行证”。1996年4月，在美国总统克林顿访日之际，日美两国发表了有关安全保障的联合宣言，强调日美同盟是亚太地区和平与稳定的基础。1997年9月《日美防卫合作指针》和1999年5月《周边事态法》的出台，标志着日美同盟已从“防御日本”变质为“预防和遏制地区冲突”，揭开了《日美安保条约》重新定义的序幕。

第二轮调整是在21世纪头十年。以2001年“9·11”事件为契机，美国先后发动了阿富汗战争、伊拉克战争这两场反恐战争，时任日本首相的小泉纯一郎坚定地站在美国一边，推动国会在2001年10月和2003年7月先后通过了《反恐特别措施法》和《支援伊拉克重建特别措施法》。根据前一项法律，日本海上自卫队赴印度洋向以美国为首的多国部队舰艇提供燃油；而后一项法律则使日本陆上自卫队和航空自卫队能够进入仍处于战争状态的伊拉克，主要是为美军提供后勤支援，也开展了一些象征性的复兴援助活动。2003年6月，日本国会通过了小泉内阁提出的《应对武力攻击事态法》等“有事立法”，标志着日本防卫政策体系化、法制化取得进展，日本朝“正常大国”的目标迈出了关键性的步伐。

第三轮调整发生在21世纪第二个十年。2012年12月安倍晋三再次入主首相官邸后，日本防卫政策的调整紧锣密鼓地向前推进。安倍内阁在2013年12月接连出台《国家安全保障战略》《防卫计划大纲》和《中期防卫力量整备计划》。这三个文件被称为安倍的“安保三箭”，与构成“安倍经济学”的三支“箭”相得益彰。2014年7月，安倍内阁通过决议，对迄今为止明确禁止行使集体自卫权的宪法解释进行了颠覆性的修改，规定日本在与自己有密切关系的国家遭到外敌攻击，导致日本国民的生命、自由与追求幸福的权利有从根本上被颠覆的危险时，日本可以行使必要的、最低限度的武力。①

2015年是新一轮防卫政策调整的收官阶段，其标志是新版《日美防卫合作指针》和新安保法案的出台。2015年4月，日美两国在华盛顿举行首脑会谈，公布了修改后的《日美防卫合作指针》，其要点包括：一是将日本自卫队与美军的合作地域从日本的“周边地区”扩展到全球；二是规定了日美在军事领域实行“无缝”合作，涵盖维和、救援、预警、情报分享、监控、侦察、训练、演习、拦截弹道导弹、舰船护卫等各个领域。同年7月和9月，日本众参两院分别通过了由安倍内阁提出的《国际和平支援法》的新法律和对原有10项法律进行修改合并而成的《和平安全法制整备法》。这两项法律就是通常所称的日本“新安保法案”。

按照新安保法案，日本自卫队可以随时向海外出动，以支援处理国际纷争的他国军队。支援内容不仅包括供水和加油等物资补给、人员与物资运送、伤者医疗、建造工事等常规项目，甚至允许自卫队为他国军队提供弹药。而且，自卫队在出现介于战争与和平状态的“灰色地带”或日本“生存”受到威胁时也能出动。《朝日新闻》发表评论称，新保安法案意味着日本的防卫政策发生了“战后最深刻、最重大的转折”。②

---

① 内閣決議「国の存立を全うし、国民を守るための切れ目のない安全保障法制の整備について」、2014年7月1日、孫引き防衛省『防衛白書』、2014年、376頁。

② 「戦後防衛政策の大転換」、『朝日新聞』2015年9月20日。

就这样，日本当权者一步步给自卫队“松绑”，争取海外派兵的永久化、制度化，导致日本和平宪法遭到实质性的“阉割”。

（六）进行一系列旨在强化中央集权和提高决策效率的改革

战后，日本实行“议会内阁制”，由在众议院掌握过半数席位的政党或政党联盟组建内阁，进行政治运作。自民党长期垄断权力中枢，在制定政策和具体实施政策时，依靠一支专业素质较高、具有较强渗透能力和主导能力的公务员队伍，对企业和各类社会团体实施所谓的“行政指导”。这套独特的政治制度运行了半个多世纪，在日本赶超欧美成为世界第二经济大国的过程中发挥了不可或缺的作用。但是，随着时间的推移，这套治理体制的弊端也日渐突出，出现了日本媒体所形容的“制度疲劳”的现象。备受诟病的是中央各省厅在政治家和利益集团间扮演输送利益的中介角色，形成相互勾连、盘根错节的“政官财”铁三角构造（“改革”成为这 40 年日本经济政治领域的“热词”，大致分为四个阶段）。

日本旨在强化中央集权和提高决策效率的改革，其“萌芽期”可追溯到昭和年代末期。从 1985 年起，中曾根康弘首相力推国有铁道、烟草专卖公社、电报电话公社和日本航空公司实行民营化改革。其结果，不仅使政府摆脱了因为国有企业效率低下、入不敷出而背上的财政包袱，也大大削弱了最大工会组织“总评”的影响力。

平成时代，“改革”成为日本经济政治领域的“热词”，大致分为三个阶段。

第一阶段，改革“饥渴期”。进入 20 世纪 90 年代，由于执政的自民党不断爆出“金权政治”丑闻，日本国内要求在政治领域进行改革的呼声与日俱增。细川护熙首相任内推进的选举制度改革以及桥本龙太郎首相任内启动的中央省厅改革对改变日本政治生态产生了巨大的影响。

第二阶段，改革“狂躁期”。21 世纪以后，日本国内要求改革的呼声更加高涨。小泉纯一郎在竞选自民党总裁时喊出了“改变自民党”的口号，而取代自民党执政的民主党更是企图颠覆沿袭几十年的官僚统治体系，它向日本国内外展现了除弊兴利、重振日本的坚定理念和前所未有的改革姿态。然而，由于缺乏经验，加上官僚体系顽强抵抗，民主党在各个领域推进的改革措施几乎无一例外地出现停滞不前甚至大幅度后退的局面。

第三阶段，改革“疲惫期”。2012 年，民主党执政的失败为安倍晋三再次入主首相官邸铺平了道路。日本政界再没有人扯起“改革”的旗号，学术界、传媒界在改革问题上也出现了集体“失语”。一方面，安倍利用各种机会抨击民主党执政的失败，将民主党执政的三年形容为日本的“至暗时刻”；另一方面，安倍肆无忌惮地扩张自己的权力，使首相官邸成为日本名副其实的权力中枢。安倍复出后，诸如修改宪法解释、出台新安保法案等有悖于传统决策模式的独断专行引起了日本政坛一次又一次的震撼。

概括地说，平成时代日本的政治生态出现了三大转变。

其一，由“官僚主导”向“政党主导”转变。①战后，日本在美国主导下进行了一系列改革，但官僚体制及其管理国家的模式几乎原封不动地保留了下来。长期以来日本流行“官高政低”的说法，历届内阁在重大的内政外交问题上都听命于官僚。日本学者饭田润将日本这种统治结构概括为“官僚内阁制”。②“泡沫经济”崩溃后，日本经济持续滑坡的事实粉碎了“官僚万能”的神话，一系列渎职、贪污丑闻更加剧了国民对官僚体制的不信任。小泉纯一郎是第一个公开挑战官僚主导体制的首相。打着结束“官僚主导”体制旗号上台的民主党政权对这一体制造成

① 战后，按照《国家公务员法》，政府各级公务员不再是“天皇的侍从”，而是“国民的公仆”。但日本媒体仍使用“官僚”这一名词。在通常情况下，“官僚”是指通过国家公务员 I 级考试的所谓“Career 组”。

② 飯田潤『日本の統治構造』、中央公論社、2007 年、33 頁。

了重大的冲击，废除了沿袭 123 年的事务次官会议。安倍复出后，不仅没有恢复这一制度，还在内阁府设立人事局，掌握了各省厅局长以上干部的任免权。这就如同掐住了官僚体制的命脉，迫使各省厅官僚对安倍及其率领的自民党俯首帖耳、唯命是从。

其二，由“两党对峙”向“一强多弱”转变。平成时代，日本政坛先后有过自民党与社会党等七党一派以及自民党、公明党与民主党两大阵营对峙的局面，也曾多次出现众参两院分别由朝野政党掌控的“扭曲国会”现象。但是，自民主党在 2012 年丢失政权后，日本政坛出现了自民党“一党独大”的局面。如今，最大在野党立宪民主党在众参两院的席位还不及自民党的“零头”。而且，在野党还互相倾轧、互相拆台。这就为安倍内阁一意孤行利用国会的多数席位，出台各种有悖民意的内外政策铺平了道路。

其三，由“派系均衡”向“官邸主导”转变。自民党自成立起，一直派系林立，派系间相互竞争又相互牵制。首相由派系领袖轮流担任，受到各派势力牵制，处于相对弱势的地位。近年来，随着政治资金和职务肥缺越来越集中到总裁和干事长手里，派系的凝聚力越来越弱。借用日本著名评论家御厨贵的话来说：“第二次安倍政权最大的特征就是‘强有力的官邸主导’……（日本）还不曾有过官邸力量如此强大的时代。”“如今的派系领袖已经沦落到相当于‘公寓管理人’那样的地步。让人吃惊的是派系领袖完全没有昔日的那种霸气了”。[①] 安倍自己经常说的话就是，过去的内阁总是“议而不决”，如今是可以立即做决断了。这说明日本的中央集权有所加强，决策机制实现了一定程度的高效化。

---

① 御厨貴『安倍政権は本当に強いのか』、PHP 出版社、2015 年、42 頁、125 頁。

四、日本距离实现“大国梦”还有多远

日本成为世界第二经济大国后，其国家政治转型的道路并非一帆风顺。日本曾有过风光一时的辉煌，也不时遭到挫折，饱尝失败的苦果；日本在很多领域拥有明显的优势，也存在难以克服的软肋；日本似乎距离实现“大国梦”的目标只有咫尺之遥，却又发现距离“圆梦”还有很长一段路要走……

毋庸讳言，日本国家政治转型是内外各种因素交互作用的结果。它所遭遇的困难和挫折，有的是源于内外环境的制约，但更多地要归结于自身认知的偏差和行为能力的缺陷。

（一）日本国家政治转型中的教训

在开启“令和”新时代的今天，回顾平成时代日本国家政治转型的历史进程不难发现，日本当权者受到自身战略文化、历史传统和体制机制的局限，在顶层设计和具体施政中存在以下三大根本性的缺陷。

1. 未能与时俱进地确定国家长远的发展目标

如前所述，平成时代日本精英阶层一直未停止有关国家定位与发展方向的战略思考和政策辩论。目前，日本以争取加入联合国安理会常任理事国行列、成为“正常大国”为日标的国家发展战略是在持续的政策争辩中逐渐清晰和最终定型的，它得到了主流精英层的认同，成为涵盖朝野两大阵营、凝聚最大战略共识的治国理政的指导方针。但是，日本国内还是一直有人对这一国家定位和发展方向提出疑问。与此针锋相对的是“中等国家”论，主张日本应在经济、文化和社会领域为世界做贡

献，而无须在政治与军事领域与其他国家争夺领导地位。[①] 随着时间的推移，瞄准“正常大国”还是“中等国家”的定位之争会逐渐凸显。

当今世界正在经历着百年未有之大变局，国与国之间的关系越来越趋向平等、互利、共生，无论强弱贫富一律平等，不容许以大压小、恃强凌弱，也反对任何一个国家凭借其优势地位支配和榨取别的国家。许多迹象表明，日本对这一变化的反应比较迟钝，日本的国际政治理念在相当程度上滞后于全球化时代的新国际政治理念的要求。“日本依然停留在威斯特伐利亚体系阶段，依然热衷于玩弄长达百年的传统地缘政治，依然在用冷战思维去思考国家政治。”[②] 比如，安倍首相 2014 年 1 月在达沃斯论坛的演说中居然将中日关系比喻为一战前的英德关系，两国在经济上相互依存，最终却走向战争。中国外交部部长王毅批评这种论调是“时空混乱、莫名其妙”。[③]

在国家定位问题上，日本之所以不能很快适应时代潮流的要求，迅速而准确地进行调整，在很大程度上与日本独特的战略文化、历史传统和体制机制有关。日本的长处是比较注重细节、讲究极致，在特定时期、特定领域可以做到有声有色、精彩纷呈。但是，在推行时间跨度较大、涉及领域较多、需要多方协调、比较系统和具有整合性的对外战略上，这一长处就相形见绌了。

第一，平成时代，日本政局跌宕起伏，历届内阁忙于应付眼前挑战，无暇制定一以贯之的长期战略。特别是 1996 年启动的选举制度改革，其初衷是加快日本政党轮替的步伐。但引进小选举区制度的结果是打破了日本国会议员相对稳定的结构，政治家们将精力集中在如何确保自己继

---

① 庆应义塾大学教授添谷芳秀在 2005 年出版的《日本的“中等国家”外交——战后日本的选择和构想》一书中对这一构想做了非常详尽而权威的诠释，参见添谷芳秀『日本の「ミドルパワー」外交—戦後日本の選択と構想—』、ちくま新書、2005 年。

② 武心波：《“一元”与“二元”的历史变奏——对日本“国家主义”的再认识》，上海三联书店，2008，第 565 页。

③《王毅：把中日关系比喻为一战前英德关系莫名其妙》，中国新闻网，2014 年 1 月 25 日，http://www.chinanews.com/gn/2014/01-25/5780329.shtml。

续当选上，在涉及国家战略的核心问题上普遍缺乏创新意识和战略视野。而且，政党加快轮替、内阁频繁更迭也屡屡打破政策的连续性，执政者不得不将选民能够理解、容易见效作为有关战略和政策采纳与否的“硬”指标。国家的长远利益被迫让位于政党夺取和保持政权的眼前需要。

第二，“剧场政治”① 的盛行压抑政策创新，产生了“劣币驱逐良币”的效应。近年来，日本选民的“脱离政党”化趋势日益明显，传统政党的支持团体逐渐弱化，组织票越来越不可靠，而不支持任何政党的所谓无党派群众已接近选民的50%。决定朝野政党命运的恰恰是这些无党派阶层。为了吸收数量众多却缺乏组织、十分散漫的无党派阶层，朝野两大阵营的政治家从拉拢明星、名模竞选，出演电视脱口秀，到曝光内幕新闻、故作惊人之语，可以说只要是能吸引人们眼球的，无所不用其极。日本政界最流行的一句话就是：“政界的事情除了眼皮底下以外其余都是漆黑一团。”正如森岛通夫在《透视日本：“兴”与“衰”的怪圈》一书中所指出的，日本的政治家完全忘记了政治家所应当有的姿态，即作为政治家应当为全体国民争取更大的利益、提出新的政治方案并加以实施。②

必须指出的是，日本特有的政府部门纵向分割的弊端也严重影响了其国家战略的整合。行政机构的纵向分割、各自为政是很多国家的通病，但是这一弊端在重视集团意识的日本尤为突出。日本企业普遍实现“终身雇佣制度”，政府机构也对所辖的公务员关怀备至，其前提就是对所属省厅有“忠诚感”。日本行政机构就单一部门而言，运转有序、效率很高，但总体上部门间纵向分割、各自为政、相互推诿，不仅效率低下，而且难以形成合力。日本传媒用“圈地之争”③ 这个词概括省厅之间的

---

① “剧场政治”指的是政治家利用大众传媒，凝聚选民支持的行为，是媒体政治化和政治媒体化相互交织的过程。2005年，“小泉剧场”还曾获得当年的日本流行语大奖。——作者注

② 森岛通夫：《透视日本：“兴”与“衰”的怪圈》，天津编译中心译，中国财政经济出版社，2000，第276页。

③ 在日语中称作“縄張りの争い”。——作者注

这类矛盾，这是颇为精辟的。

2. 未能摆脱对美国过于依赖的思维惯性

日本要从经济大国走向政治大国，美国的默认和支持至为重要。鉴于此，在整个平成时代，日本历届内阁在处理与美国的关系时非常用心，在重大国际事务中坚持“选边站”，在外交和安全领域不断加大“对美一边倒”的力度，甚至不惜在经贸领域对美国一再让步，以减少美国的战略疑虑。这些举措在一定程度上是有效果的。可以说，日本迈向“正常大国”的每一个步骤，特别是在军事领域试图挣脱和平宪法束缚的举措，都得到了美国的默许和支持。但是，不管日本怎么努力，美国都不会将日本视为平等的伙伴，也不愿意与日本一起分享东亚事务的领导权，更遑论在全球事务中容忍日本与自己渐行渐远，甚至在它羽翼丰满后摆脱美国的控制而自行其是。

首先，美国是一个崇尚实力、讲究实际利益的国家。美国对待它的盟国，无论是欧洲的还是亚洲的，从来都没有把它们当成平等的合作伙伴，而是将它们当作仆从和工具，将它们紧紧绑在自己的“战车”上，让它们为自己的全球战略服务，唯美国马首是瞻。“美主日从”是日美同盟的基本框架。日本只有在美国默认的情况下或者是在美国睁一只眼、闭一只眼的情况下，才可以偏离美国的指挥棒做些小动作；美国需要日本对自己的绝对忠诚，而它自己却可以在需要时将日本撇在一边，比如推行所谓的“越顶外交”。

其次，美国对作为其盟国的日本从来没有放松在政治、军事和经济上的控制，对日本朝野任何疏远、摆脱美国或试图构建“对等”日美关系的动向始终保持高度的警惕。从田中角荣、小泽一郎到鸠山由纪夫，凡试图拉开与美国距离、表现出一些独立性的日本首相，最终都遭到美国的打压。[①] 在经济上，美国对日本也是颐指气使，一味施压。1994—2009 年，美国每年都向日本提出年度改革要求的清单（U. S. -Japan Regulatory Reform and Competition Policy Initiative），单方面要求日本改变不符合美国利益的商业习惯甚至国内法律，最终目的就是让日本向美国完全开放其国内市场。

最后，虽然日美间的历史宿怨已逐渐让位于两国共同的战略利益，但美国不可能认同日本保守政治家歪曲二战历史、否定战争责任的行径。美国试图按照“远东的英国”来塑造日本，对日本的地区扩张予以默认和支持。但是从安倍 2013 年 12 月 26 日参拜靖国神社后，美国政府在第一时间表示“失望”，从中可以看出，日美很难迈过远东国际军事法庭的审判所形成的那道历史问题的“坎”，日美也很难建立起类似美英在两次大战中并肩作战、用鲜血凝结起来的那种特殊关系。

日本几十年来习惯于接受美国保护、免费“搭车”，在日本政治家中已经形成了一种如美国学者理查德·塞缪尔斯所说的拥抱美国却担心陷入战争旋涡、想与美国拉开距离又担心被美国抛弃的矛盾心理。[②] 日本虽然偶尔表现出一些自主性，但绝大多数时候看美国眼色行事，这是国际社会不大关心日本在外交上究竟想怎么说、怎么做的根本原因。用日本学者的话来说，日本在外交和安全保障领域一直是“停止思考”、唯美国马首是瞻的。[③] 所以，日本“傍美”外交不断加深的过程也是日本自主外交不断削弱的过程，是其战略贫困的深刻反映。

---

① 日本前驻伊朗、乌兹别克斯坦大使，外务省前国际情报局局长孙崎享在他 2012 年出版的《战后史的真面目》一书中透露，田中角荣、小泽一郎都是有意要与美国拉开距离，却被美国施展伎俩搞下台的。参见孫崎享『戦後史の正体』、創元社、2012 年。

② 理查德·塞缪尔斯：《日本的大战略与东亚的未来》，刘铁娃译，上海人民出版社，2010，第 234 页。

③ 森田実「まだ対米追従、思考停止状態の日本」、日本を守るのに右も左もない、2006 年 12 月 8 日、http://blog. nihon-syakai. net/blog/2006/12/108. html。

3. 未能同亚洲邻国实现真正的历史和解

进入平成时代后，日本一直想成为亚洲的盟主，采取政治、外交、经济和文化多管齐下的方针，改善和发展与亚洲各国特别是同处东北亚的中国、朝鲜和韩国等近邻国家的关系。它促成建立了亚洲开发银行，积极推进区域一体化。作为曾经对亚洲邻国进行过侵略和殖民统治的二战战败国，日本与这些国家的关系总体上是有很大程度改善和发展的，但是由于历史和现实多种因素的综合作用，日本与亚洲邻国的关系总是磕磕碰碰、风波迭起。这是影响它在国际事务中发挥更大影响的最大障碍。

长期以来，有三大问题一直困扰着日本与东亚国家建立真正的互信关系。

首先，日本国内始终存在轻视邻国的民族优越感。近年来，东亚地区以中国为代表的新兴国家的群体性崛起导致全世界对这一地区刮目相看，但是日本政治家总是摆脱不了明治维新以来沿袭已久的“日本优越”论，习惯居高临下地看待亚洲邻国。这种心理状况必然给日本与东亚的关系投下浓重的阴影。

其次，日本在侵略战争历史问题上缺乏彻底的反省。应该说，战后日本政府和日本领导人曾多次就日本历史上的对外侵略和殖民统治问题表示深刻反省，并对受害国进行道歉。但日本右翼势力包括一些有影响的政治家一有机会就要翻案历史，美化侵略战争和军国主义分子。日本首相参拜供奉着东条英机等甲级战犯的靖国神社，不能不使人们对日本是不是真心悔改产生极大的怀疑。

最后，日本在对外经贸交流中过于强调本国的利益。国与国之间的经贸交流是一种利益的交换和博弈，当然要最大限度地维护本国的利益，但同时也要照顾对方的利益。一般来说，在国际分工中处于优势地位的发达国家，在与处于劣势地位的发展中国家打交道时多少要给对方一些看得见的好处，要显得大度和宽容些。但日本往往锱铢必较、寸利不让。短视、狭隘和盲目自信的岛国心理阻碍了它以平等地位与亚洲邻国进行交往。

日本在亚洲苦心经营多年，其政府开发援助差不多大半投向了亚洲。但是，由于日本在上述问题上的表现，它的“投入”并未带来原先所期盼的“回报”。从2005年那次“入常”冲刺的失败来看，在日本最需要它的亚洲邻国出力的时候，却未能得到这些国家的支持，日本、印度、德国、巴西“四国提案”在亚洲仅有阿富汗、不丹和马尔代夫支持。船桥洋一在2005年8月19日的《朝日周刊》中曾如此总结道：“日本同德国、印度和巴西搞的联合国安理会改革，受到美国和中国的抵制，为非洲所鄙视，已经完全走进了死胡同……为同邻国一起构筑未来，日本需要为克服过去、走向未来做出战略决断。”①

（二）日本国家政治转型的趋势展望

世界上无论哪一个国家，也无论在哪一个时期，总有自己的利益诉求和对未来的憧憬。虽然其背景、内涵和途径各有不同，但共同的一点是都希望在世界民族之林中为自己的国家找到最理想的位置，让自己在世界上受到更多的尊重和赞许，并拥有持久而广泛的影响力。

恩格斯指出：“历史是这样创造的：最终的结果总是从许多单个的意志的相互冲突中产生出来的……这样就有无数互相交错的力量，有无数个力的平行四边形，由此就产生出一个合力，即历史结果，而这个结果又可以看作一个作为整体的、不自觉地和不自主地起着作用的力量的产物。”② 日本希冀由经济大国一跃成为政治大国的“大国梦”也是如此。

① 《日刊：战后60年　日本外交大败退》，人民网，2005年8月15日，http://world.people.com.cn/GB/41219/3615540.html。

② 《马克思恩格斯选集》第四卷，人民出版社，2012，第605页。

能否圆梦，最终是要由内外多种因素，即恩格斯提到的“无数个力的平行四边形”相互作用所形成的总的“合力”决定的。在可以预见的未来，日本的“大国梦”作为激励朝野两大阵营政治家和支持他们的社会精英的重要驱动力还会持续发挥作用。但是，由于内外多种因素的交互作用，日本要想成为一个在国际社会具有主导性影响的大国，面临的困难和阻力还是比较大的。

首先，日本要跻身联合国安理会常任理事国，恐怕是不切实际的幻想。且不说日本尚未与亚洲邻国实现真正的历史和解，能否凑足通过相关提案所必需的支持票还存在不确定性，日本对美国的战略攀附与盲从也使人们普遍怀疑有没有必要在安理会为它准备一个常任理事国的位置。联合国改革的话题一直吸引着国际社会的关注，但这绝不意味着一定要改变安理会的既有构成与运作方式。日本用“入常”绑架“改革”未必能行得通。

其次，军事领域是日本成为“正常大国”的“短板”，也是它最容易陷入的“误区”。日本总有人迷恋昔日“大日本帝国”的所谓“赫赫武功”，热衷于挣脱“专守防卫”的枷锁、走“军事大国”道路。但是，一方面，日本的财力、人力都不允许它无限制地扩张军事力量；另一方面，凭借武力和武力威慑提升国家威望已是落后于时代的陈旧观念。未来，日本即便能在地区热点冲突中施展一些拳脚，但基本上是从事打击海盗、救灾纾难等“非战争军事行动”，只是充当美军的附庸，不会给日本带来多大政治上的好处。

最后，日本在文化领域有一些“亮点”，但终究难以成为世界潮流的引领者。日本人注重细节、讲究极致，这是它能够在动漫、美食和服饰等方面吸引世人眼球的奥秘。但是，日本从来没有产生过恢宏大气、影响深远的哲学思想和战略理念。这些年来，日本也很少就国际政治经济秩序提出新的设想和新的原则。而且，除非日本愿意并真心实意地与中国、韩国等亚洲邻国一起为保存和弘扬东亚文明做出努力，否则它只能停留在单纯诠释和转述欧美现有的价值理念和道义诉求的层面上，其战略贫困和文化贫弱的软肋会一直存在。

在可以预见的未来，不排除日本在国际舞台上的某些时候、某些领域还会有一些出彩的表现。但是，正如“逆水行舟，不进则退”所揭示的，日本当权者可能很快就会醒悟到，由于内外环境的变化，加上自身努力的不足，日本与实现“大国梦”的距离不仅没有缩短，反而会越来越远、越来越遥不可及。日本实现“大国梦”主要面临以下三大障碍。

第一，日本曾引以自傲的经济筹码明显缩水。日本的自然禀赋，除了四周环海、拥有较长的海岸线以及位居世界第四的领海和专属经济区构成的海洋国土，在其他方面很难与美、中、俄等幅员辽阔、资源丰富、具有战略纵深的大国相比。日本主要倚仗二战后迅速膨胀的经济实力，但是，正是当年将日本推到与世界主要大国并驾齐驱地位的这张“经济牌”，最终又会将它从金字塔顶端拉下来。

战后，日本在1956—1973年的经济高速增长时期，年均经济增长率为9.1%，被誉为“世界经济的奇迹”，这是它最辉煌的时期。1974—1990年，日本的平均经济增长率为3.8%，虽然下跌了一大半，但应对两次石油危机的成功使日本跃上世界第二经济大国的地位。之后，20世纪90年代，日本经济的年均增长率又跌至1.2%，低于欧美发达国家的平均水平，其中1993年、1998年还是负增长。进入21世纪以后，日本经济始终处于低速滑翔状态，2001—2018年的平均增长率仅为0.8%。其中，2001年日本的国内生产总值在全球所占份额跌至12.9%，2006年跌为个位数，为9.0%，2018年进一步下降为5.7%。换言之，日本的经济规模在20世纪80年代末距离赶超美国只有一步之遥，但是在即将进入21世纪20年代时，日本的国内生产总值已锐减为美国的1/3。据预测，到2040年，日本的国内生产总值将被印度、印度尼西亚等国赶超，在全球所占份额将跌至3.8%，仅为同期美国的1/5，2060年将跌至3.2%，恐怕会被挤出世界前10的行列。①

目前，长期以来推动日本经济持续领先的内外因素已经风光难再。大企业日益僵化，中小企业后继乏人，雇佣体制改革导致劳资对立加剧，非正式雇佣比例持续上升的就业结构也造成职工对企业的归属感日益淡薄。虽然日本在科技创新、商品开发等领域依然处于相对领先的地位，但是日本政府和企业持续减少对科研开发的投入，日本的中小学校过分强调减轻学生负担的"宽松"教育，这些消极因素叠加在一起，将导致日本发展高科技缺乏后劲，难以继续保持在世界"第一梯队"的位置。

第二，日本未来走向受少子老龄化严重拖累。日本的少子老龄化问题在发达国家中是最严重的。安倍晋三在2017年9月25日的记者招待会上将这一问题称作日本的"国难"，在翌年元旦的"新年致辞"中又重复了这一判断。② 一方面，二战后，日本的人口出生率在1950年曾高达2.94%，到1980年就跌至1.36%，2019年更低到0.73%；另一方面，日本人的平均预期寿命逐年增长，从1947年的男性50.06岁、女性53.96岁上升到1980年的男性73.35岁、女性78.76岁，2010年进一步上升到男性79.64岁、女性86.39岁。③ 日本老龄化问题日益突出。1980年，日本65岁及以上人口占人口总数的比例为9.1%，2005年上升为20.1%。2015年，在其他发达国家中，65岁及以上人口占人口总数的比例最高的是意大利，为19.7%，以下依次是德国（18.8%）、瑞典（17.2%）、西班牙（16.8%）、法国（16.3%）、英国（16.1%）、美国（12.3%）。发

① 「選択する未来—人口推計から見えてくる未来像—」、内閣府ホームページ、2015年12月2日、125頁、https://www5.cao.go.jp/keizai-shimon/kaigi/special/future/sentaku/s3_2_15.html。

② 安倍晋三「安倍内閣総理大臣平成30年年頭所感」、首相官邸ホームページ、2018年1月1日、https://www.kantei.go.jp/jp/98_abe/statement/2018/0101nentou.html。

③ エイジング総合研究センター『高齢社会基礎資料（2012—2013）』、中央法规出版株式会社、2012年、3頁。

达国家平均为15.3%。[①] 从2005年起，日本每年的人口出生率低于死亡率，总人口呈递减趋势。截至2018年10月，日本的人口总数为1.2644亿人，其中65岁及以上人口为3558万人，占比为28.1%。按照目前的发展趋势，到2065年，日本的人口总数将跌至8800万人，每2.6人中就有1人是65岁及以上的老人。[②] 少子老龄化的直接后果，首先是日本在世界人口排名中的位次下降，1990年日本人口排名世界第7位，2016年被墨西哥挤出前10名，未来还将进一步下降；其次是劳动力供应将日趋紧缺，甚至自卫队的兵源都难以保证；再次是医疗和看护费用的上升将严重挤压普通的消费支出，内需疲软的局面将日益严重；最后是为应对老龄化而不断攀升的社会成本使日本社会越来越缺乏创新活力。

第三，东亚地缘政治格局变化压缩日本空间。日本在20世纪七八十年代跃居世界第二经济大国时，东亚没有哪一个国家的经济实力可以与它相比。当时，中国刚刚结束长期封闭的状态走上改革开放的道路，国内生产总值还不到日本的1/10；韩国也正在经历由军事独裁向文官统治转型的阵痛；东盟各国则只是比中国稍早一点走上经济发展的“快车道”。日本、东盟和中国在产业结构和经济发展程度上存在较大差异，构成了在不同层级轨道上运行的经济结构，即东亚的“雁行模式”，日本作为“头雁”发挥着引领的作用。在美欧日三极磋商机制中，日本俨然以亚洲的代表自居。这自然促使它谋求更高的国家定位。

然而，随着新兴经济体国家群体性崛起，东亚的地缘政治格局发生了深刻的变化。特别是中国经济近40年来的迅猛发展从根本上颠覆了“雁行模式”。中国的国内生产总值在2010年赶超日本，2019年达到日本的近3倍，中国对世界经济增长的贡献度高达30%，这是日本即使在其

① 『平成21年版高齢社会白書（概要版）』、内閣府ホームページ、http://www8.cao.go.jp/kourei/whitepaper/w-2009/gaiyou/21pdf_index.html。

② 『令和元年版高齢社会白書（概要版）』、内閣府ホームページ、https://www8.cao.go.jp/kourei/whitepaper/w-2019/gaiyou/01pdf_index.html。

巅峰时期也未能企及的。目前，中国已是包括东亚在内的130多个国家和地区的第一大贸易伙伴，“一带一路”倡议和“人类命运共同体”构想在全世界引起广泛的反响，这种辐射能力也是跟着美国亦步亦趋的日本所无法比拟的。如果说在七国集团框架内，日本是唯一的亚洲国家，那么如今在更具权威性的二十国集团中，东亚地区就有中国、日本、韩国、印度尼西亚，还包括印度、沙特阿拉伯和土耳其等亚洲其他国家。尽管随着新安保法案的逐步落地，自卫队向海外派兵陆续“松绑”，日本开始在地区和世界范围的大国博弈中发挥军事力量的作用，但是它暂时还难以跨越和平宪法这道最后的法律障碍，也越来越受到拥有相当军事力量的俄罗斯和韩国等国的牵制。未来，随着新兴经济体国家总体实力的增强，日本在东亚乃至亚洲的话语权和影响力上升的空间将越来越小。尽管“大国梦”依然十分诱人，但日本与圆梦的距离会日益拉大。

五、结语

日本在成为世界第二经济大国后，渴望成为政治大国，尤其是成为能引领世界潮流的主导国家。它审时度势，采取了一系列有助于国家政治转型的举措。应该说，在反复试错、历经曲折后，这些举措起到了一定的效果：与昭和年代相比，日本在国际社会的活跃程度大大提高，在国际秩序调整和重构过程中的话语权和影响力明显提高。但是，由于日本所处的内外环境发生了一系列深刻而复杂的变化，加上日本当权者在有关日本国家定位的顶层设计与具体施政中存在明显的战略误判和政策错位，日本由经济大国到政治大国的转型将遇到越来越多的困难和障碍。在这个意义上，可以说日本又一次站在了历史的十字路口。如果日本的当权者能审时度势，适应全球化时代新的国家政治理念的要求，选择最适合日本国情和国际社会期盼的国家战略定位，逐步摆脱对美国这一超级大国的战略攀附和盲从，与亚洲近邻实现历史性和解，将自己拥有的经济优势、文化魅力转化为可以持续向地区和国际社会提供的公共产品，日本将在世界上赢得众多国家的理解和尊重，发挥一个地区大国引领潮流、创造历史的作用。如若不然，日本面临的各种内外制约因素将使它四处碰壁、步履维艰，日本距离它所憧憬的“正常大国”只会越来越遥远。日本贯穿整个平成时代这场“大国梦”虽然未必会像前两次那样迅速破灭，但很可能是在痛苦地挣扎一阵子后，最终还是与历史给它创造的机遇失之交臂。

第二节
平成时代日本政党政治：改革、竞争与独大*

在日本，随着2019年4月30日明仁天皇实现退位，始于1989年1月8日的“平成时代”已宣告终结。这意味着“日本平成时代政党政治”作为一个完整的研究对象得以形成。从“平成时代”的视角研究日本政党政治，不同于此前有关日本政党政治的研究。此前的研究成果，主要是基于“冷战后日本政党体制转型”这一研究视角展开的，其研究重点在于如何判断冷战后日本政党体制的“类型”，并从制度改革、政治生态、价值取向等诸多维度分析了影响政党体制转型的因素。① 这里的“冷战后”，发端于自民党长期政权崩溃的1993年8月，与平成时代的起始点迥异。除此之外，日本政党政治的演变离不开其所处的时代环境。平成时代的终结，也将促使人们更加深刻地思考并整体性地把握平成时代的内涵。不同于自民党长期执政的昭和时代，平成时代带有浓厚的“变动”特征，日本政党政治的演变也必然被烙上鲜明的“平成”印记。

以先行研究成果为基础，遵循新的时期划分标准，着眼于“变动”

---

* 作者徐万胜，战略支援部队信息工程大学教授。本文在《论日本平成时代政党政治：改革、竞争与独大》（发表于《日本学刊》2019年第2期）基础上修改而成。

① 代表性成果包括：高洪《日本政党制度论纲》（中国社会科学出版社，2004）、徐万胜《冷战后日本政党体制转型研究——1996年体制论》（社会科学文献出版社，2010）、张伯玉《日本选举制度与政党政治》（中国经济出版社，2013）等著作，以及张伯玉《日本民主模式及政党制形态转变的可能性与不确定性》（《日本学刊》2009年第6期）、吕耀东《日本保守两党制的构想与实践》（《日本学刊》2009年第6期）、徐万胜《论日本“一强多弱”的政党格局》（《日本学刊》2015年第3期）等论文。

的时代特征，本文力图完整地梳理平成时代日本政党政治的演变脉络，并探讨其中蕴含的内在逻辑与民主课题。在“变动”的平成时代里，包括选举、行政等在内的一系列制度改革是贯穿整个政党政治演变历程的一条主线。虽然这些改革一度促进了旨在实现政权交替的两大政党竞争，但竞争的结果反而形成了自民党“一党独大”的格局。因此，“改革”“竞争”与“独大”构成了平成时代日本政党政治内涵的关键词，三者之间存在相互关联的内在逻辑，但也面临政治民主层面上的课题挑战。

一、平成时代日本政党政治的演变脉络

平成时代日本政党政治的演变脉络，发端于自民党“一党支配”体制的动摇，终止于自民党“一党独大”格局的形成，颇具戏剧性。基于势力对比的政党格局视角，该演变脉络可以具体划分为三个时期：多党重组、两党竞争与一党独大。

（一）政治改革与多党重组（1989—1998年）

平成时代前期，以选举制度为核心的政治改革的推进，不仅动摇了自民党长期执政地位，而且引发了朝野政党势力频繁重组。

对于自民党政权而言，佐川快递事件、利库路特事件①等金权政治丑闻的频发，是直接导致政局动荡不定，并迫使其面临巨大政治改革压力的原因之一。日本国内由此开始探索如何改革选举制度。但是，

---

① 利库路特事件，是指利库路特公司在中曾根内阁执政时期违法向政界人士提供巨额“政治捐款”，以及将未上市股票“内线交易”给政官财各界人士并使其获取暴利的事件。佐川快递事件，是指东京佐川快递公司总经理渡边广康因“特别渎职罪嫌疑”于1992年2月14日被捕，他在审理过程中供认曾捐出22亿日元给12名政治家，其中有5亿日元交给了自民党副总裁金丸信的秘书。

“在自民党政权之下，选举制度改革是不可能完成的”。① 围绕选举制度改革，自民党内积极派与慎重派展开了激烈的攻防战，政府与执政党的双重权力结构又严重掣肘改革决策。直至 1993 年 4 月，自民党提交国会审议的“政治改革关联四法案”，仍因各方意见分歧而无望实现立法。选举制度改革的迟滞，引发自民党内主张改革的积极派势力严重不满，他们在退党后另组新党。“政治改革具有‘政策论争’与‘权力斗争’的两面性”，“一系列政治改革运动所具有的另一个意义，就是围绕首相位置的权力斗争由自民党内部扩大至整个政坛”。②

自民党局部分裂与新党诞生，是政党重组的第一个发展阶段。继 1992 年 5 月“日本新党”诞生，1993 年 6 月，自民党又有部分议员退党并相继组建了“新党先驱”和“新生党”。在局部分裂的情况下，自民党未能在 1993 年 7 月众议院选举中获得过半数议席，丧失了长达 38 年之久的执政地位。1993 年 8 月成立的细川护熙内阁，是由七党一派组建的非自民党联合政权。推行政治改革，是参与执政的各党派唯一的政策共同点。经过细川内阁的努力与朝野各方的妥协，1994 年 1 月 29 日，众参两院全体会议通过了以小选区比例代表并立制为核心的“政治改革关联四法案”。

选举制度改革的完成与小选区制的运用前景，预示着政党重组将进入第二个发展阶段，其特点是新进党的诞生。在细川内阁之后，历经短暂执政的羽田孜内阁，1994 年 6 月，由社会党、自民党与新党先驱联合执政的村山富市内阁成立。为了抗衡执政党阵营与应对小选区制，1994 年 12 月，由九个在野党派共同组建的“新进党”宣告成立，拥有 214 名国会议员，成为仅次于自民党的第二大党。

桥本龙太郎内阁的执政实践与众议院选举，使政党重组进入了第三个发展阶段，其特点是民主党诞生与新进党解体。发端于 1996 年 1 月的

① 参见周杰：《日本选举制度改革探究》，社会科学文献出版社，2012，第 246 页。
② 薬師寺克行『現代日本政治史—政治改革と政権交代』、有斐閣、2014 年、55 頁。

桥本内阁，初期仍由自民党、社民党与新党先驱联合执政。1996年9月，拥有57名议员的“民主党”宣告成立，“主要是由对与自民党联合怀有不满的新党先驱与社民党的政治家们集结而成”。[①] 另外，由于在1996年10月众议院选举中所获议席数减少，新进党内部矛盾加剧。该党党首小泽一郎倾向于与自民党合作，而党内部分势力则主张“集结非自民党势力”。[②] 在路线对立严重与权力斗争加剧的背景下，1997年12月新进党宣布解散，随后分裂为多个小党。

（二）两党竞争与政权交替（1998—2012年）

平成时代中期，日本两大政党化发展趋势明显，自民党与民主党展开激烈竞争，且在两党之间先后两次实现政权交替。

在新进党解体之际，民主党适时展开联合工作，并于1998年4月与部分小党势力合并组建新的“民主党”，拥有131名众参两院议员，成为仅次于自民党的第二大党。2000年1月，民主党召开大会，明确提出通过下一届众议院选举“建立以民主党为轴心的新政权”的目标。此后，民主党开始加大与自民党政权的抗争力度，并在2002年1月召开的民主党大会上提出了“与小泉内阁相抗衡，实现政权交替”的活动方针。在2003年10月合并自由党后，民主党已拥有204名国会议员，进一步扩大了与自民党抗衡的势力。在2003年11月众议院选举中，自民党获得237席，民主党获得177席，两党的议席率合计高达86.3%，两大政党化趋势明显。

此后，以实现“政权交替”为目标，民主党不断强化保守政党色彩，注重在国会立法的重要政策课题上提出“反提案”，与自民党展开激烈的“改革竞争”。在2007年7月参议院选举中，民主党一举获得59席（议

① ジェラルド・L・カーティス『永田町政治の興亡』、新潮社、2001年、195頁。
② 後藤謙次『日本の政治はどう動いているのか』、共同通信社、1999年、333頁。

席总数为 108 席)，成为“参议院第一大党”。选后，民主党提出“国民生活第一”的政治理念，对自民党施政所造成的社会差距扩大现象持批评态度，继续加大与自民党政权的抗争力度，力图全面构建“接班”政党形象。而在自民党执政框架下，小泉纯一郎内阁之后的日本政局动荡，内阁频繁更迭，加之政治丑闻不断，导致自民党支持率持续下滑。因此，在 2009 年 8 月众议院选举中，自民党仅获 119 席，民主党一举获得 308 席。这是自民党 1955 年建党以来第一次，也是迄今为止唯一一次丧失众议院第一大党的地位。“自民党溃败、民主党大胜”的选举结果，促使日本发生政权交替。

但是，民主党仅仅维系了三年多的执政地位，便在 2012 年 12 月众议院选举中败北。日本再次发生政权交替，自民党重新上台执政。究其原因，“民主党政策本身的缺陷，再加上党内决策机制的不完备，使其执政不久便出现运作障碍，公开标榜的政策与实际运营的政策间出现较大偏差，甚至截然相反。民主党在 2012 年 12 月失去政权的根本原因，就是它失信于民”。①

(三)“一党独大”与“安倍一强”(2012—2019 年)

平成时代后期，随着自民党“一党独大”格局的形成与固化，长期执政的安倍晋三内阁也形成了“安倍一强”支配体制，在野党势力难以有效抗衡自民党。

在 2012 年 12 月众议院选举中，自民党获得 294 席，而第二大党民主党仅获 57 席。此后，历经 2013 年参议院选举、2014 年众议院选举、2016 年参议院选举、2017 年众议院选举与 2019 年参议院选举，自民党“一党独大”的政党格局彻底固化，而在野党势力则呈“多弱”态势。

① 吴寄南:《日本民主党内外政策研究》，时事出版社，2014，第 3 页。

其中，在2016年参议院选举中，自民党获得55席，公明党14席，民进党32席，日本共产党6席，大阪维新会7席，社民党和生活党各1席。若再加上非改选议席，执政联盟在新一届参议院的议席数为146席，所占议席率高达60.3%。在2017年众议院选举中，自民党获得“绝对稳定多数”的284席，公明党29席，立宪民主党55席，希望之党50席，日本共产党12席，日本维新会11席，社民党2席。

这一时期，下野后的民主党始终未能实现“党势重建”，于2016年3月与日本维新党合并组建“民进党”，后又于2017年众议院选举来临之际分裂为希望之党、立宪民主党。2018年5月，由原民进党和大部分希望之党成员合并组建了国民民主党。同时，作为第三极势力代表的日本维新会也多次分裂重组，势力趋弱。

这样，凭借接连大幅获胜的国政选举业绩，自2012年12月上台执政的安倍晋三开启了长期执政之路。在自民党政权内部，安倍受到大多数派阀的鼎力支持，党内缺少能对其产生威胁的竞争对手，强势决策地位日益突出。在国会立法领域，安倍内阁相继推动国会强行表决通过了《特定秘密保护法》（2013年）、“安保相关法案”（2015年）与“共谋罪法案”（2017年）。在野党势力在国会立法过程中虽表示强烈反对，却无法有效阻止三法案通过。安倍内阁以“夺回日本”为施政口号，对内实施“安倍经济学”，对外推进“自由开放的印太战略”（后改为“印太构想”），极力主张修改宪法，致力于加快日本政治军事大国化进程。

值得指出的是，“一党独大”与“安倍一强”二者是并行发展的，且相互支撑。正是“一党独大”的国政选举业绩，为自民党内部“安倍一强”支配体制的确立提供了“合法性”依据，也正是“安倍一强”的党内支配体制，促使自民党接连在国政选举中大幅获胜。

二、平成时代日本政党政治的内在逻辑

与自民党长期执政的昭和时代不同，为适应“变动”的平成时代，有更多的政党高举“改革”旗帜并在政权交替过程中经受执政考验，加之选举及行政改革的制度效用累积，这些均构成了日本政党政治的内在逻辑，可用以阐释缘何从“多党重组”经历“两党竞争”后演变至“一党独大”。

（一）所处环境：“变动”时代

平成时代日本政党政治处于一个“变动”的时代。在平成时代即将结束的2018年里，关于日本民众对平成时代的首选印象，4月《朝日新闻》的舆论调查结果显示为“动荡”,[①] 11月《读卖新闻》的舆论调查结果亦显示为“不稳定”,[②] 二者类似。无论是“动荡”还是“不稳定”，都属于平成时代的“变动”特征。这一“变动”内涵体现在国际、国内诸多层面上，并促使日本政党政治随之产生深刻变化。

在国际层面上，平成时代的开启与两极冷战格局的解体同步。这是导致1993年自民党政权崩溃、政党体制转型的国际促因。[③] 此后，大国关系与国际秩序处于持续深度调整中，世界正处于百年未有之大变局。如何应对国际秩序的重塑，成为日本面临的重要战略抉择。在国内层面，日本经济在1991年泡沫经济崩溃后陷入长期不景气，且社会老龄化与少

---

① 「平成とは?『動揺した時代』最多42% 朝日世論調査」、『朝日新聞』2018年4月30日。

② 「『平成時代』にどんなイメージを持っているか」、『読売新聞』2018年11月27日。

③ 参见张伯玉：《日本政党制度政治生态分析》，世界知识出版社，2006，第326页。

子化趋势加速发展，促使日本民众更加关注经济增长与社会保障，社会不安感强烈。广大选民中的“无党派阶层”急速扩大并超过任何政党支持阶层，他们在选举活动中或积极投票或大量弃权，导致日本政治的流动性与闭塞性同步增强。此外，随着社会阶层变迁与财政赤字扩大，加之内阁更迭频繁与政党聚散离合，利益集团与“族议员”的活动空间日渐狭小，日本传统的统治结构也处于变动之中。

一个“变动”的时代，给更多的政党提供了势力重组和参与执政的机会，也给内阁执政增加了更大难度。“改革”，既是“变动”的平成时代对各政党的客观需求，也是各政党为适应平成时代的“变动”而做出的主观抉择。各政党唯有在选举中提出崭新的政策观点，明确自身政策的独特性并相互展开竞争，才能有效地提升政党支持率。① 为此，自民党选择了一条经济自由化与政治保守化相结合的改革路线，力图实现政治军事大国化的国家发展目标。同时，“变动”的平成时代也是孕育具有独特个性的日本首相的沃土，首相唯有得到舆论媒体及年轻选民的认可，才有可能实现长期执政。小泉首相以其独具个人魅力的“剧场政治”手法，“使用抽象的政治口号，创造了全民参政、打倒既得利益阶层的政治幻想”，实现了内阁长期执政。② 安倍能够长期执政的原因之一，即“日本正在进入工作与生活逐渐个性化的后工业化社会，年青一代的价值观发生较大变化，其追求的亚文化具有‘轻视或无视实证性、客观性’的‘反知性主义’特征”。③ 这一特征恰与安倍内阁的决策方式相吻合。

---

① 参见五十岚晓郎：《日本政治论》，殷国梁、高伟译，北京大学出版社，2015，第 119 页。

② 参见金赢：《密室与剧场——现当代日本政治社会结构变迁》，人民出版社，2009，第 333 页。

③ 王新生：《安倍长期执政的原因探析：社会变迁、制度设计、“安倍经济学”》，《日本学刊》2018 年第 3 期，第 1 页。

（二）执政考验：党势衰落

与经验丰富的自民党相比，执政对于其他主要政党而言更是一个严峻的考验。实践表明，政党一旦执政业绩不佳，不仅会导致该党丧失执政地位，还将进一步导致其党势衰落。

例如，冷战时期，作为第一大在野党的社会党一贯坚持“中立、不结盟”的基本路线。但是，自 1993 年 8 月成为执政党以后，社会党面临着如何调整基本路线的强大压力。“长年受到在野党体质浸染的社会党议员，虽擅长批评及攻击政府与执政党，却没有作为执政党一员团结起来去解决政府所面临问题的想法。”① 特别是自 1994 年 6 月社会党委员长村山富市担任首相以后，同年 9 月召开的社会党大会决定，承认自卫队符合宪法，并表示坚持《日美安全保障条约》。社会党基本路线的转变，直接导致内部分裂，并于 1996 年 1 月更名为“社民党”。而后，社民党再次经历内部分裂，于 1996 年 11 月退出联合政权，沦为在野小党。

同样，在民主党执政期间，鸠山由纪夫内阁的普天间基地搬迁调整方案遭受挫折，菅直人内阁的对华外交关系出现倒退，野田佳彦内阁的消费税增税立法纷争不断，加之民主党政权的内外政策左右摇摆、出尔反尔，引发广大国民的强烈不满。与之相伴的是，民主党内派阀抗争与路线对立加剧，产生严重分裂。2012 年 7 月 11 日，以小泽一郎为首的“国民生活第一党”宣告成立，由 50 名退出民主党的国会议员组成。在 2012 年众议院选举中，民主党仅获得 57 席，此后一蹶不振。

因此，无论是对社会党还是对民主党而言，其或长或短的执政经历，不仅未能强化组织建设与巩固支持基础，反而诱发组织分裂并走向党势衰落。所不同的是，社会党的衰落在相当程度上源于其基本路线的转变，

① 薬師寺克行『現代日本政治史—政治改革と政権交代』、有斐閣、2014 年、94 頁。

而民主党的衰落则源于其施政纲领“口惠而实不至”。诚如日本媒体所言，“民主党在2009年政权公约中，提出了每月支付7万日元的最低保障年金以及每月2.6万日元儿童补贴等政策主张。但是，实施这些政策所需要的16.8万亿日元的财政来源却无法保障，在民主党政权时代过半的政策主张均未能实现”。①

与社会党相比，民主党的执政失败对在野党的政党形象造成了更为严重的损害。“民主党政权实在是太糟糕了，从外交至内政造成一个接一个的混乱。其他在野党更不会被认为具备政权担当能力。”② 对于广大选民而言，他们曾经给了一个历经十余年发展、相对成熟的保守政党——民主党进行执政“试验”的机会，却由此颠覆了自身对在野党的形象认知与能力信任，并失去了再次“试验”的志趣。他们“反思一度押注民主党‘梦’的自己，不原谅曾做过如此梦的自己。现在产生一种感觉，或许日本归根结底就只有自民党。因此，与其说是积极支持安倍政权，倒不如说是民主党失败后的反向运动导致了消极性选择”。③ 显然，自民党“一党独大”的形成原因之一，就是广大选民质疑在野党的执政能力，唯有或主动或被动地投票支持自民党。同时，2012年以来在野党势力的日趋弱化，也意味着日本国内已缺乏再次实现政权交替的政党基础，从而间接支撑着安倍内阁长期执政。

（三）小选区制：大党兴衰

根据1994年1月日本国会通过的“政治改革关联四法案”，众议院选举实行“小选区比例代表并立制”，其中300名来自小选区，200名来

① 読売新聞政治部『安倍晋三　逆転復活の300日』、新潮社、2013年、135頁。

② 牧原出『「安倍一強」の謎』、朝日新聞社、2016年、27頁。

③ 長谷部恭男『安保体制から考える憲法と立憲主義・民主主義』、有斐閣、2016年、32頁。

自比例代表区。此后，该选举制度又历经多次修正，至2017年众议院选举时为小选区289名、比例代表区176名。这是以小选区制为核心的选举制度。

小选区制的运作特点就是有利于第一大党，即以较低的得票率来获得较高的议席率，而其他中小政党则处于不利地位。例如，在2000年众议院选举的小选区中，自民党的得票率虽为41.0%，议席率却高达59.0%；第二大党民主党27.6%的得票率与26.7%的议席率大体持平；公明党和保守党的情况相同，得票率与议席率都分别为2.0%和2.3%；社民党的得票率为3.8%，议席率为1.3%；自由党的得票率为3.4%，议席率为1.3%；日本共产党虽在所有的小选区都提出了候选人并获得12.1%的选票，却无一人当选。①

上述运作特点意味着各大党（主要是第一大党和第二大党）在小选区的得票率一旦出现波动，其议席率的波动幅度将更大，即议席率的波动幅度远远大于得票率，从而更容易促发政权交替。例如，在实现政权交替的2009年众议院选举中，与上一届选举相比，自民党的小选区得票率由49.5%降至40.1%，议席率却由75.5%降至22.1%；民主党的得票率由37.6%增至52.0%，议席率却由18.0%猛增至81.5%。正是由于小选区制能够促使大党的议席率产生大幅波动，“新选制的小选区制度特性才是形成政权轮替的主要机制，两大政党中的任何一个政党只要出现10%的得票率变动就会出现政权轮替”。② 这一结论在2012年众议院选举中再次得到验证（见表2-1）。

---

① 徐万胜：《冷战后日本政党体制转型研究——1996年体制论》，社会科学文献出版社，2010，第55页。

② 周杰：《日本选举制度改革探究》，社会科学文献出版社，2012，第467、第468页。

表 2-1　自民党与民主党的众议院小选区战绩比较

单位：%

年份	自民党		民主党	
	相对得票率	议席率	相对得票率	议席率
2003	47.6	60.6	40.8	39.3
2005	49.5	75.5	37.6	18.0
2009	40.1	22.1	52.0	81.5
2012	44.6	82.0	25.4	10.2
2014	50.0	78.4	36.0	21.3

资料来源：中野晃一『徹底検証　安倍政治』、岩波書店、2016 年、40 頁。

除众议院选举外，事实上，第一大党在参议院选举中也得益于小选区制的“恩惠”。现行的参议院选举制度采用小选区比例代表混合制，其中定额为一名的选举区（小选区）数额不断增多。例如，在 2013 年参议院选举时，自民党在 31 个小选区中取得了“29 胜 2 败”的成绩。与 2007 年参议院选举相比，自民党的议席率增加了 80.6%，但其比例区得票率仅仅增加了 23.5%。两者增幅的巨大差距，就是由于实施小选区制造成的效果。①

因此，小选区制的实施，加剧了大党选举竞争的激烈程度。特别是得票率小幅波动而带来的议席率大幅波动，往往会导致第一大党“速兴骤衰”。

（四）行政改革：官邸主导

战后的日本内阁制度具有“弱势首相”特征，即身为“内阁首长”的首相在行政权力体系中处于“弱势”地位。为此，强化首相官邸的决

① 渡辺治『安倍政権の改憲・構造改革新戦略—2013 年参院選と国民的共同の課題—』、旬報社、2013 年、20 頁。

策主导地位，成为平成时代日本推行行政制度改革的重要目标。根据1998年6月日本国会通过的《中央省厅等重组基本法》，明确了首相对基本方针的动议权以及对行政部门的监督权，并完善了对首相的辅佐机制。2001年1月，新的中央省厅制度正式启动。此次省厅制度改革，“各省厅由下而上的‘堆积型’决策体制，转变成以首相为中心的自上而下型”，“内阁府的新设也在政府部门方面确保了政策决定由官僚主导转换为以首相为中心的‘官邸主导’”。① 这一时期，作为“官邸主导”原动力的内阁官房，随着跨省厅政策课题的增加，其职员定额从2001年度的515人，持续增加至2005年度的665人以及2013年度的808人；来自其他省厅的兼任职员人数也从2001年度的445人，持续增加至2005年度的741人以及2013年度的1645人。②

在新的中央省厅制度框架下，小泉内阁以内阁府经济财政咨询会议为中心，强化了首相官邸的决策权限。“特别是在确定年度预算基本方针时，经济财政咨询会议事务局与各行政省厅、自民党决策机构不断进行交涉，有时会接受来自行政机构或执政党的要求。”③ 但是，此后日本内阁更迭频繁且发生政权交替，民主党执政的历届内阁也未能妥善处理政官关系，首相官邸主导型决策模式一度遭到削弱。“民主党执政失败表明，政治主导绝非是通过排除官僚就能够实现的。政治主导与官僚活跃未必是二选一的关系。官僚在诸多政策制定领域发挥重要作用，唯有效活用官僚的能力才是政治主导的真谛。”④ 2012年12月，安倍再次上台执政，通过创设国家安全保障会议（2013年）和内阁人事局（2014年），进一步完善了支撑首相官邸主导决策的行政制度。安倍内阁实施的

---

① 安世舟：《漂流的日本政治》，高克译，社会科学文献出版社，2011，第104页。

② 清水克彦『安倍政権の罠—単純化される政治とメディヤ—』、平凡社、2014年、30頁。

③ 王新生：《首相官邸主导型决策过程的形成及挫折》，《日本学刊》2008年第3期，第8页。

④ 信田智人『政治主導 vs. 官僚支配—自民政権、民主政権、政官20年闘争の内幕—』、朝日新聞社、2013年、214頁。

“持续量化宽松”、解禁集体自卫权等重大政策，均带有浓厚的安倍个人色彩。

为落实首相官邸主导决策，自2001年以来日本政府在内部还大量设置了由首相、内阁官房长官主导的各类“政策会议”，包括经济财政咨询会议、国家安全保障会议、行政改革推进会议、冲绳政策协议会以及各省政策会议等。“政策会议”不同于以往的“审议会”，主要由大臣、副大臣等来进行政策的调整与决定（见表2-2）。

表2-2 “审议会”与“政策会议”对比

对比项目	审议会	政策会议
基本特征	由官僚实质控制	官邸主导型的政治主导路径
时期	“1955年体制”时期的自民党政权	特别是在2001年以后扩大
与法令的关系	受各省设置法限制	创设超越法令体系的框架
政策的目标	针对大臣咨询的答询	由官邸等设定政策目标
政策调整的类型	以日常性微调为主	追求横跨性、革新性政策目标
组织运营模式	由官僚来实施组织管理与运营	上意下达型的用人、运营体制

资料来源：野中尚人・青木遙『政策会議と討論なき国会—官邸主導体制の成立と後退する熟議—』、朝日新聞社、2016年、12頁。

支撑官邸主导的制度性权力增强，在一定程度上有利于内阁的政策实施与行政管理。小泉与安倍的长期执政，得益于行政改革的制度支撑，而他们强力推行的行政制度改革及国家战略实施，又体现出了浓厚的“强势首相”特征。

（五）党内支配：中央集权

派阀政治，是长期执政的自民党实施党内支配的核心内涵，即以派阀作为自民党施行政治活动的“基本单位”。但随着政党助成金的引入与小选区制的施行，进入21世纪后，自民党派阀领袖的权力来源开始更多地依赖其“个人资质”，派阀自身的统合能力在减弱。现在的派阀，“主要是作为人际关系网络发挥作用。换句话而言，是作为朋友的派阀”。①

在派阀政治弱化的基础上，自民党党内支配体制趋于中央集权化，即党的领导机构在候选人提名、政治资金分配、干部人事安排以及重大政策决定等方面，开始拥有更强的自主决定权。其中，关于候选人提名，此前的众议院选举在中选区制框架下是以“个人”为中心开展竞选活动的，而在改革后的小选区比例代表并立制框架下则是以“政党”为中心开展竞选活动，党的领导机构决定每个小选区的候选人提名，即使在比例代表区也需要得到党的“公认”。关于政治资金分配，随着“政党助成金”的引入以及禁止向政治家个人捐款，政治家个人及派阀的政治资金筹措能力遭到严重削弱，自民党在政治资金收入来源上对“政党助成金”的依赖程度进一步加深，从而强化了党的领导机构的财政分配权限。关于干部人事安排，自小泉内阁起，以往的“派阀均衡”和“年功序列”惯例被打破，出任首相的自民党总裁完全按照个人意愿安排党内及内阁人事，此种人事安排并不通过派阀领袖，而是直接与议员个人联系。关于重大政策决定，特别是在党内存有政策分歧之际，自民党总裁及党总务会的决定权得到加强，而自民党政调会下属部会及党内“族议员”的影响力则受到限制。

在自民党“一党独大”格局下，党内支配体制的中央集权化倾向，与官邸主导型政策决定机制相互叠加，为“安倍一强”支配体制的诞生奠定了制度基础。

整体上看，在从“多党重组”历经“两党竞争”至“一党独大”的演变过程中，上述各种促因均纵向地相互叠加在一起，包含了时代环境、政党建设、制度改革、决策过程等方方面面。其中，选举制度改革是最重要的直接促因。某种程度上讲，“一党独大”结果的产生，既体现了日本保守政治传统的历史惯性，又得益于制度改革的效用累积，或许也满

① 中北浩爾『自民党—「一強」の実像—』、中央公論新社、2017年、38頁。

足了平成时代后期对“威权政治”的需求。历经各种“试错”之后，一个“变动”的时代更加需要一个稳定的“威权政治”来引领日本国家发展。

三、平成时代日本政党政治的民主课题

作为平成时代政治制度改革与政党体制转型的结果，无论是“两党竞争”还是“一党独大”，都不存在“孰是孰非”的价值取向判断。但是，政党政治的演变应体现出“政治民主”追求，达成任一结果的政治过程是存有价值取向判断的。在朝野竞争、政策决定与政治参与领域，平成时代的日本政党政治演变面临着是否完全体现“政治民主”的课题挑战。

（一）“总体保守化”与朝野竞争的健全性

冷战时期，日本政党政治的主要结构特点是“保革对立”，即保守势力自民党与革新势力社会党围绕一系列重大政策方针产生了严重对立：自民党主张日本走资本主义道路、日美同盟与修改宪法；社会党主张日本走社会主义道路、和平中立与维护宪法。因此，尽管是自民党一党长期执政，但此种泾渭分明的政策对立轴的存续，体现了朝野政党开展政策性竞争的健全性。

与“保革对立”不同，平成时代日本政党政治变化的基本趋势就是“总体保守化”，“是日本政治体制及其政策转型的指向性变化，即各个党派的‘保守党化’，是日本各主要政党的政策趋同于自民党政策的过程”。①

① 吕耀东：《冷战后日本的总体保守化》，中国社会科学出版社，2004，第23页。

“总体保守化”的表现之一——革新政党的势力规模与抗争力度严重弱化。历经1996—2017年的八次众议院选举，社民党所获议席数分别为15、19、6、7、7、2、2、2，日本共产党所获议席数分别为26、20、9、9、9、8、21、12。同时，革新政党与自民党政权的意识形态对立色彩不断淡化，抗争力度减弱。例如，进入21世纪初期，日本共产党根据国内外形势的变化全面修改了党章与党纲，更加强调以国民意愿为基础的渐进式改革，即选择基于“资本主义框架内的民主改革”的道路。这种理论路线的调整带有浓厚的现实主义色彩。

“总体保守化”的表现之二——保守政党之间缺乏贯穿始终的政策对立轴。保守政党之间的政策分歧主要体现在路径与手段的不同，而非目标与理念的对立。“曾是战后日本最大争论点的防卫问题，基本丧失了作为政党间对立轴的意义”，对于自民党政权推行的新自由主义改革，“反新自由主义势力仅仅是谋求推迟改革及维持现状，且始终回避意识形态性对决”。① 这与各保守政党的建党初衷及其内部的混杂状况密切关联。例如，“民主党建党的本来目标，就是要组建能够与自民党相抗衡的势力，构建有可能实现政权交替的政治结构，并非以理念、哲学及政策为轴心的集结”。② 民主党“是从保守系至旧社会党出身的议员混杂集体。正因如此，以致在基本政策上都难以统一意见”。“2012年，在以消费税增税为核心的社会保障及税制一体化改革问题上，民主党发生了分裂。即使在宪法问题上，一旦进入统一意见阶段就难免再次发生分裂。为避免分裂不得不持续采取‘暧昧’战略，这就是民主党的实情”。③

基于朝野竞争的健全性视角，平成时代日本政党政治的“总体保守化”趋势产生了不可忽视的消极影响。它不仅压缩了广大选民的政党选

① 大嶽秀夫『日本政治の対立軸—93年以降の政界再編の中で—』、中央公論新社、1999年、236頁、237頁。

② 伊藤惇夫『民主党—野望と野合のメカニズム—』、新潮社、2008年、200-201頁。

③ 読売新聞政治部『安倍晋三　逆転復活の300日』、新潮社、2013年、169頁。

择空间，导致在野党势力难以通过政策差别来聚集选票支持，还有可能损害议会民主政治的多元平衡。

以民主党的演变脉络为例，该党在年金问题与伊拉克问题上强烈批评自民党政权，故在对此展开政策论争的2003年众议院选举与2004年参议院选举中获胜。相反，在以邮政民营化问题为政策论争点的2005年众议院选举中，民主党由于此前未严厉批评政府而大败。① 此后，针对自民党政权所推进的新自由主义经济改革路线，在野的民主党持反对“跨太平洋伙伴关系协定”（TPP）与消费税增税的政策立场，但在其执政后相继放弃了上述立场。结果，在广大选民中，无论是期待修正还是期待推进改革路线的社会阶层，均在2012年众议院选举中背离了民主党。此后，在自民党“独大”与在野党“多弱”的背景下，以国会强行表决“安保相关法案”（2015年）为代表，作为议会民主政治的多元平衡性受到质疑：“多样性的政党政治被排除，以自民党为轴心的保守政党正成为日本政党制的基础”，“即使在作为民主主义基本制度的议会内部，多样性及普遍性被排斥于一隅，结果，在翼赞议会化倾向加剧的同时，民主主义制度的形骸化也更加严重”。② “依目前在野党的分立状况，一旦发生碎片化，就会基本上总执政党化，结果会陷入一种大政翼赞会式的危险”。③ 这不仅意味着“安倍一强”体制下的议会形同虚设，更令人对日本国家发展的未来走向感到担忧。

（二）强势首相与政策决定的公正性

在内阁长期执政过程中，作为首相的小泉纯一郎与安倍晋三均在政

---

① 東大法・第7期蒲島郁夫ゼミ『小泉政権の研究』、木鐸社、2008年、170頁。

② 纐纈厚『逆走する安倍政治—馬上の安倍、安保を走らす—』、日本評論社、2016年、32頁。

③ 長谷部恭男『安保体制から考える憲法と立憲主義・民主主義』、46頁。

策决定过程中处于强势地位，但其政策决定的公正性不时遭到质疑。

其中，小泉首相最为“强势”的政策决定，当属2005年解散众议院。小泉内阁大力推动的“邮政民营化相关法案”，2005年7月在众议院获得通过，8月却遭到参议院否决。对此，小泉首相决定解散众议院提前举行选举，以求就邮政民营化问题“问信于民”。“关于邮政解散，首先在宪法上存在异议。因为法案在参议院遭到否决，所以就将通过该法案的众议院解散，这种思维被批判为不合乎道理。特别是如果将议会视为对内阁进行协助的机构，那么解散就成为对议会反抗内阁的一种惩罚”。[①] 此外，小泉首相在“打破派阀”的口号下直接决定党内干部及阁僚的人事安排，此举是否公正，在社会上也引发了讨论。“对于自民党近350名国会议员，由小泉一人来进行中立公正的评价几乎是不可能的。即使排除派阀因素的影响，作为总裁而言，在人事安排时也往往与亲信磋商，所以那些希望担任职位的议员只能接近总裁亲信，这样，取消派阀政治后就容易产生亲信政治”。[②]

同样处于强势地位的安倍首相亦如此。例如，2014年5月设立内阁人事局，负责管理各省厅部长、审议官以上级别的约600名干部的人事信息，辅助首相及内阁官房长官进行人事安排。这虽有利于安倍内阁以官邸主导的方式对各省厅人事进行横向管理，但能否基于素质与业绩来公正地评价候选干部，仍遭到质疑。在2018年9月举行的自民党总裁选举中，与安倍展开竞争的另一候选人石破茂就批评官邸主导型决策过程不透明，认为弱化了党的行政监督及政策立案能力。石破举例指出，安倍在2017年众议院选举前提出改变消费税增收部分用途和把自卫队写入宪法第九条等重大政策主张，均是在未经党内审核的情况下提出的。[③] 石

① 山口二郎：《日本内阁制度》，吕耀东等译，社会科学文献出版社，2017，第156页。

② 読売新聞政治部『小泉革命—自民党は生き残るか—』、中央公論新社、2001年、126頁。

③ 「安倍首相の政治手法に疑問＝自民・石破元幹事長インタビュー＝総裁選」、https://headlines.yahoo.co.jp/hl?a=20180908-00000062-jij-pol，访问日期：2018年9月10日。

破并非否定官邸主导本身，而是认为安倍首相的政策决定缺乏公正性与透明度。

此外，旨在实现官邸主导决策的各类“政策会议”，“在政策决定过程中公开露面的机会很少，所以，其得出的结论是如何反映到政策中去的并不透明”，“即使在政策会议上也很少展开讨论”，“在会议开头发表的首相致辞，或者表达出对某种方向性政策的期待，或者提出完成决策的期限，虽然未达到具体指示的程度，但反映出了首相意向”。[①] 因此，“政策会议”的运营机制，能否保持“官邸主导”与“充分讨论”之间的平衡，也是一个事关政策决定公正性的问题。

（三）社会基础与政治参与的大众性

任何政党都有着自身赖以生存和发展的社会基础。在日本，政党的基层组织及所属政治家的个人后援会，既是政党生存和发展的社会基础，也是政党动员广大民众参与政治的重要渠道。长期以来，日本各主要政党多为典型“议员政党”，其基层组织建设往往较为薄弱，而依靠各类团体来扩充社会基础。

作为日本最主要的执政党，自民党党员人数 1991 年达到约 547 万人的最高值，1998 年约 325.6 万人，此后逐年减少，到 2012 年跌至约 78.9 万人。自 2013 年以来，自民党党员人数逐年增加，至 2017 年约 106.8 万人。[②] 整体上看，平成时代自民党基层组织建设遭到削弱，党员人数大幅减少。此外，选民的各类团体加入率及团体的自民党支持度均呈下降态势。其中，1990—2007 年，选民的町内会、自治会加入率由 67.6%降至

① 野中尚人・青木遙『政策会議と討論なき国会—官邸主導体制の成立と後退する熟議—』、朝日新聞社、2016 年、105 頁、126 頁。

② 『自民が結党 65 年　衆院選へ党員獲得全力』、yahoo！ニュース、2020 年 11 月 15 日、https://news.yahoo.co.jp/articles/d191eefa28d6597ee2ac4ede074e8b6bc1479780，访问日期：2021 年 3 月 31 日。

40.4%，农业团体由10.6%降至4.3%，劳动团体由8.2%降至4.5%，工商团体由6.9%降至2.8%。同时，“非常强烈支持”自民党的团体所占比例，从1980年的20.6%降至2012年的3.4%，而支持程度为“一般”的团体所占比例，则从2001年25.5%倍增至2012年的52.3%。[①] 导致自民党基层组织弱化以及支持团体松动的原因是多方面的，“小泉‘结构改革’中所主张的更正道路特定财源、削减地方交付税、邮政事业民营化等措施，都是对自民党的传统支配体系‘动刀’，必将削弱其社会支持基础中最为牢固的部分”。[②] “平成时代市町村大合并，导致市町村数目由3200余个减少至1700余个。此种大合并自然也导致支撑保守政治家地盘的地方首长与议员人数减少了”。[③]

与各政党社会基础弱化态势相呼应的是，广大选民的投票率也整体上处于低迷状态。在引进小选区比例代表并立制后，1996年、2003年、2012年、2014年、2017年众议院选举的投票率均低于60%。特别是在自民党“一党独大”格局下，选举投票率持续走低：2012年众议院选举小选区和比例代表区的投票率分别为59.32%与59.31%，创下战后最低纪录；2014年众议院选举小选区和比例代表区的投票率分别为52.66%与52.65%，更新了战后最低纪录；2017年众议院选举小选区和比例代表区的投票率均为53.68%，为战后第二低。[④] 选民不去参加国政选举投票的理由是多种多样的，除了选民自身原因，主要还在于各政党对广大选民参与政治的统合力度减弱了（见表2-3）。

---

① 辻中豊『政治変動期の圧力団体』、有斐閣、2016年、17頁、115頁。

② 徐万胜：《冷战后日本政党体制转型研究——1996年体制论》，社会科学文献出版社，2010，第308页。

③ 石川真澄・山口二郎『戦後政治史』、岩波書店、2010年、213頁。

④ 『全議席が確定　自民は追加公認加え284議席　立民は55議席に』、産経ニュース、2017年10月23日、https://www.sankei.com/politics/news/171023/plt1710230316-n1.html，访问日期：2017年11月15日。

表 2-3 选民不去投票的理由

单位：%

理由	1998 年 参议院	2000 年 众议院	2001 年 参议院	2003 年 众议院
想去投票但时间不凑巧	29.1	43.6	40.6	40.7
没有想投票支持的候选人和政党	20.4	25.7	19.5	20.9
自己即使不投票也不会影响选举结果	15.1	14.9	18.2	17.0
原本就对政治不关心	13.2	16.3	13.5	15.8
政党间没有差别，投哪个都一样	18.3	14.6	12.2	13.5
对政治现状感到厌倦	17.0	15.1	7.8	13.0
选举论争点暧昧，引不起关注	8.9	12.9	11.1	9.7
其他	4.0	1.2	7.5	4.1
无回答	6.8	1.5	3.5	3.6

资料来源：読売新聞東京本社世論調査部『二大政党時代のあけぼの——平成の政治と選挙——』、木鐸社、2004 年、153 頁。

由于社会基础弱化与选举投票率低迷，平成时代自民党在国政选举中的得票率相对下降。例如，从 20 世纪 80 年代至 90 年代初期，自民党在众议院选举中的绝对得票率为 30%至 35%，但 1996 年以后自民党在众议院小选区的绝对得票率约 25%，比例代表区为 15%至 20%。[①] 自民党在 2012 年众议院选举、2013 年参议院选举与 2014 年众议院选举中均获得了压倒性胜利。但是，与议席数给人的“绝对优势”印象相比，自民党实际所获选票数给人的印象却相距甚远。在这三次国政选举的比例代表区中，自民党的得票数（相对得票率）依次为 1662 万票（27.6%）、1846 万票（34.7%）、1766 万票（33.1%），也就是说仅有 1/3 左右的投票者将选票投给了作为执政党的自民党。这些投票支持自民党者在比例代表区选民总数中所占的比例（绝对得票率）依次为 16.0%、17.7%、

① 中北浩爾『自民党—「一強」の実像—』、136 頁。

17.0%，即在六个选民中仅有一个人投票支持自民党。①

可以说，平成时代后期自民党“一党独大”格局的形成，完全依赖“少数选民”的支撑，未能体现政治参与的大众性。

总之，平成时代的日本政党政治，发端于自民党“一党支配”的动摇，历经“多党重组”和“两党竞争”，终止于自民党“一党独大”，其间自民党先后两次下野后又重新上台执政。此种演变脉络在政治制度与政治生态层面都有内在逻辑性，当然也面临着是否完全体现“政治民主”的课题挑战。展望新时代日本政党政治的发展趋势，有两个问题仍值得我们高度关注。一是在野党势力能否通过强化与再生来实现政权交替的问题。在平成时代，众多政党历经了执政与在野的地位变迁。对于呈“多弱”态势的在野党现状而言，自民党及安倍内阁提供了很好的再生模式。“今后在野党若与执政党抗衡，就必须吸收此前自民党的经验并着手必要的准备工作。但是，如果以夺取政权为目标，则必须提出新的组合方式并广泛宣传其政权担当能力。”② 二是“安倍一强”支配体制的政治遗存及其如何影响国家战略走向的问题。在 2018 年 9 月连任自民党总裁之后，安倍首相主张“我们要瞄准平成之后的新时代，开始创造新的国家”，③ 并全力对外推进“印太构想”。令人担忧的是，安倍内阁的施政实践在党内外均缺乏监督与制衡，日本政党政治正进入寡头支配时代，图谋破坏立宪主义，且加剧政治右倾化。④ 一个基本的预判就是：在平成之后的新时代里，自民党通过与时俱进的自我变革来实现长期执政的可能性很大，亦将强力推动日本政治军事大国化进程进一步加速。

---

① 中野晃一『徹底検証　安倍政治』、岩波書店、2016 年、38 頁。

② 牧原出『「安倍一強」の謎』、朝日新聞社、2016 年、242 頁。

③ 「首相『新たな国づくり始めていこう』総裁選 3 選に意欲」、https://www.asahi.com/articles/ASL8T7557L8TUTFK00J.html，访问日期：2018 年 8 月 19 日。

④ 中野晃一『右傾化する日本政治』、岩波書店、2015 年、153-174 頁。

第三节
政治右倾化与冷战后日本政界亲台势力的演变*

冷战结束后，日台关系发生了巨大的变化，日本在台湾问题上偏离一中政策的倾向逐渐显露，其对台政策开始由“暧昧”“谨慎”转向了“公开”“强硬”。尤其近年来，日台关系急剧升温，日本欲借台湾问题来遏制中国的战略意图也更加明朗了。日本政府通过提高双方交流的官员层级、构建“第二轨道”途径、支持岛内外“台独”势力等行为，大大提升了日台之间的“实质性”关系。

毫无疑问，日本的“对台政策”是其“对华政策”的一部分。通常，一个国家的对外政策是其国内政治的延伸。半个多世纪以来，日台关系所经历的变化和发展也充分表明，日本的对台政策是与其国内政治紧密联系在一起的。出于历史渊源、意识形态、国家战略及经济利益等原因，日本政界长期存在着一股亲台势力。①冷战时期，其主要存在于执政的自民党内，且因自民党长期执政而具有很大的政治影响力。冷战结束后，国际格局发生巨变，日本的国内政局也经历了深刻变迁，伴随着

---

* 作者黄大慧，中国人民大学国际关系学院教授，中华日本学会副会长；金肖丰，广西民族大学东盟学院讲师。原文发表于《外交评论》2017 年第 3 期，本文在此基础上修改而成。

① 这里须对一些概念作简要的说明。其一是关于“政界”，按照日本现行政治体制，政界和官界有着明确的界线，政治家一般指国会议员，而官僚则指各省厅中自事务次官以下的各级公务员。在日本，官僚不属于政界，因此不在本文的研究范畴之内。其二是关于“亲台势力”，目前中国大陆、中国台湾和日本的学术界均未对其形成一个清晰的界定。如有学者认为亲台势力是日本政界的一股反共仇华势力，其成员多为鹰派或右翼议员，又有学者认为其是一伙支持“台独”的日本右翼分子。另外，中日学界对于“亲华派”的表述也未形成一致，总体而言，中国大陆习惯使用“亲华”一词，而日本方面则多用“亲中”“知中”等词语。本文出于写作和分析方便的考虑，统一采用“亲华”“亲台”的用法。

眼花缭乱的政界重组，日本政治右倾化的趋向越来越明显。一方面，从日本国会的政党结构来看，传统的“保革对立”局面不复存在，原先作为“革新势力”的左派政党日趋凋零，而右派政党日益强大，出现了右派政党独占政局的情势；另一方面，长期执政的自民党，从其派阀结构来看，也出现了自由派衰落而右派显著增强的类似变化，预示了自民党本身的右倾化趋向。这使得亲台势力又一次抬头，不仅从执政党扩散到了朝野各党派，而且随着日本政治的右倾化而不断坐大。这些来自日本国内政治的变化及亲台势力的演变——从某种意义上讲即为日本对台政策的国内政治基础，必然也会对中日关系的发展产生深远的影响。

冷战结束以来，随着日台关系的不断升温，国内学界对日本政界亲台势力的关注开始增多，但鲜有从日本国内政治的变化，亦即冷战后日本政治右倾化，特别是自民党内派阀势力消长的视角来进行分析。而事实上，从战后历史来看，自民党内的派阀和亲台势力之间有着相当大的关联性，这一方面的问题尚有待进行深入的挖掘。相比之下，日本学界的相关研究虽然较为关注自民党内的派阀和组织，但多以历史性研究为主，时间点侧重在中日邦交正常化时期，而对于冷战后政界亲台势力的研究则相对较少。①故而本文选取日本政治右倾化这一视角，以日本政党结构和自民党内派阀结构的变化为线索，试图对冷战后日本政界亲台势力的演变做出完整的梳理，并对其主要特点进行概括性总结。

一、冷战时期的日本政界亲台势力

冷战时期，受东西方两大阵营对抗的国际形势与日本国内“保革对

① 日本政治评论家本泽二郎的《日本政界的“台湾帮”》（吴寄南译，上海译文出版社，2000）一书虽然对冷战后的日本政界亲台势力进行了披露，但不属于学术类著作，多为对一些事件和现象所作的记述。

峙”的政治格局的双重影响，日本政界的亲台势力主要活动于长期执政的自民党内。由于这一特征，自民党内派阀力量的消长便成为决定亲台势力演变发展的主要因素。

（一）中日邦交正常化前的日本政界亲台势力（1952—1972 年）

1952 年 4 月，在美国的主导下，日本政府与台湾当局签署了所谓“日华和平条约”，奠定了战后初期日台关系的政治基础。从此，日台关系进入了 20 年相对稳定的“黄金时期”。在日本国内，自 20 世纪 50 年代末岸信介上台起，历经佐藤荣作的长期执政，日本政坛为亲台势力的壮大提供了有利的政治土壤。到了 60 年代，在执政的自民党内，已经出现了“亲华派”与“亲台派”的明显对立。

在当时日本政界亲台、反华人士的众多说辞中，最为常用的当属报答国民党政权“恩德”的理论。1945 年 8 月 15 日，在日本宣布无条件投降以后，蒋介石发表了著名的“以德报怨”讲话，呼吁国人不念旧恶，切勿以暴制暴。这令包括裕仁天皇在内的许多日本人心存感激，也成为日本亲台势力经常搬出来支持台湾的说辞。例如，亲台派代表人物贺屋兴宣就有蒋介石对日“四大恩德”之说，[①] 认为日本不能因其败退而反过来背叛原先的恩人。

此外，亲台派还经常强调诸如日台历史联系，以及加强自由主义阵营的合作、反对共产主义等理由。他们大多认为，日本与台湾有着长期亲善友好的关系，而且都是自由主义“国家”，应该携起手来共同对付共产主义。

在力量对比上，这时自民党内的亲台派议员不仅在数量上要多于亲

① 关于所谓的“四大恩德”理论，参见賀屋興宣『戦前・戦後八十年』、経済往来社、1976 年、345-347 頁。

华派，而且其代表人物如岸信介、福田赳夫、石井光次郎、椎名悦三郎、滩尾弘吉等均为党内的领袖人物，其在政界的影响力也要胜于亲华派。特别是在佐藤荣作长期政权①诞生以后，进一步确立了亲台派的强势地位。

当时日本政界最重要的亲台派组织当属"亚洲问题研究会"，该组织成立于1964年10月，其核心人物是前面提到的贺屋兴宣，参加的自民党籍议员共有98人。②"亚洲问题研究会"是一个政策集团，下设六个小委员会，总体上每两周举行一次集会，对自民党的对外政策有着极大的影响力。③与之相对，自民党内的另一个政策集团"亚非问题研究会"，则是以亲华派议员为主（见表2-4）。

表2-4　"亚洲问题研究会"与"亚非问题研究会"的议员构成（1966年）

单位：人

派阀	佐藤	岸/福田	石井	川岛	三木	松村等非主流五派	其他	合计
亚洲问题研究会	19	11	12	5	16	28	3	94
亚非问题研究会	3	1	0	2	2	45	4	57

资料来源：『エコノミスト』、第43卷8号、1965年2月23日、15頁。

从自民党内的派阀分野来看，这一时期，以佐藤派为首的主流派阀多倾向于亲台的"亚洲问题研究会"，而松村（谦三）派等非主流派阀则多加入了亲华的"亚非问题研究会"。如表2-4所示，在20世纪60年代中期，自民党内的主流派议员占了"亚洲问题研究会"近七成的多数，而非主流派议员在"亚非问题研究会"中则占到了将近八成。也就是说，主流派与非主流派的对立，在一定程度上趋同于亲台派与亲华派的斗争，成为当时自民党政治的一大特征。而在自民党"一党执政"时期，其党内的主流派阀又几乎等同于执政团队，故而在日本的对华问题上，亲台

① 佐藤内阁，1964年11月至1972年7月。

② 福井治弘『自由民主党と政策決定』、福村出版、1969年、316頁。

③ 关于"亚洲问题研究会"，参见黄大慧：《日本对华政策与国内政治——中日复交政治过程分析》，当代世界出版社，2006，第34-48页。

派的优势是显而易见的。

亲台派的这种优势地位一直保持到20世纪70年代初，尼克松的“越顶外交”令日本政府措手不及，也给亲台派带来了极大的震撼。以此为转折点，自民党内的情势开始发生变化，亲台派与亲华派围绕对华问题展开了激烈的攻防。对此，日本前首相福田赳夫回忆说：“日本国内也充满了‘去北京、去北京’的呼声，自民党内部围绕与中国邦交正常化，赞成和反对的势力已经变得伯仲相当了。”①

可见，在中美关系改善之后，日本的亲台势力面临极大的危机。长期以来，以日美同盟为轴心、在外交事务上追随美国是他们奉为圭臬的行动准则。尤其是战后日台间的紧密联系，作为遏制共产主义的重要防波堤，是在美国的一手策划下发展起来的。但这时美国的战略转向，反而推动了自民党内亲华派的声势和力量。

在1972年7月的自民党总裁选举中，中国问题成为最大焦点，也可看成自民党内非亲台势力与亲台势力之间的一次对决。当时在自民党内逐渐形成了所谓的“三角大福中”五大派阀，即三木（武夫）派、田中（角荣）派、大平（正芳）派、福田（赳夫）派和中曾根（康弘）派。其中，福田派的前身即右翼色彩较重的岸（信介）派，是自民党内亲台势力最为集中的大派阀。而田中、大平、三木、中曾根四派则结成了反福田联盟。也就是说，除了亲台派聚集的福田派，其余四派利用中国问题实现了联合。经过激烈的角逐，田中击败福田，当选为自民党总裁。②

田中内阁的诞生，可被视为自民党内亲台派的一次重大挫折。日本的政权及自民党的决策权，从此由亲台派手中转移到了非亲台势力手中，对往后的中日关系走向产生了深远的影响。但必须指出的是，虽然亲台

① 田村重信・小枝義人・豊島典雄『日華断交と日中国交正常化』、南窓社、2000年、122頁。

② 关于中日邦交正常化时期的日本政治，参见黄大慧：《日本对华政策与国内政治——中日复交政治过程分析》；田村重信・小枝義人・豊島典雄『日華断交と日中国交正常化』等。

派暂时离开了日本政权的中枢，但是这并不意味着亲华派的完全胜利。事实上，自民党内的亲华势力一直不怎么强大，此次也主要是自民党内的各派力量审时度势、利用中国问题为自身捞取政治资本的结果。如田中、大平二派在自民党内号称“保守本流”，继承的是吉田茂“重经济、轻军备”的务实主义路线，虽非顽固的亲台派，但也不算严格意义上的亲华派。

（二）中日邦交正常化后的日本政界亲台势力（1972—1993 年）

日台“断交”后，日本和台湾分别成立了“财团法人交流协会”和“亚东关系协会”，以民间机构的形式取代了此前的“外交机构”。①

然而对于亲台势力而言，仅仅依靠这个披着“民间”外衣的渠道，远不能满足其与台湾交往的需要。于是经过一系列整合，在自民党内形成了“日华关系议员恳谈会”和“青岚会”两大亲台派组织。

1973 年 3 月 14 日，以藤尾正行、中川一郎、玉置和郎、渡边美智雄等亲台派议员为中心，由 27 名自民党议员发起成立了“日华关系议员恳谈会”（简称“日华恳”）。当时参加“日华恳”的国会议员共有 152 人，其中众议员 99 人，参议员 53 人，超过了自民党议员总数的三分之一。②以处理原台湾“驻日大使馆”问题为契机，“日华恳”通过决议表明了作为亲台派大本营的立场，即要求日本政府将台湾当局视为一个代表独立国家的政府，并将其作为外交上承认的国家加以对待。基于这一立场，维持与台湾的友好关系，“在令人期待的政治环境中发展日台间的

---

① 关于“财团法人交流协会”与“亚东关系协会”的设立经过、主要职能、组织机构、人事安排、经费来源、与政府间联系等，详见武見敬三「国交断絶期における日台交渉チャネルの再編過程」、神谷不二編著『北東アジアの均衡と動揺』、慶応通信刊、1984 年、92-99 頁。

② “中华民国驻日大使馆”新闻处：《中华周报》1973 年 3 月 26 日，转引自武見敬三「国交断絶期における日台交渉チャネルの再編過程」。

实务关系”，便成了“日华恳”的基本方针。①

另一个重要亲台组织是“青岚会”。1973 年 7 月 17 日，以日台航线问题为契机，自民党内一批少壮派右翼议员成立了“青岚会”，拥有众议员 26 人，参议员 5 人。②“青岚会”的核心成员如中川一郎、玉置和郎、石原慎太郎、森喜朗、绵贯民辅等，都是典型的亲台派政客。从派阀构成来看，福田派占据了第一多数，而福田派的前身就是岸派。因此，在一定程度上可以理解为“岸信介操纵福田派，福田派操纵亲台派集团的青岚会”③（见表 2-5）。

表 2-5　青岚会的议员构成（1973 年）

单位：人

派阀	福田	椎名	水田	中曾根	船田	三木	无派阀
众议员	11	4	2	8	2	1	3
参议员	3	0	0	0	0	0	2

资料来源：ウィキペディア「青嵐会」、https://ja.wikipedia.org/wiki/青嵐会。

在日本政界的亲台势力中，自民党青年局经常为人们所忽视。其实，早在 20 世纪 90 年代，日本政治评论家本泽二郎便对作为亲台派重镇的自民党青年局作了介绍。但或许因为青年局是自民党的一个内部机构，其名号也并未与“台湾”相关联，故而未曾引起国内学界的足够重视。

事实上，在 1969 年的佐藤政府时期，自民党青年局就与当时台湾的“中国青年反共救国团”建立了双方交流的渠道。④特别需要注意的是，这一渠道是作为双方政党之间正式交流的窗口而设立的，⑤且自民党的青

① 武見敬三「国交断絶期における日台交渉チャネルの再編過程」。

② ウィキペディア「青嵐会」、https://ja.wikipedia.org/wiki/青嵐会。

③ 本泽二郎：《日本政界的“台湾帮”》，吴寄南译，上海译文出版社，2000，第 133-134 页。

④ 参见《井上信治议员的采访》，台湾新闻 BLOG，2012 年 8 月 2 日，http://blog.taiwannews.jp/?p=4917。

⑤ 「『進次郎青年局』82 人の存在感 町村派に匹敵」、『日本経済新聞』2013 年 3 月 3 日。

年局长便是肩负这一交流工作的责任人。①

此后不久因日台“断交”，议员交流成为日台政治交流的主要方式，因而这一既存渠道的重要性越发凸显，以至于在日本政界有“传统上自民党以青年局为主体来推进日台交流”的说法。

青年局是自民党内储备和培养青年干部的主要机构。在自民党长期执政时期，青年局的干部在政界具有很大的发展潜力。特别是担任青年局局长这一职位者，在日本政界有“登龙门”一说，仕途往往被外界看好。②从这一点来说，将青年局作为对台交流的机构，本身就是一项着眼于日台关系未来发展的长远布局。另外，下文将会提到，“日华恳”在冷战结束后由自民党内的组织变为跨党派的议员联盟，这样一来，虽然“日华恳”的影响力扩大了，但也出现了一个新问题，即不容易形成统一的意见，且难以单为执政党一家发声，而作为自民党内部机构的青年局却不存在上述问题。可见，青年局事实上在日台关系中发挥着重要的作用，其角色是不可替代的。这种由青年局推进的日台政治交流，至今已经延续了近半个世纪，③ 其影响绝对不可小觑。

总之，在实现邦交正常化以后，中日友好成了两国关系的主流。然而，即便是在中日关系发展最好的时候，日本政界亲台势力依然没有消沉，除了上述原台湾“驻日大使馆”问题与日台航线问题，④进入 20 世纪 80 年代后又发生了“光华寮”“修复日台关系”“蒋介石遗德彰显会”

---

① 参见《荻生田光一众议员的采访》，台湾新闻 BLOG，2013 年 8 月 30 日，http://blog.taiwannews.jp/?p=15510。

② 在自民党历任青年局局长中，迄今为止，出了竹下登、宇野宗佑、海部俊树、安倍晋三、麻生太郎五位首相，以及额贺福志郎、中川昭一、岸田文雄等党内实力派政治家。

③ 有村治子「台湾との『実務外交』」（連載その①台湾との『事実上の外交窓口』）、2005 年 2 月 9 日、『自民党参議院議員ありむら治子ホームページ』、http://www.arimura.tv/report/vh_past/vinus20050209.html。

④ 关于原台湾“驻日大使馆”问题，详见徐年生「戦後の日台関係における日華议员懇談会の役割に関する研究：1973 年—1978 年」、『ジュニア・リサーチ・ジャーナル』（北大法学研究科）10 号、2004 年 1 月。

等事件,[1] 给中日关系投下了阴影。

值得一提的是，冷战时期自民党内的亲台势力多集中于两种类型的派阀：一是右派色彩较浓的大派阀，如岸派［亦即福田派、安倍（晋太郎）派］和中曾根派；二是那些存在时间较短、规模较小的派阀，如石井派，水田派，船田派，川岛、椎名派，中川派等。因为小派阀不仅在成员组成上多为保守、鹰派人士，而且容易受到台湾方面的金钱收买。[2] 而进入20世纪80年代后，此类小派阀陆续从日本政坛消失，其多数成员与福田派合流。可见，在中日关系发展较为平稳的时期，日本政界亲台势力虽然被削弱了，但其也在暗流涌动中进行整合，为冷战结束后的重新抬头积蓄能量。

二、冷战后日本政权的更替与政界亲台势力的整合

冷战结束后，国际格局发生了巨大的变化，日本的国内政局也经历了前所未有的剧变。在“1955年体制”瓦解后，日本政局经历了纷繁复杂的政党分化、重组及选举制度改革等一系列变更，日本政治的总体右倾化日趋明显。同时，随着中国在世界舞台上的崛起，中日力量对比发生了改变，双方的结构性矛盾凸显。而这一形势又被日本国内的右派势力利用，使得两国之间的竞争关系加剧，甚至在某些领域出现了严重的摩擦和对立。可以说，在内外因素的综合影响下，日本政治的右倾化不断增强，构成了冷战后日本政界亲台势力发展演变的主要原因。而号称“万年执政党”的自民党分别于1993年和2009年两次短暂下野，又直接触发了日本政坛的重新洗牌，亲台势力在此过程中也实现了新的整合与发展。

---

① 关于“光华寮事件”“修复日台关系事件”“‘蒋介石遗德彰显会’事件”，详见张耀武：《中日关系中的台湾问题》，新华出版社，2004，第292-301页。

② 本泽二郎：《日本政界的“台湾帮”》，吴寄南译，上海译文出版社，2000，第163页。

（一）自民党第一次下野与亲台势力的扩张（1993—2009年）

冷战结束后，随着“1955年体制”的瓦解，特别是长期执政的自民党从分裂、下野，再到重回政权，引发了日本政界的大重组，而亲台势力也借此机会在朝野全面扩散开来。世纪之交，散布于各党派中的亲台势力再一次实现了整合。重新抬头的亲台势力无论是实力还是规模都较前有过之而无不及，因而也对中日关系的走势产生了深远的影响。

1.“1955年体制”终结与日本政治的右倾化

在1993年8月举行的众议院选举中，自民党获得的议席首次未过半数，从而结束了其长达38年的执政党地位，也标志着日本政坛“1955年体制”的终结。此后，日本政局剧烈变动，各大政党经历了分化重组，各种政治力量的对比发生了明显改变，使得日本政治的右倾化越来越明显。

这一时期，日本的政党结构大致发生了两方面的变化：一是原有两大政党自民党、社会党发生了分裂；二是在日本政坛如雨后春笋般出现了许多新保守主义政党，这些新政党大小不一，在经历了纷繁复杂的重组之后，成立了日本第二大政党民主党。

此间，自民党承受了两次较大的分裂，即1993年羽田孜、小泽一郎集团和武村正义等另组新党，以及2005年所谓的“抵抗势力”——反对邮政民营化改革的离党。自民党分裂之后，其中一部分保守势力与在野党实现了合流。因此，日本政界的保守势力不仅没有因此而削弱，从某种意义上说反而得到了扩张。社会党分裂后，其很大一部分人马进入了新保守政党民主党；而改组后继续坚持民主社会主义理念的社民党却逐渐零落，在国会中的议席屈指可数，沦为一个微不足道的小型在野党。一些中道政党如公明党等经过分合重组，也都变身为保守化趋向的政党。

1998年4月，新的民主党成立，其拥有131个议席，成为仅次于自民党的第二大政党。2005年各党派势力分布如下（见表2-6）。

表2-6 日本众议院各党派势力分布（2005年9月）

单位：人

—	自民党	公明党	民主党	共产党	社民党	其他	合计
众议院	296	31	113	9	7	24	480

资料来源：「平成17年衆議院の動き第13号」、衆議院ホームページ、http://www.shugiin.go.jp/internet/itdb_annai.nsf/html/staties/ugoki/h17ugoki/h17mokuj.thm。

与此同时，日本的众议院选举制度也进行了改革，“小选举区与比例代表并立制”取代了原来的中选举区制。[①]众所周知，小选举区对大党比较有利，众议院在日本国会两院中又具有优势的地位，因而“这次改革有助于日本政党体制向着保守两大政党制方向发展”。[②]

至此，除了共产党、社民党两个势力较弱的在野党仍然带有一定的革新主义色彩，日本政治走向了两大保守政党对峙的全面保守化趋势。[③]

2. 自民党内亲台势力的分裂及其扩散

20世纪90年代，伴随着自民党的分裂，以“日华关系议员恳谈会”（简称“日华恳”）为代表的日本政界亲台势力也不可避免地走向了分裂。

1993年6月23日，以小泽一郎、羽田孜为首的原自民党羽田派议员及原厚生大臣小泽辰男共44人结成标榜“新保守主义”的新生党。由于原羽田派成员在竹下时代多为金丸信集团的核心人物，而金丸信又是日本政界著名的亲台派领袖，所以新生党内便集中了众多亲台派议员。在

① 1994年1月29日，根据当时联合执政党与在野的自民党达成的协议，日本国会参众两院通过了细川护熙内阁提出的《公职选举法修正案》，确立了新的众议院选举制度。

② 包霞琴等编《变革中的日本政治与外交》，时事出版社，2004，第53页。

③ 关于90年代以来日本政党的分化组合，参见薬師寺克行『現代日本政治史』有斐閣、2014年；吕耀东：《冷战后日本的总体保守化》，中国社会科学出版社，2004；黄大慧：《日本大国化趋势与中日关系》，社会科学文献出版社，2008。

党领导层中，担任常务干事的佐藤守良、爱知和男、船田元等均是“日华恳”成员，代表干事小泽一郎也与台湾当局有着千丝万缕的联系。在其成员中，如小泽辰男、藤井裕久、永野茂门、畑英次郎等也都是原自民党内资深的亲台派议员。① 新生党一度成为日本政界的第三大党，但在小泽实现两大保守政党制的政治主张下，于1994年12月解散，被并入新组建的新进党。

略早于新生党成立的先驱新党，由原自民党三塚派的武村正义、园田博之，小渊派的鸠山由纪夫，宫泽派的田中秀征，河本派的井出正一5人发起，组建时只有区区10名成员，是一个中道保守主义的小党。在先驱新党中，鸠山由纪夫、渡海纪三朗等人曾是“日华恳”的成员，前原诚司、枝野幸男等少壮派议员日后也成为民主党“日台友好议员恳谈会”的骨干。随着主要成员陆续改换门庭，先驱新党在世纪之交逐渐淡出日本政坛。

1993年自民党下野后，其经历了若干次大小不一的分裂。这一时期，由原自民党议员组建的新政党还有“改革之会”（1994年1月）、“新党未来”（1994年4月）、“自由党”（1994年4月）、“高志会”（1994年7月）、“自由改革联合”（1994年7月）等。在这些名目繁杂的政党中，如海部俊树、太田诚一、柿泽弘治、鹿野道彦、坂本刚二等都曾是“日华恳”成员，野田毅则是20世纪70年代亲台派重镇“青岚会”的发起人之一。② 与新生党一样，不久这些政党也大多被并入了新进党。

总之，在冷战时期，由于日本政界亲台势力主要存在于自民党内，因此在其几次发生分裂之后，党内的亲台势力也随之分散开来。其间，脱离自民党的议员组建了许多小政党，但为了制造出与自民党相抗衡的

---

① 关于新进党领导层及其所属议员名单，参见ウィキペディア「新進党」。

② 关于原自民党议员在20世纪90年代组建的新党派，参见中北浩爾『自民党政治の変容』、NHK出版、2014年、129-183頁；野中尚人『自民党政治の終わり』、筑摩書房、2008年、19-57頁。

政治势力，它们又合流为保守主义的新进党，后来又形成了作为最大在野党的民主党。加之，在 1994 年新进党成立以前，及新进党瓦解至民主党成立的短暂时期内，脱离自民党的各种势力与社会党、民社党、公明党等朝野诸党也发生过如结盟、合并、斗争、分离等令人眼花缭乱的政治关系，如此一来，先前主要存在于自民党内的亲台势力，借着政界重组、局势混乱的东风，扩散到了除共产党之外的朝野各个党派之中。在冷战结束后的日本政界，亲台势力开始呈现出在朝野广泛存在的特点。

3. 亲台势力的整合：跨党派“日华议员恳谈会”

如上所述，由于自民党的几次分裂，作为自民党议员联盟的“日华关系议员恳谈会”也发生了裂变，其许多成员因脱离自民党而不再隶属“日华恳”了。进入 20 世纪 90 年代中期，为了重新加强亲台派的实力，并且受到日台关系升温的鼓励，以及 1996 年台海危机的刺激，分散于日本政界各党派的亲台势力开始谋划成立一个新的跨党派亲台组织。

此前，作为最大在野党的新进党，其党内的亲台派议员曾经组织过一个叫“日华关系议员联盟”的政策集团。① 其后为了对在野的亲台势力进行整合，自民党“日华恳”会长山中贞则向新进党的实际领导人小泽一郎提议，将两党的亲台组织进行合并。

“日华恳”的历任会长有滩尾弘吉、藤尾正行、山中贞则、平沼赳夫。从当时的政治现实来看，自民、新生两党亲台势力合流的直接目的是促成李登辉访日，出席在大阪召开的“亚太经合组织”非正式首脑会议。② 在征得小泽同意之后，又纠集了在自民党、新进党之外的各党亲台派议员，最终于 1997 年 2 月 5 日成立了跨党派的新组织“日华议员恳谈会”（新“日华恳”）。

---

① 中津川博郷「更なる日台議員外交の促進を」、2008 年 1 月 9 日、『人形町サロン』（黒岩政経研究所ホームページ）、http：//www. japancm. com/sekitei/note/2008/note43. html。

② 参见刘江永：《“马关条约”百年后的日台关系》，《日本学刊》1995 年第 6 期。

山中贞则在新组织成立时说："虽然党派不同，但期待今后能一起去台湾，各成员之间能无隔阂地开展活动。"① 新"日华恳"拥有300名议员，占了当时日本国会议员数量的四成。② 其中，自民党202名，新进党86名，太阳党7名，先驱新党5名，是一个名副其实的跨党派议员联盟。该组织仍由山中出任会长，新进党的小泽辰男及自民党的平沼赳夫、村上正邦、前田勋男任副会长。③此外，其领导层还有干事长藤井孝男，副干事长中川昭一、永野茂门、武见敬三，以及多名干事。当时"日华议员恳谈会"的干事有爱知和男、卫藤征士郎、柿泽弘治、亀谷昭博、草川昭三、坂本刚二、关谷胜嗣、福田康夫、古屋圭司、粟屋敏信、奥村展三、亀井久兴、北桥健治、鸿池祥肇、椎名素夫、田村秀昭、船田元等。④

作为冷战后日本政界仅存的革新势力，共产党、社民党议员没有参加"日华关系议员恳谈会"。至于公明党，由于其当时已经并入新进党，公明党曾在1994年12月10日加入新进党，1997年12月又再度分离。因此"日华恳"成立时的名单上未出现公明党议员的名字。但到了1997年12月，当公明党再度从新进党分离出来后，草川昭三等先前新进党籍的亲台派议员便转成了公明党籍，⑤ 这表明亲台势力也扩散到了公明党。在2008年公布的"日华恳"干事名单中，同样可以找到公明党副干事长鱼住裕一郎的名字，说明公明党内的亲台派也一直香火不断。⑥

这样，日本政界的亲台势力不但随着自民党的分裂而全面扩散，而

① 『産経新聞』1997年2月6日。

② ウィキペディア「日華議員懇談会」、https：//ja. wikipedia. org/wiki/日華議員懇談会。

③ 中津川博郷「更なる日台議員外交の促進を」、2008年1月9日、『人形町サロン』（黒岩政経研究所ホームページ）、http：//www. japancm. com/sekitei/note/2008/note43. html。

④ 参见本泽二郎：《日本政界的"台湾帮"》，吴寄南译，上海译文出版社，2000，第123–125页。

⑤ 本泽二郎：《日本政界的"台湾帮"》，吴寄南译，上海译文出版社，2000，第128页。

⑥ 当时的"日华关系议员恳谈会"领导层名单，见本澤二郎「台湾ロビー」（5）、2008年1月29日、『東京＝「ジャーナリスト同盟」通信提供』、http：//journalist. net. com/08/01/29/182020. php。

且在世纪之交实现了重新整合。新成立的“日华议员恳谈会”与其前身相比，一是实力更为强大，拥有300多名议员的巨大规模；二是代表性更为广泛，几乎囊括了国会中的所有主要政党；三是影响更为深远，从一年之后的小渊惠三内阁算起，至2009年自民党下台共有六人担任过日本首相，而其中至少有五人参加过“日华恳”,① 许多目前仍活跃在政治舞台上的重量级人物也都是其成员。

（二）自民党第二次下野与亲台势力的发展（2009年至今）

2009年民主党上台，自民党籍议员的大量落选造成“日华恳”、自民党青年局等亲台派势力一时人才凋零，其力量似乎被削弱了。但这只是暂时的现象，随着三年后自民党重返政权，与上一次政党轮替后的情况类似，亲台势力在经历又一次的政界洗牌之后反而得到了壮大。与此同时，中国的GDP总量在2010年超过日本，两国力量对比进一步发生变化，这在客观上也刺激了日本右派势力的抬头，加剧了其政界亲台势力的集结。

1. 民主党执政期间的短暂“退潮”（2009—2012年）

冷战结束后，日本政界的亲台势力突破了自民党一党范围，扩展到朝野大多数政党，但自民党作为执政时间最长、实力最强的保守政党，始终是亲台势力的大本营。2009年政党轮替后，众议院的自民党籍议员由300席减至119席，落选达181人之多。大批自民党议员的落选，造成了政界各类亲台派组织的成员人数大幅缩水。例如，“日华恳”成员由228人减少到142人,② 自民党青年局的所属议员仅存18人,③ 而自民

① 即小渊惠三、森喜朗、安倍晋三、福田康夫、麻生太郎。

② 王海滨、蔡亮：《民主党执政后的日本对台政策动向探析》，《国际论坛》2010年第2期。

③ 「『進次郎青年局』82人の存在感町村派に匹敵」『日本経済新聞』2013年3月3日。

党内另一亲台派组织“促进日台经济文化交流青年议员之会”也因为“众议院的议员们大幅度落选，使得其活动（势头）减弱了”。① 可以说，这次政党轮替给日本政界亲台势力带来的最直接打击，就是人员的大量减少。

同理，许多曾在亲台派组织担任要职的政治家落选，使得这些组织一度面临运营方面的危机。以“日华恳”为例，按照本泽二郎在2008年报道的干部名单来看，②其副会长爱知和男、龟井久兴、玉泽德一郎，干事长代理中川昭一，副干事长坂本刚二、船田元，干事渡海纪三朗、西水野贤一等人都在2009年的众院选举中败落，从而失去了议员身份。当年10月，极具代表性的右翼政客中川昭一自杀，也给当时人才凋零的亲台势力造成了不小的冲击。

然而，必须指出的是，这次伴随着政党轮替而出现的亲台派势力的削弱，从短时期来看确实使“日华恳”、青年局等组织机构陷入了困境，但从后来的发展情况来看，这一现象是暂时性的。

前文已经提到，冷战后日本政局由“保革对立”逐渐变为“保保竞争”，故而民主党取代自民党执政是一场政界保守势力的更替，而非意味着保守势力的减弱。此前，民主党内就存在“日台友好议员恳谈会”“日本、台湾安保经济研究会”等亲台派组织，在其执政后仍然十分重视对台交流。例如，实际掌控鸠山政权的民主党干事长小泽一郎就曾指示“日华恳”干事、民主党籍议员铃木克昌，要求尽早成立民主党的“日台议员联盟”。③

2010年10月，民主党“日本、台湾安保经济研究会”会长长岛久昭、“日华恳”会长平沼赳夫等率领朝野18名议员访问台湾，意在重新

---

① 参见“面向日台关系未来：自民党青年议员们再出发”，2013年2月21日，台湾新闻BLOG，http://blog.taiwannews.jp/?p=10502。

② 本澤二郎「台湾ロビー」（5）、2008年1月29日、『東京=「ジャーナリスト同盟」通信提供』、http://journalist.net.com/08/01/29/182020.php。

③ 李秀石：《马英九上台后的日本对台政策》，《日本学刊》2010年第5期。

建构日台之间的人脉关系。[①]进一步讲，民主党在成为执政党之后，又面临制定政府层面的对台政策，以及落实执政党层面的对台交流等新问题，故而其与台湾方面的政治交往必定会日益强化。

因此，2009年政党轮替后，日本亲台派组织的暂时削弱毋宁说是一种过渡现象，在日本政界愈加右倾化的大环境下，经过政坛洗牌的沉淀，亲台派势力再次回潮是必然的。

这一阶段，正值国民党马英九主政台湾，两岸关系发展较为顺利。这也在一定程度上制约了日本亲台势力在台湾问题上的兴风作浪。同时也应看到，虽然这时日台双方在政治上相对“克制”，但并非无所作为。2010年4月，前首相麻生太郎以“私人名义”访问台湾，与马英九及台当局要员进行了低调的会面。这是自2006年森喜朗访台以来的首次日本前首相访台，而且距离麻生卸任首相仅半年之隔。[②]同年，作为前首相的安倍晋三访台，高调拜会了台湾各界领袖人物。[③] 2011年10月，麻生太郎再次率“祝贺团”访台，参加台湾“双十节”活动。[④]日本前首相密集访台，这在从前是很少见的现象，不仅表明亲台势力在“退潮”后急于维持并巩固与台湾政界的人脉关系，而且其意图离间两岸关系，尤其不希望两岸在钓鱼岛等问题上一致对日的用心也昭然若揭。

此外，日台双方在一些所谓“实质性”业务上也取得了不少“成果”，而这些与“日华恳”等亲台派组织的运作是密切相关的。按照平沼赳夫的说法，“因为‘日华恳’拥有日本国内最大的超党派势力，其成员身为国会议员，为了‘两国’的发展而努力，取得了诸如相互承认驾照、打工度假签证协定、宝冢歌剧团台北公演及来年“国立”故宫博物院文

① 「与野党18議員、9日に訪台台湾人脈を再構築」、『日本経済新聞』2010年10月8日。

② 「麻生前首相が訪台　馬総統とも会談へ」、『日本経済新聞』2010年4月5日。

③ 《台学者：安倍晋三访台是希望两岸勿连成一线》，凤凰网资讯，2010年11月2日，http://news.ifeng.com/taiwan/4/detail_2010_11/02/2972115_0.shtml。

④ 《台湾庆祝辛亥百年，麻生太郎率祝贺团访台》，凤凰网资讯，2011年10月10日，http://news.ifeng.com/mainland/special/xinhaigeming100/content.3/detail_2011_10/10/9733221_0.shtml。

物日本展览会等诸多成果”。[①]除此之外，2009 年台湾在北海道札幌设立了新的“办事处”；2010 年，日台之间通过签订“航约”，时隔 31 年，重新开辟了台北松山与东京羽田对飞航班。

由此可见，在日本政界亲台势力的短暂“退潮”期间，事实上，日台双方的政治交往并未出现较大的障碍。而受两岸关系改善的刺激，日本的亲台势力也不甘寂寞，无论是前首相密集访台，还是拓展“实质性”关系，其活动似乎反而声势俱增。甚至可以说，亲台势力经过短暂的政界洗牌，在 2012 年自民党再次上台之前，其“回潮”之势已然开始显现。

2. 自民党重新执政后的急速“回潮”（2012 年以后）

2012 年日本举行第 46 届众议院选举，自民党获得了过半数的 294 席，重新夺回了政权。与选举前相比，众院的自民党籍议员猛增了 176 人。而民主党虽然保住了第二大党的地位，但其在众院的席位减少了 173 席，仅剩 57 席。[②]除了自民党、民主党这两个保守政党，由右翼政客石原慎太郎、桥下彻领导的“日本维新会”异军突起，获得了 54 个席位，仅比民主党少 3 席，成为名副其实的第三大党。与之形成强烈对比的是，日本共产党、社民党分别仅获得了 8 席和 2 席，左派革新势力几乎被湮没。可以说，随着这一轮自民党重新上台，日本政界的右倾化趋势大大增强，并且实际上形成了自民党“一党独大”的局面。

与此相呼应，日本政界的亲台势力急剧“回潮”，在经过几年的“消沉”之后出现了重新集合的势头。以最大的“日华恳”为例，其成员在

---

① 参见《“集合有志之士强化日台联系”集会上的日台议员交流》，台湾新闻 BLOG，2013 年 9 月 25 日，http://blog.taiwannews.jp/?p=15983。

② 「衆院選：自公で320 議席超 民主は壊滅的敗北」、『毎日新聞』2012 年 12 月 17 日。

众院选举后增至257人,① 且仍在不断扩张，于2013年底增至265人,② 2014年10月达到295人，甚至超过了曾是日本国会最大议联的“日中友好议员联盟”。③又如自民党青年局，由18人猛增到82人,④其势力远远超越了自民党内第二大的“额贺派”。而参加自民党“促进日台经济文化交流青年议员之会”的人数也大为增加，达到了63人。⑤可以说，在2012年自民党重新执政后，日本政界的亲台势力迎来了又一次成长的高峰，各主要组织的成员数量都有大幅度的增长，其影响力大大增强。

同时，中国在世界舞台上的崛起，使日本政界的右派保守势力有了借机坐大的口实。2008年世界金融危机之后，中国依然发展迅速，到2010年GDP总量超越日本而成为世界第二大经济体。随着中日之间的结构化矛盾日益凸显，两国之间的竞争日益加剧，甚至在一些领域出现了严重的摩擦和对立。

在这种情势下，日台关系迅速升温。安倍内阁成立之后，便下令加速与台湾之间的渔业谈判。⑥ 2013年4月10日，日台双方签署了“渔业协议”。日方如此急于签署协议，目的在于拉拢台湾，防止海峡两岸在钓鱼岛问题上联手。2016年台湾发生政党轮替，民进党再次上台，这无疑使日本政界亲台势力备受鼓舞，日台双方在政治层面的“突破”动作也越来越多。例如，为庆贺蔡英文“5·20”“就职典礼”，日本各界组成了252人的庞大“庆贺团”，其中包括日本交流协会理事长今井正、“日华

① 参见《日华议员恳谈会、王金平“立法院长”及其余APPU台湾代表团欢迎会召开》，台湾新闻BLOG，2013年3月29日，http://blog.taiwannews.jp/?p=11424。

② 参见《日本国际客家文化协会2013年度合同忘年会举办》，台湾新闻BLOG，2013年12月2日，http://blog.taiwannews.jp/?p=17797。

③ 参见《“中华民国”103年“国庆节”集会，期待日台关系更加发展》，台湾新闻BLOG，2014年10月10日，http://blog.taiwannews.jp/?p=23428。

④ 「『進次郎青年局』82人の存在感町村派に匹敵」、『日本経済新聞』2013年3月3日。

⑤ 参见《日台青年议联访台，将对马英九“总统”进行表敬访问》，台湾新闻BLOG，2013年4月26日，http://blog.taiwannews.jp/?p=12283。

⑥ 《李登辉：安倍亲自下令签署渔业协议，日本不让步不行》，凤凰网资讯，2013年4月12日，http://news.ifeng.com/mainland/special/diaoyudaozhengduan/content-3/detail_2013_04/12/24142169_0.shtml。

议员恳谈会”干事长古屋圭司及副会长卫藤征士郎等12名国会议员。[①]从2017年1月1日起，日本将对台交流机构“财团法人交流协会”更名为“日本台湾交流协会”，改变了自中日邦交正常化以来长期使用的名称；[②]2月24日，日本防卫省智库防卫研究所发表《中国安全保障报告2017：不断变化的“中台”关系》，称台湾为“中华民国”，将其作为与中国并列的国家政治实体；[③]3月6日，台湾“外交部长”李大维在“立法院”表示，台湾对日窗口“亚东关系协会”也将改名为“台湾日本关系协会”，全案已经呈报“行政院”。[④]

如果说上述日台关系的变化尚且在所谓“民间”名义之下进行的话，那么于2017年3月25日访问台北的日本总务副大臣赤间二郎，[⑤]则是1972年日台“断交”以来公然以“公务”身份访台的日本最高级别官员，开创了一个危险的先例。2006年，日本时任农林水产省副大臣宫腰光宽访问台北，并与台湾当局领导人陈水扁等举行会谈，却定位为“私人访问”。[⑥]而5月9日，在谈到关于台湾是否应参加世界卫生大会时，日本内阁官房长官菅义伟称“希望台湾能够以某种形式参加”，[⑦]以暧昧的言辞公开支持台湾加入只有主权国家才能参加的国际组织会议。虽然赤间不是负责外交、安全等敏感事务的政府官员，菅义伟在谈论台湾参加世卫大会时也刻意回避论及中国，但日本通过这些“擦边球”，谋求逐

---

① 《日本组252人庞大庆贺团参加蔡英文就职典礼》，来源：中国台湾网，腾讯网，2016年5月18日，https://news.qq.com/a/20160518/083489.htm。

② 「対台湾窓口機関が名称変更『日本台湾交流協会』に」、『日本経済新聞』2016年12月28日。

③ 《日本防卫研究所报告提“中华民国”，台媒关注》，2017年3月30日，环球网，http://taiwan.huanqiu.com/article/2017-03/10402436.html。

④ 《台湾亚协将改名“台湾日本关系协会”》，联合早报网，2017年3月6日，http://www.zaobao.com/realtime/china/story20170306-732564。

⑤ 《日本总务副大臣访台，断交后最高层级》，联合早报网，2017年3月25日，http://www.zaobao.com/realtime/china/story20170325-740101。

⑥ 参见「赤間二郎総務副大臣が訪台、公務では断交後初」、『産経新聞』2017年3月25日。

⑦ 「『台湾の参加望ましい』菅長官、WHO総会めぐり」、『朝日新聞』2017年5月9日。

步“突破”中日邦交正常化以来的传统做法，并以此来试探中国反应的意图不言而喻，也可以看出近年来日本政界亲台势力的嚣张程度。

这一时期，日本政界亲台势力还频繁以所谓的“共有价值观”来做文章。自第二次安倍内阁成立伊始，外相岸田文雄便公开表示台湾是“重要的伙伴”，“同样拥有民主、自由与和平的基本价值观”，这也是自1972年以来日本政府高官首次如此表态。①此后，“价值观”“重要伙伴”这类提法似乎成了安倍内阁对台表态时的惯用措辞。例如，针对2016年蔡英文当选台湾地区领导人，岸田在正式的“外务大臣谈话”中说，“台湾对我国而言是共享基本价值观、有着紧密的经济联系及人员往来的重要伙伴。”② 赤间访台引发争议后，安倍也公然宣称“台湾是共享价值观与利害的重要伙伴”，等等。③在冷战结束快30年的今天，日本政界的亲台势力却固执意识形态樊笼，挑唆海峡两岸的矛盾和对立，不得不说是明显的逆历史潮流而动。

可见，随着自民党重回政权，日本政治的加速右倾化，日本政界亲台势力也迅速实现了“回潮”。而中日结构化矛盾的凸显，又进一步刺激了日本右派的抬头，使得亲台势力气焰嚣张，有不断“突破”中日邦交正常化以来划定的日台交往“红线”的态势。

三、冷战后自民党派阀的消长与亲台势力的演变

由于自民党在日本政界的特殊地位，在研究日本政治时，不能不对其加以具体分析。事实上，在日本政治右倾化的大环境下，自民党本身

① 加濑英明：《日本与台湾》，崔立洁等译，台北：大都会文化，2014，第36页。

② 岸田文雄「台湾総統選挙の結果について（外務大臣談話）」、2016年1月16日、外務省ホームページ、http://www.mofa.go.jp/mofaj/press/danwa/page3_001538.html。

③《赤间访台引争议，日首相安倍：台湾是日本的重要伙伴》，环球网，2017年3月30日，http://taiwan.huanqiu.com/article/2017.03/10402410.html。

的右倾化已经十分严重，这一点可以通过对其内部几大派阀势力消长的考察来进行分析。

上文已经提到，在冷战时期继承岸信介一系的福田派是亲台势力较为集中的大派，而继承吉田茂“重经济、轻军备”路线的田中派、大平派则在对华问题上相对温和，并为中日邦交正常化做出了重要贡献。当然，从严格意义上来说，并不能把福田派等同于亲台派，也不能将田中派和大平派等同于亲华派。但从自民党内的政治谱系来看，大致上可以认为福田派的右派色彩较重，而田中派、大平派的自由派色彩更浓。[①]

而在日本政界，右派与鹰派与亲台，自由派与鸽派与亲华，这些表述之间又存在千丝万缕的联系，其词义在不少场合是重合的。为了便于分析，在这一部分中拟以自民党内最重要的田中、大平、福田三派以及其继承者为比较对象，略将右派的福田派作为亲台势力的代表，将自由派的田中派、大平派作为对华温和势力的代表，从冷战后三大派阀的力量消长来看自民党内亲台势力的演变轨迹。

在 20 世纪 80 年代，田中派演变为竹下（登）派，曾达到过 142 人的巨大规模，[②]是自民党内名副其实的第一大派，并长期左右日本政局。但到了 90 年代初，因内部权力之争，导致“亲小泽”与“反小泽”两派分裂，小泽一郎等人另组羽田（孜）派，而小渊惠三则成为该派会长，[③]其后改称“平成研究会”，沿用至今。小泽、小渊的分裂，首次削弱了作为第一大派的原田中派（见表 2-7）。

2000 年小渊惠三去世后，桥本龙太郎继任会长。虽然这时的桥本派在数量上维持了近百人的规模，仍是党内第一大派，但在 2001 年自民党总裁选举时，桥本却败给了主张打破派阀政治的小泉纯一郎。随后，桥

① 关于自民党内的自由派和右派，参见中北浩爾『自民党政治の変容』。

② 1986—2008 年自民党各派阀人数的统计资料，均引自草野厚『政権交代の法則—派閥の正体とその変遷』「付録 3：自民党派閥勢力変遷一覧」。

③ 薬師寺克行『現代日本政治史』、有斐閣、2014 年、49-51 頁。

本派被排除在自民党领导层中最重要的“党三役”之外,① 且仅有两人入阁。②在长达五年多的小泉时代，随着传统的派阀政治被压制，桥本派的影响力日益衰退，其成员数量也不断减少。到 2005 年津岛雄二接替会长时，该派仅剩下 68 人，少于当时的森（喜朗）派 78 人，已失去第一大派的地位。2009 年额贺福志郎继任会长，其成员数量仍处于下跌趋势。目前，额贺派有 52 人，在自民党派阀中位列第二,③ 且在政界缺乏强有力的政治家，其实力已大不如前。

表 2-7　1992 年 12 月的自民党派阀状况

单位：人

派阀	三塚	宫泽	渡边	小渊	羽田	河本	加藤	无派阀
议员（人）	74	73	68	66	43	29	13	14

资料来源：朝日新聞社編「朝日年鑑 1993」、朝日新聞社、1993 年、96 頁。

在三大派阀之中，“宏池会”曾是推动中日关系发展的积极力量之一。历史上其主要成员像池田勇人、大平正芳、铃木善幸、宫泽喜一、加藤纮一、河野洋平、谷垣祯一等，多为自由派色彩较重、对华温和的政治家。20 世纪 80 年代以来，从大平派到铃木（善幸）派，再到宫泽（喜一）派，其成员数量基本维持在 80 人左右，与右派色彩较重的福田一派势力相当。

但冷战结束后，随着日本政治右倾化趋势增强，自由派的“宏池会”也走向了衰落。1999 年因加藤纮一与河野洋平争夺派系主导权，引发该派的第一次分裂。其后，河野洋平等人另组新派，由加藤纮一继承“宏池会”。但到了 2000 年，该派又因反对首相森喜朗的“加藤之乱”而再

① 自民党的“党三役”即干事长、总务会长、政调会长。长期以来，“党三役”作为自民党的最高领导层，其地位和重要性仅次于总裁。2007 年福田康夫对自民党执行部进行了改革，将原先由干事长管辖的选举对策总局升格为“选举对策委员会”。此后，“党三役”加上选举对策委员长，又被称为“党四役”。

② 中北浩爾『自民党政治の変容』、208-211 頁。

③ 「自民党党内派閥別所属議員一覧」、2017 年 4 月 26 日、『政党と選挙』、http://home.a07.itscom.net/kazoo/seizi/jimin/habatsu_giinmei.htm。

次分裂为堀内（光雄）、小里（贞利）二派。从 2001 年参议院改选后的情况来看，三派成员数分别为小里派 15 人、堀内派 41 人、河野派 10 人。至此，“宏池会”经过两次较大的分裂，变成了三个中小型派阀。①而且必须指出的是，在“宏池会”分裂后，其多数成员倒向“反加藤”的堀内派，而自由派色彩最浓的加藤紘一、谷垣祯一等人成为少数派。另一方面，继承河野派的麻生（太郎）派也逐渐走向了保守、鹰派的路线。②

2008 年 5 月，为了更好地应对自民党总裁选举，麻生派之外的两派经过协商，再次合流为新的“宏池会”，由原先继承堀内派的古贺诚担任会长。如表 2-8 所示，在 2009 年政党轮替前，该派成员数量回升到 61 人，为自民党内的第三大派阀。但在合流四年多之后，于 2012 年再度分裂为岸田（文雄）派和谷垣（祯一）派。③目前，原先属于“宏池会”系统的议员数量分别为岸田派 43 人、麻生派 43 人、谷垣派 13 人。④从政治谱系来看，岸田、麻生两派已经逐渐右转，唯有谷垣派仍可以被视为自由派，但力量明显凋零了。可以说，“宏池会”的分裂及其内部自由派的式微，表明目前在自民党内已经失去了与右派相抗衡的力量。

表 2-8　2008 年 2 月的自民党派阀状况

单位：人

派阀	町村	古贺	谷垣	伊吹	津岛	山崎	高村	二阶	麻生	无派阀
议员（人）	85	46	15	28	69	40	15	16	18	55

资料来源：草野厚「政権交代の法則一派閥の正体とその変遷」、「付録 3：自民党派閥勢力変遷一覧」。

与自由派的衰弱形成鲜明对比的是，冷战结束后，右派色彩较强的原福田派则得到了较大的发展。该派正式名称为“清和研究会”，在福田

① 参见中北浩爾『自民党政治の変容』、200-207 頁。

② 参见中北浩爾『自民党政治の変容』、230-234 頁。

③ ウィキペディア「自由民主党の派閥」、https://ja wikipedia. org/wiki/自由民主党の派閥。

④「自民党党内派閥別所属議員一覧」、『政党と選挙』、2017 年 4 月 26 日、http://home. a07. itscom. net/kazoo/seizi/jimin/habatsu_giinmei. htm。

赳夫之后的历任会长有安倍晋太郎、三塚博、森喜朗、町村信孝、细田博之等。如上文所述，因其成员多为右翼鹰派人士，故而也是亲台派较为集中的派阀。在日本政治右倾化的大环境下，特别是2000年以后，该派不仅在人数上逐渐占据了自民党内的首位，而且强人辈出，其中森喜朗、小泉纯一郎、安倍晋三、福田康夫等人先后成为首相。尤其是在2012年自民党重回政权后，细田派的实力进一步上升，目前拥有98人的规模，几乎是第二大派额贺派的两倍。相关情况参见图2-1。

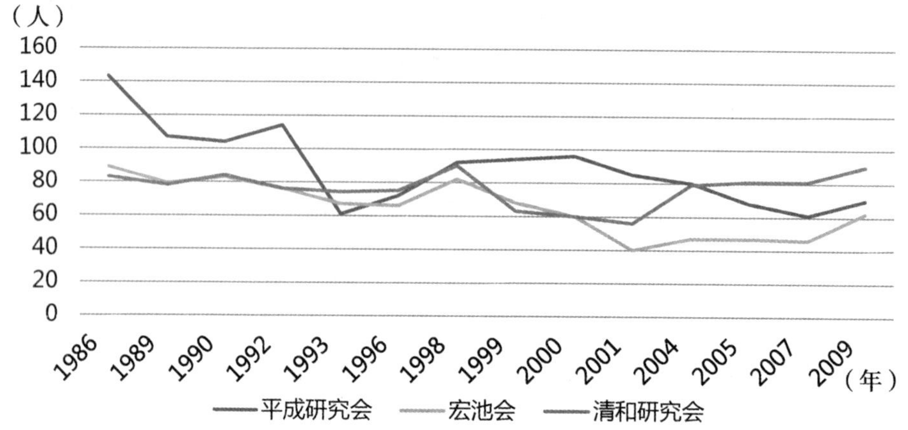

图2-1　20世纪80年代中期以来自民党三大派阀势力消长

资料来源：本图由笔者根据草野厚「政権交代の法則—派閥の正体とその変遷」「付録3：自民党派閥勢力変遷一覧」提供的数据整理而成。“平成研究会”1996年之前被称为“经世会”，1987年之前有“木曜会”“创政会”等名称，为了制作的方便，本图省去了各派复杂的名称变化。

可以看出，随着冷战后日本政治右倾化，自民党内主要派阀的实力对比也朝着明显有利于右派的方向发展。无论是曾经实力最强、对中日关系发展做出过很大贡献的“平成研究会”，还是最具自由派色彩、对华关系较好的“宏池会”，在经历冷战后的政界重组后实力已大不如前。尤其“宏池会”在经过两次较大分裂之后，其内部的多数派已经逐渐转向了右派，而自由派则沦为少数派。相比之下，亲台势力最为集中、右派色彩浓厚的“清和研究会”逐渐成为党内最强大的派阀，并长期主导日本的国家权力。[①]正如日本学者药师寺克行所言，“原本在自民党内，鹰派色彩较强的派阀和鸽派色彩较强的派阀处于抗衡状态。不管是何种色彩较强的政策都会在党的部会或总务会上进行激烈的论战，最终使其达到一定的平衡，形成能够反映双方主张的政策……但是近年来自民党内鹰派的声音过于强大，而具有鸽派意味的主张几乎消失了”。[②]可以说，自民党内派阀的这一显著变化，即自由派的凋零和右派的膨胀，在很大程度上也就决定了其亲台派力量的抬头，以及在对华问题上越来越强硬。

四、冷战后日本政界亲台势力的主要特点

在最后部分，本文试图归纳日本政界亲台势力的主要特点，以求对其进行更好的理解和把握。结合上述亲台势力的演变过程来看，其既有自冷战时期以来一以贯之的延续性，又有冷战后出现的新变化。

（一）鼓吹意识形态，从“反共”到“自由”“民主”

受东西方两大阵营对峙的国际格局影响，冷战时期，日本政界一部分人经常祭出“反共”大旗，来强调支持台湾的合理性。例如，岸信介曾在会见蒋介石时提议把台湾建设成“王道乐土”，向中国大陆显示自由主义的优越性。[③]

细数一下冷战时代的重量级亲台人物，无论是岸信介、贺屋兴宣、船田中、滩尾弘吉，还是中川一郎、藤尾正行、玉置和郎、石原慎太郎

① 关于冷战后自民党的派阀政治，参见中北浩爾『自民党政治の变容』；草野厚『政権交代の法則—派閥の正体とその変遷』；薬師寺克行『現代日本政治史』。

② 薬師寺克行『現代日本政治史』、281 頁。

③ 若宫启文：《和解与民族主义》，吴寄南译，上海译文出版社，2008，第 140 页。

等，无不惯用“反共”口号来推行自己的亲台政策。

冷战结束后，随着台湾地区政治改革的推进，特别是在台湾实现政党轮替之后，日本政界的亲台派又开始高举民主、自由、人权、法制等所谓“普世价值”的旗号。2007 年 5 月 17 日，以自民党内支持安倍晋三、麻生太郎等倡导的“价值观外交”的 43 名少壮派议员为中心，成立了名为“推进价值观外交议员之会”的政治集团，由众议员古屋奎司任会长，中川昭一担任顾问。①该会聚集了许多亲台派人物，与“日华恳”相似，其成员也主要来自当时的森、伊吹这两大派阀，如中川、古屋等人便是“日华恳”的主要骨干。而在 2012 年自民党夺回政权后，“价值观”“重要伙伴”这类提法更是成了安倍内阁对台表态时的惯用措辞。可见，在如今的日本政界，亲台派和鼓吹“价值观”的政治势力在很大程度上是重叠的。

从冷战时期鼓吹反对共产主义，到冷战后高举民主、自由等“普世价值”的幌子，在日本政界亲台派的主张与行为中，往往可以嗅到浓厚的意识形态气息。

（二）子承父业，“世袭”现象普遍

“世袭议员”现象在日本政界非常普遍，而在长期执政的自民党内尤为严重。以 2012 年 12 月选出的第四十六届众议院为例，在 480 名议员中，有 162 人属于“世袭”，占到众议员总人数的三成多。②在日本政界，亲台派议员中存在的“世袭”现象也十分突出。

前面提到曾任“日华议员恳谈会”干事长代理的中川昭一，其父便是曾任“青岚会”代表的中川一郎。在 20 世纪 80 年代初，中川一郎率领的“中川派”虽然规模不大，却是自民党内极具代表性的亲台派阀。

---

① 『朝日新聞』2007 年 5 月 18 日。

② 樊勇明：《日本的世袭政治与战争责任》，《新民晚报》2015 年 3 月 24 日，A12 版。

因而，2007年由中川昭一发起的“中川学习会”也被称为“第二青岚会”。[①] 曾任“日华恳”副会长、“亚东亲善协会”顾问的船田元，已是第三代世袭议员，其祖父船田中曾是自民党内亲台派的元老级人物。据说，船田元遵照其祖父的遗训，一次都没访问过北京。[②] 曾任“日华恳”会长代理的佐藤信二，是日本前首相佐藤荣作之子。而岸信介之孙岸信夫，目前是“促进日台经济文化交流青年议员之会”的会长，[③]也是右翼组织“创生日本”的主要成员。此外，“青岚会”骨干石原慎太郎、中山正晖、滨田幸一等人的后代石原伸晃、中山泰秀、滨田靖一等都是“日华恳”的成员，安倍晋三、麻生太郎等重量级人物也都是与“日华恳”相关联的二代甚至三代世袭议员。

可以说，战后至今半个多世纪，亲台派也已经接力了好几代人。在目前活跃于政治舞台上的亲台派议员中，许多人的长辈曾经也是风云一时的亲台派重要角色，这也是亲台势力在日本政界始终香火不断的原因所在。

（三）重视安保，“防卫族”议员集中

在日本政界，那些有着在防卫省（厅）或政党的政调会“国防部会”中长期任职经验、擅长安全保障与外交政策研究的议员，被称为

---

① 本澤二郎「台湾ロビー」(3)、2008年1月14日、『東京=「ジャーナリスト同盟」通信提供』、http://journalist-net.com/08/01/14/143315.php。

② 本泽二郎：《日本政界的“台湾帮”》，吴寄南译，上海译文出版社，2000，第125页。

③ “促进日台经济文化交流青年议员之会”，由自民党14名青年议员发起，成立于2006年4月26日，前首相岸信介的孙子、参议员岸信夫被选为会长。该组织十分重视日台关系的发展，成立伊始，便表达了对于诸如台湾高铁的开通、冲绳的与那国岛和台湾之间的交流、日台间航空路线的增设、日台地方都市交流的可能性、台湾对于钓鱼岛的舆论、在日台湾留学生减少等问题的关切。2014年2月，拥有70名自民党参众两院青年议员的该组织，抛出制定日本版的“与台湾关系法”，赤裸裸地为“台独”势力呐喊助威。蔡英文“执政”后，岸信夫领导该亲台组织，并以安倍首相胞弟和外务副大臣的身份，在日台之间扮演着极为重要的“联络人”角色，大显身手。

“防卫族”。在自民党内，不少亲台派议员就可以被视作“防卫族”。无论是亲台派元老，如船田中，还是第二代亲台派领袖，像山中贞则，以及曾任“日华恳”副会长的爱知和男、玉泽德一郎、卫藤征士郎等，都出任过防卫厅长官。2007 年防卫厅升格为“防卫省”之后，“日华恳”成员如小池百合子、滨田靖一等也先后成为防卫大臣。

新一代的亲台派议员，像“促进日台经济文化交流青年议员之会”会长岸信夫、事务局长秋元司，以及曾为民主党“日本、台湾安保经济研究会”干事长的长岛昭久，他们在尚属于当选次数较少的政坛新人时，便已进入了“防卫族”行列。从 2007 年 8 月至 2009 年 9 月，秋元、岸二人先后在安倍、福田、麻生三任内阁中被任命为防卫大臣政务官，而长岛则紧接其后，于 2009 年 9 月至 2010 年 9 月在民主党的鸠山、菅两任内阁中担任防卫大臣政务官，成为新生代亲台派中的“防卫族”。[①]

拥有众多“防卫族”议员的亲台派，其关注重点必然会集中在安保及外交事务上。冷战结束后，在“防卫族”议员的积极推动下，日本防卫政策已然发生巨大的转变。

（四）坐收渔利，脚踏两只船

虽然上面提到亲台派的意识形态问题，但在实际利益面前，又可以看到其实用主义的一面，亦即不少亲台派议员在两岸关系中采取了“脚踏两只船”的态度。例如在 2007 年 2 月 20 日，为了支援北京奥运会，由日本朝野成立了名为“支援北京奥运议员之会”的议员联盟，入会者达到 225 名。[②]而其成员如绵贯民辅、森喜朗、石原伸晃、卫藤征士郎、船田元、爱知和男、仙谷由人、秋元司等，都是较为著名的亲台派人士。

---

① 防衛省ホームページ、http://www.mod.go.jp/index.html。

② ウィキペディア「北京オリンピックを支援する議員の会」、https://ja.wikipedia.org/wiki/北京オリンピックを支援する議員の会。

正如参议员有村治子所说："一旦涉及中国与台湾问题，就如同早有规定一般，会被问及'你是亲华派，还是亲台派?'这类二必择一的问题。但是，我并不希望被贴上'亲台派'或'亲华派'的标签。"①众议员井上信治曾是自民党的青年局局长，同时是"日华恳"的重要成员，其在接受媒体采访时也说："在青年局长时代，因为顾虑台湾，所以（我）未曾去过中国大陆。但是，随着《海峡两岸经济合作框架协议》（ECFA）的缔结等两岸关系的逐步缓和，今后一定不能顽固地坚持'亲台派'、'亲华派'的观念区别。"②

随着冷战的结束，顽固坚持意识形态对立的政客必然越来越少，在当今日本政界，虽然不排除仍然存在顽固的亲台分子，但大部分人更是实用主义者，他们不会在海峡两岸之间作"一刀切"，这也是日本政界亲台势力的新特点。

五、结论

冷战结束后，日本政界也发生了巨大的变化，自民党内的亲台势力虽然一度出现了分裂，却没有因此而遭到削弱，反而借着纷繁的政局重组，先是渗透和扩散到朝野的各政党派别，其后又在日本政治右倾化的大环境下实现了重新整合，形成了遍布政坛的强大势力。

这一时期日本政界亲台势力之所以能够抬头，是多种因素合力作用下日本政治右倾化的结果。

第一，从日本国内的政党结构来看，无论是"1955年体制"的瓦

---

① 有村治子「台湾との『実務外交』」（連載その②日本のことを大事に想う隣人を、心して大事にしたい）、2005年2月16日、『自民党参議院議員ありむら治子ホームページ』、http://www.arimura.tv/report/vh_past/vinus20050216.html。

② 参见《井上信治议员的采访》，台湾新闻BLOG，2012年8月2日，http://blog.taiwannews.jp/?p=4917。

解，还是2009年民主党上台，重组时期的日本政界看似一片混沌，其实是在朝着右派势力越来越强、自由派势力日益式微、左派势力逐渐衰落的走势发展。经过几番变动，如小泉政权（2001—2006年）、第二次安倍政权（2012年至2020年9月），待到政局趋于稳定，最大的保守政党自民党依然身处权力中枢，甚至再度形成了“一党独大”的局面。而政界的左派势力却业已衰落，取而代之的是同样秉持保守政治理念的新进党、民主党（2016年改称民进党）、日本维新会等各类右派政党。

第二，自民党内派阀力量的消长，是一个不可忽视的视角。在自民党内部，原大平、田中、福田三大主流派别，在某种程度上可视为保守派中的“左、中、右”势力。经过这一时期的政界重组，保守左派——亦即自由派——严重削弱，中间保守派退居次席，保守右派却跃升第一。从世纪之交开始，最具右派色彩的“清和研究会”不仅人数占优，而且强人辈出，形成了执政长期化的态势，这也说明自民党本身的右倾化已经十分严重。

在这样的政治土壤中，脱离自民党而散布于朝野各党派的亲台势力，便如同播撒出去的种子一般，遍地生根发芽，充斥着大部分党派；而“回潮”于政界特别是自民党内的亲台派议员，则在“清和研究会”等右派日益坐大的有利格局下把持国政，权势炙手可热，气焰十分嚣张。

此外，这一时期中日力量对比发生转变，两国间的结构性矛盾逐步凸显。在2008年世界金融危机之后，中国的国际地位进一步上升，2010年GDP总量赶超日本而跃居世界第二，使中日关系变得更加微妙和复杂。而这一形势被日本右派势力利用，促成其整合坐大。中日竞争的加剧，一方面刺激了亲台强硬势力，为其修改宪法、发展军备、加强日台关系提供了口实；另一方面，在近乎一边倒的舆论压力下，亲华的温和派面临相当尴尬的境地，其与亲台派抗衡的能力遭到了削弱。

可以说，内外因素交织下日本政治的右倾化，构成了冷战后日本政界亲台势力发展演变的主要原因。在冷战时期，如果说由于自民党内长期存在自由派和右派的抗衡，其在对华问题上尚能形成一种介于温和与强硬之间的平衡，那么，在自由派失声、政治右倾化的大环境下，强化日台关系、“联台抗中”已经逐渐成为日本朝野心照不宣的一项共识。展望未来，在自民党俨然“一党独大”而右派的清和政策研究会又在自民党内“一派独大”的形势下，日本政治右倾化的程度或许还会继续加剧。同时，台湾岛内的政治生态也在变化，绿营长期执政下“台独”势力进一步膨胀。这一内外呼应的变化导向，使得日本政界的亲台势力今后将继续保持上扬的趋向，进而对中日关系的发展产生重要影响。

第四节
平成时代的中日关系：既往、现实与未来*

自1972年中日邦交正常化以来，两国关系主线几经变化：从20世纪70年代初期的复交努力到80年代蜜月般的友好往来，再到平成时代频发的矛盾纠葛与两国在政治、经济、人文交流等各领域、各方面都取得的显著成就，伴随发展的变化从未停息，两国关系在复杂的波折和极为严峻的考验中前行。尤其近年来，在国际局势急剧变化背景下，中国的快速崛起与日本谋求地区主导权的战略目标迎头相撞，历史认识问题、钓鱼岛及海洋冲突、台湾问题等矛盾斗争叠加在一起，中日结构性矛盾凸显，推动两国关系重回正常轨道成了21世纪第二个十年改善关系的目标。

到平成时代结束前，中日双方经过数年努力，终于迎来两国关系发展的新阶段。本次两国关系改善是两国领导人亲力亲为的结果，改善的路径也因此带有“自上而下”的突出特点。日本社会各界在改善关系方面仍存在不同程度的认识差距，而这些差距在两国外交实践中又具体表现为诸种“失衡”，亟待解决与克服。可以说，中日关系既有过“蜜月期”的热络，也有过“冰冻期”的酷寒。尤其是双方综合国力对比发生逆转后，日本社会中不愿正确看待中国发展的不良情绪上升，别有用心

---

* 作者高洪，中国社会科学院日本研究所研究员，中华日本学会会长；吴限，中国社会科学院日本研究所副研究员。本文在《中日关系的既往、现实与未来——纪念中日邦交正常化45周年》（发表于《日本学刊》2017年第5期）基础上修改而成。

的政治势力歪曲领土争端的基本事实，蓄意污名化中国，并人为设置政治障碍，使中日关系多次陷入困境。然而，尽管面临诸多阻力和困难，即使某些试图破坏中日关系的政治势力仍在暗中作祟，未来的中日关系还是要不停地向前发展。

一、困扰中日关系的“三大”结构性矛盾

平成时代的中日关系其原点起始于1972年签订的《中华人民共和国政府和日本国政府联合声明》（《中日联合声明》）。中日两国经过多年“以民促官”的努力，两国老一辈领导人运用政治智慧，经过艰苦细致的谈判，终于成功开启了复交的大门。

历史是螺旋式上升发展的。中日两国签订《中日联合声明》之后，又于1978年签署《中日和平友好条约》、1998年发表《中日关于建立致力于和平与发展的友好合作伙伴关系的联合宣言》和2008年签署《中日关于全面推进战略互惠关系的联合声明》等四个纲领性文件。这不仅是中日领导人代际上的里程碑，也鲜明地标示出中日关系发展的不同阶段，为两国关系的持续发展确立了共同遵循的政治原则，在今天仍具有强大的生命力和现实的指导意义。尤其是1972年发表的《中日联合声明》，直指困扰今天两国关系的三大问题——“历史认识问题”“台湾问题”以及复交谈判中以“搁置争议”的默契方式处理的“钓鱼岛问题”，既锚定了现代两国关系的历史原点，更是今天改善两国关系必须遵循的“精神原点”。①

① 2012年日本政府以“购岛”方式侵害我钓鱼岛主权，作为反制措施，中国开始了钓鱼岛常态化主权巡航。当时日方要求中国将东海维权行动退回到2006年的“原点”。对此，中国方面明确了现代两国关系的“原点”是邦交正常化的1972年，以及当年复交声明中确立的原则精神。——作者注

总体而言，从1972年秋实现邦交正常化到平成时代结束，双方大体经历了“实现邦交正常化—缔结带有反霸特色的和平友好条约—构筑致力于和平与发展的友好合作伙伴关系—争取实现战略互惠关系”的不同时期。以外交文书论，中日先后缔结了四个政治文件及“四点原则共识”作为睦邻外交与合作发展的约束和规范；① 从外交实践观察，中日在持续前行的过程中，政治、经济、海洋、军事安全等领域也多次发生过矛盾冲突和对立摩擦，但以日本对华政府开发援助（ODA）和急速发展的经贸合作势头为背景，两国关系还是经受住了国际形势和各自国内政局变化的考验，各领域的交流与合作都达到空前高度。② 但是，到了20世纪90年代中期以后，日本政治右倾化加剧，政治领域中开历史倒车的浊浪泛起并不断向整个社会扩散，尤其在台湾问题、历史问题、领土问题等方面的错误言行严重破坏了两国关系和国民感情，在两国老一辈领导人实现邦交正常化中运用政治智慧妥善解决的历史问题上出现了反复和倒退。

（一）至今横亘中日之间的历史认识问题

1995年，日本自民党历史研究委员会出版《大东亚战争的总结》，对日本的侵略历史进行全面、系统的翻案。1996年，桥本龙太郎以现任首相的公职身份参拜了靖国神社，打破了1985年中曾根康弘之后，日本“现任首相不再参拜靖国神社”的政治承诺。1998年，日本上映为甲级战犯东条英机翻案的电影《自尊——命运的瞬间》，公然为其鸣冤叫屈。进入21世纪后，日本总体保守化加快。2001年，“新历史教科书编撰会”编写了歪曲历史、美化侵略的教科书，并开始在部分学校使用。同年，

---

① 事实上四个政治文件中包含着法律条文与政治声明两类文书，而“四点原则共识”在“位阶”上与“政治文件”也有所不同。——作者注

② 1978年，中日签订了《中日和平友好条约》。1979年底，日本政府决定向中国提供日元贷款。从1980年到2000年，日本一共向中国提供了四次日元贷款。从1982年到1992年的十年间，两国贸易以平均10%的速度增长，日本成为中国第一大贸易伙伴。——作者注

小泉纯一郎上台后，更变本加厉地每年到靖国神社祭拜战争罪犯亡灵。日本右翼甚至公然叫嚣，“参拜靖国神社是大和民族历史文化传统，政治人物参拜与否是日本的内政，其他国家无权干涉”，“日本要有独立的立场，不能让中国牵着鼻子走”。[1]

2012 年安倍晋三第二次上台执政后，在历史认识问题上不仅不肯真诚反省道歉，反而在翌年 12 月参拜了靖国神社，给中日关系造成了新的冲击。2015 年夏季，随着日本战败日临近，安倍政府在准备“安倍谈话”时，抱定了“只表示反省却不再道歉”的错误思路，日方不断试探中韩“日本最起码讲到哪一点，你们才能认可和接受？才能忘掉过去的历史？”这样的询问，让战争受害国民众对日本执政者的“反省”感到十分不解。人们不禁要反问日本：你为什么不能跳出这个“最起码”，像德国那样以深刻的反省、真诚的谢罪，从而获得彻底的原谅与和解呢？2015 年 8 月 14 日，安倍晋三发表了在重大原则问题上闪烁其词的“安倍谈话”，一方面完全背离了“村山谈话”精神，另一方面公然暗示日本今后不再向战争受害国“道歉”。结果致使历史认识问题仍旧横亘在日本和包括中国在内的战争受害国之间，日本自身也因未能以切实行动取信于亚洲邻国而付出更多的国际政治成本。

时至今日，日本首相参拜靖国神社与日本还要不要反省道歉，依然是影响中日关系发展的两个标志性问题。关于前者，中国人民永远无法接受日本首相以公职身份参拜靖国神社。毕竟，那里供奉着双手沾满中国人民鲜血的各级战争罪犯，这些人或者曾在中国多次屠城虐杀平民百姓，或者违反战争法展开施放毒气的化学战，或者用战俘甚至抓来的无辜平民做活体解剖实验，这些丧尽天良的刽子手是永远不会得到战争受害国宽恕的人类公敌。所谓首相参拜是“文化传统”“信仰自由”或

---

① 参见武寅：《中日关系的历史分期与转折》，来源：中国世界史研究网，中国社会科学院网站，2014 年 5 月 14 日，http://cass.cssn.cn/xueshuchengguo/guojiyanjiuxuebu/201405/t20140514_1161472.html，访问日期：2017 年 8 月 30 日。

“国民意志”的说辞，也完全站不住脚。①

至于对侵略战争的反省和道歉，表面上看“已经向中国方面做过多次道歉”，但由于首相参拜靖国神社，以及右翼政治势力驱使右派政治家不断发出歪曲历史事实的狂言和妄语，日方出于外交需要所做的反省与道歉就只能“归零”。更何况日本政府极力回避以正式文件形式向战争受害国道歉。② 为了剖析日本不肯谢罪的深层原因，2015 年《新民晚报》邀请蒋立峰、吴寄南、胡令远、苏智良、沈丁立等一批日本问题和国际问题研究专家，在该报国际版以《日本为什么难谢罪》为题集中撰写了 30 多篇文章，并在当年 8 月结集成书。③

各类研究清楚地表明，围绕侵略战争，中日两大民族之间真正意义的“民族和解”，即草根层面的宽恕、谅解还远未形成。倘若安倍首相真的为日本民族着想，真的希望对华关系转暖，就应当在这一类问题上谨言慎行。

（二）事关一个中国原则立场的台湾问题

1972 年实现的中日关系正常化，是中国领导人出于高度的战略谋划和政治判断，捐弃前嫌，以宽广的胸怀与日本达成的和解。其中关于邦交正常化后如何处理台湾问题双方也形成了重要原则立场。

1972 年 4 月 13 日，中日友好协会与到访北京的日本民社党代表团发

---

① 关于靖国神社对侵略战争炮灰的片面祭祀并不符合传统神道的理念和祭祀习俗，日本宗教文化研究权威梅原猛曾在《世界》杂志上发表《参拜靖国神社脱离日本传统》一文，对首相参拜靖国神社的不合理性做了宗教学和民俗学的解释。

② 2000 年 10 月 14 日下午，正在日本访问的朱镕基总理来到东京广播公司演播室，与日本民众对话。当一位 51 岁的广岛观众提问说：“我对日本在战争中的残酷行为深感内疚。但中国总是要求日本道歉，这种道歉到什么时候才能结束？”朱镕基总理回答：“我想提醒一点，在日本所有正式文件里面，从来没有向中国人民道歉。1995 年，当时的村山首相曾笼统地向亚洲人民表示过歉意。因此，不能说中国没完没了地要求日本道歉。道歉不道歉是你们自己的事情。但是我们希望日本方面考虑这个问题。”——作者注

③ 参见王卫新、胡令远主编《日本谢罪为什么这样难》，华东师范大学出版社，2015。

表了联合声明，提出了实现中日邦交正常化的三原则：（1）中华人民共和国政府是代表中国的唯一合法政府；（2）台湾是中国领土不可分割的一部分并已归还给中国；（3）日台条约是非法的、无效的，必须废除。①

中日两国将这三条原则作为中日邦交正常化的必要先决条件，说明中方自复交努力之始便把坚持一个中国基本立场作为核心和前提条件，始终着眼于祖国的统一和台湾问题的解决。这一原则精神在此后的一系列中日政治文件中得到贯彻。②

然而，冷战结束后，中日关系中的台湾问题日益复杂，到了安倍两次执政期间，日本支持“台独”的政治势力蠢蠢欲动，尤其是蔡英文上台执政后，日台关系有发生实质性提升的趋向。2016年底，日本在台湾的“公益财团法人交流协会”在其脸书及官方网站同步宣布，将从2017年1月1日起更名为“公益财团法人日本台湾交流协会”，并表示，今后将继续“扮演日台间之桥梁，尽心竭力使日台关系更上层楼”。中国外交部发言人立即做出回应：中方在台湾问题上的立场是一贯和明确的。我们坚决反对任何制造“两个中国”“一中一台”的企图，对日方在台湾问题上采取消极举措表示强烈不满。中方敦促日方恪守《中日联合声明》确定的原则和迄今向中方所做的承诺，坚持一个中国原则，妥善处理涉台问题，不要向台湾当局和国际社会发出错误信息，不要给中日关系制造新的干扰。③

这种情况也同样引起中国学者的警惕，有学者撰文明确提出，“中日

① 参见田桓主编《战后中日关系史年表：1945—1993》，中国社会科学出版社，1994，第336页。

② 按照林晓光的分析，“这是一种从政治外交出发、在战略的高度上考虑和处理国际问题的思维方式和行为模式。而采取‘双方都同意’的方式，实际上就是要求日方像中方那样避免纠缠于烦琐的法律文书，通过最高决策层的政治决断排除国内政治的干扰，尽快实现中日邦交正常化”。参见林晓光：《中日邦交正常化的回顾与思考——以两国总理会谈为中心》，引自“爱思想”网站，http://www.aisixiang.com/data/85090.html，访问日期：2017年8月30日。

③ 参见《日本对台窗口更名意欲何为？外交部发言人一语揭穿日本险恶用心》，http://mini.eastday.com/a/161229163128324.html，访问日期：2017年8月30日。

关系要顺利发展，就必须恪守《中日联合声明》等四个政治文件的原则和精神”，包含“日方继续遵守日本在《中日联合声明》中表明的关于台湾问题的立场，重申中国只有一个”内容的第三个政治文件《中日关于建立致力于和平与发展的友好合作伙伴关系的联合宣言》，警告安倍政府不要在台湾问题上倒退触碰中国底线。① 可见，时至今日，我们仍有必要不断提醒日本恪守中日四个政治文件原则精神，防止其在台湾问题上开倒车。

（三）复交谈判中的钓鱼岛主权争端问题

平成时代的中日关系，最大的障碍来自两国围绕钓鱼岛及其附属岛屿主权归属所产生的分歧和争端。钓鱼岛问题既是历史遗留问题，也是贯穿整个平成时代的现实又棘手的问题。掀起钓鱼岛争端的罪魁祸首是日本右翼势力，日本政府也在其中扮演了推手的角色。2012 年 4 月，日本极右政客、东京都知事石原慎太郎抛出东京都政府“购买钓鱼岛”图谋，并高调发起募捐活动。7 月，日本政府表明所谓“国有化”计划，野田内阁正式加入“购岛”闹剧。岛争问题由此迅速升温并持续激化，两国一度走向军事对抗。受钓鱼岛问题影响，两国关系自此降入冰点，很长时间无法转圜。

其实，无论基于历史证据链还是法理，钓鱼岛自古以来就是中国的固有领土，中国对其拥有无可争辩的主权。20 世纪 70 年代，中日在实现邦交正常化和缔结和平友好条约时，两国老一辈领导人着眼两国关系大局，就将“钓鱼岛问题放一放，留待以后解决”达成谅解和共识。但这绝不意味着中国在复交努力过程中放弃过维护领土主权及海洋权益的努力，很多史实清楚地证明，不仅中国方面始终坚持钓鱼岛是自己的领土，

① 参见吕耀东：《冷战后中日关系中台湾问题的嬗变及影响》，《日本学刊》2017 年第 4 期。

日本方面的进步团体也支持中国对钓鱼岛及其附属岛屿的主权声索。

1972年3月8日，日本外务省就“尖阁列岛”（中国钓鱼岛及其附属岛屿，下同，不另注）的领土主权问题发表见解，仍称中国钓鱼岛等岛屿为日本“领土”的一部分。3月10日，中国驻联合国代表安致远在联合国海底委员会上强调，钓鱼岛等岛屿是中国领土。① 1972年7月7日，日本田中角荣内阁成立，田中首相当天表示，要努力实现日中邦交正常化。就在同一天，日中友协中央本部发表《关于“尖阁列岛”（钓鱼岛）问题的见解》，并发表详细资料说明“尖阁列岛”是中国的领土。②

作为历史见证者的张香山在回忆中也确认，虽然在《中日联合声明》中没有明确约定钓鱼岛问题，但周恩来总理和首相田中角荣在交谈时有涉及钓鱼岛问题，只不过出于迫切需要解决两国关系正常化的考量，总理建议包括钓鱼岛在内的其他一些问题等到时间推移后再来谈。而田中实际上也是认同了中方关于“搁置”钓鱼岛问题的主张。③ 英国国家档案馆解密的1982年9月20日英日两国首脑会谈的谈话记录同样显示，时任日本首相的铃木善幸在会见赴日访问的撒切尔夫人时称，日中双方就钓鱼岛归属问题达成谅解和共识，同意“维持现状”。④

然而，诚如中方发表的《钓鱼岛是中国的固有领土》所言：“近年来，日本不断对钓鱼岛采取单方面举措，特别是对钓鱼岛实施所谓‘国有化’，严重侵犯中国主权，背离中日两国老一辈领导人达成的谅解和共识。”⑤ 表现之一就是日本外务省片面删除篡改了日本方面关于复交会谈的外交记录。针对日方的片面解释，作为事件亲历者的前驻日大使徐敦信就指出：“1972年9月27日，田中首相向周总理提及钓鱼岛问题的会

① 参见田桓主编《战后中日关系史年表：1945—1993》，中国社会科学出版社，1994，第334页。

② 田桓主编《战后中日关系史年表：1945—1993》，中国社会科学出版社，1994，第338页。

③ 参见张香山：《通往中日邦交正常化之路》，《日本学刊》1997年第5期。

④ 「尖閣『現状維持の合意』」、『琉球新報』2014年12月31日号；岡田充「棚上げ以外に途はない鈴木首相発言と日中首脳会談』、『海峡両岸論』No. 49、2015年1月21日。

⑤ 中华人民共和国国务院新闻办公室：《钓鱼岛是中国的固有领土》，人民出版社，2012。

谈记录并不长，白纸黑字，应该是留给后人的重要历史依据。中日双方各自记录的开头部分基本一致，不可思议的是日本方记录的后半部分竟不翼而飞，断章取义不仅于事无补，而且毫不诚信可言。”① 在日本国内，也有学者注意到了日方对于当时谈判记录的篡改，横滨市立大学名誉教授矢吹晋就将矛头直指时任日本外务省中国科科长的桥本恕，认为桥本正是篡改历史档案的黑手。②

为了维护中日关系大局，中国方面的专家学者对钓鱼岛主权争端做出深入、详尽的客观研究，基于大量历史事实和国际法理依据，反复证明了钓鱼岛归属中国，同时也解读并驳斥了日本官方关于钓鱼岛的错误主张。③

二、现实状态中的两国国力对比在持续变化

诗人巩丕钧说：“历史是凝固的现实，现实是流动的历史。”④ 我们今天回首中日复交49年走过的道路，很多活生生的人物、事件都成了回忆录、教科书以及影视记录中二维的历史片段，但“现实”既可以是浩然长卷中的“一帧”，也可以是位于既往与未来之间的历史长河中的“一段”。毋宁说，给国家关系的“现实”的时长做量化赋值，其标准主要取决于观察尺度的大小。

为了扭转中日关系因日本政治领域的错误认识与错误行为造成的扭

① 转引自《历史真相是新年最好的贺礼》，中国网，2015年1月1日特约文稿，http://view.k618.cn/mtgd/201501/t20150101_5799157.htm，访问日期：2017年8月30日。

② 参见大平正芳記念財団『去華就実 聞き書き大平正芳』（「橋本恕の2000年4月4日 清水幹夫への証言」）、2000年。

③ 参见刘江永：《钓鱼岛列岛归属考：事实与法理》，人民出版社，2016，第466–560页。

④ 参见阿红编《迷你哲理诗》，安徽文艺出版社，1988，第51页。这首言简意赅却又深刻透辟的“迷你哲理诗”，经王毅外长在对日交涉中多次引用，成为提醒日本不可忘却或割断历史的外交名句。

曲局面，中国领导人亲力亲为，主动开展对日工作。2014 年 11 月，中日双方就处理和改善两国关系达成“四点原则共识”，习近平主席应约会见了安倍晋三首相。此后，两国领导人先后在雅加达、杭州、汉堡举行会见，努力使两国关系从前几年的困难局面向正常轨道回归。2015 年出版的《日本蓝皮书》为今天的中日关系做了一个形象的表述：目前，中日关系正处于一种“战略错肩”的非常时期，从这种特定的历史大周期看，“今天的中日关系的调整不可能一蹴而就，需要用十几年、几十年的时间同步完成战略的磨合、利益的调整以及大众心理的调适”。而且，这种“战略错肩”的总体趋势是从过去的“日强中弱”向历史的常态回归。① 2015 年 5 月 23 日，习近平主席在北京出席中日友好交流大会并发表重要讲话，指出中日友好的根基在民间，中日关系前途掌握在两国人民手里，只要中日两国人民真诚友好、以德为邻，就一定能实现世代友好。②

在中方的引导和推动下，中日关系出现了改善的新迹象，从事日本研究与中日关系研究的专家学者对此各抒己见。“乐观派”希望顺势而为，加快推进中日关系早日回归正常轨道；“谨慎派”则强调安倍领导的自民党本质没有变化，日本政府对华战略并没有发生转变，不过是出于某种现实目的做一点政策性、手段意义的调整而已。③ 显然，这两种观点是从中日关系的不同视角，以及根据安倍政权的对华两面性做出的不同判断。

诚然，中日关系在稳步相向而行的同时，还存在着敏感、脆弱的一面，阻挡中日友好的负能量也显而易见。日本通过修改和平宪法构筑遏制中国的“美日澳印军事大联盟”、按照美国意图部署中程导弹、暗中为

---

① 参见李薇主编《日本蓝皮书：日本研究报告（2015）》，社会科学文献出版社，2015，第 23 页。

② 参见《习近平出席中日友好交流大会并发表重要讲话》，来源：新华网，人民网，2015 年 5 月 23 日，http://world.people.com.cn/n/2015/0525/c1002-27049116.html，访问日期：2017 年 8 月 30 日。

③ 参见赵全胜、杜进、朱志群等：《中日关系的困境与机遇：海外华人学者的新思考》，《日本研究》2017 年第 2 期。

“台独”势力推波助澜、借助香港乱局攻击中国等，肯定不属于和平友好行为。由此，哪些政治行为是在推动中日关系发展，哪些政治行为是在破坏双方关系改善，已经不言自明。各种改善关系名目下的外交动作——真诚、老实的态度与当面一套、背后一套的两手策略，在道义上也判若云泥。

对此，中国政府不断告诫日本方面，两国关系走到今天，利益从未像今天这样广泛而深入融合，发展也从未像今天这样直接而紧密相连，中日双方都要重信守诺，在重大原则问题上不含糊、不倒退，在积极开展第三方市场合作的同时，超越单纯的物质利益，从历史文化的渊源中挖掘精神认同，从新时代的交往互动中增加共同认知，最终使两国民众心灵相通，相互理解包容。

总之，这一时期中日关系出现的新变化，是因为过去几年无论是中日关系本身还是作为宏大背景的中美关系、日美关系乃至全世界都发生了许多从量变到质变的变化。中国克服经济下行压力，在政治外交、经济社会、科技、金融，乃至“一带一路”合作等诸多领域成功取得了创新发展。尤其是在航天工业、海洋钻探、量子通信、移动互联网，以及全产业链经济结构、包含民间企业在内的高科技研发投入等，中国正在快速跨越式地超过日本。而日本的发展速度，无论是增幅还是绝对值都比不上中国，外交上安倍政府为孤立与围堵中国的“价值观外交”“俯瞰地球仪外交”都很不成功，丑化、遏制中国的种种做法也未能收到预期效果。同时，看到美国的相对衰落，以及中美力量对比的持续变化，日本越发强化其战略自主性和在中美之间实施平衡、博弈策略。21 世纪的第二个十年是中国从追赶日本到“并肩竞争”，再到越过日本、开始追赶美国的“错肩期”。在这样的背景下，尽管日本并不希望看到中国对自己的超越，但今后逐步接受中国成功发展这一客观现实，并随之逐步增强对华两面性中的合作的一面，已经是一种历史的必然。

三、未来关系取决于政治互信与民族和解

社会历史的发展不以人的意志为转移，无论是生命个体还是国家行为体都不能摆脱时代的制约。置身时代洪流与国际风云变幻中的中日两国，唯有正确看待过去的历史，从中吸取经验教训，同时稳妥处理好现实中存在的问题，才有可能赢得光明的未来。就此而言，未来关系取决于能否解决好“民族和解”与“政治互信”这两个互为因果的重大问题。

（一）唯有民族和解才能跨越过去不幸的历史

伫立于时代的潮头，回望中日邦交正常化的风雨历程，人们感念当年两国领导人正确决策，东亚两大民族化干戈为玉帛，亦感慨推动这一进程的民间交往的巨大力量。“国之交在于民相亲”。中日要赢得光明的未来，就要实现真正意义的民族和解。中日两国为什么需要民族、民众意义上的真正和解？这是由中日关系的复杂的结构性矛盾所决定的，不仅需要两国领导人积累互信，还需民众层面的和解，以民促官，才能争取早日跨越过去不幸的历史。中日两国为什么需要民族、民众意义上的真正和解？说到底是因为和解符合两国民众长远和根本的利益。“和解”的英译，“reconciliation”和“settlement”均带有法律契约性因素，而中日关系的根本转圜，需要在政府间四个政治文件的基础之上，真正建立民间层面的彻底和解。

“中日两大民族的历史和解”，与一个个具体的人有关，与一个个人的心灵有关。为了让整个东亚社会通过真相与和解，重建理性与互信，让真正有良知的、向善的人通过真相获得解脱，就不要只要求受害方忘

却。单纯的遗忘并不是真正的宽恕。遗忘只是忽略，而宽恕则是一种有意识的决定，宽恕需要基于历史真相的还原，受害方与加害方共同面对历史，才能对抗狭隘的民族主义情绪和旧的冷战思维下零和博弈的对抗情绪。实现民族和解是一个宏大的政治命题，也是当今日本重大的政治和良心工程，如果安倍政府真想带领日本越过“战后”这道坎，就需要明白：正视历史是东亚和解的必经之路，以真诚合作的务实态度同中国交往才能处理好双边关系。

（二）为增加政治互信展开新的对话交流

尽管复交后的中日关系经过近半个世纪发展，至平成时代，双方的合作与交流达到史上空前的广度和深度，但中日关系的脆弱性近年来尽显，双方政治互信缺失，普通民众相互好感度走低，两国政治关系持续低冷，并有向其他领域蔓延之势。因此，当务之急是重建政治互信。为此中日应该相向而行，抱持共同发展的信念，开展新的对话交流。

2017 年 8 月，中国社会科学院日本研究所在北京人民大会堂承办了年度中国社会科学论坛“纪念中日邦交正常化 45 周年国际学术研讨会”。中日友好协会会长唐家璇、日本众议院前议长河野洋平等与会分别做了重要发言。

唐家璇在讲话中提出了双方推动中日关系朝着正确方向改善发展的努力重点：

> 第一，树立正确认识，增进政治互信。双方可以抓住今明两年重要契机，加强对中日关系的顶层设计和高层引领，保持政府、政党和会议交流，开展外交当局、防务安全领域对话，及时就双边关系中的重大问题、各自内外政策和发展走向进行深入对话与沟通，化解彼此疑虑，防止战略误判，通过实实在

在的努力，让彼此走得更近，而不是渐行渐远。

第二，着眼大局长远，管控矛盾分歧。中日关系既有历史纠葛，又牵涉现实分歧。历史和台湾问题是事关中日关系政治基础的重大原则问题，2017 年是日本发动全面侵华战争和南京大屠杀 80 周年的敏感年份，希望日方恪守中日四个政治文件精神和迄今承诺，慎重妥善处理历史和台湾问题。当前东海和钓鱼岛存在不容忽视的潜在风险和挑战，容易引发不测事态。双方应切实遵循四点原则共识有关精神，做好危机管控，共同维护东海和平稳定。南海形势目前已趋稳降温，日方应顺应南海形势出现的积极变化，为地区的和平稳定多发挥建设性作用。

第三，深化经贸合作，谋求互利共赢。双方应积极推动“中日韩自由贸易协定”“区域全面经济伙伴关系协定”（RCEP）谈判进程，推动区域一体化。“一带一路”是中日开展合作的新平台和“试验田”。亚洲合作离不开中日两国的参与。只有中日携手，亚洲合作才能走得更远，走得更顺。

第四，加强友好交流，增进国民感情。这些年中日国民感情下滑较为突出，需要引起高度重视。双方应发扬中日民间友好传统，为增进相互了解和友好感情多做实事，聚沙成塔，积水成渊，有效拉近两国民众特别是青少年的心理距离。①

作为著名知华友华政治家，河野洋平在基调报告中重申了坚持一个中国立场，正确认识过去历史，希望健康稳定地发展与中国关系的一贯主张。他回顾了中日邦交正常化的历程，感念 45 年前中日领导人为推动两国关系向好发展所做出的巨大努力和克服的重重阻碍，呼吁两国民众“不忘初心”，继承和发扬当年两国领导人推动中日友好的信念与决心，

① 《纪念中日邦交正常化 45 周年国际学术研讨会在京举办》，新华网，2017 年 8 月 28 日，http://www.xinhuanet.com/world/2017-08/28/c_129690773.htm。

共同为改善当前中日关系做出贡献。①

（三）开创中日关系的光明前景

2019年5月1日，平成时代结束，令和时代开启，中日两国关系驶入新的历史发展时期。随后的2020—2022年是中日关系大事叠加的敏感时间段，尤其是2020年骤然出现的新冠肺炎疫情深刻考验着中日两国关系。

本次新冠肺炎疫情暴发以来，日本政府和民间释放出对华善意，并将其付诸外交行动，这是有目共睹的事实。其中既有近年中日关系稳步改善的因素，也有东亚邻国间发扬人道主义精神，本着“山川异域，风月同天”的积极态度，更与必须共同面对“战疫”的“人类命运共同体”理念密不可分。

一方面，日本向中国提供了多种形式、数量较大的援助，得到了中国政府和人民积极评价与真诚感谢；另一方面，随着日本疫情日益严重，中国也开始向日本回赠支援，检测试剂和救灾防护物资等开始源源不断地送达日本。疫情灾难客观上起到了为健康的中日关系赋能的正面效果，验证了中日两国“守望相助”“共克时艰”的正确抉择，有效地促进了两国民意改善，有助于提升中日两国关系的发展水平。但经历了共同抗“疫”的中日关系也将面对很多新的情况与问题，如加快推动两国公共卫生事业与医疗研发领域的合作，以及日方担心过度依赖中国经济而产生“负面效应”等问题。

今后双方能否持续稳步地相向而行，能否为指导、约束和规范新时代的中日关系制定出继往开来的新政治文件，自然是人们高度关注的重要议题。面对百年未有之大变局，中日应当同舟共济，努力创造美好世

---

① 参见《中国社会科学报》2017年8月28日。

界；应当深化互利合作关系，共同维护正常的国际秩序；应当担负起新时代的历史责任，求同存异，妥善解决争端问题；应当坚持多元共生的文明观，以东方智慧积极寻求精神融合。

未来的中日关系相向而行已经是大势所趋，以与时俱进的态度正确认识中国乃至世界新变化，构建契合新时代要求的两国关系才是唯一正确的选择，这事关两国人民福祉与国家前途，人们期待着两国逐步积累政治互信，相互秉持真诚友好感情，深化平等相待、互利互惠、共同发展精神，最终使国家关系趋向稳定成熟，跨越坎坷、迈向坦途。

从平成时代曲折历史中走来的中日关系，道阻且长，两国的仁人志士需有“道虽迩，不行不至；事虽小，不为不成”（《荀子·修身》）的精神，坚定信心，不畏艰难，持之以恒地努力推动中日关系开创光明的未来。

第五节 平成时代日本区域主义战略与亚洲合作进程*

“区域主义”亦称地区主义（regionalism），是指处于某地理范围的多个国家为了域内的繁荣与和平等共同目标而推动相互间协调、合作与整合的志向与观念、理论与实践。它往往伴有域内国家在共同志向基础上形成一系列区域规则和制度、通过共同行动实现一体化的现象，既可体现在政治安全、经济社会等方面，也可是综合性的。① 因而，日本的区域主义战略即指，推进日本版区域主义构想的各种努力与举措，并以区域整体层次的协调与合作等安排来实现国家利益的路径与方法。需要指出的是，本文所用“区域主义战略”的概念大于“区域合作战略”，与“区域战略”大部分重合，但两者相比具有如下三点相异：（1）至少在名义或自称上，前者是一种在推动区域联合或部分整合中实现国家利益的战略，而后者往往不是；（2）前者不重点处理区域战略中常见的国别行为尤其大国博弈或行为体双边互动等；（3）前者以本地区（亚洲）为地缘对象，后者涵盖与日本所属地理区域之外区域的联系，如

---

* 作者吴怀中，中国社会科学院日本研究所研究员，中华日本学会常务理事。本文在《冷战后日本区域主义战略与亚洲合作战略——兼论区域共同体构建中的日本位相与趋向》（发表于《日本学刊》2020 年第 3 期）基础上修改而成。

① 《政治学辞典》，《团结》2010 年第 5 期。

日欧合作等。①

日本区域主义战略服务于日本国家战略，是其对外战略极其重要的有机组成部分和关键因素。日本的国家身份及战略目标，在各个历史阶段有不同的内容和侧重点，日本区域主义战略目标也随着国家身份及战略目标的调整而变动，存在着从二战后逐步演进并丰富成型的过程。②总体看，日本区域主义战略在政策志向上，从被动接受并利用地区秩序来有所作为，转变为主动塑造格局和秩序来维护及实现国家利益；在内容上，从偏重经济合作扩展到政治、经济和安全，内涵逐步丰富化和均衡化，即从经济区域主义到政治与安全区域主义；③ 二战后的很长一段时期，日本的国家大战略事实上就是"吉田主义"，其重视的国家利益排序是繁荣（经济）、安全、价值。日本区域主义战略也呈现出以经济为重和贸易先行、政治和军事安全随后跟进的特征。在地理范围上，由小到大逐渐扩大并跨域实现广域覆盖；在手段上，由重视经济贸易工具发展到重视外交和安全举措；在战略重心上，逐步由"向西倾斜式"即"美国太平洋式"向东方亚洲（东亚）、亚太和印太取得一定扩大和平衡；同时，在重要的相关大国关系及重要行为体的处理上，对美国从采取"绝对首要"到"相对首要"，对中国从采取"相对重视"到"绝对重视"，以及对其他行为体逐步兼顾考虑等。

① 中国知网（CNKI）数据显示，以"日本"+"区域（地区）主义"为主题词检索，所得相关论文仅有五篇左右，其中关联度较高并属于21世纪的主要成果为：唐永亮和白如纯《新东亚主义：探索、挫折与出路》（《东北亚学刊》2014年第6期）、贺平《新型跨区域主义的重要一环：日本—欧盟EPA/FTA初探》（《日本学刊》2014年第2期）、王少普《日本的新区域主义及中国的外交选择》（《社会科学》2005年第6期）。以"日本"+"区域（地区）主义战略"检索，所得结果为0篇。以"日本"+"区域合作"（或+"经济贸易"、+"东亚"、+"亚太"）进行检索，所得论文众多但与本研究主题存在相当差异。可见，从历史演变、战略总体等视域研究本主题的论文并不多见。

② 山影进「日本の地域構想と中国の台頭」、大庭三枝編著『東アジアのかたち—秩序形成と統合をめぐる日米中ASEANの交差—』、千倉書房、2016年、205-239頁。

③ 二战后的很长一段时期，日本的国家大战略事实上就是"吉田主义"，其重视的国家利益排序是繁荣（经济）、安全、价值。日本区域主义战略也呈现出以经济为重和贸易先行、政治和军事安全随后跟进的特征。

平成时代，亚洲国家塑造本地区体系的能力与意愿大幅提高，并极大地影响世界体系的特征，亚洲区域主义与共同体构建的时代逐步到来是不争的事实。①其中，日本周期性地操弄区域主义，在合作倡议及制度构建等方面做出了或参与或发挥核心作用的一系列举措，不乏促推相关构想却又导致其半途而废的事例。日本区域主义战略的范畴、架构、重心和指向频繁变动调整，与世界其他主要国家相比，这一特性非常罕见和明显。②例如，日本大约每五年周期性地推动多种区域政策设计与路径的更替。③鉴于此，本文尝试提出和讨论如下核心问题：平成时代即大致从冷战后至今，日本区域主义战略的演进历程为何、有何特征，又受到哪些因素即变量的影响？这些变量通过何种因果机制影响区域主义战略构建和演变过程？根据这种历史梳理提炼的变量间因果规律与分析框架来推导当今或将要发生的现象与趋向，或可提供一些政策启示，这对亚洲共同体构建以及中国相应的国际战略及对外倡议有何影响？具体而言，即在中国倡导亚洲命运共同体和全球伙伴关系理念的今天，日本的认同和中日协调是其不可或缺的实施条件，日本区域主义战略显示的特征和趋向，是否含有契合推进新时代共同体建设的新要素和动力？

---

① 区域共同体是区域主义发展到顶点的一种实现形式。参见伊藤憲一「日本外交と東アジア共同体構想」、『外交』2010 年 9 月号、60 頁。

② 例如，美国二战后重视的三大战略地区一直是欧洲、中东和东亚，当今俄罗斯相对看重的是属于苏联势力范围的东欧和中亚等板块，中国则一贯重视与周边和亚非拉国家的关系。

③ 从冷战结束前后开始，日本一直在推进某种地缘概念及区域主义战略路径的操作和调整。这种调整在政治、经济、安全等领域的体现、重点和指向各不相同，大致算来在五年左右的节点上基本都有重大动向：1993 年第一届亚太经合组织领导人非正式会议所代表的“亚太经合”及多边主义、1997—1998 年亚洲金融危机前后的“10+3”版东亚合作、2002 年小泉版“东亚共同体”即“10+6”版“扩大的东亚”合作、2007 年前后安倍内阁“扩大的亚洲”设想（“两洋交汇”“自由与繁荣之弧”等）、2012 年安倍第二次执政后日本版“亚太再平衡战略”、2016—2018 年出台的“印太战略（构想）”等。

一、平成时代日本区域主义战略的历史轨迹

平成时代，区域主义已经成为一种有影响力的亚洲政治概念范式，对包括日本在内的地区国家的国际政治理解与实践产生了深远的影响。日本区域主义战略的指向与发展，从冷战结束前后到2017年前后，经历了经济中心、政经合流、政略优先的三个导向各异的演化阶段，在框架、范畴、指向等方面呈现每隔五年左右就进行重大调整的动向，且各个阶段有不同的主打内容和侧重点。这种周期性的变化，充分反映了其战略的特征和规律。①

（一）经济中心、合作导向的区域主义战略

冷战结束及两极格局崩塌，区域主义在全球化浪潮中得以复兴并再次受到重视，包括日本在内的地区行为体积极参与区域多边机制建设与经济合作。20世纪90年代中前期，日本积极参与亚太地区多边机制建设（如亚太经合组织），90年代后期尤其是亚洲金融危机之后，日本偏好东亚合作并对“东盟+中日韩”（“10+3”）的区域机制进展发挥了作用。而且，不管是亚太经合组织、东盟地区论坛（ARF）还是“10+3”机制，日本对它们的姿态和路径总体上都是以合作、包容及多边协调为导向。

① 笔者数年前与日本学者大庭三枝就日本区域主义政策进行过探讨，在2012年撰写《日本的亚太战略》一文时对日本区域战略进行过简要的分析梳理，与大庭近年的论文（「現代日本外交の30年」、『国際政治学』2019年3月号）在部分观点和结论上有异曲同工之处。

1. 亚太经合、多边志向与日本（冷战后至20世纪90年代中前期）

冷战结束前后，国际秩序变动的主要特征之一就是区域论坛和多边机制的扩散。20世纪90年代初，政治军事对立阵营消失，美国成为全球唯一超级大国；经济活动与资本流通到达全球，让亚太经贸往来首次连为一体，政经一体的互联互通和亚太统一市场基本实现；并且，美国对亚太合作表现出积极姿态，也着力推动亚太多边倡议。①亚太地区更大范围的新多边倡议的发展具备了条件，真正意义上的亚太区域主义开始出现，这也是日本此前从未参加过硬性区域机制却就此开始推动区域合作战略构思的大背景。

这个阶段日本的区域主义战略，是积极支持新兴亚太多边机制的发展，构建自己的影响力，其努力的战略重点有两个，即亚太经合组织和东盟地区论坛。第一，在经济贸易领域，最明显的特征是积极参与亚太经合组织而回避东亚合作，利用亚太经合组织覆盖亚太全域的特点来维护地区开放的自贸体系——这一体系被日本认为是其经济发展和繁荣的大环境和前提条件。第二，在政治安全领域，日本尽管很谨慎，但也采取了一些措施来发挥引领作用，积极赞同并参与推动东盟地区论坛的成立。一般认为，这与1991年的“中山倡议”、1993年的“宫泽谈话”等有关。②尽管日本肯定不是东盟地区论坛成立背后的唯一力量，但日本的倡议为亚洲新兴的安全多边主义提供了重要支持。1994年7月，作为亚洲第一个专门为解决安全问题而设立的机构，东盟地区论坛举行了首次会议，这是地区安全保障史上的划时代事件。这一时期，日本对亚太区域多边主义兴趣日增。1994年日本首相细川护熙委托朝日啤酒公司董事

① 美国政府大力支持成立亚太经合组织部长级会议，该会议于1989年11月在堪培拉开幕。1993年11月，亚太经合组织第一次首脑会议在西雅图举行。

② 菊池努『亚太经合组织アジア太平洋新秩序の模索』、日本国際問題研究所、1995年、259-277頁。

长樋口广太郎组织“防卫问题恳谈会”进行了一项研究，以考察日本国防政策的未来，该恳谈会提出的“樋口报告”敦促日本采取“多边安全战略”，包括更加重视亚太区域安全对话等。①

实际上，从20世纪70年代后期到80年代，日本就在亚太经济合作和一体化方面发挥过很大作用，并先后提出过“环太平洋合作构想”“太平洋经济合作理事会”（PECC）等倡议。② 80年代中期以后，日本在亚洲的贸易和投资一直大幅扩张。到90年代初，日本制造业企业在亚洲的投资已超过北美。1991年，日本与亚洲邻国的贸易超过了对美贸易，并保持了与该地区大多数国家的巨额贸易顺差，1995年这种顺差达到600亿美元的峰值。然而，由于种种限制和顾虑（主要是对美关系），日本并没有主动地进一步尝试推进亚洲或亚太区域主义的发展。以1989年亚太经合组织的成立为契机，“亚太”的框架开始成为潮流，而冷战的结束也促使日本开始显著地参与亚太地区多边主义。其时，日美贸易摩擦日益增多，日本对日美双边关系的信心受到老布什政府和克林顿政府时期日益激烈的日美双边贸易争端的影响而动摇。到20世纪90年代中期前后，北美一体化进展迅速。1993年美国国会批准《北美自由贸易协定》（NAFTA），这一进程在日本引发了担忧的声音，担心北美将成为类似欧盟的贸易保护主义集团。如果这些地区合作架构成为带有保护主义色彩的排他性贸易集团，那对靠全球自由贸易赢得发展和繁荣的日本来说可谓大祸临头。对日本来说，亚太经合组织可成为对抗日益高涨的保护主义浪潮的重要力量，亚太以市场为基础的开放区域主义可作为通向自由多边的全球经济秩序的垫脚石，因而颇具吸引力。③

---

① 田中明彦『安全保障—戦後50年の模索—』、読売新聞社、1997年、326-328頁。这一报告在当时引起了美国对日美同盟的忧虑和对日本动向的警惕，即开始担心日本战略思维的明显转变。不过，也不应夸大日本此时向亚洲倾斜的趋势，因为没有多少主流声音呼吁对日本外交政策进行任何彻底的改变，也没有多少可信的行动来支持这一改变。日本尽管对亚洲或东亚的兴趣日益浓厚，但拒绝该地区的任何“排美性”概念，坚持要求亚太经合组织必须包括北美成员。

② 菊池努『APECアジア太平洋新秩序の模索』、143-156頁。

③ 田中明彦『アジアの中の日本』、NTT出版、2007年、100-110頁。

为了牵制和防止潜在可能的全球贸易保护主义趋势，并确保亚太地区自贸经济体系，日本积极构思和推动亚太经济发展和地区合作架构。这是一种典型的经济区域主义志向，日本精英层的头脑由是开始真正浮现亚太时代到来的愿景。一般而言，亚太经合组织的成立，除了澳大利亚（最初是澳大利亚的倡议），日本在创建亚太经合组织机制中也发挥了核心作用，尤其通商产业省和经济企划厅被认为在背后起到了重要的促进作用。①

2.“10+3”版东亚合作的发展与日本（20 世纪 90 年代后期）

从 1997 年亚洲金融危机起，亚太区域主义的发展势头开始偏向部分排除美国和太平洋地区的“东亚”一边。日本朝东亚合作的方向靠拢和迈进，并对东亚区域主义的进展做出了贡献。这也成为日本“首次将之前敏感的东亚作为独自区域来认识”进而参与东亚经济合作的“新的一大转机”。②此期直到 20 世纪 90 年代末期，是日本的区域合作战略或曰区域主义外交的重心向东亚大幅倾斜时期。日本渴望在塑造亚洲经济合作机制方面发挥更大领导作用，并认为在东亚这个舞台或地缘场域能占据对华优势地位——实际上，截至 2003 年，日本连续 12 年成为中国最大贸易伙伴。当时，日本在东亚寻求更大领导作用的野心令人惊讶。亚洲金融危机期间，日本通过双边机制和国际货币基金组织（IMF）向该地区提供了约 800 亿美元的巨额援助。当时世人的感受是，“日本的力量实在太大，在可预见的未来，地球北半部分建立一个自给自足的区域世界的任何发展都将受到日本巨人的摆布”。③

与此形成鲜明对照的是，之前由于顾及美国猜忌，日本对自 1990 年

---

① 渡部昭夫『アジア・太平洋の国際関係と日本』、東京大学出版会、1992 年、148-150 頁。

② 渡部昭夫『アジア太平洋連帯構想』、NTT 出版、2005 年、147-149 頁。

③ Peter J. Katzenstein, “Regionalism and Asia,” *New Political Economy* 5, no. 3 (November 2000): 360.

以来马来西亚总理马哈蒂尔提出的“东亚经济集团”（EAEG）、“东亚经济合作构想”（EAEC）始终持消极或回避态度。①实际上，“东亚”这一地区概念相对较新，马哈蒂尔提出东亚经济集团构想前，整个东亚都没有强有力的区域主义概念框架。当时，推进东亚一体化、将东北亚和东南亚加以整合的构想还没有足够牢固地确立，无法获得形成更大框架范围的区域机制所必需的共识。

到1997年亚洲金融危机爆发时，地区各国一直努力确保在危机时期获得正式的流动性支持。受这种“多米诺骨牌效应”的带动，日本在认识上有了较大改变，在金融领域提出了规模达1000亿美元的“亚洲货币基金”（AMF）构想，并发起“新宫泽构想”——这成为后来“清迈倡议”的基础，以帮助亚洲地区经济体应对未来的货币危机。② 同时，1997年“10+3”、1999年中日韩领导人会议得以启动，日本的提议或支持也是这种区域主义发展的主要因素。当时，该区域各国间加强联系可以部分归因于成功建立了“10+3”这一东亚合作平台，这是一个值得关注的阶段性构想。依靠金融和经济安排的成功，“10+3”机制迅速成为东亚地区一种非正式但有效的经济区域主义形式，在某些日本精英眼中，它成为实现整体战略的最佳区域主义手段，可解决经济和安全问题，产生区域认同，从而实现东亚共同体所承诺的区域主义愿景。③

日本态度的变化，在当时引发了是否有可能催生诸如东亚自贸协定之类的区域机制的猜想。如下两个动向似乎也从侧面佐证了这一点。第一，日美关系的一时龃龉。1998年，克林顿总统绕过东京直访北京，此举加剧了日本对被忽视和被抛弃的潜在恐惧，并且，两国政府还在应对亚洲经济危机的有效方式上发生严重分歧，华盛顿对东京向亚洲提供巨

---

① 伊藤憲一・田中明彦監修『東アジア共同体と日本の針路』、NHK出版、2005年、36-39頁。

② 進藤栄一『東アジア共同体をどうつくるか』、ちくま新書、2007年、40-42頁。

③ 添谷芳秀・田所昌幸編第『日本の東アジア構想』、慶應義塾大学出版会、2004年、149-163頁。

额援助无动于衷，反而严厉批评其未能通过吸收该地区的出口来帮助亚洲。当时有评论认为，亚洲金融危机期间，日美关系跌至战后最糟糕水平。美方甚至警告称，由于日本政府将更多精力放在加强与邻国的关系上，美日同盟将难以管理和维持。①第二，日本对亚洲多边主义的热情似乎多有消退。到20世纪90年代中期，与其说日本是亚太多边主义的领导者，不如说是亚太多边主义的障碍：日本拒绝批准将农业等受到高度保护的行业纳入亚太经合组织自由化议程，对东盟地区论坛的承诺也因认为其进程缓慢和过于关注东南亚安全问题而减弱。②

在20世纪90年代中后期，日本因其国内生产总值（GDP）仍遥遥领先中国、日美同盟经过“再定义”而趋于稳固，所以仍有足够的自信以“10+3”框架推动东亚合作构想。不过，这个时期日本已开始在战略和安全领域对华抱有戒心和疑虑，对朝鲜半岛核安全形势抱有不安。③这为其后日本开始重新评估对华关系及东亚区域主义的合理性和利益性埋下了伏笔，冷战后新的地缘政治变量对日本区域战略决策开始发挥效力。实际上，短短几年后，日本对东亚的未来及日本在其中的作用所持的乐观态度明显减弱，其“东亚雄心”开始消散。

（二）政经合流、政略④上扬的区域主义战略

由于上述一些因素，特别是进入21世纪后亚太经合组织僵化停滞以及中国发力崛起，日本小泉纯一郎政府对“10+3”版东亚合作的雄心明

---

① 榊原英資『日本と世界が震えた日』、中央公論新社、2000年、185-186頁。

② 1998年版日本《外交蓝皮书》虽然继续赞美两个地区性机构的重要性，但政策说明的重点已明显转向东亚。

③ 20世纪90年代中期，东北亚发生了从朝鲜半岛到台海的一系列安全危机。其后，日本开始重新评估其安全政策，1995年版《防卫计划大纲》、“周边事态法”、《日美安保联合宣言》因而相继问世。

④ 政略是指基于地缘政治的战略筹谋，与单纯的经济合作志向形成了一种对比关系。——作者注

显下降，转而将扩大的东亚以及基于此的东亚共同体构想作为区域主义战略的核心。新保守主义者小泉的继承人安倍晋三第一次执政后，进一步在其战略中增加了针对中国的成分及地缘政治目的，将扩大的东亚合作提升为扩大的亚洲构思。很明显，这个时期日本的主流区域主义战略显示出政略上升、政经一体的倾向。

1.“扩大的东亚合作”——“小泉版”东亚共同体构想

东亚经历 20 世纪末的金融危机后，域内合作开始兴起和加速。同时，世界贸易组织（WTO）的多边谈判迟迟未见效果，亚太经合组织同样陷于有名无实的尴尬境地。小泉上台执政之际，日本受到中国大力推动东亚合作的影响，例如，2001 年中国与东盟展开自贸谈判，对日本的区域主义指向造成了莫大冲击。日本的自信也大不如前，泡沫经济崩溃后的几年里，其疲弱的宏观经济表现和金融业的严重危机甚至一改昔日亚洲政经格局——外界对日本在构建亚洲地区秩序方面力量过大的担忧，转变为对其在处理自身经济和金融混乱方面力量过弱的指责。

基于此，日本开始真正把扩大的东亚与日本经济视为一个密切相关的整体。2002 年初，小泉首相出访东盟五国时提出建立“东亚共同体”（EAC）设想。2003 年底，日本—东盟特别首脑会议发表《东京宣言》，亦提议构筑东亚共同体。① 大约从那时起，日本把以世界贸易组织为中心的全球主义和以亚太经合组织为主的亚太主义进行了方向转换，即切换到重视推动日本版“东亚共同体”并与中国展开东亚合作主导权的竞争。② 此后大约十年，日本一直在推动和落实与东盟的自由贸易协定（FTA），并以提倡“10+6”版东亚合作来防止中国在“10+3”框架内形成主导优势。2005 年，首届东亚峰会以“10+6”形式举行，日本被认为“如愿以偿”。然而，事实却是，“东亚峰会显得很奇怪，既不能代替

① 影進編『東アジア地域主義と日本外交』、日本国際問題研究所、2003 年、4-7 頁。
② 谷口誠『東アジア共同体』、岩波新書、2004 年、「はしがき」、1-12 頁。

‘10+3’的功能，也不能单独拥有明显不同的机制”。[①]此期前后，日本国内掀起了议论东亚共同体构建的热潮，政、官、财、学各界都发布了相关政策咨询报告，却没有形成广泛共识，小泉政府也被认为没能为此构建出系统的政策。[②]这个时期，日本推动“扩大的东亚”构想举措的具体案例还有，2006年提议“东亚全面经济伙伴关系”（CEPEA）构想，以进一步推进“10+6”的区域一体化。同时，小泉政府竭力抵制或消极对待中国支持的“10+3”形式的地区一体化即“东亚自贸区构想”（EAFTA）。到2011年，中日被认为达成相互妥协，停止“内耗”，共同支持东盟提议的“区域全面经济伙伴关系协定”（RCEP）。从形式上看，“10+3”和“10+6”的模式由此被整合为区域全面经济伙伴关系协定。区域全面经济伙伴关系协定的谈判于2012年得以启动，但进展殊为不易，且亚太地缘政治形势发生巨变，日本在21世纪第二个十年期的地区合作兴趣点及政治资源实际逐渐转向了“跨太平洋伙伴关系协定”（TPP）谈判。[③]

其间，出于对中国长期意图及未来走向的疑虑，小泉政府重新评估其新生的亚洲战略及强化与东亚关系的承诺，并通过“小泉—布什”蜜月关系重新强调日美同盟纽带。从此阶段起，日本对东亚的未来及日本在其中的作用所持的乐观态度明显消失，日本区域主义战略也因此开始带有地缘政治考量成分：意识到“中国对手”的存在，掺入针对特定竞争对手的政治色彩。尽管这在当时还不十分明显，但在之后的安倍“两洋交汇”论中得到了延续和放大表露。

---

① Deepak Nair, “Regionalism in the Asia Pacific/East Asia: A Frustrated Regionalism?” *Contemporary Southeast Asia* 31, no. 1(April 2009).

② 参见吴怀中：《日本“东亚共同体”战略解析》，《日本学刊》2006年第3期；田中明彦『アジアの中の日本』、308頁。

③ 大约从此期前后（2012年）开始，跨太平洋伙伴关系协定与区域全面经济伙伴关系协定这两个巨型区域项目之间展开了竞争，但日本的兴趣明显在于前者。

2. “扩大的亚洲”构想——“自由与繁荣之弧”与“两洋交汇”

2006年安倍第一次上台执政后，其本人及麻生外务大臣分别提出了“两洋交汇”与“自由与繁荣之弧”构想。两种构想的地缘构思出发点，主要是包括但不限于在更广阔的亚洲地缘框架内进行广域合作并制衡中国。安倍执政不到一年便匆匆卸任，2007年接任的福田康夫首相则对这一设想并不认同，且其因价值观与地缘政治色彩过于明显而得不到两洋的美、澳、印诸国与弧形地带国家的响应，① 上述构想及倡议基本“人走政息”，半途而废。此间值得注意的是：第一，安倍政府提出的“两洋交汇”等“扩大的亚洲”概念，在政策思路上已显示其后“印太战略”的雏形；第二，民主党鸠山由纪夫政府2009年前后提出了“东亚共同体论”，虽然该论持续时间短暂、难以成为政策主流，但也说明有少部分日本政治精英即“亲亚国际派”势力在这个时期对于高调改变日本此前的区域主义战略方向与路径持有异议或反对态度。②

也即从此时开始，日本的区域主义与地区合作构想带有明显的地缘政治与综合国际战略导向，并用“价值观外交”即意识形态工具，从地缘战略角度设计含有特定政治色彩与目的的地区合作构想。尽管从理论上说，中日间不应存在“守成国”与“新兴国”的体系竞争，但因二战后甚至近代以来日本在东亚占有的先进产业及优越经济地位，其带有守

---

① 2009年，日本民主党胜选后由鸠山由纪夫组阁，鸠山试图阐明建立一个新的亚洲地区经济合作机制即东亚共同体的愿景。鸠山急于在一个经济充满活力的地区推动日本的发展，以图阻止日本的相对衰落。但是，鸠山的理念基本没有付诸实施，虽有一定的思想代表性——代表了一股“亲亚国际派”对主流的亲美国际派与亲美保守派的反击与抗争，但缺乏实际政策意义。其构思的“10+3”版东亚合作，相对于“10+6”版在日本政坛已是少数派意见。同时，由于鸠山的“脱美入亚”外交政策过于敏感而受到美国压制，加上2010年中日关系恶化，其理念在国际和国内都没有得到应有的响应。某种意义上，在这个阶段，安倍的“两洋交汇”即“扩大的亚洲”构想与鸠山的“东亚共同体”理念，都因“超前”于时代而没有得到结果。两者的倾向有“左右”之分，安倍的“向右超前”作为政策主流脉络于十年后被修成了“印太”战略。

② 安倍曾提出日美澳印“民主四国”联盟，但其他三国反应平淡、不愿接盘，无意联手组织对华包围圈。

成大国视角的身份站位或认为本身就是美国制度霸权组成部分的意识，使其对发生的地区权力转移反应非常敏感，试图维持相对收益并延缓区域经济主导权衰落的趋势。因而在2010年中日GDP对比发生逆转的前后若干年内，两国间发生了类似新兴大国与守成大国的结构性冲突。日本区域主义战略实际上已超出单纯的区域合作志向而变频扩展为一种地缘综合战略，政治与安全因素由是逐渐演变为日本对外战略的必要“戏码”。从此，日本区域主义战略摆脱了对外政策即对外经济合作政策、单纯或只能以对外经贸为工具来构思对外战略的战后传统模式，开始正面构思并构建由“竞争性地缘经济战略+抗衡性地缘政治战略”组成的政策模型。

（三）政略优先、秩序拼争的区域主义战略

由于美国对外战略调整以及中国进一步发展崛起、中日GDP逆转，日本在配合美国“亚太再平衡”战略并推动日本版“再平衡”实施以及主打日本版“印太战略”的进程中，大幅强化针对中国的指向和秩序之争要素，即便在跨太平洋伙伴关系协定、亚非发展及基础设施建设等经贸领域，日本也赋之以鲜明的竞争、抗衡与排他筹谋。其区域主义战略蜕变进化为以地缘政治学与地缘经济学为导向的现实主义权力志向的综合政略。

1. 日本版“亚太再平衡”战略（21世纪第二个十年开始）

进入21世纪第二个十年，日本区域合作战略的指向再次向“亚太”倾斜。但此“亚太”非其推动亚太经合组织时所持的亚太概念，而是积极追随配合美国“亚太再平衡”战略、针对中国又排挤中国的划圈意识的一种地缘战略概念。其发生背景如下：（1）客观上，亚洲区域主义及地区合作的潮流再度向“亚太”深化拓展。2010年，“10+8”版东盟国防部长扩

大会议（ADMM+）启动。2011 年，美俄加入“10+8”版东亚峰会。(2) 2009 年奥巴马上台后，美国重视亚太区域及多边机制，从安全与经济两个方面积极推动“重返亚太”及“亚太再平衡”战略，并于 2010 年加入推进跨太平洋伙伴关系协定谈判。(3) 对日本而言，东亚平台无论怎么扩大，也难以装下其多重区域战略构想，特别是 2010 年后，其日益感到在逼仄的“10+3”舞台已难以应对“大块头中国”的崛起。搭车美国、“重返”亚太，可以实现政治、安全和经济的多重目标——其中很大一部分是围绕中国展开的，即政治竞争、安全防范、经济挤压，总体上是一种接触加防范但不断加大防遏的构想。

这个阶段（2012—2016 年），日本版“亚太再平衡”区域战略紧随美国，分为安全和经济两个主打方向。在安全领域，为配合美国重返亚太，日本强化日美同盟、打造日美军事一体化及全球化体系，于 2013 年及 2015 年分别修订《防卫计划大纲》及《日美防卫合作指针》，于 2014 年部分解禁“集体自卫权”，同时军事介入南海及两洋一线，倡议亚洲“民主安全菱形”等。在经贸领域，则是“一实一虚”两招。日本加入并积极推动跨太平洋伙伴关系协定谈判，是实锤举措，从跨太平洋伙伴关系协定到“全面与进步跨太平洋伙伴关系协定”（CPTPP），日本全力攻关并“成功”两次。但据各种测算，实际上无论是跨太平洋伙伴关系协定还是“全面与进步跨太平洋伙伴关系协定”，对日本经济的拉动效果比较有限。① 而同时参与区域全面经济伙伴关系协定谈判及中日韩自贸协定，则多为虚招。“日本对跨太平洋伙伴关系协定”的谈判投入巨大精力和资源，是因为将跨太平洋伙伴关系协定视为“亚太再平衡”战略的中心平台和重要试金石，旨在防止一个由中国主导的广域贸易秩序，阻止

---

① 内閣官房 TPP 等政府対策本部「日 EU・EPA 等の経済効果分析（概要）」、https://www.mofa.go.jp/mofaj/files/000355375.pdf。

亚洲区域主义的发展向中国利益倾斜，从而在经济源头上应对中国的崛起，[①]并且，这与跨太平洋伙伴关系协定背后的日美同盟三重地缘利益高度契合：维护和扩大美国在亚洲事务及区域主义中的影响力、支持奥巴马政府的“亚太再平衡”战略、领导制定区域经贸规则以及亚太自贸区（FTAAP）标准。

2. 安倍政府“印太战略”（2016—2017年）[②]

日本的“印太战略”是在其“随美型”亚太战略构思部分破产后，在中美“一进一退”、中国被认为通过“一带一路”等举措主导亚太及印太秩序构建的现实刺激下，由传统地缘政治思维发酵而催生的一种区域战略。这也显示出，对日本而言，重要的地缘政治经济范畴已超出亚洲扩展至印度洋与非洲。该战略一开始具有很强的政治排他、安全对抗与经济竞争的色彩，更多地属于一种排他性的“搞小圈子对抗”和地缘政治筹谋，主要目的即是以日美澳印联合牵制中国。[③]

日本“印太战略”的形成有一个逐步演进和明确化的过程，基本成型与初步推动始于安倍政府正式宣示“自由开放的印太战略”。2016年8月，安倍在第六届“东京非洲发展国际会议”上正式提出“自由开放的印太战略”，标志着该战略作为日本的一项新外交战略正式出笼并初步成型。[④]该战略在初始期着重强调自由与民主主义、法治、市场经济的三大要点，但实际可归结为两大核心目标——秩序维护与经济竞争，这就内

① Michael Auslin, “Getting It Right: Japan and Trans-Pacific Partnership,” *Asia-Pacific Review* 19, no. 1 (May 2012).

② 此为狭义划分，印太“构想”作为区别于“战略”的新阶段动向之一，将在本节第三部分加以论述。

③ 《王毅：再挑起冷战已不合时宜　再搞小圈子对抗更没有市场》，新华网，2018年3月8日，http://www.xinhuanet.com/politics/2018lh/2018-03/08/c_137024207.htm，访问日期：2020年2月3日。

④ Shinzo Abe, “Address at the Opening Session of the Sixth Tokyo International Conference on African Development,” TICAD Ⅵ, Saturday, August 27, 2016, Nairobi, Kenya, http://www.mofa.go.jp/afr/af2/page4e_000496.html，访问日期：2020年1月19日。

含了排挤中国的逻辑。[①]其一，秩序维护主要是指保持自由与民主主义的价值基准与宏观政治秩序、基于国际法治和规则的海洋秩序（包括所谓的航行自由、海洋安全等）。实际上，“印太”概念的兴起本身就与中国的崛起有关。日本担心，通过“一带一路”“亚投行”及亚洲安全观等积极进取的对外战略，中国可能会根本颠覆亚洲的全盘秩序。[②]广义上，日本自 2017 年初开始主导跨太平洋伙伴关系协定谈判并最终使得全面与进步跨太平洋伙伴关系协定在 2018 年 3 月签署，也可视为其抢占区域规则与秩序制高点、争夺广域经济秩序主导权的举措。[③]其二，在经济竞争方面，日本的目标是针对中国“一带一路”倡议展开对冲，扩大日企参与的基础设施建设、贸易和投资份额，确保日本利益，具体抓手则是推进以亚洲为重点的高质量基础设施合作伙伴关系、日印主导的“亚非增长走廊”计划以及日美澳印之间的共同开发与投融资合作等。[④]实现以上核心目标的主要抓手和工具，则是作为指导性联盟的日美澳印四边合作架构即“四边机制”（QUAD）。[⑤]

从 2017 年后期到 2018 年，因美国对外战略不确定性显增、中日关系开始大幅改善回暖、四边机制与东盟的“印太”立场与政策各不相同等因素，安倍政府的“印太战略”开始部分调整，强调开放与自由、经济合作与发展协调等公益性和公共产品性，并不得不摸索与中日关系发展不相冲突的“印太构想”——“日美同盟+日中协调”的相对均衡局面。[⑥] 因此，日本的“印太”政策设计以 2018 年前后为界，大致可分为

① 大庭三枝「現代日本外交の30 年」、『国際政治学』2019 年 3 月号、110 頁。

② 大庭三枝「現代日本外交の30 年」、『国際政治学』2019 年 3 月号、109 頁。

③ 田中明彦「自由で開かれたインド太平洋戦略の射程」、『外交』2018 年 1・2 合併号、39 頁。

④ 高质量基础设施投资计划，强调投资的开放性、透明性、经济可行性、受益国财政健全性等标准。

⑤ 孟晓旭：《日本“印太构想”及其秩序构建》，《日本学刊》2019 年第 6 期，第 43 页。

⑥ 卢昊：《日本外交与“印太构想”——基于国际公共产品角度的评析》，《日本学刊》2019 年第 6 期，第 20 页。

“战略”与“构想”两个演化阶段。

二、研究启示：历史特征、演变规律与分析拓展

通过对日本区域主义战略演变的历史梳理，可发现其在范畴、内容、取向、实施等方面存在诸多鲜明特点。在此基础上，对促使战略转变的因素进行评估，可提炼出重要的自变量因素的宏观作用力与规范性影响。对这些变量因素的操作化，或能清晰揭示变量造成的逻辑链与因果关系，从而为拓展研究新时代（2018 年以后）日本区域主义战略的现状与趋向提供一种分析框架。

（一）日本区域主义战略的特点

日本区域主义战略的总体特点是：国家战略志向作为“底色”不断推动战略的框架、范畴、内容与姿态呈现扩大、丰富、走高的轨迹，身份站位与意识形态（价值因素）作为影响因素从内部调节或塑造战略的属性与配置，美国因素及日美同盟状态、中国因素及中日国力对比程度作为自变量从根本上规范着战略的架构与走向。

第一，总体上，在平成时代的绝大部分时期，除了冷战结束后的一段特殊时期，① 日本区域主义战略的地理范畴与经营内容越铺越大，框架与机制不断提级扩容。其呈现的演进轨迹反映在“东亚”“扩大的东亚”“扩大的亚洲”“亚太（升级版）”以及“印太”等多种构想版本的连续递进过程中。这些框架与机制在发展的过程中，围绕日本的区域愿景以

① 在东亚，20 世纪 90 年代初盛行一时的“亚太”概念，在亚洲金融危机后被“东亚”这一狭小地区概念取代。其后，随着东亚峰会的召开，“亚太”概念得到了“修正使用”而不是简单重现。

及国际形势认知的调整而出现。可以看到，每隔五年左右，日本地区主义的概念和范围都有一个较大变化。这些变化是在不到 30 年的时间里发展起来的，是日本区域主义经验的五个主要标志，与其他国家对比，日本的这种频繁调整是一种并不自然的战略动向。从成因上看至少有两点值得关注：第一是主动原因，反映了日本对外战略志向越来越宽泛宏大的趋势，例如“亚太再平衡战略”和“印太战略”，应该就是安倍再次执政后欲以“俯瞰地球仪外交”视野在全球发挥日本作用的志向的体现；第二是被动原因，反映国际形势和地区环境变化对日本造成的巨大压力所导致的应对型调整。例如，2003 年，即日本从中国的第一大贸易伙伴位置跌落下来的时期前后开始，其区域战略构想的地域及框架以“扩大的东亚”为肇始日渐扩大；2010 年中日 GDP 对比发生逆转后，日本的区域主义战略扩容趋向则更加明显。这些调整的部分目的是增加“分母”，动员更多力量稀释或制衡中国崛起带来的压力。又如，安倍政府“印太战略”至少部分反映了世界政治重心由于印度崛起、非洲发展的新局面而从太平洋逐渐转向印太两洋的现实。

第二，日本的区域主义战略构想，有一个性质和内涵日益丰富、立体和正常的演进轨迹。从经济到政治再到安全政策领域，再到顶层秩序维护和建构的过程，反映的是日本国家身份及战略走向的一种变化趋势。例如，日本初始涉足地区领导地位是在经济领域，主打经贸合作而非政治权斗。经济利益因素显然是日本向亚洲倾斜的催化剂，但随后地缘政治和国内政治变数也发挥了关键作用。时间越往后，除了经济内容，日本区域主义战略不断加入更多反映该地区战略前景的力量平衡和其他现实政治的政策内涵，设置更多的价值观标准与秩序框架等。其背后的主要原因是以下两个方面：（1）经济与财政因素。日本仍是亚洲最大的经济体之一，但其主导地位已今非昔比。日本政府虽继续严重依赖经济手段在该地区建立影响力，但其有效性渐受限制，日本发现自己在亚洲施加影响力的传统方式越来越难以维持。① 随着时间的推移，日本被迫发展在该区域建立和行使影响力的其他手段。（2）战略及政略因素。此乃日本国家“正常化”及政策手段丰富化的投影。例如，从21世纪第二个十年开始，日本区域主义构想与作为国家战略目标顶层设计的国际秩序构建及规则维护越来越紧密地连接在一起。尤其在安倍第二次执政后，日本战略自主性增强，在“俯瞰地球仪外交”框架下，其宏观视野和战略意识较前提升，又值美国“退群卸责”和战略收缩，所以出面挑头维护国际自由主义秩序的冲动及表现急剧增多。

第三，价值观与意识形态因素，多是中途植入的“素材”。此种植入有两面性：既有日本从二战后自身发展历程得到的经验与信仰，也有十足功利的工具理性成分与取向。从“扩大的亚洲战略”开始一直到“印太战略”，日本的区域主义战略一直都强调“西方普遍价值”（价值观外交）和意识形态因素。按照日方主流学者的分析，坚持“价值观”外交，既有正当性，也有工具性；正当性是指日本政府认定“西方普遍价值”及其规则与秩序既是日本也是世界得以繁荣与安全的保证，工具性则是指明显带有地缘政治和竞争目的，即拉圈子以排挤“异质者”中国，这一趋向随着中国崛起加速而明显化。② 但是，从中国来看，日本区域主义战略的工具主义色彩无疑更浓。例如，日本外务省2019年1月提出了实现“自由开放的印太”的“三大支柱”，其中删去了过去一直提及的“基本价值”（fundamental values）一词。③同时，不似欧美，日本缺少原创的现代核心价值体系、第一层级的文明原创内核，再加上近代史上长期对现代文明及价值观的违背与恶用，在战后几十年的历史中，日本并

---

① 实际上，不断恶化的财政状况，加上人口老龄化，日本的医疗和福利体系随时间的推移，将面临越来越大的压力，最终可能迫使日本削减支出，并将资源从对外援助计划等外交行为中重新分配出去。

② 北岡伸一「インド太平洋構想　自由と法の支配が本質」、『読売新聞』2018年12月17日。

③ 外務省「自由で開かれたインド太平洋に向けて」、2019年1月、https://www.mofa.go.jp/mofaj/files/000407642.pdf，访问日期：2020年1月25日。

没有像欧洲部分国家那样存在对“价值观”外交的迷思和盲信。此外，日本的立场和态度易受美国影响，当美国对“意识形态”“价值观”采取消极和实用主义政策时，如特朗普并不常对外强调“人权”“民主”，则日本在此方面的调门就不会太高，也会把握“火候”，不正面突出价值观议题。

第四，日本区域主义战略始终顾虑美国因素，深受日美同盟状态及美国对外战略影响。日本很注意在其战略中拉入美国，认为一个包括美国在内的区域构想有诸多便利之处。①因而，受美国对外战略基调变化的影响，日本区域主义战略的重心也会相应调整。日本虽对美国实力和决心的耐久性保持越来越多的警惕，但也认识到，施行自主独立的地区及多边政策，至少在当前还不如与美国紧密相连来得更安全和划算，而且留在联盟框架内也更有可能实现自己的地区战略目标。日本区域主义战略的总体基调和模式，是坚持“同盟基轴”或至少不与日美同盟产生正面冲突，日美同盟被一贯作为或宣示为战略基轴或支柱。当然，日本也曾摸索过独立发挥作用，构思带有战略自主色彩的地区战略，如 20 世纪 90 年代中前期的多边安全合作以及 90 年代中后期的亚洲货币基金组织（AMF）与“10+3”版东亚共同体倡议，但皆因遭到美国打压阻击而未能实现。吸取此中教训，加上面临中国崛起压力，日本区域主义战略拉入美国（包括“日美+X”的小多边联合）的志向十分明显，如其六个区域主义经验做法中的五个都有此迹象。某种意义上，日本在战略推进中不时强调“普遍价值”，也是与此相关的表里联动。

第五，进入 21 世纪后，日本区域主义战略针对中国的成分越来越重。其中的对华竞争色彩与牵制中国的指向日益明显，平衡中国的地区影响力在其战略中占据越来越大的比例。虽然有多个变量促成了对地区

---

① 日本判断，美国是亚洲国家出口导向型增长战略和亚太区域经济一体化的经济支柱，包括日本在内的诸多国家与美国有着巨额贸易顺差，因而“拉美入亚”在亚洲也会获得其他国家的赞同。

战略的重新评估，但对中国崛起的担忧和防范，是日本地区战略观转变的主要核心因素之一。中国是对日本越来越重要的国家，如何在地区战略中包含中国并塑造利己秩序，是日本面临的头号外交课题。冷战后日本区域主义战略浓厚反映了这一倾向：面对快速崛起的中国，日本认为需要确保影响力并维持或重塑对己有利的地区秩序。中国因素或这种中日竞争因素被日本强烈意识到，是从21世纪初开始的，从彼时起，使中国影响力相对化的“扩大的构想”接连登台。日本的政策倾向影响了亚洲共同体及地区一体化进程的顺利发展，至少像法德和解带来欧共体问世那样的局面在亚洲并未出现，国际观察及评论人士一般将此归结为两国相争带来的负面结果。不过，从2017年前后开始，日本在其区域主义战略实施中采取了较过去更复杂多维的对冲策略，中日也皆有意构建契合新时代要求的双边关系，携手步入合作新阶段，而中日能否构建新时代关系是区域共同体建设能否顺利前行的重要保证和关键要素。

第六，除了特殊时段，日本在绝大部分时段并不热心于推动构建“10+3”版东亚共同体构想。这与日本历史形成的身份定位有关，也与其对现实利益的考量有关。但是，对推动低版本的经济共同体及“扩大的东亚”一体化，日本则认为不仅可能而且必要，主要原因是如下：（1）日本一度热心并主倡东亚合作（“10+3”）实是一种历史的偶然和巧合。历史上，日本一直在试图摆脱东亚大陆“地心引力”而不是被其“吞没”和覆盖。1997—2002年一度是日本主倡“10+3”版东亚合作的高潮期，但这是1997年亚洲金融危机后百年不遇的历史偶然条件集成使然——东亚区域涌现加强合作的客观要求、美国对日战略放手及对华实施大接触战略、中国经济体量尚小、日本对保有地区主导权颇具自信等。但很明显，这种窗口期不可复制且不会永远存在。（2）日本“入亚”尤其主张推行扩大的亚洲合作，则是历史必然趋势。中印与东盟等群体性崛起，域内贸易额占日本对外贸易额的50%，日本经济振兴离不开亚洲，在战略上也需要“入亚”——对冲国际风险尤其“特朗普主义”变数，故而亚洲地缘依托不可或缺。

第七，日本推动区域主义战略的方式和姿态，也有从低到高、从被动到主动、从配角到主角、从幕后策划到前台主导的过程。历史记忆、美国压制、中日竞争等，是重要的影响性因素。日本一贯比较重视在区域主义战略构建中与东盟和澳大利亚联合发挥作用，尊重东盟的“驾驶员地位”并注意加强与东南亚国家的关系协调。日本或许认为，比起东北亚邻国，东南亚国家更容易接受或者至少不那么疑虑日本的亚洲领导地位，这种巧妙的影响力构建方式更容易为仍然怀疑日本意图的亚洲地区所接受。某种程度上，多种情况下日本区域主义战略中，东盟几乎成为与美、中同等重要的行为体。日本还注意赋予澳大利亚重要的角色作用。东京鼓励堪培拉在亚太经合组织发轫初期发挥带头作用，因为它担心自己的倡议在该地区不受欢迎，并且，从一开始，日本还特别重视联合澳大利亚共同培育对东南亚国家的支持，承诺东盟将成为亚太经合组织的“核心”。①更不用说，此后日本作为“地区代理”积极出面支持美国“亚太再平衡战略”、高调出台并推动日本版“印太战略”的实施了。

（二）三个重要自变量的规范性影响②

从以上分析可以观察到，美国及日美同盟、中国发展、区域认同障

---

①　不过，应该看到，到了一定阶段和程度，中日发挥主导作用推动亚洲共同体前行，是无法避开的。日本顾忌近代历史的敏感性与美国的反应，中国顾虑东亚古代史的集体记忆，但到了21世纪第三个十年期的阶段，这些因素基本已“脱敏”，中日需要也理应在推动亚洲共同体上发挥双火车头的作用。

②　日本“国内及内政因素”对其区域主义战略也有着极为重要的影响。这可分为三类：(1) 日本国家战略及政策志向对其区域主义的影响。最明显的例子就是，安倍主义尤其“俯瞰地球仪外交”对“亚太再平衡”和印太战略的规范作用。(2) 日本政坛“卡拉OK式”民主轮换，往往导致日本外交政策支柱和地区战略出现相应的变动。例如，“新福田主义”、鸠山版“东亚共同体论”，在其倡导者卸任后即自行消失。目前尚不清楚“后安倍时代”的日本政府是否必然致力于安倍“印太”路线的推进。(3) 国内决策主体及部门的多元化和复合化带来的影响。后冷战时代日本参与区域主义外交的政府部门日益多样化，不但有首相官邸、外务省、经产省，还有财务省、防卫省、农水省、环境省等。

碍这三个重要因素即自变量对日本区域主义战略的生成和走向具有宏观影响，其中前两个具有直接作用力，而区域认同障碍是一种间接的基础性影响因素。在冷战后（1991—2017 年）明显的单极体系下，对日本来说，国际环境某种程度上首先就意味着美国霸权和日美同盟的影响作用，美国因素对日本区域主义战略的形成和展开起着首要规范作用。中国的发展与崛起，起先对战略的影响并不明显，但随着时间的推移，影响力越来越大，直至成为日本设计其战略的关键性考虑因素。区域认同障碍即日本的身份与定位困境造成日本“入亚”难题，使其倾向于避免提及“敏感”的亚洲价值观和东亚共同体论，而往往低调地采取务实主义或机会主义手法：使自身区域活动的地理位置随着具体战略和当下目的（而非身份和地缘）而调整，这实际上给战略的策略性调整留出了想象余地和操作空间。

1. 变量之一：美国及日美同盟的规范作用

促进和制约日本区域主义行为的多重因素同时存在、相互碰撞。其中，具有讽刺意味的是，同盟因素同时具有诱导和阻碍日本参与地区合作进程的作用。

日美同盟赋予了日本在亚洲追求目标的更多自由，提供日本加入并促进区域机制的背书。日本与美国的密切关系缓解了亚洲对其军国主义死灰复燃的担忧，进而让日本在该地区获得了更大的影响力。由于美国越来越有兴趣让日本承担更大的联盟负担并以“关键盟友”身份发挥安全作用，①这为日本军事力量的缓慢正常化并在区域主义中扮演更大角色提供了绝佳掩护。

不过，总体看，对日本版区域主义战略尤其合作导向的亚洲主义而言，同盟因素更多的是发挥制约作用。日本深陷对美双重依赖关系，这

① *National Security Strategy of the United States of America*, Washington, D. C., December 2017, p. 46.

造成了非同寻常的军事和经济脆弱性——其区域战略建构中的一种系统性缺陷。日美同盟是日本近70年来安全与外交政策的基轴，以美国为中心的双边联盟结构是美国与该地区“深入接触”的基础，它对日本精英的相关性和重要性非同一般，日本在美国盟主的统治下受制于特殊的战略约束。日本即便做出了自卫队“走出去”的努力，但仍依赖美国海军在其进出口货物的航道上巡逻。而且，冷战后近30年里，日本实现了从美国向其他国家的出口多元化，但至今仍有20%左右的出口面向美国市场。因此，对美军事、经济和政治上的依赖严重限制了日本建设一个内向型亚洲区域主义及共同体的志向。日美同盟始终使日本的该志向处于弱势，美国因素的强势存在使日本任何构建独自特色或亚洲联合的区域主义的冲动和图谋，最终都要符合甚至屈从于日美同盟的利益标准。这也部分解释了为何“10+3”版的东亚合作无法建立稳固的共同体机制，甚至东盟地区论坛也因此一直无法建立亚洲信任措施的原因。

对日本这样一个与美国有着异常紧密安全关系的国家来说，把自己深度卷入亚洲区域主义与一体化发展显然具有很大风险和难度。因此，日本时时处处注意让美国参与区域倡议——无论是三方还是更广泛的多边倡议，吸引美国对该地区保持强烈的持续兴趣，这似乎已成为一个恒常一致的主题。从冷战后至今，日本的对外战略重点仍然是扩大和管理与美国的同盟关系。①东京和华盛顿几乎在不间断地加强双边同盟，并使其发展到一种广泛深入的防务合作。即使在新的多边主义时代，日本也一直持续敦促美国不要忘记在亚太（亚洲）区域发挥关键作用。这样做的动因在于，使多边主义不会被美国担心并视为替代同盟关系的选择，同时也是一种向地区各方保证日本不会构成威胁的方式。日本保守政治集团的共识是：区域主义虽然有益，但需要被视为主要作用于强化双边同盟关系，没有美国参与的排他性东亚区域主义缺乏行稳致远的可能性。

① Yun Zhang, “Multilateral Means for Bilateral Ends: Japan, Regionalism, and China-Japan-US Trilateral Dynamism,” *The Pacific Review* 27 (January 2014): 6.

中日美之间日益变化的三边态势虽使日本战略构思复杂化，但也没有从根本上动摇日本对联盟和区域主义关系的看法。这种看法构成了日本对其区域主义的基本态度和思路，即须服从于联盟管理而非遂行战略政策的根本转变。日本判断，至少中期内日本在推进亚洲区域主义过程中与美国脱钩的想法是幼稚和不现实的。因而，日本的政策将不可避免地成为亚洲区域主义和以日美同盟为中心的做法的一种摇摆体和混合物。

2. 变量之二：中国发展与崛起的冲击效应

1972年中日邦交正常化后，日本的政策设计一直以西方国际自由主义的假设为指导，即一个繁荣的中国将会以符合日本利益的方式行事。因此，日本按照全面对华接触战略以及亚太经合与东亚合作等区域主义范式，通过官方发展援助计划和其他形式的官方贸易及投资，支持中国经济发展，劝诱中国融入西方主导的国际社会。然而，20世纪90年代中期起，中日关系渐趋震荡和紧张，开始让日本政治精英层对这一战略背后的假设产生怀疑。其后，随着时间推移，对于中国实力和影响力的感知日益影响日本对区域主义的考量。日本的亚洲主义者早在90年代初期就主张区域联合以对抗西方，实现“亚洲复兴”。但是，面对中国的崛起，这些亚洲主义者的声音逐渐变得微弱，甚至改变了调门。①中国的崛起、亚洲不确定的战略环境，使日本重新评估冷战后的亚洲区域政策。尤其进入21世纪后，多年紧张的中日关系明显抑制了日本政府以亚洲（东亚）为中心的区域主义外交的自信与热情。日本认定，通过支持区域机构和其他多边机制的发展增加其在亚洲的影响力策略之所以时常遭到挫折，皆因中国的抵制和反对。中日关系中日渐出现竞争和对抗的要素，权力现实主义的假设和逻辑开始削弱日本遵循自由主义框架对东亚区域合作前景的看法。

---

① 参见 Yoichi Funabashi, “The Asianization of Asia,” *Foreign Affairs*, November/December 1993；船橋洋一『地経学とはなにか』、文春新書、2020年。

从理论角度看，这符合现实主义霸权论和均势论的解释范畴。中日作为地区大国存在着结构性矛盾。从区域层次看，崛起国要逐步获得区域体系的主导权，不可避免地会对原有地区秩序产生冲击；区域内其他行为体，尤其是大国对自己安全和利益受到震动不会毫无感受，自然会关注崛起国追求的区域秩序，而对未来前景（秩序）的不同看法及悲观预期很容易引发其对崛起国的制衡行为。日本对中国不断增长的实力和区域影响力保持警惕，对待东亚区域主义的方式，也变为主要使用硬平衡和软平衡与中国进行主导权争夺。进入 21 世纪第二个十年后，以中日经济总量逆转为契机，日本区域主义战略中平衡和遏制中国影响力的成分和比例日益增大。中国在日本区域主义战略中占据日益突出的地位，日本政府越来越多地寻求一种以加强与地区国家关系为核心的对华均势方式来推动亚洲区域主义的发展。①

即使在中日 GDP 对比逆转后，至少在奥巴马政府时期，以日美“亚太再平衡”战略的实施为背景，日本认为自己有资本和能力在地区范围内对华进行竞争和抗衡。中国虽已是世界第二大经济体、东亚第一大经济体，但冷战后至今尚未取得东亚区域毫无争议的主导权和中心地位。日本应当是认为，在崛起国的区域体系内存在一个或多个竞争者的情况下，崛起国中国在中短期内并不会很轻松取得地区主导地位，且仍有被其他行为体联合或单一压制的可能。在此情况下，日本作为域内主要行为体，联合其他将崛起国视为利益威胁的国家，并非没有条件和资本对华开展竞争和角逐。②日本认为，通过贸易（如跨太平洋伙伴关系协定）等平衡中国具有很大地缘政治意义，这种动作可以提醒中国，印太地区正形成一个更大的利益共同体，中国将面对一个强大的多边国家集团；

① 当然，中国也担心日本对华采取的区域对冲策略，会适时采取一些应对和反制举措。这也造成双方在地区合作及机制构建中的困境。例如，在贸易领域，中日竞争造成了制度建设受损的局面。

② 王震、高程：《崛起国对外策略中的大国与周边》，《国际政治科学》2020 年第 1 期，第 91-98 页。

而日本自己在亚洲内部贸易方面的对华竞争与平衡非常重要，日本联合其他域内相关方的做法将使亚洲区域主义发展不被中国单方面主导并使己免于处在不利位置。

3. 变量之三：亚洲认同困境与日本身份犹疑①

从前述分析可见，日本在身份及定位上具有“宿命”性的游移与困境，不仅对自己的地缘属性，对世界地缘板块的认知也在不断变化。这对日本的对外战略制定其实是个历史难题，也一直制约并规范日本区域主义战略的设计与制定。1997 年亚洲金融危机后，“10+3”以及“10+6”合作机制成功构建，东亚概念出现并被广泛热炒，这些因素有助于促进亚洲国家形成东亚身份，日本也一度把区域主义战略的重点转向亚洲。在日本，20 世纪 90 年代后期至 21 世纪初，重新对东亚区域产生兴趣的知识分子再次活跃，如小仓和夫于 1999 年曾提出亚洲必须以统一的方式行动……日本必须承担实现这一目标所需的大部分领导责任；一个团结的亚洲和西欧有必要准备遏制美国。②同时，在整个冷战后的时代，日本没有放弃参加该区域的各种多边论坛，这些机制为日本的一些目标服务，如为东京向该区域传达观点提供重要平台。

然而，尽管正在崛起的“亚洲主义”在日本一直是个话题，但在整个后冷战时代，东京对亚洲区域主义的看法仍是复杂和有分歧的。③日本人总在竭力避免却又不自觉地以相互排斥的方式看待自己与东西方的关系，当代国际大变局下其又不得不面临一个更不习惯的东西方战略现实。日本在如何拥抱与选择东西方的政策之间摇摆不定，特别是在东西方存

① 此为基础性变量，其发挥的是长线作用，在分析短线问题上很难成为显性的可操作因素，并且，对这个主观性因素能否以及如何化为自变量，学界亦有争论。

② Ogura Kazuo, “A Call for a New Concept of Asia,” *Japan Echo*, no. 3 (Autumn 1993): 37-44.

③ Akiko Fukushima, “Multilateralism Recalibrated: Japan’s Engagement in Institution Building,” cogitASIA, April 2016, https://www.cogitasia.com/multilateralism-recalibrated-japans-engagement-in-institution-building/，访问日期：2020 年 1 月 31 日。

在战略冲突和结构矛盾的情况下，这种选择在很大程度上被视为相互排斥及难以兼容，无论是包容性结构还是排他性结构。冷战后的民调显示，日本人对美国的好感有高有低，但总体处于高位，与此同时，各种调查却显示出其对亚洲的亲和力并没有显著的增加。①不像亚洲的绝大部分国家，日本没有对一套特定的亚洲价值观及身份的拥护与坚守，也几乎很少表示对一个美澳缺席的东亚共同体的直言不讳的支持。即便如新加坡这样的东西融合型国家，其领导人也试图强化一种亚洲价值观的地区意识形态，以避免西化型的同质化和不同民族传统的分裂，但日本却缺少这样的思维方式和政策行为。②

亚洲的集体认同和区域主义指的是在地方和人民间建立新关系的政治、经济和文化进程。区域主义落地所需的既是空间性的，又是政治性的条件。可以把一个区域定义为一个在各种不同方面明显相互依存的国家集团或植根于政治实践的社会和认知结构，它主要取决于各种利益和议程。③东亚（亚洲）区域不是自然、客观和本体论上给定的空间，它从未形成一个参与争夺全球优势地位甚至霸权的统一身份和地缘集团。“10+3”进程所支撑的“东亚”轻易受挫，就是明证。身份归属和共同体意识是巩固区域主义和集体认同的重要标志及载体，但日本在冷战后的大部分时间里都避免提及亚洲价值观和东亚共同体。对其来说，亚太或环太平洋地区是更便利和适宜的区域概念，是一个可包容东西与南北的制度化话语。日本不时犹豫迟疑地在亚洲采取行动，这可能因其只是希望在政治上获得更高地位，并非真心推动敏感复杂的亚洲主义的复兴与发展。包括处理与该地区的政治经济联系，日本开展区域活动的地理

---

① 至少有日本内阁府、言论 NPO 以及美国皮尤公司等进行的相关民意及舆情调查表明了这一情况。

② 以上根据笔者 2017 年夏秋在哈佛大学对傅高义（Ezra Vogel）、马凯硕（Kishore Mahbubani）等学者的访谈。

③ Peter J. Katzenstein, “Regionalism and Asia,” *New Political Economy* 5, no. 3 (November 2000): 357.

位置往往随具体战略和当下目的（而非身份和地缘）而改变。

虽然到 2017 年前后，日本很难或总是不愿变革其身份站位并真正回归亚洲，但在近年国际大变局真正显露端倪后，其也不乏灵活而务实地从策略上调节站位与身段的意识和能力。亨廷顿曾反复提及，随着国际格局与地缘形势以及自身经济盛衰、军事强弱的变化，日本快速自如地进行身份更新、认同切换和文化再造的历史现象，并且他还深信日本文明的摇摆性、特异性和非西方属性，指出如果中国足够强大，日本更愿意采取搭车而非均势、顺应而非制衡、“入亚”而非“盟美”的战略行为。①

（三）变量因果机制的拓展分析与趋向推导

没有一个单一的国际关系理论框架能够充分解释日本的区域主义战略。相比而言，新现实主义分析框架，特别是从结构因素来梳理因果关系即体系结构塑造和推动国家行为的方法，② 有助于探析日本区域主义战略演变的核心要素和基本规律。当然，结构现实主义在解释日本区域主义战略的演变及规律上也有其缺陷和不足，这种场合就须注意新古典现实主义理论重视的“中介变量”作用，尤其是在日本政坛出现强势首相“超长期”执政的情况下。例如，在 21 世纪第二个十年主导日本政坛的安倍政府，面对国际大变局，发挥主观能动性积极调整其对外战略，就不是结构现实主义能够完全包括和解释的。不过，总的来看，这也是在中日国力对比出现重要动态、日美同盟出现“状况”的条件下的一种作

① 萨缪尔·亨廷顿：《文明的冲突与世界秩序的重建》，周琪等译，新华出版社，2002，第 102-110、第 249-266 页。亨廷顿指出：日本“时而与挑战者文明站在一起，时而又与西方文明站在一边，摇摆于以西方为一方、以伊斯兰和中华文明为另一方的两者之间”。参见萨缪尔·亨廷顿：《文明的冲突与世界秩序的重建》，周琪等译，新华出版社，2002，第 201 页。

② Kenneth Waltz, “Evaluating Theories,” *The American Political Science Review* 91, no. 4 (1997): 915.

为，某种意义上也是顺势而为。虽然有早为、晚为或作为程度的问题，作为中介变量的“安倍政治”最主要的还是顺势而为，没有发生从根本上推翻结构要素即自变量的现象。新古典现实主义范式的传统研究手法主要是证实压力传导偏离了体系压力，但证明“没有偏离”也在其范式应用范围之内，上述分析显然属于没有偏离的案例。①所以，此处体系结构仍是最重要的规范因素即最大的自变量。

在单极体系下，日本区域主义战略的架构和走向，取决于日美同盟状态、中日实力对比及互动关系。如果中美关系全面破裂、完全脱钩，日本没有选择余地则只能在战略上紧随美国，但中美斗而不破、竞合并存，即冷战后近 30 多年处于“好不到哪儿去、坏不到哪儿去”的界内时，中美关系就不是一种发挥结构性作用的自变量，而是一种重要的干预性变量角色。②同时，在日本看来，美国霸权或日美同盟起到了类似体系结构的作用，在单极体系下两者基本可被视为合二为一的自变量。结合以上进程追踪及特征总结，可以发现，冷战后至 2017 年前后即典型单极体系（美国霸权治世）的阶段，日本区域主义战略调整有如下三点规律或曰三种模式：（1）冷战结束后到 21 世纪初，日本采取的是经济中心、合作导向的区域主义战略。这明显是结构因素的产物，即受到日美同盟状况与中日国力对比的规范性影响。当日本认为日美同盟牢固（+中美关系总体良好）、中日经济总量不在一个数量级即“日强中弱”（日美对中国更显优势）时，日本“联美容亚（中）”，愿意采取立足亚洲、包容中国、推动以经济合作为中心的区域主义战略，如“亚太经合”“10+3”版东亚合作等。（2）从 21 世纪初小泉政府开始（大约十年，即 21 世纪第一个十年期），日本区域主义战略呈现政经合流、政略上扬的特

① 刘丰、左希迎：《新古典现实主义：一个独立的研究纲领》，《外交评论》2009 年第 4 期，第 135–137 页。

② 此处，“中美关系”不等于美国对华政策，冷战后较长时期内，中美关系虽时有震荡但总体稳定。

性。其间，日美同盟良好或总体稳固（+中美关系总体尚可），中日实力对比的状况是从日本处于较大优势逐渐向优势丧失以及错肩期转移，日本对华防范一面上升并“联美防华”，其区域主义战略的属性与色彩随之改变——政治安全要素开始抬升，逐渐摆脱单一型“经济合作战略”而向“区域战略”演变。这体现在“10+6”版“扩大的东亚”合作、“扩大的亚洲”即“两洋交汇”“自由与繁荣之弧”等构想的出台上。（3）从2012年安倍第二次执政到2017年特朗普政府诞生前后，日本采取的是政略优先、秩序拼争的区域主义战略。此期，日美同盟较为稳固（+中美关系时不时震荡）、中日实力对比处于2010年逆转后逐步拉开差距（日美对中国仍优势明显）时期，日本“联美返亚”、重视地缘竞争与对华防遏，其区域主义战略演变为一种权力现实主义的典型地缘政治战略，其间的政治安全要素明显抬升，这表现在日本版“亚太再平衡战略”以及“印太战略”的推动和倡导上。

因而，根据以上三阶段梳理所得的规律，对当前及今后一段时间（2018年前后开始）可能的状况进行拓展分析，首先可以发现以下特点：（1）美国（或日美同盟）对华具有相对优势，但中国对日又具有较大相对优势的情况下，对日本区域主义战略而言，两大关键自变量仍然是（日本感知的）日美同盟牢固度、中日国力差距，而非战略竞争趋势明显、不时紧张震荡的中美关系。①同时满足这两大结构因素条件（自变量），即当日本对日美同盟可预期性和稳定性感到前所未有的不安、中日国力差距明显拉大至2019年的近三倍时，日本的不安与紧张剧增，其区域主义战略至少从理论上应当有开始大幅策略性调整的可能性。②（2）在

① 当然，前提是中美没有处在战略摊牌和完全脱钩的关系状态。中美关系紧张虽有不时加剧趋势，但安倍的作为并没有超出美国的容忍范围，其“战略自主”并非“战略独立”。中美战略竞争加剧、逐渐部分脱钩，会使日本在中美日三角关系中的处境微妙且日渐困窘，但尚不致其颠覆性地改变其对华政策。

② 中国国家统计局数据显示，2019年，中国GDP总量达14.4万亿美元，日本GDP总量约为5.21万亿美元，约为中国GDP的36%。

此之上，从2018年前后开始，世界大变局加速演化，单极体系与美国霸权作为自变量合二为一的格局产生了越来越明显的裂隙。在日本看来，美国治世也很难再完全代表体系结构，霸权稳定的理想局面已不再是日本对外战略决策的先决条件，并且，中美战略竞争加剧但并没有到摊牌地步，日本始终担心双方之间“越顶日本”的战略交易骤然降临。

以上两点因果逻辑的推导结论是，日本战略自主性与实用主义将发挥作用，有较大可能推进其区域主义战略走向“回归亚洲”“联美入亚”、政经并重、平衡（对冲）中美的路径，同时对华采取非关键的技术性顺从和经济“搭便车”现象。①实际上，这已典型地体现在其2018年将“印太战略”改称为“印太构想”、提倡构建“新时代”日中协调关系的动向上。②其原因就是，进入2018年前后，除了上述两大自变量的重要变化，“体系含义”与区域局势同时也在发生明显改变，世界加速迈入公认的大变局和秩序动荡时代。

三、大变局下“日本回归”与区域合作契机

2018年前后，日本区域主义战略面临着重要的策略调整和重组。如上所述，除了日美同盟与中日力量对比这两大重要自变量发生很大变化，被作为先验条件的单极国际体系这一结构因素也发生了微妙的震动，并且地区合作进程也发生了若干积极向好的改观和前行，进而日本的身份归属感与共同体意识也随着这些变化而变化。在这些因素的合力作用下，

① 如果中美形成完全战略均势或中国具有对美的相对国力优势，中日国力差距达到数倍以上，日本有可能大幅调整战略。但很明显，这一局面目前还很难发生。

② 如前所述，这种变化态势和规律，是在日美同盟与中国国力这两大自变量发生重要变化之际或前后一段时间显现的。因而，如果特朗普实现总统连任并保持其政策连续性，中国维持良好发展势头并国力持续增进，那么可以预测到2023—2025年，日本在是否加入亚投行、推进完成中日韩自由贸易协定谈判等问题上，立场有发生较大变化的可能。

日本区域主义战略正经历一些重要的调整，虽然这仅限于一种策略性的变动，但日本开始更多关注和强调地区经济的亚洲内部融合与一体化以及多边广域构想，这多少给亚洲区域融合与共同体构建带来了契机和助力。

迄今，国际体系的基本结构尚未发生动摇，美国仍是体系中唯一超级大国并为日本提供安全保障，但某种深刻变动的前兆，尤其自由主义国际秩序与国际权力格局动摇，对日本区域主义战略设计的冲击比以往任何时候都要显得剧烈。① 这可以从以下两个方面进行解读和证明。

第一，单极体系及国际秩序的震动，促进日本“入亚”。世界体系与国际格局对日本区域主义战略的影响，可导致一种相对开放或收缩的区域主义。日本的系统性脆弱源自对美国霸权即单极体系以及全球市场与资源的依赖，这也限制了日本面向一个内向型亚洲集团的志向与努力。在贸易、援助、投资和技术转让等许多方面，相比处于一体化程度较高区域的英法德等欧洲大国，日本同全球的经济贸易联系更为广泛。然而，百年未有之大变局下的国际环境变化，包括当下热议中的世界走向两极、多极抑或无极的各种趋向，使得此前以单极体系即美国霸权治世为前提展开的日本区域主义战略遭遇前所未有的挑战和难题。这就使得对日本来说等同于美国霸权的体系结构，开始作为独立的自变量因素隐约发挥作用。在外交、安全和经济领域拥有巨大权力的美国，作为体系主导国在维持自由主义国际秩序方面发挥着关键作用。然而，自特朗普政府上台以来，其“退约退群”行为造成了国际制度失效受限的严重后果，②成为制约国际制度与规则发挥作用的最大负面因素。特朗普一直倡导“美

① 細谷雄一「リベラルな国際秩序の終わり?」、『アスライオン88』2018 年 5 月号、12-13 頁。众多国际知名学者，例如约翰 · 米尔斯海默认为，自由主义国际秩序已经于 2019 年崩溃，世界将进入一个新的多极时代。参见 John J. Mearsheimer, “Bound to Fail: The Rise and Fall of the Liberal International Order,” *International Security* 43, no. 4 (2019): 7-50。

② Jeff D. Colgan and Robert O. Keohane, “The Liberal Order Is Rigged: Fix It Now or Watch It Wither,” *Foreign Affairs* 96, no. 3 (2017): 36-44.

国优先”政策并迅速降低和淡化维护世界秩序的意愿与角色，世界体系及秩序经历了冷战后近30年里最大的震动，世界秩序的维护与稳定愈显困难。欧盟、中国、日本等国际社会的其他主要参与者并不能真正取代美国所承担的角色，而数量有限的国家集团，比如日本非常看重并依赖的七国集团（G7）内部也很难达成共识，更难形成一份联合声明。国际制度与治理从未像现在这样虚弱，国际社会已无法制定有效的共有规则，更糟糕的是即使是既定规则也经常被践踏。如果目前的形势继续下去，体系结构与格局秩序将会变得更加不稳定与不透明。一句话，日本所仰仗的全球主义以及国际体系出了大问题，这给日本的宏观对外战略设计带来了很大影响。

第二，全球主义的区域化与区域主义的全球化，推动日本“回归”亚洲。亚洲“区域建设”既构成于非正式的“自下而上”的“区域化”所带来的贸易和生产的全球化和网络化进程，也需要被正式的国家主导的行动例如“区域主义”进程推动。国际形势与世界战略态势正发生戏剧性转变，全球化进程面临重大新局面，特朗普政府曾经遂行的“美国第一”，挑战的不只是中国，也牵动了其主要盟友包括日本在内的国家的神经。美国的“退群”行为及其挑动的贸易争端，和由此造成的全球经济政策的不确定性，给日本造成相当大的困惑和麻烦，也给日本对地区主义的认知带来了调整的契机。在当今世界大变局形势下，超级区域主义是日本（其实也是亚太各国）应对特朗普保护主义的第一道防线，第二道防线则是加强区域间经济合作尤其互联互通和基础设施建设一体化。与美国推行贸易保护主义相反，日本在一定程度上赞同与中国共同维护世界贸易秩序。中日立场相同或相近的是，都认为亚洲不能容忍贸易保护主义和单边主义的蔓延，需要在一定程度上共同应对挑战，就加强多边自由贸易体制保持合作，就世界贸易组织改革举行协商（虽然立场不尽相同）。东京在与亚洲关系中开始重点强调区域主义与互联互通这两个宏观经济工具，经贸目标将继续在日本对地区政策中占据重要地位，这客观上给亚洲区域主义再次发力和整合带来了经济合作契机和起跳板。

体系结构的新动向之下，“日本回归”与区域融合及一体化新态势、中日“新时代”关系构建及区域协调、日美“同盟疑虑”与日本“入亚”对冲等，也促使日本区域主义战略加速调整转型，此种态势给区域共同体建设释放出积极的信号。

（一）日本“回归”与区域一体化进程的新态势

早在20世纪90年代初日美贸易摩擦全面爆发后，亨廷顿就颇为感慨地指出，力量对比变化与文化差异“促使亚洲社会在与美国发生冲突时相互支持”，“所有东亚国家都认为，它们与其他东亚国家要比与美国有更多的共同点”。①有趣的是，90年代初期前后“美国与日本和中国的关系就这样同时‘恶化’”的场景，②在特朗普时代的中美日关系格局下发生了某种程度的重现。

不管从政治安全、经济还是社会文化的角度，今天亚洲国家之间的壁垒比以往任何时候都更迅速地降低。东亚经济的持续增长、相互依存的加深，以及共同体意识的形成，将有助于缓解现有的一些紧张局势。亚洲经济社会已经如此紧密地交织在一起，大多数涉及亚洲的交易都可以在亚洲资本市场内部融资，亚洲国家已经建立了大规模货币互换协议，此外，还有实用的基础设施和能源资源合作等。对日本来说，其40%的对外贸易目前是与亚洲发生的，许多推动日本走向广域亚洲合作的因素仍然存在，而当前，促推日本建立亚洲共同体信心的两个平行基石可能

① 萨缪尔·亨廷顿：《文明的冲突与世界秩序的重建》，周琪等译，新华出版社，2002，第252-254页。亨廷顿当时就告诫：“美国如果任其与亚洲两个主要国家的关系变得更紧张，显然与国家利益不利。”参见萨缪尔·亨廷顿：《文明的冲突与世界秩序的重建》，周琪等译，新华出版社，2002，第249页。

② 萨缪尔·亨廷顿：《文明的冲突与世界秩序的重建》，周琪等译，新华出版社，2002，第249页。

是“共同利益”与“共同体意识”，这具体表现在以下三个方面的区域融合与一体化动向上。

1. 区域一体化与自贸协议提速中的亚洲融合

日本完成《全面与进步跨太平洋伙伴关系协定》、日欧经济伙伴关系缔约，由此提振了推进一种高质量地区自贸协议谈判的信心和能力，于是其重点又回到亚洲，开始着力推动达成区域全面经济伙伴关系协定。① 对此动向，西方观察家以至于担心：具有历史讽刺意味的是，日本再次试图在没有美国的情况下在东亚建立一种“共荣圈”，且这次是真实的，具有开放和公平的贸易规则。②日本区域（广域）自由贸易构想的顺序是：跨太平洋伙伴关系协定（全面与进步跨太平洋伙伴关系协定）、区域全面经济伙伴关系协定、中日韩自由贸易协定，从大到小、从外到内。当然，区域全面经济伙伴关系协定也带有浓厚的泛亚或印太视域，因为日本一再强调必须包括印度在内。日本自 2018 年前后起开始加快谈判进程，但所持底线是印度必须加入，“不考虑没有印度的区域全面经济伙伴关系协定”，实际就等于说东亚合作的版本必须落在“10+6”的“大东亚”方案上。③

全球化退潮，单边主义、贸易保护主义和强权霸凌行径愈演愈烈，世界经济的宏观生态环境恶化、体制面临危机，国际治理面临严峻挑战。这些问题的发展正在破坏国际贸易规则和投资流动，扰乱供应链，并对支撑跨境贸易的信心和可预见性造成长期损害。对于由贸易发展起来、严重依赖跨境贸易与投资的日本经济而言，这些事态发展至关重要且非常严峻，需要对此做出自己的回应，推动制定多边协调和区域合作的应

---

① 蔡亮.《安倍政府区域一体化政策的战略意图剖析》，《日本学刊》2019 年第 1 期，第 94 页。

② Michael Hirsh, “How Japan Became the Adult at the Trade Table,” *Foreign Policy*, April 10, 2019, https://foreignpolicy.com/2019/04/10/how-japan-became-the-adult-at-the-trade-table/.

③ 「梶山経産相インド含めたRCEP妥結目指す」、『読売新聞』2019 年 11 月 5 日。

对措施。

世界各国，包括日本在内，为应对当前困境，积极寻求国际合作，越来越倚重区域经济一体化路径。中日两国都是现行国际经贸秩序的受益者，都希望在维护关乎切身利益的国际自贸及多边机制中发挥更大引领作用。日本与中国在维护以世界贸易组织为核心的多边贸易体制及开放型世界经济方面，具有较高共识。包括日本在内的亚太地区各国，为应对美国保护主义带来的日益严峻的经济挑战和政策不确定性，采取的建设性回应举措之一就是促进区域间经济合作，将其经济和外交精力转向亚洲内部以及各大区域之间的共同伙伴网。日本认为，区域全面经济伙伴关系协定对亚洲应对新形势和新危机至关重要。从一体化路径的选择来看，区域全面经济伙伴关系协定本就是中日所持两种东亚主义路径的折中。①日本尽管最初未能及时认识到区域全面经济伙伴关系协定的战略意义，但从2019年其已将缔结区域全面经济伙伴关系协定提升为构建多极世界新秩序、拥抱亚洲合作的基础。区域全面经济伙伴关系协定的发展总体上得到东亚主要大国的支持，当然也有助于塑造亚洲共同体的集体身份认知。②

区域全面经济伙伴关系协定的“亚洲性”表明，它可能成为未来泛亚经济集团的一个原型，将进一步促进亚洲内部的经济一体化。美国的缺席使全面与进步跨太平洋伙伴关系协定规模有限，中日澳等国加入的区域全面经济伙伴关系协定有望成为下一阶段亚洲经济一体化的模板。区域全面经济伙伴关系协定相对较低的目标和更大的灵活性也有助于其扩张做大。因此，若区域全面经济伙伴关系协定得以成功实施，将有机会超越全面与进步跨太平洋伙伴关系协定，成为推动亚太自贸区发展的

① 叶成城：《能力分配、制度共融性和战略关注度：冷战后亚太多边经贸合作制度构建的成败分析》，《当代亚太》2020年第1期，第105页。

② 源自2019年10月23日笔者对日本外务省国际贸易谈判大使暨政府代表井出敬二的访谈。

首要工具。中国目前实际上还没有那么大的政治压力和经济动机需要立即加入大打折扣的全面与进步跨太平洋伙伴关系协定/跨太平洋伙伴关系协定。美国倒是可能加入全面与进步跨太平洋伙伴关系协定/跨太平洋伙伴关系协定，但除非美国打破当前政策轨迹并恢复其作为一个可信、善治的国家形象，遵守基于规则而非基于权力或主权的贸易秩序，否则特朗普政府狭隘且表现欠佳的贸易政策仍然不会减少日本的“入亚”热情，①并且，随着区域全面经济伙伴关系协定国家的经济变得更加成熟，其将按照自己的步伐逐步提高对地区自贸标准的承诺。全面与进步跨太平洋伙伴关系协定和区域全面经济伙伴关系协定可通过竞争吸引新成员，也可相互接轨逐渐迈向全面的亚太自贸区。至少，亚洲国家可能在全面与进步跨太平洋伙伴关系协定甚至区域全面经济伙伴关系协定中开辟更多区域贸易机会，这在一定程度上意味着美国商品的市场将会减少，能够与美国制造商竞争的亚洲供应链将会更加强大。②区域全面经济伙伴关系协定谈判于2019年11月宣布结束，并于2020年签署。区域全面经济伙伴关系协定将在东北亚、东南亚和南亚地区推进自由贸易，其不乏可能成为一个具有亚洲主义意义的巨型贸易集团。这样一个不包括西方经济大国的集团，可使该地区在经济乃至战略上更多地与美国疏离，将对全球贸易秩序产生深远影响，并客观上巩固以中日或东亚为中心的地区经济架构与体系。

2.“印太构想”与“一带一路”对接——亚洲基础设施联通构建

亚洲对基础设施投资有着巨大需求，中国的“一带一路”建设成果引人注目。对此，日本经济界及政界开始要求更多地关注对东亚的政策。

---

① Xianbai Ji and Pradumna B. Rana, “A Deal that Does Not Die: The United States and the Rise, Fall and Future of the (CP) TPP,” *Pacific Focus* 34, no. 2 (August 2019): 234.

② Keith Johnson, “While Trump Builds Tariff Walls, Asia Bets on Free Trade,” November 1, 2019, https://foreignpolicy.com/2019/11/01/trump-tariffs-free-trade-rcep-asean-india-china-bangkok/，访问日期：2020年1月22日。

日本正与印度合作，根据“亚非增长走廊”的建议，发展横跨非洲、印度和东南亚的海上互联互通。根据2018年《东盟与中日韩合作东京战略》和“高质量基础设施扩展伙伴关系”，日本也在推动相关东盟国家的高标准基础设施建设。过去的几十年，日本为包括中国在内的亚非国家提供双边贷款，为公路、铁路、港口和其他主要基础设施建设提供资金，日本商企还经常在海外赢得大型基建项目的合同。日本对基建助力经济的关注也源于其自身发展经验，而基础设施将使其能促进与受援国的贸易活动并从受援国顺利取得能源与资源。

日本“印太战略”的调整，为中日合作创造了契机和空间。进入2018年后，安倍政府开始打造“印太战略”的升级版，在表述印太概念时开始顾及中国感受，当年11月将“印太战略”改称为“印太构想”，意即“自由开放的印太”（FOIP）不是为了达到某种目的的谋略，而是相关国家共有的认知和愿景，同时对外强调开放、包容、合作等要素以及经贸合作、与“一带一路”对接等意向。①随着中日关系的持续大幅改善、日美经济摩擦和矛盾上升，日本进一步淡化“印太”中的对华色彩，慎重避开“印太战略”与日美澳印“四边机制”的关联，通过多种途径向中国善意地传达“印太”理念的概要，介绍称“该战略（构想）目的在于与印度洋和太平洋地区的各国协作，实现国际社会的稳定和繁荣，将有助于推进‘一带一路’倡议”。②安倍继2017年5月公开向“一带一路”倡议示好后，多次声言“印太战略”可以与中国的“一带一路”倡议对接、合作，中日双方可探讨第三方市场合作等。2019年，东盟发布“印太展望”后，日本更注意其“印太构想”的公共产品供给属性和地

① 河合正弘「『一帯一路』構想と『インド太平洋』構想」、日本国際問題研究所『World Economy Report』2019年第2卷、https://www2.jiia.or.jp/RESR/column_page.php?id=348#pagetop，访问日期：2020年2月1日。

② 参见「首相中国に配慮？インド太平洋戦略を『構想』と表現」、『毎日新聞』2019年11月19日；大庭三枝「日本の『インド太平洋戦略』構想」、『国際安全保障』2018年12月号、26-29頁。

区协作性。

中日也因此在第三方市场合作上取得重要进展，成果日趋坐实落地，经贸共赢与多赢、深化地区合作某种程度上成为两国基本共识。中日双方同意探讨“一带一路”合作，共同开拓第三方市场，就基础设施项目开展合作。① 2018 年以来，两国政府原则上支持各自商企推动高质量共建“一带一路”，包括围绕亚欧互联互通、摸索在东南亚合作、北极圈俄油气联运等项目开展合作。日本的策略调整为“变相”或间接参与，而不是正面抗衡中国的“一带一路”倡议。2018 年 5 月，中日两国政府签署《关于开展第三方市场合作的谅解备忘录》，标志着双方“第三方市场合作”正式起步。6 月，日本政府修订《基础设施出口战略》，首次写入“推动日中企业在第三国推进基础设施建设合作”相关内容，提出两国应在双边高层经济对话基础上设置跨部门委员会负责协调相关事务。10 月，安倍访华期间，双方签署了 50 多项联合基础设施项目协议，总价值超过 180 亿美元。2018 年，第一届中日第三方市场合作论坛在北京举行，成为双方进一步深化相关合作的契机。日本国际合作银行和中国国家开发银行以合作方式向第三方国家提供基础设施投资的联合贷款。近来，日本对亚投行（AIIB）态度加速发生微妙变化，似在外围铺垫、低调融入，如日方高级别人士已于 2019 年 7 月悄然加入亚投行“国际咨询委员会”，其他还有金融、项目运营人才也相继入职。②

中日围绕“一带一路”的第三方市场合作，对亚洲区域主义的推动来说，是前所未有的大事。两国在广阔的地区及第三方市场，不仅有竞争，而且更可以有合作，这将开启区域合作的新模式和新前景。亚洲几乎所有商机存在之处都有中日的参与，例如，在柬埔寨，日本正进行各

---

① 《李克强同日本首相安倍晋三举行会谈时强调努力实现中日关系长期健康稳定发展》，中国外交部官网，2018 年 5 月 10 日，https://www.mfa.gov.cn/web/zyxw/t1558182.shtml，访问日期：2019 年 12 月 28 日。

② 吉岡桂子「二つの隣国　日本人を引き寄せる力の差」、『朝日新聞』2019 年 10 月 30 日。

种基础设施投资，包括帮助建设道路和港口，而那里也是中国大量投资的地方；日本对斯里兰卡及孟加拉国的中方活动有很大担忧，但其实日本也在帮助修建科伦坡和达卡的港口。中日在这些地方和领域完全可以有序竞争、有效合作，而不是必然要落入零和游戏，并且，在多边发展合作方面，中国表现出了灵活务实、从善如流的意愿，这超过了美国特朗普政府现今所展现的国际领导能力。例如，一般认为，中国吸收和借鉴了日本提出的有益建议和做法，对最初的亚投行设计进行了充实完善。亚投行、亚开行分别主要由中国和日本主导，两行都对发展和基础设施融资有着共同愿景，这使得双方很快形成某种合作关系。截至 2019 年，亚投行已与亚开行及其他 12 家开发银行和基金签署了谅解备忘录。据 2017 年统计，2030 年前，亚洲需要 26 万亿美元的基础设施投资。在两行未来的合作中，中日可扮演最重要的角色，两行也有机会在不进行恶性竞争的情况下扩大地区项目业务。

3.“新三国”时代与东北亚一体化提速

在亚洲区域一体化及共同体建设进程中，东北亚由于历史原因尤其中日关系矛盾，一直居于落后地位。近年来，中日关系大幅改善向好，为东北亚合作和一体化建设的重启与升温注入强大动能：2018 年，中日韩领导人会议时隔两年半得以恢复；2019 年 12 月，第八次中日韩领导人会议取得重大成果，对未来三边合作达成政治共识，指明了前瞻性规划与战略性方向。中日韩由此被称为进入了共筑和平与繁荣的“新三国时代”。面对全面、深刻、复杂变化的当今内外环境，三国正“站在新的历史起点上”，应“从战略高度和长远角度，坚持视对方发展为机遇，不断拓展共同利益。立足东亚、聚焦亚太，加强在地区和国际事务中的沟通协调，打造符合地区国家需要的东亚合作架构”。①

① 《李克强与韩国总统、日本首相共同会见记者》，中国政府网，2019 年 12 月 24 日，http: //www. gov. cn/premier/2019-12/24/content_5463657. htm，访问日期：2019 年 12 月 30 日。

“新三国关系”可以也应当引领实现新亚洲世纪，开创地区经济发展新局面。中日韩分列全球第二、第三和第十一大经济体，三国相加占东亚（“10+3”）经济总量的87.5%（2018年）。东亚区域合作一直以东盟为中心展开，被称为“小马拉大车”，中日韩加强合作，至少可形成东亚合作及治理的双轮驱动效应。首先，将有力推动亚洲全面高质量自贸体制构建。第八次中日韩领导人会议取得的重要成果之一是关于东亚合作，三国一致同意促进区域经济一体化进程，推动区域全面经济伙伴关系协定早日签署；在此基础上加速中日韩自贸协定谈判，早日建成贸易总额超过7200亿美元的高标准自贸区。其次，有助于基础设施互联互通与第三方市场合作。《中日韩合作未来十年展望》文件也提出了促进包括交通、物流在内的地区互联互通和基础设施合作。① “中日韩+X”成为三国新时代的合作亮点。中日韩正以创新方式引领对外合作，第三方市场合作正在成为三国合作新模式。2018年8月，中日韩外长会议发布了《“中日韩+X”合作概念文件》，提出要“凝聚三国共识，提升合作水平；发挥互补优势，推动区域内外共同与可持续发展”。三国领导人会议还通过了第一批“中日韩+X”合作早期收获项目，涉及中日韩与地区国家的多领域务实合作。再次，地区安全治理合作将迈出重要步伐。面对东北亚局势及朝核问题，三国作为利益攸关方正凝聚共识，加强协调配合，发挥建设性作用。《中日韩合作未来十年展望》还进一步明确了未来十年三边在此议题上的总体规划和主导方向，即维护持久和平安全，加强战略沟通，增进政治互信，发展长期友好关系，共同推动朝鲜半岛完全无核化。最后，三国还同意在反恐、网络安全、能源资源与粮食安全、环境保护、应对气候变化等非传统安全领域展开广泛合作。

2019年底暴发的新冠肺炎疫情，进一步加深了三国对强化区域合作和命运共同体的认识。日韩尤其日本率先对中国“抗疫”提供宝贵支持

---

① 《中日韩合作未来十年展望》，新华社，2019年12月24日，http://www.gov.cn/xinwen/2019-12/24/content_5463712.htm，访问日期：2020年1月17日。

和帮助，其中令人关注的亮点是中日间高度良性互动，日本各界热情向中国提供大量防疫物资，并附以古诗词，中国外交部专门对此表达赞赏和谢意，王毅外长表示，“疫情面前，中日是同舟共济的命运共同体”。①其后，日韩疫情开始告急，助力邻国抗疫，中国同样没有缺席，三国民众和社会舆论对相互风雨同舟之举高度关注和赞赏，合作与友好气氛进一步生成，彼此好感度皆有上升。中日韩相互驰援、守望相助，“山川异域，风月同天”成了疫情下三国同呼吸共命运的真实写照。中国外交部发言人表示：中日韩是一衣带水的友好邻邦，在疫情面前更是命运共同体。②疫情无国界，构成对人类命运的共同威胁，三国用行动诠释了对共同体的责任担当。当前形势下，三国正完善并强化卫生防疫沟通协调应急机制，密切疫情防控、医疗救治、药物疫苗研发等领域合作，并积极探讨在多边框架下加强国际公共卫生合作。三国还加强沟通协调，开展联防联控，切实维护好本地区公共卫生安全，同时确保三方产业链、供应链稳定，尽可能降低疫情对三国务实合作的影响。总之，三国卫生健康领域合作范围广泛、方兴未艾，对于维护本地区非传统安全利益的意义重大，这有助于三国凝聚共识，将医疗卫生、应急管理、社会治理纳入新关系合作范畴，为进一步共同创造东北亚新时代提供了机会之窗。

（二）“契合新时代要求的中日关系”助力区域主义前行

亚洲区域主义和共同体构建所面临的挫折，原因就是缺少中日双火车头的牵引带领。对比全球所有区域机制可知，无论是在贸易、金融、安全还是发展方面，东亚地区主义都已形成多层次宽领域的功能性合作

① 《王毅与日韩外长通电话　有这些抗疫合作的关键信息》，人民网，2020 年 2 月 27 日，http://world.people.com.cn/n1/2020/0227/c1002-31607657.html，访问日期：2020 年 1 月 8 日。

② 《2020 年 3 月 20 日外交部发言人耿爽主持例行记者会》，中国外交部网，2020 年 3 月 20 日，http://search.fmprc.gov.cn/web/fyrbt_673021/jzhsl_673025/t1758730.shtml，访问日期：2020 年 1 月 11 日。

网络。但是，只要针对东亚共同规则的协议仍未达成，这种网络化合作就难以带来更制度化和更深层次的区域主义前景。在冷战后的30年里，亚洲在区域主义方面的许多项目没有能够实现，包括日本一度热心宣示的“10+3”版东亚共同体目标。其中主要的原因，是中日关系恶化造成的障碍。然而，从2017年前后起，事态有了较大的改变和好转，中日有望采取进一步的合作姿态和措施，推动构建两国的新时代负责任大国及地区治理合作新关系。中日是亚洲区域主义的中心力量，两国的深度经济和政治参与对于区域融合与一体化发展至关重要。

近年，安倍政府谋求“战略自主”，导致明显的战略风格变化及对华政策调整，两国深化区域主义合作具备前所未有的利好条件。①进入2017年前后，日本对国际环境和潮流的变化产生巨大的焦虑和不安，进而据此重新调整国家战略、显露加速追求战略自主的倾向。2019年秋冬，中日分别达成阶段性对美贸易协议，但相关难题、悬念仍在。中日皆面临来自美国的压力这一难题，须拓展战略空间和回旋余地，加强大国合作、进行缓压和对冲。如特朗普实现总统连任并不改“初衷”，日本将进一步体认形势深刻变化，加深战略性不安，进而加大政策自主与对冲，包括谋求稳定并发展中日关系。日本筹谋抓住有利时机占据中美日三边关系中的有利位置，放大自身角色，平衡三角架构，借势谋取大国地位，而以推动亚洲地区一体化为战略依托，主动调整对华关系，则是其中重要的一环。

中日关系近年总体呈现加速回暖与持续改善的良好势头，成为全球地缘政治形势中令人瞩目的亮点。目前，中日关系亦成为双方在应对复杂国际变局中的良性外交资产。在全球格局震荡、秩序动摇、大国博弈进入深水区之际，中日双方皆有维持两国关系稳定的刚性需求，不至于轻易放弃这份优等资源。尤其是双方领导人互访、经贸合作深化拓展、

① 安倍7年多的超长期执政意味着他曾拥有更多的政治资本，可以较为自由地推动“官邸外交”，强势地保持政策连续性，并可能更加主动地改善与中国的关系。

政治安全对话与危机管控机制落地，为新时代中日关系发展进一步注入动能和内涵，也标志着两国关系从21世纪第二个十年起的紧张状态出现了明显转变。2018年10月，安倍访华前后多次提出发展中日关系的三条意见，即中日关系要“从竞争到协调”“从威胁到合作伙伴”以及“发展自由公正的贸易体系”，主张以此“将中日关系引向新时代”。① 日本2019年版《外交蓝皮书》认为，与中国保持稳定的关系至关重要；在2019年底第八次中日韩领导人会议上，安倍表示，将主要通过领导人外交以及多领域深化拓展交流，构建“新时代成熟的日中关系”。实际上，两国领导人在2018—2019年的多次会晤中一致认为：两国关系已重回正轨并持续改善向好，中日都进入发展的新时代，双方共同利益和关切日益增多，两国关系面临新的发展机遇。② 双方一致同意推动构建契合新时代要求的中日关系，共同开辟两国关系新未来，推动中日关系再上新台阶。中日关系的缓解与改善，不仅将减少摩擦冲突的危险，还使促进经济合作更为容易，有利于两国及整个地区合作的发展与升级。

中日关系在持续改善的进程中至少显示出如下几点新意。

第一，日本对华战略认知与策略出现积极变化趋向，中日有望部分缓解政治对立与战略互疑。与美国明确将中国定位为战略竞争对手不同，安倍以宣示协调和合作为标志的宏观策略调整大幅缓和了对华关系，在对美和对华外交也就是对其而言最重要的国际战略上，进行了一些平衡和折中的处理。国际大变局下一系列共同利益和复杂挑战，限制了日本的权力现实主义倾向，导致日本对华寻求和解协调而非对抗摩擦。日本在固守日美同盟的同时，也较从前更用心地加强了对华协调，这与特朗普政府全力压制中国并导致中美关系紧张形成了明显的对照。

---

① 外務省「安倍総理の訪中（全体概要）」、2016年10月26日、https://www.mofa.go.jp/mofaj/a_o/c_m1/cn/page4_004452.html，访问日期：2018年12月19日。日方往往将此三条意见表述为“三原则”。——作者注

② 《习近平会见日本首相安倍晋三》，新华社大阪2019年6月27日电，http://www.xinhuanet.com/politics/leaders/2019-06/27/c_1124681266.htm，访问日期：2019年12月5日。

第二，两国经济合作正继续深化发展、提质升级，重新点燃了世界第二大和第三大经济体之间的正向共赢贸易关系，释放经济合作的潜力是改善关系的重要动力。从中日面临的经济形势来看，两国加强经贸合作都有其必要性。2019年下半年尤其消费税增税以来，日本经济增速进一步放缓、下行压力加大，2020年出现负增长，新冠肺炎疫情一旦结束，日本经济发展将更需要中国市场提供强大助力，对华经济依赖性会不减反增。同时，伴随着中国经济增长模式转型和人口老龄化，在高科技、现代服务业和社会治理方面，对日合作也有广阔前景和重大利好。2018年以来的中日双边高层会谈，进一步指出了两国经济合作的着力方向和新增长点，如就加强节能环保、科技创新、高端制造、财政金融、共享经济、医疗养老等重点领域合作达成共识，中日在这些业态的互补互促性强、合作空间大，相互投资意愿日渐提升。中日就此合作潜力巨大，商机无限。两国同意续签在全球金融危机期间启动、在2013年紧张局势期间到期的本币互换协议，该协议的最高限额约为300亿美元，是之前协议的10倍。①

第三，建设性安全关系的构建有助于补齐中日关系的短板。安全领域最重要的动向是，2018年6月，中日“海空联络机制”启动运行，该机制旨在防止两国舰机在相关海空领域发生意外冲突。该机制制定了中国人民解放军与日本自卫队之间直接沟通的规则和热线。同时，双方还同意就海上搜救行动开展合作，恢复中国人民解放军海军和日本海上自卫队舰队互访，以及防务部门高层磋商会议。“机制”的落地，有助于改善两国防务等部门之间的沟通，避免可能导致冲突的误解。而且，管控海空争端为中日在其他领域开展合作创造了更多空间。当今世界大变局时代，为建立区域安全与命运共同体的政策议程提供了最有希望的办法。

---

① 《李克强同日本首相安倍晋三举行会谈时强调努力实现中日关系长期健康稳定发展》，中国外交部官网，2018年5月10日，https://www.mfa.gov.cn/web/zyxw/t1558182.shtml，访问日期：2018年12月20日。

各国可以在不牺牲国家安全的情况下，建立多元化的非传统安全合作来加强区域和人类安全保护，供给更多的公共产品。从跨国犯罪到经济金融、从能源资源和环境安全到国际公共安全及传染病疫情挑战等，各种非传统安全威胁层出不穷，而各国之间的有效合作水平仍然很低，有些国家不具备处理危机的体制能力。中日在将军事力量用于国际安全保障的非战斗性任务，在战后重建、打击海盗、人道主义救援和联合国维和行动等方面，也有着巨大的合作潜力。①因而，中日更多地寻找共同安全利益，更多地加强更具战略性的多边合作，携手为维护本地区和世界的和平做出贡献，对新时代两国关系及亚洲区域主义构建都是极富意义的创新尝试。

第四，中日人文社会交流规模与深度将持续加大，成为深化合作的新助力。这有助于改善双方相互认知，推动“民心工程”及两国关系基础夯实走深。以2019年11月启动的中日人文交流磋商机制为契机，在青少年交流、文化旅游往来、知识舆论界对话的综合支持下，中国民众对日印象将持续改善，日本民众对华好感度也有望小幅提升。在双方政府推动下，2019年“中日青少年交流促进年”的效果有望持续延伸，以团体访问、修学旅行为主要形式的交流将形成惯例，往来互动将更趋于双向化、深入化。2020年东京奥运会因新冠肺炎疫情推迟到2021年举行，同时2022年北京也将举办冬季奥运会，奥运经济将刺激双方尤其中国民众旅游人次增长，两国人员往来有望在疫情结束后迎来快速复苏。在2020年“中日文化体育交流促进年”系列活动推动下，中日文艺界、体育界友好交流将迎来“机会窗口”，为两国关系民意基础改善做出贡献。中日地缘相近、人文交流密切，东亚文化中也具备不少的价值认同和思

① 2019年底发生的疫情作为公共卫生事件，是典型的非传统安全问题，其跨越国界，波及范围广，中日作为邻国，需要通力合作，共克难关。这加强了双方尤其日方对命运共同体的认知，中日探讨全球治理尤其国际公共安全层面的合作将更加有的放矢。

想共鸣，如儒家文化圈在历史积淀中形成的知识与观念等。[①]新冠肺炎疫情期间，“山川异域，风月同天”“岂曰无衣，与子同裳”，都成为中日共同战“疫”的共通人文底蕴和传统纽带。人文因素无疑正助力中日体认人类命运共同体精神要义，在两国合作中发挥更加积极和重要的作用。[②]

（三）同盟疑虑与日本“入亚”对冲

美国的态度及日美同盟对日本的区域战略有着重要乃至决定性的影响。特朗普信奉“美国优先”，表态“美国不再担任世界警察”，对花费代价去维护多边自由贸易体制和推动全球治理不以为然。[③]日美的经济贸易政策和地缘政治战略出现某种分歧和差异，最明显的实例就是日本在美国缺席情况下于 2018 年力促达成《全面与进步跨太平洋伙伴关系协定》，这在过去是无法想象的一种自主行为。安倍政府竭力加速与欧洲达成日欧经济伙伴关系协定，也没有依照美国的脸色行事。特朗普还不时质疑日本依赖美国安全保护伞，在其不可预测的领导风格下，这也正被作为敲打、压榨日本的杠杆及工具。这些局面，促使日本要考虑应变的“B 计划”，[④]加大力度改善对华关系，建立某种“日中协调”态势。可以看到，日本也在重新思考日美关系，即至少部分调整对美过分依赖的路径，改为奉行以己为主、日本第一的“用美”策略，不再把是否符合同

---

① 《中日高级别人文交流磋商机制首次会议在日本举行》，《人民日报》2019 年 11 月26 日。

② 高洪：《日本的新冠肺炎疫情应对及其对中日关系的影响》，《日本学刊》2020 年第 1 期，第 30-31 页。

③ 吴怀中：《日本谋求“战略自主”：举措、动因与制约》，《国际问题研究》2018 年第 6 期，第 21 页。

④ 秋田浩之「米国一点張りの落とし穴　アジア安全保障で取るべき道」、『日本経済新聞』2019 年 3 月 4 日。

盟利益作为对外战略制定的第一标准。①安倍政府正试图寻求一种更为复杂和平衡的外交政策，大胆而谨慎地穿行在美亚之间以及经济与安全相生相克的二元区间。

1. 日美摩擦与日本的“战略自主”

二战结束以来，日本通过享受美国的“霸权稳定”——特别是其提供公共产品的主导性力量，获得了经济增长与安全和平的红利。进入21世纪后，日本对“经济靠中”与“安全靠美”的局面感到基本满意和放心。但是，当下，日本对这一平衡局面可能结束也即世界大变局感到前所未有的不安和担忧。这涉及多个因素，包括自由主义国际秩序面临着巨大的内部动摇，但对日本而言，更主要的应是美中两国权势转移以及美国对外战略及角色扮演的剧烈变化。

对日本的许多人来说，美国的承诺力度和关键作用，无论是对联盟还是对全球自贸体系，似乎越来越值得怀疑。美国似乎打算推卸责任，让地区或国家自行处理问题，而维持一个越来越孤立主义或保护主义的战略。很明显，特朗普不认为在安全和经济领域积极参与东亚多边事务符合美国的国家利益。近年来，美国退出跨太平洋伙伴关系协定、质疑联盟的价值以及不分对象的贸易战争，使美国的地区盟友或伙伴们不得不质疑美国的领导地位，这对日美同盟的稳定构成了一定压力。日本的整个安全战略就是依赖日美同盟，冷战结束后，如何处理好日美同盟仍然是日本外交的核心问题，特别是处理好“同盟困境”中被抛弃的恐惧。尽管日本与华盛顿的军事同盟明显加强，但日本对美国的戒心仍在继续，也不能不对“美国治下的和平”的基础提出疑问。两国在经贸、防务和全球治理等领域反复出现严重互疑和摩擦，并对两国关系产生了腐蚀作用，多种因素引发了日本重新评估其与美国的关系，减弱了其对完全依

---

① 杨伯江：《国际大变局：日本的选择与应对》，载杨伯江主编《日本研究报告（2019）》，社会科学文献出版社，2019，第15页。

赖同盟即能得到安全保障和繁荣环境的信心。[①]随着中国进一步崛起，安倍政府对美国不会与中国进行有损日本利益的战略交易始终缺少坚定的信心。

对美国力量主导地位的失望，以及对美国对该地区承诺减弱的担忧，都将日本推向了一个新的战略对冲方向。这促使其修正对外战略设计的部分元素，不只是做美国的随从，而是积极填补同盟和美国的领导角色，探索与亚洲建立更深层次关系。基辛格曾指出，如果日本看到世界出现新的力量布局，它就会根据自己对现实的判断设法加强安全，而非依赖传统的同盟关系。[②]在安倍政府的主导下，日本正在膨胀的国际政治雄心以及崛起的地区地位，推动其向亚洲进军的经济与战略行为日益明显。美国战略学家对此的解读是“特朗普的外交政策行为使战略自主对日本人颇具吸引力，日本政府采取了更为大胆的外交政策举措，以‘重返亚洲’的方式使日本的经济、外交和安全关系多样化”。[③]

日本历届政府从未像安倍政府这样，敢于或善于偏离美方宏观战略轨道的束缚及规制，以“日本优先”的站位大胆地追求和维护其国家利益。日本在对华政策上不乏自主判断和行事，在中美关系高度紧张之际，日本并不完全跟随美国步伐，而是对中美战略竞争采取相对“超然”态度。当特朗普对华挥舞大棒时，安倍却频频对华接近示好，这种“奇特”现象引起全球观察人士的兴趣，更使日美两国右翼保守派感到不满。日本不顾美国劝说，变相同意与中国共同建设第三国基础设施（尽管尚不愿公开承认是“一带一路”倡议的一部分），在是否与中国经济“脱钩”问题上也保持理性判断。日本作为亚太主要行为体，与全球霸权国美国

---

① 参见細谷雄一「外交の新たなアイデンティティを求めて」、https://www.nippon.com/ja/features/c00201，访问日期：2019年10月15日；中西寛「日本における『自由で開かれたインド太平洋』」、『外交』2018年11・12月号。

② 亨利·基辛格：《世界秩序》，胡利平等译，中信出版集团，2015，第244-245页。

③ Richard J. Samuels and Corey Wallace, “Introduction: Japan’s pivot in Asia,” *International Affairs* 94, no. 4 (July 2018): 703-710.

在核心利益的界定方面存在差距，二者对崛起国中国的反应并不相同。中国是日本最大的贸易伙伴，对东京而言，对华急速脱钩不是一个明智策略。日美在应对中国所谓的“重商主义”策略上存在分歧：日本虽然同意美国的观点——必须切实应对中国的“非市场主义”政策，但它提议的是一种地区多边主义偏好的解决办法。从各种情势判断，不管特朗普是否有可能继续担任下届总统，安倍将不得不继续管理不可预测的多重政治经济风险。当前，任何使日本国家利益最大化的战略，都需要建立在多向操作、多维平衡的基础上，其中很重要的一条就是中日协调、深耕（依托）亚洲。日本看似走上一条与美国或亚洲都不完全一致的道路，但同盟是存量，“入亚”是增量，日本外交战略的天平向亚洲方向倾斜的趋势难以避免。除非中美关系完全脱钩并战略摊牌，美国迫使其盟友做出从美抉择，否则日本目前的这种“入亚”做法有望得到维持。

2. 日美有关“印太”的分歧与日本的“政经分用”

对“自由开放的印太”，在思想与原则以及对该地区的总体战略上，日美之间的看法较为一致，没有重大分歧，但在目标和实施方面却存在较大差异。日美在谈及“印太”时，并不一定具有相同的地缘概念和地理框架。日本的构想在地理范畴上更为广阔，其对印太地域的定义是一直延伸到非洲东海岸，这从日印“亚非增长走廊”的设计规划也可以看出。这是一个比美国版本更宽泛的“印太”概念，因为美方的地理划定基本上与其印太司令部的责权范围相同，即以印度洋的一部分为终点。

更实质性的区别在于，美国和日本对该地区经济贸易的愿景并不完全一致。日本当前的“印太构想”是以推动多边经济互动为主要路径，对其和“一带一路”的对接保持“有前提的开放”态度。安倍政府的“印太构想”实际上把维护自由贸易秩序以及海上通道安全放在重要位置。自由贸易是日本的立国根基，日本的构想目标是依赖于资源充足的基础设施融资，为区域经济联系奠定基础，并在其中吸引中印等国参与和竞争，这反映在日印推动的“亚非增长走廊”计划以及围绕“一带一路”与“印太”的中日第三方市场合作对接上。① 亚非急需基础设施投资，日本在亚洲尤其东南亚的高质量基建项目上有着丰富的经验。美国战略学家认为，从经济上讲，日本希望通过寻求与东南亚、南亚和东非之间的新依赖关系来重新定位经济重心区域，整个“印太”的经济多样化也将成为建立新的外交和安全伙伴关系的基础。②相比之下，美国却漠视这一目标，其“印太”战略被认为侧重于安全色彩，基本属于美军印太司令部的责任范围。当然，特朗普政府也谈论自由贸易，但其措辞重点放在“自由且公平”的贸易上，即更多强调的是“公平”而不是“自由”，并且，其“印太”战略建立在与中国竞争的零和观点上，在基础设施融资方面的提议则更加令人失望与担忧。对此，美国智库专家乔纳森·波拉克有如下描述：“美国本能地会与日澳等国加强合作，提供一些与中国竞争的西方基础设施方案，但日本人对此说不，认为应在 20 国集团范围内制定中国可遵守的接触规则。”③

围绕中美日关系的再平衡和复杂对冲，日本区域主义战略也不得不摸索与中日关系发展不相冲突的“印太构想”，某种意义上这也意味着探索构建一种“日美同盟+日中协调”的相对均衡局面。这种偏好实际上也与日本“印太构想”的一个重要主题变化相一致，即从侧重安全的战略尤其重点是加强该地区的防务和安全伙伴关系，发展为一种更平衡的方式即优先考虑经济供应链和可持续投资。④ 2018 年 12 月，尽管处在特朗

---

① 佐々江賢一郎「インド太平洋の新しい国際秩序と日米中関係」、『外交』2019 年 1・2 月号、21-24 頁。

② Richard J. Samuels and Corey Wallace, “Introduction: Japan’s pivot in Asia,” *International Affairs* 94, no. 4 (July 2018): 703-710.

③ Richard C. Bush, “Conference on the Risks to the Asian Peace: Avoiding Paths to Great Power War,” Brookings Institution, June 25, 2019, https://www.brookings.edu/on-the-record/conference-on-the-risks-to-the-asian-peace-avoiding-paths-to-great-power-war/，访问日期：2020 年 1 月 9 日。

④ J. Berkshire Miller, “China and Japan’s Pragmatic Peace,” *Foreign Policy*, July 1, 2019, https://foreignpolicy.com/2019/07/01/china-and-japans-pragmatic-peace/，访问日期：2019 年 12 月 11 日。

普政府加力使用“印太战略”牵制中国的形势之下，安倍政府仍谨慎地将“印太战略”调整为“印太构想”，强调包容合作是“印太构想”的指导原则之一，目标不是针对中国而是建立一个包括中国在内的地区贸易架构，希望与中国一起努力推进区域合作，“印太构想”与“一带一路”也具对接可能性。①

四、结语

综上所述，日本区域主义战略的发展演变经历了四个阶段，体现为以经济中心与合作导向、政经合流与政略上扬、政略优先与秩序拼争、政经并重与“回归”亚洲为路径的递进性演变。实际上，这也是一个由经济区域主义演进到包含政治安全在内的复合型区域主义乃至综合型广域地缘战略的进程。目前，第四个阶段仍在发展演化，并可能持续较长时期。根据主要自变量因素发生变化时日本区域战略随之做出相应调整的上述规律总结，可推导出如下日本区域主义战略及亚洲共同体发展的上下区间及可能趋向。

未来一段时期，日本区域主义战略调整的确定因素与不确定因素并存，主要受制于上述两大自变量的演变态势，同时受到开始带有独立自变量性质的“体系”元素以及区域合作进程等干预变量的加持影响。当今及未来一段时期，基本可预见或确定的趋势如下：（1）两大固有自变量正在发生很大变化。其一，中日国力差距越拉越大，且两国关系大幅缓和改善，开启“新时代”模式。对日本来说，与中国碰撞的代价极大，不搭中国发展便车的损失极大，已经是一种可预期的客观现象和常量系数。其二，“特朗普冲击”使得日本始终难以对美国的承诺和保障感到安

① 外務省「安倍総理の訪中（全体概要）」、2016年10月26日、https://www.mofa.go.jp/mofaj/a_o/c_m1/cn/page4_004452.html，访问日期：2018年12月19日。

心和放心，不管特朗普是否连任以及其政策是否被延续，心有余悸的日本在未来中短期内都要对日美同盟进行“再考察”和“净评估”，政策立足点会置于“日本第一”而非单纯的“同盟优先”，留出战略回旋余地与博弈资本。此两大因素叠加，已经使得日本部分顺应中国发展、“搭车”回归亚洲、依托地区一体化采取对冲战略的趋势不可避免。安倍强调中日关系要由“从竞争到协调”“从威胁到合作伙伴”等就是明证。①

(2) 除此之外，在百年未有之大变局下，国际体系、格局与秩序被认为正在发生系列重大变化——尤其日本赖以为生存之基的自由主义国际秩序、大国力量对比与国际权势格局、单极体系与霸权稳定合二为一的舒适环境，都发生了冷战后甚至二战后日本从未遭遇过的激变和不利局面。尤其2018年之后，日本在全球“非典型单极体系”以及区域“不对称两极格局”下对国际地区环境风险格外敏感“脆弱”，② 因而其追随霸权主导国的动力与意愿有所改变也并非异常。从这个角度看，日本对区域主义的投入并不单单是对同盟的一种补充，也正如亨廷顿早就指出的，“在国家和地区展开经济竞争的时代，日本的国家利益远比作为西方成员的‘身份’重要”。③ 而基辛格近年针对日本的战略动向也曾指出：“日本采取何种同盟关系以实现自己的新角色，取决于其对全球力量均势的估计。”④ 总之，复杂的国际变局及外部形势，使得日本必须以“区域化的全球化”、回归亚洲并推进“亚洲的亚洲化”，来应对全球化变异和国际大变局，对日本的外部资源进行“再平衡”以及对日本的涉外利益进行“再保证”。尤其，如果中日关系持续改善、“特朗普主义”继续发酵，日本区域主义战略将加快加大“入亚”步伐和幅度，部分溢出日美同盟

① 外務省「安倍総理の訪中（全体概要）」、2016年10月26日、https://www.mofa.go.jp/mofaj/a_o/c_m1/cn/page4_004452.html，访问日期：2018年12月19日。

② 阎学通、张旗编著：《道义现实主义与中国的崛起战略》，中国社会科学出版社，2018，第82-91页。

③ 萨缪尔·亨廷顿：《文明的冲突与世界秩序的重建》，周琪等译，新华出版社，2002，第252页。

④ 亨利·基辛格：《世界秩序》，胡利平等译，中信出版集团，2015，第244-245页。

框架，积极参与推动亚洲区域一体化及共同体建设进程。

当然，也须认清，这种调整是多向对冲的策略行为，处于战略调整的长期通道的端口或是一种战略行为的序曲，但还不是根本性的战略革命举措。这个过程较长且有曲折反复甚至倒退，最终取决于体系与格局演变尤其是日美、日中、中美关系的发展态势与中美日的战略取向，所以其持续性和后续效果还须审慎观察。尤其在新冠肺炎疫情后国际变局加速演化、中美博弈前景不明并有加剧趋向的情况下，如果美国大幅调整“亚洲政策”并改进“同盟对策”，中日美格局及“东西”关系失去最低平衡、亚洲区域合作的宏观条件大幅恶化，则东京有可能发生“保守回潮”，在区域合作上更显政治化、安全化和权力志向。比如，不但在改善对华关系上动力不足、态度摇摆，而且附议美欧的相关消极动向及政策逆流，突出“价值观”色彩、强化规则与秩序竞争、转移供应链与生产链、限制科技交流等。这将使其区域主义战略采取更多的保守与对冲政策，对推动亚洲区域一体化及亚洲共同体建设失去应有的热情和积极性，主要政策着力点仍回置于《全面与进步跨太平洋伙伴关系协定》《日欧经济伙伴关系协定》等广域经贸合作构想以及“印太”地缘政治战略方向上。

第三章

平成时代的日本经济

第一节 平成时代日本经济长期低迷的原因探究*

自泡沫经济崩溃以来，日本经济陷入了长期低迷状态，直到现在也未恢复到泡沫经济之前的20世纪80年代初期的水平。导致日本经济长期低迷的原因是非常复杂的。可以说，日本经济陷入长期低迷是多种复杂因素共同作用的结果。为此，就像当年探索日本创造高速经济增长奇迹的原因一样，日本的学术界，中国乃至欧美的学者，都尝试从不同角度研究日本经济陷入长期低迷的原因，但直到目前，仍未得出统一的结论。本文拟对先行研究做一简单归纳，并在此基础上尝试从多种视角，特别是总需求与总供给的视角，对日本陷入经济长期低迷的原因进行重新审视。

一、关于日本经济长期低迷原因的论争

关于平成时代的日本经济，有各种各样的评论，有人认为是“失去的30年”，也有人认为是改革的30年，林林总总，仁者见仁，智者见智。笔者并不赞同所谓“失去的30年”的说法，但是平成时代日本经济长期低迷却是不争的事实。1980—1985年，日本年均实际国内生产总值（GDP）增长率为4.3%，而1991—2013年年均仅增长0.9%，2013—

---

* 作者张季风，中国社会科学院日本研究所研究员。本文在《日本经济陷入长期低迷原因新探》（发表于《日本学刊》2015年第4期）基础上修改而成。

2019 年安倍内阁期间，积极推行“安倍经济学”，加之周期性原因，出现了长达 71 个月的长期景气，但年平均增长率也仅为 1.1%左右，由此不难发现，过去的 30 多年，日本年均实际 GDP 增长率至少停滞了 3%。日本经济与同期其他发达国家的经济增长率相比也是相形见绌（见图 3-1、图 3-2）。长期低迷、财政债务沉重，再加上长期通缩，这被媒体称为所谓“日本病”的三大特征。而且其他主要经济指标也不尽如人意，比如，个人显性工资没有增长，特别是低收入人群中的年轻人的收入明显减少，地区差距、收入差距有所扩大，日本经济国际地位相对下降，等等。当然，在过去的 20 多年中日本经济并不是一直低迷，也出现过若干次景气波动，特别是 2002—2007 年还曾出现过长达 73 个月的战后持续时间最长的景气，但平均增长率也未超过 2%，2013—2019 年也曾出现 71 个月的长期经济景气，但这种低水平景气并未改变平成时代 30 年整体低迷的大趋势。

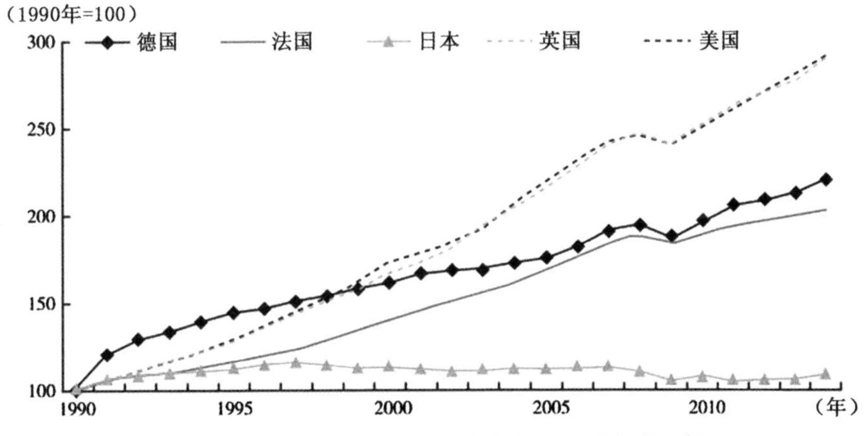

图 3-1　日本与欧美发达国家名义 GDP 增长率比较

资料来源：作者根据经济合作与发展组织（OECD）和国际货币基金组织（IMF）各国统计数据绘制。

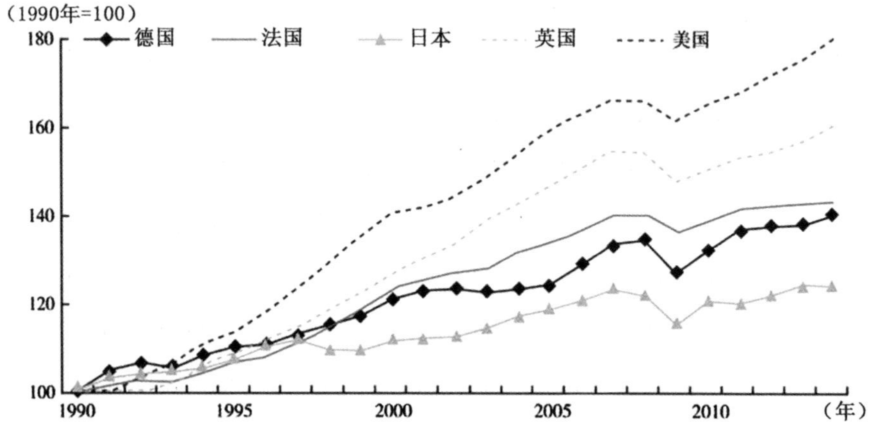

图 3-2　日本与欧美发达国家实际 GDP 增长率比较

资料来源：作者根据经济合作与发展组织和国际货币基金组织各国统计数据绘制。

关于 20 世纪 90 年代以来日本陷入长期低迷的原因究竟是什么，如何才能摆脱这种局面等问题，日本的政策当局、经济学者和企业家之间进行过无数次的反复研究和论争，即使到现在这种研究和论争仍在继续。其中“结构派”和“通货派”影响较大。前者将经济的长期低迷归结为经济全球化导致的外部竞争加剧等结构原因；后者则认为货币政策的失误是造成经济低迷的主因。与此相关，对于货币政策机能的研究同样也可以分为相应的两派。其中一派认为 90 年代日本的货币政策的传递路径是以“信用通道”为主，而起因于泡沫经济崩溃产生的不良债权和资产紧缩对这一通道形成了阻碍，抵消了扩张性货币政策的经济效果。这一以不良债权为分析重点的观点应属于结构派。相反，另一派别则重视货币政策传递路径的“货币通道”，认为在 90 年代后期，银行贷款不再是影响经济活动的主要因素，在由短期利率到长期利率乃至货币供应量的传递过程中，综合风险的提高和通货紧缩产生的综合效应（包括居高不下的实际利率、实际债务负担的加重、投资利润率的下降等），对这一通路形成了阻碍。

日本经济的长期低迷始于泡沫经济崩溃，而泡沫破灭的直接后果就表现在资产价格的大幅、持续下降和银行产生的大量不良贷款上面。资产通货紧缩和不良贷款问题不但没有在短时期内得到解决，而且贯穿于整个停滞期。因此，这两个问题成为讨论货币政策效果和金融体制不稳乃至长期经济停滞的重要话题。资产通货紧缩本身就对消费、投资支出产生逆效应。不仅如此，资产作为资金借贷市场的担保物具有降低借贷双方交易成本的作用。显然，资产价格的大幅度下降，不仅会导致以资产为担保的银行贷款的不良化（呆账化），而且会因为交易成本的提高，抑制银行的对外贷款。在以银行的间接融资为主的日本金融体制下，这一问题显然对宏观经济发展会产生重要的影响。日本的许多研究者对90年代后期发生的银行“惜贷现象”和“追贷现象”的研究，正是以此为着眼点的。

小川一夫①研究成果中，对货币政策的传递路径做了深入的分析。他所建立的向量自回归（VAR）模型中，注意到了上述的资产价格变动对货币政策和金融机构行为产生的影响，因此将这一因素引进到模型中。为了使模型能够检验两种可能的货币政策传递路径，模型包容了“货币通道”和“信用通道”的传递要素，并使用不同行业和不同规模的企业数据进行分析。VAR模型以拆借利率作为货币政策的操作变量，其他变量包括通货膨胀率、销售额、土地存量、借款余额、设备投资。设备投资是有效需求中变动最大的项目，因此，在分析货币政策变动时，通过何种途径在何种程度上影响到设备投资是具有重要意义的；而土地存量、借款余额表示了企业资产负债的状况，在信用通道中具有重要的影响。

与“结构派”研究经济低迷及政策失效侧重于资产通货紧缩和银行贷款供求不同，“通货派”的研究更侧重于货币供给在经济中的作用。这一派的学者对日本银行的货币政策给予严厉的批评，认为长期经济低迷主要是由于日本银行货币政策的失误造成的，导致经济停滞深化的通货紧缩现象，其本质是货币问题，货币政策应在宏观经济调控中发挥主导

---

① 参见小川一夫『大不況の経済分析：日本経済長期低迷の解明』、日本経済新聞社、2003年、155-192頁。

作用。关于货币政策的作用机制，他们也通过实证分析对“结构派”的观点给予了反驳。

原田泰、冈本慎一同样使用了 VAR 模型分析了各经济变量之间的影响。[①] 三组模型的构成分别如下：（1）GDP 模型。被解释变量：实际民间企业设备投资或实际 GDP；解释变量：实际货币供应量（M2+CD）、实际民间银行贷款、除民间银行贷款之外的实际总资金筹措（不包括来自公立金融机构的资金）、银行间拆借市场利率。（2）中小企业附加价值模型。被解释变量：实际中小企业设备投资或实际中小企业附加价值；解释变量：在（1）组模型的解释变量中用企业间信用替换了总资金筹措。（3）中小企业附加价值、面向中小企业贷款模型。被解释变量：用面向中小企业贷款替代前两组模型中的实际民间银行贷款。综合几组模型的分析结果，原田、冈本得出了如下的结论：企业的资金筹措不仅仅限于银行贷款，还存在着企业间信用、发行债券、股票等手段。对于中小企业来说，也存在企业间信用的通道，企业的资金筹措未必受到银行的制约。从宏观上看，货币供应量、银行以外的资金筹措和银行贷款对经济活动的影响依次由强变弱。即使在中小企业的附加价值上，货币供应量的影响也超过了银行贷款。

两个不同的学派对于经济结构和货币政策作用机制的分析，得出了有较大差异的结论。很显然，不同的结论也具有完全不同的现实意义。主张货币政策的传递路径主要依靠“信用通道”的结构派，认为货币政策的失效主要是因为资产价格下跌和不良债权对传递路径的堵塞，因此政策的重点应该优先处理不良债权和解决结构性问题；而货币派则认为，货币供应量对经济的影响是重要的。通货紧缩是导致经济停滞深化的主要原因，它无外乎是货币现象，必须用以货币调节为主要内容的货币政

---

① 参见原田泰、岡本慎一『銀行貸出、マネー、その他の資金調達手段の優位性』、浜田宏一、原田泰、内閣府経済社会総合研究所編『長期不況の理論と実証—日本経済の停滞と金融政策』、東洋経済新報社、2004 年、101-123 頁。

策来解决。这种政策争论实际上不仅限于学术界，而且在官场等处也广泛存在。尽管两派形成了尖锐的对立，但是实际上双方并不能完全否定自己的对立面，这一点无论是通过理论阐述还是实证分析都是如此。也就是说，在日本，结构性因素和总需求不足的因素是共存的，只是程度不同而已。货币政策是重要的，但是其作用在不同情况下是存在差异的。

除了上述两大学派的分析，还有许多学者从总需求、总供给角度以及从虚拟经济和实体经济方面对日本经济长期低迷的原因进行分析。特别是从供给和需求量方面寻找日本经济长期低迷原因的论著颇多，具有代表性的成果有岩田规久男、宫川努（2003）①、滨田宏一、堀内昭义、内阁府经济社会综合研究所编（2004）、林文夫（2007）②、橘木俊诏（2007）③ 的著述等。这些成果使用大量公开发表的数据，进行比较全面综合的实证分析。

特别值得一提的是，日本学者十分重视全要素生产率（TFP）变化对日本经济长期低迷影响的研究。认为日本经济陷入长期低迷的主要原因在于“生产率的降低”的学者中，林文夫和普雷斯科特（Hayashi and Prescott）（2002）④ 以及林文夫（2003）⑤ 的影响最大。关于生产率下降的分析大体集中在两点：其一是20世纪90年代生产率是否开始下降；其二是对生产率下降具体内容的把握（如，是技术进步率自身发生了变化，还是保留了那些生产效率低下的企业，还是生产要素配置错位导致的生

① 岩田規久男・宮川努編『失われた10年の真相は何か』東洋経済新報社、2003年。

② 林文夫編『経済制度の実証分析と設計』勁草書房、2007年。

③ 橘木俊詔編『日本経済の実証分析——失われた10年を乗り越えて』東洋経済新報社、2007年。

④ Hayashi, F., and Prescott, E, C., "The 1990s, in Japan: A lost Decade," *Review of Economic Dynamics* 5 (2002): 206-235.

⑤ 林文夫「構造かいかっくなくて成長なし」『失われた10年の真因は何か（エコノミックスシリーズ）』東洋経済新報社、2003年。

产率下降，等等）。[①] 从宏观经济角度来考虑，关于第一点的研究动向，即90年代以来生产率是不是真的下降了，而下降到何种程度这一问题也成为焦点。林文夫和和普雷斯科特（Hayashi and Prescott）认为，90年代与80年代相比，所失去的年平均实际GDP增长率当中有70%是因为全要素生产率下降造成的。全要素生产率如果从数量角度去推计的话，应从生产量（含附加价值）的增长中减去生产所需的投入以及资本和劳动投入量的增长。若要进行精密计算的话，必须认真计算作为产出的生产量以及附加价值、作为投入的资本以及劳动力投入量等各种单项要素的数量。

林文夫和和普雷斯科特（Hayashi and Prescott）以后的实证研究主要体现在对全要素生产率的增长率的详细计算。根据乾友彦和权赫旭[②]的研究成果，可从产出和投入两个大的方面进行归纳一些重要的问题和观点。关于产出有如下三点：（1）究竟是使用生产量还是使用附加价值；（2）附加价值的对象范围；（3）进行实质化的紧缩指数的测算以及对象范围。关于投入有如下两点：（4）资本的质量评价、范围、开工率以及成本所占比例的把握；（5）劳动投入的质量评价、成本所占比例。还有一点很重要，就是（6）推算全要素生产率的前提是将市场看作完全竞争状态还是不完全竞争状态，以及是否考虑规模经济性等因素。

关于（1），与不同产业采用生产量指标进行比较相比，在采用附加价值时，全要素生产率的增长率呈偏好倾向。关于第（2）至第（5），如果推测到投入增长很低的话，在产出不变的情况下全要素生产率的增长率上升。关于第（6）点，如果净资产收益率超过1是正确的话，无法将完全竞争条件下的全要素生产率的增长率视为全要素生产率的增长率。

① 关于这一点，请详细参照深尾京司・宮川努『生産性と日本経済成長——JIPデータベースによる産業・企業レベルの実証分析』東京大学出版会、林文夫編『経済停滞の原因と制度』勁草書房所収の権・深尾論文等、2008年。

② 乾友彦・権赫旭『展望：日本のTFP上昇率は1990年代においてどれだけ低下したか』内閣府経済社会総合研究所『経済分析』176号、2005年。

而且，在规模经济发生作用又不考虑规模经济性的情况下，对全要素生产率的增长率进行推计的话，将会出现上升偏好。乾友彦和权赫旭对净资产收益率以及规模经济进行实证研究，确认日本在净资产收益率大于1，而且存在规模经济性，并且归纳整合有关这方面的已有研究成果。也就是说，依据完全竞争而且不考虑规模经济性的话，多数的全要素生产率的增长率的推计，存在着偏好作用的可能性。

学者们对日本经济陷入长期低迷的原因的观点可谓五花八门，各种各样，因篇幅所限，在此无法一一介绍。只能对一些主要观点做以下归纳：①

> 结构问题说：出现长期低迷是因为没有解决日本经济内在的结构性问题；财政政策原因说：在危机初始阶段，应当刺激经济时，没有及时出手，财政政策失败，而此后又长期依赖财政投资，结果导致长期累计债务越积越多；金融危机原因说：货币政策的失误导致通缩，物价长期低迷，再加上日元汇率升值带来长期低迷；银行机能低下原因说：由于不良债权没有及时处理，导致银行机能低下带来了长期低迷；其他原因：制度设计的试行错误以及向低效率部门投资太多，留下巨大的政府债务，却没有产生应有的效益；等等。②

二、从需求与供给两方面探究长期低迷的原因

从主要经济指标来看，直到现在日本经济也未恢复到泡沫经济之前的20世纪80年代初期的水平。泡沫经济发生之前的1980—1985年，日

① 浜田宏一・堀内昭義『論争　日本の経済危機——長期停滞の真因を解明する』、日本経済新聞社、2004年。

② 浜田宏一・堀内昭義『論争　日本の経済危機——長期停滞の真因を解明する』、日本経済新聞社、2004年。

本实际GDP增长率为年平均4.3%，而90年代以来的20多年的平均增长不足1.3%，这样进行简单比较，就会发现，过去的20年年均实际GDP增长率至少停滞了3%。下面将以总需求和总供给的模型理论为依据，从需求和供给两个方面的因素对经济增长的影响，以及对经济增长贡献度加以分析。

（一）从需求视角看日本经济的长期低迷

日本经济的长期低迷始于泡沫经济崩溃后的20世纪90年代初期，人们对这一点恐怕没有异议。所以我们首先重点对90年代以后构成日本GDP基本要素的消费、投资、公共需求（政府消费、公共投资）和出口等主要数据进行分析。先看一下实际GDP增长率和各要素贡献的变化。根据日本内阁府《国民经济计算年报》，80年代虽然在景气循环的作用下，经济增长也有所波动，但基本实现了3%—7%的较高增长，从对GDP增长拉动的具体要素来看，民间消费和设备投资的拉动作用比较大。但是泡沫经济崩溃后，股票、土地等资产价格急剧下降，随着住宅投资减少（1991年以来）、接下来设备投资减少（1992年以来）和民间消费的停滞（1993年以来），1993年的实际GDP增长率降至0.2%的水平。

1993年以后的日本经济，虽然仍处于低迷状态，但其特点是公共投资对GDP增长的拉动作用明显增大。这反映出在实体经济停滞过程中政府所实施的大规模经济对策。一般来说，扩大公共事业投资能够收到效果，虽然公共投资需要经过一定的时间滞后才能发挥作用，但此时设备投资将紧随其后，接下来就有可能出现消费扩大，进而拉动实际GDP增长。然而，日本虽然多次推出以扩大公共投资为特征的经济对策，却没有收到预期效果。90年代的实际GDP非但没有恢复到80年代前半期的增长水平，而且陷入长期的停滞状态。具体来看，根据日本内阁府《国民经济计算年报》，1997—1998年实际GDP增长率再次下降，在公共需求的贡献转为负增长的同时，民间住宅投资也开始减少，设备投资和消费也出现下滑。1998年总需求所有的要素对经济增长的贡献都成为负值，因此实际GDP自然也就陷入负增长。1998年的负增长的最显著特点是，不仅是经济增长滑坡，而且在不断加重的不良债权问题的拖累下，呈现出金融危机的各种症状。

2002年以后的超长期景气经济增长的特点是，出口对经济增长率的贡献加大，而公共需求对经济增长的贡献转为负值，设备投资和民间消费对经济增长的贡献虽然也维持正值，但并不强劲。2002—2007年的实际GDP增长率，最高值出现在2004年，为2.7%，虽然与1996年处于相当水平，但没有达到IT景气时期的2000年的2.9%的水平。超长期景气期结束后，经过了2009年国际金融危机和2011年东日本大地震的强烈冲击，实际GDP增长率出现了大起大落局面，2008年和2009年连续两年负增长，2010年出现恢复性增长达到3.4%，2011年又跌入0.3%的低增长时期，2013年又恢复到2.1%的较高增长。①

下面再看一下不同年代各种需求要素对实际GDP增长率的拉动与贡献率。如表3-1所示，20世纪80年代消费（民间最终消费支出）、投资（民间住宅投资及民间企业设备投资）对实际GDP增长率的拉动和贡献率都处于很高的水平，但是90年代以后则明显降低。例如，80年代前半期的民需（消费与投资的合计）对实际GDP增长率的拉动为2.7%，如果换算为贡献率的话，则为63.7%。进入80年代后半期，民需对实际GDP增长率的拉动上升为4.9%，换算为贡献率则为92.6%。这说明，日本内需对经济增长的贡献率已经相当高。

1986年日本曾发表了著名的《前川报告》，② 该报告明确指出了要将经济增长的成果适当地向职工报酬倾斜，通过减少征收个人所得税来提

---

① 内閣府『国民経済計算年報』。

② 《前川报告》的全称为“为实现国际协调目标的经济结构调整研究会报告书”。——作者注

高职工的可支配收入以促进个人消费，充实和加强住宅对策，同时充实地方社会基础设施等扩大内需的政策，仅从80年代后半期的SNA统计（基于国际标准的国民经济统计）来看，当时日本至少在宏观上实现了扩大内需目标。但从对经济增长的拉动和贡献率两方面来看，大幅度的进口也带来了促进内需扩大的效果。

表3-1　各种需求要素对实际GDP增长的拉动与贡献率

单位:%

（1）拉动

年份	实际GDP	民间最终消费支出	民间住宅投资	民间企业设备投资	公共需求	其他	出口	进口
1981—1985	4.3	1.8	-0.1	1.0	0.4	0.1	1.1	0.1
1985—1990	5.2	2.5	0.4	2.0	0.6	0.1	0.4	0.7
1990—1995	2.1	0.4	0.0	-0.2	1.0	0.0	0.4	0.3
1995—2000	0.8	0.4	-0.2	0.2	0.1	—	0.6	-0.4
2000—2005	1.3	0.7	-0.1	0.6	-0.1	—	0.8	-0.3
2005—2010	0.3	0.3	-0.2	-0.2	0.1	—	0.4	0
2010—2013	1.2	1.1	0.2	0.4	0.4	—	0.1	-0.9

（2）贡献率

年份	实际GDP	民间最终消费支出	民间住宅投资	民间企业设备投资	公共需求	其他	出口	进口
1981—1985	100	42.8	-2.8	23.7	10.2	3.3	26.0	3.3
1985—1990	100	47.6	6.7	38.3	11.8	1.3	7.7	13.4
1990—1995	100	61.4	-0.8	-7.9	44.9	-0.8	18.9	15.7
1995—2000	100	47.5	-20.0	27.5	17.5	—	47.5	-45
2000—2005	100	46.1	-4.6	27.5	-7.8	—	61.5	-26.2
2005—2010	100	115	-73.3	-73.3	26.7	—	120	6.7
2010—2013	100	94.4	10	21.7	33.3	—	5	-72.2

资料来源：根据内閣府『国民経済計算確報』（2014年12月25日）整理。

注：1995年以后数据为2005基准。

但是，进入90年代以后，情况发生很大变化，民需对实际GDP增长率的拉动和贡献率明显下降，特别是经济状况日趋恶化的90年代后期下降更为严重。这一时期，民需对实际GDP增长率的拉动仅为0.4%，贡献率仅为55.0%，与80年代几乎无法相比。90年代日本经济发展的特点是，政府消费和公共投资，即所谓公共需求不断扩大。应当说，在90年代中后期，公共需求的扩大在一定程度上填补了民需的停滞和外需的低迷。

进入21世纪，特别是2002年以后的超长期景气，主要是外需，即净出口（出口额减去进口额）拉动的，这从表3-1的数据可以得到证实。2000—2005年净出口对实际GDP增长的拉动为0.8%，换算为贡献率为61.5%；2005—2010年为0.4%，换算为贡献率120%。也就是说净出口对实际经济增长的贡献达到了前所未有的高度。这其中对亚洲地区的出口占重要部分，而“中国特需”发挥了不可替代的作用。在经济全球化的大背景下，国际经济发展不均衡的扩大，导致世界实体经济的繁荣，日本的企业和产业界正是充分利用了这种机遇，赢得了长达73个月的战后最长期的景气。毫无疑问，在这一超长期的景气期当中，日本经济的内在矛盾也在逐渐深化。最值得注意的就是劳动力市场的剧烈变化和家庭的名义收入几乎没有增加。从构成职工报酬最主要部分的名义工资、奖金的增长率来看，20世纪80年代前半期以及后半期都分别增加了20%左右，这意味着职工工资每年约增长5%，而90年代前半期的5年间还有10%左右的增长，平均每年有2%的增长，但到90年代后半期的5年，总体下降了2%。2002—2007年也只增加了2.5%，每年只增加0.5%左右，因此从全国规模来看，几乎感觉不到工资的增长，① 恐怕这也是超长期景气“没有实感”的重要原因之一。

另外，名义工资增长低迷也对雇佣形态的变化产生了影响。那就是

---

① 片岡剛士『日本の「失われた二十年——デフレを超える経済政策に向けて」』、藤原書店、2010年、142頁。

派遣社员、计时工等非正式雇佣人员比例的提高。在80年代后半期非正式雇佣人员占整个雇佣人员的比例仅为15%左右，此后逐年缓慢增加，而到1997—2014年增长速度明显加快，目前非雇佣人员占总雇佣人员的比例已经超过38%。在非雇佣人员队伍扩大的过程中，名义工资增长的停滞也改变了家庭收入构成的变化。日本厚生劳动省实施的“国民生活基础调查”显示，1996年以后，虽然年收入在300万日元的家庭所占比例有所增加，而且到2006年扩大到30%。但是，1996—2006年的10年间，年收入不足200万日元的家庭比例增加了5.9个百分点，而500万日元以上收入的家庭的比例下降了10.2个百分点。2014年，在平均收入528.9万日元以下的家庭高达61.2%，而收入200万日元以下，即贫困线以下的家庭竟高达20.5%（见图3-3）。很显然，从不同收入阶层的变化可以看出，家庭收入之间的差距有所扩大。贫困层的扩大和中产阶层的减少自然会削弱全社会的消费能力。

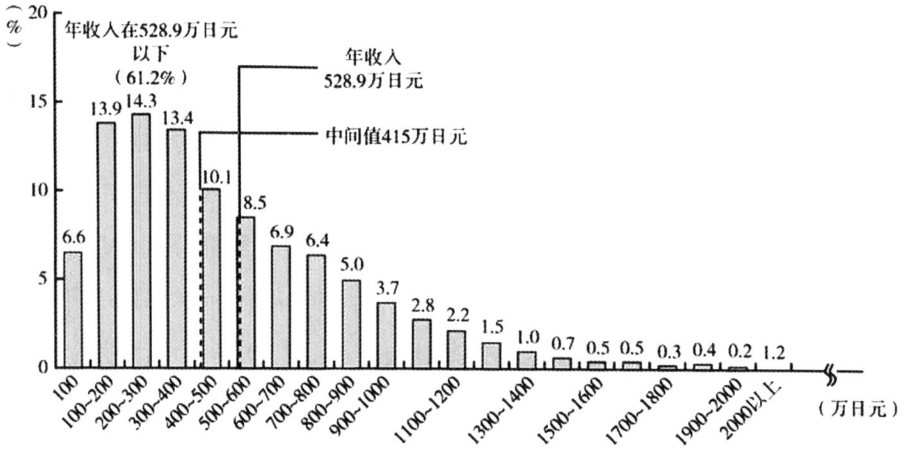

图3-3　家庭的收入分布（2014年）

资料来源：厚生劳働省『国民生活調查』平成26年。

当然，如果在工资上涨过程中，非正式雇佣的扩大会促进就业机会的多样化，这对解决失业问题是有好处的。但如果在总体工资几乎没有增长情况下，非正式就业的扩大，则只能对企业有利，即意味着企业削减成本的手段可以越来越多样化，越来越方便。相关统计显示，企业效益开始恢复的2002—2004年，主要是偿还现有债务，而无能力再从银行进行新的融资。由于企业成本被大大压缩，竞争力重新提高，特别是大企业将目光转向外需，积极增加出口生产，提高了企业的经营效益。

从企业方面来看，《派遣法》的修订①以及2000年以后签订自贸协定步伐的加快，这对企业扩大出口十分有利，特别是某些企业占据产业链高端，在以亚洲为中心的国际分工体系中占有优势，这些企业进一步向产品特化的方向迈进。这些企业行为的变化，只从企业的角度来看是合理的，对日本经济的恢复也发挥了重要的作用。但是，如果从宏观经济总体来看，则产生了“理性之谬误”，企业部门的“合理行动”使家计部门（日本特有的经济术语，指涉及家庭的经济部分）的收入和利益被挤压，致使慢性通缩长期持续，最终导致始于2002年的战后最长的景气变成了不伴随收入扩大和内需扩大的“没有实感”的长期景气。

更严重的问题是，由于名义GDP的低迷，20世纪90年代日本政府连续出台了11次紧急经济对策，导致财政赤字的扩大和政府长期债务负担的增加，再加上迅速进入人口减少和少子老龄化社会，现役在岗职工社会保障负担的提高也加重了代际差距拉大。

2008—2012年，基础名义工资一直处于负增长，占GDP近60%的私人消费，导致民间最终消费总体处于低迷状态，2008—2012年分别为-0.9%、

---

① 《派遣法》全称为《关于确保劳动力派遣事业顺利运行以及派遣劳动力就业条件的完善等法律》，2006年修订。修订法提出派遣员工（“派遣员工”是日本企业的一种职业种类，是由派遣公司专门管理，用人单位按照工作时间支付给派遣公司相应酬劳）合同期满后可以不再续签合同，依据这一法律，在2008年秋季国际金融危机爆发后，很多企业拒绝与到期的派遣员工续签合同，结果造成强烈社会震动，年底派遣员工上街游行示威，并在日比谷公园设立“失业派遣社员村”给政府施加压力。自民党政府立即着手讨论对《派遣法》再次修订，但由于政局动荡等原因没有实现，2012年在民主党政权下，再次修改，增加了“禁止日雇用派遣”的内容。

-0.7%、2.8%、0.3%和2.0%。[①] 2013年以后，在“安倍经济学”的刺激下，虽然工资有所上涨，但由于物价上涨幅度更大，实际工资反而下降。特别是由于2014年4月受提高消费税的影响，民间消费出现了大幅度下降。

（二）从供给视角看日本经济的长期低迷

前面已从消费、投资和出口等需求方面的要素对日本经济增长的影响进行了分析，下面再依据“增长核算”的数据从供给方面的要素对经济增长影响加以分析。所谓增长核算就是从生产方面来分析实际GDP增长率的一种解析方法。可以看出不同时期的资本投资增长率、劳动投入的增长率、生产效率的上升（全要素生产率的）等要素对实际GDP增长的影响。

表3-2给出了20世纪90年代和21世纪头10年以5年为单位的供给方面的劳动投入、资本投入、全要素生产率的等要素对日本经济增长的影响。为了便于分析，又将劳动投入分解为劳动力的劳动时间和质量变化，资本投入分解为资本数量和资本质量。先来看一下日本生产力数据库（JIP Database）[②] 2012年的数据。

---

① 内閣府『平成26年度年次経済財政報告——よみがえる日本経済、広がる可能性——』（長期経済統計）、2014年7月。

② 日本生产力数据库（Japan Industrial Productivity Database），日本生产力数据库由日本经济产业研究所和一桥大学合作建立。日本生产率JIP2012データベース（2012年11月）（http://www.rieti.go.jp/jp/database/JIP2011/index.html）。本书参考其中的“市场经济”数值，“市场经济”数值不包括非营利部门提供的服务以及住宅部门。主要原因在于非营利部门所提供的服务的供应量和质量变化非常难以把握。

表 3-2　以 5 年为单位的日本经济增长核算

单位：年增长率％

年份	1970—1975	1975—1980	1980—1985	1985—1990	1990—1995	1995—2000	2000—2005	2005—2010	2010—2011
GDP 增长率	3.83	5.28	4.39	5.49	0.78	0.66	1.44	-0.67	0.14
劳动投入的拉动	0.53	1.69	1.11	0.98	-0.05	-0.58	-0.42	-0.39	-0.39
劳动时间增加	-0.56	0.86	0.15	0.58	-0.48	-1.14	-1.10	-0.76	-0.65
劳动质量提高	1.08	0.83	0.96	0.40	0.43	0.56	0.68	0.37	0.26
资本投入增加拉动	1.66	1.16	1.82	1.93	1.34	0.68	0.47	0.19	-0.11
资本数量的增加	2.05	1.23	1.45	1.51	1.23	0.55	0.20	0.05	-0.19
资本质量的提高	-0.39	-0.08	0.37	0.42	0.10	0.13	0.27	0.14	0.09
全要素生产率的拉动	1.64	2.43	1.45	2.58	-0.51	0.56	1.39	-0.47	0.64

资料来源：JIP2014データベース（「成長会計」の市場経済，附加值基准）。

注：1. 表内数据为“市场经济”数值，“市场经济”数值不包括非营利部门提供的服务以及住宅部门。

2. 在采集数据时曾进行加权处理，因此可能与依据“国民经济计算”发表的实际 GDP 增长率存在不一致之处。

如表 3-2 所示，日本（不包括非营利服务住宅部门）的 GDP 增长率，从 80 年代后半期的 5.49%下降到 90 年代前半期的 0.78%，下降了 4.71 个百分点，此后在 90 年代后半期 GDP 增长率又下降至 0.66%，21 世纪头 10 年前半期有所回升但也只有 1.44%，而受国际金融危机的影响，2005—2010 年又再次下降为-0.67%。从具体要素的贡献来看，20

世纪80年代后半期的5.49%较高增长当中，所有要素都是正拉动，但主要是全要素生产率拉动的，拉动了2.58个百分点，其贡献率高达47.0%，其次是资本投入的拉动，拉动1.93个百分点，其贡献率为35.2%。90年代前半期的0.78%的增长当中，拉动最大的是资本投入，拉动了1.34个百分点，贡献率接近200%，无奈劳动投入和全要素生产率变为负拉动，特别是全要素生产率为-0.51个百分点。这充分反映出当时日本信息技术（IT）产业的落后，对宏观经济发展带来的负面影响。90年代后半期的0.66%的增长中，对经济拉动作用较大的要素主要是资本投入、劳动质量提高和全要素生产率，三者分别拉动0.68个、0.56个和0.56个百分点，贡献率分别为103%、84.8%和84.8%，而劳动力投入是很大的负拉动。而在21世纪头10年的前半期的1.44%的增长中，拉动最大的是全要素生产率，拉动了1.39个百分点，贡献率为96.5%，这反映出这一时期日本的信息技术产业的迅速追赶对宏观经济带来了正向影响。其次是劳动质量提高的拉动，拉动了0.68个百分点，贡献率达47.2%，尽管劳动质量提高对经济增长拉动较高，但由于劳动时间的负拉动太大，结果导致劳动力投入总体为负拉动。而2005—2010年-0.67%的增长中，劳动投入和全要素生产率为均为负拉动、资本投入为正拉动，三者分别拉动-0.39%、-0.47%和0.19%。2010—2011年的0.14%的增长，劳动投入和资本投入变为负拉动，而全要素生产率的拉动增大，三者分别为-0.39%、-0.11%和0.64%。

再来看一下以10年为单位的供给方面的劳动投入、资本投入、全要素生产率的等要素对日本经济增长的影响。如表3-3所示，在20世纪90年代的10年中，资本投入对经济增长的拉动最大（1.01%），其贡献率超过100%，而2000—2011年也是如此，资本投入对经济增长的拉动最大，因GDP年增长率为负增长，资本投入对经济增长的拉动为0.38%，所以贡献率超过百分之百。劳动投入对经济的增长的拉动为负值，但这主要是由于劳动时间缩短所至，而劳动质量的提高对经济增长的拉动也是很明显的。表 3-3 的数据表明，劳动质量提高对经济增长的贡献率在 90 年代和 2000—2011 年，分别达到 63.8%和超过 100%。

表 3-3　以 10 年为单位的日本经济增长核算

单位：年增长率%

年份	1970—1980	1980—1990	1990—2000	2000—2011
GDP 增长率	4.55	4.94	0.72	0.36
劳动投入的拉动	1.11	1.04	-0.31	-0.41
劳动时间增加	0.15	0.36	-0.81	-0.91
劳动质量提高	0.96	0.68	0.50	0.50
资本投入增加拉动	1.41	1.87	1.01	0.29
资本数量的增加	1.64	1.48	0.89	0.10
资本质量的提高	-0.23	0.40	0.12	0.19
全要素生产率全要素的拉动	2.04	2.02	0.03	0.48

资料来源：JIP2014データベース（「成長会計」の市場経済，附加值基准)。

注：1. 表内数据为“市场经济”数值，“市场经济”数值不包括非营利部门提供的服务以及住宅部门；

2. 在采集数据时曾进行加权处理，因此可能与依据“国民经济计算”发表的实际 GDP 增长率可能不一致。

通过表 3-3 的数据，还可以看到 90 年代与 80 年代相比，GDP 增长率减少 4.22 个百分点，从具体要素来看，劳动投入减少了 1.35 个百分点，资本投入减少 0.86 个百分点，全要素生产率全要素增长减少了 1.99 个百分点。如果再细分解一下，可以粗略地把劳动质量和资本质量的提高再加上全要素生产率全要素都看作影响生产效率的因素，那么根据表 3 的数据可知，劳动质量提高减少了 0.18 个百分点，资本质量提高减少了 0.28 个百分点，再加上全要素生产率全要素增长减少的 1.99 个百分点，三者合计减少 2.45 个百分点，相当于 90 年代经济增长率与 80 年代相比减少的 4.22 百分点的 58.0%，换言之，增长率损失的一半是由于供给方面的生产效率低下造成的。此外，劳动时间以及资本数量投入的减少与

90 年代后期开始的失业率上升和投资的停滞以及 GDP 紧缩指数的扩大有关，也就是说与需求的停滞有关。同时在通缩与零利率条件下，实际工资在上涨，结果导致名义工资与劳动的边际生产效益发生偏离，使得劳动投入陷入低迷，资本回报率下降。① 劳动投入量和资本投入数量的减少主要是由于需求停滞造成的。这样结合表 3-3 的数据可知，90 年代与 80 年代相比增长率的损失，供给方面与需求方面的原因大体上各占一半。

而 2000—2011 年的年平均 GDP 增长率低于前十年，其主要原因是受国际金融危机的影响，2008 年和 2009 年连续两年出现大幅度负增长，这样平均下来导致年均增长率下降。如果抛开国际经济环境影响因素来分析一下这一时期供给与需求方面的各种因素对经济的影响，可以看出劳动投入的低迷非常显著，为-0.41%，但全要素生产率增长对经济的拉动转为正增长，达到 0.48%，资本数量和资本质量得到恢复，对经济的拉动分别达到 0.10%和 0.19%，两者合计即资本投入增加对经济的拉动高达 0.29%，劳动质量的提高对经济的拉动很大，高达 0.50%，但无奈劳动时间增加下降了 0.91%，结果使劳动投入总体对经济增长形成负拉动（见表 3-3）。2000—2011 年各要素增长总体低迷，不仅远远没有达到 80 年代的水平，而且低于 90 年代。在全要素生产率增长的拉动下，2002—2008 年出现了长达 73 个月的超长期的战后经济景气期，但是，由于劳动时间的减少与劳动质量的提高以及资本量的提高效果相抵消，结果使很难得的长期景气成为低速的“没有实感”的景气。

（三）需求与供给原因的模型分析

下面将需求和供给因素两方面结合起来，可通过计量模型来分析日

① 原田泰・田中良一「大停滞はなぜ起こったのかーー資源配分の非効率か、全要素生産性の低下か」、ISRI Discussion Paper Series No. 78、2003 年、http://www.isri.go.jp/jp/。

本经济长期低迷的原因。① 首先将需求和供给两方面的原因简单归纳如下：(1) 需求方面的长期低迷原因。不充分的金融宽松与通缩预期引起的消费、投资低迷，由于财政紧缩导致的公共需求减少，由于银行的“惜贷”引起的投资不足；(2) 供给方面的长期低迷原因。企业部门的全要素生产率低迷；产业结构调整的滞后；资源配置的低效率（例如，银行的追加贷款、过剩贷款以及政府的低效率的公共投资等）。

以上原因可以用标准的总需求—总供给（AD-AS）模型进行直观分析。如图 3-4 所示，需求方面的要因使总需求曲线向左移动（发生负的需求冲击），AD 曲线与 AS 曲线的焦点带来确定的均衡 GDP 的下降和物价的下降。而且，供给方面的要因根据宏观的生产函数的变化规律，必将引起生产效率的下降。AS 曲线在向左移动，将引起均衡 GDP 的下降和物价的下降。

前面分析过的增长核算的变化，也可以用图 3-4 上图的 AD-AS 模型来分析。假定长期低迷之前的状况用均衡点 A 表示，20 世纪 90 年代的长期低迷由于是总需求的低迷和生产性、效率的低迷同时发生，AD 曲线和 AS 曲线同时向左方移动，均衡点就变成了 B 点。

21 世纪头 10 年前半期的变化可用图 3-4 的下图进行分析。与 90 年代相比，2000—2005 年，资本数量以及劳动投入量、劳动质量的贡献减少，生产率与资本质量的贡献度提高（见表 3-2）。关于这一点，意味着图 3-4 中的 AS 曲线向右方移动（从虚线向细实线移动），而且资本量与劳动投入量减少将带来总需求的进一步减少，这将引起 AD 曲线向左方移动，结果均衡 GDP 从 90 年代的 B 点移到了 C 点。从 B 点到 C 点的变化，说明日本经济已从 90 年代的长期低迷中挣脱出来，但是通缩却继续顽固地持续着。

① 本部分参考宮尾竜蔵『マクロ金融政策の時系列分析』、日本経済新聞社、2006 年。

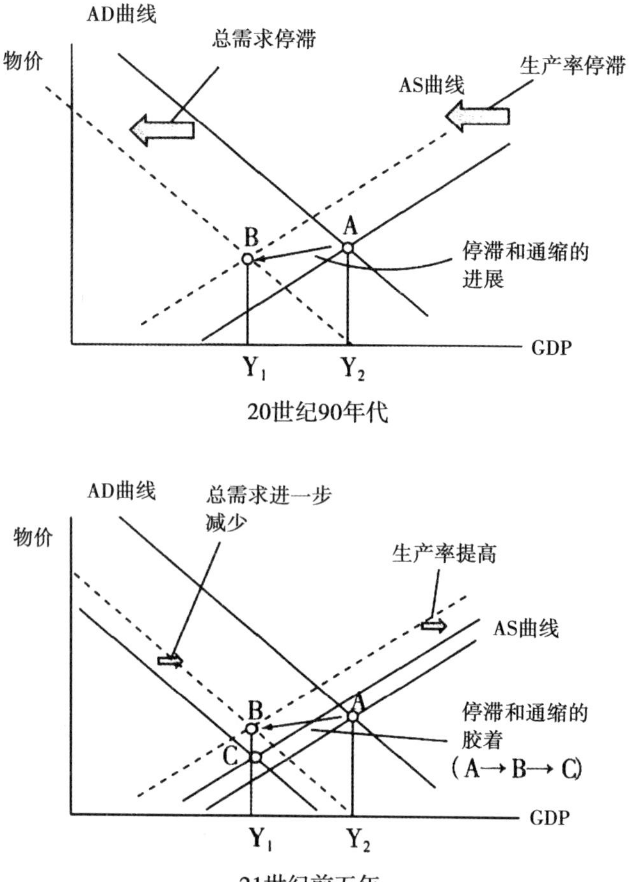

图 3-4　长期低迷的原因分析

资料来源：作者自绘。

以上利用总需求—总供给（AD-AS）模型分析了日本经济陷入长期低迷的需求和供给两方面的原因，可以得出这样的结论：日本经济现在面临的课题是，总需求在进入经济长期低迷以后仍在继续下降，总供给的扩大（全要素生产率的提高）在 2005 之前虽然有进展，但其程度与长期低迷之前相较十分微弱。正因为总需求的停滞与总供给的扩大同时出现，所以才导致通缩的长期化。而 2005—2010 年，全要素生产率出现了大幅度下降，对经济增长的负拉动竟达到-0.47%（见表 3-2），这说明日本经济在有效需求不足痼疾尚未解决的情况下，供给方面又出现严峻局面。不过在2010—2011年情况大有好转，全要素生产率大幅度提升，对经济增长的拉动高达0.64%。

三、日本经济长期低迷的其他原因分析

如前所述，导致日本经济陷入长期低迷的原因是多方面的，既有结构性的原因，也有总需求不足方面的原因；既有经济周期方面的原因，也有经济发展阶段的原因；同时与政府所采取的经济政策以及日本的国内外政治、经济、社会形势的变化等也都有密切的关系。

（一）制度原因

关于制度方面的原因。日本与西方“制度学派”都对此做过相当细致的分析，本文不再做理论上的赘述。毫无疑问，“制度疲劳”是日本经济陷入长期低迷的重要原因之一。日本旧的经济体制难以适应当今经济全球化的要求，而当局又在改革上步履蹒跚，僵化的各种规制成为日本走出低迷的严重障碍。战后日本为了完成追赶欧美的目标，制定了一系列保护国内企业，并且防止国外企业冲击日本市场的政策和规制。在政府的保护政策下，日本经济得以迅速发展，完成了追赶欧美的任务。到20世纪80年代，日本的汽车、电子、机械及家电产业已成为世界上最具竞争力的产业，当时的日本已成为最完善的大量生产的现代化社会。然而也就是在这一时期，世界文明的潮流已经从大量生产的社会转向多样化和信息化社会，日本在追赶时期许多行之有效的保护政策和规制已经变成制约经济发展的桎梏。90年代美国以网络经济为先导，完成了产业结构调整和经济结构调整的任务，进入长期繁荣阶段。而日本却没有抓住

机遇，转变产业结构和经济结构，最后使经济陷入长期低迷之中。而滞后的制度改革，又使日本经济难以进入自律性复苏的轨道。

（二）政府的政策失误

自20世纪80年代中期以来，日本政府在泡沫形成过程中出现过政策失误，例如长期实行低利率货币政策和积极的财政政策催生了泡沫经济的形成，而90年代初又通过大幅度的提息政策和贷款总量控制等硬着陆政策，刺破了泡沫。日本经济陷入萧条后，政府的政策依然连连失误。

第一，政府对泡沫崩溃后所产生的恶劣影响看得过轻。1990年，股市比上一年暴跌33%，1991年地价也出现战后以来的大幅度下跌，比上一年下降了8%。这是明显的泡沫崩溃。但政府却认为这些资产价格的下跌不会对实体经济产生太大影响。直到1997年11月金融危机爆发以后，政策当局才开始正视泡沫经济后遗症的严重影响。

第二，对不良债权问题心存侥幸，处理不力。在泡沫刚刚崩溃后的1992年，许多银行因苦于不良债权而发生经营困难的现象已经很突出。但政策当局担心若追究金融机构经营者的责任，容易引发金融系统的混乱。认为不良债权可以随着时间的推移，通过软着陆的方式自然解决。直到1998年不良债权问题已发展到难以收拾的地步才开始向银行注入大量公共资金。然而，因不良债权数额巨大，尽管注入的资金数额也相当可观，但也未能马上奏效。

第三，错误判断形势，过早提高消费税，使景气毁于一旦。泡沫崩溃后日本经济长期处于低速增长，1996年终于出现了4.4%①的正增长。当时的桥本内阁忘乎所以，过高地评价1996年的经济形势，断然决定从1997年4月1日起，将消费税税率由3%提高到5%，使国民增加9万亿

① 该数据为当时公布的数据，经过修正后的数据没有这么高。——作者注

日元的负担。消费税税率提高后，占 GDP 60%的个人消费立刻出现疲软，成为景气恶化的导火线。与此同时，政府又急于推行财政结构改革路线。1997 年实行紧缩预算，公共事业费被大幅度削减，终使景气夭折。当景气明显消退时，政府仍然顽固地认为“这仅仅是景气的一时性徘徊”，因此未能及时转换政策。直到当年 11 月，“北海道拓殖银行”和“山一证券”公司相继倒闭，出现金融危机以后才开始调整政策。而此时，金融机构的惜贷现象已经泛滥成灾，信用收缩，消费疲软，整个经济已濒临紧缩萧条边缘。届时，政府的政策虽然发生转换，但依然是畏畏缩缩，优柔寡断，所实施的“特别减税”数额仅为 2 万亿日元，如蜻蜓点水一般，被指责为“过少、过迟”，受到各界的非难。①为此，自民党在 1998 年的参议院大选中惨败，桥本内阁被迫辞职。

（三）阻碍经济复苏的主要因素

产生经济低迷的原因与阻碍经济复苏的原因并不完全一致，将两者区分开来十分必要。当然两者既有重合的部分，也有所区别。简单说，泡沫崩溃是发生经济低迷的直接原因，而泡沫经济留下的后遗症又成为阻碍经济复苏的主要因素。

第一，存量调整的影响。20 世纪 80 年代中后期的泡沫经济时期，由于设备、住宅、库存、耐用消费品等大量积压，迫使日本在 90 年代初不得不进行大幅度调整，这种调整必然导致拖延经济复苏的结果。

第二，企业和家庭过剩债务的影响。在泡沫经济期间，投资活动异常活跃，企业和家庭都纷纷将筹措来的资金投向了风险很高的股市和不动产，出现了债务和资产同时剧增的局面。泡沫崩溃后，资产迅速缩水，企业和家庭产生了大量负债。企业为了削减债务，不得不将清债列为工

---

① 张季风：《日本政府的经济责任》，《日本研究》2001 年第 2 期。

作的重点，所采取的主要方式就是大量裁员、缩小生产规模和控制投资规模。而家庭则主要通过削减消费来偿还债务。

第三，巨额的不良债权。不良债权是泡沫崩溃的结果，但经济陷入衰退后又成为阻碍经济复苏的重要原因。不良债权使金融机构收益减少甚至导致金融机构倒闭，损坏金融中介功能和金融秩序，同时也会抑制企业投资和居民消费，在各方面对经济复苏产生负面作用，可以说沉重的不良债权是压在日本经济头上的一块重石。不过，不良债权问题终于在 2005 年得以解决。

第四，通缩的影响。在通缩的情况下企业销售低迷，效益恶化，设备投资受阻。随着通缩的长期化，企业被迫对雇佣条件和工资进行调整，这样就导致居民消费和住宅投资受限。通缩不仅给消费带来负面影响，而且加重了企业的实际债务负担。实际上，这也是“安倍经济学”之所以将解决通缩问题作为突破口的重要原因之一。企业效益的恶化和需求的低迷以及资产价格的持续下降，会使普通债务不良化，旧的不良债权尚未得到处理，新的不良债权又不断产生，进而使经济更加萧条。相反，景气低迷又反过来导致物价下跌，加重通缩程度。通缩与总需求不足缠绕在一起，使经济陷入恶性循环。①

第五，政局不稳定。在过去的 20 多年中，政局一直处于动荡状态，首相频繁更换。除了自民党的小泉纯一郎首相维持了五年多的执政，其余首相均为短命政权。2009 年 9 月民主党执政以来，仍没有摆脱频繁换相的命运，民主党执政两年换三相。其中，鸠山由纪夫执政时间为 2009 年 9 月至 2010 年 6 月，不足一年；菅直人执政时间为 2010 年 6 月至 2011 年 8 月，一年零两个月；野田佳彦执政时间为 2011 年 9 月至 2012 年 12 月，一年零三个月。2012 年 12 月进行的众院大选中，自民党获胜，安倍晋三梅开二度，再次成为日本首相。

---

① 张季风：《挣脱萧条——1990—2006 年的日本经济》，社会科学文献出版社，2006。

日本是市场经济国家，政府首脑的替换以及政权的更迭，对宏观经济不会产生本质性的影响，但是，也有间接影响。政治家整天忙于钩心斗角、政治角逐，几乎无更多的闲暇顾及经济政策。而且在“扭曲国会”① 的背景下，经济政策和经济战略往往是执政党和在野党政争的妥协产物，其政策效果将大打折扣，而且受短期行为的影响，每个首相上台都要搞一套试图显示自身政绩的经济政策，结果导致整个经济政策体系的整合性大大降低。总之，政局的混乱使经济政策的决策、制定效率大大降低，政策的连续性缺乏保障，对经济复苏的阻碍作用不可低估。

第六，外部环境的恶化。国际金融危机爆发后，日本各项经济指标都发生了自由落体式的下滑，2008 年度实际 GDP 增长率下降 3.7%，创下了战后最低纪录，金融危机使 2002—2007 年超长期经济景气带来的微弱复苏损失殆尽。为了抗击金融危机，政府又不得不再度进行大量的公共资金投资，使好不容易有些好转的财政状况再度恶化。而在没有完全走出国际金融危机阴影之时，2011 年 3 月，日本又发生了东日本大地震、大海啸和核泄漏。初步统计，大地震的直接损失（不包括福岛核电站事故的直接和间接损失）高达 16.9 万亿日元，约占当年 GDP 的 3%，而为了灾后重建，政府又必须扩大公共投资，这必然会使已经十分严峻的日本的财政状况“雪上加霜”。几乎与此同时，欧债危机不断发酵，导致世界经济下行压力加大，世界经济的减速直接影响到日本的出口扩大，对日本经济的复苏构成压力。安倍上台后，在政治上加快向右转的步伐，倒行逆施，严重损伤了与中国和韩国等邻国关系，致使中日经贸关系在 2012 年出现了空前大倒退，再加上世界经济下行压力依旧，导致日本经济再度滑坡。

---

① 在国会议席中，执政党在参议院占多数，但在参议院不够半数，这样常常出现执政党和政府提出的各种法案虽然在众议院能得到通过，但在参议院遭到否决的情况，日本把这种状况下的国会称为“扭曲国会”。“扭曲国会”在自民党政权后期和民主党政权出现过，现在的安倍政权也是这种情况。——作者注

综上所述，20 世纪 90 年代初，泡沫崩溃后，股票、土地等资产价格大幅度下跌，产生逆资产效果，严重地抑制了居民消费和企业设备投资，其结果使内需疲软，经济开始萎缩。同时在泡沫经济时期金融机构贷出的大量融资无法回收，成为不良债权。因不良债权处理不利，从而引发金融危机。金融危机又反作用于实体经济，金融危机、失业和需求消费不足等多种恶性循环交织在一起，使经济濒临“紧缩螺旋怪圈”的边缘。而由于日本早已进入后工业化社会，人口老龄化严重，国内市场饱和，总需求严重不足；而追赶任务完成后，后发优势完全消失，创新能力不足，导致总供给能力下降。特别是在有效需求不足痼疾尚未解决的情况下，供给又陷入严峻局面，使经济运行举步维艰，再加上规制改革滞后、政府经济政策失误以及外部环境恶化等多种原因共同作用的结果，终使日本经济尚未摆脱长期低迷的困境。安倍第二届内阁成立以来，推行“安倍经济学”，使日本经济出现了一些起色，但是并未能改变长期低迷的基本趋势。

第二节
日本经济“平成萧条”与“令和”展望*

2019 年 5 月 1 日，日本迎来“令和”新时代。立足于时代的分水岭，回顾刚刚落下帷幕的平成时代，经济萧条似乎成为这一时代的表象和特征之一。1989 年 1 月，当日本跨入平成时代时，国内正处于“泡沫经济”的鼎盛期，赶超欧美发达国家的目标基本实现，国内市场日趋饱和，日元呈升值基调，资金流动性充裕。是泡沫，终归要破灭。20 世纪 90 年代初“泡沫经济”崩溃，日本经济陷入长期萧条，政府采取了一系列宏观调控及改革措施，但始终未能使经济摆脱低迷。本文主要探讨日本经济“平成萧条”的原因及在此背景下的改革，分析令和时代日本经济将面临的挑战，探讨其未来走势。

一、日本经济“平成萧条”的原因探析

20 世纪 90 年代初，“泡沫经济”崩溃，之后日本经济持续萧条。在此背景下，日本政府推行诸多改革措施，如扩大内需、缩减政府机构和人员、减少行政干预、推动研发创新等，寻求经济社会的彻底变革。其效果并不显著，日本经济依然萎靡不振，1989—2018 年，实际 GDP 增长

---

* 作者徐梅，中国社会科学院日本研究所研究员。本文发表于《现代日本经济》2020 年第 5 期，略有修改。

率除了5个年份，其他年份均在3%以下，30年间的实际GDP年均增长率为1.26%（见图3-5）。

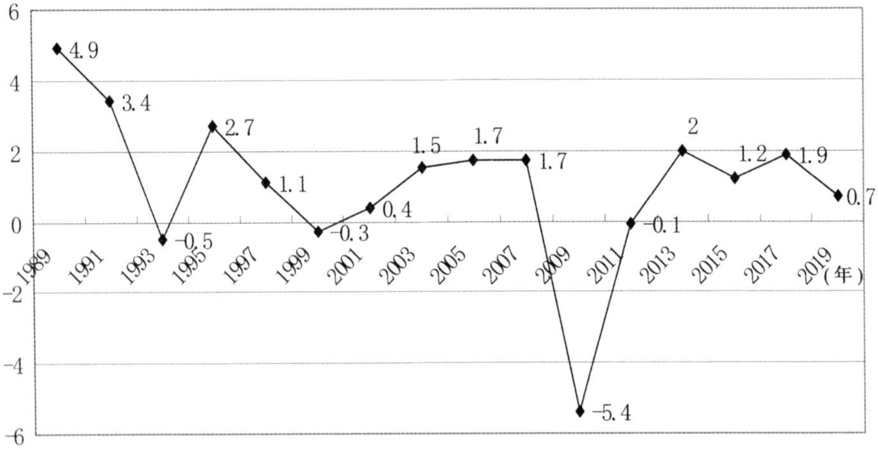

图3-5　平成时代日本实际GDP增长率的变化

资料来源：日本内閣府『令和元年度年次経済財政報告』、2019年7月23日、https://www5.cao.go.jp/j-j/wp/wp-je19/index_pdf.html，访问日期：2020年5月13日。

同时，日本总体物价水平呈下滑走势，特别是1997年亚洲金融危机爆发后，企业盈利下降，失业人员增加，股价地价下跌，个人财富缩水，国内消费低迷，加之桥本内阁全面启动金融改革，金融机构为达到政府规定的自有资本比率要求，出现“惜贷”现象，影响到企业投资和生产，内需愈加不足，经济复苏艰难。20世纪90年代末以后，日本陷入经济低迷并伴有通货紧缩的恶性循环中，消费者物价指数除了2008年，基本处于下降甚至接近零的状况。2012年底安倍晋三二度执政后，决心解决长期通缩问题，其一大经济目标是实现2%的通胀率，促进经济增长，从数据上看日本通缩有所缓解，但距离预期目标尚存明显差距，到2018年日本核心消费者物价指数仅为0.9%。① 平成时代的日本经济为何会陷入长期萧条和通缩，究其原因主要有以下几个方面。

① 日本総務省統計局「消費者物価指数」、http://www.stat.go.jp/data/cpi/sokuhou/tsuki/index-z.html，访问日期：2020年5月12日。

（一）改革滞后于形势变化

20 世纪 70 年代中期以后，美英等成熟市场经济国家率先进行改革，减少政府干预，开放国内市场，并逐渐形成世界潮流。在自由主义思潮的影响和推动下，1986 年中曾根内阁发布著名的“前川报告”，标志着日本开始正式启动体制改革。由于日本的改革计划通常是由政府官员制定，官员同时也是实施改革的主体。减少政府干预，意味着官僚权力受到削减，政府官员很难真正热衷于改革，甚至抵制和设置障碍，加之此时的日本经济体制业已成熟，改革每向前迈进一步，便会触及深层次问题。

在很多情况下，形式上实施了改革举措，而实质上进行变相管制，改革进展缓慢且缺乏彻底性，明显滞后于形势的发展变化，与日本成熟经济体制的要求存在落差，不利于生产效率的提高和经济发展。从日本的劳动生产率来看，20 世纪 80 年代提升幅度（2.6%）大于之前，也明显高于美国（1.1%）、联邦德国（1.6%）、法国（1.9%）和英国（2.2%）。90 年代后，无论纵向比较还是与其他发达国家进行横向比较，日本劳动生产率均呈下降之势，低于美、德、英等国家。① 从就业者人均劳动生产率来看，1990 年日本列居全球第 14 位，比 1980 年提升 6 位，2000 年则退居第 21 位，2018 年仍处于同一位次。② 劳动生产率下降，势必影响产业竞争力及经济实力。

---

① 张缊岭、李冬新主编《东北亚经济概览》，世界知识出版社，2019，第 78 页。

② 日本生産性本部「労働生産性の国際比較 2019」、https://www.jpc-net.jp/research/list/comparison.html，访问日期：2020 年 5 月 12 日。

（二）人口老龄化进程加快

1990—2000 年，在日本总人口中，65 岁以上的老龄人口所占比例从 12.1%上升到 17.4%，2010 年进一步上升到 23.0%，到 2020 年超过 28%（见图 3-6）。随着老龄化的发展，20 世纪 90 年代末以后，日本劳动力人口数量趋于减少，2004 年为 6642 万人，比 1998 年减少了 151 万人。在这种情况下，日本劳动市场对外开放政策开始松动。2006 年 9 月，日本与菲律宾签署的“经济伙伴关系协定”（EPA）① 中，首次涉及劳务市场开放问题，对于来自菲律宾的短期商务访问、工作调动、护理相关人员放宽入境以及在日居留限制。此后日本与泰国签署的日泰经济伙伴关系协定中也涉及类似条款。

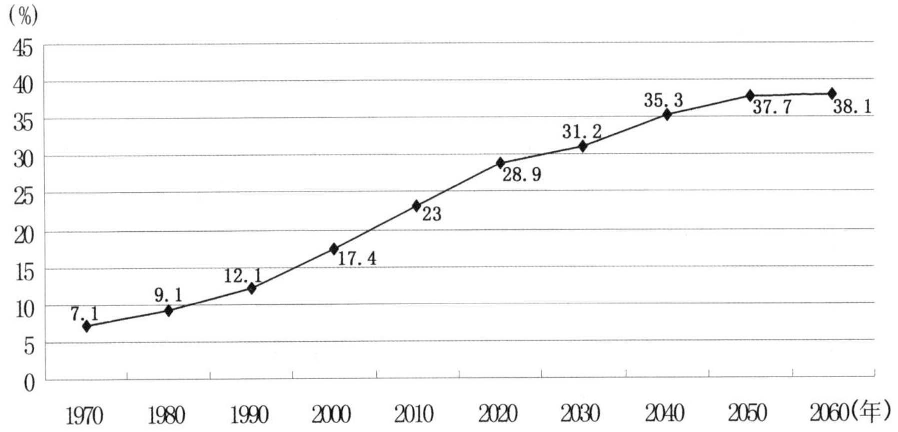

图 3-6　日本人口老龄化的变化趋势

资料来源：日本厚生劳働省『厚生労働白書』、2017 年 10 月 24 日、https://www.mhlw.go.jp/wp/hakusyo/kousei/17/dl/all.pdf，访问日期：2020 年 5 月 11 日。

① 日本追求质量更高、内容更广的“自由贸易协定”（Free Trade Agreement，FTA），称为“经济伙伴关系协定”（Economic Partnership Agreement，EPA）。根据日本外务省的定义，经济伙伴关系协定是指“在特定的两个或两个以上的国家之间，以促进贸易投资自由化和便利化、取消国内限制及协调各种经济制度、加强广泛的经济关系为目的的协定”。

由于战后日本对劳动市场开放问题一直持谨慎态度，这一时期的步伐缓慢，难以适应老龄化快速发展的形势。到 2012 年，日本劳动力人口数量减少到 6565 万人，占总人口的比例从 1998 年的 63.3%降至 59.1%。[①] 人口老龄化持续发展、劳动力逐渐减少，一方面带来日本的养老医疗、社会保障等费用膨胀，政府财政负担增大；另一方面导致家庭收入和民间消费不振，通缩持续，金融、科技创新能力减弱，经济社会进一步发展的后劲不足。

（三）传统刺激对策效果不佳

针对"泡沫经济"崩溃后萧条的经济，初期日本政府主要采取了降息、扩大公共投资等传统措施。到 1995 年 9 月，日本央行已将基准利率从 6.0%下调至 0.5%，[②] 并接连出台了景气对策方案，扩大财政支出。这些刺激措施，非但没有达到预期效果，反而加重了政府债务负担，使金融、财政调控手段的空间日益减小。以财政为例，20 世纪 70 年代全球"石油危机"爆发后，日本政府大量增发国债，财政状况急剧恶化，一度陷入举债度日的困境。

20 世纪 80 年代，日本重建财政取得了一定成效，1990 年日本政府债务余额与 GDP 之比为 50.4%，低于意大利和美国。然而，90 年代经济萧条的背景下，日本不断扩大公共投资，到 1996 年，政府债务余额与 GDP 之比上升到 71.0%。[③] 进入 21 世纪，日本政府债务余额与 GDP 之比已超过财政状况恶劣的意大利，2005 年高达 176.8%，2009 年突破

---

① 日本内閣府『令和元年度年次経済財政報告』、2019 年 7 月 23 日、https://www5.cao.go.jp/j-j/wp/wp-je19/index_pdf.html，访问日期：2020 年 5 月 13 日。

② 日本銀行国際局『国際比較統計』、东京：日本银行 1997 年、44 頁。

③ 日本銀行国際局『国際比較統計』、东京：日本银行 1997 年、117 頁。

200%，2018年达到237.1%，在发达国家中最为严峻。① 巨额财政赤字，使日本陷入刺激经济与重建财政难两全的困境。

（四）国内政权更迭过于频繁

政治环境稳定是经济发展的一个重要前提，经济稳定发展则有利于维持政治稳定。二战后日本经济高速增长，正是在政治、经济的良性互动中得以实现。在“1955年体制”下，日本历届内阁都将发展经济、追赶欧美作为第一要务，经济政策具有连续性。1993年，宫泽喜一首相下台，从自民党分裂出来的新生党、新党、先驱新党联合社会党、民社党和公明党，推举新党党首细川护熙组建多党联合政府，由此自民党执政38年的历史宣告结束，日本政坛开始走向分化组合。1993—2000年，细川护熙、羽田孜、村山富市、桥本龙太郎、小渊惠三、森喜朗先后任职日本首相，几乎平均一年更换一位首相。2001年4月，小泉纯一郎就任首相，执政五年有余，其下台后到2012年，安倍晋三、福田康夫、麻生太郎、鸠山由纪夫、菅直人、野田佳彦先后就任首相，六年换六位首相（见表3-4）。

同时，随着日本经济强国地位的确立和巩固，日本开始谋求与经济实力相当的政治大国地位，不再像经济高速增长时期那样专注于发展经济。1983年，时任首相中曾根康弘提出，日本要做“政治大国”。1992年日本《外交蓝皮书》首次明确指出，日本要发挥与自身国力相称的领导作用。1993年，著名政治家小泽一郎撰文呼吁，日本应努力成为一个“正常国家”，改变“经济一流、政治三流”的状况。现今的安倍内阁则在加快推进这一进程，积极推动扩军修宪，努力提升日本的国际话语权和影响力。日本政权更迭频繁，导致政策缺乏连续性，其对“政治大国”

---

① 日本財務省「財政に関する資料」、https://www.mof.go.jp/tax_policy/summary/condition/a02.htm#a05，访问日期：2020年5月13日。

的诉求日益增强，分散了政府对发展经济的专注力。

表 3-4　“1955 年体制”结束后日本历届首相执政时间

首相	执政时间	党派
细川护熙	1993 年 8 月—1994 年 4 月	新党
羽田孜	1994 年 4 月—1994 年 6 月	新生党
村山富市	1994 年 6 月—1996 年 1 月	社会党
桥本龙太郎	1996 年 1 月—1998 年 7 月（两次组阁）	自民党
小渊惠三	1998 年 7 月—2000 年 4 月	自民党
森喜朗	2000 年 4 月—2001 年 4 月（两次组阁）	自民党
小泉纯一郎	2001 年 4 月—2006 年 9 月（三次组阁）	自民党
安倍晋三	2006 年 9 月—2007 年 9 月	自民党
福田康夫	2007 年 9 月—2008 年 9 月	自民党
麻生太郎	2008 年 9 月—2009 年 9 月	自民党
鸠山由纪夫	2009 年 9 月—2010 年 6 月	民主党
菅直人	2010 年 6 月—2011 年 9 月	民主党
野田佳彦	2011 年 9 月—2012 年 12 月	民主党
安倍晋三	2012 年 12 月—2020 年 9 月（三次组阁）	自民党
菅义伟	2020 年 9 月至今	自民党

资料来源：日本首相官邸『歴代内閣』、https://www.kantei.go.jp/jp/rekidainaikaku/index.html，访问日期：2021 年 3 月 14 日。

（五）外需不确定性增多

20 世纪 90 年代中期以后，外部环境日趋复杂多变。1997 年 4 月日本提高消费税率，本已给民间消费和内需造成负面影响，随后爆发的亚洲金融危机则进一步冲击日本经济，1998—1999 年，日本实际 GDP 连续两年出现负增长。当经济走向复苏时，2001 年初美国 IT 泡沫破灭，日本对美高科技产品出口显著下降，同年“9·11”事件的突发又给世界经济蒙上一层阴影，外需环境恶化导致日本经济增速放缓。

2008年国际金融危机爆发，世界贸易和经济陷入低迷，日本经济在2008—2009年再现负增长。在尚未摆脱经济危机的情况下，2011年3月日本发生东日本大地震及福岛核泄漏事故，下半年泰国洪水灾害一度导致日本主要产业的供应链断裂，使日本经济遭受重创，当年实际GDP下滑0.1%。① 可见，突发事件频现，地缘风险增大，外部市场需求不稳定，加之经济全球化、跨国企业经营现地化的发展，使直接投资带动贸易的作用降低，日本依靠外需拉动经济增长的动能减弱。

二、“平成萧条”背景下的结构改革

在经济持续低迷、传统刺激措施难以奏效的情况下，日本政府意识到此次萧条非同寻常，需要进行大规模的结构改革。20世纪90年代中期以后，日本各届政府都出台了一些改革措施。比较而言，执政时间相对长的桥本龙太郎、小泉纯一郎、安倍晋三几届内阁实施的改革方针政策较为具体，并产生了较大影响。

（一）桥本内阁“金融大爆炸”

“泡沫经济”崩溃后，日本出现大量不良资产，金融机构破产案增多，特别是北海道拓殖银行、拥有百年历史的四大证券公司之一山一证券的倒闭，震动了海内外，暴露出日本传统金融体系的诸多弊病，致使金融机构的信誉等级跌落，金融市场动荡不稳。同时，美国对日货物贸易仍存有大量逆差，不断要求日本提高贸易经济自由化程度。面对这种形势，1996年11月，桥本内阁推出六大改革方案，实施行政、财政、社

① 日本内閣府『令和元年度年次経済財政報告』、2019年7月23日、https://www5.cao.go.jp/j-j/wp/wp-je19/index_pdf.html，访问日期：2020年5月13日。

会保障、经济结构、金融体系、教育改革。其中，金融改革是桥本内阁改革的重中之重，也被称为“金融大爆炸”，其力度和影响最大。

1997 年 6 月，大藏省（现财务省）发布有关金融制度改革方案，内容包括：允许银行、证券、保险业态相互进入，取消长短资金分离限制；促进各类手续费自由化，如 1998 年 4 月对超过 5000 万日元的交易实行代理手续费自由化，1999 年后全面实行，证券交易等代理手续费也逐步实现自由化；推进内外资本交易自由化，1998 年 4 月实施的新《外汇法》规定，资本交易由事前申报改为事后申报；健全和完善相关法规，如会计制度与国际标准接轨等；修改《日本银行法》，增强央行的独立性和透明性；强化金融监管，将金融监督职能从大藏省分离，有关部门对金融机构通过规定自有资本率、评级、要求其公开不良资产数额和资产负债表等进行监查。

金融大改革触发了日本金融及经济体制全面改革，以往政府行政保护下的金融运营方式开始发生变化，资本流动自由化程度逐步提高，金融机构的责任和风险意识增强。不仅在金融领域，在经济相关其他领域，桥本内阁积极推动规制改革，减少政府干预，扩大内需，旨在提高产业竞争力和经济效率。为促进日本经济持续健康发展，桥本内阁制定了“财政结构改革法”，设定财政重建中期目标，停发特别公债以降低对公债的依存度，计划到 2003 年度将日本财政赤字与 GDP 之比降至 3%以下。① 由于对形势研判及对困难的认识不足，桥本内阁时期的改革没有完全达到预期目的，但其以市场机制为导向及谋求经济自由化、公正化、全球化的改革方针，对后来的日本经济改革具有重要的指导意义。

---

① 田中信孝「検証・日本の財政」、2014 年（经济研究所年报第 27 号）、https://www.seijo.ac.jp/research/economics/publications/annual-report/jtmo420000000mtr-att/keiken_nenpo27_tanaka.pdf，访问日期：2020 年 5 月 11 日。

（二）小泉内阁“无圣域结构改革”

2001年4月小泉纯一郎就任日本首相后，显现出更加坚定的改革决心，倡导改革无禁区的理念，提出没有改革就没有增长，民间能做的事交给民间，地方能做的事交给地方。推进邮政民营化是小泉内阁的首要任务，2006年1月日本成立邮政株式会社，2007年10月实现邮政民营化。另外，自小泉组建内阁到2006年3月的5年间，日本共出台了1500多项有关规制改革措施，旨在减少政府限制，激发经济活力。譬如，2003年4月，日本实施《结构改革特区法》，设立一些特区，在特区内打造更为宽松优惠的营商环境，促进地方新兴产业、旅游业等发展；2005年10月，日本铁路四公团实行民营化；2006年5月，日本实施《行政改革推进法》《公共服务改革法》，以提高政府效率和市场化程度。

在这些措施的影响下，2005年末外国对日直接投资余额扩大到11.9万亿日元，比2001年末增加了5.3万亿日元，日本吸引外资取得显著进展。在金融领域，日本“泡沫经济”留下的后遗症是银行等金融机构出现大量不良资产，导致一些银行不堪重负而破产，金融业的国际信誉下跌，实体经济运行不畅，成为20世纪90年代制约日本经济复苏的一个主要因素。小泉执政后承诺，自2001年度起在两年内处理完2000年9月前的不良资产，2004年度前解决2000年9月后的不良资产，并要求有关部门每个结算期公布进展情况，由金融厅负责监察。到2006年3月，日本主要银行的不良资产比率从2002年3月的8.4%下降到1.8%。在财政领域，面对持续低迷的经济，日本不断增加财政预算和公共开支，政府财政赤字扩大。小泉内阁提出分两个阶段推进财政改革，首先把2002年度预算作为财政重建的第一步，计划将新发国债额控制在30万亿日元以内。之后的形势变化虽然使小泉内阁不得不适当增加财政支出并突破发债上限，但其在财政重建方面取得了一些进展，到2006年度，日本政府基础财政赤字与名义 GDP 之比为 2.4%，比 2001 年度下降 2 个百分点。在科技产业方面，20 世纪 90 年代以后日本在信息网络技术开发与应用普及上，相对落后于美国等发达国家。小泉内阁积极推动科技立国战略，完善相关基础设施，增加研发支出，培养 IT 等尖端人才，向新兴产业大力引入民间资本，鼓励企业创新技术和产品，并通过吸引外资促进企业竞争和推广技术。小泉执政的五年间，日本宽带收费下降到之前的 1/3。①

此外，小泉内阁还进行了有关医疗、年金、护理等制度改革，对外积极扩展经贸关系，与新加坡、墨西哥、马来西亚签署的经济伙伴关系协定先后生效。可以说，小泉内阁时期进一步增强了改革意识，为日本培育了改革土壤，在一定程度上促进了日本经济增长。2003—2006 年，日本实际 GDP 增幅明显高于平成时代的年均值，失业率亦从 5.3%降至 4.1%，② 同时，改革有“得”也会有“失”，小泉内阁在养老金制度、财政改革、刺激经济方面的表现，未能令民众有相应的获得感。

（三）安倍内阁“复兴战略”

2012 年 12 月，安倍晋三二度担任日本首相，开始推行“安倍经济学”，内容包括量化宽松货币政策、积极财政政策、以结构改革为核心的复兴战略，旨在摆脱长期通缩、促进经济增长，其中结构改革成为安倍寄予厚望的重要举措。2014 年 6 月，安倍政府公布《日本复兴战略》报告，指明了今后改革方向，在此基础上不断充实和扩展内容，深化改革措施，归结起来主要有以下几个方面。

---

① 日本内閣府「ここまで進んだ小泉改革—経済構造改革の成果と進捗状況—」、2006 年 8 月、https://www5.cao.go.jp/keizai-shimon/explain/pamphlet/0608.pdf，访问日期：2020 年 5 月 14 日。

② 日本内閣府『令和元年度年次経済財政報告』、2019 年 7 月 23 日、https://www5.cao.go.jp/j-j/wp/wp-je19/index_pdf.html，访问日期：2020 年 5 月 13 日。

1. 促进劳动市场改革和就业

截至 2017 年 10 月 1 日，在日本总人口中，0—14 岁的儿童占 12.3%，为二战后最低；65 岁以上的老龄人口占 27.7%，为全球最高。① 面对严峻的少子老龄化形势、日益短缺的劳动力供给，安倍政府采取了诸多措施，如改革社会保障、医疗护理等制度；增加幼儿园、保育员数量以及女性育儿休假津贴；延长校园开放时间，以使更多的女性能够兼顾工作与育儿；实行多样化雇用方式，扩大女性和老年人就业，提高女性社会地位，引入机器人服务等；放宽外国劳动力准入和居留限制，改善其在日工作和生活环境。受这些措施的影响，日本女性在职场和社会活动中日趋活跃。2018 年日本全国女性就业率为 69.6%，比 2001 年提高了 12.6 个百分点，同年 9 月末，日本女性委员在国家各类审议会中所占比例为 37.6%，创战后最高纪录。② 安倍政府的目标是到 2020 年，使日本上市企业管理层女性的任职比率达到 10%、民间企业课长级女性的任职比率达到 15%，比 2017 年分别提高 6.3 个和 4.1 个百分点。③ 同时，日本逐步放宽对外国劳动力的限制，2018 年 10 月末在日外国劳动力规模扩大到约 146 万人，再创纪录，与 2012 年相比增加近 78 万人，6 年间增长一倍多。④

---

① 日本内閣府『平成 30 年版高齢社会白書』、https://www8.cao.go.jp/kourei/whit 经济伙伴关系协定 per/w-2018/zenbun/30pdf_index.html，访问日期：2020 年 5 月 15 日。

② 日本内阁府男女共同参画局『令和元年版男女共同参画白書』、http://www.gender.go.jp/about_danjo/whit 经济伙伴关系协定 per/r01/zentai/index.html#pdf，访问日期：2020 年 5 月 14 日。

③ 日本経済再生本部『未来投資戦略 2018—「Society5.0」「データ駆動型社会」への変革—』、2018 年 6 月 15 日、http://www.kantei.go.jp/jp/singi/keizaisaisei/pdf/miraitousi2018_zentai.pdf，访问日期：2020 年 5 月 13 日。

④ 日本厚生労働省『「外国人雇用状況」の届出状況まとめ（平成 30 年 10 月末現在）』、2019 年 1 月 25 日、https://www.mhlw.go.jp/content/11655000/000472892.pdf，访问日期：2020 年 5 月 11 日。

2. 培育新兴产业、减轻企业负担

为适应经济信息化、智能化、生态化的快速发展，安倍政府通过引入新的规制、完善研发体制、培育和挖掘具有挑战精神和可支撑新型产业结构的开拓型人才、强化公司治理、降低企业法人税等方式，激发企业活力，促进企业创新，以创造富有增长潜力的市场，推动第四次产业革命。从 2015 年度开始，安倍政府逐步减少企业法人税，对成长性企业采取优惠措施，调动企业技术创新和投资热情。到 2016 年度，日本企业法人税率从 2014 年度的 34.6%降至 30%以内。[①] 针对中小企业，金融机构采取放宽还贷限期等措施，减轻了企业负担，破产案件和失业人员减少，2018 年日本失业率下降到 2.4%。[②]

3. 挖掘地方优势、激发资本活力

安倍内阁出台了“国家战略特区”政策，首批审定的特区包括“东京圈”（东京都九区、神奈川县、千叶县成田市）、“关西圈”（大阪府、兵库县、京都府）、冲绳县、新潟市、兵库县养父市及福冈市。各个特区根据本地特色和优势，设定不同目标，进行内容有别的改革，如“东京圈”定位于吸引跨国企业的商业基地；“关西圈”着眼于成为医疗等成长性产业的创新基地；冲绳县谋求成为吸引外国游客的旅游基地；新潟市、兵库县养父市、福冈市则主要作为农业改革和就业改革的试验区。日本还相应制定实施《国家战略特区法》《产业竞争力强化法》等法规，从制度上为各地区的经济发展提供保障，促进地方旅游业、农林水产业及中小企业的发展。

---

① 日本内閣官房日本経済再生総合事務局「日本再興戦略 2016—これまでの成果と今後の取り組み」、2016 年 6 月，http://www.kantei.go.jp/jp/singi/keizaisaisei/pdf/2016saikou_torikumi.pdf，访问日期：2020 年 5 月 13 日。

② 日本内閣府『令和元年度年次経済財政報告』、2019 年 7 月 23 日、https://www5.cao.go.jp/j-j/wp/wp-je19/index_pdf.html，访问日期：2020 年 5 月 13 日。

4. 推动农业改革、扩大农产品出口

在主要发达国家中，日本农业水平相对落后，其农产品市场的开放度较低，这也成为日本对外经贸谈判、拓展经济伙伴关系的一大障碍。安倍执政后提出，要将日本农业转变为“主动进攻型”产业，为此大规模调整农业政策，减少农业补贴，促进大米、牛肉、乳制品等敏感产品的市场化进程，鼓励企业扩大农业相关投资，以增强农业经营者的自主性，降低生产成本，促进农产品多样化，提高产品科技含量和出口竞争力。2017 年 4 月，日本成立食品海外推广中心，选出和牛、绿茶、清酒、大米粉等七类产品为重点促销对象，并面向外国访日游客实行酒类免税制度。安倍政府的目标是，2020 年使日本农林水产品及食品出口额从其执政前的近 5000 亿日元增加到 1 万亿日元，到 2030 年进一步增至 5 万亿日元。① 从实际情况来看，2013 年以来，日本农林水产品及食品出口额连年增长，2018 年增至 9068 亿日元，相当于 2012 年的两倍，② 越来越接近目标值。

5. 对外全面扩展经济伙伴关系

进入 21 世纪，日本十分重视缔结双边经济伙伴关系协定和参与区域经济合作，广泛扩展海外市场。安倍第一次担任首相时决定启动日本与澳大利亚经济伙伴关系协定谈判，在其二度执政后的 2014 年签署协议。2016 年，日本与蒙古签署经济伙伴关系协定。随着 2017 年 1 月特朗普宣

① 日本農林水産省『「日本再興戦略」及び「『日本再興戦略』改訂 2014」に掲げられた農業分野の成果目標（KPI）について』、http://www.maff.go.jp/j/council/seisaku/29/pdf/150324_sankou1.pdf，访问日期：2020 年 5 月 12 日。

② 日本農林水産省『平成 30 年度食料・農業・農村白書』、2019 年 5 月 28 日、https://www.maff.go.jp/j/wpaper/w_maff/h30/index.html，访问日期：2020 年 5 月 14 日。

布美国退出《跨太平洋伙伴关系协定》（TPP），[①] 日本开始推动和主导《跨太平洋伙伴关系协定》谈判，并于 2018 年 3 月由 11 个成员签署协定。同年 7 月，日本与欧盟缔结日欧经济伙伴关系协定。日本还参与中日韩自由贸易协定、“区域全面经济伙伴关系协定”（RCEP）谈判。可见，日本达成的经贸协定相关市场已遍及欧美亚几大洲的众多国家和地区，对外经贸发展空间进一步拓宽。

可见，安倍改革取得了一些进展和成效。但同时也遭到一些质疑，如经济虽保持了长时间的温和增长，但国民缺乏“实感”；原定两年内实现 2%通胀率的目标屡屡推迟，2018 年 7 月已删除对实现该目标期限的表述，2019 年日本核心消费者物价指数仅上涨 0.6%，[②] 不到政府所设目标值的 1/3。随着国内外不确定性增多、日本国内居民可支配收入增长减缓，日本要彻底摆脱通缩，恐怕尚需时日。

三、令和时代日本经济面临的挑战与前景

2019 年 5 月 1 日，日本从平成时代进入令和时代。此次改朝换代，开辟了近代以来天皇生前退位的先河，年号的选定也一改以往源自中国《尚书》《诗经》等典籍的惯例，而选自日本《万叶集》，反映了百年未有之大变局下日本求新求变、追求文化独立性及自身影响力的发展取向。

---

① 《跨太平洋伙伴关系协定》（*Trans -Pacific Partnership Agreement*，TPP）的雏形是 2001 年生效的新西兰与新加坡缔结的自由贸易协定。2005 年 6 月，新加坡、新西兰、智利、文莱四国缔结的自由贸易协定生效，简称 P4。美国在 2008 年 9 月宣布加入谈判，并于 2010 年 3 月成为正式成员。2016 年 2 月，美国主导下 12 个成员正式签署《跨太平洋伙伴关系协定》。2017 年 1 月，特朗普上台后宣布美国退出《跨太平洋伙伴关系协定》。2017 年 11 月，《跨太平洋伙伴关系协定》更名为“全面与进步跨太平洋伙伴关系协定”（CPTPP）。2018 年 3 月，11 个成员签署《全面与进步跨太平洋伙伴关系协定》，该协定于当年 12 月 30 日生效。

② 日本総務省統計局「消費者物価指数」、http://www.stat.go.jp/data/cpi/sokuhou/tsuki/index-z.html，访问日期：2020 年 5 月 12 日。

新年号“令和”蕴含着日本在经历了平成经济萧条后希冀迎来一个美好和谐新时代的祈愿。

（一）未来日本经济面临的挑战

经济实力是国家综合国力的基础，也是满足人民日益增长的美好生活需要的重要前提。今后经济能否持续稳定增长，在很大程度上决定日本能否迎来一个充满新气象的令和时代。从目前情况来看，日本经济还将面临一些挑战。

1. 更加严峻的少子老龄化形势

安倍政府虽然采取了一些旨在缓解少子老龄化的措施，但日本劳动市场改革的步伐仍滞后于人口结构的变化，建筑、医疗护理、农业等领域的劳动力供给与实际需求存在较大缺口。截至2016年2月1日，日本农业人口比1990年减少近60%，已跌破200万人。①

从图3-6日本人口老龄化的变化趋势可见，日本老龄化状况将会持续发展，2040年老龄人口的比例将达到35.3%。政府有关部门发出警告，到2030年日本将有近3/4的农民超过65岁，建筑工人严重短缺。也有研究显示，老龄化的进展及人口的减少，很可能会导致896个市镇和村庄消失。② 日本人口老龄化和劳动力不足的严峻现实，意味着医疗和社保支出扩大、居民收入增长缓慢、家庭储蓄减少、整体创新力减弱。随着人工智能、信息科技的快速发展，人们开始重新审视人口结构变化及老龄化对经济增长的影响，但现阶段劳动生产率的增速尚难抵消老龄化带来

---

① 《日本农业人口跌破200万》，人民网日本频道，2016年8月1日，http://japan.people.com.cn/n1/2016/0801/c35467-28600244.html，访问日期：2020年5月12日。

② 《日媒：人口减少 日本会灭绝吗?》，参考消息网，2015年6月23日，http://column.cankaoxiaoxi.com/bd/20150623/826623.shtml，访问日期：2020年5月12日。

的副作用。

2. 有限的宏观调控余地

“安倍经济学”的一项重要内容是实施量化宽松货币政策。日本央行将基础货币供应量从2012年底的138万亿日元增加到2014年底的270万亿日元，继而又扩大到每年80万亿日元，① 并且自2016年1月起实行负利率政策。超宽松的货币政策，释放出大量流动性，对促进日本经济增长发挥了一定作用，但同时其负面影响亦逐渐显现。为实现政策目标，央行大规模购买债券和股票，债市股市僵化，超低利率政策下银行等金融机构的盈利空间缩小。在中美贸易摩擦持续、新冠肺炎疫情突发和扩散、世界经济下行、日本经济风险增大的形势下，日本央行继续维持超宽松货币政策不变，并暗示形势一旦恶化则不排除进一步宽松的可能。

财政收支健康平衡发展，是一国经济稳定增长的重要条件。日本医疗、社保、育儿、应对灾害、国防等财政资金需求有增无减，政府债务余额居高不下，刺激经济与重建财政处于两难境地。截至2018年度末，包括国债、借款、政府短期证券在内的日本政府债务余额为1103.4万亿日元，② 再创历史新高，与GDP之比明显高于其他主要发达国家。新冠疫情下日本经济下滑，税收显著减少。为刺激经济复苏，日本不得不增发国债，政府运用财政手段调控经济的余地进一步缩小，也意味着已被推迟到2025年度的财政重建目标仍难如期实现。

3. 不断增多的不确定性

全球政治经济秩序处于深度调整中，地缘风险上升，大宗商品价格

---

① 日本銀行『「量的・質的金融緩和」の導入について』、2018年8月20日、https://www.boj.or.jp/announcements/release_2013/k130404a.pdf，访问日期：2020年5月11日。

② 日本財務省理財局『国債統計年報（平成30年度）』、https://www.mof.go.jp/jgbs/publication/annual_report/2018/index.html，访问日期：2020年5月13日。

震荡不稳。主要新兴市场经济增速趋缓，欧洲经济仍存隐忧，英国脱欧后需要一个调整和适应期。特别是美国对华强硬态度难有趋势性改变，中美两个世界大国之间的竞争和博弈长期化，这些因素给日本对外贸易及经济发展增添了不确定性，也给宏观调控增添难度，从而弱化经济政策效果。

同时，日本也将面对各类灾害风险。近几年，地震、台风、暴雨、异常天气等自然灾害给日本经济带来了负面影响。2020 年新冠疫情的突发和扩散，导致全球出现前所未有的封闭与隔离状况，产业链供应链遭受严重冲击，世界经济陷入衰退，日本也因疫灾造成经济大幅下滑，消费萎缩。此次疫情仍在持续和演化，其风险依然存在，而未来包括日本在内的各国和地区的持续发展亦将面对一些未知的考验。

总之，日本要想促进经济持续稳定增长，不仅需要有效应对国内少子老龄化，进一步改善营商环境，提高居民收入，促进消费和投资，也需要灵活应对复杂多变的形势，适时适度调整宏观经济政策，规避和降低风险。

（二）中长期日本经济走势

基于当前日本经济发展现状、国内外形势以及影响日本经济的各种要素分析，中长期日本经济将呈以下发展态势。

1. 低增长常态化而经济大国地位依存

劳动力供给是影响经济增长的结构性因素。日本少子老龄化形势日趋严峻，劳动市场改革相对滞后，劳动力短缺问题凸显，民间消费动力不足。同时，世界经济不确定性增多，贸易保护主义升温，传染病等公共卫生事件突发；美国等发达经济体也普遍面临人口老龄化问题，劳动生产率增长放缓；中国等新兴经济体面临下行压力，外需环境趋紧，日本通过出口拉动经济增长的作用机理减弱。据内阁府预测，在全要素生产率提高、改革顺利进展的情况下，未来10年（2021—2030年），日本实际GDP年均增长率约2.4%，消费者物价指数年均上涨约1.7%；失业率因疫情近两年有所上升，2022年后将徘徊在2.5%上下的较低水平（见表3-5）。

表3-5　中长期日本经济预测

年度	2021	2022	2023	2024	2025	2026	2027	2028	2029	2030
实际GDP增长率（%）	4.0	3.6	2.7	2.3	2.0	2.0	1.9	1.9	1.8	1.8
名义GDP增长率（%）	4.4	4.2	3.8	3.6	3.4	3.4	3.4	3.3	3.3	3.2
名义GDP（万亿日元）	559.5	583.1	605.4	627.1	648.6	670.8	693.6	716.8	740.3	764.1
潜在增长率（%）	1.0	1.2	1.4	1.7	2.0	2.0	1.9	1.9	1.8	1.8
消费者物价上涨率（%）	0.4	1.2	1.7	2.0	2.0	2.0	2.0	2.0	2.0	2.0
国内企业物价上涨率（%）	0.7	1.2	1.0	0.9	0.9	0.8	0.8	0.8	0.8	0.8
完全失业率（%）	2.7	2.5	2.4	2.4	2.4	2.5	2.5	2.6	2.6	2.7
名义长期利率（%）	0.0	0.0	0.0	0.3	0.6	1.2	1.9	2.4	2.8	3.0

资料来源：日本内閣府経済財政諮問会議「中長期の経済財政に関する試算」、2021年1月21日、https://www5.cao.go.jp/keizai3/econome/r3chuuchouki1.pdf，访问日期：2021年3月15日。

预测结果表明，低增长、低通胀、低失业将是中长期日本经济发展的常态，这意味着中日两国间经济总量的差距会进一步拉大。但是，需要指出的是，日本依然具有较强的经济实力，包括雄厚的经济基础和资金储备、完善的营销网络、丰富的海外运营经验等。2020 年 3 月末，日本家庭金融资产余额超过 1800 万亿日元；① 2019 年末，外汇储备额为 1.32 万亿美元，对外纯资产余额达 364.5 万亿日元，② 均居世界前列。在民间研发投入、国民整体素质方面，日本也具有一定优势，这也是日本企业不断向价值链上游挺进的一个重要因素。20 世纪 90 年代中期以来，日本荣获诺贝尔奖的尖端型人才逐年增多，在机器人、半导体等新材料、资源再利用、生态环保、生物医疗等新兴领域走在世界前沿，这些因素为新时代日本经济实现发展提供了良好基础，将会继续支撑日本发达经济大国的地位。

2. 继续促进财政重建

良好的财政状况，有利于经济稳定增长，经济持续增长则是增加财政收入的重要前提。20 世纪 90 年代以后，日本经济长期低迷，人口老龄化快速发展，社保、医疗费用支出不断扩大，财政入不敷出。政府发行大量国债而背上沉重的债务负担，在一定程度上制约了日本经济发展。2018 年 5 月，瑞士洛桑国际管理发展学院（IMD）发布的《2018 年世界竞争力报告》显示，在主要国家和地区中，日本的竞争力位居第 25 位，有关财政状况的评估指标处于相对落后之列，成为拖累日本国家竞争力提升的因素。

日本的财政状况恶劣却没有出现像希腊那样的债务危机，原因在于其国债的持有结构一直是以国内投资者为主。但值得注意的是，这种状况正在发生变化。自 2016 年以来，日本国债的海外持有额所占比例开始

① 日本銀行調査統計局「資金循環の日米欧比較」、2020 年 8 月 21 日、https://www.boj.or.jp/statistics/sj/sjhiq.pdf，访问日期：2021 年 3 月 15 日。

② 日本内閣府『令和 2 年度年次経済財政報告』、2020 年 11 月、https://www5.cao.go.jp/j-j/wp/wp-je20/pdf/p09000.pdf，访问日期：2021 年 3 月 15 日。

超过10%，到2020年3月末为12.6%。① 如果这种状况持续下去，日本的债务风险将会增大。因此，重建财政、促进财政与经济协调健康发展，将是今后日本政府必须面对的重大任务。

3. 推动第四次产业革命

制造业在日本经济中一直占有举足轻重的地位，其规模占GDP之比高于美、英、法等发达国家。“泡沫经济”崩溃后，日本制造业日益面临人才短缺、信息技术渗透缓慢等问题。根据日本总务省的调查，2013年日本制造业从业人员从1993年的1530万人减少到1039万人，占就业总人口的比例也从23.7%下降到16.5%，20年间减少了近1/3。② 随着经济信息化、智能化、生态化快速发展，主要国家纷纷制定和实施振兴本国制造业的战略或规划，如美国号召“制造业回流”，德国制定“工业4.0”计划，中国提出“中国制造2025”。

在这种发展趋势下，2016年6月，安倍政府宣布日本进入复兴战略第二阶段，着眼于第四次产业革命，成立“第四次产业革命官民会议”，下设“人工智能技术战略会议”“第四次产业革命人才培养促进会议”“实现机器人革命会议”等，着力培养制造业相关技术人员和熟练工人、提高信息化程度、大力培育机器人产业、推动不同行业间的相互融合，以给本国制造业注入活力，创造新的经济增长点。菅义伟继任首相后拟设立“数字厅”，将着力推动日本经济社会的数字化发展。

4. 提升对外经贸主动性

进入21世纪，日本政府有意打破传统的禁区，推动农产品贸易自由

---

① 日本財務省「海外の国債等保有額、保有割合の推移」、https://www.mof.go.jp/jgbs/reference/appendix/holdings02.pdf，访问日期：2021年3月15日。

② 日本経済産業省、厚生労働省、文部科学省「平成26年度ものづくり基盤技術の振興施策（概要）」、2015年6月、https://www.meti.go.jp/report/whit经济伙伴关系协定per/mono/2015/honbun_pdf/pdf/gaiyou.pdf，访问日期：2020年5月15日。

化。根据日欧经济伙伴关系协定，日本对自欧盟国家进口的奶酪、牛肉、酒类、巧克力、意大利面等产品分步骤减少和取消限制，表明日本在农产品市场开放方面向前迈出了重要一步。在新时期，农村人口老龄化的进一步发展以及农民群体对选举政治的参与减弱，将会减少日本农产品市场开放和对外经贸谈判的阻力。

今后日本一方面将会积极推进落实《全面与进步跨太平洋伙伴关系协定》、日欧经济伙伴关系协定、日美货物贸易协定，进一步加强与东南亚、非洲、印度等国家和地区的经贸合作；另一方面将会继续推动双边经济伙伴关系协定以及《区域全面经济伙伴关系协定》落地生效、参与中日韩自由贸易协定谈判等。在 2020 年 1 月底英国正式“脱欧”、新冠肺炎疫情突发和蔓延的形势下，日本与英国在 2020 年 6 月启动了经济伙伴关系协定谈判，仅四个月后便签署协定，并自 2021 年 1 月起生效。可见，只要经济区域化、全球化趋势不发生根本性变化，日本会继续深化对外经贸关系，注重多元化发展，提升自身的经贸主动性。

第三节
“安倍经济学”为平成经济转型落下帷幕*

“安倍经济学”是继桥本改革、小泉改革之后平成时代第三次大规模经济改革，它是安倍晋三领导自民党在2012年底重新夺回政权之后所推出一系列经济政策的总称，其理论根基源自耶鲁学派推崇的“通货再膨胀”（Reflation）理论，通过金融宽松、财政刺激以及经济增长等所谓“三支箭”措施，推动日本经济实现了长达71个月的景气周期。[①] 而且，从企业部门来看，“安倍经济学”继续推动平成日本经济转型，摆脱泡沫经济崩溃不良债权之后的日本企业成功重构了国际竞争力，2019年，日企留存总盈余538万亿日元，超过其国内生产总值规模。然而，由于“安倍经济学”实施期间，日本经济平均实际经济增长率仅为0.9%，远不及安倍所提出的2%的目标，[②] 加之国民生活没有真正实感的原因，该改革又被认为是一场失败的改革。

---

* 作者张玉来，南开大学日本研究院教授。本文在《“安倍经济学”与日本经济机构转型》（发表于《日本学刊》2016年第3期）基础上修改而成。

① 日本内阁府公布的景气统计显示，战后日本经济第16个景气周期从2012年11月的谷底开始，至2018年10月到达峰值，经济扩张期为71个月，创造了战后第二长的景气扩张周期。

② 加谷珪一「アベノミクス総括　経済成長しても生活は豊かにならなかった真の理由」、2020年9月17日、https://www.itmedia.co.jp/business/articles/2009/17/news045.html，访问日期：2021年3月23日。

一、继承新自由主义路线的“安倍经济学”

综观平成时代三大改革，基本都是沿着新自由主义路线前进，其特征包括：削减国家提供福利及公共服务、放松政府管制、重视市场原理、为资本全球自由化移动提供政策支持等。1996 年桥本内阁提出了六大改革，① 其核心是行政改革、目标是走向“小政府”；2001 年小泉内阁提出了“无圣域结构改革”② 口号，一边大规模“瘦身”政府体制，一边以“邮政民营化”等措施大规模切割政府对市场的干预。不过，在刺激经济增长方面，历届内阁还是局限于传统凯恩斯方式，这就造成日本的财政问题日趋严峻，2001 年，日本财政赤字占 GDP 之比已达 5.5%，2013 年更攀升至 6.9%。加之日本老龄少子化的形势愈加严峻，这就使长期依赖凯恩斯式财政刺激的日本政府，逐步陷入了财政困境；同时，受传统农政利益的约束，日本在国际化方面也远远落后，这两大领域成为“安倍经济学”剑指的方向，于是，主张金融宽松的通货再膨胀手段便进入安倍内阁的政策工具箱，并成为主要工具。③

（一）“白川辞职”与央行独立性之争

2013 年 3 月 19 日，第三十任日本中央银行——日本银行（日银）行长白川方明宣布辞职，这距离其任期届满仅差短短的 20 天。日本媒体普

---

① 1996 年桥本龙太郎担任首相期间提出了行政、财政、社保、经济、金融以及教育六大改革。

② 2001 年小泉纯一郎担任首相期间提出了“无圣域结构改革”计划，实施了邮政民营化等重要改革。

③ “安倍经济学”就是一场重要的经济改革，它不仅有明确的改革目标、具体的实施方案，甚至包含详细的政策评估机制。此次改革的突出特征是，从传统凯恩斯式财政刺激转向以金融为突破口的政策组合——金融“双宽”+适度财政刺激+结构改革。

遍认为，这是迫于来自日本政府的强大压力，因为安倍晋三在当选自民党总裁之后，就多次呼吁要实施大规模金融宽松政策，甚至扬言这将关系到“日本银行的独立性”问题。[①] 自民党在获得众议院大选胜利之后，国会更是多次召唤白川，要求其解释如何将日本经济带出通缩的计划，给央行不断施压。

白川被视为坚守央行独立性的学院派代表。在最后一次记者会上，白川再次重申其秉承的信念：央行的职责是维护本国货币的信誉度和金融体系的稳定，不应操纵市场以迎合期待，因为央行政策一旦失误，市场就有可能陷入混乱。由于曾师从诺贝尔经济学奖得主米尔顿·弗里德曼，白川也深受芝加哥学派的影响。如他认为，日本彻底摆脱通缩的办法是提高生产效率，这不能仅靠央行，所以需要企业和政策当局的共同努力。

但是，白川的学院派观点却遭受越来越多的质疑。对日本政府产生重要影响的保罗·克鲁格曼就曾严厉批评了白川领导的日本银行，这位诺贝尔经济学奖得主认为，“日本政府早该毫不犹豫地干预日本银行的独立性了。因为13年来日本GDP平减指数一直在下降，日本银行竟然对此坐视不管”。[②] 作为日本政府经济智囊、担任安倍内阁经济政策参与[③]的耶鲁大学教授浜田宏一认为，这种坚守央行独立精神只会让国民痛苦，他对白川所领导的日银工作评价极低。[④] 此外，学界的批评声音也逐步增大，如早稻田大学教授若田部昌澄认为，白川所解释的通缩原因“根本

---

① 『安倍氏、「日銀の独立性」強調　発言を微修正』、『日本経済新聞』2012年11月24日、http://www.nikkei.com/article/DGXNASFS24006_U2A121C1NNE000/。

② 現代ビジネス『間違いだらけの日本経済　考え方がダメ』、2010年8月20日、http://gendai.ismedia.jp/articles/-/994。

③ 参与，日本政府外聘专家、政策智囊，属于非长聘的国家公务员。——作者注

④ 『白川総裁は誠実だったが、国民を苦しめた』、『東洋経済』2013年2月8日、http://toyokeizai.net/articles/-/12839。

与金融政策不相干”。[①]

白川辞职成为日本政策转向的风向标，要求日本银行放弃独立坚守、主导一场金融风暴的声音愈加强烈。

（二）“安倍经济学”理论根基的形成

“通货再膨胀”（Reflation）理论成为“安倍经济学”的理论基石。打着“经济最优先”旗号的第二次安倍内阁成立以来，政府特别聘任两名经济领域“内阁官房参与”[②] 均为通货再胀学派：耶鲁大学名誉教授浜田宏一和曾在财务省任职的本田悦朗。不仅如此，时任日本银行副行长的岩田规久男、早稻田大学教授（2015 年任日本银行政策委员）原田泰等，也都是日本学界通货再膨胀理论学派的典型代表。他们在安倍经济政策中发挥着核心影响力，特别是主导着日本央行的政策方向。

通货再胀学派的突出观点是，强调以非传统金融政策来让日本摆脱长期以来的通货紧缩状态。如浜田宏一就认为，日本经济的病因有三——长期通缩、收紧的金融政策和容忍日元升值，为摆脱长期通缩状态，就必须设定通胀目标，实施大胆的金融宽松政策。[③] 他还指出，日本经济的实际运行一直处于潜在经济增长率水平之下，这是因为金融政策过度紧缩导致了日本经济难以发挥出真正实力，所以，首先要做的事情就是平衡币值超高的日元汇率，也就是把印钞作为改革的第一步。

另一位内阁官房参与本田悦朗有着财务省的官僚背景，他与首相本人也建立了良好个人关系。对此，安倍也在多个场合直言不讳，“财务省

---

① PHPオンラインシュウチ『反道徳的な就職競争』、2010 年 4 月 26 日、http://shuchi.php.co.jp/article/820。

② 内阁官房参与（Special Advisor to the Cabinet），日本内阁府外聘专家，相当于首相的政策智囊，属于非长聘的国家公务员。——作者注

③ 『浜田宏一・内閣官房参与　核心インタビュー』、ダイヤモンド、2013 年 1 月 20 日、http://diamond.jp/articles/-/30804?page=2。

原官员本田给予我很多关于摆脱通缩的好建议”。① 本田一直严厉批评白川时代日本银行的相关措施，甚至提议应修改《日本银行法》，把“就业最大化”作为日银的政策目标之一。他建议安倍首相首先制止日元升值态势，“通过增加货币供应量来克服日元升值，这有利于摆脱通缩和增加税收”。②

作为日本银行副行长的岩田规久男，一直被称为日本通货再胀学派的“第一人”。他提出，“只要日本银行加大通货供给量，就能让日本摆脱通胀”。③ 关于金融政策，岩田认为，即便是股价出现了泡沫，只要通胀率仍在政策目标范围之内，就不应收紧金融政策。与本田观点相近，岩田也认为此前的日本银行应承担日本经济长期通缩的主责，他提出央行应该设定中期物价上涨率目标，为此，甚至可以通过公开市场操作购买政府发行的长期国债。④ 岩田的上述观点得到了美国经济学家克鲁格曼、美联储前主席伯南克、耶鲁大学教授浜田宏一、早稻田大学教授原田泰、庆应大学教授竹森俊平、东京大学教授伊藤元重、专修大学教授野口旭等人的支持。

（三）由日本银行祭出改革大旗：“异次元宽松”

在确立了金融宽松的政策方向之后，安倍晋三特别选定由有着财务省背景的亚洲开发银行（亚开行）行长黑田东彦作为“操盘手”。亚开行的任职经历让黑田博得了海内外人士的广泛认可，诺贝尔经济学奖得

---

① 「安倍・石破言いたい放題密室“全録音”」、『週刊文春』54 巻 46 号、文藝春秋、2012 年 12 月 6 日、25 頁。

② 「安倍・石破言いたい放題密室“全録音”」、『週刊文春』54 巻 46 号、文藝春秋、2012 年 12 月 6 日、25 頁。

③ 「岩田規久男氏　日銀の政策、長年批判」、『日本経済新聞』2013 年 2 月 25 日、http://www.nikkei.com/article/DGXDASGC2400K_U3A220C1NN1000/。

④ 岩田規久男「日銀は2%インフレ目標にコミットすべし。わが金融政策のすべてを語ろう」ダイヤモンド・オンライン 2013 年 3 月 1 日、http://diamond.jp/articles/-/32697。

主约瑟夫·斯蒂格利茨甚至将之称为“世界最著名的日本经济学家之一”。在政策效果上，黑田更倾向于追求对市场产生冲击性效果，发挥政策引导市场的作用。

2013年4月，新任日本银行行长的黑田大张旗鼓地宣称要在日本实施一场大胆的金融革命——他为该政策命名为“异次元政策”新政，于是，一场“量”“质”并举的超级金融宽松政策在日本正式落地。所谓“量宽”，就是将此前的金融市场调控中介目标，从无担保隔夜拆借利率调整为基础货币，与此同时还具体化了货币扩张方式与目标——它要把日本的基础货币量从2012年底的138万亿日元规模，提升至2013年底的200万亿日元，到2014年底达到270万亿日元，这就等于在两年之间向市场注入132万亿日元资金。① 所谓“质宽”，就是打破传统的风险资产概念，延长央行资产购买期限、丰富项目种类——黑田宣布每年央行将购买50万亿日元额度、包括40年期国债在内的长期国债，并把持有期限从平均不足三年延长为七年；同时，每年还购入1万亿日元的上市投资信托基金（Exchange Traded Fund，ETF）和300亿日元规模的日本房地产上市投资信托基金（JAPAN-Real Estate Investment Trust，J-REIT）。这场前所未有的金融宽松被称为“异次元宽松”。

此次黑田金融革命的政策目标非常明确——要在两年之内实现2%的通胀目标，以此来助推日本政府所确立的经济改革目标——彻底摆脱长期通缩，恢复日本经济增长。日本银行此次金融改革设计了三大政策传导途径：其一，通过购买长期国债和ETF、J-REIT等金融产品，由此降低长期利率并使风险资产出现溢价效果，从而降低企业与家庭部门的融资成本，进而推动企业和家庭的消费与投资；其二，通过由央行购买市场上的国债，让原有国债投资者或金融机构转向股票、外国债券、贷款等能获得更高收益的资产投资，形成资产组合的再平衡效果（portfolio

---

① 日本銀行『「量的・質的金融緩和」のどうにゅうについて』、2013年4月4日、4頁。

rebalancing)，从而实现为新兴产业或增长型企业提供低成本的资金或风险投资；其三，通过央行大规模购入资产，彻底改变市场与经济主体的心理，进而刺激企业扩大投资、家庭部门更倾向于购入耐用品和住房投资。

二、“三箭齐发”与结构失衡和重心偏移

从改革的框架设计来看，“安倍经济学”的“三箭”具有极大合理性：一是金融宽松先行，彻底扭转长期以来的日元升值态势，让出口型企业率先盈利改善；二是政府扩大财政支出刺激经济复苏，让改革惠及国内企业，“两箭”之下，获利企业将扩大雇佣、提高工资、加大投资，从而推动经济循环走向良性；三是大力推进结构改革，为企业进一步发展扫平障碍并拓展出新的经济增长点，进而令日本经济彻底复苏。但改革在实际推进与实施过程中，却出现了结构失衡、“金融独行”的局面，虽然企业部门状况大幅转好、就业形势改善，但受消费税增税等诸多因素影响，日本经济并未出现全面转好的迹象。对此，2015 年 9 月再度当选自民党总裁的安倍迫不及待地射出了“新三支箭”，高调宣布“安倍经济学已经进入第二幕”。[①] 由此，日本经济改革的重心也发生了转移。

（一）“三箭齐发”的基本政策框架

事实上，早在第一届安倍内阁期间，就有了所谓“安倍经济学”的提法，但二者在性质上截然不同，前者是试图继承小泉内阁的结构改革，沿着新自由主义的路线，继续削减财政支出、减少公共投资，依靠规制

① 『アベノミクス「新 3 本の矢」を読み解く』、『日本経済新聞』2015 年 9 月 25 日、http://www.nikkei.com/article/DGXZZO92034300U5A920C1000000/。

缓和来实现经济增长。

安倍经济学所提出的“三支箭”政策，堪称完美的政策组合。“大胆的金融政策”——主要由日本银行承担形成日元贬值稳定态势，借此来向市场提供充裕且“廉价”的资本，并大举提升日本的国际竞争力，形成产品出口和服务贸易的两路夹击之势；“机动的财政政策”——对于长期处于“寅吃卯粮”的日本财政而言，安倍政权必须高度关注日本财政破产的风险，因为财务省数据显示，2012 年度日本普通国债累计余额超过 774 万亿日元，与 GDP 之比高达 157.5%，① 因此提出了“机动”的特征，也就是要追求更高效的财政刺激效果，该年度补充预算规模为 10.2 万亿日元；② “唤起民间投资的增长战略”——通过推动改革来进一步完善市场机制，从而激发民间企业活力，创造新的产业领域、寻找新的经济增长点，如安倍政权提出了一系列的经济增长战略，如“构建健康长寿社会”、“创建日本版的美国国立卫生研究院”（National Institutes of Health，NIH）、《日本产业再兴计划》、《战略市场创造计划》、《国际拓展战略》等，并提出要对日本经济采取结构改革，目标是改善日本国内的商务环境，如降低法人税、撤销在能源、农业和医疗等领域的相关规制、改善劳动市场环境等措施。

金融宽松、财政刺激和增长战略堪称拉动“安倍经济学”的“三支箭”，三者之间相互补充、相互依赖、缺一不可。日本银行的大规模货币宽松成为最基础条件，而政府的财政刺激和经济增长战略则成为新的突破口。从行政机构来看，日本银行和内阁府成为政策的主要推动者，而财务省和经产省等相关部门则成为重要的实施机构。为了不断丰富和完善“安倍经济学”并推陈出新寻找改革突破口，安倍内阁高度重视民间

---

① 财務省『国債発行額の推移（実績ベース）』、2015 年、www.mof.go.jp/jgbs/reference/appendix/hakkou01.pdf。

② 財務省『平成 24 年度補正予算フレーム』、2013 年、https://www.mof.go.jp/budget/budger_workflow/budget/fy2012/sy250115/hosei250115a.pdf。

精英能够广泛参与的经济财政咨询会议、综合科学技术创新会议等咨询机构，并任命了专门的“特命担当大臣”。出任特命金融担当大臣的麻生太郎、经济财政担当大臣的甘利明（2016 年初因政治献金丑闻而辞职）以及统领整个内阁府的内阁官房长官菅义伟等，成为改革政策制定的核心领导人物，被称作“3A1S”。①

（二）日元贬值的政策目标与政策空间

日元贬值对日本经济到底有多大影响？日本内阁府的一项企业问卷调查显示，2015 年度日本出口企业所设定的汇率盈利线是 1 美元等于 103.2 日元，也就是说，日元汇率只要保持在这一汇率水平，出口企业就可以保持盈利状态。当然，由于经营以及生产工厂条件的各不相同，相关产业的汇率盈利线也有所不同。比如日本经济新闻 2016 年的调查显示，日本精密设备产业的盈利线水平最高，为 88.6 日元；日本有色金属行业为 95.6 日元，它和汽车等运送设备（101.4 日元）、电器设备（101.7 日元）等产业，对日元升值均具备一定承压能力；然而，钢铁产业（111.2 日元）和食品产业（114.5 日元）等抗压能力最弱，相对更依赖于日元贬值。② 所以，日元贬值是日本出口产业能否大幅盈利的重要条件，以在 2015 年度（2015 年 4 月至 2016 年 3 月）创下最高利润纪录的丰田汽车为例，日元对美元汇率每升值 1 日元，该公司的年营业利润就会被压缩掉 400 亿日元。③

事实上，创造和稳定日元贬值环境也是日本银行非常重要的政策目标。第二次安倍内阁成立前的 2012 年 11 月，日元曾攀升至历史最高的 1

① 安倍晋三、麻生太郎和甘利明的姓名日语发音首字母都是“A”，菅义伟的日语发音首字母为“S”。——作者注

② 『円安基調変化の兆し——問われる日本経済の底力』、『日本経済新聞』2016 年 3 月 13 日。

③ 『アベノミクス試練』、『朝日新聞』2016 年 2 月13 日。

美元兑换70日元。在安倍宣誓将努力让日本彻底摆脱“长期通缩”之后，日元便迅速步入贬值通道，2013年1月下旬，日元汇率便降为1美元兑换90日元。而在日银宣布实施“异次元”政策之后，日元汇率更是迅速下降至1美元兑换100日元的水平。2015年6月5日，日元汇率迎来1997年亚洲金融危机以来的最低值，1美元兑换125日元。

日元迅速贬值极大推升了出口企业的盈利。以作为日本出口支柱的汽车产业为例，2014年度，除大发之外的七大汽车厂商营业利润合计增长了5828亿日元。而且，从日本出口汽车台数越多、出口比例越高的企业，受日元贬值的正面影响也就越大。如丰田营业利润增加部分有六成来自汇率作用；富士重工若扣除日元贬值因素，甚至是收益减少。①

然而事实上，日本银行的政策效果正在不断衰减，不仅实现2%通胀率的政策目标变得遥遥无期，日元汇率似乎也在“变调”，出现逐渐升值的趋势，日本银行是否还有政策空间开始受到质疑。整体而言，日银的金融宽松政策已实施了四轮：第一轮是2013年4月实施的“异次元宽松”政策；第二轮是2014年10月实施的所谓“追加宽松”政策，基础货币供应量提升至每年80万亿日元，国债购入也扩大至80万亿日元，持有年限延为10年，对ETF和J-REIT购买量也扩大3倍；第三轮是2015年12月实施的“补充措施”，即把国债持有年限扩大至7—12年，为企业设备投资和人才投资提供支持；而第四轮则是2016年1月，日本银行突然引入了类似瑞士央行的“负利率”政策，当时的背景主要是2015年底以来世界经济形势恶化、日元不断走高的趋势。

政策手段枯竭是日本银行导入“负利率”的真正背景，因为截至2015年4月，日本央行向市场投放的基础货币量已经突破300万亿日元，其持有的日本国债也占政府发行额的1/3，所以，到2017年底为止，央行购买国债的能力基本达到极限状态，也就是说，市场上可交易流通的

---

① 『自動車4社最高益——富士重など生産、国内回帰も』、『朝日新聞』2015年5月14日。

国债已经很少。日本央行负利率目标是试图实现所谓“一箭多雕”：一是逼迫银行将资金转向投资，二是遏止再次抬头的通缩迹象，三是打压日元对美元的升值趋势，四是推动企业更积极的投资，最后更重要的是，它缓解了政府偿债压力，由于实施负利率政策，导致10年期国债利率从0.22%降至0.09%，政府预算获得1万亿日元“盈余”。当然，由此也可以看到，这种央行独舞式的经济改革已经看到了“天花板”。

（三）财政刺激政策乏力的背景与原因

财政刺激是“安倍经济学”三支箭中最“钝”的一支，其原因在于日本政府的财政状况早就陷入了捉襟见肘的窘境。截至2012年底，日本国家债务余额已经高达731万亿日元，加上地方政府的201万亿日元，政府债务余额总计932万亿日元，对国内生产总值之比已达196%。① 另外，政府“借债度日”还呈现出常态化特征，以2012年预算为例，税收收入仅为42万亿日元，占比已经不足一半；相反，发行公债部分已超过44万亿日元，占比达到49%，②“借债度日”已成为日本政府的常态化特征。

表面上看，第二届安倍内阁以来日本的预算规模似乎在不断增加，但实际上，若把补充预算案与年初预算加总一起的话，就可以发现日本政府预算规模并没有什么增长，决算数字更证明了这一点，2013年度和2014年度的决算分别为100.2万亿日元和98.8万亿日元，均不及2011年的水平。而且，一直到2019年，日本财政支出才真正超过2011年的水平。日本2011—2020年度一般会计预算与决算情况可参考表3-6。

---

① 财務省『日本の財政関係資料』、2016年2月、6頁。
② 財務省『日本の財政関係資料』、2012年9月、2頁。

表 3-6　日本一般会计预算与决算（2011—2020 年度）

单位：万亿日元

会计年度	年度预算	补充预算	补充后预算（上年剩余）	决算		
				岁入	岁出	剩余金
2011	92.4	15.1	107.5	110.0	100.7	9.3
2012	90.3	10.2	100.5	107.8	97.1	10.7
2013	92.6	5.5	98.1	106.0	100.2	5.9
2014	95.9	3.1	99.0	104.6	98.8	5.8
2015	96.3	4.8	99.6	102.2	98.2	3.9
2016	96.7	5.5	102.2	102.7	97.5	5.2
2017	97.5	2.9	100.4	103.6	98.1	5.5
2018	101.4	4.9	105.7	105.7	99.0	6.7
2019	101.5	5.2	109.7	109.2	101.4	7.8
2020	160.3	21.8	175.7	—	—	—

资料来源：日本财务省暦年度「一般会計歳入歳出決算」と「令和 2 年度一般会計予算」。

除了财政实际支出没有增长，另一个原因就是预算执行效率问题。如何更高效地执行预算，已被安倍政权作为财政政策领域的重要着眼点。自从日本大地震之后，政府预算的执行力就已经大打折扣，如 2011 年度决算后出现了 9.3 万亿日元剩余金，2012 年更是高达 10.7 万亿日元，安倍执政之后有所减少，但仍然多年超过 5 万亿日元规模。预算只有落实到位，才可以发挥其经济刺激的效果。在通过 2016 年度预算之后的记者会上，安倍表示，“需要早日执行预算，将尽快向麻生太郎财务相发出指示，命其如有可能提前实施”。①

① 《日本史上最高预算要用来做什么》，日经中文网，2016 年 3 月 30 日，http://cn.nikkei.com/politicsaeconomy/politicsasociety/18912-20160330.html。

（四）逐步成为改革重心的经济增长战略

在“安倍经济学”三支箭中，经济增长战略更着眼于中长期视角的，其核心是要通过推进一系列结构改革，攻克老龄少子化难题，提升日本的潜在经济增长率。然而，由于日本银行实施金融政策之后很快就发挥了作用——日元大幅贬值、股票市场向好，导致日本政府形成了过度依赖金融政策而怠于改革的局面。在日本银行金融宽松政策目标——2%通胀率的一再推延，而金融政策空间不断窄化之后，经济增长战略再度备受瞩目并成为改革的重心。2015 年 9 月安倍又推出所谓“新三支箭”改革，其中后两支箭（第一支箭只是提出政策目标，“2020 年 GDP 规模达到 600 万亿日元”）都指向了结构改革——即“出生率 1. 8”“介护离职率 0”。为了制定出更具科学性、更具实效性的经济增长战略，第二届安倍内阁成立后立刻通过内阁决议设立了日本经济再生本部，它是由首相任本部长、所有国务大臣为成员的最高规格组织。作为咨询机构，还专门成立了产业竞争力会议,① 吸纳了学界以及民间企业人士参与其中，并与经济财政咨询会议②合作。

2013 年 6 月，日本内阁会议通过了《日本再兴战略》，除了提出十年之内要实现名义 GDP 达到 3%的增长，还详细拟定了重点政策：《日本产业再兴计划》《战略市场创造计划》和《国际拓展战略》等。为了能够更具效率，这项计划还都设定了关键业绩指标（Key Performance Indicator，KPI），以进行过程管理，建立起计划、实施、评价、改善

① 产业竞争力会议成立丁 2013 年 1 月，民间成员包括日本商工会议所三村明夫、乐大会长三木谷浩史、住友商事社长冈素之、三菱化学社长小林喜光、庆应大学教授竹中平藏、东京大学桥本和仁等。

② 经济财政咨询会议最早于 2001 年的桥本内阁时期设立，作为日本国家经济战略最高咨询机构，第二届安倍内阁成立以来民间人士包括东京大学伊藤元重、日本综合研究所高桥进、三菱化学小林喜光、东芝会原会长佐佐木则夫、经团联会长榊原定征、三得利会长新浪刚史等。

（Plan-Do-Check-Act，PDCA）循环体系。① 2014 年 6 月，对相关政策进行修改完善，推出了《日本再兴战略》（2014 年修订版），目标聚焦于提升日本企业盈利能力，推进劳动市场改革、提升农业生产效率、降低法人税、掀起以机器人为代表的产业革命等。

概言之，安倍内阁增长战略改革触及多个领域，包括法人税、强化公司治理、推进贸易自由化、实施农政改革以及能源改革等。仅 2013—2015 年，在国会通过的与经济增长战略相关的法律多达 66 部。而且，参照日本经济再生本部设定的关键业绩指标评价体系来看，截至 2016 年 1 月，在全部 136 项关键业绩指标当中，实现 A 标准（政策目标取得极大进展）的达到 59 项，总占比 43%；实现 B 标准（政策目标取得一定进展）也有 27 个。A、B 合计为 86 项，总占比超过六成。②

贸易自由化方面可谓安倍内阁经济增长战略的重要突破口。长期以来，日本自由化率低于一直低于韩国，这也被一些人认为是日本一些产业被韩国赶超的主因。安倍内阁把贸易自由化作为改革重要方向，安倍首相甚至在 2017 年提出日本要做“自由贸易的旗手”。它改变了民主党时期对美国主导《跨太平洋伙伴关系协定》（TPP）的被动战略，甚至在美国退出之后主动担纲，积极推动成立了《全面与进步跨太平洋伙伴关系协定》（CPTPP）。根据世界银行推算，2030 年之前《全面与进步跨太平洋伙伴关系协定》能将日本国内生产总值推高 2.7%，而日本政府测算数据是能实现 14 万亿日元效果。③ 其实，这还只是停留在关税层面的“红利”，第二个层次的“红利”是投资的效果，也就是外国企业积极进驻，带来设备投资和就业的扩大；第三个层次是所谓“动态效果”，也就

① 战后美国管理学家戴明（William Edwards Deming）所提出的质量管理理念。即所谓 PDCA 循环体系（Plan-Do-Check-Act Cycle），包括四个阶段：计划（Plan）、实施（Do）、评价（Check）、改善（Act），通过这种不断改善提高，从而实现高效率的项目管理。——作者注

② 日本経済再生本部『平成 27 年度産業競争力の強化のための重点施策に関する報告書』（2016 年 2 月 5 日）別添『KPIの進捗状況について』、1-89 頁。

③《TPP 对 12 国的经济贡献度有多高?》，日经中文网，2016 年 1 月 8 日，http://cn.nikkei.com/politicsaeconomy/investtrade/17728-20160108.html。

是这种开放带来的压力所形成的企业新陈代谢，美国布兰迪斯大学教授彼得·佩特里（Peter Petri）认为，这种产业竞争与升级效果将给日本“GDP 每年推高 2%，即超过 10 万亿日元”。①

三、“安倍经济学”推动日本经济加速转型

截至安倍下台，“安倍经济学”所提出的很多目标不仅没有实现，甚至是遥不可及。例如，日本银行提出的“两年内实现 CPI 上涨 2%”、《日本再兴战略》（2013 年 6 月）提出的年均 GDP 名义 3%、实际 2%的增长目标等。正因如此，日本民众对于安倍经济改革评价并不高，如《日本经济新闻》舆论调查显示，肯定“安倍经济学”仅为 31%，远不及否定者的 50%。那么，“安倍经济学”到底有没有成效，其对日本经济到底产生了怎样的影响呢？

（一）虽仍处经济衰退通道，但企业部门已显著改善

从宏观经济统计数据来看，日本经济整体仍未彻底摆脱衰退下滑通道，但最近 10 年表现复苏，已经转为上升趋势。以每 10 年为单位来看，20 世纪 60 年代日本经济曾创造出 10.1%的高速增长，但 70 年代出现下滑，骤跌至年均 4.4%的水平。不过，80 年代的泡沫经济又推升了经济形势，经济增长小幅上升，达到年均 4.6%的水平。之后，由于泡沫破裂，日本经济迎来衰退——“失去的 20 年”，从 20 世纪 90 年代的年均增幅 1.2%，到 21 世纪前 10 年更是跌破了 1%的水平。不过，到 21 世纪 10 年代，日本经济却再次达到 1.1%，出现了显著复苏的态势（如图 3-7 所

① 《TPP 对日本有多大经济效果?》，日经中文网，2015 年 10 月 28 日，http://cn.nikkei.com/politicsaeconomy/economic-policy/16664-20151028.html。

示）。很显然，这与安倍经济学相关措施出台密切相关。

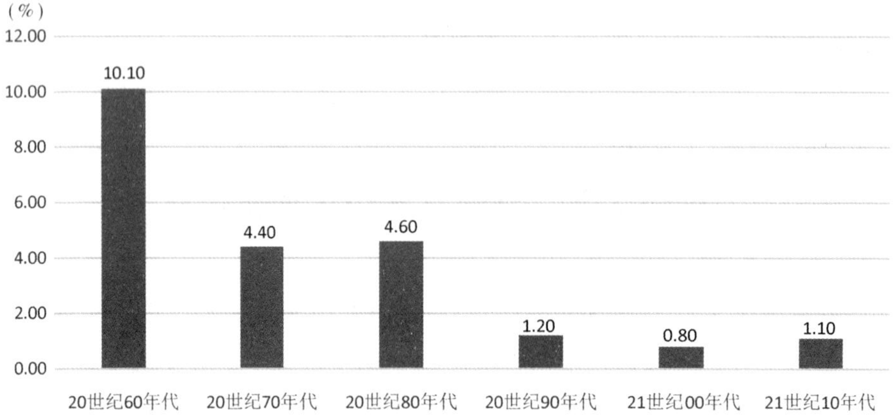

图 3-7 日本实际 GDP 增长率的变化（20 世纪 60 年代以来）

资料来源：日本内阁府历年统计。

2012 年 12 月，安倍晋三率领自民党击败执政仅三年的民主党政权，其赢取民心的关键点就在于其“经济优先”的执政口号。“安倍经济学”实施的第一年就实现了 2.7%的增长率，不过，由于实施消费增税，2014 年经济增长率又掉头转为负的 0.4%。之后，2015—2018 年分别为 1.7%、0.8%、1.8%和 0.3%。从整体特征而言，宏观经济数据依然处于不稳定状态，未能实现强劲复苏的目标。不过，从不同的经济部门来看，企业部门却出现了大幅向好的态势。

首先，日本企业部门经营状况改善迅速且呈现持续向好趋势，经营业绩不断刷新历史纪录。2014 年，日本上市企业的经常收益就突破 30 万亿日元，[①] 更新了历史纪录，同时，除金融保险业外的全行业企业经常收益 64.58 万亿日元。仅 4 年之后（2018 年），日本企业经营状况更上一层楼，全行业企业经常利润攀升至 83.9 万亿日元，再度创下新纪录，企业销售利润率大幅改善，全行业达到 5.5%，而制造业平均更是达到 7%的

① 《日本上市企业 15 财年利润也将创新高》，日经中文网，2015 年 5 月 12 日，http://cn.nikkei.com/politicsaeconomy/epolitics/14315-20150512.html。

水平。由于企业盈利能力大幅改善，企业资金也越加充沛，全行业利润剩余到 2019 年达到了 475 万亿日元，同比 2011 年增加了 68%。①

其次，家庭部门状况也有所改善。日本政府一直积极呼吁经济界提高工资，但实际工资上涨却不尽如人意。然而，资金循环统计数据却证明，日本家庭部门的金融资产确实在增长。截至 2020 年 12 月底，日本家庭部门的资产总额为 1948 万亿日元（其中，现金和存款额为 1056 万亿日元），相比 2012 年底的 1544 万亿日元增加了 404 万亿日元，8 年之间增比为 26%。②

最后，政府部门的表现。主权债务危机被视为日本经济的最大风险，截至 2020 年底，包括中央政府和地方政府在内，日本发行的长期债务余额已经 1182 万亿日元，对 GDP 之比已经达到 207%。如果包括短期债务在内，也就是国家全部债务（主权债务）余额对一国 GDP 之比来看，日本位列发达国家之首，其数字已经超过 250%。③ 其实，突发的新冠肺炎疫情给日本财政带来沉重打击，由于应对疫情，2020 年日本一般会计支出骤增至 160. 3 万亿日元，增加约 60 万亿日元。相反，税收收入仅为 63. 5 万亿日元，新发国债规模高达 90. 2 万亿日元。

（二）“产业六重苦”消解，经济环境改善

1991 年泡沫经济崩溃之后，日本便陷入所谓“失落的 20 年”。“慢性需求不足和生产效率的不断下降”被视为日本经济长期停滞的主要原因，而生产效率的下降则与日本中小企业全要素生产率（TFP）的停滞

---

① 財務総合政策研究所『法人企業統計調査（暦年度）』、2021 年 3 月 26 日、https://www.mof. go. jp/pri/reference/ssc/results/nenpou. htm。

② 日本銀行調查統計局『2020 年第 4 半期の資金循環（速報）』、2021 年 3 月 17 日、https://www. boj. or. jp/statistics/sj/sjexp. pdf。

③ 財務省『日本の財政関係資料（令和 2 年 7 月）』2020 年 7 月 1 日、https://www.mof. go.jp/budget/fiscal_condition/related_data/202007_00. pdf。

密切相关。[①] 而这又被认为与日本产业环境恶化密切相关，特别是2008年雷曼事件导致世界性金融危机之后，留在日本国内的产业面临着多重困境——日元不断升值、世界最高法人税率、对外自由贸易协定签署率低、劳动市场存在诸多规制而流动性差、环境保护措施严厉等，这被称为产业“五重苦”，再加上2011年“3·11”大地震又使核电全部停运而导致电力供应不足以及电价成本上升，上述因素被总称为产业“六重苦”。

“我们已经实际感受到‘安倍经济学’让日本产业逐步摆脱了此前的六重苦，在步入第二阶段之际，民间企业将成为经济增长战略的主角”，日产汽车董事会副主席志贺俊之如此评价安倍经济学。[②]

2008年美国金融危机之后，由于美元贬值，日元再次进入升值周期。2007年8月初的1美元兑112日元汇率水平，在八个月之后迅速升至95日元。之后，希腊金融危机再度推升了日元汇率，2010年10月已经升至1美元兑换80日元的历史高位。2011年东日本大地震之后，与市场普遍认为的日元大幅贬值趋势恰好相反，是年10月底竟然骤升至75.32日元的历史纪录。在安倍内阁祭出“安倍经济学”旗号之后，日元便开始掉头向下，2013年1月便降至1美元兑换90日元，而日银颁布“异次元”政策一个月之后则回落到100日元。2014年《日本再兴战略》修订版出台、日银“追加宽松”之后，日元汇率更是相继跌破110日元和120日元大关。2015年年底日元出现回升之势，但整体趋势仍然处于稳定状态。

其他问题都是在安倍内阁推动的经济改革中实现的。2015年日本法人税已经从2011年之前的将近40%降至32.11%，而且，按照执政党税制改革大纲中规定，到2016年度降至29.97%，[③] 接着，到2018年度又

① 金榮愨、深尾京司、牧野達治『「失われた20年」の構造的原因』、独立行政法人経済産業研究所（RIETI）、2010年5月1日、https://www.rieti.go.jp/jp/publications/rd/058.html。

② みずほ総研フォーラム2015「アベノミクス3年と日本経済の変化」基調報告、2015年11月5日。

③《日本要进行税制改革》，日经中文网，2015年12月11日，http://cn.nikkei.com/politicsaeconomy/economic-policy/17358-20151211.html。

下降至 29.74%。除了直接降低综合税率，安倍内阁还实施了一系列政策减税措施，包括企业设备投资以及研发投入都可进行减税，如 2014 年度减税额度就高达 1.2 万亿日元，① 向企业大幅让利。2019 年，日本政府和执政党决定从企业应缴纳的法人税中扣除关于 5G 通信网建设的投资额，扣除额度高达 15%。劳动就业领域的改革也在稳步推进。2018 年修改之后的《劳动合同法》提出了所谓“五年原则”，也就是非正式员工的合同工只要工作超过五年，就可以转为无限期的正式员工待遇。另外，日本政府也加力推进关于同工同酬的相关法律。

在改善产业环境方面，日本政府把电价作为改革重点。2016 年 4 月 1 日开始，日本实行电力零售全面自由化，普通家庭可以自由选择供电商，这就等于强化了供给侧竞争。这种“价格破坏”成为继 2013 年《电力系统改革方针》“三步曲”的“第二步”——打破电力行业壁垒。而此前“第一步”已经实现了跨区域电力供需调配，2020 年彻底实现了“电网分离”。除了推进市场化改革，安倍内阁也在积极推动核电重启。

（三）服务贸易发展迅猛，产业转型升级加速

产业空洞化是泡沫经济崩溃之后，日本经济结构转型的重要特征之一。由于日本企业不断向海外进军，其制造业海外生产比例自 20 世纪 80 年代的 5%一路上扬，② 到 20 世纪 90 年代末超过了 10%，而 2007 年则达到了 19.1%。之后，日本海外投资增长缓慢甚至一度下滑，但是，以 2011 年“3・11”大地震为契机，日本企业再度掀起“离开日本”热潮，

---

① 「企業の政策減税　倍増」、『朝日新聞』2016 年 2 月 14 日。

② 海外生产比率，即日本制造业企业在海外生产销售额在日本企业国内外全部生产销售额中的占比。即海外生产比率=海外生产销售额/（海外生产销售额+国内生产销售额）×100%。——作者注

这导致2013年海外生产比率提升至22.9%。① 不过，“安倍经济学”似乎对此开始发挥作用，“以家电、精密机器和汽车等为中心，将中国等海外的一部分生产迁回日本国内的趋势已经再次出现”。②

然而，制造业部分回归还远远不能涵盖整个日本经济结构转型的特征，如今的日本正走向更成熟的经济结构，传统依赖贸易营利的特征正在发生巨变，从全球化投资中获取利润，同时不断提升国内经济的高附加值化，如农业、高端医疗、教育保健甚至是基础设施等，均成为新的出口支柱。

首先，对外投资所产生的第一次所得收支成为日本经济支柱。事实表明，产业空洞化不仅并未产生日本政府及学界所担心的负面作用，③ 相反，它还促使日本跻身全球投资大国行列。2013年，日本对外直接投资超过1471亿美元，创下新纪录，截至2014年，日本对外直接投资已连续4年超过1000亿美元规模，④ 成为发达国家中仅次于美国的第二大对外直接投资国。包括证券投资在内的对外投资为日本带来丰厚的第一次所得收支盈余，继2014年创下18万亿日元纪录之后，2015年更是突破了20万亿日元规模（见表3-7）。

---

① 経済産業省『海外事業活動基本調査』第26回（1995年度）、第31回（2000年度）、第38回（第2007年度）、第44回（第2013年度）、http://www.meti.go.jp/statistics/tyo/kaigaizi/result-1.html。

② 《日本制造业回归是真的》，日经中文网、2015年2月27日，http://cn.nikkei.com/columnviewpoint/column/13198-20150227.html。

③ 日本政府早就担心产业空洞化或将严重冲击日本经济，1986年经济企划厅《年度世界经济白皮书》曾指出，它将导致制造业丧失竞争力，重要产业从国内撤出，以直接投资方式流向国外，国内或仅剩服务业，造成经济增长乏力。日本学界也充满这种声音，如1989年伊藤元重在其《国际经济入门》指出，生产据点向海外转移导致国内就业减少，进而国内技术开发力量不断下降。——作者注

④ JETRO『ジェトロ世界貿易投資報告』2015年、28頁。

表 3-7　2003 年与 2015 年经济相关指数比较

经济指数	2003 年	2015 年
经常收支（万亿日元）	16.1	16.6
贸易收支（万亿日元）	12.5	-0.6
服务收支（万亿日元）	-4.1	-1.6
第 1 次所得收支（万亿日元）	8.6	20.8
第 2 次所得收支（万亿日元）	-0.9	-1.9
名义 GDP（万亿日元）	498.9	499.1
实际 GDP（万亿日元）	486.0	528.6
完全失业率（%）	5.3	3.4
日元兑换美元汇率（1 美元=日元）	115.94	121.09

资料来源：内閣府『経済財政報告』(平成 16 年度、平成 28 年度)。

其次，服务贸易正在成长为日本经济新的支柱。日本旅行收支一直处于赤字状态，如 2003 年赤字额高达 2.3 万亿日元，但是，伴随"安倍经济学"《日本再兴战略》提出"重建旅游产业作为地方经济的驱动力"之后，采取了放宽签证、扩大免税范围、强化旅游消费基础设施等措施之后，赴日旅游外国人迅速增长，2013 年突破 1000 万人大关，2015 年达到 1974 万人，提前完成日本政府 2020 年实现 2000 万人的目标。访日游客也带来巨大消费，2015 年实现创历史新高的 3.47 万亿日元，同比增长了 71.5%。① 也正因此，日本旅游收支状况由负转正，在时隔半个多世纪(53 年）之后出现了 1.1 万亿日元的盈余。

知识产权等专利收入也成为服务贸易的重要支撑。2000 年，日本知识产权专利收入还仅为 1 万亿日元，但近年来却呈现快速增长之势，到 2014 年已经达到 3.7 万亿日元，扣除对外支付费用之后，日本知识产权对外收支也达到 1.7 万亿日元的黑字状态。②

① 観光庁『訪日外交人消費動向調査　平成 27 年年間値（確報）』、2016 年 4 月 5 日、http://www.mlit.go.jp/kankocho/news02_000279.html。

② 日本経済産業省『通商白書 2015』、2015 年、10-11 頁。

最后，通过国内经济高附加值化来培育新的贸易支柱，这也是“安倍经济学”经济增长战略的明确目标。在“三支箭”的政策框架下，“安倍经济学”还设计了三大增长计划——以促进产业新陈代谢为核心的《日本产业再兴计划》、以解决现存课题为目标的《战略市场创造计划》、以扩大海外市场为目标的《国际拓展战略》。健康医疗、基础设施、旅游、农业、文化甚至是军工等，都被作为重点开发的新领域。

在一系列改革的推动下，日本经济结构已经发生了深刻变化。一个更具说服力的数据是国家总资产。2021 年 1 月 20 日，日本内阁府发布了《2019 年度国民经济计算年度推算》，2019 年底日本国家整体净资产（国家财富）为 3689. 3 万亿日元，其中，资产部分 11375. 4 万亿日元，负债为 7686 万亿日元。国家财富连续 4 年增加，创造了 1994 年具有可比数据以来的最高值。另外，日本对外净资产继续增长，达到 366. 8 万亿日元，① 这使日本连续 29 年蝉联世界最大债权国的地位。

四、日本经济发展趋势及其风险

首先，困扰日本经济的核心问题是财政如何重建，而其根源正是老龄少子化问题，这既是日本潜在经济增长率不断下降的主因，也是今后发展的最大风险。2015 年，日本主权债务余额与 GDP 之比就已高达 231%，位列发达国家之首，其净债务 GDP 比也为 126%。② 2020 年，由于应对新冠肺炎疫情，日本被迫再度扩大财政支出，原本有所改善的财政困境再次变得严峻，2020 年其债务与 GDP 之比已经攀升至 266%，预计 2021 年底国家及地方政府长期债务余额将增加至 1209 万亿日元，比安

---

① 内閣府『（令和元年度）国民経済計算年度推計』、2021 年 1 月 20 日、https://www.esri.cao.go.jp/jp/sna/data/data_list/kakuhou/gaiyou/gaiyou_top.html。

② 財務省『日本の財政関係資料』、2016 年 2 月、8 頁。

倍第二次执政的 2012 年（932 万亿日元）增加了 277 万亿日元。①

为彻底走出财政困境，2012 年日本政界曾达成朝野一致的共识。但事实证明，依靠消费增税会对消费形成沉重打击，从而导致内需不振、经济难以强劲复苏。2014 年（消费税税率从 5%提升至 8%）、两度延期的 2019 年（消费税税率从 8%至 10%）都对日本经济增长形成冲击。而且，日趋严重的老龄少子化趋势也对这种依靠消费增税来重建财政重建的路线形成严峻考验。这就要求日本政府必须考虑进行社会保障改革，继续削减福利或调整养老金支付方式与额度等，彻底改变寅吃卯粮的现状。

其次，“央行独舞”的改革现状反映了“安倍经济学”结构失衡、力度不足的问题。以通货再膨胀为理论基础的“改革药方”，显然对祛除日本长期通缩的“沉疴”还是发挥作用的。量化与质化双宽松为日本企业创造了超低融资成本环境，而且，负利率等金融措施也事实上拓展了财政政策的空间。但问题是作为至关重要的经济增长战略“第三支箭”却一直未能发挥应有作用。尽管安倍曾高调宣称，他“要做强大的钻头，冲破既得利益的坚硬磐石”，在医疗、农业以及社保改革等规制重重的领域实施大刀阔斧式改革。实际上，为了赢得老年人的政治选票，安倍政府在社保改革上一直是缩手缩脚。

再次，没能真正解决劳动生产率下降的问题，使得潜在经济增长率一直徘徊不前。20 世纪 90 年代泡沫经济崩溃之后，日本用了将近 20 多年时间才解决了“三大过剩”问题——债务过剩、设备过剩和雇佣过剩。然而，由于此时正值经济全球化浪潮以及信息技术（IT）革命，导致日本企业错失国际竞争力。由于日本式经营的传统，很多企业执迷于自我技术优势，一度陷入了“孤岛化”误区，造成日本产品和技术与国际标准严重脱钩的现象，导致日本全要素生产率大幅落后于美、德、英、法

---

① 財務省『我が国の財政事情』（令和 3 年度予算政府案）、2020 年 12 月、https://www.mof.go.jp/budget/budger_workflow/budget/fy2021/seifuan2021/04.pdf。

等国。加之，老龄少子化问题日趋凸显，又令日本潜在经济增长率跌破至不足1%的超低水平。很显然，日本必须启动规制和税制改革，迅速提升资源配置效率，大幅提高生产效率、推进技术创新，从而真正推动潜在经济增长率提高，这才是摆脱通缩的最佳途径。

最后，外部风险升高也将威胁今后日本经济复苏。表面上看，日本经济似乎并不过分依赖“外部”，比如日本的对外出口占GDP比例在七国集团（G7）中排名倒数第二。但事实上，如果从外需对经济增长率贡献度来看，日本其实是位居第一的，高达26%，甚至远远高于排在第二位德国的19%（1995—2009年数据）。①这主要是因为日本资源极其短缺，几乎所有生产资料或能源都依赖进口，尽管其金额占比不高。另外，日本还是个对外投资大国，2019年已经超美国位居世界第一，以制造业企业对外投资为主，日本企业普遍采取了“地产地销”以及“全球布局”战略，这也使日本经济与世界经济紧紧绑在一起。

① 星岳雄『何が日本の経済成長を止めたのか?』、総合研究所（NIRA）2011年1月、9頁。

第四节 全要素生产率视角下的平成日本经济分析*

二战后，天皇成为日本象征意义上的国家元首，皇位及年号的更替与国家社会发展之间已经没有直接的或者说必然的联系。但不可否认的是，某一时期的社会发展特征仍然被以年号为标记的历史断代刻上深深的时代烙印。因此，虽然以天皇年号为标记的历史时期划分不必然意味着社会经济发展会发生重大的阶段性变化，但两者之间也存在偶然重合的情况。1989年底，日本新天皇继位，改年号为“平成”，由此拉开了平成时代的大幕。之后不久，日本经济发展经历了从中速稳定增长向长期低速增长的转折，其背后伴随着社会经济结构的重大变化，值得深入研究。对于如何认识平成时代日本经济及社会发展，学界存在很大的分歧。本文拟基于经济增长理论的视角，对日本平成时代经济增长的要素贡献进行分解，以全要素生产率（TFP）的增长率作为研究的核心，在把握全要素生产率的增长对经济增长所做贡献的基础上，分析产业结构变化、信息技术（IT）投资和研究开发投资等影响生产率增长的主要因素所发挥的作用，以期对平成时代的日本经济有一个较为全面的认识。

---

* 作者崔岩，辽宁大学日本研究所教授，中华日本学会常务理事。本文是在作者所著《全要素生产率视角下的平成日本经济分析——兼论“失去说”与“创新说”之争》（发表于《日本学刊》2020年第6期）基础上修改而成。

一、“失去说”与“创新说”之争及新的分析视角

众所周知，20 世纪 90 年代初，日本经济随着泡沫破灭而陷入长期停滞状态，结束了战后 50 年代以来的辉煌发展。在各种重大社会结构变化以及社会矛盾影响下，日本经济发展的停滞呈现长期化趋势，出现了“失去的 10 年”“失去的 20 年”甚至“失去的 30 年”的说法。[①] 但是，在经济持续低迷的过程中，日本社会不仅没有出现大的动荡与不安，反而表现为相对稳定和有序，体现了日本社会经济发展的高度韧性。于是，与“失去的 20 年”相对，又有了日本“创新的 20 年”的观点。这两种观点之间的争论愈加激烈，都认为对方是错误的，而强调自己的观点准确地刻画了平成时代日本社会经济的发展状态和主要特征。本文将两者简称为“失去说”和“创新说”。

“失去说”以平成时代日本经济的超低增长为基础，认为平成时代的前 10 年，由于需求不足的主导作用，导致了金融危机、通货紧缩等现象发生；进入 21 世纪后，日本基本解决了不良债权问题，但还是没能摆脱低增长和通货紧缩陷阱，主要原因在于供给侧出现了问题。“创新说”的主要论据则包括多方面，如认为在过去的 20 多年里，日本劳动生产率大幅度提高，2001 年至 2015 年增长了 90%。其中最为主要的是，强调日本在这一时期努力进行产业技术创新和结构调整，为以电子产业为代表的众多制造业开辟了新的创新方向，即避开终端市场竞争激烈的“红海”，

① 不仅新闻媒体，一些学院派的学术著作也使用了“失去的 10 年”“失去的 20 年”等词语，参见岩田規久男・宮川努編『失わした10 年の真因は何か』、東洋経済新報社、2003 年；深尾京司『「失われた20 年」と日本経済—構造的原因と再生への原動力の解明—』、日本経済新聞出版社、2012 年。

转向不断扩展处于上游、具有高附加值的核心零部件的“蓝海”。[①] 在中国，鉴于日本经济的长期低迷状态和中国经济的高速增长之两相比较，多使用“失去的 20 年”的说法来概括平成时代日本经济社会发展的特征，各种媒体对日本经济停滞、金融危机、通货紧缩以及制造业衰退等社会经济现象做了大量的分析和报道。日本国内对所谓的“失去说”也没有太多异议，但不同意见在国际上却屡见不鲜，如 2013 年美国《福布斯》杂志刊登其前编辑艾盟·芬格尔顿（Eamonn Fingleton）的文章，提出所谓日本经济低迷的看法缺乏经济学依据，暗示美国受到了欺骗。[②]

上述两类主张不仅不断挖掘经济素材，深入论证自己的主张，也大力批驳对方的观点。在中国，关于“失去说”与“创新说”的争论也没有停歇，近来有愈加激化的趋势，当然更没有某一方在争论中获胜或双方达成一致认识的结果。之所以出现上述现象，有多种多样的原因。比如，不同主张者的专业不同，“创新说”的主张者有很多是非经济专业人士，其看问题的视角和分析方法与专业人士存在很大差异。肯定“失去说”的人大多是以经济增长率等宏观经济指标为依据，这大抵没有什么错误，但只局限于宏观层面，存在无法透视微观层面状况的问题。也有研究者从特定产业乃至企业发生的问题或实现成功转型的具体事例出发，试图以此论证日本结构转型的成败。这种个案分析方法难以说明日本经济社会发展变化的整体情况。

本文无意简单地加入两派的争论之中，而是避开或过于宏观或限于个案的分析方法，拟采用深入产业层面的经济增长分析方法，来研究日本平成时代经济低速增长的结构性原因。这种方法既透过宏观经济增长

---

① 徐兵博：《日本“失去的二十年”：一个国家的忧患和谎言》，搜狐网，http://m.sohu.com/a/233532697_100029714/?pvid =000115_3w_a，访问日期：2020 年 9 月 4 日。

② Eamonn Fingleton, “The Story of Japan's ‘Lost Decades’ Was Just One Big Hoax,” Forbes, August 11, 2013, http://www.forbes.com/stes/eamonnfingleton/2013/08/11/now-for-the-truth-the-story-of-japans-lost-decades-is-the-worlds-most-absurd-media-myth/#1bc523eb3fe4，访问日期：2020 年 9 月 4 日。

率，深入产业结构变化的层面，又回避了个案分析无法涵盖整体的问题。生产率增长是包括日本在内的当代发达国家经济增长的主要来源，因此本文将其作为分析的焦点。全要素生产率意味着综合要素的生产效率，其增长也是广义技术进步的反映。以往的生产率分析大都停留在宏观经济层面，较为深入的是对其细分化影响因素的分析。随着经济统计体系和统计数据的完善，使得相关研究能够更加深入产业、企业层面。围绕产业生产率的研究使产业分析不仅仅停留在反映资源配置状况的产业结构的层面，而且能够透过资源配置结构的变化分析整个经济体系生产率变化的结构性来源。另外，在信息技术革命的大背景下，信息技术投资和研究开发投资是推动全要素生产率增长的主要因素，因此也成为本文分析的重要对象。

二、基于比较视角看平成时代日本经济增长

经济增长理论及增长核算为探究经济增长的原因提供了分析工具，进一步深入产业和企业层面的相关增长状况的数据统计和整理分析，也为相应的研究奠定了基础。日本经济产业研究所的研究团队对日本宏观经济及产业、企业经济统计数据进行深入加工和分析，创建了“日本产业生产率数据库”（Japan Industrial Productivity Database，JIP Database），该数据库的构建为进行产业及企业层面的增长分析提供了数据支持。①接下来，以该数据库数据为基础，从两个角度对日本经济增长状况和要素贡献进行比较分析：首先是日本不同时期增长状况的比较，其次是同一时期日本与美欧等主要发达国家增长情况的比较。

---

① 该数据库建于2006年，每一年或两年更新一次，最新版为“JIP Database 2018”，参见独立行政法人経済産業研究所（RIETI）『JIPデータベース』、https://www.rieti.go.jp/jp/database/jip.html，访问日期：2020年3月1日。

（一）日本不同时期经济增长状况的对比分析

众所周知，以20世纪90年代为分界，日本经济增长率演变出现了巨大的转折，而且各生产要素对经济增长的贡献也发生了重大变化。图3-8根据日本产业生产率数据库数据绘制，显示了1980—2015年日本市场经济部门①每五年的平均增长率及各要素的贡献情况。从宏观经济增长率看，20世纪80年代后期，日本延续了较高的经济增长速度，但是进入90年代后经济增长率大幅度下滑；1990—2005年，年均增长率徘徊在1%左右；2005—2010年，由于受到全球金融危机的冲击，年均增长率接近零；2010—2015年，经济增长率有所回升，但还是停留在1%以下。所谓“失去的20年”，在很大程度上是指20世纪90年代以来日本经济出现的长期停滞现象。

在较长的时期，资本要素投入对经济增长的贡献都是居第一位的，日本经济处于稳定增长时期的20世纪80年代是如此，进入低增长阶段的90年代之后亦是如此。但是在2005年之后，资本要素投入对经济增长的贡献开始出现大幅度下降。至于劳动要素的增长贡献，从稳定增长期到低增长期出现了更大幅度的下降，后一时期劳动投入增长对经济增长的贡献几乎是可以忽略不计的。事实上，受到劳动力成本过高以及少子老龄化、人口减少等因素的影响，发达国家经济中的劳动投入基本都已经达到了极限，其对经济增长的贡献接近可以忽略的程度。与资本、劳动两大生产要素投入的贡献相比，全要素生产率的增长在发达国家经济增长分析中越来越受到重视，以创新为核心的生产率提高对经济增长的推动作用成为发达经济体最主要的经济增长来源。

---

① JIP数据库区分了“市场经济部门”和“非市场经济部门”，所谓的“市场经济部门”是在宏观经济中除去政府部门和非营利部门之外的部分，因为这两个部门的产品和服务的定价机制与市场经济部门是不同的。

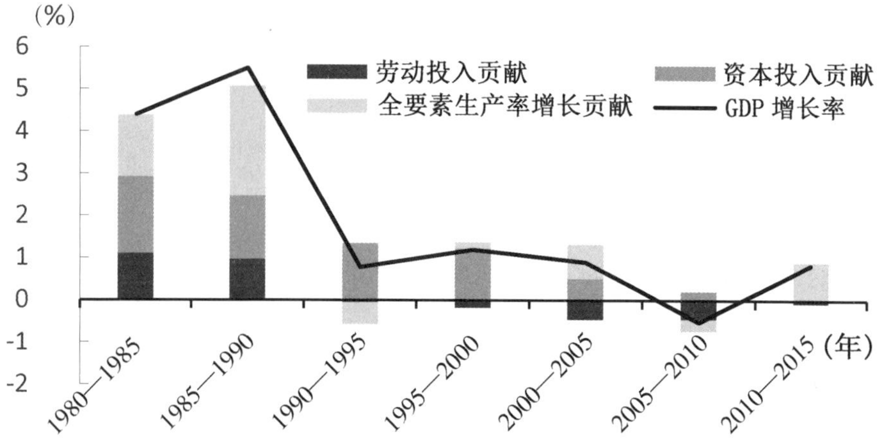

图 3-8　日本经济增长率及其要素贡献

资料来源：根据日本产业生产率数据库数据绘制，1990 年前的数据来自“日本产业生产率数据库 2015”，之后的数据来自“日本产业生产率数据库 2018”，参见経済産業研究所（RIETI）「JIPデータベース2015」、「JIPデータベース2018」、https://www.rieti.go.jp/jp/database/jip.html，访问日期：2019 年 10 月 11 日。

自 20 世纪 80 年代以来，日本经济增长率经历了从较高水平的稳定增长到近于长期停滞的超低增长的转变，其全要素生产率增长率也出现了大幅度的下降。在整个 20 世纪 90 年代以及 21 世纪第一个十年的后期，日本的全要素生产率都处于零增长的状态。当然，日本经济也曾出现过相对高的全要素生产率增长率，如 2000—2005 年和 2010—2015 年，全要素生产率年均增长率分别达到了 1%和 0.8%，相对高的增长率不仅拉升了零增长时期的平均水平，而且提高了全要素生产率对经济增长的贡献。如 2000—2005 年，日本的国内生产总值（GDP）的年均增长率为 1.53%，而全要素生产率增长率为 1%，全要素生产率增长对经济增长的贡献达到了 33%。

（二）日本与不同国家经济增长状况的对比分析

欧美主要国家与日本处于相同的国际经济环境和近似的经济发展条

件，因此通过比较分析日本与这些国家的经济增长核算情况，能够更客观地认识日本经济增长的真实状况及其特点。日本学者深尾京司等利用相关数据库数据进行了比较研究，本文将利用新的数据对其进行延伸分析，从而覆盖平成时代的大部分时间。① 需要说明的是，这里的“增长核算”是以市场经济部门的附加值增长率为分析指标。

1980—1995 年，在笔者选取的 6 个国家（日本、美国、英国、法国、德国、意大利）中，日本的年均经济增长率最高，为 3.6%；但是，1995—2004 年，日本经济的平均增长率降为 6 国中的最低水平（0.7%）。这 6 个国家中，德国的经济增长率缓慢下滑，从 1.9%下落到 1.1%，其他 4 国则在后一阶段实现了稳定增长，其平均经济增长率从 1980—1990 年的年均 2.3%提高到 1995—2004 年的 2.6%。虽然美、英、法、意 4 个国家同属增长组，但是其增长来源有很大的差别。法国、意大利和英国经济增长速度的提高主要是依靠劳动投入增长实现的，其中法国和意大利劳动投入的增长主要是劳动力数量的增加，英国则表现为劳动力质量的改善。与上述 3 国不同，美国能够实现较高的经济增长速度，主要是来自全要素生产率增长率的贡献。美国全要素生产率增长率在 1980—1995 年年均达到了 0.7%，到 1995—2004 年更进一步提高到了年均 1.6%。同期，就全要素生产率增长率而言，日本与欧洲 4 个主要国家都出现了下降的倾向，日本的全要素生产率增长率从 1.2%下降到 0.8%，减少了 0.4 个百分点，欧洲 4 国从 1.0%下降到 0.2%，减少了 0.8 个百分点（见图 3-9）。也就是说，只有美国实现了全要素生产率加速增长。

---

① 下述分析中 2004 年前的数据及对比引自深尾京司等人的著作，2005 年以后数据来自 JIP 数据库和欧盟 KLEMS 项目的统计。参见深尾京司等『日本経済の成長分析』、深尾京司・宮川努編『生産性と日本の経済成長』、東京大学出版会、2008 年、29-30 頁。

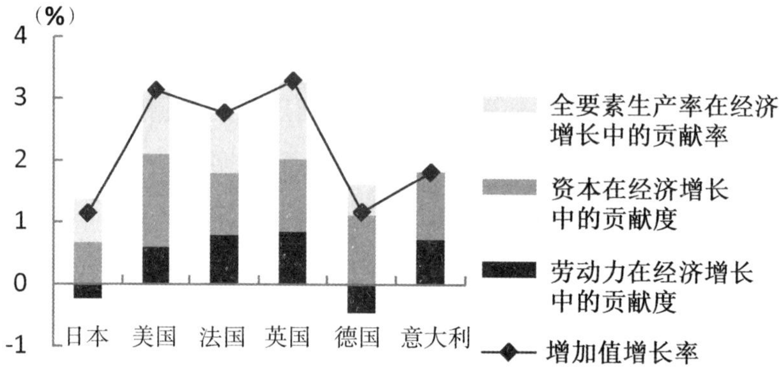

图 3-9　日本与欧美主要国家市场经济部门增长核算比较（1995—2005 年）

资料来源：根据日本产业生产率数据库和欧盟 KLEMS 数据库数据绘制，参见経済産業研究所（RIETI）「JIPデータベース2015」、「JIPデータベース2018」、https://www.rieti.go.jp/jp/database/jip.html，访问日期：2019 年 10 月 11 日；“EU KLEMS Datebase 2018,”http://www.euklems.net/index_analytical.shtml，访问日期：2020 年 3 月 20 日。

2006—2015 年，上述国家的经济增长率出现了更大幅度的下降。如图3-10所示，这一时期，只有德国保持了稳定的增长，英、法、美三国的年均增长率由前期的 3%左右下降到 1%左右，日本的年均经济增长率仅为 0.15%，意大利则下降至-0.64%。保持稳定增长的德国经济中，资本投入保持了正的贡献，劳动投入也从前期的负增长转为正增长，而且与其他国家不同，德国经济的全要素生产率保持了稳定的增长，从而对其经济稳定增长做出了重要的贡献。至于美、法、英、意等国，其全要素生产率增长率都出现了大幅度的下降甚至是负增长，成为导致这些国家经济增长率大幅度下降的主要原因。再看日本，尽管全要素生产率增长率也出现了下降，但下降幅度相对小。可以认为，此时期日本经济增长率之所以出现如此大幅度下降，主要是以前对经济增长起重要支撑作用的资本和劳动要素投入增长率降低导致的。

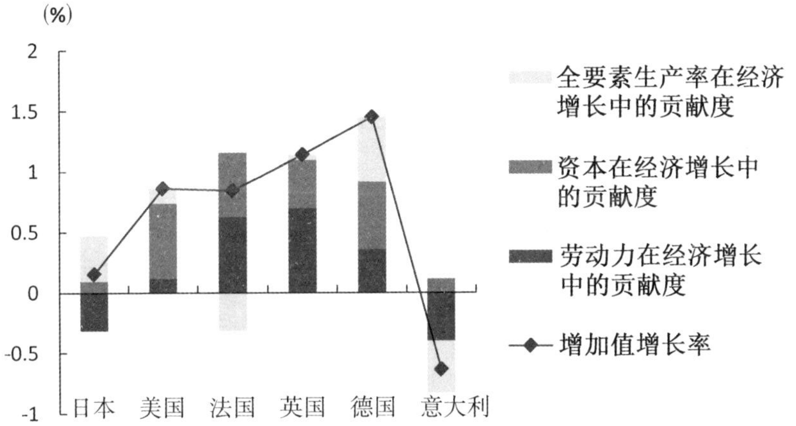

图 3-10　日本与欧美主要国家市场经济部门增长核算比较（2006—2015 年）

资料来源：根据日本产业生产率数据库和欧盟 KLEMS 数据库数据绘制，参见経済産業研究所（RIETI）「JIPデータベース2015」、「JIPデータベース2018」、https://www.rieti.go.jp/jp/database/jip.html，访问日期：2019 年 10 月 11 日；"EU KLEMS Datebase 2018,"http://www.euklems.net/index_analytical.shtml，访问日期：2020 年 3 月 20 日。

对这两个阶段进行比较发现，与欧洲主要国家相比，日本的全要素生产率增长率下降幅度差距不大，而资本要素投入增长大幅度下降，这是 1995 年之后 20 多年来日本经济增长率大幅度下降的重要原因，也是这时期日本经济增长的重要特征。需要注意的是，日本经济全要素生产率增长率保持了相对稳定，或者可以说对经济增长率的下滑发挥了一定的缓冲作用，但是在超低经济增长率条件下发生的，也即全要素生产率没能实现较高的增速从而对日本经济增长做出更大的贡献。全要素生产率的增长率与资本、劳动要素投入的增长之间存在紧密联系，通过调整产业结构和加快创新实现全要素生产率的提高进而促进经济增长，是日本经济面临的重要课题。接下来将从产业结构变化、信息技术投资及研究开发投资等几个方面，分析日本全要素生产率增长相对停滞的原因。

三、日本产业结构变化与全要素生产率增长

宏观经济的全要素生产率增长，受到各产业构成以及各产业全要素生产率增长情况的重大影响。遵循这一思路，本节拟首先考察平成时代日本产业结构的变化，其次分析各产业生产率增长对日本宏观经济全要素生产率增长产生的影响。

（一）平成时代日本产业结构的变化

从长时期以及大的产业分类看，日本产业结构变化的最主要特征是制造业在经济中所占的比例大幅度下降，非制造业尤其是第三产业即广义的服务业在宏观经济中所占比例大幅度上升。这种被称为“服务经济化”的结构变化是发达国家在后工业化时期产业结构变化的一般规律，在 20 世纪末以及进入 21 世纪后依然持续。

20 世纪 90 年代以来，制造业在日本经济整体中所占比例出现了较大幅度的下滑。据日本产业生产率数据库的统计，日本制造业附加值在名义 GDP 中所占的比例在 20 世纪 70 年代中期到 80 年代末有小幅度的下降，但基本上维持一个比较平稳的水平；进入 90 年代，该指标出现长期的幅度较大的下降；2008 年受“雷曼冲击”的影响出现了短暂的上升，之后又转为下降。这一时期，日本制造业吸收的劳动力即制造业就业者人数在就业者总人数中所占的比例，也呈现出与上一指标大致相同的变化趋势，只是发生拐点的时间略有差别。①

这种产业结构变化不仅表现为制造业和第三产业之间出现的结构性

① 深尾京司『「失われた20年」と日本経済—構造的原因と再生への源動力の解明』、86-87頁。

转变，还表现为狭义的服务业在经济中所占比例超过了制造业。与涵盖整个第三产业的广义的服务业不同，狭义的服务业是指除金融保险、批发零售等非制造业之外的服务部门，主要分为三类，即公共服务部门、对企业服务部门和对个人服务部门。与制造业在经济中的占比持续下降不同，狭义的服务业在20世纪90年代以后出现了占比持续增长的发展趋势，2009年两者的附加值占比发生逆转，之后一直延续这一状况。据日本三菱UFJ调查与咨询公司的研究，2005年至2016年，日本名义GDP减少了0.3%。按照日本国民经济计算中对不同经济活动即39个产业部门增长情况的统计，这一时期附加值实现增长的仅有7个部门，包括林业、钢铁业、零售业、其他不动产业、通信业、公共服务业、对企业服务业；在大的产业分类中，制造业的附加值减少了0.9%，下降幅度超过了名义GDP下降水平，而狭义的服务业的附加值增长了1%，因此发生了制造业和服务业在宏观经济中地位的逆转。也就是说，在过去十几年时间里，狭义的服务业成为日本经济中具有代表性的增长产业，但是其附加值没有出现显著的增长，因此没能带动宏观经济实现较高的增长率。①

日本帝国数据银行依据其保存的企业概要数据库（COSMCS2）数据，以企业销售额作为衡量指标，对过去30年即从1989年（平成元年）到2018年（平成三十年）日本产业结构的变化进行了调查分析。该调查将产业划分为9个部门，结果表明，在整个平成时代，占比提高的有四个产业，分别是建筑业、零售业、运输通信业、服务业，其余5个部门即制造业、批发业、不动产业、农林水产业和矿业的占比下降。② 如图3-11所示，在过去的30年间，从企业销售额看，制造业在经济中所占的份

① 小林真一郎他「我が国の産業構造の変化—高まるサービス業の存在感—」、三菱UFJリサーチコンサルティング株式会社調査レポート『日本経済ウオッチ』、2016年1月、http://www.murc.jp/wp-content/.../2016/01/watch_1601.pdf，访问日期：2020年9月4日。

② 以下相关数据参见株式会社帝国データバンク『特別企画「平成」産業構造変遷調査』、https://www.tdb.co.jp/report/watching/press/p190407.html，访问日期：2019年4月22日。

额出现了大幅下降，其占比在平成元年高达 36.3%，平成十五年（2003 年）盘桓在 27.5%，“雷曼冲击”后再次转为缩减，到平成三十年已经下降为 24.1%，30 年间下降了 12.2 个百分点。批发业的下降幅度居第二位，但其占比已经超过了制造业。其间，服务业出现了最大幅度的增长，平成元年其占比仅为 9.1%，到平成三十年已经提高到 20.4%。

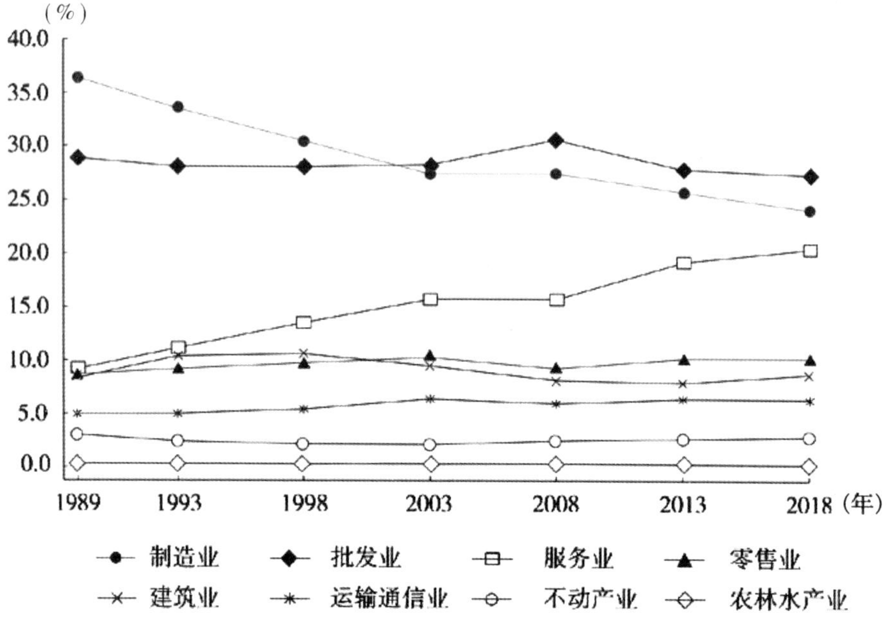

图 3-11　平成时代日本产业结构变化（1989—2018 年）

资料来源：株式会社帝国データバンク『特別企画「平成」産業構造変遷調査』、https://www.tdb.co.jp/report/watching/press/p190407.html，访问日期：2019 年 4 月 22 日。

注：1. 纵轴为各产业占比的变化，依据产业内企业销售合计额计算。

2. 采矿业的比例一直稳定在接近于零的水平，图中做了省略。

从细分的产业部门看，30 年间，制造业中占比实现小幅度增长的有食品、饲料和饮料产业，化学、石油和煤炭产品制造业，一般机械制造业和运输机械工具制造业等 4 个部门，其他 11 个部门的占比出现缩减，纺织工业、纺织产品制造业从平成元年的 4.2% 缩减为平成三十年的 1.2%，其次是生产白色家电、电灯和磁带等民生用电器化工产品的电气机械工具制造业，下降了 2.4 个百分点。另外，广告和调查及信息服务业、医疗业和教育三部门的增长对服务业的扩张起了支持作用，其中广告和调查及信息服务业包括广告代理服务和软件开发等信息技术相关产业，其销售额在服务业中的占比从平成元年的31.7%提高到平成三十年的42.3%，是服务业中增幅最大的部门。①

从各产业的企业销售额统计看，在平成时代，制造业所占的比例有较大的波动，并出现一定幅度的下降，但是下降幅度低于其附加值占比的下降幅度，这说明制造业来自服务业及其他非制造业的中间投入较大。服务业的增长是非制造业增长的主导力量，其中与信息技术相关的服务业增长幅度最大，金融、运输等其他传统的非制造业变动幅度不大。

（二）产业结构变化对全要素生产率增长率的影响

各产业的产出和全要素生产率的增长是不均衡的，各产业部门对宏观经济增长及全要素生产率增长率的贡献取决于其自身的经济规模和全要素生产率增长率，因此产业结构变化是影响宏观经济全要素生产率增长率的重要因素之一。

如前所述，长期以来，日本产业结构整体的变化趋势是制造业占比大幅度下降，非制造业所占比例大幅度提升。但是，两者的生产率增长情况却存在与此相反的变化动向。深尾京司根据日本产业生产率数据库（2011年）数据总结了1970年以来日本这两大经济部门的全要素生产率的增长率变化情况：1975—1990年制造业全要素生产率年均增长率为4.2%，1990—2007年下降到1.8%，减少了2.4个百分点；在同一时期，非制造业（市场经济部门）的全要素生产率增长率从1.2%下降到

① 株式会社帝国データバンク『特別企画「平成」産業構造変遷調査』、https://www.tdb.co.jp/report/watching/press/p190407.html，访问日期：2019年4月22日。

1.1%。① 虽然制造业的全要素生产率增长率下降幅度较大，非制造业的下降幅度相对较小，但是从长期看，日本制造业的全要素生产率增长率保持相对高的水平，而非制造业则处于停滞状态。图 3-12 是日本产业生产率数据库（2018 年）测算的 1995—2015 年日本经济发展的全要素生产率增长情况，从中可以看出上述趋势没有发生大的变化，日本制造业的全要素生产率增长率较 20 世纪 90 年代前期略有提高，但依然处于低水平；非制造业更呈现出停滞的状态，且与制造业有较大的差距。

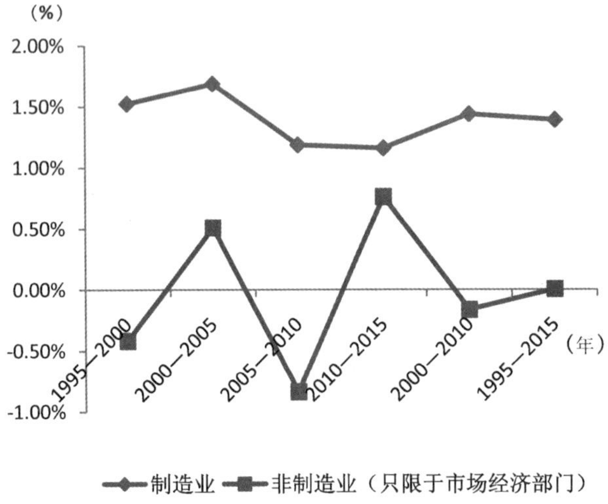

图 3-12　日本制造业和非制造业（市场经济部门）的全要素生产率增长率（1995—2015 年）

资料来源：根据日本产业生产率数据库 2018 年的统计数据绘制，参见経済産業研究所（RIETI）「JIPデータベース2018」、https://www.rieti.go.jp/jp/database/JIP2018/index.html，访问日期：2019 年 10 月 11 日。

注：全要素生产率是基于附加值的测算，因数据限制，此处的“非制造业”为市场经济部门内不包括住宅、分类不明两个部门的其他部分。图中纵轴表示各产业对市场经济部门全要素生产率增长率贡献的累计值，横轴是该产业在市场经济产出总值中所占份额的累计值，依据各产业对市场经济整体全要素生产率增长率贡献的大小从左至右排序。

在细分的产业门类中，不同产业对宏观经济全要素生产率增长的贡献也是不同的，而且存在很大的差距。图 3-13 是笔者根据日本产业生产

① 深尾京司『「失われた20年」と日本経済　構造原因と再生への原動力の解明』、85-86 頁。

率数据库数据绘制的哈伯格图，表示的是各产业部门对宏观经济全要素生产率增长率的贡献度。① 产业对宏观经济全要素生产率增长率的贡献等于各产业全要素生产率增长率乘以该部门产出值与名义 GDP 之比。图 3-13 反映出，各产业全要素生产率增长率不仅存在较大的差异，而且因其在市场经济附加值中所占比例不同，对市场经济部门全要素生产率增长的贡献也存在巨大的差异。贡献较大的前五个产业对市场经济部门全要素生产率增长率的累计贡献超过了市场经济整体的全要素生产率增长率，但是它们在市场经济中所占的份额在三成以下；相反，很多部门的全要素生产率增长率是负的，但其在市场经济中所占份额很高，从而拉低了市场经济整体的全要素生产率增长率。

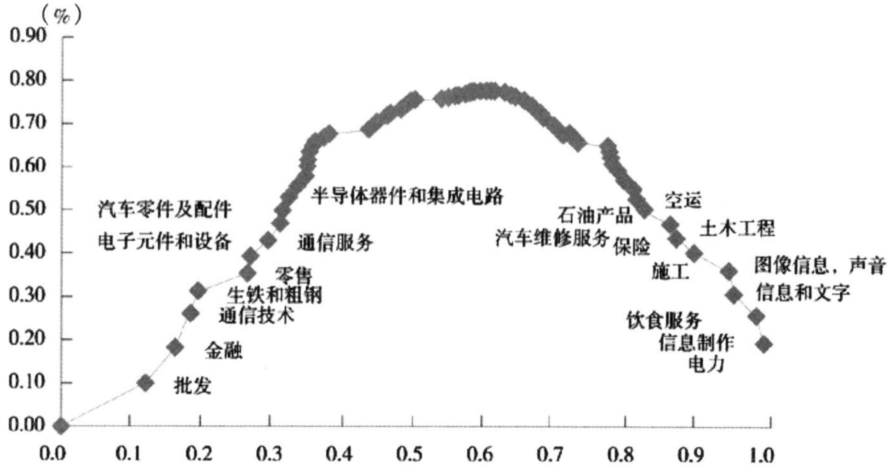

图 3-13　各产业对市场经济整体全要素生产率增长率的贡献（1995—2015 年，年平均值）

资料来源：根据日本产业生产率数据库 2018 年的统计数据绘制，参见経済産業研究所（RIETI）「JIPデータベース2018」、https://www.rieti.go.jp/jp/database/JIP2018/index.html，访问日期：2019 年 10 月 11 日。

注：因为产业较多，图中只标示了贡献度较高的和较低的产业。

产业结构变化是影响宏观经济全要素生产率增长率的主要因素之一。

① 本图的意义及其绘制参见深尾京司『「失われた20年」と日本経済　構造原因と再生への原動力の解明』、87-89 頁。

全要素生产率增长率高的产业在经济中占比增大，将提高宏观经济的全要素生产率增长率；全要素生产率增长率低的产业在经济中的占比提高，则会导致宏观经济的全要素生产率增长率下降。从上述对近 30 年来日本产业结构变化、产业层面全要素生产率增长率及各产业对宏观经济（市场经济部门）全要素生产率增长率贡献情况的分析可以看出，平成时代日本产业结构表现出服务经济化趋势，即以广义的服务部门为主体的非制造业在宏观经济中所占比例进一步提高，而绝大多数的服务产业都表现为全要素生产率低增长，服务业存在低效率现象。产业结构的变化是导致日本经济全要素生产率长期低增长的重要原因之一。虽然日本的汽车产业和机电产业等一直保持较高的全要素生产率增长水平，但是以此为代表的高全要素生产率增长部门在经济中所占的比例显著下降，使得这些部门拉动日本经济总体效率的动能大幅度减弱。

四、信息技术投资、研究开发投资与全要素生产率增长

全要素生产率的增长还受到技术进步、组织制度变革等多种因素的影响，技术创新及其带来的新型投资导致的资本质量提高是可见的主要影响因素。30 年来，信息技术革命带来了大量新形式的投资，即信息技术投资（IT 投资，又可称为 ICT 投资，即信息通信技术投资）。这一投资明显区别于其他设备投资，在理论上被认为对生产率提高有重要的影响。对于技术创新而言，分析的着眼点是研究开发投资及其效果。本节将主要分析平成时代日本的信息技术投资和研究开发投资的状况及其对全要素生产率增长率的影响。

（一）日本信息技术投资的演变及其对全要素生产率增长率的影响

二战后以电子计算机为代表的信息技术的革命性发展被称为“第三次产业革命”，这一新兴技术群的广泛应用，创造了许多新兴产业，并推动了产业结构的巨大变化。但是，同前两次产业革命相比，第三次产业革命的特点不是新兴产业的发展取代传统产业并成为产业经济的主体，而是信息技术产业提供的信息技术产品和服务应用到其他产业及全社会，进而为产业经济和社会运营效率的提高提供重要手段。30 多年来，信息技术出现了快速且持续的创新，互联网的快速普及使得信息处理和通信发生了革命性改变，当前人类社会又迎来了以物联网（IoT）、大数据（big data）、人工智能（AI）为代表的“第四次产业革命”。

信息技术的创新和应用对产业和社会经济的影响表现在两方面：一是通过信息技术产品制造业和信息技术相关服务业的发展，实现了产业创新，即所谓的“信息产业化”；二是信息技术在各个产业的应用，被称为“产业信息化”。①早在 20 世纪七八十年代，受“科技立国”政策的推动，日本的电子产业得到了快速发展，到 1985 年前后，其电子产业的生产额和出口额同时快速增长，日本成为世界先进的电子产业大国，实现了“电子立国”。之后，“广场协议”导致日元升值，推动了日本产业向海外转移，日本国内电子产业的生产出现了平移甚至可以称为波动的状态，出口开始减速，而进口额有所增加（在很大程度上是海外日资企业的逆进口）。进入 21 世纪的第一个十年，日本信息技术产品的产值开始转为减少，进口额则从 1995 年开始持续快速增长。此外，在信息技术应用和信息服务领域，早在 1964 年，以东京奥运会为契机，日本就开始尝

① 総務省『令和元年版情報通信白書』、2019 年、33 頁、37 頁、https://www.soumu.go.jp/johotsusintokei/whtepaper/ja/r01/pdf/index.html，访问日期：2020 年 4 月 1 日。

试构建以电信线路为基础的在线信息通信系统。其后，各大公司开始建立企业信息管理系统。20 世纪 90 年代中期开始，随着新的个人电脑系统的开发特别是因特网的快速普及，世界迎来了新的信息技术革新时代，尤其是近十几年，信息技术的创新和深度普及以及以此为基础的物联网、人工智能产品和服务的快速发展，使人类社会进入了数字经济时代。总体上看，美国是当今新技术革命的发源地且一直处于领先地位，日本等其他发达国家居后实施赶超，而信息技术在中国等发展中国家的创新和应用，也极大地推动了这些国家的信息化进程，并对世界经济产生了重要的影响。

信息技术投资的增长在一定程度上能够反映相关产品和服务的供给和需求状况，进而反映相关产业的发展情况。整个平成时代，日本的信息技术投资同美国及欧洲主要国家相比，处于低增长状态。在 20 世纪 80 年代，日本的电子信息产业出现较高的投资增速，产业发展也非常迅速，但是 90 年代初泡沫经济崩溃后，企业收益普遍下降，信息技术投资出现了一定幅度的减少；90 年代中期，信息技术投资出现好转，到 1997 年日本的信息技术投资额达到了历史最高水平 20 万亿日元（见图 3-14），之后开始出现逐渐下降乃至停滞的趋势，2017 年仅为 16.3 万亿日元。据经济合作与发展组织（OECD）的统计，在同时期，美国的信息技术投资，除了 21 世纪最初几年以及 2008 年前后曾出现短暂减少，大体上处于持续增长的状态。2017 年，美国的信息技术投资额高达 6551 亿美元，是 30 年前的 4 倍，而日本的增长不足 1.2 倍。事实上，日本信息技术投资的增长自 20 世纪 90 年代后期开始就与美欧主要国家拉开了距离，不仅显著低于美国、英国，而且在全球金融危机之后开始落后于法国。①

① 総務省『令和元年版情報通信白書』、2019 年、62 頁、https://www.soumu.go.jp/johotsusintokei/whitepaper/ja/r01/pdf/index.html，访问日期：2020 年 4 月 1 日。

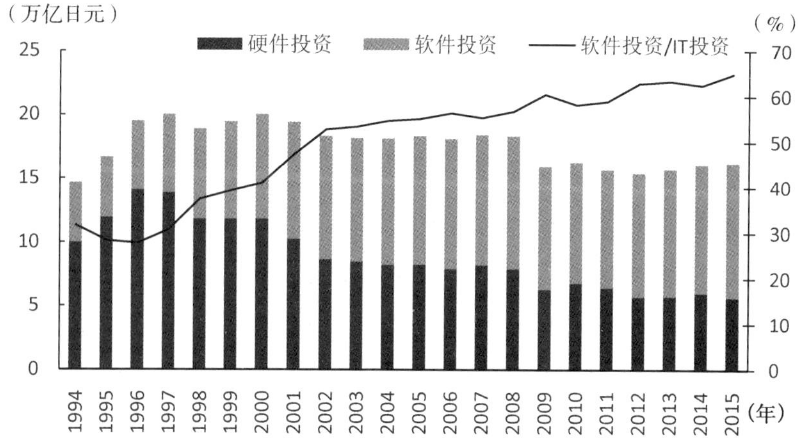

图 3-14　日本信息技术投资变化

资料来源：根据经济合作与发展组织的 Stat 数据绘制，转引自総務省『令和元年版情報通信白書』、2019 年、62 頁、https://www.soumu.go.jp/johotsusintokei/whitepaper/ja/r01/pdf/index.html，访问日期：2020 年 4 月 1 日。

注：图中将信息技术投资分为硬件投资和软件投资，两者之和即信息技术投资总额。

如图 3-14 所示，从投资结构来看，日本的信息技术投资与其他发达国家表现出同样的特征，即软件投资所占的比例不断提高。在 20 世纪 90 年代末，日本的软件投资占比为 20%—30%，低于美国；21 世纪的前十年，该占比提高到 50%，已经达到了美国的同等水平，2017 年更达到 64.2%。尽管软件投资在日本信息技术投资中的占比不断提高，软件投资略有增加，但信息技术总投资低迷，硬件投资停滞，这是与美国显著不同的。

信息技术投资及信息技术资本的应用是否会促进生产率的提高，这一问题在理论上是被给予肯定的，认为信息技术设备的引入至少在节省劳动力、提高劳动生产率等方面将发挥作用。但是，对现实的经验研究却得出了不同的结论。以美国为代表的西方发达国家的信息技术发展由来已久，电子计算机、信息系统和通信设备等电子信息资本存量也有了相当的积累，但是直到 20 世纪 90 年代初，以美国为样本的许多经验研究并没有表明信息技术资本对生产率增长有明显的支持作用，因此引发了争议。对此，诺贝尔经济学奖获得者、美国著名经济学家索洛提出了“索洛悖论”（也称“生产率悖论”），指出“我们到处都看得见计算机，就是在生产率统计方面看不见计算机”。即，虽然企业在信息技术方面投入了大量的资源，然而从生产率的角度看收效甚微。直到90年代中期之后，美国信息技术投资进一步大幅度增长，出现了所谓的“新经济”现象，才有较多的研究结论否定了“索洛悖论”，证明了信息技术投资对生产率提高所起的促进作用。①

在日本，自20世纪70—80年代就开始大规模的信息技术投资，特别是80年代后期，信息技术投资出现了大幅度的增长。90年代前期，由于经济增长低迷，信息技术投资也出现了明显的低迷状况；此后，尽管个别时期的信息技术投资实现了增长，但总体而言处于低迷状态。而在整个平成时代，日本的全要素生产率增长率也处于较低水平。那么，日本是否存在“索洛悖论”呢？日本学者篠崎彰彦用20世纪70年代后期到90年代末期的数据进行了实证研究，结果表明信息技术资本积累和全要素生产率增长率是同向变动的，说明日本并不存在“索洛悖论”现象。②至于美国80年代出现“索洛悖论”、之后又消失的现象，通常被解释为信息技术资本积累在影响生产率方面存在时滞。日本既然早期没有该现象，其后也应不会再出现。因此，日本的信息技术资本积累没有对全要素生产率的增长做出显著的贡献，主要还是因为信息技术投资的低迷。也有另一种解释，即认为日本企业的信息技术投资主要偏重于企业内部业务效率的提高和体制构建，是偏于“保守型”的信息技术投资。与此相对，主要用于联系客户以创造更多商业机会的投资，被定义为“进攻型”信息技术投资。据日本信息系统用户协会的调查，其用户企业的信

① “索洛悖论”的相关研究评述，参见杜传忠、郭美晨：《信息技术生产率悖论评析》，《经济学动态》2016年第4期。

② 篠崎彰彦「成長会計モデルによる日本の労働生産性と情報資本の寄与—日本にソロー・パラドックスは存在したか？—」、九州大学経済学会『経済學研究』第71号、2005年、209-213頁。

息技术投资预算分配中，用于维持和运营现行业务的预算与扩展新商机的预算之比为 8∶2。[①]上述情况表明，尽管日本是信息通信产业先进国家，但是在近 30 年的时间内，其信息技术资本积累无论从数量上还是从质量上，都没有对提高生产率发挥显著的促进作用。

（二）日本研究开发投资与全要素生产率增长

创新被看作全要素生产率增长的核心动力，其实现也需要进行大量的投资。推进创新的投资主要是无形资产投资，包括用于研究开发所实现的技术创新（知识创造）、塑造企业形象、打造品牌等投资，研究开发投资是其中最主要的部分（其中一小部分是有形投资）。

日本的研究开发投资在 20 世纪 70—80 年代即实现了较高速度的增长，对日本产业竞争力的提高和经济增长起了积极的促进作用。但是在 90 年代初经济泡沫破灭后，日本的研究开发投资一度出现负增长，长期来看其增长率也大幅度下降，从 80 年代的年均增长 10%左右下降为 4%。如图 3-15 所示，20 世纪 90 年代后期以来，日本的研究开发投资保持着小幅波动的稳定状态，1995 年至 2008 年全球金融危机发生之前保持了小幅的增长，金融危机后再度出现负增长，近几年增长率又有所提高。在日本，实施研究开发投资的主体主要包括三种类型，即企业、大学等和非营利团体、公立机构，企业居于压倒性地位。比如，2017 年，日本企业实施的研究开发投资为 13.80 万亿日元，在投资总额中所占比例为 72.4%，后两者占比分别为 19.1%和 8.5%。[②]

---

① 日本システムユーザ協会『企業信息技术動向調查 2018 年度調查』、2019 年、https://juas.or.jp/cms/media/2017/02/信息技术 19_ppt.pdf，访问日期：2020 年 3 月 5 日。

② 総務省『平成 30 年科学技術研究調査結果の概要』、2019 年、3 頁、http://www.stat.go.jp/data/kagaku/，访问日期：2020 年 8 月 5 日。

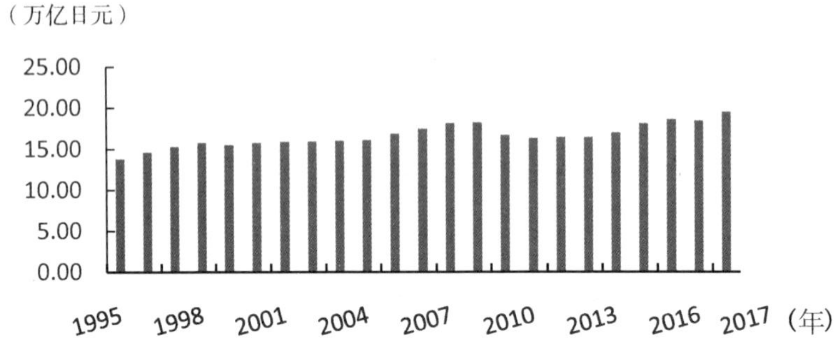

图 3-15　日本研究开发投资变化（1995—2017 年）

资料来源：総務省『科学技術研究調査』各年度、http://www. stat. go. jp/data/kagaku/，访问日期：2020 年 4 月 5 日；1995—2015 年数据转引自日本产业生产率数据库 2018 年的统计，参见経済産業研究所（RIETI）「JIPデータベース2018」、https://www. rieti.go. jp/jp/database/JIP2018/index. html，访问日期：2019 年 10 月 11 日。

从国际比较来看，日本的研究开发投资在总量上低于美国和中国，但高于其他发达国家。2017 年，美国的研究开发投资为 5432 亿美元，中国为 4960 亿美元，日本为 1709 亿美元，虽然和中美两国有较大差距，但是比居于第四位的德国（1320 亿美元）高出 389 亿美元。①日本的另一个特点是，研究开发投资额与 GDP 之比这一相对值高于主要西方国家。如 2017 年，日本研究开发投资与 GDP 之比为 3. 2%，美国为 2. 79%，德国为 3. 04%。而且，这一特点是长期性的，21 世纪以来日本研究开发投资与 GDP 之比就一直高于 3%，2014 年出现快速攀升，在 2018 年达到 3. 69%的最高值。② 上述数据表明，无论是从研究开发投资的绝对额还是从其相对占比来看，日本都是世界上名列前茅的研究开发大国。那么，日本的研究开发投资与生产率增长以及经济增长之间存在什么样的关系？研究开发投资是否提高了生产率增长速度？这实际上是探究研究开发投资的效率，是一个比较复杂的问题。第一，研究开发投资积累的资产的

① 総務省『令和元年科学技術研究調査結果の概要』、2020 年、48 頁、http://www.stat.go.jp/data/kagaku/kekka/index. html，访问日期：2020 年 8 月 14 日。

② 総務省『令和元年科学技術研究調査結果の概要』、2020 年、48 頁、http://www.stat.go.jp/data/kagaku/kekka/index. html，访问日期：2020 年 8 月 14 日。

衡量方法，在经济学上还缺乏成熟的核算体系，有很多基础性问题需要加以解决；第二，与设备投资不同，研究开发投资是存在极大投资风险的，很难估算研发投资积累的创新资本存在的确定的边际产出。很多学者运用不同的研究方法对研发投资效率进行了分析，得出的结论也各不相同。本文拟参考日本内阁府发布的报告《日本经济 2016—2017 年》①的相关分析，来说明日本的研究开发投资对生产率增长产生的影响。该报告对此进行了两方面的分析。

第一，通过截面数据分析了各国研究开发投资与全要素生产率增长率之间的关系，对世界主要国家的研究开发投资与 GDP 之比及全要素生产率增长率进行回归，考察不同国家对世界平均水平的乖离。分析结果如图 3-16 所示，横轴表示研究开发投资与 GDP 之比，纵轴表示全要素生产率增长率，回归曲线代表世界平均水平，美国在曲线之上，表明其研发投资效率高于世界平均水平；德国基本在线上，即代表处于平均水平；而日本比较明显地在下方乖离，说明其研究开发投资效率低于国际平均水平。换言之，日本相对高的投资水平并没有带来较高的全要素生产率增长率。

第二，以各国企业为研究对象，通过回归分析估算了日本、美国和德国企业的利润对研究开发投资的感应度，即研究开发投资对企业利润的弹性值。计量模型以研究开发投资额的对数值为解释变量，以企业利润的对数值为被解释变量，加入了宏观经济因素和企业特有的影响因素作为控制变量，使用面板数据进行回归。结果表明，研究开发投资每增长 1%，美国企业利润增加 5%，德国为 3%，而日本只有 1%，即日本企业的研究开发投资没有带来较高的企业收益。

① 内閣府『日本経済 2016—2017』、2017 年、https://www5.cao.go.jp/keizai3/2016/0117nk/nk16.html，访问日期：2020 年 2 月 1 日。

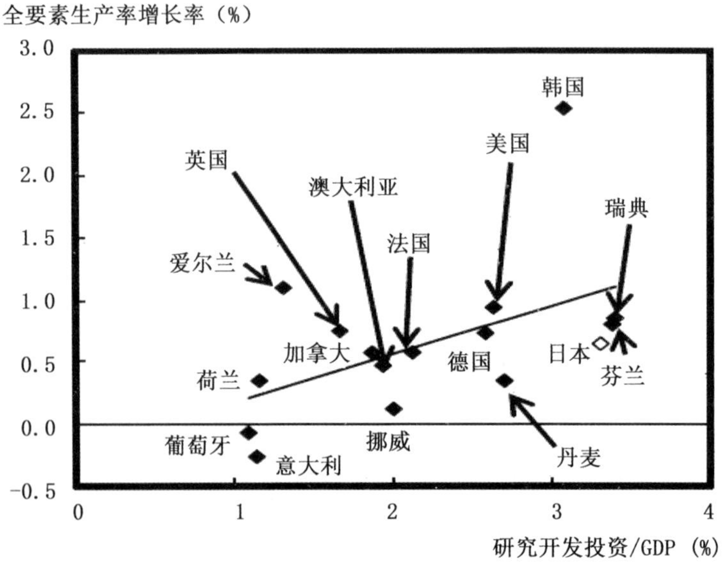

图 3-16　研究开发投资与全要素生产率增长率的相关性

资料来源：依据经济合作与发展组织的 Stat 数据、Bureau van Dijk 公司的“Osiris”数据分析，转引自日本内阁府报告《日本经济 2016—2017》，第 96 页，参见内閣府『日本経済 2016—2017』、2017 年、https://www5.cao.go.jp/keizai3/2016/0117nk/nk16.html，访问日期：2020 年 2 月 1 日。

注：两个指标均为 2000 年和 2014 年的平均值。

关于日本研究开发投资的效率问题存在不同观点，但上述研究结果至少表明，在较长的时期内，日本的研究开发投资并没有与全要素生产率增长率形成紧密的相关性，对企业利润增长的反应也是相对弱的，因此可以说平成时代日本的研究开发投资效率是不高的。《日本经济 2006—2017》对此的解释如下。第一，日本企业的研究开发投资用于产品创新的比例相对低，日、美、德三国的比例分别是 15.8%、16.9%和 35.8%；相反，日本企业的研究开发投资更多用于对已有技术的深化。随着企业经营环境的变化，日本企业进行长期研究开发投资（5 年左右）的比例下降，更多是从事短期开发（1—4 年）。第二，日本企业研究开发投资的资金分配可能相对僵化，不能根据未来需要灵活分配资金。从研究开发投资与企业销售额之间的相关度分析看，美国的相关系数最低，日本和德国高于美国，这种投资习惯可能使得日本企业很难根据未来的市场变化开发未来具有巨大潜力的产品和服务。①

五、结语

本文采用以全要素生产率为核心的供给侧分析方法，研究了平成时代的日本经济增长状况。在整个平成时代的30年里，日本的经济增长是存在差别的。在最初10年里，由于泡沫经济崩溃引发金融危机、通货紧缩，日本经济的衰退是比较严重的；进入21世纪的头几年，日本经济实现了一定的恢复，一度走上正常发展的轨道，但是之后又受到全球金融危机、东日本大地震的影响，出现了剧烈的波动。安倍晋三第二次执政后，日本经济出现了30年来最好的景气状况，股票价格大涨，企业收入提高，日本出现了二战后延续时间最长的大型经济景气。这一时期，日本企业的转型努力也取得了一定成效，结构转型得到了积极推进。但是，从对整个平成时代经济状况的分析来看，日本宏观经济长期处于超低增长和通货紧缩的状况，本应对经济增长起最核心推动作用的全要素生产率没有出现较好的增长态势，因而没能对经济增长发挥积极的提升作用。究其原因，首先，在产业结构调整方面，高生产率产业部门在全产业中所占的份额降低，而低生产率部门的占比提高，这种产业结构变化影响了宏观经济生产率的提升。其次，本应对产业及社会效率提高发挥积极作用的信息技术投资，由于企业长期处于较为严峻的经营环境，大部分时期处于停滞状态，加上投资结构问题，使其没能更好地发挥促进全要素生产率增长的作用。最后，在研究开发投资方面，虽然日本居于研究开发大国的地位，研发投资与经济规模之比甚至高于美国，但是由于其

① 内閣府『日本経済 2016—2017』、2017 年、https://www5.cao.go.jp/keizai3/2016/0117nk/nk16.html，访问日期：2020年2月3日。

研究开发结构偏于保守，日本的研究开发投资在促进全要素生产率增长方面是低效率的。

如开篇所述，“失去说”与“创新说”的主张者都试图用自己的观点来概括平成时代日本经济发展特征，但是由于各自研究方法存在局限性而无法说服对方。本文以全要素生产率增长为核心，并涉及产业结构和技术创新等主要结构性因素，其分析结果表明平成时代的日本经济不仅仅表现为宏观增长率低下，还存在许多结构性问题，特别是整体经济效率的低下。在经济全球化背景下，面对外部竞争加剧和国内结构性矛盾深化，日本政府和社会各界积极进行结构调整，推进创新，应该说取得了一定的成效。这是“创新说”的核心，也是不能否认的事实。但是深入中观层面的结构分析表明，局部的创新和结构调整，还没有表现为宏观经济的良好绩效和经济效率的提高，日本的创新与转型还在路上。相比之下“失去说”并没有严格界定日本到底失去了什么，但是30年来日本在相当程度上丧失了发展的机会，这是最基本的，也是无法否认的。早在20世纪80年代中后期，日本的经济规模就已经达到了美国的约七成，关于日本经济赶超美国出现了非常乐观的预期，但是后来两国发展的差异导致了双方经济差距的重新扩大。这主要是因为日本没有因应时代变化做出及时调整，在技术及制度创新方面没能实现更有效的作为。

而且，日本经济发生的“失去的20年”现象，在2008年全球金融危机之后出现了向世界扩展的趋向。当今世界经济面临越来越复杂的国际环境，欧美资本市场人士越来越担心他们的国家会陷入长期停滞、低利率、低通胀和货币政策失效的“日本病”（Japanification）状态。重新审视日本经济发展特征具有重要意义。“失去说”与“创新说”实际上并不完全是非此即彼的关系，而是相互存在交集的。我们既要看到日本经济发展面临的困难，也不能忽视日本取得的进步；既要看到日本经济具有的特殊性，也要看到日本与其他发达国家以及发展中国家在经济发展方面存在的共性，从而把日本发生的现象纳入合理的学理范畴内加以分析。

第五节 消费税改革与日本平成时代经济社会变迁*

日本消费税设立于1989年4月，时值平成元年，税率为3%。此后历经三次增税，分别为1997年4月，税率由3%提高至5%；2014年4月，税率由5%提高至8%；2019年10月，税率由8%提高至10%。2019年，日本平成时代结束，进入令和元年。日本30年消费税改革，横跨整个平成时代。

税制改革既为一国经济和社会发展提供重要支持，又是其经济和社会结构不断变迁的深刻反映。消费税作为日本税收体系的重要组成部分，也是日本税制改革中备受关注的内容。消费税的设立及此后的三次增税，由于所处的经济形势和社会环境不同，其政策重点亦有所不同。分析消费税“一设三增（税率分别为3%、5%、8%、10%）”的背景及改革侧重点，可以透视日本经济和社会变化的大体走向。

在此需要说明的是，第一，日本年号仅具有象征意义，天皇退位或即位，以及随之而变更的年号，不会给日本内政外交及民众生活带来任何实质性改变。① 但是，平成作为日本划分时期的符号，消费税改革与平成时代的重合性，可以为我们总结日本税制改革历程，透视日本经济和社会变迁提供一个契机。第二，经济和社会变化具有连续性，分析消费

---

* 作者李清如，中国社会科学院日本研究所副研究员。本文发表于《国际税收》2020年第2期，略有修改。

① 王伟：《平成时期日本的社会变迁——从瓦解走向重构》，《日本文论》2019年第1期，第1页。

税历次改革的背景和侧重点，并不是将每个时期分割来看，而是通过消费税“一设三增”的历程，反映日本经济社会的不断变化，通常后期改革的主题和要点，是由于前期变化累积而形成的。因此，虽然消费税历次改革的背景和侧重点均有所不同，但其改革具有一定的连贯性。第三，日本经济和社会各方面在平成时代均发生了显著变化，很难通过有限篇幅进行完全论述，在此我们选择较具代表性，且与税制改革联系紧密的因素，如经济增长、财政收支、人口结构、家庭构成等进行重点分析。

一、消费税税率 3%：直接税与间接税比例的协调

日本一般消费税设立于 1989 年 4 月，竹下登内阁期间，税率为 3%。[①] 此时日本经济正处于泡沫经济的繁盛时期，且自 20 世纪 80 年代初以来日本为维持财政收支平衡，采取了削减财政支出的改革，在泡沫经济和财政改革的作用下，日本财政状况得到了一定缓解。因此，这一时期的税制改革更关注于税制结构本身，其落脚点在于直接税与间接税比例的协调。

（一）从高速增长期到稳定增长期的转换

二战后日本经过恢复期，进入经济高速增长期，1956—1973 年平均经济增长率高达 9.3%。[②] 20 世纪 70 年代两次石油危机爆发，日本经济高速增长期结束。从 1974 年开始至 1991 年泡沫经济破灭，经济平均增长

① 在此之前，日本有针对汽车、洋酒、宝石、毛皮等个别商品征收的物品税。随着 1989 年一般消费税的设立，物品税废止。本文所称消费税，均为一般消费税。

② 日本内閣府「年次経済財政報告（令和元年度）長期経済統計」、https://www5.cao.go.jp/j-j/wp/wp-je19/index_pdf.html，访问日期：2019 年 11 月 20 日。

率约为4.0%，这一时期在日本被称为稳定增长期。① 进入稳定增长期后，由于经济大幅减速，日本开始出现税收收入不足的问题。同时，为应对石油危机、刺激经济增长，日本政府实施了扩张性财政政策，致使财政支出扩大。为弥补财政赤字，政府连年增发国债，债务余额由1974年的9.7万亿日元迅速累积到1980年的70.5万亿日元，这也成为至今困扰日本财政问题的起点。②

基于日本经济和财政状况，1979年1月，时任日本首相大平正芳提出引入“一般消费税”，并自1980年开始实施。但是，此举受到劳工团体、商业协会、消费者协会等社会各界的反对，与此相呼应，在野党也强烈反对，甚至执政党内部反对声音也逐渐高涨。当时民众质疑消费税的主要原因之一在于不满政府过度支出。中央政府部门招待费用超标、公务人员过度使用公费等问题频频被曝出，致使民众对增税非常反感。③ 迫于压力，大平首相在1979年9月众议院选举过程中承诺取消设立消费税。日本开征消费税的第一次尝试以失败告终。

（二）泡沫经济的兴起

20世纪80年代后半期，日本泡沫经济兴起，资产价格迅速上涨，经济展现出繁荣景象。自1986年12月起至1991年2月止的51个月，在日本被称为泡沫景气期。其间，以股票和不动产为核心的资产价格急剧攀升，仅1988年一年，东京、大阪、名古屋三大都市圈住宅和商业地产平均价格上涨了47%，到1991年，三大都市圈住宅平均价格是1985年泡沫

① 日本的稳定增长期具体是指从1973年12月至1991年2月泡沫经济破灭时，此处以年份概述。

② 日本財務省「一般会計公債発行額の推移」、https://www.mof.go.jp/budget/fiscal_condition/basic_data/201904/index.html，访问日期：2019年11月20日。

③ 石弘光『現代税制改革史 終戦からバブル崩壊まで』、東京：東洋経済新報社、2009年、377頁。

经济前的2.8倍，商业地产平均价格是1985年的4.2倍。[①]

泡沫经济期间，由于经济活跃，资产价格高昂，企业所得税和个人所得税的税基扩大，日本税收收入大幅增加。税收收入决算额由1985年的38.2万亿日元逐年增长至1990年的60.1万亿日元。[②] 前次引入消费税的尝试失败后，在财政支出层面，日本政府开始着手开展行政改革，强调提高行政效率，削减财政支出。在泡沫经济和行政改革的作用下，日本财政状况得到一定缓解。年度国债发行额占财政支出总额的比例（国债依存度），由1980年的32.6%下降到1990年的9.2%。[③] 但是，削减财政支出的效果是有限度的，日本仍需稳定的财政收入来源，在此背景下，消费税改革于20世纪80年代末再度展开。

（三）消费税的设立与“直接税、间接税比例协调”

1987年2月，中曾根内阁向国会提交“销售税”相关法案，遭到朝野和社会各界激烈反对，该法案最终未经国会审议被废弃。11月，竹下登接任中曾根康弘为日本首相。基于此前大平内阁和中曾根内阁消费税改革失败的经历，为促成消费税的设立，竹下内阁进行了多方斡旋，广泛举办地方听证会、业界听证会，听取各地方、各业界的意见，并向业界和民众传递“宽税基、轻税负、简化纳税流程”的改革理念，以争取各界支持。为缓和中小企业的强烈不满，为中小企业设置了简易课税制度，同时，设置免征额和非课税项目，税率从此前销售税法案提出的5%降低到3%，取得业界的基本许可。此外，执政党自民党与在野党公明党

---

① 日本国土交通省「地価公示 変動率及び平均価格の時系列推移表」、http://www.mlit.go.jp/totikensangyo/totikensangyo_fr4_000043.html，访问日期：2019年11月20日。

② 日本財務省「一般会計税収の予算額と決算額の推移」、https://www.mof.go.jp/budget/fiscal_condition/basic_data/201904/sy3104c.html，访问日期：2019年11月20日。

③ 日本財務省「一般会計公債発行額の推移」、https://www.mof.go.jp/budget/fiscal_condition/basic_data/201904/index.html，访问日期：2019年11月20日。

和民社党展开交涉，基于公明党的意见，实施长期卧床老人综合照护计划，提高个人所得税扶养扣除额①；基于民社党的意见，加入了消费税半年内弹性运营的修订条款，与在野党基本达成协议。②

此次税制改革，日本政府打出了“直接税、间接税比例协调”的口号。③ 其论点是，二战后“夏普劝告”确立了日本以直接税为核心的税收体系，这种税制结构已不适应日本经济社会的发展。欧洲各国在20世纪70—80年代纷纷进行间接税改革，引入并提高增值税的税率；美国里根税改以“公平、成长、简约”为理念，对个人所得税和企业所得税进行大幅减税。④ 因此，日本也须顺应潮流，引入宽税基、轻税负的新型间接税，以保障财政收入，为今后老龄社会的到来做准备。同时，减轻工薪阶层等从业人员的个人所得税负担，降低最高税率水平，简化超额累进税率的层级，提高民众工作意愿和收入水平；降低企业所得税税率，激发经济活力，提高日本企业国际竞争力。上述改革举措均意在平衡直接税和间接税的比例，构建适应日本经济社会发展的税制体系。

1988年12月，消费税相关税制改革法案成立。其基本内容为：第一，创设消费税，税率为3%，同时废止对个别商品征收的物品税；第二，对个人所得税超额累进税率进行扁平化调整，降低最高税率水平，由原来的12档税率（10.5%—60%），整合为5档税率（10%—50%），同时提高各项扣除标准，包括基础扣除、配偶扣除、扶养扣除⑤等的扣除

---

① 日本个人所得税中的扶养扣除，既包括对子女的抚养，也包括对平辈亲属的扶养和对父母长辈的赡养。如果纳税人有与其共同生活、共同维持生计的亲属，且该亲属所得总额在一定标准以下，则纳税人本人可以享受一定数额的扣除，即扶养扣除。

② 日本公認会計士協会「我が国の消費税の現状と今後の方向性について（中間報告）」、租税調査会研究報告第24号、2012年、8-10頁。

③ 森信茂樹「平成とともに始まった消費税を振り返る」、https://webronza.asahi.com/business/articles/2018111500006.html，访问日期：2019年11月20日。

④ 石弘光『現代税制改革史 終戦からバブル崩壊まで』、東京：東洋経済新報社、2009年、389頁。

⑤ 基础扣除、配偶扣除、扶养扣除等属于日本个人所得税税前扣除项目，类似中国个人所得税中的子女教育、赡养老人等专项附加扣除项目。——作者注

额度；第三，下调企业所得税税率，普通法人税率由42%下调至37.5%，中小法人税率由30%下调至28%；第四，遗产税、有价证券交易课税等其他方面的调整。基于税制改革法案，1989年4月1日，即平成时代开启后的第四个月，日本消费税正式设立。

二、消费税税率5%：经济增长与财政健全的平衡

1997年4月，日本消费税税率由设立时的3%提高至5%，成为自消费税设立以来的第一次增税。20世纪90年代初泡沫经济破灭后，日本经济长期低迷，维持经济景气成为税制改革不得不考虑的因素。与此同时，税收收入不足，财政赤字激增，财政状况不断恶化，因此这一时期日本税制改革的重点，即是在经济增长与财政重建之间寻求平衡。

（一）泡沫经济破灭与财政赤字激增

20世纪90年代初，日本泡沫经济破灭，资产价格迅速下跌，经济进入长期低迷。1992—2018年年均经济增长率仅为0.9%，中间一些年份甚至出现负增长。[①] 为刺激经济增长，日本政府频频发布财政政策，试图以大规模财政支出和减税政策等带动公共投资和民间投资，扩大内需并促进出口，致使财政赤字迅速增加，财政状况不断恶化。

如图3-17所示，在财政收入层面，税收收入总额在1990年达到60.1万亿日元的顶点，此后呈现下降趋势，其原因一方面在于经济不景气造成税收收入减少，另一方面在于政府为刺激经济增长而数次采取减税措施。在财政支出层面，由于人口老龄化不断深化，社会保障费用增

① 日本内閣府「年次経済財政報告（令和元年度）長期経済統計」、https://www5.cao.go.jp/j-j/wp/wp-je19/index_pdf.html。

加，加之政府实施公共投资作为景气对策，使得财政支出呈现扩大的趋势。为弥补财政赤字，日本政府不得不增加国债发行额。1993—1997年，国债发行额达到年均17.2万亿日元，国债依存度平均为22.5%；到1998—2005年，国债发行额高达年均33.9万亿日元，国债依存度平均为39.7%，相当于四成财政支出依靠举债。自1990年以来，日本的年度财政支出和税收收入的差距一直在不断扩大，如同鳄鱼张开的上颚和下颚，因此日本财务省将该图称为“鳄鱼之绘”，形象地反映了日本财政状况的窘迫程度。①

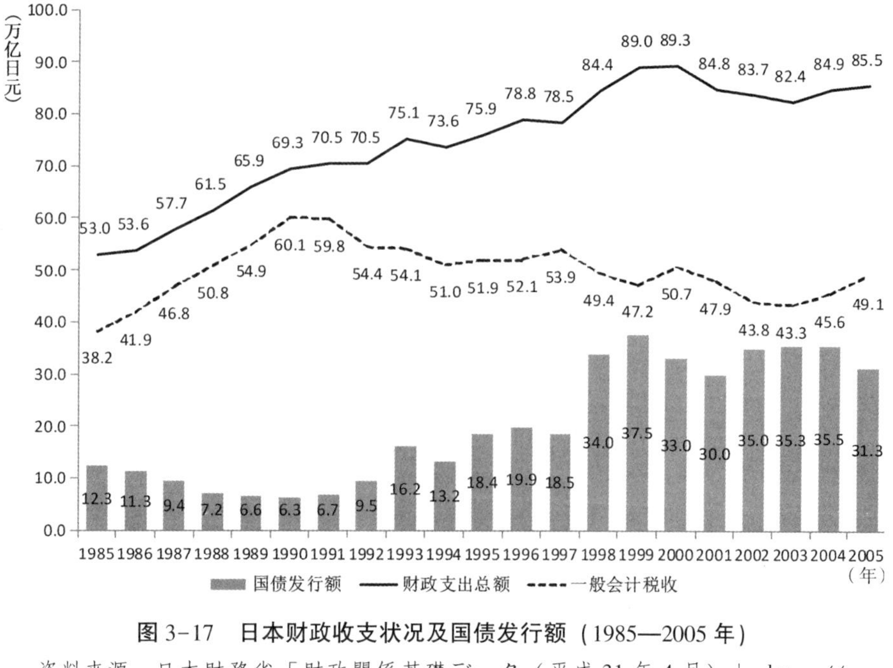

图3-17　日本财政收支状况及国债发行额（1985—2005年）

资料来源：日本財務省「財政関係基礎データ（平成31年4月）」、https://www.mof.go.jp/budget/fiscal_condition/basic_data/201904/index.html，访问日期：2019年11月20日；石弘光『現代税制改革史 終戦からバブル崩壊まで』、東京：東洋経済新報社、2009年、565頁。

① 石弘光『現代税制改革史 終戦からバブル崩壊まで』、東京：東洋経済新報社、2009年、564頁。

（二）国民福利税的失败尝试

1993 年，日本政局出现重大变化，由日本新党党首细川护熙担任首相的八党联立政权建立。1994 年 2 月，细川首相发表税制改革草案，提出废止消费税，创设国民福利税，税率为 7%。但是，由于政权内部没有完全协调，部分联立政权内的政党强烈反对，同时草案发布过于仓促，准备不足，对于税改内容无法自圆其说，税改草案的手续合理性和税率设定依据也受到质疑，由此引发社会各界强烈的不信任感。一直主张消费税增税的大藏省（后来的财务省）税务局，也对此进行了批评，认为消费税作为一般性财源，为特定目的限定其用途是对税收的歪曲。① 结果，税制改革草案发表次日即被撤回。由于国民福利税实际上是消费税增税的替代品，因此日本国内一般认为这是消费税设立后的一次改革失败经历。但是，国民福利税的尝试对此后消费税变为社会保障特定目的税，产生了一定的启发作用。

（三）所得税先行减税与消费税增税

1994 年 6 月，以社会党党首村山富市为首相的自民党、社会党和先驱新党联立政权开始执政，同年 10 月，村山内阁向国会提交新的税制改革法案并于次月通过。其主张为，泡沫经济破灭后日本进入“平成衰退”，② 为扭转经济衰退局面，应进行所得税减税，激发经济活力；同

① 日本财务省税务局认为消费税作为一般性财源，不应限定用途。但是在 2014 年税率由 5%提高至 8%时，以财政健全化为优先，为了实现增税，财务省在这一观点上做了妥协。

② “平成衰退”通常是指泡沫经济破灭后日本平成时代的经济大衰退。具体是指 1991 年 3 月至 1993 年 10 月（第一次平成衰退），1997 年 6 月至 1999 年 1 月（第二次平成衰退），以及 2000 年 12 月至 2002 年 1 月（第三次平成衰退）的三次衰退期，也泛指包括第一次至第三次平成衰退在内的 20 世纪 90 年代以来的经济低迷期。

时，为保障财政收入，缓解人口少子老龄化带来的财政压力，应进行消费税增税。因此，从兼顾经济形势和财政状况的角度出发，日本自1994年开始，先就所得税进行减税，以换取经济景气的好转，再进行消费税增税。

基于此，日本对1994年个人所得税和住民税（地方性个人所得税税种）税额的20%予以减免，根据大藏省的测算，该项措施合计减税规模达到5.5万亿日元。其后，1995年和1996年，作为经济刺激政策，日本又对个人所得税和住民税税额的15%予以减免，合计减税规模达到每年2万亿日元。此外，1995年实施制度性减税，降低个人所得税超额累进税率，提高基础扣除、配偶扣除和扶养扣除等扣除项目的额度，合计减税规模3.5万亿日元。在此基础上，1997年4月1日，桥本内阁时期，消费税税率由3%提高至5%，实现了自设立以来的第一次增税。

（四）经济增长与财政健全的平衡

通过以上分析可以看出，日本政府试图通过所得税先行减税与消费税增税相配合的方式，在经济增长和财政健全之间寻求平衡。但是，1994—1996年连续减税，并没有带来景气形势的明显好转，“平成衰退”呈现出长期化趋势。① 1997年亚洲金融危机爆发，与消费税增税相叠加，泡沫经济崩溃后金融机构堆积的不良债权问题集中爆发，金融系统陷入混乱，三洋证券、北海道拓殖银行、山一证券等金融机构相继破产，日本经济受到重创。

为拉动经济增长，1998年小渊内阁再次实施大规模减税，个人所得税和企业所得税双管齐下。个人所得税以定额减税的方式，对纳税人本

---

① 小川亮・北浦義朗「1990年代の所得税・消費税改革の厚生評価」、https://www.apir.or.jp/wp/wp-content/uploads/211.pdf，访问日期：2019年11月20日。

人及其扶养亲属[①]进行税额减免，合计减税规模达到4万亿日元；同时，下调企业所得税和法人事业税（地方性企业所得税税种）税率，分别由37.5%和12%降低至34.5%和11%。1999年，再次追加减税措施，个人所得税制度减税和定率减税相结合，将超额累进税率由五档（10%—50%）降低并整合为四档（10%—37%），合计减税规模达到4.1万亿日元。虽然实施了大规模减税措施，但日本经济仍然出现了负增长，1998年和1999年经济增长率分别为-1.3%和-0.3%，[②] 并且，连年减税使得税收收入大幅减少，日本政府不得不增发国债予以弥补，债务在短时间内大量累积，导致日本财政问题更加严重。其结果是，此后经济增长与财政健全更难平衡，日本消费税改革面临的环境愈加复杂。

三、消费税税率8%：税制与社会保障一体化改革

平成时代，日本人口结构发生重大变化，老龄人口不断增加，老龄化率（65岁以上老龄人口占总人口比率）急速上升。由于人口老龄化迅速发展，政府在年金、医疗、护理等社会保障方面的支出持续增长，导致社会保障费用膨胀，财政面临巨大压力。从税制与社会保障一体化角度出发，日本政府再次着手进行消费税改革，在法律层面界定消费税为社会保障目的税，明确将增税收入全额作为社会保障财源。2014年4月，消费税自设立以来第二次增税，税率由5%提高至8%。

---

① 与扶养扣除的概念相类似，扶养亲属包括子女抚养、同辈亲属扶养、父母长辈赡养。

② 日本内閣府「統計表一覧（2020年7—9月期2次速報値）」、https://www.esri.cao.go.jp/jp/sna/data/data_list/sokuhou/files/2020/qe203_2/gdemenuja.html，访问日期：2021年1月20日。

（一）人口老龄化的加速

日本人口老龄化问题在平成时代加速推进。如表 3-8 所示，1950—1985 年日本 65 岁以上老龄人口由 411 万人逐渐增长至 1 247 万人，人口老龄化率由 4.9%上升至 10.3%，老龄化率呈现比较平缓的上升趋势。但是，从 1985 年开始，老龄人口迅速增长，老龄化率急速上升。至 2015 年，日本 65 岁以上老龄人口达到 3387 万人，是 1985 年的 2.7 倍、1950 年的 8.2 倍；老龄化率上升至 26.6%，是 1985 年的 2.6 倍、1950 年的 5.4 倍。根据日本人口预测，2020 年以后老龄人口将维持在 3600 万—4000 万人，但由于总人口减少，老龄化率仍然呈现上升趋势，至 2050 年 65 岁以上老龄人口占总人口的比例将达到 37.7%。①

日本人口老龄化加速的原因主要有两点。其一是由于生活环境和饮食营养的改善，以及医疗技术和社会福利的进步，人均寿命大幅延长；其二是长期人口结构变化。二战后日本出现过两次婴儿潮。第一次在 1947—1949 年，每年新出生人口超过 250 万人；第二次在 1971—1974 年，每年新出生人口超过 200 万人。因此，在 20 世纪 80 年代中期之前，0—14 岁人口基本能维持在 2500 万—3000 万人的水平，并且随着婴儿潮期间出生的人逐渐成长，15—64 岁劳动年龄人口不断扩大，人口总数也持续增加，对应的人口老龄化率曲线比较平缓。

20 世纪 80 年代中期至 90 年代中期，即消费税的设立及第一次增税期间，少子化的推进使得 0—14 岁人口开始持续负增长，并在 20 世纪 90 年代中期跌到 2000 万人以下。由于两次婴儿潮期间出生的人口作为支撑，日本 15—64 岁劳动年龄人口数量仍在扩大，并于 1995 年迎来历史最

---

① 日本国立社会保障・人口問題研究所「日本の将来推計人口（平成 29 年推計）」、http://www.ipss.go.jp/pp-zenkoku/j/zenkoku2017/db_zenkoku2017/db_zenkoku2017gaiyo.html，访问日期：2019 年 11 月 20 日。

高峰 8726 万人，受此影响，人口总数也能维持增长水平。但是，这一时期老龄人口已经开始显著增长，老龄化率曲线逐渐陡峭。

1995 年之后，0—14 岁和 15—64 岁阶段的人口同时下降，到 2005 年之后，人口总数也出现增长停滞并逐渐转入下降趋势。另外，老龄人口继续累积，老龄化率急速上升。根据联合国标准，老龄化率超过 14%的社会称为老龄社会，超过 21%的社会被称为超老龄社会，日本分别在 1994 年和 2007 年达到这两个标准。而在 2010—2015 年，第一次婴儿潮期间出生的人口迈进老龄阶段，这使得这一期间老龄化率曲线最为陡峭，日本消费税第二次增税就是在这一背景下展开的。此后，随着第二次婴儿潮期间出生的人口也逐渐进入老龄阶段，加之少子化推进，人口总量将会继续缩减，预计到 21 世纪 50 年代中期将跌到 1 亿人以下，老龄化率则逐渐接近 40%。①

表 3-8　日本人口数量及人口结构

单位：万人；%

年份	人口数量			比例		
	0—14 岁	15—64 岁	65 岁以上	0—14 岁	15—64 岁	65 岁以上
1950	2943	4966	411	35. 4	59. 7	4. 9
1955	2980	5473	475	33. 4	61. 3	5. 3
1960	2807	6000	535	30. 0	64. 2	5. 7
1965	2517	6693	618	25. 6	68. 1	6. 3
1970	2482	7157	733	23. 9	69. 0	7. 1
1975	2722	7581	887	24. 3	67. 7	7. 9
1980	2751	7884	1065	23. 5	67. 4	9. 1
1985	2603	8251	1247	21. 5	68. 2	10. 3
1990	2254	8614	1493	18. 2	69. 7	12. 1

① 日本国立社会保障・人口問題研究所「日本の将来推計人口（平成 29 年推計）」、http://www.ipss.go.jp/pp-zenkoku/j/zenkoku2017/db_zenkoku2017/db_zenkoku2017gaiyo.html，访问日期：2019 年 11 月 20 日。

续表

年份	人口数量			比例		
	0—14 岁	15—64 岁	65 岁以上	0—14 岁	15—64 岁	65 岁以上
1995	2003	8726	1828	16. 0	69. 5	14. 6
2000	1851	8638	2204	14. 6	68. 1	17. 4
2005	1759	8442	2576	13. 8	66. 1	20. 2
2010	1684	8174	2948	13. 1	63. 8	23. 0
2015	1595	7728	3387	12. 5	60. 8	26. 6
2020	1508	7406	3619	12. 0	59. 1	28. 9
2025	1407	7170	3677	11. 5	58. 5	30. 0
2030	1321	6875	3716	11. 1	57. 7	31. 2
2035	1246	6494	3782	10. 8	56. 4	32. 8
2040	1194	5978	3921	10. 8	53. 9	35. 3
2045	1138	5585	3919	10. 7	52. 5	36. 8
2050	1077	5275	3841	10. 6	51. 8	37. 7
2055	1012	5028	3704	10. 4	51. 6	38. 0
2060	951	4793	3540	10. 2	51. 6	38. 1
2065	898	4529	3381	10. 2	51. 4	38. 4

资料来源：日本総務省統計局「人口推計長期時系列データ」、https://www. e-stat. go.jp/stat-search/files?page = 1&toukei = 00200524&tstat = 000000090001&tclass1 = 000000090004，访问日期：2019 年 11 月 20 日；国立社会保障・人口問題研究所「日本の将来推計人口（平成 29 年推計）」、http://www. ipss. go. jp/pp-zenkoku/j/zenkoku2017/db_ zenkoku2017/db_ zenkoku2017gaiyo.html，访问日期：2019 年 11 月 20 日。

注：2020 年以后为预测值。

（二）社会保障费用的膨胀

随着日本人口老龄化的发展，劳动年龄人口缩减，依靠年金收入的人口增加，医疗和护理费用也随之攀升。政府在年金、医疗和护理等社会保障方面的支出不断扩大。如图 3-18 所示，日本财政支出中的社会保障费支出由1970年的1.2万亿日元逐渐上升至2015年的31.4万亿日元，增长了26倍多。从增加幅度来看，1970—1990年、1990—2005年和2005—2015年，分别增长10.3万亿日元、9.1万亿日元和10.8万亿日元，即社会保障费增加约10万亿日元所需的时间，由20年缩减到15年，再进一步缩减到10年，增速不断加快。

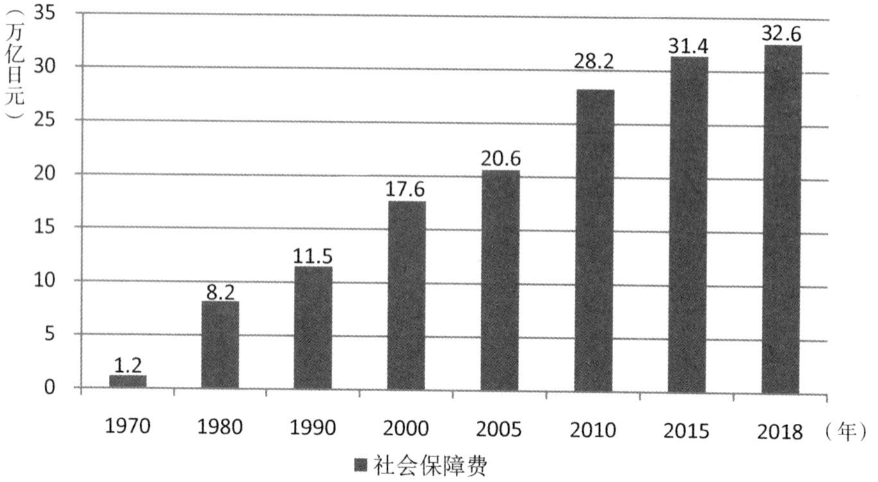

图3-18　日本财政总支出中的社会保障费支出

资料来源：日本財務省「財政統計（予算決算等データ）」、https://www.mof.go.jp/budget/reference/statistics/index.htm，访问日期：2019年11月20日。

在社会保障费用增加的同时，社会保障支出在财政总支出中的占比也不断上升，由1970年接近15%，到2000年接近20%，再到2010年接近30%。至2018年，社会保障支出占财政总支出的比例达到32.9%，即约1/3的财政支出被社会保障占用。① 社会保障费的膨胀给日本财政带来巨大压力。日本国债余额由1970年的2.8万亿日元累积至2000年的368万亿日元，再进一步累积至2018年的880万亿日元，再加上地方债等长

① 日本財務省「財政統計（予算決算等データ）」、https://www.mof.go.jp/budget/reference/statistics/index.htm，访问日期：2019年11月20日。

期债务，2018 年日本长期债务余额与 GDP 之比达到 200%。① 债务的堆积导致每年财政需要拿出相当一部分用于债务还本付息。2010 年，社会保障费和国债还本付息支出占总支出的比例合计超过 50%，到 2018 年超过 55%，即一半以上的财政支出消耗于社会保障费和国债费。

（三）税制与社会保障一体化改革

日本消费税自设立以来就与社会保障密切相关。1989 年消费税设立和 1997 年消费税增税，都考虑到未来老龄化的推进需要稳定财源。但是，如前所述，在 1995 年以前日本劳动年龄人口和人口总量仍在增长，1995 年之后劳动年龄人口开始下降，2005—2010 年人口总量也出现增长停滞并逐渐转为负增长。2007 年，日本人口老龄化率达到 21.5%，进入超老龄社会。而社会保障支出在 2000—2015 年增速加快，占财政支出的比例不断上升。因此，自前两次消费税改革后，日本面临着更加严峻的社会老龄化和由此而来的财政问题。

在此背景下，日本政府从税制与社会保障一体化角度出发，再次着手进行消费税改革。2012 年 2 月，民主党政权下的野田内阁决议通过社会保障与税制一体化改革大纲，同年 6 月民主党、自民党和公明党三党达成协议，8 月相关法案成立。根据税制改革大纲，消费税税率分阶段由 5%提高至 10%。第一阶段为 2014 年 4 月，税率先由 5%提高到 8%；第二阶段为 2015 年 10 月，再由 8%提高至 10%。同时，在法律上明确将消费税作为社会保障目的税，税收收入全额补充社会保障财源。② 消费税税率

① 日本財務省「一般会計公債発行額の推移，我が国の1970 年度以降の長期債務残高の推移」、https://www.mof.go.jp/budget/fiscal_condition/basic_data/201904/index.html，访问日期：2019 年 11 月 20 日。

② 日本消费税分为中央税和地方税，税率为 5%时，4%为中央税，1%为地方税。税率提高至 10%时，7.8%为中央税（提高了 3.8%），2.2%为地方税（提高了 1.2%）。除了原有的地方税 1%，其余消费税收入（包括中央税 7.8%和地方税提高的 1.2%）全额补充社会保障财源。

分两档合计提高 5%，预计增税 14 万亿日元。具体用途为：将其中 1/5（约 2.8 万亿日元）用于扩充和改善社会保障制度，主要包括育儿支援，以及医疗和护理制度改进等；4/5（约 11.2 万亿日元）用于财政健全化，主要包括支付年金，缩减为筹集社会保障经费而发行的赤字国债，减轻将来世代的财政负担。

这一时期，由于日本财政状况已经岌岌可危，消费税增税不再搭配个人所得税减税。相反，从增加财政收入和强化税收再分配功能出发，2012—2014 年的税制改革提高了个人所得税超额累进税率的最高税率，并对扣除项目的扣除额度进行缩减。基于社会保障与税制一体化改革相关法案，2014 年 4 月 1 日（安倍内阁期间）消费税税率由 5%提高至 8%。但是，此次消费税增税对日本经济造成了严重冲击。2013 年，日本内阁府和日本银行曾对 2014 年度的经济增长率进行测算，预计增长率为 1%—1.3%。① 但实际上，2014 年度经济增长率为-0.4%，与预期相差甚远。② 这凸显了日本经济形势的复杂性，以及经济增长与财政健全协调的困难性。

四、消费税税率 10%：全世代型社会保障的实施

在 2015 年 10 月消费税增税的计划被两次延期后，2019 年 10 月消费税税率由 8%提高至 10%。这是自消费税设立以来的第三次增税，也是安倍执政期间的第二次增税。此次消费税改革，日本政府的宣传重点在于“全世代型社会保障”，即从老龄世代（老龄人口）为主体的社会保障，

① 伊田賢司「消費税率引上げの影響と今後の課題 消費税率 8%への引上げと再増税延期を振り返る」、https://www.sangiin.go.jp/japanese/annai/chousa/rippou_chousa/backnumber/2015pdf/20150904101.pdf，访问日期：2019 年 11 月 20 日。

② 日本内閣府「統計表一覧（2020 年 7—9 月期 2 次速報値）」、https://www.esri.cao.go.jp/jp/sna/data/data_list/sokuhou/files/2020/qe203_2/gdemenuja.html。

到所有世代（年龄）都能顾及的社会保障制度，其核心在于现役世代（劳动年龄人口）与老龄世代的利益平衡。

（一）家庭结构变迁与少子化加剧

日本传统家庭结构在平成时代出现显著变化。二战后，核心家庭成为日本主要的家庭类型，即由夫妻双方，或者夫妻与子女组成的家庭模式。① 其中，丈夫全职工作、妻子全职主妇并育有两名子女的家庭被称为“标准家庭”。随着日本民众家庭观、生育观、就业观以及生活方式等的转变，日本家庭结构逐渐改变，在平成时代，这种变化尤为明显。首先是由夫妻与子女组成的家庭比例下降。1989 年平成元年至 2018 年平成三十年，夫妻子女家庭占日本家庭总数的比例，由 39. 3%下降到 29. 1%。其次是独身家庭和夫妻两人家庭增加。独身家庭在日本家庭总数中的占比，由 1989 年的 20. 0%提高至 2018 年的 27. 7%，夫妻两人家庭的占比由 16. 0%提高至 24. 1%，两者合计比例超过 50%。② 最后是女性更多地参与社会工作，主妇家庭减少，双职工家庭大幅增加。③

随着家庭结构不断变化，少子化也成为日本的社会问题。在 1947—1949 年和 1971—1974 年两次婴儿潮之后，每年新出生人口数量自 1975 年开始，转入持续下降趋势。1989 年平成元年，新出生人口 124. 7 万人，此后这一数值逐渐降低，至 2016 年跌至 100 万人以下。④ 2018 年，新出

---

① 也包括单亲与子女组成的家庭。

② 日本厚生労働省「国民生活基礎調査」、https: //www. mhlw. go. jp/toukei/list/20-21.html，访问日期：2019 年 11 月 20 日。

③ 日本内閣府男女共同参画局「男女共同参画白書（概要版）平成 30 年版」、http: //www. gender. go. jp/about_ danjo/whitepaper/h30/gaiyou/html/honpen/b1_ s03. html，访问日期：2019 年 11 月 20 日。

④ 日本総務省統計局「人口動態調査データ」、https: //www. e-stat. go. jp/stat-search/files? page = 1&toukei = 00450011&tstat = 000001028897&cycle = 7&cycle_ facet = cycle，访问日期：2019 年 11 月 20 日。

生人口进一步下降至 91.8 万人，不足 1975 年的 50%，刷新历史最低水平。少子化对人口结构具有层层递进的影响。首先是 0—14 岁人口占总人口的比例下降，由 1989 年的 18.8%下滑至 2018 年的 12.2%。其次是劳动年龄人口补充不足，总人口收缩，老龄化率上升。最后在少子化和老龄化的叠加下，老龄人口与劳动年龄人口（日本称为现役世代）的比率，由 1989 年的 1∶6，即 6 名劳动年龄人口对应一名老龄人口，上升至 2018 年的 1∶2，即两名劳动年龄人口对应一名老龄人口。基于此，少子化对策和减轻现役世代负担，成为消费税第三次增税的重点内容。

（二）全世代型社会保障与世代间利益平衡

根据 2012 年通过的社会保障与税制一体化改革大纲，消费税税率应在 2015 年 10 月由 8%上升至 10%。但出于对日本经济形势的担忧，再加上安倍政权巩固和延长执政的政治需要，消费税增税的计划被两次延期至 2019 年 10 月。此次增税，日本政府宣传的重点在于全世代型社会保障。

具体举措是，消费税由 8%上升到 10%，预计增税 5.6 万亿日元。按照原计划，其中约 4 万亿日元用于缩减为筹集社会保障经费而发行的赤字国债，减轻将来世代的财政负担，其余部分用于扩充和改善社会保障制度。转为全世代型社会保障之后，在消费税增收的 5.6 万亿日元中，新设置 1.7 万亿日元用于少子化对策，作为对养育子女家庭的支援，主要包括幼儿教育和大学教育无偿化，幼儿保育员和保育机构扩容等。这成为全世代型社会保障的核心内容。剩余增税收入中的 1.1 万亿日元用于扩充和改善老龄人口的社会保障，主要包括减轻低收入人员护理保险费，发放低收入生活补助金等。这样就形成了既考虑到育儿家庭又照顾到老龄人口的社会保障体系，即全世代型社会保障。最后，用于缩减赤字国债的增收部分由原计划的 4 万亿日元减少至 2. 8 万亿日元。①

事实上，全世代型社会保障并不是新概念。在 2012 年社会保障与税制一体化改革大纲中，已经明确将社会保障三经费（年金、医疗和护理）扩充为社会保障四经费（年金、医疗、护理和少子化对策），即将育儿支援加入社会保障经费中，强调维护世代间的公平，构建“全世代对应型”社会保障制度。因此，2014 年消费税税率由 5%提高至 8%时，已经涵盖了这方面的内容。而此次“全世代型社会保障”制度，实际是将少子化对策单独划分出来，然后将原用于缩减赤字国债的部分增税收入转入少子化对策中，进行重新包装，作为消费税再增税的宣传重点。

全世代型社会保障提出后，日本社会对此的批评主要集中在以下两点。一是所谓的全世代型社会保障，其实只是增加了对育儿家庭的财政支持，对于独身和未育子女的家庭，以及子女非幼儿或在大学期间的家庭，并没有享受实际优惠。但是，增加的消费税却落在了每一位纳税人身上。因此，全世代型社会保障所宣扬的世代公平是非常片面的，社会利益的分配存在着严重的不均衡。二是财源不足，财政负担加重。原本消费税 5. 6 万亿日元的增税收入中，有 4 万亿日元可以用于缩减为筹集社会保障经费而发行的赤字国债，以缓解社会保障费用不断扩大而造成的财政压力。但在全世代型社会保障制度下，这一数值减少为 2. 8 万亿日元，而且事实上减少额不止如此。由于消费税税率由 8%提高到 10%时，同时引入了优惠税率制度，即对饮食和新闻行业等仍然实行 8%的低税率，这一举措将使增税收入减少约 1 万亿日元。因此，能用于缓解财政压力的增税收入被大量蚕食。同时，社会保障费用仍然在不断增加，至 2025 年第一次婴儿潮期间出生的人口全部达到 75 岁以上的老龄化后期阶段，年金、医疗、护理等社会保障支出将会激增，财源不足、收支恶化等问题将会更加显著。而可用于改善收支，抵销社会保障费用扩大的

---

①　時事新聞「消費税『増税分』の使途（2019 年 9 月）」、https://www.jiji.com/jc/graphics?p=ve_pol_zeisei20190930j-05-w400，访问日期：2019 年 11 月 20 日。

消费税收入大幅减少，将进一步加重日本的财政危机。

五、总结与展望

2019年10月消费税增税时，时任日本首相安倍晋三曾表示，未来十年内应该不会再次提高消费税税率。① 因此，随着平成时代的结束，消费税改革可能也会暂时告一段落。回顾日本消费税改革的历程，展望日本税制改革动向和经济形势走向，我们可以从以下几个角度进行总结。

第一，平衡与协调的理念贯穿日本消费税改革历程。消费税从设立到此后的三次增税，每一次都试图在不同的因素之间进行协调，而这些因素又是相互联系的。消费税设立时的重点在于直接税和间接税比例的平衡，既考虑到消费税收入稳定的特点，又考虑到老龄社会下拓宽税基的需要，这一点在后续的改革中被不断深化。第一次增税时更多强调经济增长和财政状况的协调，而随着老龄化迅速发展，社会保障费用增加，财政压力不断加大，第二次增税时从税制与社会保障一体化改革角度出发，试图在人口结构和财政问题之间寻求解决方案，第三次增税则更侧重少子化和老龄化的兼顾，对税收用途进行重新调整，且后两次增税出于对经济形势的考虑，均伴有增税缓冲政策。因此，经济、财政和人口因素互相联通，共同影响着消费税改革历程。

第二，影响消费税改革的经济和社会因素不断复杂化，各因素之间的协调越来越困难。除了消费税设立时正处于泡沫经济的繁盛时期，经济问题被掩盖，后面三次增税均对经济造成严重冲击。第一次增税时亚

---

① NHKニュース「安倍首相『消費増税10年程度必要なし』衆院 代表質問」、https://www3.nhk.or.jp/news/html/20191008/k10012118001000.html，访问日期：2019年11月20日。朝日新聞「首相 消費税10%に引き上げ後『10年増税必要ない』」、https://www.asahi.com/articles/ASM735KP7M73UTFK01V.html，访问日期：2019年11月20日。

洲金融危机爆发，与增税的影响相叠加，日本经济受到重挫；第二次增税对民间消费打击巨大；第三次增税正逢美国的贸易保护主义和逆全球化潮流抬头，消费税增税加大了日本经济的下行压力。同时日本的财政状况不仅没有得到明显改善，反而出现财源不足、收支恶化、债务累积等问题。而日本人口老龄化严重程度在世界上首屈一指，并且仍然在不断发展中，等到婴儿潮期间出生人口进入老龄化后期阶段，社会保障和财政问题将会更加严峻。此外少子化导致的劳动年龄人口和人口总量缩减也成为日本社会的难题。因此，消费税改革面临越来越多的掣肘，各因素之间的协调将更加困难。

第三，在少子老龄化不断加剧的背景下，税制与社会保障一体化改革仍将是日本税制改革的核心，而个人所得税改革可能成为其中的重点内容。由于个人所得税的扣除项目与社会保障体系联系紧密，个人所得税成为除消费税以外，另一项备受日本社会关注的税制改革议题。为此日本国内展开大量讨论，其中，女性就业与配偶扣除、老龄化与年金税制、少子化与扶养扣除、还付扣除制度（将没有抵扣完的部分还付纳税人）等都是争论焦点。此外，继承法和遗产税的改革也在进行中。可以预见，在未来一段时期内，少子老龄化对策将是日本税制改革的重点领域。

第四，消费税增税为日本宏观经济形势增加了不确定性因素。在2019年平成时代向令和时期转换时，日本经济学界对经济形势进行了预估，并提出令和元年日本经济面临三个难关，即消费税增税、日美贸易谈判和全球经济下行风险增强，这些因素使得日本国内经济形势和国际经济环境都具有较大的不确定性。消费税增税后，由于商品含税价格提高，民众易产生节约心理，更倾向于购入价格便宜的商品或减少消费，同时，由于增税前存在一部分超前消费，增税后民间需求大幅回落，加大了日本经济的下行压力。消费税增税后的2019年第四季度，日本实际GDP增长率降至-1.9%。2020年，受新冠肺炎疫情的冲击，日本第一季度和第二季度实际 GDP 增长率分别为-0.5%和-8.3%，连续三个季度负增长。虽然第三季度转为正增长，但是实际 GDP 金额距离消费税增税前的 2019 年第三季度还有很大差距。① 在此背景下，2020 年 12 月，日本政府公布 2021 年度税制改革大纲，疫情防控和经济增长的两立成为重中之重。此轮税制改革主要对居民购房贷款和购买新能源汽车实施减税政策，并对企业雇用新员工、进行研究开发投资和数字化设备投资予以一定税收优惠，从而促进就业、推动科技创新和经济数字化转型，以期实现经济复苏。

① 日本内閣府「統計表一覧（2020 年 7—9 月期 2 次速報値）」、https://www.esri.cao.go.jp/jp/sna/data/data_list/sokuhou/files/2020/qe203_2/gdemenuja.html，访问日期：2021 年 1 月 20 日。

第四章

平成时代的日本社会

第一节 平成时代日本的社会变迁*

随着明仁天皇的退位，日本持续30年的“平成”时代落下帷幕，新年号为“令和”。二战后日本的天皇成为一种象征，天皇的退位或即位以及年号的更改都不会给日本内政外交及民众生活带来实质性的改变。从这个意义上说，年号不过是划分一个时期的符号，“平成”的落幕为我们回顾和总结20世纪90年代以来的日本提供了一个契机。在这30年的时间里，世界发生了冷战结束、经济国际化及全球化、金融危机、反全球化等重大事件，日本国内也发生了泡沫经济崩溃、“1955年体制”终结、阪神大地震、东日本大地震等大事件。这些发生在平成时代的标志性事件，给“平成”打上时代的烙印。在此大背景下，平成时代的日本社会在很多方面也发生了巨大变化，值得我们关注和研究。

研究分析平成时代的日本社会有多种角度，社会变迁视角不过是其中之一。所谓“社会变迁”，就是社会结构的变迁，① 指社会结构诸要素的运动、变化和发展。② 由于篇幅的关系，本文在社会结构诸要素中选取人口、家庭、劳动就业及阶层收入等几个有代表性的社会领域，分别用“少子老龄化”“个体化和多样化”“雇佣的流动化”“贫富分化”等关键词，对平成时代的日本社会变迁进行分析探讨。“社会变迁是社会体系根

---

* 作者王伟，中国社会科学院日本研究所研究员。本文曾刊载于《日本文论》2019年第1期，此次略做补充。

① 富永健一『社会構造と社会変動—近代化の理論—』、岩波書店、1987年、35頁。

② 陆学艺等：《社会结构的变迁》，中国社会科学出版社，1997年，第1页。

据外部环境变化或内部因素变化而进行结构重建，在新的社会结构下实现更高层次的功能。”① 标题中的“瓦解”和“重构”正是指二战后日本在上述几个领域形成的社会体系已发生重大改变，正在向新的体系转换。

一、人口少子老龄化——重新定义“老年人”

人口是社会结构中的核心要素，人口及其变迁一直是被广泛关注的社会结构的基本问题。② 平成时代日本社会经历的最大变化就是人口变化，具体说就是少子化带来的少儿人口（0—14 岁）减少，老龄化带来的老年人口（65 岁及以上）剧增，总人口规模缩小。日本人口老龄化和少子化起始于 20 世纪 70 年代，进入平成时代以后进一步加剧，成为日本社会的重大课题。

（一）少子老龄化进展

日本少子老龄化进展呈现以下特征：人口老龄化程度严重；出生率持续下降，人口减少；人口结构失衡。

1. 人口老龄化程度严重

1970 年日本的老龄化率达到 7.1%，日本开始进入老龄化社会；1994 年老龄化率达到 14.1%，日本正式进入老龄社会；2007 年老龄化率达到 21.5%，日本进入了超老龄社会。日本不仅是最早迈入老龄化社会的亚洲国家，也是世界范围内率先进入超老龄社会的国家。截至 2019 年 1 月，

---

① 富永健一『行為と社会システムの理論』、東京大学出版会、1995 年、215 頁。
② 陆学艺等：《社会结构的变迁》，第 1 页。

日本老龄化率达28.2%,[①] 是世界上老龄化程度最为严重的国家。另外，从65岁及以上的老年人口数量来看，1979年超过1000万人，1998年超过2000万人，2012年超过3000万人,[②] 截至2019年1月达3562万人,[③] 日本进入未曾有的超老龄时代。

日本人口平均年龄[④]在二战后逐渐增长，进入平成时代后增长速度明显加快。在1947—1989年的42年里由26.6岁上升到37.2岁，平均每年上升0.25岁，而在1989—2016年的27年里由37.2岁上升到46.7岁，平均每年上升0.35岁。年龄中位数[⑤]在1947—1989年由22.1岁上升到37.0岁，年均上升0.35岁，在1989—2016年由37.0岁上升到47.1岁，年均上升0.37岁。老年扶养比在1947—1989年从8.0%上升到16.7%，上升8.7个百分点，在1989—2016年从16.7%上升到45.2%，上升28.5个百分点。老化指数（老少比）在1947—1989年由13.6%上升到61.7%，在1989—2016年由61.7%骤升到219.2%。[⑥]从这几个反映老龄化程度的指标来看，平成时代日本人口老龄化速度明显加快。

2. 出生率持续下降，人口减少

考察少子化情况有两项指标非常重要，一是总和生育率，二是少儿人口占比。总和生育率是衡量妇女生育水平的综合指标，它着眼于一定

---

① 総務省統計局『人口推計—2019年（平成31年）1月報—』、http://120.52.51.18/www.stat.go.jp/data/jinsui/pdf/201901.pdf，访问日期：2019年2月10日。

② 国立社会保障・人口問題研究所『日本の将来推計人口（平成29年推計）』、http://www.ipss.go.jp/pp-zenkoku/j/zenkoku2017/db_zenkoku2017/s_tables/app1.htm，访问日期：2019年2月10日。

③ 総務省統計局『人口推計—2019年（平成31年）1月報—』、http://120.52.51.18/www.stat.go.jp/data/jinsui/pdf/201901.pdf，访问日期：2019年2月10日。

④ 平均年龄是反映一定时间总人口年龄水平的指标。平均年龄逐渐提高，表明人口在逐渐老化；平均年龄逐渐降低，表明人口在逐渐年轻化。

⑤ 年龄中位数是将全体人口按照年龄大小顺序排列，居于中间位置的那个年龄。年龄中位数越高，人口老化程度越高。

⑥ 国立社会保障・人口問題研究所『人口統計資料集1989』、1989年、『人口統計資料集2018』、2018年。

时期内（一年）的生育状况，是一年内妇女（15—49 岁）生育率的总和。如果总和生育率长期且持续低于人口更替水平，那么该国家或地区就进入了少子化阶段。日本总和生育率在二战后初期高达 4.54，20 世纪 50 年代后大幅下跌，1960 年跌至 2.0，“丙午之年”的 1966 年下降到 1.58。此后 10 年左右的时间，总和生育率基本维持在人口更替水平附近，在石油危机之后的 1974 年则下降到更替水平之下。从此日本总和生育率一蹶不振，1995 年跌破 1.5 关口，落入“低生育率陷阱”；2003 年下降到 1.3 以下的极低生育率水平，陷入超少子化困境；2005 年低至 1.26，成为日本战后最低水平；2006 年后有所回升，2017 年为 1.43，仍处于超少子化水平。[①] 生育率长期处于低位，导致另一少子化的指标，即少儿人口占总人口比例下降。二战后初期的 1947 年，该指标为 35.3%，1997 年降至 15.3%，与老年人口比例（15.7%）发生逆转，至 2018 年 12 月已降至 12.2%。[②]

进入平成时代的少子老龄化的进展使日本人口发展由增加转为减少。明治维新以后，日本人口进入快速发展通道。从明治元年的 1868 年到二战结束的 1945 年，在近 80 年时间里，日本总人口从 3400 万人增长到 7200 余万人，[③] 增长了 1 倍多。战后日本人口持续增长，1967 年突破 1 亿人大关。20 世纪 70 年代中期后，日本人口进入缓慢增长阶段，在平成二十年即 2008 年达到峰值 12808.4 万人。2009 年后日本进入人口减少时代，到 2018 年末日本人口为 12632 万人。[④]至此，日本总人口已连续 10 年减少，较人口高峰期减少了 176 万余人。在人口惯性的作用下，日本

① 王伟：《日本少子化进程与政策应对评析》，《日本学刊》2019 年第 1 期。

② 総務省統計局『人口推計—2019 年（平成 31 年）1 月報—』、http://120.52.51.18/www.stat.go.jp/data/jinsui/pdf/201901.pdf，访问日期：2019 年 2 月 10 日。

③ 国立社会保障・人口問題研究所『人口統計資料集（2017 改訂版）』、http://www.ipss.go.jp/syoushika/tohkei/Popular/Popular2017RE.asp?chap=0，访问日期：2019 年 2 月 10 日。

④ 総務省統計局『人口推計—2019 年（平成 31 年）1 月報—』、http://120.52.51.18/www.stat.go.jp/data/jinsui/pdf/201901.pdf，访问日期：2019 年 2 月 10 日。

人口势头（population momentum）已由增长转为减少，① 而且这种趋势难以在短期内扭转。根据日本国立社会保障与人口问题研究所推算，日本总人口今后将进入长期缩减过程，2053 年将减少到 1 亿人以下，为 9924 万人，2065 年将进一步减少到 8800 余万人。②

3. 人口结构失衡

在少儿人口减少和老年人口持续增长的同时，劳动年龄人口（15—64 岁）开始减少，日本人口结构进入长期失衡状态。首先，根据日本国立社会保障与人口问题研究所在 2015 年人口结构基础上进行的推算，日本少儿人口在 50 年后的 2065 年将减少到 898 万人左右，100 年后的 2115 年将减少到 520 万人，其占总人口的比例将从 2015 年的 12.5%下降到 2065 年的 10.2%，2115 年维持在 10.3%水平。③其次，日本劳动年龄人口在二战后持续增长，1995 年达到峰值的 8726 万人，此后转为减少，在 2015 年“国势调查”④ 时为 7728 万人。根据日本国立社会保障与人口问题研究所的推算，日本劳动年龄人口将在 2040 年和 2056 年分别跌破 6000 万人和 5000 万人，2065 年将减少到 4529 万人，2115 年将减少到 2592 万人。相应地，劳动年龄人口占总人口的比例将从 2015 年的 60.8%持续下跌，2065 年降至 51.4%，2115 年后维持在 51.3%。⑤相比之下，老年人口将在 2015 年 3387 万人的基础上继续增加，2030 年达 3716 万人，2042 年达到高峰的 3935 万人，此后进入减少阶段，2065 年降到 3381 万人，2115 年进一步降到 1943 万人。但由于同期少儿人口和劳动年龄人口

---

① 石井太「人口モメンタム」、人口学研究会編『現代人口辞典』、原書房、168-169 頁。

② 国立社会保障・人口問題研究所『日本の将来推計人口—平成 29 年推計—』、http://www.ipss.go.jp/pp-zenkoku/j/zenkoku2017/pp29_ReportALL.pdf，访问日期：2019 年 2 月 10 日。

③ 国立社会保障・人口問題研究所『日本の将来推計人口—平成 29 年推計—』、http://www.ipss.go.jp/pp-zenkoku/j/zenkoku2017/pp29_ReportALL.pdf，访问日期：2019 年 2 月 10 日。

④ “国势调查”，相当于人口普查，每 5 年进行一次。——作者注

⑤ 国立社会保障・人口問題研究所『日本の将来推計人口—平成 29 年推計—』、http://www.ipss.go.jp/pp-zenkoku/j/zenkoku2017/pp29_ReportALL.pdf，访问日期：2019 年 2 月 10 日。

的减少，老年人口比例仍将持续上升。老年人口比例 2015 年为 26.6%，平均不到 4 个人中就有 1 位老年人，到 2036 年将上升到 33.3%，即每 3 个人中就有 1 位老年人，2065 年老年人口比例将进一步上升到 38.4%，2115 年仍然保持高比例。①人口结构失衡问题将长期困扰日本。

（二）进入"第二次人口转变"阶段

日本面临的少子老龄化和人口减少问题，不仅是人口规模和年龄结构的变化，本质上是涉及人口发展模式和人口发展规律的长期人口变动问题。经典人口转变理论（classic demographic transition theory）是人口学领域最重要的理论，是对人口长期变动中死亡率、出生率由高水平向低水平转变的过程、特点、主要阶段和演变规律进行的概括与总结。人口转变理论基于法国学者兰德里（Landry）对欧洲人口转变过程的描述，经美国学者汤普森（Warren Thompson）、诺特斯坦（Frank Notestein）等人进一步完善和系统化。人口转变是指人口发展从前现代社会的高出生率、高死亡率、低自然增长率经过高出生率、低死亡率、高自然增长率向现代社会的低出生率、低死亡率和低自然增长率转变的过程，更替水平的生育率标志着人口转变过程的结束。②

从人口长期变动来看，日本在明治维新之前人口增长较为缓慢，江户时代后期出生率高，死亡率也高，人口一度停止增长。进入明治时代，出生率上升，死亡率平稳，平均寿命延长，人口发展进入增长通道。大正时代中后期，出生率、死亡率进一步下降，人口自然增长率保持较快发展趋势。二战后，日本人口出生率和死亡率都经历了快速下降的过程，人口自然增长率在初期激增后，进入平稳增长期，总和生育率总体上维

① 国立社会保障・人口問題研究所『日本の将来推計人口—平成 29 年推計—』、http://www.ipss.go.jp/pp-zenkoku/j/zenkoku2017/pp29_ReportALL.pdf，访问日期：2019 年 2 月 10 日。

② 参见杨菊华：《人口转变与老年贫困》，中国人民大学出版社，2011，第 16-17 页。

持在更替水平以上或更替水平附近。这种局面大致维持到 20 世纪 70 年代中期。至此，日本完成了人口转变。

人口转变理论的基本假设是人口长期的大致平衡。也就是说，在死亡率下降打破高死亡率和高生育率的平衡以后，生育率会下降到另一个平衡点。维持人口平衡的生育率底线就是总和生育率约为 2.1（人口更替水平）。但人口生育率在实现人口转变以后并没有停止在更替水平，而是继续下降。这种趋势继续保持下去，人口的数量和结构都会发生根本性变化，人口数量会由增长转为负增长，人口结构将进一步老化。欧美等工业化国家的生育率在 20 世纪 60 年代末以后的十几年内几乎都降到了更替水平以下而进入低生育率时代。莱瑟吉（Lesthaeghe）和凡德卡（Van de kaa）把这种状况称为“第二次人口转变”（second demographic transition）。①

进入 20 世纪 80 年代后，日本人口死亡率缓慢上升，2007 年后一直高于人口出生率。总和生育率在 1974 年开始低于人口更替水平，之后一路下滑。人口自然增长率则从 70 年代中期开始持续下降，进入平成时代后下滑趋势进一步加剧，2007 年陷入负增长。日本总人口在 2008 年达到峰值，2009 年起转入长期性减少趋势。可见，日本已经进入第二次人口转变阶段，支撑日本二战后经济高速发展的人口结构已完全改变，人口红利消失殆尽，人口负债成为日本经济发展的沉重负担。

（三）重新定义“老年人”

第二次人口转变给日本社会经济各个方面带来影响，日本已是死亡率高于出生率的“生少死多”的人口减少社会。德国学者考夫曼（Kaufmann）等认为，人口规模和人口结构的变化必将给社会各个领域带

① 参见蔡泳：《低生育率及其社会经济影响》，载梁在主编《人口学》，中国人民大学出版社，2012，第 103-107 页。

来影响，导致社会经济处于收缩状态。[①]日本的社会保障等社会制度建立于20世纪60年代人口增长期，如今人口规模缩小，人口结构失衡，日本需要做出制度调整和重建，以应对人口变化及其带来的社会经济影响。其中之一就是重新探讨定义“老年人”的起算年龄。

由于少子化对策难以立竿见影，日本开始在相对增加劳动年龄人口上动脑筋。近年来，日本出现了对“老年人”进行重新定义的迹象。按照世界卫生组织的意见，65岁及以上人口为老年人口，目前世界上包括日本在内的绝大多数国家和地区以及联合国、世界银行等国际组织的人口统计都按此标准进行。2010年，日本学者提出，虽然大多数情况下65岁及以上人口被称为老年人口，但不过是方便划分年龄的一种说法，并不是统一的标准。[②]日本老年学会、日本老年医学会于2013年成立了重新探讨老年人定义工作小组，从多个角度探讨如何定义“老年人”。最后依据老年人身心健康各种数据，认为现在的老年人与10—20年前的老年人相比，身体机能的老化要晚5—10年，“年轻化”显著，特别是被当作老年人的65—74岁的人群中大多数人身心健康，并积极参与社会活动。因此，日本老年学会、日本老年医学会于2017年1月提出重新对老年人进行划分，建议65—74岁为准老年人（pre-old），75—89岁为老年人（old），90岁及以上为超老年人（oldest-old，super-old）。[③]

还有学者尝试用“平均余寿等价年龄”（age at which the life expectancy is equivalent）指标来衡量老龄化水平，建议用这种新的方法来定义老年人，以应对今后的人口变动。[④]“平均余寿等价年龄”说的是，把某特定年份老年期起始年龄（如65岁）的平均预期剩余寿命作为基准，找出其

---

①　フランツ・グザファー・カウフマン（Kaufmann Franz-Xaver）『縮減する社会—人口減少とその帰結—』、原俊彦・魚住明代［訳］、原書房、2011年、30頁。

②　嵯峨座晴夫「高齢者」、人口学研究会編『現代人口辞典』、原書房、2010年、57頁。

③　日本老年学会・日本老年医学会「高齢者の定義と区分に関する提言」（概要）、https://jpn-geriat-soc.or.jp/proposal/index.html#definition，访问日期：2018年12月2日。

④　金子隆一「人口高齢化の諸相とケアを要する人々」、『社会保障研究』第1巻第1号、2016年、76-97頁。

他年份与之相同余寿的起始年龄，这个年龄就是其他年份老年期的起始年龄。根据这一概念，如果将1960年日本65岁人群的平均剩余寿命作为基准，那么2010年日本老年期的起始年龄在75岁左右，[①] 2060年老年期的起始年龄在80岁左右。[②] 如果用这种新的定义方法计算的话，那么目前及今后日本的老龄化率、老人赡养指数等老龄化指标都会降低很多。

日本不仅在学术上加强对老龄化、老年人进行重新定义，在法律法规及相关政策上也采取了相应措施。主要有两个方面：一是提高领取养老金的年龄，二是推迟退休的年龄。日本公共养老金主要有两种：一种是以自营业者、农民、学生等为对象的国民年金，另一种是以企业员工等为对象的厚生年金。提高领取养老金的年龄主要是针对后者。厚生年金由定额部分和薪酬比例部分组成，1994年日本改革养老金制度，并从2001年分阶段将领取定额部分养老金的年龄提高到65周岁，后根据2000年的改革方案，从2013年起分阶段提高领取薪酬比例部分养老金的年龄，计划到2030年将领取养老金年龄都提高到65周岁。在此基础上，日本还在酝酿进一步提高领取养老金的年龄。2018年4月，日本财务省内设财政制度审议会举行会议，讨论社会保障相关问题，认为从促进老年人就业、保证养老金制度的可持续发展等角度出发，需要探讨进一步提高领取养老金的年龄，并在会议资料中展示了从65周岁提高到68周岁领取养老金的变化情况。[③] 2018年2月，日本内阁通过了新的《高龄化社

---

① 根据日本厚生劳动省的数据，1960年65岁日本平均剩余寿命男性为11.62年，女性为14.1年；2010年75岁日本男性为11.58年，女性为15.38年（2000年75岁女性的平均剩余寿命就达到了14.19年）。参见厚生労働省『参考資料2　平均余命の年次推移』、https://www.mhlw.go.jp/toukei/saikin/hw/life/life10/sankou02.html，访问日期：2021年3月20日。

② 根据日本国立社会保障与人口问题研究所的预测，与1960年日本65岁人群平均生育寿命大致相同的年龄男性为79岁（余寿11.63年），女性为80岁（余寿14.52年）。参见国立社会保障·人口問題研究所『日本の将来推計人口—平成28（2016）~77（2065）年—』、72-73頁、http://www.ipss.go.jp/pp-zenkoku/j/zenkoku2017/pp29_ReportALL.pdf，访问日期：2021年3月20日。

③ 財務省「社会保障について」、2018年4月11日、https://www.mof.go.jp/about_mof/councils/fiscal_system_council/sub-of_fiscal_system/proceedings/material/zaiseia300411/01.pdf，访问日期：2018年12月2日。

会对策大纲》，提出要研究提高养老金制度的灵活性，把延迟领取养老金年龄由目前的66—70周岁扩大到70岁以后，让老年人有更多的选择。①厚生劳动省决定在2019年进行的养老金财政检验中测算70岁后领取养老金的支付水平。②

日本于2006年及2013年两度修改实施《高龄者就业安定法》，督促企业保证老年人就业。日本现行关于老年人就业的法律规定，禁止企业让不满60周岁的员工退休，同时要求企业采取把退休年龄提高到65周岁，或建立员工可以继续工作到65周岁的雇佣制度，或取消退休制等措施，保障员工可以工作到65周岁。截至2017年，日本60—64周岁男性就业率为79%。③在此基础上，日本政府有关部门又提出实现“终生工作”（日语为“生涯現役”）社会的口号。厚生劳动省先后于2013年6月和2015年6月发表研究报告，提出为在人口减少的社会条件下保持社会活力、实现可持续发展，为老年人的愿望能够实现、过上富足的生活，要完善劳动就业环境，让65岁及以上有工作意愿的老年人无论年龄多大都能继续活跃在工作岗位，永不退休。④ 2018年10月，经济产业省向以安倍晋三首相为议长的“面向未来投资会议”提交报告，建议进一步改革雇佣制度，完善老年人发挥作用的环境，建立65—70岁老年人可选择多种就业形式的机制，逐步完善法律法规，实现终生工作的“永不退休”

---

① 内閣府『高齢社会対策大綱（平成30年2月16日閣議決定）』、https://www8.cao.go.jp/kourei/measure/taikou/h29/hon-index.html，访问日期：2018年12月2日。

② 「公的年金70歳超から受給—厚生労働省　給付水準試算へ—」、『日本経済新聞』2019年3月14日。

③ 内閣官房日本経済再生総合事務局『高齢者雇用促進及び中途採用拡大・新卒一括採用見直しに関する資料集——』、http://120.52.51.19/www.kantei.go.jp/jp/singi/keizaisaisei/miraitoshikaigi/dai20/siryou2.pdf，访问日期：2018年12月2日。

④ 厚生労働省『生涯現役社会の実現に向けた就労のあり方に関する検討会報告書』、2013年6月、https://www.mhlw.go.jp/stf/houdou/2r98520000034ttj-att/2r98520000034ty2.pdf，访问日期：2018年12月2日；『生涯現役社会の実現に向けた雇用・就業環境の整備に関する検討会報告書』、2015年6月5日、https://www.mhlw.go.jp/file/04-Houdouhappyou-11603000-Shokugyouanteikyoku-Koyoukaihatsuka/0000088129.pdf，访问日期：2018年12月2日。

社会。①

提高领取养老金年龄与延迟退休相辅相成，提高领取养老金年龄有助于促进老年人就业，养老金保费也会增加，有利于保持和提高养老金支付水平，保证养老金制度的可持续发展。从这个角度讲，今后日本老年人标准很有可能由固定年龄转为动态年龄，老龄化率等相关指标会随之发生改变，这样也有利于有关老年人制度的制定和执行。

二、家庭的个体化和多样化——二战后家庭模式的改变

家庭变迁是家庭形态（构成、规模）、家庭结构（分工、权势、情绪）、家庭功能、家庭意识等各方面变化相互影响、相互制约的结果，可以从这些方面进行综合探讨，也可以从其中某个方面加以分析。② 本文从形态、结构等方面探讨日本家庭在平成时代发生的变化。

（一）二战后日本家庭模式变化

二战以后，日本制定了新宪法，1947 年又颁布了经过大幅度修改的民法（新民法），废除了专制的家长权和长子优先继承权，强调夫妻双方在婚姻、继承等问题上的权利平等。由此，日本传统“家”制度崩溃，日本家庭由直系家庭制走向夫妻家庭制。核心家庭（nuclear family）成为夫妻家庭制的主要家庭形态，典型的核心家庭指由一对夫妻及其未婚子

① 世耕弘成「生涯現役社会に向けた雇用制度改革と予防・健康インセンティブの強化（政策提言）」、2018 年 10 月 22 日、http://59.80.44.100/www.kantei.go.jp/jp/singi/keizaisaisei/miraitoshikaigi/dai20/siryou9.pdf，访问日期：2018 年 12 月 2 日。

② 森岡清美『発展する家族社会学—継承・摂取・創造—』、有斐閣、2005 年、262 頁。

女组成的家庭。[1] 随着战后日本经济的发展和社会保障制度的建立，日本核心家庭比例迅速上升。丈夫在外工作打拼、挣钱养家，妻子作为“专职主妇”操持家务、抚养子女，“男主外女主内”的家庭角色分工、父母与两个未婚子女构成的家庭成为战后日本的“标准家庭”和理想家庭。[2] 这种日本家庭被称为“家庭的战后体制”[3] 或“战后家庭模式”。[4] 但在20世纪70年代后期，日本家庭情况发生了变化，进入平成时代后，这种变化进一步加剧。

1. 夫妻双职工家庭增多，专职主妇家庭减少

1980年，日本夫妻中丈夫一人工作是主流，专职主妇家庭（丈夫工作妻子无业）为1114万户，夫妻双职工家庭仅为614万户。但从20世纪80年代开始，夫妻双职工家庭日益增多，进入平成时代后这种趋势更加明显。20世纪90年代前半期，两种家庭的数量互有高低，可视为角力期，1997年，夫妻双职工家庭数完全超过了专职主妇家庭数，此后更持续增加，两者差距进一步扩大。2017年夫妻一方工作的家庭为641万户，夫妻双方工作的家庭上升到了1188万户（见图4-1）。夫妻双职工家庭的增多源于以下几点。首先，日本女性的价值观发生变化，她们不再安于“男主外，女主内”的家庭角色分工，走出家门、参加工作的女性越来越多。其次，进入平成时代后日本少子老龄化加剧，劳动力人口减少，日本不断完善引导女性走向社会的法律法规和政策措施，女性的就业环境得到改善，促进了女性就业。再次，日本经济增长乏力，劳动就业体制发生改变，企业的终身雇佣制开始动摇，丈夫的工资收入上升幅度有

---

① 在日本家庭户调查统计中，核心家庭包括三种类型：（1）由一对夫妻组成的家庭；（2）由一对夫妻及其未婚子女组成的家庭；（3）由父母中的一方与其未婚子女组成的家庭。

② 袖井孝子『変わる家族変わらない絆』、ミネルヴァ書房、2003年、15-18頁、24-25頁。

③ 落合惠美子：《21世纪的日本家庭，何去何从》，郑杨译，山东人民出版社，2010，第79-80页。

④ 山田昌弘『迷走する家族—戦後家族モデルの形成と解体—』、有斐閣、2005年、118頁。

限，妻子参加工作可以贴补家计。最后，人们的观念也发生了变化，根据日本国立社会保障与人口问题研究所的调查，赞成“丈夫工作妻子持家”这一夫妻角色分工的男性从 1992 年的 61.7%下降到 2015 年的 30.7%，表示赞成的女性从 49.7%下降到 28.6%。① 按照目前的发展趋势和日本促进女性就业政策的推进，今后夫妻双职工家庭会进一步增多，战后形成的夫妻分工模式将进一步改变。

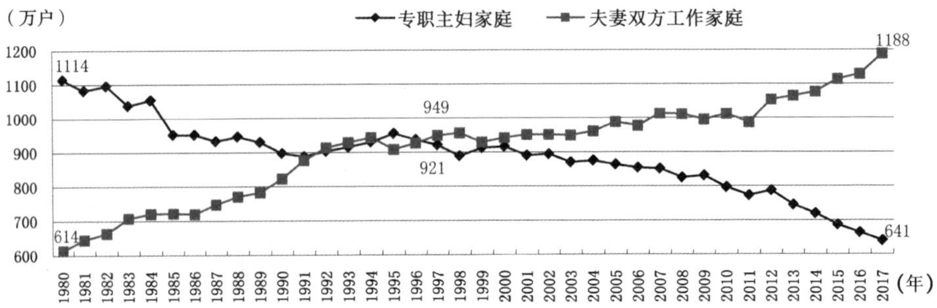

图 4-1　日本夫妻双方参加工作情况变化

资料来源：内阁府『男女共同参画白書平成 30 年版』、http://www.gender.go.jp/about_danjo/whitepaper/h30/zentai/html/honpen/b1_s03_01.html，访问日期：2019 年 1 月 15 日。

2. 家庭规模缩小，单身家庭户增多

战后以来，随着夫妻家庭规范的确立和产业人口的流动，日本家庭规模缩小趋势明显。根据日本厚生劳动省发布的数据，20 世纪 50 年代初期，平均每个日本家庭的成员为 5 人，1960 年减少到 4.13 人，1970 年减少到 3.45 人，1980 年又减少为 3.32 人。进入平成时代后，随着生育率的持续下降，家庭规模进一步缩小，1992 年平均家庭成员减少到 3 人

① 国立社会保障·人口問題研究所『第 15 回出生動向基本調査』、http://www.ipss.go.jp/ps-doukou/j/db_15/db_15reportAPPENDIX.html，访问日期：2019 年 1 月 22 日。

（2.99人）以下，2017年已减少到2.47人。①

随着家庭规模的缩小，家庭结构也发生了较大变化。进入平成时代以来，日本的三代同堂家庭数量呈持续下降趋势，近30年来降低了8.4个百分点，而单身家庭数量不断上升，占比由20%上升到27%，增加了7个百分点。将核心家庭户数与单身户数做比较可发现，两者在平成时代呈现出不同的发展趋势，单身家庭数由以前的基本平稳转为上升，核心家庭数由上升转为基本平稳。但从构成核心家庭的类型看，由夫妻和未婚子女构成的典型核心家庭比例整体呈下降趋势，由1989年的39.3%下降到2017年的29.5%，下降约10个百分点；而夫妻家庭的比例上升，由16%上升到24%，上升8个百分点（见表4-1）。可见，战后形成的典型家庭模式发生了动摇。

表4-1 日本家庭结构变化

单位：%

年份	单身家庭	核心家庭				三代同堂家庭	其他家庭
			夫妻家庭	夫妻与未婚子女家庭	单亲与未婚子女家庭		
1970	18.5	57.0	10.7	41.2	5.1	19.2	5.3
1975	18.2	58.7	11.8	42.7	4.2	16.9	6.2
1980	18.1	60.3	13.1	43.1	4.2	16.2	5.4
1986	18.2	60.8	14.4	41.4	5.1	15.3	5.7
1989	20.0	60.3	16.0	39.3	5.0	14.2	5.5
1992	21.8	59.0	17.2	37.0	4.8	13.1	6.1
1995	22.6	58.9	18.4	35.3	5.2	12.5	6.1
1998	23.9	58.6	19.7	33.6	5.3	11.5	6.0
2001	24.1	58.9	20.6	32.6	5.7	10.6	6.4

① 厚生労働省『平成29年国民生活基礎調査』、https://www.e-stat.go.jp/stat-search/files?page=1&toukei=00450061&kikan=00450&tstat=000001114903&second=1&second2=，访问日期：2019年1月15日。

续表

年份	单身家庭	核心家庭	夫妻家庭	夫妻与未婚子女家庭	单亲与未婚子女家庭	三代同堂家庭	其他家庭
2004	23.4	60.6	21.9	32.7	6.0	9.7	6.3
2007	25.0	59.7	22.1	31.3	6.3	8.4	6.9
2010	25.5	59.8	22.6	30.7	6.5	7.9	6.8
2013	26.5	60.2	23.2	29.7	7.2	6.6	6.7
2014	27.1	59.2	23.3	28.8	7.1	6.9	6.8
2015	26.8	60.2	23.6	29.4	7.2	6.5	6.5
2016	26.9	60.5	23.7	29.5	7.3	5.9	6.7
2017	27.0	60.7	24.0	29.5	7.2	5.8	6.5

资料来源：厚生労働省『平成29年国民生活基礎調査』、https://www.e-stat.go.jp/stat-search/files?page=1&toukei=00450061&kikan=00450&tstat=000001114903&second=1&second2=，访问日期：2019年1月15日。

3. 结婚率下降，晚婚、不婚成趋势

进入平成时代以来，一方面，日本的结婚率进一步下降，由1989年的5.8‰下降到2017年的4.9‰；晚婚化进展，2017年与1989年比较，平均初婚年龄男性由28.5岁提高到31.1岁，女性由25.8岁提高到29.4岁。① 另一方面，更为人们关注的是，不结婚的人增多，终身未婚比率上升。根据日本“国势调查”结果，进入平成时代后，日本终身未婚率持续上升。1990年日本男性的终身未婚率为5.6%，2000年为12.6%，2010年上升到20.1%，2015年又上升到23.4%，25年间上升了17.8个百分点；同时期日本女性的终身未婚率较男性而言，前期上升幅度缓慢，

① 国立社会保障・人口問題研究所『人口統計資料集（2019）』、http://www.ipss.go.jp/syoushika/tohkei/Popular/Popular2019.asp?chap=0，访问日期：2019年4月24日。

但2005年后上升较快，2010年达10.6%，2015年上升到14.1%。[①]同时，根据日本国立社会保障与人口问题研究所的预测，日本终身未婚率今后还将进一步升高，到2040年日本男女终身未婚率将分别达到29.5%和18.7%。[②]届时每3.4个男性和5.3个女性中就分别有1人到50岁时还没有结婚，有可能度过终身不婚的人生。日本做出这一预测，是因为进入平成时代以来，日本30—39岁人群的未婚率越来越高，成为终身不婚的“后备军”。根据“国势调查”数据，30—34岁男性未婚率在1990年为32.8%，2000年上升到42.9%，2015年又上升到47.1%；35—39岁男性未婚率在1990年为19.1%，2000年上升到26.2%，2015年又上升到35.0%。30—34岁女性未婚率在1990年为13.9%，2000年上升到26.6%，2015年又上升到34.6%；35—39岁女性未婚率在1990年为7.5%，2000年上升到13.9%，2015年又上升到23.9%。[③]同时，人们的观念意识也在变化，终身不婚成为一些人的选择。根据日本国立社会保障与人口问题研究所的调查，有32.8%的单身男性和40.1%的单身女性反对“终身独身不是理想生活”的说法。[④]不婚人群的增多不仅是日本少子化的主要原因之一，而且对日本战后人人要结婚的家庭观念和家庭模式带来很大冲击。

---

① 国立社会保障·人口問題研究所『人口統計資料集（2015）』、http://www.ipss.go.jp/syoushika/tohkei/Popular/Popular2015.asp?chap=0，访问日期：2019年1月25日；『人口統計資料集（2018）』、http://www.ipss.go.jp/syoushika/tohkei/Popular/Popular2018.asp?chap=0，访问日期：2019年1月25日。

② 内閣府『平成30年版少子化社会対策白書（全体版）』、https://www8.cao.go.jp/shoushi/shoushika/whitepaper/measures/w-2018/30pdfhonpen/30honpen.html，访问日期：2019年1月15日。

③ 国立社会保障·人口問題研究所『人口統計資料集（2018）』、http://www.ipss.go.jp/syoushika/tohkei/Popular/Popular2018.asp?chap=0，访问日期：2019年1月25日。

④ 国立社会保障·人口問題研究所『第15回出生動向基本調査』、http://www.ipss.go.jp/ps-doukou/j/db_15/db_15reportAPPENDIX.html，访问日期：2019年1月22日。

（二）家庭的个体化和多样化

进入平成时代以来，除日本家庭发生了上述显著变化外，日本还出现了晚婚晚育、离婚率上升、丁克族等社会现象。对于这些家庭变化，可用家庭研究中的个体化与多样化概念加以概括和总结。

所谓“个体化”，就是在谋划生活过程中倾向于实现个人价值，在家庭生活的各个方面突出个人。①早在即将进入平成时代的 1987 年，就有日本学者在分析 20 世纪 70 年代后美国等西方发达国家家庭变动的基础上，谈到日本将出现“个体化家庭”。②进入平成时代后，随着全球化、信息化的发展和个人主义、自我实现需求的增强等社会变化，日本家庭变化进一步加剧，“家庭的个体化”成为日本家庭研究的关键词，对于这一概念的解释更加全面和深入。家庭的个体化包括两个层次：一是在保持家庭关系前提下选择家庭形态、家庭规范及家庭行为的自由度提高；二是选择或解除家庭关系的自由度提高。两者虽然都是家庭的个体化，却有本质的不同。前者是在家庭关系既无法选择又难以解除的前提下的个体化，称为“家庭框架内的个体化”；后者则是根据个人的意志选择建立家庭或解除家庭，甚至“家庭范围由主观决定”，无论有没有血缘关系，无论法律是否认可，只要个人认为是自己主观选择的结果就是“家庭”，因此，这一层次的个体化是“家庭本质性个体化”。这两个层次的家庭个体化，欧美国家分别发生在 20 世纪 60 年代和 80 年代，而日本则是在 20 世纪 90 年代同时发生。③

所谓家庭“多样化”，泛指多样的家庭形态和多样的家庭观念。家庭

---

① 長津美代子「家族の多様化と個別化」、『日本家政学会誌』第 47 巻第 8 号、1996 年、769–775 頁。

② 目黒依子『個人化する家族』、勁草書房、1987 年。

③ 山田昌弘「家族の個人化」、『社会学評論』第 54 巻第 4 号、2004 年、344 頁。

的多样化与个体化密切相关，互为表里，人们按自己的意志进行选择必然形成多样化的“家庭”。家庭多样化是家庭规范相对化的结果，其背景是个人主义的进展及个人选择意识的增强，通过个人的不同选择形成了不同的家庭形态，也就是家庭生活方式的多样化。①虽然在学术研究上有对家庭个体化、多样化观点的质疑，认为个体化、多样化的观点否定了家庭的本质，②但现实生活中日本婚姻家庭确实出现了多样性倾向。在婚姻方面，晚婚化、不婚化倾向明显，同时存在同性婚姻、奉子成婚、非婚生子等情况；在家庭结构方面，夫妻家庭、单身家庭、单亲家庭增多。这些都说明战后日本家庭规范、家庭理念发生了动摇，对日本战后家庭模式构成了挑战。

（三）加强维护还是进一步多样化？

综观战后日本家庭变化，大体上可以说走过了现代家庭的形成和动摇两个阶段。二战结束到20世纪70年代中期，日本家庭从传统家庭走向现代家庭，夫妻家庭制成为家庭规范和家庭理念，“男主外女主内”、夫妻与两个未婚子女构成的家庭是人们向往的家庭。20世纪70年代后期开始，这种战后家庭模式逐渐发生改变，出现了家庭个体化、多样化征兆，进入平成时代后这种趋势更加显著，个体化、多样化的家庭形态及家庭生活方式被人们接受，战后“标准家庭”不再是人们追求的目标。

从政府角度讲，鉴于少子老龄化的严峻局面，日本政府的政策取向总体上并不鼓励家庭的个体化和多样化。因此，一方面在社会保障、税制等制度措施上依然以战后“标准家庭”为单位，另一方面还出台了鼓

① 野々山久也「流れゆく日々—研究テーマをめぐって—」、『家族社会学研究』第17巻第2号、2006年、5-6頁。

② 望月嵩「『個人化』がかかえる問題」、『家族社会学研究』第12巻第2号、2001年、165-166頁。

励三代同堂的政策措施。例如，日本政府在2015年颁布的《少子化社会对策大纲》中明确提出促进三代同堂及三代人邻近居住，以加强代际间的互助、完善育儿环境。① 日本还对面向三代同堂的新建住房及房屋改造给予补贴和税制方面的优惠。日本政府从2007年起将每年11月的第三个星期日定为“家庭日”，这一天前后各一个星期为“家庭周”，其间开展各种活动，以增进家庭的凝聚力及人们对家庭重要性的认识和理解，同时加强家庭与社区之间的联系。从社会角度讲，日本还存在制约家庭个体化、多样化的有形或无形的压力。一方面，日本民法明确规定“夫妻同姓”，结婚后，女性基本要随丈夫的姓，婚外生子、同性恋并不被大多数人接受，“女主外男主内”的家庭也会被“另眼看待”。虽然女性参加工作的时间有所增加，但并没有从繁重的家庭育儿和家务中解脱出来，社会性别歧视依然存在。另一方面，虽然在家庭个体化、多样化的背景下人们想摆脱与家庭的关系，但由于缺少与家庭外部的紧密关系，最终还是要依赖家庭。②

总之，日本家庭仍处在变化当中，还没有进入稳定阶段。今后，随着日本经济社会的变化，家庭是得到强有力的维护，还是进一步向多样化发展，尚有待观察。

三、劳动就业流动化——构建灵活多样的雇佣体制

以长期雇佣等要素为特点的日本型雇佣体制也为二战后日本的经济发展和社会稳定做出了贡献。20世纪90年代后，随着全球化的进展和日

① 内閣府『少子化社会対策大綱（平成27年3月20日閣議決定）』、https://www8.cao.go.jp/shoushi/shoushika/law/taikou2.html，访问日期：2019年2月10日。

② 水落正明「宮本みち子/大江守之（編著）『人口減少社会の構想』」、『人口学研究』第54号、2018年9月、65-68頁；宮本みち子・大江守之編著『人口減少社会の構想』、放送大学教育振興会、2017年。

本泡沫经济的崩溃，日本型雇佣体制出现了“雇佣流动化”趋势。在新的经济社会条件下，日本试图构建灵活多样的劳动就业体制。

（一）战后日本型雇佣体制

日本的雇佣体制是以大企业为中心，经历长期历史过程，在二战后逐渐形成的。早在第一次世界大战结束后，日本大企业就出现了雇佣体制的雏形，二战时期日本强制企业实行定期加薪和劳资恳谈制度，对后来日本的雇佣体制产生了很大影响。二战结束后，日本颁布新宪法并推行民主化政策，后又经过经济高速发展时期，在20世纪60年代末70年代初形成日本型雇佣体制。①所谓日本型雇佣体制，由三大要素构成，即长期稳定雇佣制（终身雇佣制）、年功序列工资制、企业内工会。具体来说，长期稳定雇佣制是日本型雇佣体制的基本要素，从企业方面讲很少采取解雇员工的措施，从员工方面讲很少有辞职跳槽的情况发生。年功序列工资制以长期稳定雇佣为基础条件，随着员工年龄的增长和就职时间的延长而提高薪金。企业内工会的内涵是劳资协商，协商的内容不仅仅限于工资、福利等直接涉及员工切身利益的问题，还包括企业经营等更为宽泛的领域。② 日本型雇佣体制通过劳动就业、家庭生活、社会保障、教育等方面的制度措施进一步得到强化，渗透于人们实际生活当中，同时要求员工及其家庭对企业忠诚，这成为一种规范或理念。③

日本型雇佣体制的重要特点是企业雇用员工没有特定工种的限制，可以根据需要进行技能培训，可以安排员工在企业内不同岗位工作，提

---

① 独立行政法人労働政策研究・研修機構『雇用システムの生成と変貌—政策との関連—』、https://www.jil.go.jp/institute/siryo/2018/documents/199-2.pdf，访问日期：2019年1月22日。

② 仁田道夫・久本憲夫編『日本的雇用システム』、ナカニシヤ出版、2008年、13-18頁。

③ 嶋﨑尚子「〈日本型システム〉の形成過程とその特性」、『学術の動向』第23巻第9号、2018年、10-15頁。

高人力资源的利用效率，还可以在经营困难时期通过调整不同岗位的人员配置加以应对。企业所需人才在内部即可培养调剂，不必依靠外部劳动力市场。日本型雇佣体制培养了大量高质量的劳动力资源，为战后日本经济复兴和高速发展发挥了极大作用，使日本成为科技水平很高的工业化国家。①战后日本型雇佣体制得以建立和发展的条件在于持续的经济发展、赶超型发展模式、丰富的劳动力资源、企业劳资价值观的统一。②日本型雇佣体制不仅支撑了战后日本经济的发展，对战后日本社会稳定也做出了贡献。日本型雇佣体制在国际上也受到较高评价，1972 年，经济合作与发展组织（OECD）发布的《对日劳动报告书》认为，日本的雇佣制度可增强员工对企业的归属意识，企业可以放心地进行提高员工技能的投资，以使员工适应不同工作岗位及掌握新的作业方法。同时，日本的年功序列工资制与人生生活相契合，随着年龄的增长和子女的增多，收入也会相应地提高。③日本经过高速发展后成为世界经济大国，20 世纪 70—80 年代“日本人论”盛行，具有代表性的论著《日本第一》即认为，以雇佣体制为主要内容的日本式经营是战后日本经济成功的秘诀。④

（二）雇佣的流动化，日本型雇佣体制的转型

20 世纪 80 年代，日本型雇佣体制发展到鼎盛时期，进入 90 年代后，

---

① 独立行政法人労働政策研究・研修機構『雇用システムの生成と変貌—政策との関連—』、https://www.jil.go.jp/institute/siryo/2018/documents/199-2.pdf，访问日期：2019 年 1 月 22 日。

② 経済産業省経済産業政策局「労働に関する参考資料・分析結果」、2006 年 12 月 15 日、http://warp.da.ndl.go.jp/info:ndljp/pid/281883/www.meti.go.jp/committee/materials/downloadfiles/g61218c06j.pdf，访问日期：2019 年 1 月 22 日；日本的制度雇用研究会「日本的雇用制度の現状と展望」、労働省職業安定局編集『雇用レポート〈‘97〉』、労務行政研究所、1997 年。

③ 濱口桂一郎『日本の雇用と中高年』、ちくま新書、2014 年、80-81 頁。

④ エズラ・F・ヴォーゲル『ジャパンアズナンバーワン』、TBSブリタニカ、1979 年、160-188 頁。

随着全球化的进展和日本泡沫经济的崩溃，支撑日本型雇佣体制的背景条件发生了很大变化。在全球化的影响下，日本企业为降低成本、增强竞争力，大力进行“海外投资”，到其他国家和地区建造生产基地，关闭国内工厂，造成日本国内的产业“空心化”，进而影响到日本劳动力市场。从1990年到2000年，代表日本国际竞争力的电子产业和汽车产业从业人员减少了约10%，其他产业也发生了同样的情况。在泡沫经济崩溃后经济长期不景气的情况下，日本企业进行了大规模的人员调整，社会就业压力加重。① 同时，一方面，少子老龄化进一步加剧，劳动力不足和国内市场缩小影响企业发展；另一方面，随着技术革新的发展，企业经营环境发生变化，需要员工有更多的知识和能力，相对僵化的战后日本型雇佣体制已不能很好地适应新的变化。在这种情况下，出现了“雇佣流动化”趋势。

所谓“雇佣流动化”，就是提高劳动力市场的流动性，企业员工等劳动者可以根据自己的意愿自由调换工作，不被某一家企业“终身雇用”，同时，企业有权力根据经营需要裁减人员。雇佣流动化是劳动力市场的一种现象，可以用非正式员工的增多、转职率②的上升、雇用期限的缩短等指标来判断。③

20世纪90年代以来，日本雇佣方面最大的变化就是非正式员工的增加。1990年非正式员工为881万人，占员工总数的20.2%，2018年人数达2120万人，占比上升到37.9%，近30年人数增加了1.4倍，占比上升近18个百分点，而正式员工所占比例持续下降（见图4-2）。从性别上看，正式员工中男性占多数，非正式员工中女性占多数，但男女正式员工比例都呈下降趋势。从年龄上看，正式员工中20—59岁年龄层比例相

---

① 仁田道夫「労働法改革と雇用システム—解雇法制をめぐって—」、『社会政策学会誌』第17巻、2007年、73-83頁。

② 即某个时期内调换职业人员在就业人员总数中所占比例。

③ 武川正吾「雇用の流動化と生活保障システムの危機」、『家族社会学研究』第17巻第2号、2006年、41頁。

对高，非正式员工中15—19岁和60岁及以上年龄层比例相对高，但整体上几乎所有年龄层正式员工比例都呈下降趋势。从转职率情况看，1990年为4.2%，2005—2007年连续三年上升到最高点的5.4%，此后下降到2010年的4.5%，其后又缓慢上升，2018年为4.9%。女性转职率高于男性，在各年龄层中15—24岁人群的转职率最高。从转职的原因看，由于收入、上下班时间、工作条件、工作内容、职场人际关系等个人原因而转职的人增多，① 人们的就业观念发生变化。

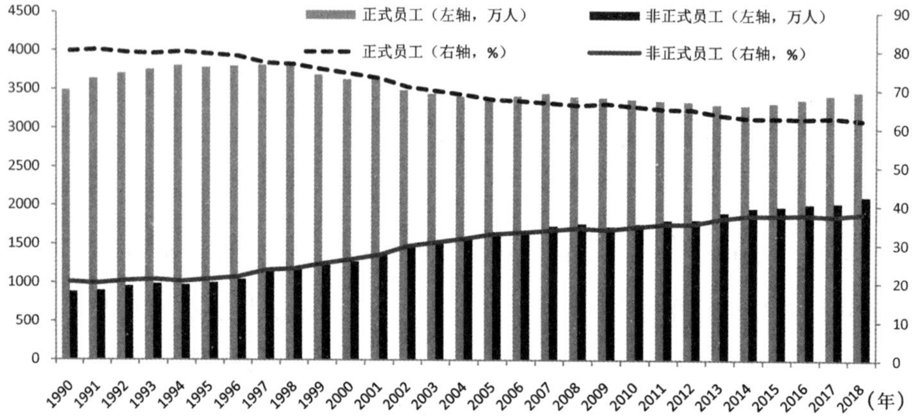

图4-2 正式员工与非正式员工人员变化情况

资料来源：根据日本官方数据制图，参见総務省「労働力特別調査」、「労働力調査」。

关于雇用时间问题，可以通过某一家企业的平均工作年数变化加以考察。根据日本厚生劳动省的调查，平成元年即1989年日本全国正式员工的平均工作年数为10.8年，2017年上升到12.1年，非正式员工的平均工作年数从2001年的4.7年上升到2017年的5.8年，整体上都有提高。但从年龄角度看，不同年龄层有很大区别。在男性各年龄层的平均工作年数变化方面，49岁以下各年龄层持续下降，1989—2017年，45—49岁、40—44岁、35—39岁、30—34岁分别由19.2年、16.0年、12.8

① 総務省統計局『労働力調査長期時系列データ』、http://www.stat.go.jp/data/roudou/longtime/03roudou.html，访问日期：2019年2月28日。

年、8.8年下降到17.4年、13.8年、10.3年、7.4年；50—54岁变化不大，55—59岁、60—64岁、65岁及以上分别由18.4年、11.2年、12.1年上升到22.6年、19.2年、15.3年。女性各年龄层的平均工作年数大体上表现出与男性相同的趋势，只是变化幅度没有男性大。①可见，总体平均工作年数的增多主要来自60岁及以上老年人的贡献。低年龄层工作年数的减少虽然可能包括因个人情况辞职等情况，但可以从一个侧面说明雇用期限的缩短。

在雇佣流动化的情况下，年功工资制发生变化，20世纪90年代以后在大企业，员工年龄与工资、工作年数与工资的关联减弱，工资评定已从偏重年龄、工作年数转向偏重工作业绩，最后定位在偏重职责和工作角色上。企业培训的重点也从培训全体员工转移到选拔和培训经营管理人员方面。随着派遣员工、临时员工等非正式员工的增多，员工构成向多样性方面发展，新老员工之间的交流减少，企业集团内部的凝聚力减弱。②

（三）构建灵活多样的劳动就业体制

日本型雇佣体制发生变化，并不意味着它已经完全坍塌、失去所有功能。有研究表明，日本制造业等大型企业还坚持长期雇佣制度和劳资协调关系；③大企业和中小企业的人员流动情况并不相同，流动较大的集

① 厚生労働省『賃金構造基本統計調査』、https://www.jil.go.jp/kokunai/statistics/timeseries/index.html，访问日期：2019年1月20日。

② 独立行政法人労働政策研究・研修機構『日本的雇用システムのゆくえ』（JILPT 2017）、https://www.jil.go.jp/researcheye/bn/025_171222.html#honbun，访问日期：2019年1月22日。

③ 独立行政法人労働政策研究・研修機構『日本的雇用システムのゆくえ』（JILPT 2017）、https://www.jil.go.jp/researcheye/bn/025_171222.html#honbun，访问日期：2019年1月22日。

中在中小企业，而大企业则较为稳定。[1] 日本型雇佣体制虽然是在二战后最终形成，但此前经历了较长的历史发展过程，是适应日本社会环境和文化土壤的产物，具有一定的稳定性。同时，日本型雇佣体制奉行经济至上主义，在经济发展的情况下可以保障企业有稳定的劳动力供给，具有一定的合理性。因此，目前有些日本企业仍然保持以往雇佣体制的一些特点不足为奇。但是，在全球化背景下日本经济发展乏力，少子老龄化进展导致日本人口规模缩小，劳动力减少，日本企业经营环境和员工的就业观念发生变化，日本型雇佣体制作为一种企业制度要按经济规律来运作，必定要随着经济环境和市场条件而发生改变。在新的经济社会条件下，日本正在向构建灵活多样的劳动就业体制方向发展。

2018 年 6 月，日本国会通过“关于完善推动劳动方式改革相关法律的法案”（简称“劳动方式改革相关法案”），对有关劳动就业的八部法律进行修改,[2] 并从 2019 年 4 月起陆续实行。该法案的目的就是推动劳动方式改革，实现多样灵活的劳动方式，保障各种就业形式的公正待遇，使劳动者可以根据自身情况选择各种就业形式。[3]从雇佣体制角度讲，该法案有两点非常重要。第一，规定正式员工与非正式员工“同工同酬”，保证不管是何种就业形式员工都能受到公正待遇。这意味着企业需要对从事相同工作的员工给予相同的工资待遇，并且在公司福利、资历积累、能力培训等方面不能出现差距。2016 年 12 月，日本政府就曾发表“同工同酬指针”，用法律的形式进一步明确了企业的法律责任和义务。如前所述，20 世纪 90 年代以来，日本非正式员工持续增多，是日本雇佣流动化

---

① 独立行政法人労働政策研究・研修機構『雇用バッファの動向—長期雇用慣行の持続可能性—』、2018 年 3 月、https://www.jil.go.jp/institute/siryo/2018/documents/204.pdf，访问日期：2019 年 1 月 22 日。

② 雇佣对策法、劳动标准法、改善设定劳动时间法、劳动安全法、肺尘病法、计时劳动法、劳动合同法、劳动者派遣法。

③ 厚生労働省『働き方改革を推進するための関係法律の整備に関する法律案の概要』、https://www.mhlw.go.jp/topics/bukyoku/soumu/houritu/dl/196-31.pdf，访问日期：2019 年 3 月 1 日。

的主要表现形式之一，但同时也出现了非正式员工工资低、待遇差、企业经营发生困难时首先遭到裁减等不公正对待，并因此引发了收入差距扩大等社会问题。此次日本通过劳动方式改革相关法案，将有助于改善非正式员工的工资、待遇等问题，减少人们在选择就业方式时的各种顾虑，促进就业方式朝多样化方向发展。第二，进一步完善弹性工作制，① 实行多样灵活的劳动方式。具体措施之一是将“清算期间”② 由最长一个月延长到最长三个月，员工可在更长的期间根据个人情况安排每天的工作量和上下班时间，更合理地安排时间，顾及家庭育儿、老人护理等问题，促进工作与生活的协调。

近年来，日本一直着力推动建立灵活多样的劳动就业体制。2013 年 6 月，日本内阁通过《日本振兴战略》，提出进行雇佣制度改革，支持劳动力流动，实现多样化劳动方式，并提出完善女性和老年人的就业再就业环境，发挥女性和老年人的工作潜力，还提出促进外国劳动力在日本就业。③此后，日本在内阁之下设立“构建所有女性闪耀光辉的社会本部”，推动女性尽快发挥更大作用。日本还在 2013 年实行新的《高龄者就业安定法》，鼓励企业聘用老年人，扩大雇用老年人的企业范围，让有工作能力和工作意愿的老年人工作到 65 岁。还提出了“人生 100 年”，要实现“终生工作”社会的口号。④ 2018 年 11 月日本修改《出入

---

①　弹性工作制（flextime system），预定一定期间（清算期间）内的总工作时间，员工在总工作时间的框架内自主决定每天上下班时间，结束时计算是否达到预定工作时间。日本实行的弹性工作制一般规定，每天的工作时间由核心时间（必须要上班工作时间）与核心时间两头的弹性时间（员工可自主安排上下班时间）组成，但并非必须设定核心时间，也可以全天都为弹性时间。参见厚生労働省「効率的な働き方に向けてフレックスタイム制の導入」、https://www.mhlw.go.jp/www2/topics/seido/kijunkyoku/flextime/index.htm，访问日期：2019 年 3 月 2 日。

②　清算期间，即实行弹性工作制时，计算实际工作时间是否达到总预定工作时间的期间。——作者注

③　『日本再興戦略』、2013 年 6 月 14 日、http://59.80.44.100/www.kantei.go.jp/jp/singi/keizaisaisei/pdf/saikou_jpn.pdf，访问日期：2019 年 3 月 4 日。

④　厚生労働省『生涯現役社会の実現に向けた就労のあり方に関する検討会報告書』、https://www.mhlw.go.jp/stf/houdou/2r98520000034ttj-att/2r98520000034ty2.pdf，访问日期：2019 年 3 月 3 日。

国管理及难民认定法》，决定扩大引进外国劳动力。可以预计，今后日本女性、老年人及外国人将更多地进入日本劳动力市场和日本企业，这需要日本用更加灵活多样的雇佣体制进行应对。

四、贫富分化——社会阶层差距扩大

二战后日本在发展经济的过程中较好地处理了各阶层之间的利益协调，避免了“两极分化”，造就了大量中间阶层，实现了稳定的“橄榄形”社会阶层结构。战后日本曾被认为是均质平等社会，甚至“一亿人皆为中流”。但泡沫经济崩溃后，日本经济社会发生较大变化，人们开始关注收入差距和社会公平问题。20 世纪末 21 世纪初相关论著不断问世，具有代表性的两本书是《日本的贫富差距》[①] 和《不平等的日本》。[②] 前者从经济学收入分配的角度，通过数据分析，指出日本收入差距扩大趋势；后者从社会阶层论的观点指出当代日本社会已出现严重的阶层分化，社会不平等现象加剧。此后大众媒体相关报道连篇累牍，引起日本民众的关注，关于“格差社会”[③] 的讨论热度不减，延续至今。2014 年，法国经济学家托马斯·皮凯蒂出版《21 世纪资本论》，进一步引发人们对日本收入差距的讨论，其中也不乏对日本不平等的程度表示质疑的论述，但并没有否认日本出现不平等现象的基本事实。

（一）收入差距扩大呈现 M 形趋势

20 世纪 80 年代中期后日本收入差距逐渐扩大，进入 90 年代后进一

① 橘木俊詔『日本の経済格差—所得と資産から考える—』、岩波書店、1998 年。

② 佐藤俊樹『不平等社会日本—さよなら総中流—』、中央公論社、2000 年。

③ “格差社会”，指日本社会贫富差距扩大，阶层固化。——作者注

步呈现贫富分化趋势，收入分配曲线呈 M 形趋势，贫困率上升。这里可以通过日本政府公布的几个指标进行考察分析。

1. 家庭年收入水平下降

家庭年收入平均值的变化反映家庭随时间推移收入增减的状况。进入平成时代后，日本家庭年均收入有较大幅度下降。1994 年的家庭年均收入为 664.2 万日元，达平成时代最高水平，此后一路下滑，2000 年为 616.9 万日元，2005 年为 563.8 万日元，2010 年为 538 万日元，2016 年回升到 560.2 万日元，20 多年间减少 100 余万日元。收入中间值（median）同样是反映个人或家庭收入水平高低的一个指标，与收入平均值相比，它不受极端数值的影响，更能说明收入的实际状况。收入中间值上升，说明收入水平提高，收入中间值下降，说明收入水平降低。平成时代日本家庭年收入中间值 1995 年为 550 万日元，2000 年为 500 万日元，2005 年为 458 万日元，2010 年为 427 万日元，2016 年回升至 442 万日元，20 多年间减少约 110 万日元。①平均值之所以比中间值高出很多是因为高收入家庭抬高了整体平均水平。以 2016 年为例，有 61.5%的家庭的年均收入处于平均值以下。② 20 世纪 90 年代中期后，日本收入平均值和中间值都呈下降趋势，家庭收入水平整体向下移动。

2. 中低收入人群增多

收入五等分是分析家庭收入变化常用的方法之一。其原理是把全部家庭收入水平按由低到高顺序排列，然后依次按相同人数分为五个等分

---

① 中间值（median）的计算方法是，将数据从最小值到最大值按顺序排列，取正好位于中间的数值。如果中间数值是偶数，则取两个数的平均值。——作者注

② 厚生労働省『平成 29 年国民生活基礎調査』、https://www.e-stat.go.jp/stat-search/files?page=1&toukei=00450061&tstat=000001114903&second=1，访问日期：2019 年 3 月 6 日。

收入组,[①] 通过计算和比较各收入组收入的份额，可以得到不同收入组之间平均收入的差距。通过收入五等分对日本低收入组与高收入组进行比较发现，进入平成时代后两者的差距逐渐扩大。第一，低收入组的收入上升幅度不大，进入平成时代前的1985年为134.3万日元，平成元年的1989年上升到143.4万日元，1993年达到高点的165.9万日元，2013年下降到最低点的122.2万日元，2016年虽回升到133.4万日元，但比30余年前还少0.9万日元。而高收入组的收入却从1985年的1048.1万日元上升到2016年的1260万日元，增加了约212万日元。第二，高收入组与低收入组的差距拉大。1985年两者的差距为913.8万日元，进入平成时代后两者差距一直在1000万日元以上，最高点是1997年的1322.9万日元，最低点是2012年的1067.5万日元，2016年的差距为1126.6万日元。[②]

收入差距的拉大，造成贫富两极分化。从家庭年收入分布看，1989年以年收入400万—550万日元为中心的中间阶层家庭占比较高，而2016年占人口多数的中间阶层向收入较低方向偏移，年收入600万—700万日元家庭减少，年收入1200万日元以上家庭增多。从收入曲线看，平成时代收入阶层向上下两级移动，中低收入家庭和高收入家庭增多，形成两边偏大，中间偏小的M形曲线（见图4-3）。

---

① 五等分收入组各为20%，收入由低到高分为低收入组、中等偏下收入组、中等收入组、中等偏上收入组和高收入组。

② 厚生労働省「平成29年国民生活基礎調査の概況」、https://www.mhlw.go.jp/toukei/saikin/hw/k-tyosa/k-tyosa17/dl/10.pdf，访问日期：2019年3月6日。

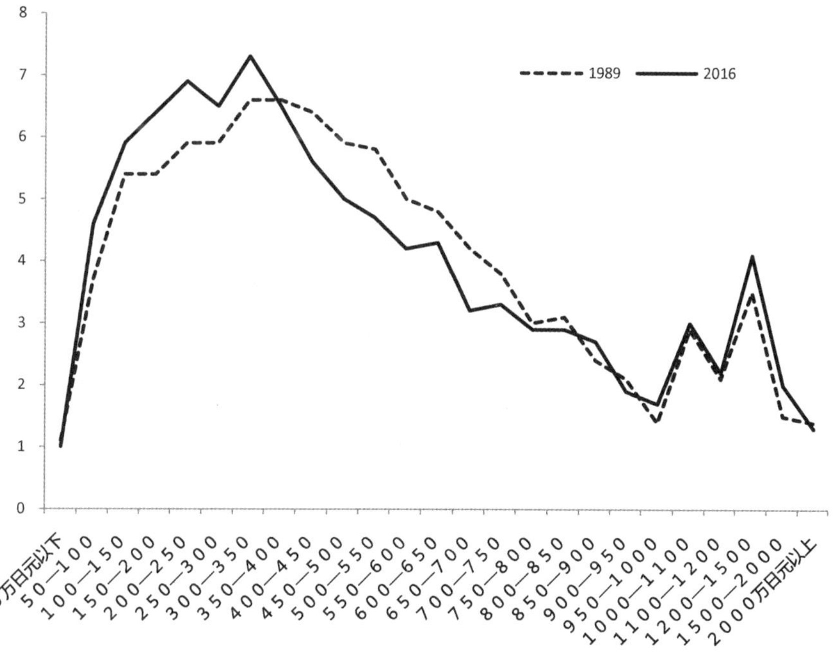

图 4-3　收入差距呈两边高中间低的 M 形曲线

资料来源：厚生労働省「平成 29 年国民生活基礎調査の概況」、https://www.mhlw.go.jp/toukei/saikin/hw/k-tyosa/k-tyosa17/dl/10.pdf，访问日期：2019 年 3 月 6 日。

3. 贫困人口比例上升

在贫富分化过程中，低收入家庭占比的增长更为显著。20 世纪 80 年代中后期至 90 年代初期，日本年收入 200 万日元以下的低收入家庭比例下降，由 1985 年的 17.6%下降到 1993 年的 12.3%，但此后持续上升，2013 年升至 20.5%。这几年虽有所降低，但仍然处于较高水平，2016 年为 17.9%，即在平成时代的绝大部分时间日本低收入人口处于扩大趋势。①低收入人口的增多导致相对贫困人口占比的升高。

所谓贫困有绝对贫困和相对贫困之分，在早已成为世界发达国家的

① 厚生労働省「平成 29 年国民生活基礎調査の概況」、https://www.mhlw.go.jp/toukei/saikin/hw/k-tyosa/k-tyosa17/dl/10.pdf，访问日期：2019 年 3 月 6 日。

日本几乎不存在绝对贫困，成为问题的主要是相对贫困。相对贫困率指相对贫困线以下的人口比例，表示一个国家和地区的相对贫困程度，相对贫困线的划分标准不尽相同。根据经济合作与发展组织的划分标准，日本将可支配收入中间值的50%作为贫困线，低于这一贫困线的即为贫困人口。日本厚生劳动省的调查表明，日本相对贫困率从20世纪80年代中期后开始走高，进入平成时代继续保持上升趋势，2012年达到16.1%，比1985年高4.1个百分点，2015年略有下降，为15.7%。①在发达国家中，日本的相对贫困率也处于较高水平。经济合作与发展组织发表的报告认为，在2012年34个成员国中，日本的相对贫困率排第六位。而且，自20世纪80年代后期以来，日本是唯一低收入阶层实际收入减少的国家，也是唯一税收和社会保障再分配之后贫困率升高的国家。②

在日本，还有一个反映贫困状况的指标是最低生活保障标准。③ 虽然最低生活保障标准因居住地不同而不同，不能简单与相对贫困线进行比较，但有研究表明两者涵盖的范围基本一致。④ 20世纪80年代中期到90年代中期，日本领取最低生活保障家庭的户数和占比均呈下降趋势，1995年后情况发生了变化，领取最低生活保障的家庭由1995年的60万户上升到2005年的104万户，2015年进一步上升到163万户，20年里增加了100余万户。最低生活保障率由14.8‰上升到32.4‰（见图4-4）。这也说明低收入人口和贫困人口在增加。

---

① 厚生労働省『平成28年国民生活基礎調査』、https://www.e-stat.go.jp/stat-search/files?page=1&toukei=00450061&tstat=000001114975&cycle=7&cycle_facet=cycle&second=1&second2=1，访问日期：2019年3月6日。

② OECD『対日審査報告書2015年版』、http://www.oecd.org/eco/surveys/Japan-2015-overview-Japanese-version.pdf，访问日期：2019年3月7日。

③ 日文为“生活保護基準”。——作者注

④ 橋本健二『新しい階級社会　新しい階級闘争—「格差」ですまされない現実—』、光文社、2007年、78頁。

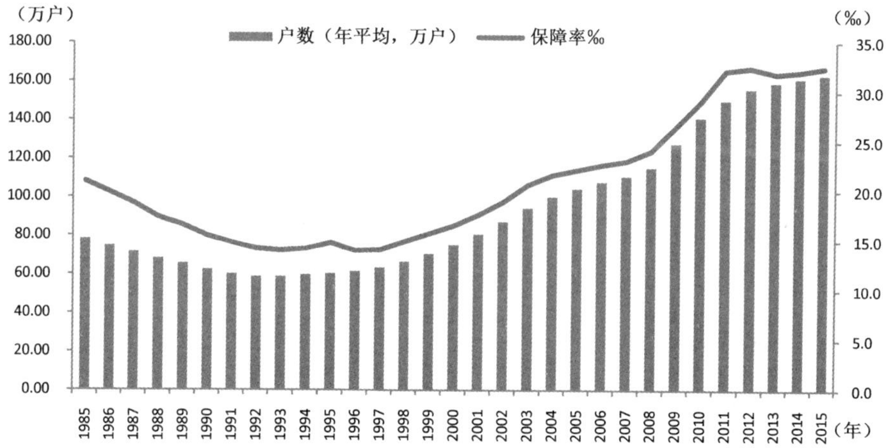

图 4-4 领取最低生活保障家庭户数及保障率

资料来源：国立社会保障・人口問題研究所『「生活保護」に関する公的統計データ』。

（二）从量的差距到质的差距

当今日本社会的差距不仅是收入多少、资产多少这种量的差距，而且存在不可逾越的质的差距。①比如，低收入阶层的非正式员工与正式员工之间的收入差距，不仅体现在年收入金额上，还隐含着社会身份地位的差距。正式员工在公司里有社会保险、进修培训等有形无形的福利，不用担心短期内合同到期，可以获得稳定的收入，对将来抱有希望。而非正式员工很难成为正式员工，不仅收入不稳定，而且对未来的希望也很渺茫。这种差距成为非正式员工与正式员工之间对工作、人生是否充满热情的心理性差距，也就是说一部分人对未来抱有希望，而另一部分人对未来不抱希望，即"希望格差"。②换言之，日本社会中的差距既有

① 橋本健二『新しい階級社会 新しい階級闘争—「格差」ですまされない現実—』、光文社、2007年、40頁。

② 山田昌弘『希望格差社会』、筑摩書房、2004年、6頁、51-52頁。

看得见的差距，也有看不见或难看见的差距。① 低收入人群往往在社会经济活动中处于不利地位，不仅自身在工作岗位、社会保障、家庭婚姻等方面处于劣势，而且其子女没有经济条件上好的学校，也就很难找到好的工作，将来可能继续停留在低收入阶层或者“传承”贫困，难以抵御生活中可能发生的风险。比较而言，高收入人群则相反。

有研究表明，劳动就业的不稳定性使低收入家庭增多，将助长贫富分化出现代际间固化的恶性循环。②从结果公平和机会公平角度说，日本在两方面都出现了不公平，体现为“结果的差距”和“机会的差距”。“结果的差距”是人们最后得到财富的数量和种类的差距，所谓财富不仅是收入和资产，还包括社会地位、权力、名誉等其他社会资源；“机会的差距”是人们获得社会资源的差距。③ “结果的差距”和“机会的差距”密切相连，父母的收入差距会影响到子女的未来，影响到子女接受怎样的教育，在怎样的环境下成长，继承多少财产，父母一代“结果的差距”会造成子女一代“机会的差距”产生。20 世纪 90 年代以后，日本的收入差距和机会差距都在扩大。④

日本的社会差距波及收入以外的更多领域，有更多人感受到社会差距的存在。根据日本“社会分层与社会流动调查”（The National Survey of Social Stratification and Social Mobility，SSM 调查），与 2005 年相比较，在 2015 年有更多人认同社会差距的存在。在 2005 年的调查中，中等收入阶层不认为日本社会存在差距；而 2015 年的调查显示，中等收入阶层和其

① 白波瀬佐和子「『みえる格差』と『みえない格差』」、『経済セミナー』2005 年第 8 号、32-35 頁。

② 菅原佑香・内野逸勢「所得格差の拡大は高齢化が原因か—若年層における格差拡大・固定化が本質的な課題—」、『大和総研調査季報』第 26 巻、2017 年春季号。

③ 橋本健二『「格差」社会の戦後史—階級社会日本の履歴書—』、河出ブックス、2009 年、20-21 頁。

④ 橋本健二『「格差」社会の戦後史—階級社会日本の履歴書—』、22 頁。

他阶层一样认为社会存在不公平现象。①数据表明，认为在性别、年龄和家世、学历、职业和就业、种族几个方面存在不公平的比例，分别由2005年的59%、61%、75%、69%、64%上升到2015年的74%、69%、81%、89%、76%，2005年至2015年的10年间，人们认为社会存在不公平现象的水平在上升。②

（三）“格差社会”前景展望

20世纪90年代后日本社会差距扩大，既有外部原因也有国内原因。从国际环境看，随着面向海外投资等全球化的进展和信息技术（IT）产业的发展，一方面日本国内出现产业空心化；另一方面对具有专业知识的高学历劳动力的需求扩大，对低技能劳动力的需求缩小，因此产生失业和工资收入等方面的差距。从国内情况讲，泡沫经济崩溃导致的经济长期不景气对日本社会产生很大影响，直接原因是日本进行劳动力市场方面的规制改革，扩大劳务派遣范围，在扩大了就业机会的同时，也带来了正式员工和非正式员工之间收入差距的问题。但日本没有重视并及时采取措施纠正这一问题，甚至出现了扩大收入差距的导向。1999年日本政府经济战略会议在《日本经济振兴战略》中指出：“过于重视结果平等使努力得不到回报，要构建“改变日本型社会体系，使每个人都能最大限度地发挥个人创意和挑战精神的‘健全而有创造性的竞争社会’。”③同年，接收派遣临时员工的行业基本放开，2003年解禁向制造业派遣临

① 大槻茂実『不公平感と社会階層の再検討—SSM2005、SSM2015データを使用して—』、http://www.l.u-tokyo.ac.jp/2015SSM-PJ/0910-2.pdf，访问日期：2019年3月10日。

② 金澤悠介『不公平感の構造変容—2005年と2015年の時点間比較—』、http://www.l.u-tokyo.ac.jp/2015SSM-PJ/08_03.pdf，访问日期：2019年3月10日。

③ 樋口美雄『経済格差と日本人—再挑戦の機会拡大が急務—』、『日本経済新聞』（経済教室）2005年9月13日。

时员工，非正式员工大量增多，其收入下降。[①] 但这种状态被长期搁置，收入差距进一步扩大，由量的差距发展到质的差距。

贫富差距的扩大会带来贫困、不公平等社会问题，进而削弱经济发展的活力。2018 年 6 月，日本国会通过的劳动方式改革相关法案表明，日本开始在解决相关问题上采取措施。日本进行劳动方式改革有两个目的：一是在少子老龄化条件下提高生产率，以维持日本经济发展；二是提高人们的收入水平，解决贫富差距问题，这两者密切相关。劳动方式改革的一个主要内容就是通过修改法律法规确定“同工同酬”。修改后的法律规定，在正式员工与非正式员工之间“禁止不合理的待遇差距”，比单纯的“同工同酬”范围更为广泛。根据这一规定，企业要切实纠正正式员工与非正式员工之间的差距，包括在各种津贴和职工福利方面实行同等待遇，向非正式员工发放相同水平的奖金和退职金，以及将非正式员工编入正式员工基本工资制度当中，发放同等水平的基本工资。[②]

劳动方式改革是日本解决“格差社会”的一个契机。如果劳动方式改革能够切实而顺利进行，就可能在很大程度上缓解甚至消除工资收入差距，提高各种人才的劳动参与率，增加个人和家庭收入，解除就业和生活上的不安全感，激发人们对工作和生活的热情，进而提高生产率，促进社会的创新发展，降低社会的不平等程度，逐渐消除“格差社会”。但是，如果由于企业原因及日本国内外经济发展和科学技术环境变化，劳动方式改革不能切实而顺利进行的话，那么正式员工与非正式员工之间的各种差距就难以消除，与之相关的教育、社会保障等各领域的不公平问题也无法解决。

---

① 橋本健二『「格差」社会の戦後史—階級社会日本の履歴書—』、河出ブックス、2009年、188-189頁。

② 水町勇一郎「日本型『同一労働同一賃金』改革とは何か？—その特徴と課題—」、『RIETI Discussion Paper Series 19-J-011』、https://www.rieti.go.jp/jp/publications/dp/19j011.pdf，访问日期：2019 年 3 月 13 日。

五、结语

平成时代日本社会变迁涉及社会的方方面面，一篇文章难以全面描述和解析。以上选择人口、家庭、劳动就业、社会阶层等几个具有代表性的领域，对战后日本社会体系的变化及发展趋势做了探讨。此外，教育、城乡、区域等领域也同样在平成时代发生了很大改变。其中有些变化并非进入平成时代后才突然发生，而是在此之前变化的延长线上，在平成时代进一步加剧而已。战后日本在这些社会领域中形成的社会体系已开始瓦解，新的体系还在摸索和构建当中。

日本已进入令和时代，日本社会在变化与重构中前行。2020 年突如其来的新冠肺炎疫情也给日本带来新的变数，或许会推动日本社会某些方面的改变。2014 年，日本出台了旨在振兴城乡经济，应对人口减少等问题的“城乡、人、工作创生综合战略”，提出发展地方经济，实行多样化劳动方式，鼓励人们到地方城乡居住，改变人口过度向东京地区集中，进而实现人们可以兼顾工作与家庭生活，提高生育率，减缓人口减少趋势。政策措施之一就是推动企业利用通信手段开展远程办公，但政策效果并不显著，截至 2019 年 9 月，有 20.2%的企业在实行远程办公，在从 2011 年起至 2019 年的 8 年时间仅增加 10 个百分点左右。① 发生新冠肺炎疫情之后，为减少“三密”（密闭空间、密集场所、密切接触），许多企业都开启了远程办公模式。据日本东京商工研究机构的调查，有 34.4%的企业在实施远程办公，② 相比新冠肺炎疫情之前有较大的增加。日本内

---

① 総務省「令和元年通信利用動向調査の結果」、https://www.soumu.go.jp/johotsusintokei/statistics/data/200529_1.pdf，访问日期：2020 年 12 月 18 日。

② 東京商工リサーチ『第 8 回「新型コロナウイルスに関するアンケート」調査』、https://www.tsr-net.co.jp/news/analysis/20200915_02.html，访问日期：2020 年 12 月 18 日。

阁府的调查也表明，有 34.6%的从业人员有远程办公的经历。① 人们工作空间的变化可能导致居住空间的改变，还可能密切家庭关系和影响到家庭的角色分工，内阁府的调查还表明，与疫情之前相比较，对移居地方城乡感兴趣的人增多，特别是有远程工作经历的人更多，同时，意识到家庭的重要性和夫妻分工做家务的人也在增加。② 日本政府把这种变化作为一个契机，加大了相关政策力度。2020 年 12 月 16 日日本政府举行会议，讨论了“第二期城乡、人、工作创生综合战略（2020 年修订版）议案”，进一步把远程办公作为抓手之一，拟通过“远程办公补贴制度”等措施，鼓励地方城乡和企业开展远程办公，以促进人口向地方流动，实现劳动方式的多样化，改善育儿环境，密切家庭关系，改变人口发展趋势，振兴地方城乡经济。③ 日本的政策目标能否顺利实现，将在很大程度上影响日本社会体系能否尽快得以重构。

① 内閣府「新型コロナウイルス感染症の影響下における生活意識・行動の変化に関する調査」、https://www5.cao.go.jp/keizai2/manzoku/pdf/shiryo2.pdf，访问日期：2020 年 12 月 18 日。

② 有远程工作经历的人中有 24.6%对移居地方城乡有兴趣，高于没有远程工作经历的人的 10%；有 49.9%的人“更意识到了家庭的重要性”；有 34.1 %的人“想更多的办法分工做家务”。参见内閣府「新型コロナウイルス感染症の影響下における生活意識・行動の変化に関する調査」、https://www5.cao.go.jp/keizai2/manzoku/pdf/shiryo2.pdf，访问日期：2020 年 12 月 18 日。

③ 内閣官房 まち・ひと・しごと創生本部『第 2 期「まち・ひと・しごと創生総合戦略」(2020 改訂版)（案）』、http://www.kantei.go.jp/jp/singi/sousei/meeting/souseikaigi/pdf/r02_12_16_shiryou2.pdf，访问日期：2020 年 12 月 19 日。

第二节
平成时代日本社会的转型、困境与应对*

1989 年 1 月 8 日，日本昭和时代终结，明仁天皇继位，改年号为“平成”。“平成”这一出自中国古代典籍的词语，蕴含着“内平外成”“地平天成”的美好寓意，体现了日本人对新时代所寄予的期望和美好祝福。同时，这一年对世界和亚洲也是一个标志性的年份：东欧剧变、东西两大阵营对立的冷战格局即将终结，世界就要进入一个国际形势转折和经济结构调整的新的历史时期。

2017 年 12 月，明仁天皇表达了生前退位的愿望。在平成进入倒计时的时间里，日本多家媒体推出以“平成”为主题的专栏，流露出对平成时代的留恋与不舍。而在中国，早在 2015 年前后，日本研究界就认识到应对平成时代的日本政治、经济、社会、文化进行梳理、研究和思考。刘晓峰在《“平成日本学”论》一文中提出了“平成日本学”的概念，呼吁把平成时代的日本作为一个相对独立的研究对象，利用人文科学和社会科学的研究方法，在这一新的学术视点上展开研究。①笔者十分赞同这一提法，国际格局变迁、世界金融危机、中国经济迅猛发展等外部因素构成了平成日本社会的外部环境。与此同时，“泡沫经济”崩溃后日本经济的长期不景气、少子老龄化的日益严峻、贫富差距的不断拉大、“低

---

* 作者胡澎，中国社会科学院日本研究所研究员，中华日本学会秘书长。本文曾以《从“增长型社会”到“成熟型社会”：平成时代日本社会的转型、困境与应对》为题发表在《日本学刊》2019 年第 5 期。

① 刘晓峰：《“平成日本学”论》，《日本学刊》2015 年第 2 期。

欲望社会"①的出现等让平成日本社会困境与危机叠加，令日本民众心理产生不安与失落。针对平成时代呈现出的荣光褪色、繁华不再的种种迹象，日本媒体屡屡使用"失去的10年""失去的20年"甚至"失去的30年"之说。②

与此同时，针对平成时代的诸多困境与民众心态失衡的问题，日本政府和民间进行了诸多探索与改革，这些无疑对东亚国家的社会发展有着重要的参考价值。同时，由于日本在经济、技术、信息、文化等方面已成为中国重要的合作伙伴，平成时代的日本也是中国推动经济发展、社会转型的重要参照对象。可见，对平成时代进行宏观把握、细致剖析和精准解读非常重要，平成时代带给日本人以及日本社会的深刻变化值得探讨。

一、平成时代日本社会的转型

研究平成时代的日本社会，应将其置于二战后日本的历史发展脉络之中。1926—1989年的昭和时代如果用"毁灭"与"再生"来概括的话，那么"困境"与"探索"应该可以包括1989年至2019年的平成时代。从1945年至2019年的74年间，日本经历了两次重大转型：第一次是战后改革，使日本从一片废墟跻身于西方发达国家行列，堪称由"弱"变"强"的华丽转身；1989年开启的平成时代，则堪称第二次重大转

① 日本著名管理学家、经济评论家大前研一认为日本经济与社会缺乏活力的根源在于日本年青一代"没有欲望、没有梦想、没有干劲"，日本已陷入"低欲望社会"。参见大前研一：《低欲望社会》，姜建强译，上海译文出版社，2018。

② 相较而言，中国有一种说法似乎较为乐观，认为平成时代日本从未"失去"，而是潜心转型、奋发有为的时代。

型，使日本从“增长型社会”转向“成熟型社会”。① 平成30年间的日本社会，表面看似平稳，内在却潜藏着巨大的危机与挑战。特别是三次国内外环境的改变重塑了平成社会。一是在冷战结束后，美国成为世界上唯一的超级大国，“一强独霸”的局面不仅对国际格局构成影响，也深刻影响着日本社会。二是中国虽然在1978年走上改革开放之路，但在国际政治和国际经济舞台上一直欠缺足够的影响力。直到2010年，中日经济实力逆转，日本作为世界第二大经济体的位置被中国取代，给日本社会和日本民众的心理造成了强烈的冲击。三是平成时代的日本在国际社会的存在感和影响力逐步减弱。这三次改变对日本的社会结构、社会机制、社会制度产生了潜移默化的影响。因此，平成时代日本人的行为方式、生活方式、价值观念以及心理结构均呈现出与昭和后期迥然不同的时代风貌。

昭和后期的日本是一个标准的“增长型社会”，之所以称为“增长型社会”，是因为其包含了经济的增长、人口的增长、人均寿命的延长、国民收入的增长、消费水平的提高、国民受教育水平的提升以及各种社会制度的建构和完善等。例如，1945—1955年是战后日本经济的迅速恢复期；1955—1973年是日本的经济高速发展期，经济年均增长率达10%，是同时期欧美西方国家的2—4倍②；在1968年超越联邦德国后，日本成为仅次于美国的资本主义世界经济大国。1973年石油危机导致日本经济由高速转入低速增长时期，但即便经济增长降速，也有年均5%的增长率。日本经济高速发展的因素有政府提振经济的政策、国内外经济形势的好转、技术革新及设备投资的增大等，但在很大程度上应归功于当时

① 这里借用英国著名物理学家、诺贝尔奖获得者丹尼尔·盖博在其著作《成熟社会》(1972年）中提出的概念。他认为成熟社会是人类社会发展的一个目标，从追求经济总量的增长、大量消费社会到追求高水平的物质文明，同时，把精神世界的丰富以及生活品质的提高作为最优先追求的目标。参见D·ガボール『成熟社会——新しい文明の選択』、林雄二郎訳、講談社、1973年。

② 『戦後の日本経済の歩み』、http://www.kyoritsu-wu.ac.jp/nichukou/sub/sub_gensya/Economy/J_Economic_History/High_E_Growth.htm，访问日期：2019年5月2日。

的人口结构。1947—1949 年第一次“婴儿潮”期间，日本的总和生育率①超过了 4.3，年均出生人口约 270 万人。1971—1974 年第二次“婴儿潮”期间，年均出生人口约为 200 万人。1950—1970 年，日本的总人口由 8411 万人增长到 1.04 亿人，增长了 24.4%；育龄人口从 5017 万人增长到 7212 万人，增长了 43.8%。② 20 世纪五六十年代，地方的年轻人口源源不断地涌入东京、大阪、名古屋三大城市圈，为日本的工业化和现代化输送了充足、优质的劳动力。青壮年劳动人口多、高龄老年人口少、社会保障负担较轻的“人口红利”以及终身雇佣制度、年功序列工资制度、民间企业和谐的劳资关系等有力地支撑了日本经济发展及城市化进程。

二战后日本经济的发展离不开消费对经济的刺激和引领作用。第一次“婴儿潮”期间出生的“团块世代”③ 是 20 世纪 60 年代中期推动日本经济腾飞的主力，也是战后引领日本消费的主要群体。这要归功于池田勇人政府提出并实施的“国民收入倍增计划”，该计划大幅提升了国民收入水平，让民众分享到经济发展成果。到 20 世纪 70 年代中期，日本迎来了消费社会并实现了“富裕社会”，并于 80 年代进入“高度消费社会”，国民普遍收入水平高，储蓄率高，购买欲旺盛，海外旅行兴盛。凭借“团块世代”打下良好的经济基础，1971—1974 年出生的“次团块世代”成长起来了，其消费观念开始从注重实用价值的必需品消费向炫耀性的奢侈品消费过渡。

战后，日本的年金制度、雇佣制度、福利制度不断建立和完善。1961 年“国民皆年金”制度的建构以及《老人福利法》《母子福利法》

---

① 总和生育率，指该国家或地区的妇女在育龄期间（15 岁到 49 岁）平均的生育子女数。——作者注

② 『日本の人口年次推移と将来推計』、https://www.jeiu.or.jp/anshin/topic/.../20171023-115712.pdf，访问日期：2019 年 2 月 15 日。

③ “团块世代”，指 1947—1949 年出生的群体，也是“第一次婴儿潮”出生的群体。——作者注

《儿童福利法》《生活保护法》等法律的制定，让日本向着福利国家的步伐迅速迈进。《雇佣保险法》《男女雇佣机会均等法》《劳动者派遣法》等促进了日本人的就业，保障了劳动者的权益。终身雇佣、年功序列工资制度、企业工会等日本特色的雇佣方式，在强化家、企业、国的一体化方面发挥了积极作用。福利制度、税收制度、就业制度的建构及不断完善，提供了更多的就业机会，缩小了贫富差距，关照了弱势群体，让日本社会趋于平等和公平。同时，均等化的义务教育体系保障了国民素质的不断提升，国民受教育水平居世界前列。总之，平成之前的日本，社会差距较小，新中间阶层占大多数，有“一亿总中流”① 之说，日本国民从出生到死亡的整个生命周期都感到“安心”，整个社会呈现出一片欣欣向荣的景象。

平成三十年，日本似乎彻底告别了经济的“增长”、国民收入的增长，人口甚至转为负增长……平成诞生之际，日本正处于泡沫经济的“鼎盛”时期，一年后迎来了泡沫经济的崩溃，之后国际金融危机、东日本大地震、经济长期不景气、消费低迷等给日本社会带来种种负面影响，因此有“平成不况”即“平成萧条”之说。平成时代的日本在经济上没能继承和延续高速增长时期的荣光，2010 年国内生产总值（GDP）又被中国超越，下滑到世界第三位。但不能否认的是，平成时代的日本已进入高度工业化和城市化的“成熟型社会”。1968 年至 2010 年的 42 年间，日本经济实力一直稳居世界前茅，积累了巨大财富和科技创新成果。日本的医疗费用占 GDP 的比例为 10.7%，在经济合作与发展组织（OECD）35 个成员国中排第 6 位。②日本国民受教育水平一直处于世界领先地位，短期大学的升学率从 1950 年的 2%上升为 2018 年的 57.9%，大学本科升

① “一亿总中流”，指的是 20 世纪 70 年代日本人口约 1 亿人，大多数日本国民认为自己属于中产阶级。——作者注

② 『OECD 諸国の医療費対 GDP 比率（2017 年）』、http://honkawa2.sakura.ne.jp/1890.html，访问日期：2019 年 2 月 15 日。

学率从1989年的24.7%上升为2018年的53.3%。[①]平成时代，社会保障制度伴随新出现的社会问题而不断被修订，特别是其护理保险制度的创设，有效化解了老年护理需求不断增长的问题。同时，也为韩国、中国应对老龄化社会提供了思路。平成时代，日本的电影、电视剧、动漫、流行音乐、游戏等大众文化以其独特的“和风”魅力，成为引领东亚国家大众流行文化的风向标；优美的自然环境、人文环境和高品质的服务每年吸引数千万外国游客到访，日本社会的文明程度、社会风气和国民素质为世人所称道。平成时代，日本已彻底告别“大量生产、大量消费、大量废弃”的生产生活方式，进入“适量生产、适量消费、资源循环型”社会。平成时代，日本成为全球环境保护与环境治理的先进国家，民众有较强的环保意识，垃圾分类普及。近年来，“断舍离”风潮的兴起显示出日本年青一代在探索对环境友好的生活方式，他们向无止境地追求物质富足和占有欲说“不”，希望在返璞归真的生活中找寻人生的意义。

“成熟型社会”还体现在内阁的频繁更替以及政党轮换对日本社会和民众的日常生活几乎没有构成影响。平成时代共诞生了17位首相，[②] 除小泉纯一郎和安倍晋三之外，其他历任首相任职期限长则一年左右，短则数月。1993年，持续38年之久的“1955年体制”崩溃，长期维持执政党地位的自由民主党与作为在野党的社会党的朝野两党格局结束，自民党两度沦为在野党，联合政权多次出现。然而，内阁更替、政党轮替并未带来社会动乱，官僚体制运转正常，社会运行总体平稳。

平成时代，庞大的中产阶级所构成的市民社会不断成长壮大，越来越多的民众投身“社区营造”、养老护理、男女平等、乡村治理等社会活动，成为推动社会发展和进步的重要力量。平成时代30年间，针对各种

---

① 文部科学省『学校基本調査』、http://www.mext.go.jp/component/b_menu/other/__icsFiles/afieldfile/2018/12/25/1407449_1.pdf，访问日期：2019年3月1日。

② 分别是竹下登、宇野宗佑、海部俊树、宫泽喜一、细川护熙、羽田孜、村山富市、桥本龙太郎、小渊惠三、森喜朗、小泉纯一郎、安倍晋三、福田康夫、麻生太郎、鸠山由纪夫、菅直人、野田佳彦。

社会问题，日本出现了多元化社会思潮并引起社会运动，例如反对修改和平宪法、反对右翼教科书、反对修改教育基本法、反对“重启核电”、反对冲绳驻日美军基地搬迁等，其中不乏上万人的大规模抗议活动。然而，这些社会运动和抗议活动均有序、克制，并未演变成群体性暴力事件，也没有对民众日常生活造成影响……因此，我们有理由将平成时代的日本社会称为“成熟型社会”。

二、平成时代日本社会面临的困境

看起来很美的“成熟型社会”，并不意味着社会发展一帆风顺。恰恰相反，平成时代的日本社会遭遇到前所未有的人口减少、少子老龄化、劳动力匮乏、“地方不振”等诸多社会问题，特别是老龄化问题，严峻程度在国际社会首屈一指。然而，这些问题与困境恰巧是经济和社会发展到一定程度的“成熟型社会”所特有的，即“成长后的烦恼”。

（一）困境之一：日益严峻的少子老龄化

当总和生育率长期低于维持人口稳定发展的人口更替水平 2.1，即被称为少子化。少子化是当今世界多个国家面临的严峻问题，表现为出生率不断下降、新生人口数量不断减少、低龄人口持续减少等。自 20 世纪 80 年代中期开始，日本的总和生育率呈下降趋势，平成元年的 1989 年跌破 1.57，当消息公布时，社会各界为之震惊，各大报纸皆用整版篇幅予以报道，被称为“1.57 冲击”。2005 年，总和生育率更是降至 1.26，再次跌破历史纪录。[1] 2006 年以后，总和生育率虽有稍许改善，2012 年以

---

① e-Stat 統計で見る日本、https://www.e-stat.go.jp/dbview?sid=0003214662，访问日期：2019 年 4 月 28 日。

后基本维持在 1.4 上下的水准，① 但距安倍政府制定的将总和生育率提升至 1.8 的目标尚有较大差距。

2008 年，日本的人口总量在达到巅峰后开始转向减少。2016 年国内新生儿数量仅为 97.7 万人，首次跌破 100 万人。② 2017 年新生婴儿数量又比上一年减少了 3.6 万人，成为人口统计实施以来的最低值。新生儿数量减少，那么，未来育龄期女性人数势必随之减少。从目前情况来看，日本迈向更严峻的少子化的步伐似乎很难阻挡。

与此同时，日本自 20 世纪 70 年代进入老龄化社会后，老龄化现象日益严峻。截至 2017 年 10 月，老龄化率高达 27.7%。65 岁及以上的老年人口男女分别为 1526 万人和 1989 万人，其中，65—74 岁的低龄老人有 1767 万人，75 岁以上高龄老人有 1748 万人。③大城市圈的老龄化现象尤为显著。人口老龄化给日本带来种种负面影响，例如劳动力减少、经济增长减速、地方经济不振、社会缺乏活力、消费低迷、年轻人负担过重、社会保障制度不堪重负、国家财政捉襟见肘……长此以往，将影响到日本的综合国力、社会结构、经济发展、产业竞争以及科学技术、人才储备等。2017 年，河合雅司的《未来的年表》一书出版后成为畅销书。该书的封面上醒目地印着这样几排字：2020 年，有一半的女性超过 50 岁；2024 年，全体国民三人中有一人 65 岁以上；2027 年，输血用的血液不足；2033 年，三户住宅中就有一户为空置；2039 年，火葬场不足；2040 年，一半的自治体消亡；2042 年，迎来老年人口的峰值。④

在世界人口都在“变老”的趋势下，日本人口老龄化的状况似乎尤为严峻，其带给日本民众的心理阴影是巨大的。安倍首相在 2019 年 1 月

---

① 厚生労働省『第 5 表　母の年齢、出生順位別にみた合計特殊出生率』、https://www.mhlw.go.jp/toukei/saikin/hw/jinkou/kakutei17/dl/09_h5.pdf，访问日期：2019 年 4 月 28 日。

② 日本最开始进行人口统计是在 1899 年。这一年的出生数为 138.6981 万人。日本出生数的顶峰时期是 1949 年，达到 269.6638 万人。

③ 『平成 30 年版高齢社会白書』、https://www8.cao.go.jp/kourei/whitepaper/w-2018/html/gaiyou/s1_1.html，访问日期：2019 年 2 月 15 日。

④ 河合雅司『未来の年表』、講談社、2017 年。

的新年贺词中，将日本当今面临的少子老龄化现象称为“国难”。“国难”当前，日本如果能克服困境，找到应对老龄化社会的良方，那将是对国际社会和全人类的莫大贡献。

（二）困境之二：贫富差距的不断加大

平成时代，虽然中产阶层占主体的社会结构未发生根本改变，但“上流”与“下流”的两极分化以及中产阶层向中下层流动的趋势较为明显。换言之，“中上”富裕阶层增加的同时，“中下”和“下”的贫困层也在增加。社会呈现基尼系数升高、贫富差距拉大的趋势。1998 年，“中流崩溃”的话题被广泛议论。2006 年，“差距社会”①当选年度新语、流行语，“贫困”②这一沉寂多年的词语卷土重来，“儿童的贫困”“女性的贫困”“单亲家庭的贫困”“老年人的贫困”一度成为媒体的热门话题。2008 年被称为“儿童的贫困元年”，2012 年日本儿童的贫困率高达 16.3%，即每六个儿童中有一个是贫困儿童。③单亲母子家庭的贫困率更是占到一半。单身女性的贫困率也较显著，平均每三个单身女性中就有一人陷入贫困。贫困女性多为离异女性、老年女性和未婚母亲。另外，1997—2007 年，日本人每小时的工资水平不但没有上升反而下降了 9%，④收入减少加剧了低收入群体的生活困难。据《国民生活基础调查》的数据，每户年均收入在 1994 年为 664.2 万日元，到 2010 年降为 549.6

---

① 由收入、财产不同而导致阶层出现，且阶层之间流动困难的社会。

② 日本的“贫困”问题指的并非“绝对贫困”（absolute poverty）而是一种“相对贫困”（relative poverty），“绝对贫困”强调的是生活的最低限，“相对贫困”强调的是平均水平，即一部分人无法维持本国最低生活标准的状态，享受不到大部分人所享受的习惯和行为。

③ 内閣府『子供・若者白書』（平成 27 年版）、https://www8.cao.go.jp/youth/whitepaper/h27honpen/pdf_index.html，访问日期：2019 年 1 月 14 日。

④ 「賃金水準世界に劣後」、『日本経済新聞』2019 年 3 月 19 日。

万日元。[①] 2012 年日本的相对贫困率为 16.1%。[②]近年来，日本领取最低生活保障费的家庭数量在增长，截至 2015 年底，接受生活保障家庭达 163.4 万户，总人数为 216.6 万人，创出新高。[③] 另外，由于教育费用上涨和父母收入低等原因，利用贷款型助学金的人数较以往有所增加。同时，毕业后不能如期偿还助学金贷款的人也在增多。

平成时代多次提高消费税税率也对低收入家庭，特别是经济基础脆弱的单亲母子家庭产生较大影响。1989 年 4 月竹下登政府初次设立了 3%的消费税，1997 年 4 月桥本龙太郎政府将其提升为 5%，2014 年 4 月安倍晋三政府提升为 8%，2019 年 10 月还将提升至 10%。近几年，“安倍经济学”产生一定效果，日本的经济状况有所好转，就业机会增多，完全失业率降低，但非正式就业依然呈现扩大化趋势。由此可见，曾以“一亿总中流”“收入均等”为傲的日本社会正在下降为机会和结果均不平等的“差距社会”和“下流社会”。[④]

（三）困境之三：地方社会的衰退

进入平成时代以来，“地方衰退”“地方不振”“地方创生”等地方社会的话题被广为议论，这与日本人口问题有着密切的联系。平成时代，地方的年轻人口不断向东京、大阪和名古屋等几个大城市集中，导致大城市人口与地方人口向过密与过疏两极化发展，地域差距不断扩大。内阁府的调查表明，2010 年度人均收入的全国平均线为 287 万日元，收入最高的是东京都，高达 431 万日元，收入最低的是冲绳县，仅为 203 万日

① 厚生労働省、https://www.mhlw.go.jp/toukei/saikin/hw/k-tyosa/k-tyosa10/2-1.html，访问日期：2019 年 1 月 15 日。

② 厚生労働省『相対的貧困率に関する調査分析結果について』、http://www.mhlw.go.jp/seisakunitsuite/soshiki/toukei/tp151218-01.html，访问日期：2018 年 1 月 15 日。

③ 《日本领取低保户数量超 163 万　再创历史新高》，新华网，2016 年 3 月 4 日，http://www.xinhuanet.com//world/2016-03/04/c_128771696.htm，访问日期：2019 年 5 月 7 日。

④ 参考三浦展『下流社会——新たな階層集団の出現』、光文社、2005 年。

元，两者之间相差1.1倍。[①]大城市就业机会多，文化生活丰富，对地方的年轻人有着很强的吸引力。另外，首都圈、关西圈、中京圈等大城市圈的普通大学、短期大学、专科学校林立，高等教育发达，也吸引来不少地方年轻人。2010—2017年东京圈净迁入人口中，15—29岁的年轻人占多半，且迁入契机多为大学入学和毕业后在东京圈就职。[②]

地方社会的衰退表现在：少子老龄化现象突出、劳动力不足、农林水产业衰退、社会缺乏活力等。年轻人口的减少意味着税收的减少，税收的减少又导致地方财政出现问题。一些地方城市功能向郊外延伸，市中心的商业街萧条，城市空心化现象严重。一些地方支线、公交车相继停止运营，行动不便的老年人出行困难，沦为“购物难民”。年轻人口的减少也带来医疗、福利、护理等服务的减少。另外，缺少年轻人使得当地传统节日的庆典活动难以为继。

地方社会衰退与年轻人口，特别是年轻女性人口的减少有着极大关系。据“日本创生会议”[③] 2014年5月发表的统计，到2040年，全日本1800个自治体（市区町村等各级地方政府）中有896个市区町村（49.8%）的20—39岁女性人数将减少一半以上，523个市区町村的人口将不到1万人。倘若这些自治体的总和生育率不提高，将来势必会走向衰亡。[④]一些大城市的城区也因“定居率低、年轻女性少”而被列为有可能衰亡的城区。偏僻的农村、山村、渔村过疏化现象更为严重。

（四）困境之四：民众的“不安感”增强

进入平成时代后，在全球化、信息化、个体化、城市化等浪潮的冲

① 日本統計協会『統計で見る日本2014』、統計協会、162頁。

② 総務省統計局『住民基本台帳人口報告（2010—2017年）』、https://www.e-stat.go.jp/stat-search/files?page=1&toukei=00200523，访问日期：2018年1月16日。

③ “日本创生会议”是成立于2011年5月的一家日本民间智库。

④『自治体2040年に半数消滅の恐れ 人口減で存続厳しく』、『日本経済新聞』2014年5月8日。

击下，日本社会开始变得令人不安，特别是平成年间自然灾害频发且危害巨大。1995 年的阪神大地震、2011 年的东日本大地震、2016 年的熊本地震以及 2018 年的北陆大雪、西日本暴雨、大阪府地震等，特别是东日本大地震引发的核泄漏事件至今未能妥善解决，给日本民众心理造成了较大的冲击。以至 1995 年“震”字入选年度汉字，2004 年和 2018 年“灾”字两度入选。天灾之外还有人祸，平成年代发生的奥姆真理教东京地铁沙林毒气事件、频频曝光的食品安全事件、家庭暴力、企业质量造假等，引发日本民众对家庭和社会的信任危机。充满风险的社会与不安的心理似乎印证了德国著名社会学家乌尔里希·贝克（Ulrich Beck）所言的“风险社会”，他将后现代社会诠释为“风险社会”，认为其特征在于人类正面临着威胁其生存的由社会所制造的风险。①

平成时代，日本民众对国家的走向也怀有不安感。例如，1992 年通过了旨在实现向海外派兵的《协助联合国维持和平活动法》（PKO 法）；1999 年众议院通过了《国旗国歌法》；2006 年《教育基本法》在市民团体此起彼伏的反对浪潮下被修改；2007 年通过了涉及宪法修改程序的《国民投票法》；2014 年《特定秘密保护法》在反对与质疑声中生效；同年政府通过正式解禁集体自卫权的决议；2015 年众参两院在汹涌的示威抗议声中强行通过新安保法案；2017 年参议院不顾民众抗议通过修改后的《有组织犯罪处罚法》（“共谋罪”法案）；重启核电的动向以及围绕修宪与护宪的两派力量相互制衡等，令日本民众对于日本将来能否走一条和平发展的道路而心有疑虑。2010 年中国的 GDP 超过日本后，日本民众对中国的军事现代化及经济发展感到“恐惧”，国民自信心下降，“焦虑”和危机意识在社会中蔓延。这也是日本民众对中国持好感人数多年徘徊在低位的一个重要原因。还有一部分民众把日本的未来寄于强势政权和鹰派政治家，希望通过强化日美同盟以获得安心感。另外，相当数

① 参见乌尔里希·贝克：《风险社会》，何博闻译，译林出版社，2018。

量的民众特别是年青一代只关注个人生活，远离或不关心政治，致使民族保守主义思潮逐渐占据日本社会思潮的主流。

在被称为“失去的10年”期间，日本政府没有能力改变经济不振的局面，国民收入零增长、消费低迷以及育儿、养老、就业、社会保障等问题令民众对政府感到失望，对未来感到不安。人与人、人与家庭、人与职场、人与地方社会之间关系日渐疏离，互联网的突飞猛进又进一步消解了人们之间的“纽带”关系。2010年，日本广播协会（NHK）播出的纪录片《无缘社会——32000人无缘死的冲击》显示平成期间约有32000人死于“无缘死”或“孤独死”。[①] 日本正在从由“血缘”“地缘”和“社缘”构成的家族制度、地域共同体社会[②]转变为“无缘社会”，越来越多的日本人失去归属感，感到压抑、闭塞和不安。

日本多家机构所做的社会调查、舆论调查也从不同角度佐证了平成时代日本人的不安。例如，东京大学社会科学研究所实施的《工作方式与生活方式的变化的全国调查》[③] 表明，对自己的工作和生活抱有希望的人每年都在减少。同时，对未来感到不安的群体在不断增加。2014年8月，内阁府的《关于人口、经济等日本将来形象的舆论调查》显示，在回答“50年后的日本比现在光明还是黑暗”的问题时，选择“黑暗”的占60%，选择“光明”的占33.2%；对自己未来“感到不安”的占69.0%，“没有感到不安”的仅有30.2%。与老年人相比，50多岁和40多岁的群体表现出明显的不安。在被问及感到不安的原因时，前三项分

① “孤独死”，指死亡时没有任何人看护或知晓，且距被发现有一定时间间隔的社会现象。——作者注

② 橘木俊诏认为：“血缘”“地缘”和“社缘”构成传统日本人生活的基础，人与人之间存在强烈的互助精神和共同体意识。参见橘木俊詔『無縁社会の正体—血縁・地縁・社縁はいかに崩壊したか』、PHP研究所、2012年。

③ 2007年开始的调查，每年实施。调查对象是2007年20—34岁的青年群体和35—40岁的中年群体。对同一人问同一问题。中央調査社『「働き方とライフスタイルの変化に関する全国調査（JLPS）2012」にみる「不安社会」日本と「大人になること」の難しさ』、http://www.crs.or.jp/backno/No667/6671.htm，访问日期：2018年11月17日。

别是担心“自己、家人的健康状况恶化”“大地震等大规模自然灾害发生”和“社会保障、教育等公共服务水平低下”。[①] 日本经济新闻社实施的舆论调查显示，2017 年，有将近 80%的老年人对自己的晚年生活感到不安。[②]

三、平成时代日本社会困境产生的原因

进入平成时代之后，日本社会深陷诸多困境，这些困境相互勾连、互为因果，最终形成了一个陀螺式运转的怪圈：少子老龄化导致劳动力人口比率下降→劳动人口减少使得社会负担加重，国民可支配收入减少→消费低迷→经济形势恶化→贫困率上升→晚婚与不婚现象增加→出生率难以回升→少子老龄化现象加重。因此，日本民众对国家和自身的未来产生悲观情绪，就连日本政府也不得不公开承认，“在全球经济秩序变化以及金融危机的背景下，日本经济与社会方面的状况仍然严峻。由于看不到清晰的未来，悲观的气氛蔓延。‘未曾有之危机’这一词语被经常使用”。[③]

（一）晚婚、不婚、不育和“低欲望”

进入平成时代，在社会多元化、个人主义的驱动下，日本年青一代的生活方式和思维方式发生变化。日本女性受教育水平和就业率的提高，使男女两性之间的差异不断缩小。日本女性四年制大学的升学率从 1989

① 内閣府『人口、経済等の日本の将来像に関する世論調査』、https://survey.gov-online.go.jp/h26/h26-shourai/，访问日期：2018 年 11 月 17 日。

② 『70 歳以上まで働く 3 割』、『日本経済新聞』2019 年 1 月 21 日。

③ 首相官邸『社会安心と活力の日本へ——安心社会実現会議報告』、http://www.kantei.go.jp/jp/singi/ansin_jitugen/，访问日期：2018 年 11 月 17 日。

年的36.8%上升为2018年的50.1%。[①]随着职业女性的增加，越来越多的女性不会因结婚或生育而放弃就业。

平成时代，日本的单身家庭数量增加较快。2015年单身家庭数为1842万户，占全体家庭总数的34.5%。其中，单身家庭最集中的年龄段为20多岁的年轻人，特别是25—29岁的男性，单身的占30.6%。[②]单身家庭的增多不仅带来诸如失业、生病等人生高风险的问题，容易导致贫困，也带来生育率低下的问题。同时，越来越多的日本年轻人对恋爱不积极，晚婚或不结婚倾向显著，平均初婚年龄处于上升趋势。2015年，平均初婚年龄男性为31.1岁，女性为29.4岁，与30年前的1985年相比分别上升了2.9岁和3.9岁。与此同时，平成时代的婚姻件数持续减少，终身未婚率[③]急速上升。2015年，有23.37%的男性和14.06%的女性终身未婚。[④]在东京、大阪等大城市，终身未婚率更高。晚婚直接造成了晚育，2015年，日本女性在生育第一、第二和第三个孩子时的年龄分别为30.7岁、32.5岁和33.5岁，与1985年相比，分别上升了4岁、3.4岁和2.1岁。一些夫妻因为结婚太晚，干脆不要孩子，更加剧了低生育率现象。

平成时代，日本年青一代生活方式的变化除了体现在不结婚、不生育，还体现在不消费、低消费和低欲望方面。相较昭和后期的“消费社会”，有日本学者将平成时代称为“后消费社会”。[⑤]近年来，日本的家庭总消费支出呈下滑趋势，内需紧缩严重。总务省每五年实施的“全国消

---

① 内閣府『男女参画白書』(令和元年版)、http://www.gender.go.jp/about_danjo/whitepaper/r01/zentai/html/honpen/b1_s00_01.html，访问日期：2019年8月7日。

② 国立社会保障・人口問題研究所『日本の世帯数の将来推計（全国推計）』、http://www.ipss.go.jp/pp-ajsetai/j/HPRJ2018/hprj2018_gaiyo_20180117.pdf，访问日期：2019年11月17日。

③ 终身未婚率，指50岁时未婚的比例。——作者注

④ 総務省統計局『平成27年国勢調査』、https://www.stat.go.jp/data/kokusei/2015/kekka.html，访问日期：2018年1月15日。

⑤ 参见辻井喬、上野千鶴子：『ポスト消費社会のゆくえ』、文藝春秋、2008年。

费现状调查”显示，家庭外出就餐、购车、买衣服等“平均消费倾向”均明显减少。2018 年总务省的“家计调查”显示，两人以上的家庭每月平均花费 28.73 万日元，已连续五年减少。2009 年全日本的百货店营业额连续 13 年下降。从服装消费来看，2005 年人均消费为 5057 日元，2011 年下降到 4273 日元，2016 年再度下降到 4225 日元。①与昭和后期一味追求奢华高端品牌的消费观念相比，平成时代的消费观转向了理性消费和个性消费，价格亲民、低调朴素的优衣库、无印良品等快速时尚品牌普遍受到欢迎。年青一代消费方式在发生变化，越来越多的年轻人不想参与社会竞争，对物质的欲望较低，消费动力不足，不愿意背负房贷、车贷。2000 年以后，在居住方面，选择合租房间、共享生活空间的年轻人在增加。如果说平成时代之前是“团块世代”奋发有为、引领消费的时代，那么，“低欲望世代”的登场则带来了生活方式、思维方式以及消费观念的变革，令平成时代呈现鲜明的时代特征。

（二）“团块世代”陆续进入晚年并引发护理问题

当今世界不少国家正面临老龄化的问题，特别是经济发达的国家往往老龄化率较为严重。日本是世界数一数二的长寿国，2018 年日本女性平均寿命为 87.32 岁，男性为 81.25 岁。② 同时，日本也是世界上老龄化最为严峻的国家，老龄化率高达 27.7%。随着老年人不断增多，需要护理的老年人的数量也随之增多。截至 2019 年 10 月 1 日，日本 65 岁及以上老年人口达 3589 万人，占总人口的 28.4%，其中，65—74 岁“低龄老年人”为 1740 万人，占总人口的 13.8%，75 岁及以上“高龄老年人”

---

① 総務省『我が国の個人消費の推移』、http://www.soumu.go.jp/johotsusintokei/whitepaper/ja/h29/html/nc112310.html，访问日期：2019 年 1 月 16 日。

② 内閣府『令和 2 年版高齢社会白書』、https://www8.cao.go.jp/kourei/whitepaper/w-2020/html/gaiyou/s1_1.html，访问日期：2021 年 3 月 19 日。

为 1849 万人，占总人口的 14.7%。①高龄老年人的增多，意味着需要护理的老年人增多。被认定为需要护理的老年人在 2000 年是 218 万人，之后每年增加，2015 年超过 600 万人。②另外，患认知症③的老年人数量也在不断增长。2012 年患认知症的老年人有 462 万人，占 65 岁以上老年人总数的 15.0%，即七位老年人中有一人患认知症。④

造成日本人口老龄化的原因有以下几点：一是医疗技术、公共卫生水平的提高。随着新技术和新药品的研发以及新型医疗器械的制造，一些困扰人类多年的疑难病症被攻克，极大地促进了平均寿命的延长。二是总和生育率处于不断下降的态势。低生育率导致 14 岁以下少儿人口数量和所占比例减少，年轻人口减少，老年人口的数量和比例相对增加。三是国民收入水平上升，营养价值高的食品普及，国民身体健康状况特别是老年人的状况有了很大改观，促进了人均寿命的延长。另外，日本人健康的生活方式、饮食结构都对长寿有帮助。四是“国民皆保险”的社会保障制度。五是自 2007 年开始 700 万“团块世代”人口陆续退休，进入老年行列。他们曾是 20 世纪六七十年代经济快速发展时期的主力，随着年龄的增长，这批老年人在医疗护理、日常生活和精神生活等方面的需求持续增加。这就意味着“团块世代”将从一直以来支撑日本经济和社会的力量，转变为需要接受医疗、护理和福利服务的群体。据测算，到“团块世代”的老年群体进入超过 75 岁的高龄老年阶段的 2025 年，65 岁及以上老年人将达到 3500 万人，占总人口的 30%；75 岁及以上老年人将占全日本人口的 18.1%，达到 2179 万人。65 岁及以上患有认知症

---

① 内閣府『令和 2 年版高齢社会白書』、https://www8.cao.go.jp/kourei/whitepaper/w-2020/html/gaiyou/s1_1.html，访问日期：2021 年 3 月 19 日。

② 『介護の担い手家族から社会全体に』、『日本経済新聞』2019 年 1 月 12 日。

③ 认知症，指阿尔兹海默症。——作者注

④ 内閣府『平成 28 年版高齢社会白書（概要版）』、http://www8.cao.go.jp/kourei/whitepaper/w-2016/html/gaiyou/s1_2_3.html，访问日期：2019 年 3 月 20 日。

的老年人将达到470万人，占65岁及以上老年人总数的12.8%。①这些原因造成了日本的老龄化现象比其他国家要严峻得多。

长期以来，日本对老年人的护理由家庭成员承担，其支撑基础是老年人与子女共同生活的家庭模式。平成时代，日本家庭规模不断缩小，老年人家庭、单身家庭、夫妇二人家庭数量不断增加，有子女家庭大幅减少。随着日本女性就业率的不断提高，单纯依靠家庭成员（多为女性成员）对老年人的护理，特别是对长年卧床不起老人的照料和护理已不现实。目前，低龄老年人护理高龄老年人的“老老护理”现象较为普遍。据调查，在与被护理者共同生活的护理者中，有69.0%的男性和68.5%的女性年龄在60岁以上。② 而且，患轻度认知症的老年人照顾患重度认知症家庭成员的现象也并不罕见。

对卧床不起老年人的护理导致家庭成员以及同居者身心疲惫，甚至不得不辞掉工作。据统计，2017年以护理、照顾病人为由离职的人约有9.9万人。③这令本来就劳动力不足的日本雪上加霜。一些家庭不得不把需要护理的老年人放到医院长期住院，此举引发了老年人医疗费用的高涨。另外，由于社区功能弱化，邻里关系疏远，邻里之间很难对老年人的护理提供帮助。近十多年来，独居老年人在寓所内突发疾病而导致死亡的“孤独死”事件时有发生。另外，护理工作强度大，社会地位和工资待遇低，造成养老护理机构中护理人才不断流失，养老护理人手奇缺。2018年日本的总求人倍率④为1.35，但在护理领域竟高达3.5。⑤厚生劳动省在2018年5月的预测显示，到2025年，应对老年人的护理将需要

① 厚生労働省『厚生労働省における高齢者施策について』、http://www.moj.go.jp/content/000123298.pdf，访问日期：2018年2月5日。

② 内閣府『平成27年版高齢社会白書』、http://www8.cao.go.jp/kourei/whitepaper/w-2015/gaiyou/27pdf_indexg.html，访问日期：2018年10月15日。

③『平成29年就業構造基本調査』、https://www.stat.go.jp/data/shugyou/2017/index.html，访问日期：2018年10月15日。

④ 求人倍率，指的是劳动力市场在一个统计周期内工作岗位数与求职人数之比。

⑤『人材不足の介護　支える柱』、『産経新聞』2018年11月14日。

245 万名护理人员，照目前情况来看会出现 34 万人的缺口。①偏远地区护理机构因招不到护理人员而倒闭的消息不时见诸报端。

日本老年人口的增加、老龄化程度的加深将给日本社会带来沉重的压力和负担。伴随着 15—64 岁劳动年龄人口减少，领取公共养老金的人数增加，发放量增大，社会保障费用中的国民医疗和老年人医疗费用将会迅猛增加，政府财政将面临极大压力。

（三）支撑日本经济社会发展的各项制度出现问题

随着经济形势变化及社会发展，曾经令民众安心的社会保障制度、雇佣制度、教育制度、税收制度等均出现诸多破绽。

首先，传统日本社会“男主外女主内”的性别分工模式依然占据主流，只不过这种性别分工模式被予以现代化的外表包装，“由工薪阶层的丈夫和家庭主妇的妻子以及两三个孩子组成了日本现代家庭”，他们首先属于“标准家庭”，在此之上，雇佣制度、纳税制度、养老金制度等关系日常生活的社会机制都建构在这一前提之上，并形成了现在的社会模式。②性别分工模式造就了日本女性的“M”形就业模式，③ 也成就了日本男性将个人生活和事业发展与企业命运联系在一起的职业生涯。男性作为“企业战士”勤奋工作、忍受长时间加班加点的工作，女性在结婚后回归家庭，相夫教子。出于对日本经济不断增长、家庭收入不断增加的心理预期，战后日本的离婚率得以在相当长一段时间内都维持在较低水平。

男女性别分工模式及在此基础上形成的制度架构与平成时代以来的

---

① 『介護の担い手家族から社会全体に』、『日本経済新聞』2019 年 1 月 12 日。

② 落合惠美子：《21 世纪的日本家庭，何去何从》，山东人民出版社，2010，第 184 页。

③ 日本女性的“M”形就业模式指的是女性在不同年龄阶段劳动力率的曲线。毕业后就业待结婚生子后回归家庭做专职主妇，待孩子稍大后再出来工作，类似罗马数字的“M”，故称为“M”形曲线。——作者注

低生育率有着很大关系。尽管20世纪90年代，日本双职工家庭的数量已超过专职主妇家庭的数量，但建立在专职主妇家庭模式之上的福利制度、税收制度、雇佣制度等制约了女性的就业，造成女性在育儿与就业之间的两难选择，也降低了她们的生育意愿。2018年实施的一项调查表明，40—59岁的女性中有34.1%的人认为“工作与家庭兼顾”的人生最为理想，这也是最多选项。2012年《就业结构基本调查》显示，25—44岁边工作边育儿的女性占52.4%，同时，有工作意愿但因生产和育儿无法就业的女性高达113.4万人，①还有为数不少的女性以生孩子为契机离开工作岗位，导致职业生涯中断。虽然日本政府积极改善法律环境、企业环境、社会环境，出台育儿与就业兼顾的相关政策，希望能构建一个有利于女性生育的环境，但收效并不十分明显。近年来，由于保育园数量和保育员人数不足造成的“待机儿童”② 问题更是引发家长的不满。截至2018年4月，等待入托、入园的“待机儿童”为1.99万人，虽比前一年减少24%，但距安倍政府提出的将“待机儿童”人数降为零的目标还有很大距离。孩子进不了保育园，作为母亲的女性就业意愿便得不到满足。低生育率的现实与严峻的育儿困境彰显出日本政府的促进生育政策与“让女性活跃”政策之间存在难以调和的矛盾。

其次，曾支撑日本经济高速增长的法宝“终身雇佣制”“年功序列工资制”趋于崩溃。平成元年，正式雇用劳动者占到全体劳动者的80%，之后受经济影响，不少企业缩减正式员工，稳定的正式雇用岗位逐渐被低工资、低保护、缺乏安全感的非正式雇用取代。应届毕业生遭遇“就职冰河期”与“超级就职冰河期”，③ 找一份全日制工作十分困难，只能

---

① 総務省統計局『平成24年就業構造基本調査』、http://www.stat.go.jp/data/shugyou/2012/index.htm，访问日期：2017年10月15日。

② “待机儿童”问题，指需要入托儿童无法入托，只能待在家中排队等待的现象。导致产生待机儿童问题的主要原因就在于托儿所、幼儿园以及幼师数量严重不足。——作者注

③ 1993年以后，毕业的年轻人极难找到工作，被称作“就业冰河期一代”。2000—2005年被称为“超级就业冰河期”，半数大学毕业生无法顺利正式就业。——作者注

采取“非正式就业”，从事小时工、临时工、“飞特族”[①]、“派遣社员”[②]等非正式工作。总务省《就业基本结构调查》显示，2013 年非正式就业劳动者为 1911 万人，[③] 2018 年增长到 2120 万人。[④] 非正式员工工作不稳定，工资只有正式员工的 63.9%，[⑤] 且缺少上升空间。由于不是全日制正式员工，经济难以自立，一些人不得不与父母一起居住，沦为“结婚难一族”。一些人由此丧失了对婚姻和未来的期待。非正式就业问题不仅拉大了同龄人之间的差距，也加剧了少子化的严峻程度。

最后，社会保障制度问题频现。随着领取养老金的老年人增多，年青一代负担愈加沉重，相当一部分年轻人拒绝加入“国民年金”[⑥] 或滞纳社会保险费，令日本的社会保障制度难以为继。另外，2007 年社会保险厅 5000 万份养老保险记录遗漏，导致个人信息泄露，以及 2015 年黑客入侵导致大量信息外泄等，令日本民众对养老保险失去信任。

四、平成时代日本社会的探索与应对

针对平成时代日本社会的多重困境，历届政府都在谋求社会问题的解决方法，社会各界也进行了多种探索和改革。2009 年 6 月 15 日，在首

---

① “飞特族”，指从英文 freeter 发音而来，由英文的 free（自由）和德语的 Arbeiter（工人）组成，指的是 15 岁到 34 岁做兼职或临时工的年轻人群体，也指那些宁愿做兼职或临时工，也不愿意找一份全日制工作的年轻人群体。——作者注

② “派遣社员”，指日本企业的一种职业种类，由人才派遣公司派遣而不跟企业签订契约，根据企业和个人的情况决定在该公司的工作期间，通常是 3 个月。——作者注

③ 総務省統計局『平成 24 年就業構造基本調査』、http://www.stat.go.jp/data/shugyou/2012/index2.htm，访问日期：2017 年 3 月 8 日。

④ 総務省統計局『労働力調査（詳細集計）平成 30 年平均（速報）』、https://www.stat.go.jp/data/roudou/sokuhou/nen/.../index1.pdf，访问日期：2019 年 2 月 17 日。

⑤ 厚生労働省『平成 26 年就業形態の多様化に関する総合実態調査』、https://www.mhlw.go.jp/toukei/itiran/roudou/koyou/keitai/14/，访问日期：2018 年 12 月 17 日。

⑥ “国民年金”，即国民养老金，是日本养老金制度的基础，在日本拥有居住权的居民必须加入。——作者注

相官邸召开的“实现安心社会会议”明确了政府要在就业、育儿、教育、医疗、护理五大领域构筑让民众安心的社会制度。《面向安心与活力的日本——实现安心社会会议报告》指出，21世纪日本国家形象的目标就是通过“安心社会”与“共生贡献”来实现一个可信赖、有活力、多元共生、支持奉献的“安心”与“活力”的社会。① 2015年，安倍政府提出了“一亿总活跃社会”②的发展蓝图，具体目标就是实现一个安全、安心、包容、有保障、有活力的社会，让包括女性、老年人、残障人士在内的每个日本国民都保有尊严，拥有劳动机会，在家庭、地域社会或工作岗位实现自己的人生价值。

（一）营造让民众安心的社会

针对平成时代日本人普遍的不安全感，日本政府致力打造的“安心社会”具体体现为：对国民的劳动予以公正的回报，让家庭和地域社会之间紧密联系，让劳动与生活互为支持。③换言之，就是构筑一个让国民能够安心工作、安心生活、安心孕育和养育子女、安心养老的社会。在2019年的新年贺词中，安倍是这样阐述的，“我们要向承担未来的孩子们大胆地投资，对社会保障制度进行改革，使之成为包括孩子们到工作着的一代，再到老年人的整个年龄段的人都能安心的全年龄段型的社会保障制度”。④

---

① 首相官邸『社会安心と活力の日本へ—安心社会実現会議報告—』、http://www.kantei.go.jp/jp/singi/ansin_jitugen/，访问日期：2018年1月15日。

② “一亿总活跃社会”的实现途径是“孕育希望的强大经济”“构筑梦想的育儿支援”“安心的社会保障”这“新三支箭”，具体目标是将国内生产总值（GDP）扩大到600万亿日元，总和生育率上升为1.8，护理离职率降低为零。——作者注

③ 首相官邸『社会安心と活力の日本へ—安心社会実現会議報告』、http://www.kantei.go.jp/jp/singi/ansin_jitugen/，访问日期：2018年1月15日。

④ 首相官邸『安倍内閣総理大臣平成31年年頭所感』、https://www.kantei.go.jp/jp/98_abe/statement/2019/0101nentou.html，访问日期：2019年3月1日。

进入平成时代后，日本政府出台了多项鼓励年轻人结婚、生子以及缓解双职工家庭与就业的冲突、完善育儿支援体制的政策与措施，如1994年的“天使计划”、1999年的“新天使计划”、2007年的《工作与生活和谐宪章》等。另外，政府还对《儿童福利法》等法律进行了修订。针对儿童入托难问题，2017年安倍政府提出了“育儿革命”的口号，增加了保育设施的数量，并承诺到2020年彻底解决“儿童等待入托”问题。自2019年4月开始提高保育人员的工资待遇。

针对老年人对养老护理的担心与不安，平成时代日本政府出台了多项法律，并根据时代和社会变迁对既有制度进行修改。例如，《高龄者保健福利推进十年战略》（“黄金计划”，1989年）、《老人保健法》等福利相关八法的修订（1990年）、《新高龄者保健福利推进十年战略》（“新黄金计划”，1994年）、《高龄社会对策基本法》（1995年）、《特定非营利活动促进法》（“NPO促进法”，1998年）、《社会福利法》（2000年修订）、《护理保险法》（2000年实施）、《推进认知症对策的综合战略》（2015年）、《高龄社会对策大纲》（2018年）等。值得一提的是，《护理保险法》由政府、社会保险和个人三者共同承担费用，将护理制度从一种社会福利制度转变为一种社会保险制度。

为了回应大多数老年人希望在熟悉的环境生活、养老、接受医疗和护理的愿望，积极推进地域综合关怀体系的构建。针对养老护理机构工作人员辞职率高的问题，着手减轻养老护理从业人员的负担，改善其待遇，提高其社会地位，确保日本拥有足够的护理人才。另外，针对护理人手不足现象，2015年3月6日，新设“护理”的“在留资格”，允许在日本取得“护理福祉士”① 资格的外国留学生在日本国内养老机构从事护理工作。同时，在技能实习制度中承认护理一职，对技能实习生打开了从事护理工作的大门。日本政府还加大了对人工智能技术开发和应

① “护理福祉士”，指具备专业护理知识和技术的通过国家资格认证的护理人员。——作者注

用的支持，希望将来人工智能机器人、信息通信技术（ICT）等能在日常对老年人的照顾上发挥作用，借此弥补护理人员的不足。

（二）挖掘潜在劳动力，释放地方活力

日本政府认为，“‘安心社会’与‘共生贡献’是日本驶向21世纪的两个车轮，要以‘安心’支撑的强大经济为亚洲和世界做贡献，同时，要与亚洲、世界共生，必须要增强日本国家安全感”。[①]针对劳动力不足的困境，提出“改革劳动、促进女性更加活跃、灵活使用外国人才”等政策。日本政府希望构建的是“让年轻人、女性、老年人、残障人士等在内的有劳动意愿的每一个人能充分发挥自己的能力，安心工作，过安定生活的社会”。[②] 这种可持续的“全员参与型”社会，主要表现在以下四个方面。

一是发挥女性的潜在劳动力，弥补劳动力的不足。1985年制定的《男女雇用机会均等法》、1991年制定的《育儿休假法》（后改为《育儿护理休假法》），在法律上保障了女性工作和育儿休假的权利。2015年8月28日，为扩大女性录用和晋升的机会，促进女性职业发展，国会通过了《关于促进女性在职业生活中活跃度的法律》（简称《女性活跃推进法》），具体目标是：育儿休假延长至三年，“待机儿童”人数降为零，女性管理职位比例升至30%。“让每一个女性都焕发光彩的社会”是安倍政府的重要施政目标，也是实现“一亿总活跃社会”的重要支柱。

二是延长退休年龄，促进老年人再就业，让健康老年人充分发挥其能力，实现其人生价值。《高龄者雇佣安定法》规定企业有义务继续雇用

---

① 首相官邸『社会安心と活力の日本へ—安心社会実現会議報告—』、http://www.kantei.go.jp/jp/singi/ansin_jitugen/，访问日期：2018年1月15日。

② 厚生労働省『雇用・労働』、http://www.mhlw.go.jp/stf/seisakunitsuite/bunya/koyou_roudou/，访问日期：2017年11月22日。

有工作意愿的员工至 65 岁。厚生劳动省 2015 年的《高龄者就业状况》显示，为 65 岁以上有工作意愿的老年人提供工作机会的企业达到 72.5%，为 70 岁以上老年人提供工作机会的企业达到 20.1%。① 近年来，日本政府还鼓励那些身体健康的老年人在社区发挥作用，支持老年人创办社区食堂、育儿中心、儿童放学后的看管中心等，既满足了社区居民的需求，又能发挥老年人的余热。

三是改革既有工作方式，让社会焕发活力。为了应对少子老龄化带来的育龄人口减少，以及家庭与工作两难的困境，2018 年“工作方式改革”全面铺开。此举纠正了日本企业长时间工作的弊端，贯彻了同工同酬的方针，扩大了就业机会，挖掘了妇女和老年人的潜在劳动力，释放了劳动意愿。从推行的效果来看，工作方式和雇佣制度改革已初见成效，2018 年平均完全失业率为 2.4%，是 26 年来的最低值。②

四是促进地方社会的活跃。平成时代之初，竹下登政府为应对老龄化以及人口减少导致的地方衰退，出台了振兴政策“故乡创生事业”，向全国自治体提供了一亿日元的资金。第二届安倍政府针对“东京单极中心过度集中”的问题，提出了“地方创生”的政策，鼓励地方政府采取积极措施吸引人才，让更多优秀人才流向地方，增加地方的活力。同时，支持城市老年人到地方养老、居住，实现大城市和地方社会均衡发展。

（三）完善“公平”与“包容”的社会制度

针对平成时代日本社会收入分配差距扩大、非正式雇用劳动者群体增大以及中产阶级向底层流动的趋势，日本政府出台了一系列方针政策，

---

① 厚生労働省『平成 27 年高齢者の雇用状況（集計結果）』、https://www.mhlw.go.jp/file/04-Houdouhappyou-11703000-Shokugyouanteikyokukoureishougaikoyoutaisakubu-Koureishakoyoutaisakuka/271021_1.pdf，访问日期：2018 年 12 月 12 日。

② 「失業率改善 2.4%」、『朝日新聞』2019 年 2 月 2 日。

力图构建一个公平与包容的社会。具体而言是采取措施，将包括残障人士、贫困者、单亲家庭、外籍劳动者、性少数群体①等在内的弱势群体，从孤立无援的境遇下解救出来，使之全部纳入福利制度之中。概括起来，完善公平与包容的社会制度主要体现在以下三个方面。

一是对社会弱势群体予以保护和支持，切断贫困的代际连锁。针对相对贫困问题，日本政府在原有社会保障的基础上，谋求构筑一个包括生活保护制度、就业保险制度在内的安全网。为生活窘困者提供生活保障费②；对收入达不到一定水准的群体（年收入不足 270 万日元，约合 17 万元人民币）在所得税、住民税上给予减免，并相应减免其国民年金、国民健康保险的缴纳额。2002 年 8 月公布的《支援无家可归者的自立等相关特别措施法》，对无家可归者在经济上的自立予以援助。自 2005 年开始，启动了旨在帮助生活贫困者自立的“自立援助项目”。2013 年 5 月，政府通过了《生活保护法》修正案（2014 年 4 月实施）。2013 年 12 月通过了《生活穷困者自立支援法》，自 2015 年 4 月开始实施“生活窘困者自立支援制度”，在全国范围设立了对生活困窘者的咨询窗口，并配有专门的支援人员，对单亲家庭子女和贫困家庭子女提供援助。

针对贫困儿童有“儿童抚养津贴”③ 等。2012 年，为贫困家庭儿童提供免费或低价饮食的“儿童食堂”走进大众视野，经营者有 NPO 法人、民间团体以及个人等。2013 年 6 月众参两院通过了《关于推进儿童贫困对策的法律》（《儿童贫困对策法》，2014 年 1 月 17 日实施），2014 年 8 月通过了《儿童贫困对策大纲》。民间也配合政府开展了积极的行动。2019 年 10 月起，对有 3—5 岁儿童的全部家庭实施免托儿费，对有

---

① “性少数群体”，即女同性恋、男同性恋 、双性恋 、跨性别、酷儿、间性人、无性恋以及其他非规范性的性取向、性别认同和性别表达的人的总称。——作者注

② 包括“生活扶助、住宅扶助、教育扶助、医疗扶助、生产扶助、就业扶助、葬祭扶助、护理扶助”。——作者注

③ “儿童抚养津贴”，针对抚养不满 18 岁子女的单亲家庭，每月为其子女提供 13500 日元。——作者注

0—2 岁幼儿的已免除居民税的低收入家庭实施免托儿费。自 2020 年 4 月起，在高等教育阶段实施学费等减免制度，向低收入家庭的大学生发放无须偿还的补贴型助学金。此项政策在一定程度上缓解了低收入家庭的育儿困境和子女接受教育的困难，显示了政府力图切断“贫困的代际连锁”的努力。

二是贯彻同工同酬，关注和保护非正式就业者。2015 年修订的《劳动者派遣法》，原则上禁止雇用时间在 30 天以内的短期派遣，以期保证派遣型劳动者可以有一个长期稳定的就业环境，缩小派遣员工与正式员工之间的收入差距。一些地方政府和民间机构为有就职意愿的劳动者提供培训和学习机会，扩大劳动者职业的上升空间，改进职业能力评价制度，促进非正式就业者向正式就业者的流动。

三是以包容和公平的态度对待外籍劳动者。截至 2017 年 10 月，在日本的外籍劳动者约 128 万人，比前一年增加了 18%。①大多数外籍劳动者社会地位较低，待遇低，工作强度大，经常发生“失踪”现象（到工资更高的地方就职）。另外，工作环境不安全，人身伤害事故频发。在少子老龄化的背景之下，针对劳动力不足的问题，日本一直在探讨引进外国人力资源的问题。2018 年 12 月，《出入境管理及难民认定法》（简称《入管法》）修正案在众参两院通过，该法案以护理、建筑、农业等 14 个行业②为对象，从 2019 年 4 月起新设两种“在留资格”，有条件地向外籍劳动者打开了大门。据日本政府预计，该制度生效后，未来五年将吸引约 34 万外籍劳动者进入日本。③外国人在日本工作、生活、子女接受教育、社会保障等方面能否获得与日本人同等的权利，考验日本政府的施政水平以及日本社会是否公平和宽容。这需要日本政府、自治体、企业、

---

① 「外国人労働者 128 万人　過去最高、厚労省　外国人頼み一段と」、『日本経済新聞』2018 年 1 月 26 日。

② 这 14 个行业分别是护理、建筑清洁、锻造产业、机械制造、电气电子机械产业、建筑业、船舶制造业、汽车维修业、航空业、住宿业、农业、渔业、饮食行业、餐饮业。

③ 「外国人材初年度 4.7 万」『朝日新聞』夕刊、2018 年 11 月 13 日。

市民团体相互协作，共同营造一个多文化共生的社会，即“拥有不同国籍和民族的人们彼此认同各自文化的差异，作为地方社会的一员，建立一种平等的关系并共同生活”。①

（四）探寻“多元协作”的治理模式

以1995年阪神大地震为契机，民间组织和志愿者及时有序开展的救援工作获得了日本政府的认可，并直接促成了1998年《特定非营利活动促进法》的颁布。此后，非营利组织（NPO法人）大量涌现，在日本的福利、教育、环境、社会治理等领域发挥着积极作用，影响和改变着战后以来中央集权的“官民型”社会。进入21世纪，中央政府、地方政府、非营利组织、市民团体、社区居民之间正在形成一种新型的互助、互动关系——“协动”。

“协动”即“多元协作”，指的是不同种类不同性质的组织为了达成一致的社会目的，在保持各自资源、特性的基础上，以平等的立场协力共同采取行动。“协动”主要包括以下要素：各个主体享有共同的目标；主体自主、自律与平等；为了达成目标，各主体之间各有偏重，相互弥补；各主体承担相应的责任；依据求同存异的原则，相互尊重各自特点，达成目标。②进入2000年以后，不少地方政府表现出积极改善与非营利组织关系的姿态，一些自治体制定了“协动推进条例”“协动指针”“协动推进方针”“市民活动支援条例”“社区营造条例”“自治基本条例”等。有些自治体还增设了“协动推进课”“市民协动课”等。更多的是在政策、措施中增加了以非营利组织为对象的内容，向市民提供各种非营利组织的信息，为市民团体活动提供场所，促进市民和非营利组织对社会

---

① 総務省『多文化共生の推進に関する研究会報告書』、www. soumu. go. jp/kokusai/pdf/sonota_b5. pdf，访问日期：2019年1月15日。

② 胡澎：《日本非营利组织参与社会治理的路径与实践》，《日本学刊》2015年第3期。

治理的参与。

政府部门与非营利组织之间的“多元协作”通常表现在：政府负责制定规划，通过委托事业、发放补助金对非营利组织的活动予以资助，也有采取共同举办活动等方式。另外，通过人员之间的交流、人才派遣、提供设施设备等方式，政府与非营利组织进行合作和互动也比较常见。非营利组织也经常进行调查、研究，提供分析和专门知识，并及时向政府提案并监督政策的实施。

“多元协作”推动了日本的行政体制改革进程，为社会治理寻找到一条稳妥的途径。近年来，日本各地积极探索如何通过“多元协作”因地制宜地进行社会治理。例如，2010 年，千叶县柏市与东京大学高龄社会综合研究机构和都市再生机构合作，通过改善居家养老的社会环境，构筑地方关怀体系，开始了“长寿社会的社区营造”事业。西淀微笑网络（NPO 法人）为了消除年轻母亲在育儿上的烦恼，在当地区政府的积极支持下开展了丰富多彩的帮扶活动。例如，在区政府内设置了亲子交流的场所，定期举办育儿讲座，提供育儿信息，受到育儿家庭的欢迎。“多元协作”发挥了政府、非营利组织、企业、大学、志愿者以及居民的积极性，为平成时代日本社会问题的解决寻找到了一条出路。

五、结语

综上所述，平成时代日本社会面临诸多困境，有些是后现代国家所共通的，如年青一代生活方式的变迁、低生育率、人口老龄化问题；有些则是日本社会所特有的，如“团块世代”、低欲望的年青一代、男女性别分工模式、非正式就业等。整个平成时代，日本的政治家、官僚、学者、媒体人都在思考如何走出困境，如何让日本在实现了战后辉煌之后走向另一个辉煌。针对看起来前景似乎不太光明的未来，安倍首相发出了要让日本重归强大的宣言，希望能让日本重拾自信。2018 年 12 月 12 日，安倍首相在答记者问时说他本人选了“转”字作为年度汉字，希望 2019 年的日本能走出困局，迎来转圜。[①] 2019 年 4 月 1 日，日本政府宣布新年号为“令和”，这一取自《万叶集》的年号寓意严冬即将过去，温暖的春天就要来临。令和时代，“安心”“安全”“共生”“活力”的政策和措施能否消解日本民众的不安与不满，让他们重新拥有梦想与希望？日本能否重振信心，去实现一个政治透明和清廉的社会，一个和平稳定和更加开放包容的社会，一个有利于年轻人结婚和育儿的社会，一个能发挥现有科技、研发、创新等优势，焕发经济活力并解决日本困境的社会？同时，在历史问题上，日本能否与被侵略的亚洲国家实现和解，并在互利互惠基础上争取更大的合作空间？这些问题不仅影响着令和时代日本的走向，也考验着日本政府的执政能力和国家治理水平。

平成时代已成既往，不管我们如何定义这个时代，平成时代日本所面临的困境、在困境中的挣扎、应对以及探索都将成为人类社会的遗产，特别是日本少子老龄化问题出现之早、发展进程之快、程度之深是其他国家所不可比拟的，堪称人类历史上未曾有过之难题。因此，其解决方案对于东亚乃至世界都具有重要意义。

① 『今年の漢字、首相は「転」』、『日本経済新聞』2018 年 12 月 12 日。

第三节
平成时代日本的教育改革*

在平成时代，日本政府尤为重视教育问题，指出“在世界性大竞争的时代……教育成为所有社会体系的基础”,①“将教育改革定位为内阁的最重要课题，旨在实现‘教育立国’”,②“教育诸制度……成为我国社会发展的原动力”,③首相安倍晋三 2019 年曾经宣称：“夏天将要制定的人工智能（AI）战略的支柱，是教育体制的改革。”④日本政府对教育的重视不仅停留在政策表面，而且不惜投入大量国家财政，全面发展各级教育：早在战败之初的 1947 年，就实现了 9 年免费义务教育；2010 年实现了公立高中的免费教育，自 2019 年开始实施幼儿教育免费制度，2019 年完成了大学教育免费的立法程序（自 2020 年度开始实施)。日本政府对教育的重视程度、实施力度，值得关注与深入研究。

---

* 作者臧佩红，南开大学世界近现代史研究中心、日本研究院副教授。

① 文部省『我が国の文教施策』(1999 年度)、東京：大蔵省印刷局、1999 年、「刊行に寄せて」。

② 小渕恵三「教育改革国民会議の第一回会合　内閣総理大臣挨拶」、2000 年 3 月 27 日、https://warp.ndl.go.jp/info:ndljp/pid/11236451/www.kantei.go.jp/jp/kyouiku/dai1/souri.html，访问日期：2021 年 3 月 25 日。

③ 文部科学省『文部科学白書』(2007 年度)、東京：日経印刷、2008 年、4 頁。

④ 安倍晋三「第百九十八回国会における安倍内閣総理大臣施政方針演説」、1 月 28 日、https://www.kantei.go.jp/jp/98_abe/statement2/20190128siseihousin.html，访问日期：2021 年 3 月 25 日。

一、平成时代教育改革的阶段性

平成时代（1989—2019 年）的三十年间，以直属内阁的教育审议会的设立为标志，日本的教育改革历程大致可以分为四个阶段。

（一）第一阶段为教育的“自由化”阶段（1989—2000 年）

平成时代之初的 1989 年，是日本政府全面推行“自由化”教育改革之年。该阶段的教育改革政策，由此前直属内阁首相的“临时教育审议会”（简称“临教审”）① 制定。在“临教审”研究制定教育政策期间，日本朝野曾针对教育“自由化”问题展开争论，自民党内的中曾根派、原通产省官僚、财界以及相关学者等积极主张实施教育自由化，指出：“所谓‘教育自由化’，即放宽国家对教育的划一性统制，放宽各种资格标准、规则等。”②但由于民间民主力量的反对，最终以“个性主义”的表述取代了“自由化”，③ 1987 年临教审最终报告中将“个性原则”确立为教育改革的首要原则。于是，日本的教育理念、教育行政、学校制度等几乎整个教育领域，均被不同程度地“自由化”。进入 90 年代后期，日本政府则又冠以“规制缓和”之名。日本政府从 1996 年度开始探讨有关教育的规制缓和问题，同年 12 月制定的《关于推进规制缓和的意见

---

① “临教审”于 1984 年 8 月设立，至 1987 年 8 月解散，其间共提出了四次咨询报告，确立了日本今后教育改革的基本政策，而其实施则主要是在 1989 年以后的平成时代。因此，论述平成时代的各项教育改革时，均须将其政策出台的背景、目的、内容等，追溯到 1987 年“临教审”的教育改革报告。下文相关论述均基于此种考虑，不再赘述。——作者注

② 香山健一「教育の自由化論争の歴史的意義」、1985 年 5 月 8 日。永井憲一、三輪定宣『資料集臨教審・教育改革の動向』、エイデル研究所、1985 年、258 頁。

③ 永井憲一、三輪定宣『資料集臨教審・教育改革の動向』、エイデル研究所、1985 年、265 頁；伊崎暁生、松島栄一『日本教育史年表』、東京：三省堂、1990 年、236 頁。

（第二次）》中，包括教育领域的 4 个方面 7 项内容。1997 年 3 月，日本内阁修改《规制缓和推进计划》，其中在原有 10 个领域之外，首次单独设立“教育”领域，并新增教育规制缓和项目 30 项（加上原有的共 65 项）。①

在教育整体方面，1989 年 4 月，文部省设立了第 14 期中央教育审议会。该审议会先后制定了教育改革建议报告《关于终身学习的基础整备》（1990 年 1 月）、《适应新时代的教育诸制度改革》（1991 年 4 月）等，对日本的教育制度改革提出了全面的建议。

在初等、中等教育方面，战后以来，日本政府大约每十年修改一次小学、初中、高中的《学习指导要领》，实施初等、中等教育的课程改革。平成时代亦同。1989 年 3 月，文部省全面修改了小学、初中、高中《学习指导要领》。此次改革的关键词是“弹性化”。例如，将小学一、二年级的“社会课”与“理科课”合并为“生活课”；初中扩大可选课程的范围，增加了音乐、美术、保健体育及技术与家庭等选修课；高中增加了可供学生选择的课程，普通课程增加 17 种，职业课程增加 27 种等。②

在高等教育领域，大学审议会（设立于 1987 年）围绕着“教育研究的高度化”“高等教育的个性化”“组织运营的灵活化”三个方面，提出了具体的高等教育改革政策，简化了《大学设置基准》，导入了自我检查评价等。③ 1992 年 7 月，学术审议会制定的咨询报告《展望 21 世纪的学术研究的综合推进方策》中，首次提出“卓越研究中心（COE）”，1994 年 7 月提出建议《关于卓越研究中心的形成》，文部省从 1995 年度开始，重点投入研究经费 92 亿日元，资助有志于成为卓越研究中心的研究机构

① 文部省『我が国の文教施策』（1997 年度）、東京：大蔵省印刷局、1997 年、203 頁。
② 文部省『我が国の文教施策』（1988 年度）、東京：大蔵省印刷局、1988 年、68-72 頁。
③ 文部科学省『文部科学白書』（2008 年度）、東京：佐伯印刷、2009 年、143 頁。

及研究组织。①

（二）第二阶段为教育的“结构改革”阶段（2000—2006年）

2000年3月，日本政府设置直属内阁首相的“教育改革国民会议”，标志着新一轮教育改革的开启。同年12月，该会议提交了教育改革建议《教育改革国民会议报告——改变教育的17项提案》。根据该教育改革建议，日本政府对教育进行了“结构改革”，② 主要体现在三个方面。第一，改革中央教育行政机构。2001年1月，文部省（始设于1871年）与科学技术厅合并，改编为文部科学省，旨在综合推行教育、科学技术与学术、文化体育等各种政策。文部科学省的成立，是中央教育行政的结构性改革，它为经济行政、科技行政参与教育行政提供了制度保障。第二，国立大学法人化。2003年7月，日本政府公布了《国立大学法人法》相关6法案，国立大学、公立大学、国立高等专门学校自2004年4月起成为法人。战后以来，国立大学一直秉承“教授会”治校原则，体现了教育行政的“民主”与“独立”原则。法人化以后，国立大学不再接受政府的行政指令，加强了大学校长的权力，具有更大的自由度，但实际上，日本政府通过项目审批、资金划拨、事后评价等环节，使国立大学自发地服从政府的意图，从而事实上加强了政府的权力；同时，法人化的国立大学聘用校外人士作为大学运营的理事，大学受到外部力量的干涉。因此可以说，国立大学法人化是对学校教育行政中“民主”与“独立”原则的“结构改革”。第三，修改《教育基本法》。2006年12月，

① 文部省『我が国の文教施策』（1995年度）、東京：大蔵省印刷局、1996年、310頁。

② “2001年6月《经济财政运营及经济社会结构改革基本方针之后》，政府用了6年时间进行了结构改革。”见内閣府『結構改革報告書　6　近年の規制改革の進と生産性の関係』、2006年12月、「はじめに」。

日本国会修改了1947年颁布实施的《教育基本法》。《教育基本法》是战后日本的“教育宪法”，“明示教育目的，确立新日本教育的基础”。《教育基本法》的修改，标志着日本政府完成了战后教育领域中最大的“结构改革”。

在教育整体方面，2001年1月，文部科学省制定了《21世纪教育新生计划》，并于同年3月至6月先后修改了6项教育法律，旨在实现：公立中小学每个班级20人；加强自然体验活动、社会奉献体验活动等；各国立大学自主决定其教师组织；教育委员会委员构成多样化等；在学校教师人事上，更加反映校长的意向；促进学校教育、社会教育中的志愿者活动等社会奉献体验活动、自然体验活动；允许优秀的高中生、大学生跳级升学；等等。①2002年4月至6月，又修改了3项教育法，实现了允许国立大学合并、废除短期大学学部、新设高等专门学校；允许在教员资格制度上采取弹性措施，采取措施促进社会人的录用；等等。②

在初等、中等教育领域，从2002年度开始，全面实施新的中小学《学习指导要领》，高中的新《学习指导要领》从2003年度开始分年级实施。此次课程改革的特点是再次提倡“宽松”教育，各教育阶段的年课时量均减少了70课时（每周减少2课时），高中普通科的必修学分由38学分减为31学分，高中毕业所需必修学分由80学分以上减为74学分以上。同时，此次课程改革也增加了适应国际化、信息化等新时代要求的内容。③

在高等教育领域，从2001年以后，中央教育审议会的大学分科会取代了大学审议会，针对大学改革进行审议，创设了以法科大学院为首的

---

① 文部科学省『文部科学白書』（2002年度）、平成14年度　文部科学白書［第2部 序章第2節］（ndl. go. jp）。

② 文部科学省『文部科学白書』（2002年度）、平成14年度　文部科学白書［第2部 序章第2節］（ndl. go. jp）。

③ 文部省『我が国の文教施策』（1999年度）、東京：大蔵省印刷局、1999年、246-247頁。

专门职大学院制度，并实现了设置批准的弹性化，导入了认证评价制度。①此外，文部科学省从2002年度开始实施“21世纪卓越研究中心项目”，旨在“建设具有国际竞争力的世界最高水平大学”，②每个项目每年1000万日元至5亿日元、连续支付5年，接受资助2年以后，接受中间评价，项目结束时接受事后评价。

（三）第三阶段为“教育再生”阶段（2006—2013年）

2006年10月，设立了由首相召集的“教育再生会议”，由首相、内阁官房长官、文科大臣、野伊良治座长等16人组成。该会议根据修改后的《教育基本法》所规定的各项教育原则，分别于2007年提出了三次中间报告，2008年1月提交了最终报告。③ 根据其建议，2007年6月，日本政府修改了《学校教育法》《地方教育行政组织及运营法》《教育职员资格证法及教育公务员特例法》（“教育三法”）等教育法。

在教育整体方面，2008年7月，日本政府首次制定了有关教育的综合性计划——第一期“教育振兴基本计划”。该计划“明确了今后10年应实现的教育状态，同时规定了今后5年间（2008—2012年度）应该综合性、计划性推进的政策措施，以实现‘教育立国’”。该教育振兴计划设立了4个基本方向：社会全体致力于提高教育；尊重个性、发展能力，培育作为个人及社会一员的生存基础；培育教养与专业兼备的、知性丰富的人才；确保学生的安全与安心，创造高质量的教育环境。④

在初等、中等教育方面，2008年，日本政府公布了新的小学、初中、高中《学习指导要领》（从2009年4月开始陆续实施）。改革的具体内容

① 文部科学省『文部科学白書』(2008年度)、東京：佐伯印刷、2009年、143頁。

② 21世紀COEプログラム（平成16年度採択拠点）事後評価について：文部科学省(mext. go. jp)。

③ 文部科学省『文部科学白書』(2007年度)、東京：日経印刷、2008年、5頁。

④ 文部科学省『文部科学白書』(2008年度)、東京：佐伯印刷、2009年、5頁。

包括7项：加强语言活动；理数教育；传统与文化教育；道德教育；体验活动；小学阶段的外语活动；从应对社会变化的角度横向改革课程。①此次课程改革的特点之一是增加课时量，小学6年共增加278课时，增加课时的课程有国语、社会、算术、理科、体育、外语；初中3年共增加105课时，增加课时的课程包括国语、社会、数学、理科、保健体育、外语。②

在高等教育方面，中央教育审议会公布了咨询报告《我国高等教育的将来像》（该报告于2005年1月提出，其实施在2006年以后）。该报告将未来大学的功能分为7类：世界性的研究和教育中心，培养高级专门职业人才，培养广泛的职业人，综合性的教养教育，特定专业领域（艺术、体育等）的教育研究，地方终身学习机会的中心，社会贡献功能（地方贡献、产学官合作、国际交流等）。计划使各个大学根据其各自的功能差异，逐渐分化成各类别的大学。③根据该建议，2006年3月，文部科学省制定了《大学院教育振兴施策纲要》，计划通过实施“全球COE项目”等，实现有国际魅力的研究生教育，从2007年度开始公开招募。④

（四）第四阶段为“教育再生实行”阶段（2013—2019年）

2013年1月，日本政府设置了直属内阁首相的“教育再生实行会议”，至2019年5月，该会议共提出了11项改革建议方案，包括“欺侮问题的应对”“教育委员会制度等的方式”“今后大学教育等的方式”“高中教育与大学教育的接续、大学入学者的选拔方式”“今后学制等的方式”“实现‘继续学习’社会、全员参加型社会、地方创生的教育方

---

① 文部科学省『文部科学白書』（2007年度）、東京：日経印刷、2008年、28-29頁。

② 文部科学省『文部科学白書』（2007年度）、東京：日経印刷、2008年、31頁。

③ 文部科学省『文部科学白書』（2008年度）、東京：佐伯印刷、2009年、143-144頁。

④ 平成19年度「グローバルCOEプログラム」公募説明会の開催について：文部科学省（mext. go. jp）。

式”“今后时代所需的资质能力，培育该资质能力的教育，教师的方式”“为实现教育立国的教育投资、教育财源的方式”“发展所有学生的能力、实现其可能性的教育”“为使教育能培养学生提高自我肯定感、亲手开拓未来，而提高学校、家庭、地方的教育力”“适应技术发展的教育革新、应对新时代的高中改革”。① 内容涵盖几乎所有教育领域，且均被贯彻实施。

在教育整体方面，2013 年 6 月，日本政府制定了第二期《教育振兴基本计划》。该计划所列具体方针包括：培育社会生存能力，培养活跃于未来的人才，建立学习的安全网，形成有联系和活力的社区。② 2018 年 3 月，日本政府批准第三期《教育振兴基本计划》，确立“今后教育政策的中心是面向‘人生 100 年时代’、‘超智能社会（5.0 社会）’的到来，将每个人一生的‘可能性’与‘机会’最大化；教育改革的基本方针是：（1）培育怀有梦想与志向、挑战可能性的必要能力，（2）培育牵引社会持续发展的多样性能力，（3）整备终身学习、活跃的环境，（4）建立每个人都成为社会主力的学习的安全网，（5）整备推进教育政策的基础”。③

在初等、中等教育方面，2017 年 3 月，文部科学省公布了新的小学、初中《学习指导要领》，2018 年 3 月又公布了新的高中《学习指导要领》，课程改革的基本方针是：（1）从主体性、对话性深入学习的视点改善授课；（2）各学校推进课程运营：注意各门课程之间的横向性联系；（3）教育内容的改善事项：切实培育语言能力、充实数理教育、充实有关传统及文化的教育、充实道德教育、充实体验活动、充实外语教育、培育信息活用能力、指导国旗国歌。④

---

① 文部科学省『文部科学白書』（2019 年度）、東京：日経印刷、2020 年、59-62 頁。
② 文部科学省『文部科学白書』（2014 年度）、東京：日経印刷、2015 年、76 頁。
③ 文部科学省『文部科学白書』（2019 年度）、東京：日経印刷、2020 年、63 頁。
④ 文部科学省『文部科学白書』（2019 年度）、東京：日経印刷、2020 年、117-118 頁。

在高等教育方面，2018 年 11 月，中央教育审议会制定了《面向 2040 年的高等教育总体战略》，指出："2040 年社会变化的方向，可以列举出可持续开发目标（SDGs）、5.0 社会、第四次产业革命、人生 100 年时代、全球化、地方创生等 6 个方面。"① 为了适应新的生活变化，日本政府计划建立多样性与灵活性的教育研究体制，包括：以学位项目为中心的大学制度，确保实施实践性教育的人才，学分互换制度的灵活化与推进信息通信技术（ICT）活用教育，高等教育机构的国际开展，推进留学生交流，确保学位等的国际通用性，充实职业教育等方面。②

二、平成时代教育改革的主体内容

平成时代日本教育改革的内容，主要沿着四条主线展开：第一，在教育目的上，不断削弱"为个人"、逐步加强"为国家"；第二，在教育行政上，不断削弱"分权"与"独立"，加强了"集权"与"干涉"的程度；第三，在学校制度上，"多轨制"继续分化、低龄化；第四，在教育内容上，"普通"内容减少、"职业"内容加强。

（一）教育目的中的"为国家"倾向

任何一个国家的教育政策中，都要规定教育发展的目的是偏重于"为个人"，还是偏重于"为国家"。1947 年《教育基本法》规定"教育目标必须是完善人格，培养……尊重个人价值……充满独立自主精神的身心健康的国民"（第一条 教育目的），教育目的偏向于"为个人"。1987 年，"临教审"对《教育基本法》中的"个性"理念做了解释：

---

① 文部科学省『文部科学白書』(2018 年度)、東京：日経印刷、2019 年、8 頁。

② 文部科学省『文部科学白書』(2018 年度)、東京：日経印刷、2019 年、11 頁。

"所谓个性，不仅指个人的个性，还意味着家庭、学校、社区、企业、国家、文化、时代的个性……自由伴随着重大的自我责任……个人的尊严，尊重个性、自由、自律、自我负责，是密不可分、互为一体的。"①也就是说，表面上是主张"个性"与"自由"，实际上则意在强调"集体"与"责任"。"临教审"的咨询报告中还强调："要深刻认识到，一个好的国际人是一个好的日本人，必须实现爱国心的教育，使学生牢牢掌握日本文化的个性，同时加强理解外国文化及传统等的教育。"②可见，虽然日本政府确立了"个性""自由""国际化"等教育基本原则，但其中也包含着"集体""责任""爱国"等内涵。

2006 年 12 月修改的《教育基本法》中，新增"尊重公共精神""继承传统"（"前言"）："培养基于公共精神、主体性参与社会建设并对其发展做出贡献的态度"，"尊重传统与文化，热爱拥有这种传统、文化精神的祖国与故土"（"第二条教育目标"）等内容。也就是说，日本政府以"公共精神""传统与文化"等表述，将"为国家"的教育目的正式写入国家的教育根本大法。继而，2007 年 6 月修改的《学校教育法》中，有关义务教育目标新增加"规范意识，基于公共精神的主体性参与社会建设""尊重传统与文化，热爱拥有这种传统、文化精神的祖国与故土"等内容。

"为国家"教育目的也被贯彻到具体的教育内容中。2008 年新《学习指导要领》的基本原则第一条即为："根据修改后的《教育基本法》中规定的公共精神、尊重生命与自然的态度、尊重传统与文化、热爱祖国与乡土、培养贡献于国际社会的和平与发展的态度等新教育目标，改善各门课程的教育内容。"主要实施途径包括："充实有关传统与文化的

① 文部省『教育改革に関する報告——臨時教育審議会第一次～第四次（最終）答申』、東京：大蔵省印刷局、1988 年、12-13 頁。

② 文部省『教育改革に関する報告——臨時教育審議会第一次～第四次（最終）答申』、東京：大蔵省印刷局、1988 年、15-16 頁。

教育。充实继承我国及乡土的传统与文化并发扬其长处的教育。具体而言，要重视国语科中的古典，充实社会科中的历史学习，音乐科中充实唱歌与日本乐器，美术科中充实我国的美术文化，保健体育科中充实对武道的指导。”①

在学校教育中，主要通过两条途径贯彻“为国家”的教育目的。第一，加强“道德”教育。由于日本战前的道德教育课程——“修身课”——曾被用于向国民灌输皇国主义、军国主义思想，因此，在战后取消了专门的道德教育课程，而是将相关内容放到了“社会课”中。从1958年开始特设“道德时间”，将道德教育重新单列出来，但只是拿出单独的时间来教授，而并非正式的课程。进而，修改后的中小学《学习指导要领》，规定小学从2018年度、初中从2019年度开始全面实施“特别教科 道德”，将“道德”升级为专门的课程，与“国语”“数学”等课程并列。第二，强调升国旗、唱国歌。文部省1989年修改的《学习指导要领》中明确规定：在入学仪式及毕业仪式上要升国旗、唱国歌。1990年的入学仪式上，升国旗的比例小学为95.7%、初中为95.5%、高中为90.1%，唱国歌的比例小学为75.1%、初中为76.8%、高中为64.8%，② 升国旗、唱国歌的比例大幅度提高。1993年高中、初中、小学毕业仪式上升国旗的比率分别为98.3%、97.8%、94.2%，唱国歌率为86.7%、82.4%、73.0%。③ 1999年8月公布实施《国旗国歌法》后，文部省下令“以该法律的制定为契机，进一步促进对国旗及国歌的正确认识”。④ 1998年修改的《学习指导要领》中，继续规定在社会科、特别活动中指导国旗、国歌，进而要求小学音乐课中加强对国歌的指导。2008年修改的《学习指导要领》中，要求特别活动的“入学仪式及毕业仪式

① 文部科学省『文部科学白書』(2007年度)、東京：日経印刷、2008年、28-29頁。
② 文部省『我が国の文教施策』(1990年度)、東京：大蔵省印刷局、1990年、299頁。
③ 文部省『我が国の文教施策』(1993年度)、東京：大蔵省印刷局、1993年、246頁。
④ 文部省『我が国の文教施策』(1999年度)、東京：大蔵省印刷局、1999年、254頁。

上，根据其意义，指导升国旗、唱国歌”，进而要求小学音乐课中加强对国歌的指导。① 2018 年新的《幼稚园教育要领》中，在“亲近国旗”的基础上，新规定要“亲近国歌”。“为国家”的教育目的日益被强化、低龄化。

（二）教育行政的“集权”与“干涉”趋势

在法理上，1947 年《教育基本法》规定：“教育不服从不正当支配，应对全体国民直接负责。”（第十条 教育行政）在该法律条款中，前者规定了教育行政的“独立”原则，后者规定了教育行政的“民主”原则。然而，2006 年修改的《教育基本法》中，删除了“应对全体国民直接负责”的内容，使得“民主”原则失去了法理依据。此外，虽仍然保留了“教育不服从不正当支配”这一表述，但同时又规定，“中央政府……必须综合制定实施教育政策；地方政府……必须综合制定教育政策”，“综合制定”表明要求政府各部门都参与制定教育政策，是对“独立”原则的否定。

在中央教育行政方面，2001 年 1 月，文部省与科学技术厅合并为文部科学省，从而为经济行政、科技行政参与教育行政提供了制度保障。在修改《教育基本法》的过程中，自民党政调会于 2002 年设立了“教育基本法探讨特命委员会”，2003 年设立了“执政党教育基本法修改协议会”“执政党教育基本法修改研讨会”，并于 2004 年提交了咨询报告《应写入教育基本法的项目与内容》。经济同友会也专门设立了“教育基本法思考会”，于 2002 年 12 月提交了修改建议《关于修改教育基本法的意见书》；经济界的联合智囊机构——日本经济调查协议会也积极地提出各种改革建议，如《思考 21 世纪的教育——面向提高全社会的教育力》

① 文部科学省『文部科学白書』（2008 年度）、東京：日経印刷、2009 年、157 頁。

（2002 年 12 月）、《思考未来的大学——在 21 世纪的知识社会与全球化中》（2004 年 2 月）等。可见，中央教育行政受到政界、经济界的干涉，与“独立”原则背道而驰。

在地方教育行政方面，战后初期，规定地方教育行政机构——教育委员会——由选举产生，且不受其他地方行政部门的干涉。然而，1998 年 9 月，中央教育审议会建议“取消教育长的任命承认制度，导入地方政府负责的议会承认制”，“改革市町村教育长从教育委员中选任的兼任制”等。① 2007 年 6 月，国会批准修改《地方教育行政组织及运营法》，将教育委员会的责任体制明确化、充实其体制，规定组成教育委员会的教育委员，由都道府县知事及市町村长从对教育有见识者中任命，且需要各地方政府议会的批准。“任命”是有背“民主”的“集权”举措，“地方政府议会的批准”则表明了普通行政部门对教育行政的“干涉”。

在初等、中等教育方面，2007 年 6 月，日本政府修改《学校教育法》，新设置“副校长”职务，规定副校长在校长任命的范围内，可以用自己的权限处理部分校务，这是对“民主”原则的违背。另外，2004 年 6 月，日本政府修改《地方教育行政组织运营法》，设立“学校运营协议会制度”，协议会委员由教育委员会从家长及当地居民中任命，“家长与当地居民拥有一定权限与责任参与学校运营”，具体包括批准校长制定的学校运营基本方针、参与学校教职员的人事任用等。截至 2019 年 5 月 1 日，导入“学校运营协议会制度”的学校数量共涵盖 46 个都道府县的 7601 所，其中中小学、义务教育学校约有 23.7%（6767 所）导入了该制度。② 可见，初等、中等教育机构既加强了校领导“集权”的程度，也为外部人员“干涉”教育提供了制度保障。

在高等教育方面，从 2004 年开始实施“国立大学法人化”后，文部科学省通过审批——资金——评价这一无形链条“遥控”大学，加强了

---

① 文部省『我が国の文教施策』（1998 年度）、東京：大蔵省印刷局、1998 年、202 頁。

② 文部科学省『文部科学白書』（2019 年度）、東京：日経印刷、2020 年、103、104 頁。

政府对大学的“集权”。另外，法人化之后，则建立了校长负责下的董事会制度，即大学的经营权和全部人事任命权移交给大学校长，校长负责任命理事，然后与理事一道组成理事会，形成国立大学法人的最终决策机构。而负责审议预算的制定等有关大学经营的重要事项的“经营协议会”，校外委员必须占半数以上，“董事会”可采用校外人士为董事，从2015年开始必须录用复数的校外董事。也就是说，校长权力的增大有损“民主”原则，外部经济界制度性地参与则使大学丧失了独立性。

（三）学校制度的“多轨”化

任何国家的学校制度，或者是采用“六、三、三、四”单轨制，或者在“六、三”义务教育之后，开始分多个学校轨道。日本战前采用的“多轨制”具有弊端：“以往的学制，国民学校初等科6年毕业后，一是升入国民学校高等科或青年学校，二是经中等学校进入高等学校或专门学校，两个体系截然不同，前者占国民学校初等科生毕业生的75%，这些人即使有能力，也几乎没有接受高等教育的机会。”①基于上述认识，战后法律明文规定了“教育机会均等”原则。《日本国宪法》规定，“全体国民有依据法律规定、平等接受与其能力相适应的教育的权利”（第二十六条第一项）；《教育基本法》单列“教育机会均等”条款：“必须平等地给予所有国民与其能力相应的受教育机会，不因人种、信念、性别、社会身份、经济地位及门第而实行教育上的差别。”（第三条第一项）

实现“机会均等”的途径之一，便是建立“六、三、三、四”单轨制学校制度。1947年3月的《学校教育法》所列的学校仅包括小学（六年）、初学（三年）、高中（三年）、大学（四年），从而确立了“六、三、三、四”单轨制的学校制度，意在避免精英教育的重演。然而，“单

① 高橋誠一郎「学校教育法提案理由」、1947年3月17日。神田修、山住正己『史料 日本の教育』、東京：学陽書房、1986年、158頁。

轨制”并不能有效地培养社会各行业发展所需的多层次人才。因此，日本政府于1950年便设立了学制两年的短期大学，从1962年开始设立高中、大专一贯制的高等专门学校，开始突破了“单轨制”。

进入平成时代，学校制度开始从初等、中等教育分化。1998年6月，日本政府修改《学校教育法》，规定从1999年度开始将初中与高中教育一贯实施的“中高一贯制”。中高一贯教育学校1999年共有4所，2019年增至54所。① 2015年6月，日本政府修改《学校教育法》，允许设立实施从小学到初中一贯教育的新型学校。于是，从2016年开始设立小学、初中一贯制的义务教育学校，共22所、在校生12702人，2019年度实施“小中一贯”的“义务教育学校”共有94所、在校生40747人。②

“中高一贯”“小中一贯”学校的设立，标志着日本学校制度的轨道越来越多、越来越低龄化，直接损害了义务教育的“机会均等”原则。

（四）教育内容的“职业”偏重

日本战前的教育内容偏重于“职业”，存在着弊端：“从（学生）心身发育不完全的时期便施以职业教育，决定其将来的方向，这从发展个性的教育观点来看是不合适的。”③因此，1946年《日本国宪法》规定：“全体国民有依据法律规定、使其所保护的子女接受普通教育的义务。”1947年《教育基本法》中规定的9年义务教育为“普通教育”；1947年《学校教育法》中规定：“小学的目的是根据学生身心发展实施初等普通教育……中学的目的是在小学教育基础上，根据身心发展实施中等普通

① 文部科学省『文部科学白書』（2007年度）、東京：日経印刷、2008年、106頁；文部科学省『文部科学白書』（2019年度）、東京：日経印刷、2020年、424頁「参考資料」。

② 文部科学省『文部科学白書』（2019年度）、東京：日経印刷、2020年、424頁「参考資料」。

③ 神田修、山住正己『史料 日本の教育』、東京：学陽書房、1986年、159頁。

教育。"[1]文部省在《〈学校教育法〉提案理由》所列第二条即为"普及提高普通教育"。[2] 然而，2006 年修改的《教育基本法》中，加入了新规定"重视与职业及生活的关系，培养勤劳的态度"，将"职业"原则写入教育基本大法。

在教育实践层面上，日本政府也不断加强了各级各类学校的"职业"内容。

在初等、中等教育机构的课程中，增加了有关"职业"教育的内容。在 1989 年课程改革中，规定小学新设"生活课"，目的是"重视培养学生学习及生活的基本能力与态度，以小学生的直接体验为学习活动的根本，培养自立的基础"。[3] 初中在选修课程中新增"技术与家庭课""数学课""理科课"等有关职业的内容。高中增加 27 门有关职业的选修课（普通课程增加 17 门），并将"理科课""家庭课"列为必选课。在 1998 年的课程改革中，小学新设"综合学习时间"，要求该课程让学生们横向地、综合地学习有关国际理解、信息、环境、福利、健康等方面的内容，以培育上述新兴产业的基础。[4] 在 2008 年课程改革中，新规定"通过体验性学习与职业教育，使（小学低、中年级学生）认识学习的意义"。[5] 在 2017、2018 年度的新小学、初中及高中《学习指导要领》中，明确要求充实职业教育。[6]

高中逐年增加了"职业"内容的比例。从 1994 年度开始，高中新设立"综合科"，以讲授职业内容为主，重在进行职业教育。日本政府还鼓励设置专门实施"职业"教育的"专业高中"，授课内容包括农业、工业、商业、水产、家庭、护理、信息、福利等，旨在培养企业骨干技术

---

① 神田修、山住正己『史料 日本の教育』、東京：学陽書房、1986 年、149、151 頁。
② 神田修、山住正己『史料 日本の教育』、東京：学陽書房、1986 年、159 頁。
③ 文部省『我が国の文教施策』（1989 年度）、東京：大蔵省印刷局、1989 年、71 頁。
④ 文部省『我が国の文教施策』（1999 年度）、東京：大蔵省印刷局、1999 年、247 頁。
⑤ 文部科学省『文部科学白書』（2007 年度）、東京：日経印刷、2008 年、28 頁。
⑥ 文部科学省『文部科学白書』（2019 年度）、東京：日経印刷、2020 年、133 頁。

人才。截至 2019 年 5 月，日本全国共有专业高中 1505 所、在校生约 57 万人，占日本全国高中总人数的 18.1%。①

高等教育也不断加强了“职业”教育内容。1991 年 6 月，文部省修改《大学设置基准》，取消了对大学毕业所需最低学分的专业规定（一般课程 36 学分、专业课程 76 学分、外语 8 学分、保健体育 4 学分），新规定只要全部课程修满 124 学分即可毕业。②根据该规定，各大学（1996 年底 90%以上）纷纷实施课程改革，更加重视有关职业特别是新兴产业的相关教育。近年来，日本政府又通过资助大学开展各种实践性、专门性的项目，以加强大学的职业教育内容。例如，截至 2020 年 4 月，文部科学大臣共批准了大学、短期大学实施的 282 个大学“职业实践力育成项目”。③

进而，日本政府创设了“专门职大学”制度（2019 年 4 月），旨在实施高质量的实践性职业教育，培养专业人才；课程包括 4 年制的“专门职大学”、2 年或 3 年的“专门职短期大学”，同时利用现有大学、短期大学的部分组织机构，开设“专门职学科”。2020 年 4 月，共设置了专门职大学 9 所、专门职短期大学 2 所。“专门职大学”的学生，毕业所需的 1/3 以上的学分为实习、实技及长期的企业内实习等。④

在研究生教育层面上，从 1999 年开始，允许设立“专门职大学院”，规定此类研究生无须撰写论文，只要修满学分即可毕业，在教学中注重专业性与实践性，旨在培养高级专业人才，从而实现了职业教育的升级。截至 2019 年 5 月，共在 118 所大学的 167 个专业中开设了专业学位课程，专业领域涉及律师培养（法科大学院）、教师培养（教职大学院）、MBA（商务）、MOT（技术经营）、会计、公共政策、公众卫生、临床心理等。⑤

① 文部科学省『文部科学白書』(2019 年度)、東京：日経印刷、2020 年、134 頁。
② 文部省『我が国の文教施策』(1991 年度)、東京：大蔵省印刷局、1991 年、335 頁。
③ 文部科学省『文部科学白書』(2019 年度)、東京：日経印刷、2020 年、85 頁。
④ 文部科学省『文部科学白書』(2019 年度)、東京：日経印刷、2020 年、209 頁。
⑤ 文部科学省『文部科学白書』(2019 年度)、東京：日経印刷、2020 年、208 頁。

三、平成时代教育改革的新兴领域

在平成时代，日本政府积极推进了“终身学习”“国际化”教育、“信息化”教育。这三方面新兴教育领域的发展，符合人类社会向知识经济、信息化及全球化时代过渡的总体趋势，具有先进性。

（一）“终身学习”的推广

“临教审”的最终报告将“向终身学习体系过渡”确立为三大教育改革原则之二，“终身学习”成为“综合重组教育体系”的“主轴”。1990年6月，日本政府颁布《终身学习振兴政策实施体制整备法》（简称“终身学习振兴法”），规定了在推行“终身学习”政策过程中各级政府、民间的责权关系，为推广“终身学习”提供了法律依据与保障。进而，在2006年修改的《教育基本法》中，在“教育目的”中新增加了“终身学习的理念”，具体条款包括“必须使每个国民一生中在所有机会、所有场合都能够学习并适当利用其（学习）成果，以磨炼自身人格，在社会中度过丰富的人生”；“受教育者……必须重视提高自觉学习的意愿”；“国家及地方政府必须努力……向家长提供学习机会及信息，以及采取其他支援家庭教育的措施”；“国家及地方政府必须努力通过设置图书馆、博物馆、公民馆及其他社会教育设施，利用学校设施，提供学习机会与信息以及其他适当方法，振兴社会教育”；等等。

日本政府如此重视“终身学习”，是因为预测到了“知识社会”的到来：“21世纪，新知识成为政治、经济、文化等社会所有领域的基础，其重要性增加，被称为‘知识基础社会’。在这一社会中，投资于创造知识的人，才是重要的。特别是考虑到近年来非正规雇佣的增加等问题，目前的紧急任务是为每个国民创造能够持续学习的环境，使其适应社会变化，掌握终身的职业能力及就业能力，学习更新社会生活必要的知识技能等。”① 2008年7月制定的第一期《教育振兴基本计划》中规定：计划今后5年将采取措施，创造任何人无论何时何地都能学习的环境，要求实现终身学习社会。2018年制定的第3期《教育振兴基本计划》中，要求“推进人生100年时代的终身学习”。

日本政府确立了推行“终身学习”政策的行政体制。在中央政府层面上，文部省下属的社会教育局被改组为“终身学习局”（1988年7月改组，但其实际工作运营均处于平成时代），同时将其地位由原来的省内倒数第二局，提高到仅次于大臣官房的第一大局。1990年8月，文部省内设立“终身学习审议会”，负责制定有关终身学习的政策建议。从1989年起，文部省与地方政府合作，每年举行一次全国“终身学习节”，向国民普及终身学习活动。地方政府也建立了相应的行政部门。例如，截至2007年6月，有37个都道府县设立了“终身学习审议会”，各地都道府县共设立了48个“终身学习推进中心”，几乎所有的市町村政府内都设置了“终身学习担当部科”，有44个都道府县制订了“终身学习振兴计划”、1030个市町村正在制订该类计划。②

初等、中等教育则主要培养终身学习素养、学习兴趣等，为终身学习打基础。1989年课程改革中规定：“培养自我教育能力：重视培养主动应对社会变化的能力及创造性基础，同时提高自发学习的欲望。”③ 2008年课程改革要求：“小学低、中年级在确立学习习惯的同时……要使学生认识到学习的意义。”④ 2017年课程改革要求“从主体性、对话性深入学

① 文部科学省『文部科学白書』(2008年度)、東京：日経印刷、2008年、52頁。
② 文部科学省『文部科学白書』(2007年度)、東京：日経印刷、2008年、50頁。
③ 文部省『我が国の文教施策』(1989年度)、東京：大蔵省印刷局、1989年、69頁。
④ 文部科学省『文部科学白書』(2007年度)、東京：日経印刷、2008年、28頁。

习的视点改善授课”。[①]

高等教育机构则为社会人提供各种学习机会。[②] 一是创设“长期在学制度”（日本称“长期履修学生制度”）。此前也允许个别4年制大学生6年完成学业，但将其视为留学或休学；从2002年3月开始允许大学生可以超过就学年限，根据个人情况有计划地学习课程并毕业，目的是便于在职人员就读大学。二是创设“函授研究生制度”。从1998年3月始设函授制硕士研究生，从2002年4月开始允许设置函授制博士研究生。三是设置大学学部的“流动校园”。从2003年3月开始明确规定大学应配备校外授课设施，即“流动校园”，以便进一步促进社会人接受大学教育。四是创设“大学修课证明制度”。2007年修改《学校教育法》，规定大学可以向校外人员开设一定的课程，在其修满规定的课程并满足一定条件后，便可向学习者提供“修课证明书”。五是为社会人举办公开讲座。大学举办公开讲座的次数与听讲人数逐年增加，2005年度有715所大学举办了23395次讲座，听讲人数达111.1万余人；[③] 2018年度，大学公开讲座的听讲人数达到162万人。[④]

由于日本政府大力推行“终身学习”政策，日本的学习人口逐年增加。由表4-2可见，日本正规教育机构的学习者人数逐年减少，而利用公开讲座和学习班、社会教育设施等进行学习的人数却在逐年增加，日本正在向“终身学习社会”迈进。

---

① 文部科学省『文部科学白書』（2019年度）、東京：日経印刷、2020年、116頁。

② 文部科学省『文部科学白書』（2007年度）、東京：日経印刷、2008年、140頁。

③ 文部科学省『文部科学白書』（2007年度）、東京：日経印刷、2008年、66頁。

④ 文部科学省『文部科学白書』（2019年度）、東京：日経印刷、2020年、423頁「参考資料」。

表 4-2　各年度日本学习人口数量

年度	正规学校教育机构（从幼儿园到研究生）在校生及函授生	公开讲座或学习班参加者（高中、大学、地方教育委员会、公民馆、体育设施、地方政府、民间文化中心等举办）	社会教育设施（公民馆、博物馆、图书馆、青年之家、少年自然之家、妇女教育设施）利用者
1988	2933.6 万人	3033 万人	3.9 亿人
1999	2424.1 万人	3108 万人	12.8 亿人
2007	2064.7 万人	4212 万人	13.3 亿人
2019	1912.2 万人	5591 万人	13.7 亿人

资料来源：文部省『我が国の文教施策』（1988 年度）、475 頁；文部省『我が国の文教施策』（1999 年度）、391 頁；文部科学省『文部科学白書』（2007 年度）、391 頁；文部科学省『文部科学白書』（2019 年度）、423 頁。

（二）“国际化”教育的推进

“临教审”的教育改革报告书中，提出了“新国际化”的概念：“日本正在迈向‘新国际化’时代……今天要求日本继‘物’‘钱’‘信息’之后，实现‘人’的国际化……对于将要到来的新国际化的认识与对策，必须不同于以往赶超型近代化时期，必须在教育、研究、文化、体育、科技等各个领域中开展国际交流……在上述领域做出国际贡献变得尤为重要。”①鉴于新国际化的发展趋势，“临教审”强调：“实现适应新国际化的教育，是关系到我国存立与发展的重要课题。”②基于上述认识，“临教审”将“国际化”确立为教育改革的基本原则之一。进而，在 2006 年修改的《教育基本法》中，“教育目标”中新增“培养为国际社会的和

① 文部省『教育改革に関する報告——臨時教育審議会第一次~第四次（最終）答申』、東京：大蔵省印刷局、1988 年、129、234、274 頁。

② 文部省『教育改革に関する報告——臨時教育審議会第一次~第四次（最終）答申』、東京：大蔵省印刷局、1988 年、281 頁。

平与发展做贡献的态度”，将“国际化”的教育目的写入了“教育宪法”。2018 年制定的第三期《教育振兴基本计划》中，所设定的具体“教育政策目标”之一为“培育活跃于全球的人才”，具体措施包括“继续实现外国留学生 30 万人目标，同时使外国留学生在日本国内的就业率达到 50%”，“支援日本人中学生、大学生的海外留学”，“日本型教育的海外展开与我国教育的国际化”，等等。①

在具体的教育实践中，日本教育的“国际化”包括针对日本学生的国际理解教育、促进日本学生赴海外留学，针对外国人的留学生教育，以及对外教育开发援助与合作。

第一，在初等、中等教育中加强国际理解教育。1989 年的课程改革要求“推进国际理解”“培养日本人生存于国际社会的素质”，② 具体措施包括：高中“世界史”列为必修课，国语课中增加有利于加深国际理解、培养国际协调精神的内容；初中与高中进一步重视外语课，加强外语听说等实际应用能力；等等。③ 1998 年的课程改革要求“培养日本人生存于国际社会的意识”，具体措施包括：初中及高中将外语设为必修课，重点强化听说教育，小学利用新创设的“综合学习时间”讲授英语会话，使小学生体验外国生活与文化，并鼓励中小学校课程中每天安排 25 分钟的英语授课。④ 2008 年课程改革要求加强“小学阶段的外语活动”，在小学五、六年级每周开设 1 节外语课，共增加 70 学时的外语课，外语课时量的增加程度仅次于国语；初中三年外语课共增加 105 课时，增加量居各门课程之首。⑤ 2017 年课程改革中，继续要求充实外语教育，规定小学从中年级开始以“听”“说”为中心，高年级加入“读”“写”；初中重视外语对话，基本上用外语授课；高中将“英语交流Ⅰ”列为共通必

① 文部科学省『文部科学白書』(2019 年度)、東京：日経印刷、2020 年、65 頁。
② 文部省『我が国の文教施策』(1989 年度)、東京：大蔵省印刷局、1989 年、70 頁。
③ 文部省『我が国の文教施策』(1991 年度)、東京：大蔵省印刷局、1991 年、498 頁。
④ 文部省『我が国の文教施策』(1998 年度)、東京：大蔵省印刷局、1998 年、236-237 頁。
⑤ 文部科学省『文部科学白書』(2007 年度)、東京：日経印刷、2008 年、31 頁。

修课，并要求特别强化表达能力。①

第二，鼓励日本学生赴海外留学。1988 年 2 月，日本政府修改《学校教育法》，创建新的“高中生留学制度”，规定凡在外国高中获得 30 学分以内者，日本国内的高中承认其学分，从而使高中生可以在不中断国内学业的情况下赴国外留学。该制度实施前的 1984 年，在外国高中进行长短期学习的高中生有 1562 人，该制度实施后，赴海外留学的高中生人数显著增加，2000 年度在外国高中学习 3 个月以上者 4358 人、3 个月以下者（日本称“海外学习旅行者”）39310 人。②从 2005 年开始，文部科学省支援“全国高中生留学和交流团体联络协议会”下属各团体组织的海外留学项目。日本政府从 2014 年开始实施“留学日本：日本代表项目”，为留学海外的日本学生提供资助，该项目从 2015 年度开设了以高中生为对象的高中生项目，2015 年度资助 303 人、2016 年度 511 人、2017 年度 501 人、2018 年度 525 人、2019 年度 835 人。③ 日本政府也通过学分互换制度、公费派遣留学制度等，鼓励日本大学生赴国外留学。1988 年以“留学、研修、技术学习”为目的出国的日本人约 8.4 万人，比上年度增加了 47%。文部科学省从 2005 年度开始资助其国内大学的研究生长期赴海外留学攻读学位。④ 2013 年 6 月，内阁会议制定的《日本再兴战略——JAPAN is BACK》中，要求日本留学生从 2010 年的 6 万人倍增至 2020 年的 12 万人。⑤ 2019 年，日本学生支援机构的调查数据显示，加上留学期间 1 年以内的短期留学在内，赴海外留学的日本学生共计 11.5 万人（比上年度增加 9845 人）。⑥

第三，大力发展针对外国人的留学生教育。日本早在 1984 年便计划

① 文部科学省『文部科学白書』(2019 年度)、東京：日経印刷、2020 年、117 頁。

② 文部省『我が国の文教施策』（1989 年度）、東京：大蔵省印刷局、1989 年、462 頁；文部科学省『文部科学白書』(2003 年度)、東京：国立印刷局、2004 年、368 頁。

③ 文部科学省『文部科学白書』(2019 年度)、東京：日経印刷、2020 年、360 頁。

④ 文部科学省『文部科学白書』(2007 年度)、東京：日経印刷、2008 年、135 頁。

⑤ 文部科学省『文部科学白書』(2019 年度)、東京：日経印刷、2020 年、204 頁。

⑥ 文部科学省『文部科学白書』(2019 年度)、東京：日経印刷、2020 年、358 頁。

在21世纪初招收留学生10万人。2003年度，在日本的外国留学生人数达到109508人，完成了“留学生10万人计划”。① 随后，在2007年的《教育再生会议第二次报告》《亚洲门户构想》《经济财政改革基本方针2007》中，日本政府将留学生政策提到了“国家战略”的高度，称“我国的留学生交流迎来了大转折时期”。② 2008年7月，日本政府制订了“留学生30万人计划”，计划到2020年使留学生人数增加到30万人。③《日本再兴战略2016》中规定：将外国留学生的在日就业率由当时的30%提高到50%；截至2019年5月1日，日本共有外国人留学生31.2万人（比上年度的29.898万人增加了1.3234万人），其中中国留学生12.4万人（比上年度增加9486人）。④

日本的留学生政策也呈现出低龄化的特征。文部科学省从2003年度开始实施“外国青少年接收倍增计划”，计划到2010年，日本的初等、中等教育机构接收外国青少年就读的人数由4万人增至8万人。⑤ 2008年5月，在日本的公立小学、初中、高中在籍的外国人学生共计75043人。⑥ 从2018年度开始，实施“亚洲高中生桥梁（交流）项目”，招收亚洲学习日语的高中生到日本全国的高中学习体验，从20个国家招收了200名高中生赴日学习体验8个月，寄宿民间或集体住宿，与日本高中生一同学习，加深国际交流。⑦文部科学省实施“异文化理解加速事业”，招收外国学习日语的高中生赴日6周，到日本的高中学习体验，2019年度共从13个国家招收了115名高中生。⑧至2019年5月1日，在日本公立

---

① 文部科学省『文部科学白書』(2007年度)、東京：日経印刷、2008年、315頁。
② 文部科学省『文部科学白書』(2007年度)、東京：日経印刷、2008年、306頁。
③ 文部科学省『文部科学白書』(2019年度)、東京：日経印刷、2020年、204頁。
④ 文部科学省『文部科学白書』(2019年度)、東京：日経印刷、2020年、356、357頁。
⑤ 文部科学省『文部科学白書』(2007年度)、東京：日経印刷、2008年、309頁。
⑥ 文部科学省『文部科学白書』(2008年度)、東京：日経印刷、2008年、289頁。
⑦ 文部科学省『文部科学白書』(2019年度)、東京：日経印刷、2020年、130頁。
⑧ 文部科学省『文部科学白書』(2019年度)、東京：日経印刷、2020年、129頁。

学校就读的外国中小学生共 10.43 万人。①

第四，积极开展教育的对外开发援助、促进“日本型教育”向海外出口。日本政府积极参与联合国教科文组织的各项国际教育开发活动。1988 年时参加了“亚太地区教育开发计划”“亚太地区完全普及教育事业计划”等扫盲事业。从 1990 年度开始设立 70 万美元的“日本识字教育信托基金”，参与“万人教育及消除文盲”项目。② 1999 年 8 月，日本政府制定的《关于政府开发援助的中期政策》中，将“基础教育”“人才培养”列为重点，1999 年度向发展中国家提供无偿合作资金 194.51 亿日元，主要用于发展中国家的小学及初中建设。2000 年 9 月，首相咨询机构“对外经济合作审议会”的报告《推进“重视人的经济合作”》中，将教育、人才培养等“以人为中心的开发”确立为 21 世纪的经济合作方式。继而，日本政府在 2002 年 6 月召开的八国首脑会议上宣布要“加强对低收入国家教育领域的开发”，并计划在 5 年内向此类国家支付 2500 亿日元以上的政府开发援助。③

日本还在海外设立了高等教育机构，如“埃及日本科学技术大学”（2010 年）、“马来西亚日本国际工科院”（2011 年）、“日越大学”（2016 年）等。从 2016 年开始，文部科学省与外务省、经济产业省、国际协力机构（JICA）、日本贸易振兴机构（JETRO）、民间教育产业等合作，共同实施了“日本型教育的海外展开推进事业（EDU-Port 日本）”。日本政府指出：“对于我国有特征的教育制度，如平衡培育智、德、体等能力的初等、中等教育，以 5 年一贯的专门性、实践性技术者教育为特征的高等专门学校制度等，新兴国家等寄予了关心，多数提出了将之导入其本国教育制度的需求。”④日本的高等专门学校便根据各国的需求，在蒙

① 文部科学省『文部科学白書』（2019 年度）、東京：日経印刷、2020 年、131 頁。
② 文部省『我が国の文教施策』（1991 年度）、東京：大蔵省印刷局、1991 年、512 頁。
③ 文部科学省『文部科学白書』（2004 年度）、東京：国立印刷局、2005 年、348 頁。
④ 文部科学省『文部科学白書』（2019 年度）、東京：日経印刷、2020 年、363 頁。

古、泰国、越南设立了与国外当地教育机构等的合作中心，支援教育课程的开发与教员研修等，加强支援体制。①

（三）“信息化”教育的加强

“临教审”在其最终报告中强调，“21 世纪将迎来信息化的新时代”，“教育本身必须积极实行相应的改革”，②将“信息化”确立为教育改革的基本原则之一。2000 年，日本政府提出并实施了“信息化教育立国工程”。2001 年 1 月，日本政府颁布实施了《形成高度信息通信网络社会基本法（IT 基本法）》，并先后制定了“完善 IT 基础”的“e-Japan 战略”（2001 年）、“重视利用 IT”的“e-Japan 战略”（2003 年）、“追求 IT 结构改革”的“IT 新改革战略”（2006 年）等一系列国家总体 IT 战略。文部科学省据此制定并实施了促进教育信息化的政策措施。进而，从 2017 年度开始，文部科学省实施了“下一代教育信息化推进事业”，指定“信息教育推进校：IE-School”，研究通过课程及管理培养信息活用能力，系统性整理信息活用能力等。2018 年第 3 期《教育振兴基本计划》中，要求“整备灵活利用信息通信技术（ICT）的基础”“充实学习者用电脑”“促进学校信息通信技术环境的整备”。从 2019 年度开始，文部科学省实施了“适应高度信息技术进展的教育革新研究”，以便将信息通信技术、人工智能等高度信息技术积极地纳入学校教育、提高教育质量。③

日本政府大力推行的“信息化”教育政策，主要包括以下三个方面。

第一，培养信息运用能力、信息素养。1989 年的课程改革要求加入“信息化”的内容，如初中数学、理科课程中增加了有关电脑的基础内

① 文部科学省『文部科学白書』（2019 年度）、東京：日経印刷、2020 年、210 頁。

② 文部省『教育改革に関する報告——臨時教育審議会第一次~第四次（最終）答申』、東京：大蔵省印刷局、1988 年、281 頁。

③ 文部科学省『文部科学白書』（2019 年度）、東京：日経印刷、2020 年、65 頁。

容，技术和家庭科内新设“信息基础”领域；高中数学、物理等课程中增加了有关电脑的内容，高中普通课程及职业课程中均可设置“信息”等课程。① 1998年的课程改革更加重视培养学生的信息利用能力，新规定初中的技术和家庭科要必修“信息与计算机”内容，高中普通课程中新设置必修的“信息课”，并新设置专业课程“信息”，在新创设的“综合学习时间”中讲授有关信息的内容等。② 2008年的课程改革仍然重视教育的“信息化”，要求在各门课程中加强学习电子计算机与信息通信网络，并强化指导信息道德。③ 2017年的课程改革将“信息活用能力”定位为与语言能力相同的“作为学习基础的资质与能力”，要求各个学校通过全体课程进行培养；同时规定必修“编程”教育：在小学的算数、理科及综合时间中，必修编程教育；在初中的技术和家庭科（技术领域）中，编程此前已经成为必修课程，新《学习指导要领》中规定要继续充实内容；在高中，设置了共通必修课“信息Ⅰ”，要求全体高中生学习编程、网络（包括信息安全）、数据基础等。④

在高等教育领域，则利用卫星通信、光缆等进行网络教学。文部省从1996年10月开始实施“建设卫星通信大学网事业”，将大学及高等专门学校用卫星通信联结起来，实施共同的远距离教学。截至1999年7月，在91所大学、14所高等专门学校、11个大学共同利用机构之间设立了139个局。⑤ 2012年以后，大规模公开网络课程（MOOC，“慕课”）在世界范围内展开。日本也设立了“日本开放网络教育推进协议会（JMOOC）”，从2014年4月开始公开日本版大规模公开网络课程，截至2019年3月，大学及企业共提供了330门网络课程。⑥

---

① 文部省『我が国の文教施策』（1989年度）、東京：大蔵省印刷局、1989年、498頁。
② 文部省『我が国の文教施策』（1999年度）、東京：大蔵省印刷局、1999年、247頁。
③ 文部科学省『文部科学白書』（2007年度）、東京：日経印刷、2008年、29、330頁。
④ 文部科学省『文部科学白書』（2019年度）、東京：日経印刷、2020年、378頁。
⑤ 文部省『我が国の文教施策』（1999年度）、東京：大蔵省印刷局、1999年、468頁。
⑥ 文部科学省『文部科学白書』（2018年度）、東京：日経印刷、2019年、393頁。

第二，信息专业人才的培养。1988 年 6 月，文部省教育改革实施本部的“信息化专门部”提出信息技术人才培养报告，预计从 1988 年到 2000 年，学校教育机构应该培养信息技术人员 150 万至 225 万人。①为了实现该计划，要求大学、短期大学、高等专门学校、专修学校、高中均扩充信息学系或专业，并加强信息相关的研究生专业；新设置尖端科学技术研究生院；加强大学中的信息教育内容，确保信息专业的师资力量；对现有的技术人员进行再培训等。到 1999 年，共有 4 所研究生院设置了信息研究科，15 所大学的 15 个学部、2 所高等专门学校新设置了信息专攻科，1 所高等专门学校将原有学科改组为信息学部或学科。②从 2004 年度开始，文部科学省指定普通高中重点讲授 IT 课程（2007 年度指定了 5 所），聘请大学教师或企业研究者任教，组织学生进行 IT 尖端领域的实习，同时举办有关 IT 知识与技能的高中生冬令营或夏令营，以促进高中生的 IT 创造活动。从 2006 年度开始，文部科学省实施“促进尖端 IT 专家培养项目”，资助大学建立相关基地，以便以世界最高水平的专业技术培养 IT 人才，并为企业等培养 IT 领导人才，2007 年度在申请的 10 项中批准了 2 项。从 2016 年度开始，文部科学省实施了“支撑成长领域的信息技术人才培育中心建设”项目，该项目采取产学合作的方式，培养实践型的 IT 人才。根据该项目，日本的大学分别形成了“大数据和人工智能专业”（大阪大学）、“安全专业”（东北大学）、“组装系统专业”（名古屋大学）、“商务系统设计专业”（筑波大学）共四个信息技术人才培养基地。③

第三，学校信息设备的普及。1988 年 3 月，信息设备在学校的普及率为：高中 93.7%、初中 35.5%、小学 13.5%；平均配备台数为：高中 19.7 台、初中 3.5 台、小学 2.9 台；高中及初中、小学的平均普及率为

① 文部省『我が国の文教施策』(1988 年度)、東京：大蔵省印刷局、1988 年、448 頁。
② 文部省『我が国の文教施策』(1999 年度)、東京：大蔵省印刷局、1999 年、470 頁。
③ 文部科学省『文部科学白書』(2018 年度)、東京：日経印刷、2019 年、393 頁。

28.4%、8.9台，除了高中，初中及小学的普及率均较低。[①] 1989年课程改革规定："适当利用视听觉教材、教育机器等教材与教具。"[②] 1998年的课程改革要求小学、初中、高中的各门课程中均利用电脑及信息通信网等。[③] 其间，日本政府设定了6年（1994—1999年）计划，大力普及教育用计算机及软件。[④] 初等、中等教育机构还进行了校园网络建设，从1998年度开始计划到2001年所有的公立学校均接通校园网。截至2018年3月1日，日本学校教育信息化设备的普及状况为：全国平均每5.6个学生拥有1台（上年度每5.9人1台），存在着1.8—7.9台的地区差；普通教室的无线网配备率，目标是100%，但全国平均仅为34.5%（上年度为29.6%），存在9.4%至68.6%的地区差；超高速网络的连接率，目标是100%，全国平均为91.8%（上年度为87.3%），存在着72.1%至100%的地区差。[⑤] 可见，日本全国学校的信息化设备配置率仍然有待提高。日本政府指出："在人工智能、大数据、物联网（IoT）等技术高度化的5.0社会到来之际，学校的信息通信技术环境整备极为重要。"[⑥] 于是，日本政府制订了"教育信息通信技术化的环境整备5年计划（2018—2022年度）"，计划地方政府每年拨款1805亿日元，继续完善学校的信息化设备配置。

四、对平成时代教育改革的总体评价

平成时代的日本教育改革，既取得了令人瞩目的优秀成果，也导致

① 文部省『我が国の文教施策』(1988年度)、東京：大蔵省印刷局、1988年、442頁。
② 文部省『我が国の文教施策』(1989年度)、東京：大蔵省印刷局、1989年、498頁。
③ 文部省『我が国の文教施策』(1999年度)、東京：大蔵省印刷局、1999年、247頁。
④ 文部省『我が国の文教施策』(1999年度)、東京：大蔵省印刷局、1999年、465頁。
⑤ 文部科学省『文部科学白書』(2019年度)、東京：日経印刷、2020年、388頁。
⑥ 文部科学省『文部科学白書』(2019年度)、東京：日経印刷、2020年、387頁。

了各种教育问题的发生，同时具有了军事倾向，其正反两方面的结果，值得我国借鉴与警醒。

（一）教育规模：量减质升

第一，学校数量呈减少趋势。2019 年与 1990 年相比，小学减少了 5058 所，初中减少了 1053 所，高中减少了 619 所，短期大学减少了 267 所，专修学校减少了 163 所，各种学校减少了 2317 所；特别支援学校增加了 199 所，大学增加了 7 所（见表 4-3）。

表 4-3　平成时代日本各级学校数量的变化

单位：所

年度	合计	小学	初中	高中	特别支援学校	短期大学	大学	专修学校	各种学校
1990	65529	24827	11275	5506	947	593	1162	3300	3436
2000	63352	24106	11209	5478	992	572	1283	3551	2278
2005	61092	23123	11035	5418	1002	488	1277	3439	1830
2010	58418	22000	10815	5116	1039	395	1231	3311	1466
2015	56419	20601	10484	4939	1114	346	1182	3201	1229
2019	56912	19738	10222	4887	1146	326	1169	3137	1119

资料来源：文部科学省『文部科学白書』（2019 年度）、東京：日経印刷、2020 年、424-425 頁。

第二，在校生人数总体上减少。2019 年与 1990 年相比，小学减少 300.5 万人，初中减少 215.1 万人，高中减少 245.5 万人，短期大学减少 36.6 万人，专修学校减少 13.2 万人，各种学校减少 30.8 万人；特别支援学校增加 5.1 万人，大学增加 78.5 万人（见表 4-4）。

表 4-4　平成时代日本学校在校生人数的变化

单位：人

年度	合计	小学	初中	高中	特别支援学校	短期大学	大学	专修学校	各种学校
1990	26349707	9373295	5369162	5623336	93497	479389	2133362	791431	425341
2000	19825238	7366079	4103717	4165434	90104	327680	2740023	750824	222961
2005	20367965	7197458	3626415	3605242	101612	219355	2865051	783783	163667
2010	19541832	6993376	3558166	3368693	121815	155273	2887414	637897	129985
2015	19005563	6543104	3465215	3319114	137894	132681	2860210	656106	117727
2019	18678598	6368550	3218137	3168369	144434	113013	2918668	659693	116920

资料来源：文部科学省『文部科学白書』（2019 年度）、東京：日経印刷、2020 年、424-425 頁。

第三，高等教育的入学率大增。日本在战后初期便实现了完全的免费义务教育，义务教育的入学率接近 100%。高中的入学率由 1990 年度的 94.4%升至 2019 年的 95.8%，专修学校的入学率由 15.8%升至 16.3%，二者均升幅不大。大学及短期大学（高等教育）的入学率，则由 30.5%升至 54.7%，提高了 24.2%，升幅接近一倍（见表 4-5）。

表 4-5　平成时代日本各级学校入学率的变化

单位：%

年度	小学	初中	高中	专修学校	大学、短期大学
1990	99.99	99.99	94.4	15.8	30.5
2000	99.98	99.98	95.9	17.2	45.1
2005	99.96	99.98	96.5	19.0	47.2
2010	99.96	99.97	96.3	15.9	54.3
2015	99.96	99.97	96.6	16.7	54.5
2019	99.96	99.96	95.8	16.3	54.7

资料来源：文部科学省『文部科学白書』（2019 年度）、東京：日経印刷、2020 年、424-425 頁。

第四，教育结构升级。从表 4-6 可见，就学校数量而言，小学所占比例降低了3.2%，而大学所占比例增加了0.3%；就在校生人数而言，小学所占比例降低了1.5%，大学所占比例提高了7.5%。可见，在整个学校教育体系中，小学的比例降低，大学的比例提高，标志着学校教育内部结构的升级。

表4-6　日本各级学校数量、在校生人数所占比例增减

单位：%

—	年度	合计	小学	初中	高中	特别支援学校	短期大学	大学	专修学校	各种学校
学校数量	1990	100	37.9	17.2	8.4	1.4	0.9	1.8	5.0	5.2
	2019	100	34.7	18.0	8.6	2.0	0.6	2.1	5.5	2.0
在校生人数	1990	100	35.6	20.4	21.3	0.4	1.8	8.1	3.0	1.6
	2019	100	34.1	17.2	17.0	0.8	0.6	15.6	3.5	0.6

资料来源：文部科学省『文部科学白書』（2019年度）、東京：日経印刷、2020年、424-425頁。

（二）教育成果：名列前茅

首先，初等、中等教育的质量，反映在两类国际性学习程度调查结果中。第一类是经济合作与开发组织（OECD）实施的“学生学习到达度调查（PISA）”。该调查针对义务教育结束阶段的15岁学生（日本为高中1年级）而实施，从2000年开始每3年实施一次，内容包括阅读能力、数学能力、科学能力。从表4-7可见，日本中学生的阅读、数学、科学等能力，均位于国际前列，特别是数学及科学能力，可谓首屈一指。

表4-7　日本的学生学习到达度调查（PISA）平均分数及名次

年度	阅读		数学		科学	
	得分	排名	得分	排名	得分	排名
2000	522	8（28国）	—	—	—	—
2003	498	12（30国）	534	4（30国）	—	—

续表

年度	阅读		数学		科学	
	得分	排名	得分	排名	得分	排名
2006	498	12（30国）	523	6（30国）	531	3（30国）
2009	520	5（34国）	529	4（34国）	539	2（34国）
2012	538	1（34国）	536	2（34国）	547	1（34国）
2015	516	6（35国）	532	1（35国）	538	1（35国）
2018	504	11（37国）	527	1（37国）	529	2（37国）

资料来源：文部科学省『文部科学白書』（2019年度）、東京：日経印刷、2020年、121頁。

第二类是“国际教育成就评价学会”（IEA）实施的“国际数学和理科教育动向调查”（TIMSS）。该项调查针对小学四年级、初中二年级学生，每4年调查一次，内容为数学、理科。从表4-8可见，自1995年至2015年的20年间，日本中小学的数学、理科成绩基本上稳居世界前5位。

表4-8　日本的“国际数学和理科教育动向调查”（TIMSS）平均分数及名次

年度	小学四年级				初中二年级			
	算数	—	理科	—	数学	—	理科	—
	得分	排名	得分	排名	得分	排名	得分	排名
1995	567	3（26国）	553	2（26国）	581	3（41国）	554	3（41国）
1999	—	—	—	—	579	5（38国）	550	4（38国）
2003	565	3（25国）	543	3（25国）	570	5（46国）	552	6（46国）
2011	585	5（50国）	559	4（50国）	570	5（42国）	558	4（42国）
2015	593	5（49国）	569	3（47国）	586	5（39国）	571	2（39国）

资料来源：文部科学省『文部科学白書』（2019年度）、東京：日経印刷、2020年、122頁。

另外，从科技教育的成果来看，2019年，日本学生参加国际科学奥林匹克竞赛，共获得金牌11枚、银牌13枚、铜牌5枚，合计29枚。① 在世界

① 文部科学省『文部科学白書』（2019年度）、東京：日経印刷、2020年、127頁。

顶尖的高科技创新领域，至 2019 年 10 月，共有 27 名日本人获诺贝尔奖，其中在平成时代获奖者共有 20 位（物理学奖 8 人、化学奖 7 人、生理学或医学奖 4 人、文学奖 1 人）；特别是进入 21 世纪后，在物理、化学、生理学和医学三个自然科学领域，日本获奖人数仅次于美国，居世界第 2 位。

（三）教育问题：持续不断

然而，日本教育在发展的同时，欺侮、暴力、辍学等教育领域的“顽疾”也持续逐年加重。

第一，欺侮问题。如表 4-9 所示，在整个平成时代，欺侮问题可谓愈演愈烈。从欺侮发生的件数来看，2018 年与 1989 年相比，小学增至 37.5 倍，初中增至 6.4 倍，高中增至约 7.0 倍，各级学校发生的欺侮总数量增至 18.7 倍。特别是在 2012 年度，由于欺侮而导致学生自杀事件，从而引起社会广泛关注。日本政府于 2013 年 6 月公布了《欺侮防止对策推进法》，文部科学省于同年 10 月制定了《防止欺侮等基本方针》，并成立了“欺侮防止对策协议会”等。该协议会 2016 年度制定了《欺侮重大事态调查指针》，2018 年度制定了《欺侮对策事例集》。

表 4-9　日本中小学校欺侮件数变化

单位：件

年份	小学	初中	高中	特别支援学校	合计
平成元年（1989）	11350	15215	2523	—	29088
平成五年（1993）	6390	12817	2391	—	21598
平成十年（1998）	12858	20801	2576	161	36396
平成十五年（2003）	6051	15159	2070	71	23351
平成二十年（2008）	40807	36795	6737	309	84648

续表

年份	小学	初中	高中	特别支援学校	合计
平成二十五年（2013）	118748	55248	11039	768	185803
平成三十年（2018）	425844	97704	17709	2676	543933

资料来源：文部科学省『文部科学白書』（2019 年度）、東京：日経印刷、2020 年、143 頁。

第二，暴力行为。中小学的暴力行为包括对教师暴力、学生间暴力、对其他人暴力、损坏物品等。①从表 4-10 可见，2018 年与 1997 年相比，小学的暴力行为增至 25.5 倍，初中增至 6735 件，高中增加了 1575 件，暴力事件总数增至 2.6 倍。

表 4-10　日本中小学校暴力行为件数变化

单位：件

年度	小学	初中	高中	合计
平成九年（1997）	1432	21585	5509	28526
平成十年（1998）	1706	26783	6743	35232
平成十五年（2003）	1777	27414	6201	35392
平成二十年（2008）	6484	42754	10380	59618
平成二十五年（2013）	10896	40246	8203	59345
平成三十年（2018）	36536	28320	7084	72940

资料来源：文部科学省『文部科学白書』（2019 年度）、東京：日経印刷、2020 年、144 頁。从 1997 年度开始，以公立中小学及高中学校为调查对象，针对学校外的暴力行为也进行调查；从 2006 年度开始，也调查国立、私立学校；从 2013 年度开始，高中学校也包含通信制课程。

第三，辍学问题（日语“不登校”）。从表 4-11 的统计数字来看，2018 年与 1991 年相比，小学辍学人数增至 3.5 倍，初中增至 2.2 倍，小学、初中总数增至 2.5 倍。高中辍学人数 2004 年为 67500 人（1.82%），

① 文部科学省『文部科学白書』（2019 年度）、東京：日経印刷、2020 年、143 頁。

此后呈减少趋势，2015 年至 2017 年均低于 5 万人，2018 年重新超过了 5 万人。日本政府也采取了相应措施，例如，2016 年 12 月公布《义务教育阶段普通教育机会确保法》，规定了辍学学生在校外进行多样且适当的学习活动的重要性，同时也规定了每个辍学学生修养的必要性。该法律是针对辍学学生进行支援的首个体系化的法律。根据该法，2017 年 3 月，为了确保辍学学生的教育机会，文部科学省制定了综合推进政策措施的基本方针“义务教育阶段普通教育机会确保基本指针”。2019 年 10 月，文部科学省下达通知“对辍学学生的支援方式”。①

表 4-11　中小学辍学人数统计

单位：人

年度	1991	1993	1998	2003	2008	2013	2018
小学	12645 （0.14%）	14769 （0.17%）	26017 （0.34%）	24077 （0.33%）	22652 （0.32%）	24175 （0.36%）	44841 （0.70%）
初中	54172 （1.04%）	60039 （1.24%）	101675 （2.32%）	102149 （2.73%）	104153 （2.89%）	95442 （2.69%）	119687 （3.65%）
小中合计	66817 （0.47%）	74808 （0.55%）	127692 （1.06%）	126226 （1.15%）	126805 （1.18%）	119617 （1.17%）	164528 （1.69%）
高中＊	—	—	—	—	53024 （1.58%）	55655 （1.67%）	52723 （1.63%）

资料来源：文部科学省『文部科学白書』（2019 年度）、東京：日経印刷、2020 年、146 頁。

＊文部科学省的统计数据从 2004 年度开始显示高中的辍学人数。

（四）军事倾向：值得关注

众所周知，日本战前采取了极端的军国主义教育，导致日本全体国民被动员到战争中，并最终以战败而告终。战后初期虽然实行了“非军

① 文部科学省『文部科学白書』（2019 年度）、東京：日経印刷、2020 年、145 頁。

事化”的教育改革，但并不彻底。被占领状态结束之后，日本政府在重新军备的过程中，也重新将军事因素导入教育领域。①

进入21世纪后，教育领域与军事的关联进一步密切。2004年6月18日，国会批准公布了《武力攻击等事态中的国民保护措施法》。2005年10月13日，文部科学省与体育厅、文化厅联合制订了《文部科学省、体育厅、文化厅国民保护计划》。该计划经过多次修改，其内容包括“确立武力攻击等事态的活动体制”“应对武力攻击等事态的相关措施”“武力攻击灾害的修复措施”等。②显然，日本政府意图在教育领域确立发生“武力攻击”时的应战体制。

另外，日本军方势力也重新开始向中等教育领域渗透。例如，针对初中生，以“职场体验”之名，要求其参观自卫队，通过让初中生触摸武器、乘坐坦克等，培养学生的军事意识。2013年约5.97万人，2014年约6.73万人参加了此类“职场体验”。③ 针对高中生，则以“住宿防灾训练”之名，允许其赴日本自卫队驻地进行“队内生活体验”，2013年东京都立田无工业高中的学生赴自卫队朝霞驻地，2014年东京都立大岛高中的学生赴自卫队武山驻地。

大学也开始被纳入“军学合作”政策。从2013年开始，日本政府实施“安全保障技术研究推进制度”，旨在挖掘利用大学、科研机构的尖端科学技术，为军事研究提供竞争性资金，实现防卫装备的开发与升级；其资金预算2015年度为3亿日元、2016年度为6亿日元、2017年度为110亿日元。④国立大学法人化（2004年度）后，大学的研究经费大幅度削减，可用于军事的相关研究易于获得资助，无关研究则难以获得资助，

① 臧佩红：《日本近现代教育史》，世界知识出版社，2010年，第316-317页。

② 文部科学大臣・スポーツ庁長官・文化庁長官「文部科学省・スポーツ庁・文化庁国民保護計画」、2015年10月13日、https://www.mext.go.jp/a_menu/hogokeikaku/index.htm。

③ 「教育に浸透する自衛隊」編集委員会『教育に浸透する自衛隊——「安保法制」下の子どもたち』、同時代社、2017年、17頁。

④ 「教育に浸透する自衛隊」編集委員会『教育に浸透する自衛隊——「安保法制」下の子どもたち』、同時代社、2017年、2頁。

正在开启军事优先的研究体制，日本名古屋大学宇宙物理学者池内了称其为“学者版经济征兵制”。[①] 2017 年 1 月，东京大学名誉教授井野博满（金属材料学）等发起了拒绝申请研究经费的签名活动。

军事对各级教育机构的渗透，反映了日本教育乃至整个社会的右倾化，其发展动向值得关注与警惕。

综上所述，平成时代日本教育历经 30 年的发展，取得了显著成果，也存在诸多问题。其先进性值得我们借鉴，其问题也值得我们引以为戒。

---

① 「教育に浸透する自衛隊」編集委員会『教育に浸透する自衛隊——「安保法制」下の子どもたち』、同時代社、2017 年、3 頁。

第四节 平成时代日本社会保障制度改革*

平成时代是日本社会保障制度从“20 世纪 70 年代模式”向“21 世纪（2025 年）日本模式”过渡的时期。① “20 世纪 70 年代模式”以年金、医疗、护理为主，而“21 世纪（2025 年）日本模式”则把雇佣、育儿支持、低收入群体、住宅等问题纳入社会保障制度范围。平成时代日本社会保障制度特点如下。一是实行“国民皆保险”及“国民皆年金”制度②（年金、医疗、护理全覆盖），采取社会保险方式提供年金、医疗及护理给付。③ 在年金制度上强调提供能支撑老年期生活的年金；在医疗保险制度上强调不管何时何地，对全体国民提供医疗；在护理保险制度上强调每一位国民即使处于护理状态，也要保障其自立生活。二是社会保障制度采取社会保险方式。但由于公费投入比例大，资金运营上采取“保险费”和“税收”组合的方式，由国家、都道府县和市町村共同承担责任。④ 三是将国民划分为工薪阶层和自营业者群体。社会保障资金的60%靠保险费收入，30%靠财政投入，10%是资产收入。社会保险制度分

---

* 作者田香兰，天津社会科学院日本研究所研究员，中华日本学会常务理事。

① 日本首相官邸：《社会保障制度国民会议》，http://www.kantei.go.jp/jp/singi/kokuminkaigi/，访问日期：2019 年 12 月 12 日。

② 1958 年，日本出台《国民健康保险法》，所有国民被强制加入医疗保险制度。1961 年，日本实施《国民年金法》，确立了基本覆盖全体公民的养老金体系，实现了“国民皆年金”。1961 年，日本宣布进入“国民皆保险”及“国民皆年金”时代。——作者注

③ 给付在社会保险领域是以缴纳为前提的概念。只有缴纳社会保险的人才能获得相应给付。——作者注

④ 厚生劳动省：《日本社会保障制度的特点》，https://www.mhlw.go.jp/seisakunitsuite/bunya/hokabunya/shakaihoshou/dl/01.pdf，访问日期：2020 年 10 月 15 日。

为两个支柱：一个支柱是以工薪阶层为受保人的职域保险（健康保险、厚生年金），另一个支柱是以自营业者、农民、老年人为对象的自营业者群体（国民健康保险、国民年金）。四是中央政府、都道府县和市町村共同承担责任。国家负责年金制度，都道府县负责医疗制度，市町村负责社会福利制度，民间部门负责医疗福利服务。

一、平成时代人口结构及社会保障支出变化

平成时代日本社会保障制度改革的直接动因是人口结构及社会保障支出变化。平成30年间，少子老龄化加剧的同时，社会保障费增长速度远远超过经济发展速度，单靠财政资金无法解决社会保障费不足问题。从平成时代人口变动来看，1989年日本总人口为1.24亿人，到了2019年，增加到1.26亿人口。虽然总人口增加幅度不大，但老龄化率却急剧提高。1989年，老龄化率为12.1%，但到了2019年，达到28.4%（见表4-12）。主要原因如下。一是平均寿命的增加。厚生劳动省“简易生命表”显示，1989年日本平均寿命男性为75.92岁，女性为81.90岁，而到了2019年，平均寿命增加到男性为81.41岁，女性为87.45岁。其结果，平成30年间，老年人口从1489万人增加到3589万人，增加了约2.5倍。二是少子化的影响。1989年，出生人口为125万人，总和生育率跌破1.57（被称为“1.57冲击”），到了2019年，出生人口急剧下降到87万人，总和生育率仅为1.36。因此，平成时代一方面随着平均寿命增加，老年人口急剧增加；而另一方面，由于总和生育率持续降低，进入人口减少时代。

表 4-12　平成时代人口结构变化

序号	—	1989 年（平成元年）	2019 年（令和元年）
1	总人口	1.24 亿人	1.26 亿人
2	老年人口（老龄化率）	1489 万人（12.1%）	3589 万人（28.4%）
3	出生人口（总和生育率）	125 万人（1.57）	87 万人（1.36）
4	家庭平均人口	2.99 人	2.33 人
5	家庭平均年收入	368.7 万日元	346.0 万日元
6	非正规雇佣劳动者数	817 万人（19.1%）	2165 万人（38.3%）

资料来源：厚生労働省『令和 2 年版厚生労働省白書概要』、https://www.mhlw.go.jp/content/000684406.pdf，访问日期：2020 年 12 月 12 日。

随着老年人口增加必然会增加年金、医疗、护理等社会保障给付费。从国立社会保障及人口问题研究所提供的“社会保障费用统计”来看，1990 年社会保障给付费（医疗、年金、福利及其他）为 47.4 万亿日元，而到了 2017 年，增加到 117.1 万亿日元。同期，社会保障给付费占 GDP 的比例从 1990 年的 10.5%增加到 2017 年的 21.4%（见表 4-13）。从社会保障给付费构成来看，1990 年社会保障给付费中年金占 50.1%、医疗占 39.3%、福利及其他占 10.6%，而从 20 世纪 90 年代中期开始，医疗所占比例下降，从 2004 年开始，年金比例下降，到了 2017 年，年金比例下降到 45.6%，医疗比例下降到 32.8%，而护理、福利及其他增加到 21.6%，比 1990 年增加了 2 倍（见表 4-13）。

表 4-13　平成时代社会保障支出的变化

年度	1990	2000	2010	2017
GDP 总额（万亿日元）A	451.7	386.0	361.9	547.4
社会保障给付费（万亿日元）B	47.4%	78.4%	105.4%	117.1%
其中　年金所占比例	50.1%	51.7%	49.6%	45.6%
医疗所占比例	39.3%	33.9%	31.9%	32.8%

续表

年度	1990	2000	2010	2017
福利及其他所占比例	10.6%	14.4%	18.5%	21.6%
B/A	10.5%	20.3%	29.1%	21.4%

资料来源：厚生劳働省『令和2年版厚生劳働省白書概要』、https://www.mhlw.go.jp/content/000684406.pdf，访问日期：2020年12月12日。

注：表中A代表GDP总额；B代表社会保障给付费。

二、平成时代日本社会保障制度改革的主要内容

平成时代社会保障制度改革主要围绕强化社会保障制度功能和加强社会保障制度的可持续性两个方面展开。为了强化社会保障制度功能，对公共年金制度、医疗供给体制及医疗保险制度、护理保险制度、完善儿童及育儿支援制度进行了改革。为了加强社会保障制度的可持续性，进行了社会保障与税收一体化改革。

（一）强化社会保障制度功能

年金制度改革焦点是参保人年金一体化，而劳动政策调整是为了解决老年人及女性就业问题。医疗护理供给体制改革促进了社区医疗与护理融合，而医疗保险制度改革缓解了国民健康保险缴费不公平问题。护理保险制度改革旨在构建社区综合照护体系，而完善儿童及育儿支援制度，就是为了提高出生率。

1. 实行年金制度改革及劳动政策调整

1961年日本实行“国民皆年金”制度,① 1985年，制定基础年金制度，这是第一层次公共年金，所有人都要参加基础年金制度。作为第二层次公共年金，按职业划分为厚生年金和共济年金。② 1990年，将部分共济年金组合合并到厚生年金。2012年8月，作为一体化改革的一环，制定了《年金功能强化法》和《参保人年金一体化法》。《年金功能强化法》规定将厚生年金使用范围扩大到短时间劳动者，缩短基础年金的领取资格期限。同年11月，还制定了《年金生活者支援给付法》，决定对领取基础年金的低收入者提供补充给付。2014年，根据《个人税号法案》建立个人和法人税号，并扩大税号利用范围，这也意味着对年金缴费实行一元化管理。2015年10月，根据《参保人年金一体化法》，共济年金合并到厚生年金，并将原先低于厚生年金的共济比率提高到厚生年金水平。从日本公共年金运营情况来看，国家财政负担基础年金的1/2，履行最低社会保障功能。截至2018年底，公共年金参保人数为6745万人，约占总人口的一半。③ 2019年度公共年金中厚生年金保费率为18.3%，国民年金保费为16410日元。④ 此外，对于低收入阶层，采取生活贫困者自立支援制度，解决低收入者的就业、生活及居住等问题。对于老年人，为了保障老年期稳定的收入，扩大厚生年金的适用范围，针对低年金者，制定年金生活者“支援给付”制度。从劳动政策方面，通过完善相关法律，促进老年人及女性就业。

---

① 日本根据1961年实施的《国民年金法》，确立了覆盖全民的年金体系。——作者注

② 厚生年金是以私营企业受雇者为主建立的民间企业养老保险。共济年金是以国家、地方机关工作人员等公职人员为对象的养老保险。——作者注

③ 厚生劳动省年金局：《平成30年度国民年金参保人缴纳保险费情况》，https://www.mhlw.go.jp/topics/bukyoku/nenkin/nenkin/toukei/dl/k_h30.pdf，访问日期：2020年1月10日。

④ 国民年金机构：《国民年金保险费》，https://www.nenkin.go.jp/service/kokunen/hokenryo/20150313-02.html，访问日期：2020年1月10日。

2. 实行医疗护理服务供给体制及医疗保险制度改革

为了适应老龄化带来的医疗需求变化，实行医疗护理服务供给体制改革。其内容包括以下四个方面。一是制定社区医疗构想，促进病床功能分化与联系。促进居家医疗及护理，在社区提供从发病到住院、康复、出院一条龙服务，使患者早日回归家庭及社会。二是建立病床功能报告制度。都道府县根据所掌握的社区医疗需求，灵活运用病床数据，对病床功能进行调整。创建社区医疗协同推进法人制度，促进各医疗机构之间的功能分担与业务联系，实现社区医疗构想。三是确保医疗人力资源，提高医务人员水平。改革工作方式，减轻医务人员负担。提高效率及实现适度化，扩大医科大学招生人数，壮大医务人员队伍。为确保偏远地区医生人力资源，对愿意到偏僻地区的医学院学生提供奖学金。四是确立公平稳定的制度，保障疑难病及特殊疾病的治疗。对低收入老年人及残疾人提供适当“福利给付”。

医疗保险制度改革内容包括以下三个方面。一是夯实医疗保险制度的资金基础。对国民健康保险及协会健康保险给予财政补贴。二是实现国民健康保险缴费公平。减轻低收入者的国民健康保险缴费负担，根据老年人的总收入确定后期老年人医疗保险补贴额度。三是确保医疗保险制度的可持续性，改革药价制度，同步进行诊疗报酬制度和护理报酬制度改革。

3. 实行护理保险制度改革，构建社区综合照护体系

平成时代以前，普通老年人护理主要以家庭护理为主，对低收入老年人采取行政措施，提供免费护理服务。进入平成时代，随着需要护理的老年人剧增，2000 年建立了护理保险制度。利用者可以从很多护理服务机构中选择自己满意的机构，并签署合同。2014 年 6 月 25 日，日本政府颁布《医疗护理综合确保法》，对护理保险制度进行了改革。改革内容

如下。一是构建社区综合照护体系。构建集护理、医疗、预防、生活支援及居住为一体的社区综合照护体系，使老年人即使进入护理状态，也可以在自己住惯了的社区安心生活。二是推进医疗与护理的联系，加强生活支援及护理预防基础，采取认知症对策。根据社区情况，调整需要支援的内容，确保护理人员。三是由全社会共同支撑护理问题，保障护理保险制度的可持续性，提高护理保险制度的重点和效率，从而确保老年人护理问题。四是提高具有一定收入以上的受保人个人负担比例，修改入住护理机构人员的食宿补贴条件，减轻低收入第 1 号参保人①的保险费。

4. 完善儿童及育儿支援制度

以 1989 年的“1.57 冲击”为契机，日本政府认识到低出生率带来的社会问题，加强生育及育儿支援政策。改革保育制度，实行幼儿教育及保育无偿化。同时，还制定育儿休假法及育儿休假给付制度，鼓励女性兼顾工作和生活。将儿童及育儿政策纳入社会保障制度框架内，从全社会角度支持育儿家庭。2012 年 8 月，日本政府通过了“社会保障与税收一体化改革相关八法案”，其中有三个法案涉及儿童及育儿内容。新的儿童及育儿政策主要涉及以下内容：一是综合提供高质量的幼儿期教育及保育服务；二是有计划地解决入园难的问题；三是实施儿童及育儿支持制度，综合促进幼儿教育及保育。增加对儿童及育儿的支持，构建代际平衡的社会保障制度。

（二）加强社会保障制度的可持续性

平成时代，为了加强社会保障制度的可持续性，在公共年金方面，限定保险费上限，在有限的资金范围内，根据宏观经济发展水平，自动

---

① 日本《护理保险法》规定，第 1 号参保人是指 65 周岁以上的老人，第 2 号参保人是指 40 周岁到 64 周岁的参加医疗保险的人。——作者注

调整社会保障给付水平，从而避免把保险费负担转嫁给下一代。同时，为了加强资金稳定性，国库负担基础年金额度的1/2。在医疗保险方面，鉴于经济低速发展及医疗费增加，调整医疗保险给付率。同时，废除老人保健制度，建立后期老年医疗制度（见表4-14）。另外，为了确保国民健康保险制度的稳定性，将责任主体确立为都道府县。在护理保险制度方面，为了实现制度的可持续性和代际公平，对医疗保险给付率进行了调整。

平成30年是少子老龄化加剧的时期，也是社会保障给付扩大的时期。一直以来，主要用国债来筹措社会保障给付费。这使国债从1989年的160.9万亿日元猛增到2019年的882万亿日元。为了减轻国家财政负担，日本政府决定以提高消费税的方式，筹措稳定的社会保障资金。日本政府于2012年颁布《社会保障制度改革推进法》，实行“社会保障与税收一体化改革”（简称“一体化改革”）。这是进入21世纪后日本所进行的划时代意义的改革。2013年12月，日本国会通过《关于确立可持续社会保障制度的相关法律》（社会保障制度改革一揽子法）。2014年4月，日本政府将消费税税率从5%提高到8%，并宣布将提高的消费税全部用于社会保障领域。① 2019年再次把消费税税率从8%提高到10%。在5%消费税中，1%用于充实社会保障制度，4%用于稳定社会保障制度。充实社会保障资金主要用于支援儿童及养育子女、医疗护理支出及改善年金制度支出。稳定社会保障资金主要用于三种用途：国库永久负担基础年金的1/2；减轻下一代负担；弥补因消费税率提高引起的社会保障经费的增加。根据《消费税法》第1条第2项，将消费税用于年金、医疗、护理等社会保障给付以及少子化对策所需资金。消费税的使用从原先的面向老年人的三种经费（基础年金、老年医疗及护理）扩大到社会保障

① 1989年，日本政府宣布导入3%的消费税，并对税收体制进行了改革。平成时代上调了3次消费税税率。1997年第1次上调消费税，从3%上调至5%，2014年再从5%上调至8%，2019年从8%上调至10%。

四种经费（年金、医疗、护理及养育子女）。过去社会保障支出优先考虑年金、医疗、护理支出，而忽视针对少子化、贫困及低收入者、非正规劳动者、残疾人的支出。

表 4-14　平成时代社会保障制度改革回顾

年份	社会保障制度改革内容
1989	建立消费税制度，并导入 3%消费税税率
1990	制定老年人保健福利推进十年战略（黄金计划） 修改《老人福利法》等福利 8 法，促进居家福利服务
1991	颁布《育儿休假法》
1993	原则上实施每周 40 小时工作制度
1994	制订天使计划，建立育儿休假制度 修改年金制度，全面实行 65 岁退休制度
1997	受保人负担医疗保险（职域保险）的 20%
2000	实施护理保险制度，实行社会福利基础结构改革（从措施制度过渡到契约制度）
2002	实行医疗保险给付率一元化（未满 70 岁个人负担 30%）
2003	制定少子化对策基本法，制定下一代培育对策促进法
2004	固定公共年金保险费水平上限，给付水平随经济发展自动调节 制定 65 岁雇佣确保措施
2005	修改护理保险法，建立预防给付制度和社区综合支援中心
2006	建立后期老年医疗制度
2012	颁布社会保障与税收一体化改革关联法 国库永久负担基础年金的 1/2 制定新的儿童及育儿支援制度
2013	建立生活贫困者自立支援制度
2014	制定医疗护理综合确保促进法
2015	实行国民健康保险制度改革（制度主体从国家财政转变为都道府县）
2017	护理保险制度改革（建立护理医院、调高现役及高收入群体护理费负担、建立综合支援体制）

续表

年份	社会保障制度改革内容
2018	制定劳动方式改革关联法（同工同酬）
2019	幼儿教育及保育无偿化

资料来源：参考厚生劳动省：《令和2年版厚生劳动白书》，日经印刷株式会社，第115页。

三、平成时代日本社会保障制度改革面临的课题

在经济长期低迷的状态下，日本社会保障的膨胀和财政赤字的增大造成了财政僵化、财政风险增加及社会不公平，阻碍了日本经济社会的可持续发展。①

（一）国库承担的社会保障费负担过重

日本中央和地方财政负担大部分社会保障资金。如中央财政负担基础年金的一半；中央和地方财政负担护理保险费的一半；中央和地方财政负担国民医疗费的37%。2018年社会保障给付费为121.3万亿日元，占GDP的29.29%。其中，年金支出为56.7万亿日元，占46.8%；医疗支出为39.2万亿日元，占32.4%；护理及其他福利支出为25.3万亿日元，占20.9%。可见，用于年金、医疗、护理等社会保障费用急剧增加，已成为政府的沉重负担。② 尤其，社会保障给付的主要对象又是老年人，激化了代际矛盾。从2019年社会保障关系费预算支出规模来看，社会保

① 仇雨临：《社会保障国际比较》，中国人民大学出版社，2019，第244页。

② 厚生劳动省保险局：《社会保障与劳动改革本部2040年展望报告》，https://www5.cao.go.jp/keizai-shimon/kaigi/minutes/2018/0521/shiryo_04-1.pdf，访问日期：2019年12月1日；厚生劳动省：《平成30年版厚生劳动省白书》，日经印刷株式会社，2019年，第336页。

障关系费预算为 34 万亿日元，占一般会计预算支出（101 万亿日元）的 33.6%。[①] 日本社会保障费主要靠社会保险费和财政资金，巨额的社会保障费支出，加重了财源不足问题。为了适应人口减少及超老龄社会，也为了确保社会保障制度的可持续性，必须保证财源，抑制支出。

（二）日本不缴纳国民年金、无年金及低年金的现象增多

日本政府要求 20 岁到 60 岁的国民强制加入国民年金。但随着非正规雇佣及失业的增加，不缴纳保险费的第 1 号参保人增加。这些人即使到了 65 岁，因未能缴足 25 年，仍无法领取年金，成为无年金者。即使领取年金也是由于未满 25 年，领取的年金有限，沦落为低年金者。为了解决上述课题，放宽加入厚生年金的资格，允许短时间劳动者加入厚生年金，扩大老龄基础年金缴费基数。自 2016 年 10 月，政府放宽条件，让具备一定条件的临时工加入厚生年金，以此来降低未加入或不缴纳国民年金的人数。截至 2018 年 1 月，在 501 人以上规模企业工作的 37 万临时工加入了厚生年金，在 501 人以下规模企业工作的 0.3 万临时工加入了厚生年金。自 2015 年 10 月，将领取老龄基础年金资格期限从 25 年缩短为 10 年，从而使 40%的无年金者领取老龄基础年金。截至 2018 年 10 月，已有 51.8 万人领取了年金。为了解决低年金者的问题，自 2015 年 10 月，对于收入未达标的低收入年金者，提供“支援给付”。

（三）老年人医疗与护理面临挑战，亟须整合医疗与护理资源

随着人口老龄化的加剧，卧床不起及患有痴呆症的老年人急剧增加。

① 西尾真纯：《2019 年度社会保障关系预算》，《立法与调查》2019 年第 2 期。

日本实施护理保险制度 20 年来，一定程度上缓解了护理供给不足问题，但依然存在护理需求供不应求、财政压力增大、低收入者的护理费负担过重等问题。迎接 2025 年人口老龄化挑战，为了实现护理保险制度的可持续性，对护理保险制度进行改革。一是构建地域综合护理体系。把过去分散的医疗、护理、预防、居住等服务有机联结起来综合提供。即整合医疗与护理；充实护理服务；促进预防护理；确保生活支援服务及权利拥护；完善老年居住配套设施，使老年人在自己家里享受综合护理服务。二是综合推进痴呆症对策。根据 2015 年制定的《认知症对策推进综合战略》（新橙色计划），综合推进 7 项痴呆症对策，即向国民普及和启发痴呆症的认识；根据痴呆症病情提供适度的医疗和护理；加强早老性痴呆症政策；支援痴呆症护理人员；为痴呆症患者和老年人创造宜居的社区；研究、开发和普及有关痴呆症的预防法、诊断法、治疗法及康复模式、护理模式；重视痴呆症患者及家属立场。三是医疗重点从住院治疗转为居家医疗。住院期间，伙食费由个人负担，从而实现住院医疗和居家医疗的平衡。四是调整护理保险费负担，一方面减轻低收入者的护理保险费负担，另一方面调高具有一定收入的利用者的负担。

四、今后日本社会保障制度改革趋势

进入 21 世纪以来，日本社会保障面临人口老龄化、财政困难、发展不平衡等挑战。人口老龄化将对年金制度、医疗保险制度和长期护理保险制度带来压力和挑战。2025 年，日本人口老龄化将进一步加剧，劳动力人口急剧减少。这一方面预示医疗、护理及福利服务需求增加，另一方面预示缴纳保险的人口减少。2025 年，65 岁以上老年人口从 2000 年的 2204 万人急剧增加到 3677 万人。而生产年龄人口（15—64 岁）从 2000 年的 8638 万人减少到 7170 万人。就业人数从 2018 年的 6580 万人减少到

2025年的6350万人。[①] 根据厚生劳动省预测，2025年社会保障给付费将增加到148.9万亿日元，占GDP的24.4%。为了解决可持续问题，日本政府正在构建中长期社会保障制度，加强社会保障功能及财政稳健功能。通过社会保障给付与负担的调整，确保社会保障制度的可持续性。

为了确保财政稳健及社会保障制度的可持续性，日本政府制定了2040年改革目标。一是改革雇佣及年金制度，建立符合百岁时代的年金制度。[②] 支持老年人就业，确保到70岁的就业机会。扩大中途就业，提供副业和兼业机会。实现社区共生和社区支援。二是制订健康长寿计划。到2040年，男女健康寿命延长3年。为此，加强对国民的健康教育，使国民养成健康的生活习惯。加强疾病预防、护理预防、病毒预防及认知症预防。三是制订医疗福利服务改革计划。促进机器人、人工智能（AI）、信息通信技术（ICT）的应用、数据健康改革、护理人才培养、促进老年人才就业、改革运营体系及各部门协同。四是实现给付与负担均衡，确保社会保障的可持续性。社会保障制度改革不只在社会保障框架内进行，要扩大到农业、金融、住宅、健康饮食、制药等领域，统一推进相关领域政策。农业政策方面促进老年人、贫困阶层及蛰居者通过农业生产促进社会参与。住宅政策方面，通过居住支援，积极促进生活贫困者的自立。收集和普及老年人在老旧住宅社区成功生活的案例。面向老年住宅建立综合照护体系。金融政策方面营造有效运用资产的环境。健康饮食方面创造自然、健康的饮食环境，制定营养及饮食生活改善政策。面向老年人普及健康饮食习惯，针对咀嚼能力低下的人群制造营养食品，扩大流通。制药政策方面促进日本药品走向国际市场，放宽对医疗器械的各种限制。培养药品领域的领军人才，促进药品产业的发展。

---

① 日本厚生劳动省：《2040年社会保障制度改革课题》，https://www5.cao.go.jp/keizai-shimon/kaigi/minutes/2018/0412/shiryo_02.pdf，访问日期：2019年12月21日。

② 日本厚生劳动省：《展望2040年的社会保障与劳动改革本部报告书》，https://www.mhlw.go.jp/stf/shingi/other-syakaihosyou_306350_00001.html，访问日期：2019年12月21日。

五、结语

平成时代社会保障制度改革与人口老龄化加剧、经济长期停滞、财政恶化有着密切关系。这使得日本社会保障制度改革呈现出历史性和阶段性特点。日本社会保障制度改革经历了困境与发展的历史演变过程。同时，日本社会保障制度改革在人口老龄化的不同时期呈现出阶段性特点。日本社会保障制度改革的成功经验在于以下四个方面：第一，通过自下而上的改革，构建了由地方自治体主导、官民协同和由全社会共同支撑的制度体系。第二，通过医疗、护理及福利一体化改革，构建了社区综合照护体系，实现了医疗、护理及福利资源的整合。这是重建社会保障制度的突破口。第三，通过集综合性和整体性为一体的社会保障与税收一体化改革，构建了高效率的社会保障体系。阶段性提高消费税，充实了社会保障资金，为实现社会保障制度的可持续性奠定了坚实的基础。第四，从原来以老年人为对象的社会保障给付扩大到各年龄层，改变了社会保障“给付以老年人为中心，负担以年轻人为中心”的观念，实现了社会观念的转变。

第五章

平成时代的日本文化与思潮

第一节
日本的自我身份建构与冷战后战略文化的嬗变*

近年来，日本的国家战略在悄然发生转型，即突出安全战略在对外关系中的主体地位，加速推进“国防正常化”，提升日本国际影响力中安全和军事的比例。对该问题的解释视角主要集中在国内政治、美国因素、中国崛起和权力转移以及地缘政治等方面，过于强调理性主义物质因素，从而忽视了观念等文化因素所起的重要作用。随着战略文化被江忆恩（Alastair Iain Johnston）等学者发展为能证伪、可操作的理论后，其解释力强的优势受到学界的普遍认同。[①] 这不仅是研究日本战略转型不可或缺的视角，更是对日本的战略选择和行为方式做出更有说服力解释的重要方法。鉴于此，需要探讨日本战略文化的重塑经历了哪几个阶段？推动战略文化重塑的内在机理是什么？为什么最终的结果是走向冲突型战略文化？其内化的标志是什么？

一、身份的自我建构与战略文化的转型：一种分析框架

“战略文化”的概念，最早见于杰克·斯奈德（Jack L. Snyder）1977

---

* 作者陆伟，同济大学政治与国际关系学院副教授。原文以《自我身份建构与平成时期日本战略文化的嬗变》为题发表于《日本学刊》2018 年第 5 期，略有修改。

① 秦亚青：《国家身份、战略文化和安全利益——关于中国与国际社会的三个假设》，《世界经济与政治》2003 年第 1 期；Colin Dueck, *Reluctant Crusaders: Power, Culture, and Change in American Grand Strategy* (Princeton University Press, 2006)。

年对苏联有限核战争主义的研究。[①] 后经三个阶段的发展，战略文化在西方战略研究中逐步确立了重要地位。20 世纪 90 年代末期，中国学者也开始对战略文化的概念产生共鸣，并在短短十多年间积累了一批研究成果。[②] 但这些研究普遍是基于对文化、战略文化、国家行为三者之间内在必然联系的认识，侧重于探讨战略文化的思想渊源以及由此规定的当下国家行为表现。实际上是把战略文化当作一种背景性因素，从而削弱了它作为理解国家不同时期战略选择变化的统一分析框架应有的理论价值。

用静止的眼光来看待战略文化，实际上混淆了文化与战略文化在属性和作用机制上的本质差异，过分关注两者之间的渊源而忽视了其为应对战略环境变动发生重构的一面，因此需要从动态的视角来理解战略文化。对战略文化的动态性理解，使得关于它变化动因的问题必然成为首先需要关注的焦点。无论是哪个时期的战略文化研究，都存在对这一问题忽视或简化的倾向。本文试图通过引入"身份"作为核心概念，构建引发一国战略文化重塑的内在机理的分析框架，以更好地解释冷战后日本战略文化的嬗变及其归趋。

（一）身份的自我建构：战略文化嬗变的内在机理

所谓战略文化，是指一个国家在一段历史时期内对自身的安全所秉持的思维方式、战略偏好和政策选择，具有历史性烙印、观念性认知、情感性选择三大特性。首先，基于文化固有的可传承和延续的特性，一国的战略文化往往受到该国传统文化潜移默化的影响，在一些国家，传统文化在一定程度上已成为国民价值观和思想的重要来源和基础。但二

① Jack L. Snyder, *The Soviet Strategic Culture: Implications for Limited Nuclear Operations* (The Rand Corporation, 1977), p. 9.

② 相关的文献综述，参见赵景芳：《战略文化的再思考》，《世界经济与政治》2008 年第 1 期。

者的继承关系，并不意味着战略文化是以“内化”的形式对传统文化的简单再现，后者对前者发挥作用主要通过设定一国可能行动领域的最外围界限以及合法性的范围来实现，① 即为预测什么是一国可以做的“正常”行为提供判断依据。其次，战略文化本质上是从世界观和方法论层面对安全战略的思考，讨论其背后反映的观念力量。对战略环境的认知决定了政策选择和行为的偏向。② 最后，虽然战略偏好和政策选择是伴随决策者的认知过程实现的，但是，理性的决策不仅仅是逻辑思维的产物，情绪与感受在决定事情的优先次序上也会发挥作用。③ 情绪与理性认知一起，相互协调、相互反馈，决定了人的行为。④ 而战略文化兼具认知和情感的重要驱动性，并通过基于情感施动的选择加以体现。显而易见，战略文化是变与不变的统一体。当我们将一国传统的历史政治文化和价值取向作为背景因素时，探讨该国在各个重大时空节点所确定的特定战略文化的代际性变化便成为主要的研究议程。

什么因素导致战略文化的嬗变？根据社会学的身份理论，身份从根本上说具有主体或单位层次的特征，它根植于行为体的自我领悟。⑤ 正如亨廷顿（Samuel P. Huntington）所言：身份是一个人或一个群体的自我认识，它是自我意识的产物。⑥ 对国家来说，它不仅是社会化的客体，也是积极为自己定义身份的施动者。本文以身份的自我建构为核心概念，从身份的本源性要素出发，在更好地把握行为体对社会结构关系的自我领

① Kerry Longhurst, *Germany and the Use of Force* (Manchester: Manchester University Press, 2004), p. 17.

② 秦亚青：《中国文化及其对外交决策的影响》，《国际问题研究》2011 年第 5 期，第 33 页。

③ 西奥多 · 夏兹金：《精神化秩序的实践》，载西奥多 · 夏兹金、卡琳 · 诺尔 · 塞蒂纳、埃克 · 冯 · 萨维尼主编《当代理论的实践转向》，柯文、石诚译，苏州大学出版社，2010，第 59 页。

④ 季玲：《重新思考体系建构主义身份理论的逻辑与概念》，《世界经济与政治》2012 年第 6 期，第 89 页。

⑤ 亚历山大 · 温特：《国际政治的社会理论》，秦亚青译，上海人民出版社，2000，第 282 页。

⑥ 塞缪尔 · 亨廷顿：《谁是美国人？——美国国民特性面临的挑战》，程克雄译，新华出版社，2010，第 18 页。

悟、对多重身份层级排序的身份凸显等现象特征的基础上，赋予行为体能够再生产或改变其所处的社会文化结构的能动性，① 搭建身份建构对战略文化构成性作用机制的分析框架，以解释冷战结束以来日本战略文化嬗变的动力及过程。

身份的自我建构是一个不断进化的动态过程，身份的内涵也会随着时间的推移而发生变化。本体性不安全的行为体会借助话语表述机制，在时间的结构中不断为自己寻找一种恰当的身份，并根据身份的基本特征和规范性要求来指导自身在国际关系中的行为。同时，自我建构的身份也不否认关系性身份的基本属性。只是它不再局限于在空间维度上发生并行互动并能够带来主体间性意义的自我和他者，而更多地体现为时间维度上的同一行为，体现在与过去身份定义差异所造成的自我和他者的区别，且这种差异被认为是身份自我建构得以存立的先决条件。

身份建构是战略文化嬗变的动力机制，包括如下几个基本理论命题。

第一，战略文化根植于行为体对身份的自觉意识，并随自我身份建构的演进而发生变化。战略文化作为对特定社会情境的观念认知，深受置身于其中的体系结构、战略环境的压力和约束。但这种“自我解读”和“自我判断”的选择性接受和归属，依赖于对身份的自我领悟和自我定位。在泰费尔（Henry Tajfel）看来，社会身份是个体自我概念中来源于“个体对所属团体成员资格的认知和成员资格所包含的价值和情感意义”的那一部分。② 从中不难发现，战略文化对身份建构的依附性关系是通过价值和情感两大因素的杠杆作用得以存立的。

一方面，身份决定价值判断，而价值与现代世界的概念和词汇结合

---

① 朱立群、聂文娟：《从结构—施动者角度看实践施动——兼论中国参与国际体系的能动性问题》，《世界经济与政治》2013 年第 2 期，第 4-19 页。

② Henry Tajfel, *Human Groups and Social Categories: Studies in Social Psychology* (Cambridge: Cambridge University Press, 1981), p. 255.

起来又主宰着人们对国际关系的认识。[①]国家在特定时期所形成的角色承诺和角色期待，内在于其对社会身份位置感悟而产生的价值预期及由此驱使下的角色扮演信念。价值构成国家身份与战略观念的一个关键环节（利益实质上就是一种主观性的价值判断），这在日本学者芦泽久仁子（Kuniko Ashizawa）的研究中得到了证实。她认为利益是非常灵活、空泛和万能的概念，与此相比，价值因能对决策者发挥引导作用而会转化为特定的战略偏好，并与对外政策行为之间形成“目的性关系”。[②] 价值是身份和偏好之间关键的中介因素，又是“关于行为与目标可欲性（desirability）”的共享且稳定的信念，[③] 构成了战略文化的重要基础和内容，而身份对战略文化构成性关系的作用机制通过第一条价值路径的传导得以确立。

另一方面，基于自我身份认同的情感会有效激活行为体自尊的来源动机，并在决定政策的优先选项和行为方式上发挥作用，身份的自我建构总是以与追求自我期许的身份相符的方式获得积极的情感体验。为此，行为体总是通过群体间的区分来满足对自尊的需求。这种分类不仅基于行为体对相似性和差异性的感知，还会使其能够判断行为体间关系的性质，即他者与自我处于什么样的关系网络之中。[④] 这就决定了行为体在社会流动、社会创造、社会竞争三种战略上的优先排序，或针对特定的对象有所侧重地选择某一策略。[⑤] 而且，随着身份自我建构的展开，情感还

---

① Robert Cooper, *The Breaking of Nations: Order and Chaos in the Twenty-First Century* (London: Atlantic Books, 2003), p. 22.

② Kuniko Ashizawa, “When Identity Matters: State Identity, Regional Institution-Building, and Japanese Foreign Policy,” *International Studies Review* 10, no. 3 (2008): 571-598.

③ 毛维准：《国际责任的行为逻辑变迁：信念、责任与关怀》，《当代亚太》2013 年第 5 期，第 31 页。

④ David Yau-fai Ho, “Relational Orientation in Asian Social Psychology,” in Uichol Kim and John W. Berry (eds.), *Indigenous Psychologies: Research and Experience in Cultural Context* (California: Sage Publications, Inc., 1993), p. 258.

⑤ Reinhard Wolf, Deborah Larson and Alexei Shevchenko, “Status Seekers: Chinese and Russian Responses to US Primacy,” *International Security* 34, no. 4 (2010): 63-95.

会获得自我强化和自我实现的动力，从而对行为构成持续稳定的影响力。基于此，默瑟（Jonathan Mercer）将情感理解为情感信念，以强调其在影响人们解读世界方式上的重要性。① 莫伊西（Dominique Moisi）更是把情感视作影响国家行为的一种文化。② 情感构成了战略文化的微观心理基础，也是身份对战略文化影响机制赖以成立的第二条传导路径。

在价值观念和情感心理的传导下，身份的自我建构必然要求相应的战略文化与之匹配。一旦两者出现背离或对立，自我建构的身份会遭遇价值和情感上的危机而被否决，导致“对自我认同的连续性和行动的社会与物质环境之恒常性所具有的信心”③ 发生动摇，从而陷入本体性的不安全状态。只要行为体对自我建构的身份有强烈诉求和利益关切，而维护本体安全是国家的根本需要，就会使战略文化在价值和情感维度上承担维护和强化对身份进行自我建构的功能。可以说，身份和战略文化存在相互决定、相互建构的特征，但身份建构具有首要的地位。

既然战略文化的形成取决于身份的特定自我建构，那么行为体对自我身份的重大再建构，也必然导致战略文化的改变。这种改变目的是维持与再建构身份在价值和情感两个维度上的一致，而对自己所处战略环境和角色定位所持的信念、主导目标追求和风险喜厌的战略偏好、伙伴对手和政策路径排序的策略选择等做出调整。

第二，战略文化的性质和呈现形态取决于自我建构的身份类型，对角色身份的建构和追求则基于其显著性的强度，而使行为体转向冲突型的战略文化。由于行为体自我建构的身份具有不同的内涵和追求目标，它会产生不同的战略文化，因此有必要对身份的类型进行细分，找出与战略文化的对应关系。借鉴温特的身份类型概念，本文将“国家个体”

---

① Jonathan Mercer, “Jonathan Mercer,” *International Organization* 64, no. 1 (2010): 1-31.

② 参见多米尼克·莫伊西：《情感地缘政治学：恐惧、羞辱与希望的文化如何重塑我们的世界》，姚云竹译，新华出版社，2010。

③ 安东尼·吉登斯：《现代性的后果》，田禾译，译林出版社，2000，第80页。

所建构的身份区分为个体身份、角色身份与集体身份。个体身份是“使行为体成为独立的实体”的观念结构,[①] 它强调自我与他者的区别，以维持独特身份的边界和避免去个性化的危险为满足，更多地采取“社会创造”的身份管理战略，以便在新的评价标准下凸显自我的价值和优势，为捍卫在文化、语言、历史、成就等方面的特性提供使之存续的依据，在战略文化上往往呈现出防御性特征。集体身份使由认同产生的自我—他者的界线变得模糊，并在交界处产生完全超越的逻辑。它建立在共有知识和共有特征的基础上，追求“把自我和他者合为同一种身份”[②] 的目标，自觉地把高阶群体的规范作为自我利益的一部分，由此采取的社会移动的身份管理战略便要求合作型的战略文化与之相匹配。角色身份是指行为体“在社会结构中占据一个位置，并且以符合行为规范的方式与具有反向身份的人互动”。[③] 这种位置关系与一国在国际社会中所处的地位和发挥的功能密切相关。鉴于国家对内群体[④]的积极评价有非常高的追求，一旦出现地位不遂所愿或功能发挥受阻，就会以社会竞争的身份管理战略来应对，从而营造出冲突型战略文化氛围。显然，从各自身份类型推导出与之对应的战略文化，符合社会身份管理的理论预期，也得到了承认理论的确认。该理论明确揭示行为体追求的身份类型决定其斗争策略的选择。[⑤]

然而，实际情况较理论层面要复杂得多。行为体可能同时建构了多重身份，同时也可能没有将违背行为体的一厢情愿的身份追逐目标纳入考虑范围。事实上，在无政府的社会体系中，国家之间的权力博弈使彼

---

① 亚历山大·温特:《国际政治的社会理论》，秦亚青译，上海人民出版社，2000，第282页。

② 同上书，第287页。

③ 同上书，第285页。

④ 内群体又称“我们群体”，简称“我群”（自己所属的群体，自己人组成的群体）。——作者注

⑤ 参见曾向红:《国际关系中的蔑视与反抗——国家身份类型与承认斗争策略》,《世界经济与政治》2015年第5期。

此之间的通透度变得极低，保持社会认可的差异也很难做到，从而导致集体身份和个体身份的预期目标可能难以实现。因此，从自我构建的角度来说，在分析身份与战略文化的构成性关系时，更应聚焦于国家角色身份构建所带来的影响。

如前所述，如果角色身份在身份层级中居于主导地位，将最有可能使行为体选择冲突型战略文化，这与身份的显著性即“身份凸显”密切相关。“身份凸显”是指在自我界定的多种身份中，一种特定的身份被激活并处于层级中较高的位置，进而引发行为体的相关反应。① 它反映出个体自我概念的“在线”特征，显示出个体对当前情境或任务的认识倾向，尤其是在对自己与他人关系的把握方面。② 研究表明，在身份显著性方面，角色身份要强于个体身份和集体身份，从而导致行为体为捍卫这种身份而会采取激进的行为。③

按照斯特赖克（Sheldon Stryker）等的定义，角色身份的显著性实际上附着于角色的价值和情感对行为体的排他性占有，是价值凸显和情感凸显双重作用的结果。④ 霍尔斯蒂（Kalevi J. Holsti）则认为，从价值凸显的维度来说，角色的价值指向在于引导“政策制定者对什么样的角色、义务、规则和行为与他们的国家身份相符的主观认知和判断，以及对国家在国际体系和次体系中应该具有的功能的认识”。⑤ 角色身份的凸显意味着对角色身份的承诺将以对该角色的领悟和身份期待作为理解世界方

---

① Michael A. Hogg (ed.), “A Tale of Two Theories: A Critical Comparison of Identity Theory with Social Identity Theory,” *Social Psychology Quarterly* 58, no. 4 (1995): 257.

② 吴小勇等：《身份凸显性：启动自我的开关》，《心理科学进展》2011 年第 5 期，第 719 页。

③ 曾向红：《国际关系中的蔑视与反抗——国家身份类型与承认斗争策略》，《世界经济与政治》2015 年第 5 期，第 133－134 页。

④ Sheldon Stryker and Richard T. Serpe, “Commitment, Identity Salience, and Role Behavior: Theory and Research Example,” in W. Ickes and E. S. Knowles (eds.), *Personality, and Social Behavior* (New York: Springer-Veerlag, 1982), pp. 199－218.

⑤ Kalevi J. Holsti, “National Role Conceptions in the Study of Foreign Policy,” *International Studies Quarterly* 14, no. 3 (1970): 245－246.

式、权衡战略利益排序、确定与他者的互动关系和选择行为模式的价值判断标准和依据。社会身份理论早已指出，身份凸显对行为体的角色限定，会降低其对环境的适应水平，引起刻板印象威胁、社会偏见和社会冲突等现象。① 身份在角色维度上的凸显将使行为体笃守自我角色中心主义，突出与他者关系的差异性和竞争性，社会上出现阿马蒂亚·森（Amartya Sen）提出的单一身份的幻象模式，导致暴力文化的产生，② 这也是冲突型战略文化形成的根源。从情感凸显的维度来说，由于这种身份最终需要国际社会的合法性授权才能完整地呈现，其实现的程度归根结底取决于他者的认可。鉴于行为体被迫与他者进行互动，当自我认知的身份无法在他者那里得到认可时，就会产生失望、挫折、焦虑、孤独、耻辱乃至愤怒的情感。国际关系的文化理论揭示了那些要求进入体系却遭到拒绝，或者期望被视为大国但诉求被否定，或者所受待遇低于其对自身地位认识的国家，失落的情感决定其在采取紧张和冲突行为中扮演的角色。③ 总之，角色身份因蕴含于其中的价值和情感的凸显，使行为体转向对它承诺，由此引发了战略文化上的冲突性特征。社会心理学关于身份凸显性决定文化差异的论述，为我们分析冲突型战略文化来源于行为体对角色身份的承诺提供了理论依据。

第三，身份的自我建构离不开行为体的话语实践，借助安全化的操作实现对角色身份凸显性的固化，推动了冲突型战略文化的重塑。身份的自我建构和选择实质就是行为体赋予某一身份以特殊的意义，并在此基础上形成对该身份的认同和期待。显然，话语在这一过程中扮演着重要角色，而话语背后的权力关系决定了垄断话语权的是国家的领导人、

---

① 吴小勇等：《身份凸显性：启动自我的开关》，《心理科学研究》2011 年第 19 卷第 5 期，第 712-722 页。

② 参见阿马蒂亚·森：《身份与暴力——命运的幻象》，李风华等译，中国人民大学出版社，2014。

③ 理查德·内德·勒博：《国际关系的文化理论》，陈锴译，上海社会科学院出版社，2012，第 54 页。

决策者、政治精英和舆论领袖。他们主导了国家的身份自我建构过程，并在推动国家战略文化重塑上成为关键行为体。其中的奥秘就是决策者利用角色身份之于国家的显著性，通过安全化操作，动员受众形成对国家在国际上的角色地位处于危险境地时必须采取重大行动的一致认识和紧迫感。

按照哥本哈根学派的说法，所谓“安全化”就是安全威胁的“被判断”和安全议题的“被提出”这一言语行为过程。① 角色身份所凸显的差异性和竞争性的价值内涵，为安全化主体选择敌对他者提供了特别有利的操作空间。一方面，出于对角色身份的承诺，安全化主体以国家在国际社会中的权力地位为指涉对象展开角色叙事，由此把对世界的认识置于传统地缘政治想象之中，构建国际社会充满权力竞争和零和博弈的危险图景，以展示本国追求的角色身份的重要性和价值；另一方面，对自我角色身份的指涉，都必然产生一个威胁性的“他者”，寻找“假想敌”，将自我暴露在面临巨大威胁的语境下，便成为话语建构的自然选择。利用这种寻找“威胁”和“敌人”所带来的消极情感体验，不仅增强了角色身份的显著性，而且逐渐促成对冲突和对抗作为决定国家互动关系和行为选择的支配性思维方式的主体间认同。总之，与一般意义上安全化操作带来某一领域的问题成为一时紧迫的主要政治议题不同，当对国家的角色身份进行安全化操作时，必然造成身份显著性的固化。这种固化就是构建受众对凸显角色身份在价值和情感上的认同，从而使最具显著性和排他性的角色身份在政治精英的推动下更有可能被塑造成冲突型的战略文化。有关身份与战略文化的关系类属，见图 5-1。

① 巴瑞·布赞、奥利·维夫、迪·怀尔德：《新安全论》，朱宁译，浙江人民出版社，2003，第 36 页。

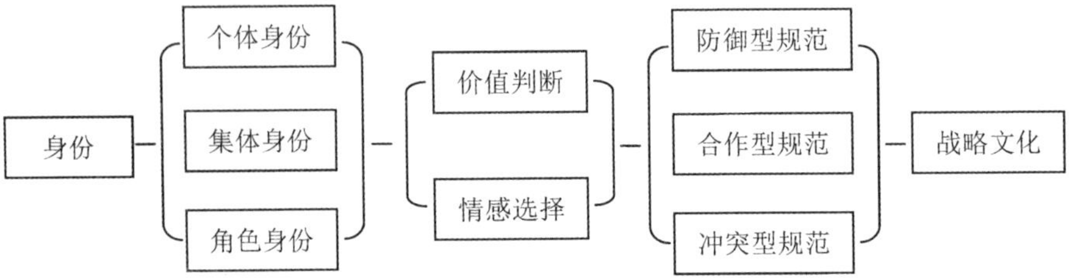

图 5-1　身份与战略文化的关系类属

资料来源：作者自制。

（二）现实主义战略文化的分析框架

厘清一国战略文化嬗变的动力机制，尤其是确认了最具显著性的角色身份与冲突型战略文化形成之间的关系后，我们还需要明确：这种现实主义战略文化的意涵是什么？其核心因素的构成有哪些表征？它被一国内化的程度通过何种指标表现出来？只有弄清楚这些问题，才能构建完整的战略文化的分析框架。

借鉴江忆恩提出的战略文化核心范式中的三个假设，① 并结合本文对战略文化的理解，可以得出以下结论：一国转向现实主义战略文化，主要从环境认知、政治程序、联盟结构三个方面表现出来。

第一，环境认知。环境认知是指国家对国际秩序现状的判断及对自身所处战略环境的认识。它决定国家战略偏好和战略利益的优先排序，因而构成战略文化的首要因素和最主要方面。具体而言，环境认知包括一国在国际权力分配、国际秩序变动和走势、时代主题的内涵、国际地位和安全处境以及竞争对手的显性化、强弱及互动博弈的性质等问题上形成的特有的观念认知轨迹。如果一国越来越倾向于认为国际体系因权力转移孕育着战争、国家之间围绕权力和地位的争夺主宰了时代的主题，

① Alastair Iain Johnston, "Thinking about Strategic Culture," *International Security* 19, no. 4 (Spring 1995): 46-47.

明确其强大对手的存在使本国面临巨大的安全威胁和地缘政治风险，敌人的威胁具有零和博弈的特征，所以唯有将其彻底消除才能保障国家利益，且其演变为政治精英进行战略决策的主导性思维，军事安全和地缘政治利益成为优先选项而淡化或漠视其他领域和层次的安全利益，则表明冲突型战略文化已在该国实现了内化。总之，国家“制造威胁”和“制造敌人”的欲望越强，战略文化的现实主义色彩就越浓。

第二，政治程序。所谓政治程序，是指与国家战略目标实现相适应的制度安排、政治集团之间的互动模式以及政策选择的国内政治过程。作为战略思维有效转化为战略行为的中介，[1] 政治程序不仅构成了战略文化的一部分，也成为判断战略文化类型的重要依据。由于冲突型战略文化的核心范式之一是崇尚使用武力的效用，政治程序的变化对这种文化转向的作用主要通过政军关系的调整和军队地位的重塑体现出来。这不仅是因为军队是国家对外暴力的主要执行者，也因为它是国家身份的“最终象征”，[2] 即冲突型战略文化的主要承载者。因此，国家内化冲突型战略文化的程度可以用军队在政治系统中的位置和功能来衡量，具体而言就是军队在组织职能、组织资源、组织合法性上的获取度。如果这三者均从原点上实现了大幅度提升，即意味着其所在的国家不断转向冲突型战略文化。它们可以分别由军队在决策中的地位、国防预算的变化、社会认同度等指标来判断。

第三，联盟结构。联盟结构是指缔约国在同盟中的位置和意图。无论联盟成立的目的是制衡权力还是制衡威胁，作为一国在军事安全领域中开展国际合作的重要形式，结盟行为都是对战略判断和战略偏好的直观表达，亦是对战略文化倾向性的折射反映。联盟结构作为衡量一国战

---

① Forrest E. Morgan, *Compellence and the Strategic Culture of Imperial Japan: Implications for Coercive Diplomacy in the Twenty-First Century* (Westport, Conn: Praeger, 2003), pp. 26-27.

② 达纳·艾尔、马克·萨奇曼：《身份、规范和常规武器扩散：一种制度主义的理论方法》，载彼得·卡赞斯坦编《国家安全的文化：世界政治中的规范与认同》，宋伟、刘铁娃译，北京大学出版社，2009，第86页。

略文化的重要指标，主要用于研究该国在联盟结构中的战略意图。一国的战略意图可以大致分为进攻性和防御性两大类。有研究表明，在非对称性联盟中，如果弱国是进攻性国家，它往往存在强烈的“被抛弃”的恐惧。由于实力的不足，导致它必然针对联盟使出浑身解数以挽救其生命力，甚至为应对联盟可能的破裂或无法满足自己的安全诉求而寻找替代方案。[①] 反过来说，当实力较弱的一方千方百计谋求与强国的安全利益捆绑、拖后者下水，甚至基于对强国战略承诺的不放心而寻找新的联盟方式和对象，以为填补万一出现的权力真空做准备，那么它在联盟结构中就扮演着进攻性国家的角色，相应地其背后体现出的就是现实主义战略文化。关于角色身份塑造冲突型战略文化的路径，见图 5-2。

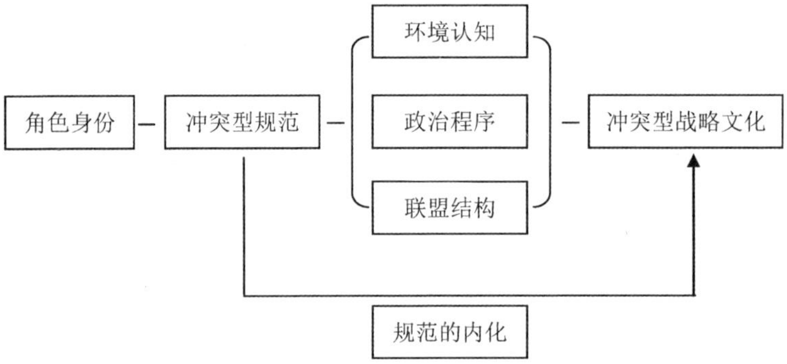

图 5-2　角色身份塑造冲突型战略文化的路径

资料来源：作者自制。

总之，一国战略文化的主要内容具有时代性，其原动力源自该行为体对身份的自我感悟和建构。自我建构的身份类型决定了战略文化的性质，其中角色身份因其特有的显著性而将国家引向现实主义的战略文化。该过程的实现及其程度可由环境认知、政治程序、联盟结构三大变量来衡量。下文将运用自我建构为视角的现实主义战略文化形成理论，分析冷战后日本战略文化的转型，并判断其走向。

① 参见苏若林、唐世平：《相互制约：联盟管理的核心机制》，《当代亚太》2012 年第 3 期。

二、冷战后日本自我身份建构的演进及其现实主义战略文化的形成过程

1945年战败以来，在经美国占领和民主化改造后，日本确立了“西方阵营中的一员”的身份。基于这一身份的规范性要求，日本的对外战略总体采取内向型防御姿态。这不仅带来了战后日本经济社会的发展和进步，而且使和平主义战略文化保持了半个世纪的基本稳定。然而，这种集体身份的选择，更多的是基于特殊历史条件所触发的后果性逻辑。随着经济实力的增强，冷战后日本以“正常国家”为指向，迫切希望构建新的身份。确立日本在21世纪应拥有的国际地位和国际关系角色是其身份构建的宗旨，且身份指涉显然具有强烈的角色身份的性质。这种自我建构身份的完成并由此逐渐导向现实主义的战略文化过程，大致经历了以下三个阶段。

（一）世界和平的创造者：战略文化重塑的开端

冷战结束成为日本重新定义自我身份的驱动力，冷战后国际格局出现了有利于日本发挥自身优势和影响力的两大新变化。一是全球化的形成和不断深入，改变了日本提升国际影响力的有效路径，与军事实力相比，日本更加重视对全球治理的贡献度；二是非传统安全的重要性日益凸显，淡化了日本因和平宪法和自我约束在军事安全领域存在的先天不足，改变了日本只能接受大国政治中“边缘国家”身份的状态，为它凭借经济、科技、创新能力以及作为民主、文明国家的优势，尤其是在非传统安全领域的贡献，实现在国际安全领域由边缘国家向中心国家“转身”提供了可能。

20世纪90年代，历届首相的施政演说反映了日本决策层对自我身份的核心定位是“世界和平的创造者”。村山政府提出，“日本要利用从过去痛苦的经历中得到的智慧、夸耀于世的技术能力和经济合作，做出与国力相匹配的国际贡献来创造世界和平”。① 桥本政府更是将日本定位为“不是以前的在世界政治经济形势给定的前提下实施行动的国家，而应该是超越传统型国际贡献、提出被国际社会接受的理念、为世界的安定和发展自主行动的国家”。② 世纪之交，小渊政府又雄心勃勃地提出21世纪日本的国政运营将立足于充当“五个桥梁”的身份：通向世界的桥梁、通向繁荣的桥梁、通向安心的桥梁、通向安全的桥梁和通向未来的桥梁，特别强调“从保护整个地球的环境到确保每个国民的安全都是日本应尽的职责”。③ 森喜朗政府也宣称：“21世纪对日本外交提出的要求是主动维护为日本带来和平与繁荣的国际体系的责任感和领导力。”④

“国际贡献”要求日本从主要获得国际社会的合法存在权转变为占据一个重要位置，因此，“世界和平的创造者”的界定和认同已孕育出自我构建角色身份的雏形。它对以融入为主的内向型和平主义战略文化构成内在张力是显而易见的。日本政治精英从对上述身份的基本特征和规范性要求的自我理解出发，在安全观念和战略排序上做出了适应这种自我理解的改变，从而通过价值观念和情感选择两个维度达成了重构日本战略文化的第一步。

在价值观念的维度上，日本对冷战后国际环境的认知和判断做出的调整和变化主要表现为：第一，通过将民族、宗教、核扩散、环境、走

---

① 「第百三十二回国会における村山内閣総理大臣施政方針演説」、http://www.kantei.go.jp/jp/murayamasouri/speech/sisei.html，访问日期：2017年11月5日。

② 「第百三十六回国会における橋本内閣総理大臣施政方針演説」、http://www.kantei.go.jp/jp/hasimotosouri/speech/1996/danwa-122.html，访问日期：2017年11月5日。

③ 「第百四十五回国会における小渕内閣総理大臣施政方針演説」、http://www.kantei.go.jp/jp/obutisouri/speech/1999/0119sisei.html，访问日期：2017年11月5日。

④ 「第百五十一回国会における森内閣総理大臣施政方針演説」、http://www.kantei.go.jp/jp/morisouri/mori_speech/2001/0131syosin.html，访问日期：2017年11月5日。

私、难民、粮食等所谓“全球规模问题”,[①] 置于新的安全语境下，去寻找和发现安全威胁；第二，认定上述“全球规模问题”产生的根源存在于落后的发展中国家和非民主国家，强调冷战后国际安全秩序面临的最大挑战是由此造成的“自由、民主主义、基本人权、市场经济、多边自由贸易体制等普遍的价值和制度能否在国际社会实现”,[②] 在逻辑上变相制造了民主国家与发展中国家的零和对抗；第三，以“全球化导致国家之间的相互依赖和地理障碍的逐渐破除”为由，将“全球规模问题”与日本的安全威胁直接挂钩,[③] 实现了后者对前者的指涉对象替代，由此降低了界定日本安全威胁的门槛；第四，以不确定和不透明来定义本国所处的安全环境，强调日本的假想敌存在于虽不明确但对象广泛的周边那些基于经济发展来提升军事实力及现代化水平的国家，并预计“在核武器等大规模的军事力量存在的情况下，不排除发生对日本安全造成重大影响事态的可能性”。[④]

在战略偏好和政策排序的情感选择维度上，日本从满足于向国际社会提供经济公共产品转而开始重视安全公共产品的供给，其主要表征就是“人的安全保障”成为日本外交的一大支柱。[⑤] 由于“人的安全”话语本身具有鲜明的西方价值取向和自由主义色彩，在实践中有凌驾于主权国家安全利益之上的倾向,[⑥] 日本得以避开敏感的军事领域和军事实力短板，开始涉足国际安全事务，并借机对他国的安全政策发挥影响。与

---

① 『1998 年日本外交青書』、http://www.mofa.go.jp/mofaj/gaiko/bluebook/98/1st/index.html，访问日期：2017 年 11 月 5 日。

② 『2001 年日本外交青書』、http://www.mofa.go.jp/mofaj/gaiko/bluebook/01/1st/bk01_1.html，访问日期：2017 年 11 月 5 日。

③ 『1997 年日本外交青書』、http://www.mofa.go.jp/mofaj/gaiko/bluebook/97/1st/chapt1-1.html，访问日期：2017 年 11 月 5 日。

④ 『平成 8 年度以降に係る防衛計画の大綱』、http://www.mod.go.jp/j/approach/agenda/guideline/1996_taikou/dp96j.html，访问日期：2017 年 11 月 5 日。

⑤ 添谷芳秀：《日本的“中等国家”外交——战后日本的选择和构想》，李成日译，社会科学文献出版社，2015，第 163 页。

⑥ 石斌：《“人的安全”与国家安全——国际政治视角的伦理论辩与政策选择》，《世界经济与政治》2014 年第 2 期，第 85-110 页。

此相适应，以下两项制度的重大变革使构成战后日本安保体制根基的制度文化也随之开始改变。其一，1997 年新的《日美防卫合作指针》及《周边事态法》，使日本的安全防卫理念正式跳出了国土防御的范畴，在空间概念上实现了向亚洲太平洋区域延展的大飞跃。① 这是日本朝着地区安全角色目标迈出的巨大步伐。② 其二，海外派兵制度在 40 年后被重新修改，从 1992 年日本首次参加在柬埔寨的维和行动到 2001 年解除派遣维和部队的禁令，频繁参与维和行动并放宽行动规则，实现了对自卫队任务的"再定义"及其作为"普通军队"的再功能化。更重要的是，促成日本社会开始形成对自卫队承担维护国家身份和安全使命的认同。③

经过上述两个维度的传导作用，日本和平主义的战略文化在世纪之交孕育出重大变化，主要标志是确立了新的战略思维和指导原则。其一，国家的生存法则不在于通过对外提供经济援助，获取财富和经济利益，而是以参与安全领域公共产品的提供为路径，争得国际安全领域的制度性特权。其二，国家的地位和身份以外交上的自立为前提，即意味着安全领域的独立角色。这对于拥有强大经济实力和物质手段的国家来说，实际上暗含了追求国际社会中主导性地位的未来指向。其三，国家威胁的界定不能局限于国土防御的视角，而主要取决于自我身份的定位。"国际贡献"的道德合法性依赖于威胁的存在。因此，需要不断强化对战略环境严峻局面的认知。其四，1995 年修改《防卫计划大纲》，"通过更积极地假设不直接进攻日本的事态，试图从更广阔的视野把握日本的安全保障"，④ 从而确立军事力量对基于自我身份建构的安全保障有效性的认

---

① 杉田米行編著:『アジア太平洋地域における平和構築—その歴史と現状分析』、岡山大学教育出版社、2007 年、78 頁。

② 理查德·塞缪尔斯:《日本大战略与东亚的未来》，刘铁娃译，上海人民出版社，2010，第 128 页。

③ 理查德·塞缪尔斯:《日本大战略与东亚的未来》，刘铁娃译，上海人民出版社，2010，第 104 页。

④ 樋渡由美『専守防衛克服の戦略—日本の安全をどう捉えるか』、ミネルヴァ書房、2012 年、70 頁。

知，意味着日本新时期军事力量学说的萌芽。

显然，上述战略思维和指导理念已经孕育了现实主义的胚芽，某些方面甚至触及战略文化的核心构件，这使得日本的战略文化向现实主义方向重塑初具雏形。由于主客观条件的限制，“世界和平的创造者”的身份建构及其规范性要求更多地指向和平与加强国际合作，还不具有角色身份的显著性，因此这一时期日本的战略文化更多地体现为国际协调。所谓的安全领域公共产品的提供也仅限于宽泛和抽象的层面，更多呈现的是一种象征性的姿态。上述内容无疑引起了战略观念和偏好上的重大变化，表明日本向现实主义战略文化的转型迈进。添谷芳秀所说的 20 世纪 90 年代末“日本在国际安全保障上的觉醒”,① 正是这种转型的产物。

（二）国际安全的捍卫者：向现实主义战略文化的过渡

进入 21 世纪，日本身份的自我建构出现了加速推进之势。“9・11”事件成为关键节点和催化剂，它引起了决策层安全观念的根本性转变，从而影响了他们建构国家身份的方向。这种观念上的变化主要表现为对安全威胁产生了一些新认知。第一，安全威胁的指向性。“9・11”事件是不安定地区成长起来的非国家行为体对先进民主国家中枢的大规模破坏，这意味着发达国家将成为国际恐怖主义的首选目标，日本作为其中一员也被卷入这场文明的冲突之中。② 第二，安全威胁的连带性。国际恐怖活动超越地理界限的特性使各国都将成为无差别攻击的对象。将伊拉克的潜在核威胁和恐怖组织加以联系，还到处宣扬日本未来将遭受“邪恶轴心”朝鲜的核威胁。因此，对西方世界进行的恐怖袭击也就意味着对日本安全利益的侵犯。第三，安全威胁的关联性。恐怖主义的出现反

---

① 添谷芳秀ほか編『「普通」の国日本』、千倉書房、2014 年、114 頁。

② 日本国際フォーラム政策委員会『新しい脅威と日本の安全保障』、www. jfir. or. jp/j/activities/pr/pdf/26. htm，访问日期：2017 年 11 月 17 日。

映了全球化时代安全威胁的新趋势，由此不难预见核扩散、海洋、毒品走私、海盗、网络、太空等领域的威胁也会不断滋长。鉴于地缘政治环境的特殊性，日本面临这些威胁的可能性更大。①

“9·11”事件后，日本在威胁认知上发生重大变化，“安全”取代“和平”成为日本对外战略追求的目标，在身份的自我建构上转向以“国际安全的捍卫者”作为日本的国际身份定位。小泉政府提出，日本在国际安全保障和危机管理事务上应该自主地发挥作用。② 第一届安倍政府确定的国家定位是，在与民主国家强化合作、构筑充满创新性的亚洲和对世界安定与和平的贡献中，能够真正推行自己的主张，即发挥引领作用。③ 福田政府强调了世界和平的协助国的身份。④ 麻生政府提出的日本国际身份的目标是，不仅要亲手创造安全、繁荣的世界，而且应该致力于新秩序的建设。⑤ 民主党上台打破了自民党对政权的垄断，但在国家身份的自我建构上呈现出内在连续性，甚至更趋向于现实主义身份定位和角色选择。菅直人政府着眼于国际社会的大变动和日本安全形势的不安定性和不确定性，认为日本在确定国家身份时要以现实主义为基调，能动地致力于世界和平的创造。⑥ 野田政府更是突出日本安全环境的风险和作为亚太海洋国家的属性，强调要最大限度利用居于未来历史重心位置

---

① 从日本历年发布的《外交蓝皮书》和《防卫白皮书》来看，日本大约从 2004 年开始就把这种威胁的延展性想象从重点关注恐怖主义、核扩散、落后国家内战、贫困转向了海洋权益、专属经济区、太空、网络及朝鲜核威胁和台湾问题。

② 「第 154 回国会における小泉内閣総理大臣施政方針演説」、http://www.kantei.go.jp/jp/koizumispeech/2002/02/04sisei.html，访问日期：2017 年 11 月 13 日。

③ 「第 166 回国会における安倍内閣総理大臣施政方針演説」、http://www.kantei.go.jp/jp/abespeech/2007/01/26sisei.html，访问日期：2017 年 11 月 13 日。

④ 「第 169 回国会における福田内閣総理大臣施政方針演説」、http://www.kantei.go.jp/jp/hukudaspeech/2008/01/18housin.html，访问日期：2017 年 11 月 13 日。

⑤ 「第 171 回国会における麻生内閣総理大臣施政方針演説」、http://www.kantei.go.jp/jp/asospeech/2009/01/28housin.html，访问日期：2017 年 11 月 13 日。

⑥ 「第 177 回国会における菅内閣総理大臣施政方針演説」、http://www.kantei.go.jp/jp/kan/statement/201101/24siseihousin.html，访问日期：2017 年 11 月 13 日。

这一地缘政治上的优势。①

从身份属性的角度上看，“国际安全的捍卫者”比“世界和平的创造者”更具有强烈的角色身份意识，可以说，这是在角色身份建构叙事过程中日本的一次自我进化。第一，在国际安全领域要积极地“主张”，“能动地”提供公共产品，追逐安理会常任理事国所享有的制度性特权，争取日本在国际安全决策领域获得不可或缺的角色。第二，突出日本的地缘政治特性和优势，竭力推动地缘政治版图的重构，表明对彰显地缘政治影响力的强烈期待。第三，在对日本在国际社会“独立”地位的认识上，从获得“自主性”提升到充当“引领者”的角色，不仅要参与世界和平建设，更着眼于对国际秩序的构建。

自我身份认知的调整，使日本在安全战略的价值观念和情感选择上发生相应的变化。“国际安全的捍卫者”身份的价值观念突出表现为以下三个方面。第一，由先前强调日本与世界在和平与安全领域的不可分割性转变为认为世界的安全问题都有可能转化为对日本的直接威胁。② 这种认识上的转变不仅降低了威胁判断的门槛，而且提升了威胁的严重程度和紧迫感。第二，对威胁的性质和对象的判断由聚焦于非国家行为体造成的“新型威胁和多样化事态”，转向重点关注国家行为体带来的传统安全威胁和地缘竞争，最明显的例证是开始公开指名中国是“国际社会和地区的担忧事项”，并以“灰色地带”论来为全球化背景下的传统安全竞争提供注脚。③ 第三，在信奉冷战式的以民主、价值作为国家关系划线标准的基础上，注重从地缘政治的视角重新勾勒国际秩序版图，以“弧形”程式来假设集团对抗及其零和性。日本时任外务大臣麻生太郎强调，该

---

① 「第百八十回国会における野田内閣総理大臣施政方針演説」、http://www.kantei.go.jp/jp/noda/statement2/20120124siseihousin.html，访问日期：2017 年 11 月 13 日。

② 林真佑子「安全保障概念の再構築と自衛隊の海外派遣——国際平和協力活動における政策的意義の変容を中心」、194–196 頁。

③ 『平成 23 年度以降に係る防衛計画の大綱』、http://www.kantei.go.jp/jp/kakugikettei/2010/1217boueitaikou.pdf，访问日期：2017 年 11 月 13 日。

构想的产生是基于“日本是与世界体系稳定具有生死攸关利益的大国一员”的自觉认识。① 上述三点构成的日本对自我战略环境秩序的价值化认识，是回馈“国际安全的捍卫者”这一身份自觉意识驱动下在观念上引发的规定性要求，体现了两者在逻辑上的内在统一。

在情感反应体现的政策偏好转变上，“国际安全的捍卫者”的身份对日本自身的军事力量提出了更高要求，对安全力量结构脆弱性的感知引起了日本在安全防务上的一系列方向性变化。第一，放弃 1976 年以来对“必要而最低限度的基础防卫力量”的坚守，代之为“由高度技术能力和情报能力支撑”的“动态防卫力量”。这一转变反映了日本战略决策层基于上述安全情势和秩序做出的判断，体现了对军事力量在处理国家对外关系中重要性的认识深化。第二，在强化日美同盟问题上，由谋求同盟中的独立性和自主性，转向更多更巧妙地“借助美国”的政策思路。② 因此对日本来说，强化日美同盟更大的意义在于实现由基于满足同盟职能扩大的“义务性再定义”到基于满足自身角色扮演的“塑造性再定义”的转变。第三，在区域安全战略布局上，着力编织以澳大利亚、印度、韩国、菲律宾等具有共同价值观或战略利益的国家构成的合作伙伴，由双边和多边构成的多层安全网络，2008 年和 2010 年东京财团的两份报告对该构想做了系统的阐述。③ 谋求在安全领域成为地区的“领头雁”，并为主导塑造东亚安全秩序构筑支持阵营。

“国际安全的捍卫者”的身份认知，经过价值观念和情感选择两个维

---

① 时任日本外相麻生太郎在阐释时强调这一构想的产生是基于“日本是与世界体系稳定具有生死攸关利益的大国一员”的自觉认识。参见麻生太郎『「自由と繁栄」を作る—拡がる日本外交の地平』、http://www.mofa.go.jp/mofaj/press/enzetsu/18/easo_1130.html/，访问日期：2017 年 11 月 13 日。

② 杨伯江：《日本民主党安全战略走向初析》，《日本学刊》2011 年第 2 期，第 35-37 页。

③ 参见東京財団『新しい日本の安全保障戦略—多層協調的安全保障戦略』、https://www.tkfd.or.jp/files/doc/081008.pdf，访问日期：2017 年 11 月 13 日；『アジア太平洋地域安全保障アーキテクチャ—地域安保障の重層的構造』、https://www.tkfd.or.jp/files/doc/2010-08.pdf，访问日期：2017 年 11 月 13 日。

度的传导，导致战略思维和偏好排序发生变化，对日本战略文化的重塑产生了重大影响。第一，日本面临前所未有的复合型安全威胁，既有体系层面上来自非国家行为体的连带性威胁，又有地区国家地缘政治对抗的加速回归。更重要的是，这种威胁在时空和表现形态上处于非平时也非战时的“灰色地带”，需要长期保持警戒状态。第二，这种威胁不仅严重影响日本的本土安全，而且对地区秩序乃至全球秩序也构成巨大挑战，具有明显的零和性质。因此，需要发挥三大支柱（自主防卫能力、日美同盟、地区安全网络）的合力作用，同时推进以安全利益划线的对外关系和以防务合作为主要议题的亚太外交，以便孤立和遏制竞争对手。第三，“防卫力是表明国家排除侵略意志和能力的安全保障的最终担保，其功能是其他任何手段不能代替的”。这种认识从 2011 年开始被正式写入《防卫白皮书》中。① 为此，防卫力建设的指导理念必须做出相应改变，由重视“遏制效果”转向重视“应对能力”。由此，自卫队开始跨越防卫与外伐（对外征伐）、个别自卫与集体自卫的界限，② 向真正的“国军”蜕变。显然，在战略观念和战略选择上所展现出来的上述偏好，已经关涉现实主义战略文化核心范式的主要方面，把这些内容聚合在一起，现实主义战略文化完整构架依稀可见。当然，政局动荡，导致在战略文化上更多地呈现出片断化、零碎化的状态以及历届政府具体策略选择的不一致和反复，其间，虽然出现了像福田政府欲回归具有自民党保守本流色彩的“重经济、轻军事”方针和鸠山政府继承革新左派的和平宪法论等理念向合作型战略文化回拉，但都是昙花一现，无力改变战略文化的总体演化趋势。因此，将这一阶段定义为日本走向现实主义战略文化的关键性转折期似乎更为确切。

---

① 参见 http://www.clearing.mod.go.jp/hakusho_data/2011/2011/index.html，访问日期：2017 年 11 月 13 日。

② 小沢隆一、丸山重威『民主党政権下の日米安保』、花伝社、2011 年、19 頁。

（三）“国际社会的主要玩家”：现实主义战略文化的形成

2012年，安倍抱着“夺回强大的日本”① 的信念再次问鼎首相宝座。这在很大程度上凸显了安倍一派的新右翼保守主义势力对重新定义日本的国际角色地位、实现战略文化转型的迫切心理。在国内生产总值（GDP）被中国超越后，日本必须重新审视自身在亚太的角色地位并尽快在国内形成共识。这不仅决定了日本战略取向和战略选择，更关系到其在国际权力新格局中进行战略博弈的成败。由此，强化日本的身份定位是“安倍2.0时代”的首要任务，而这一自我建构的目标直指日本在国际社会中的角色身份。

安倍在夺回政权后的第一次施政演讲中就发誓，“重振受伤的日本外交，确立在世界中牢固的位置”，为此，“不论在全球、地区、双边等各个层面，都要成为创建规则的国家”。② 在此后出台的日本首份《国家安全保障战略》中又明确提出，在全球化深入发展的世界，日本“应该作为国际社会的主要玩家，发挥比以前更加积极的作用”。③ 2015年外务省在一份关于中长期外交政策的研究报告中进一步指出，为了“避免被巨大秩序变动的旋涡吞噬，必须积极发挥作为‘国际社会主要玩家’的作用”。④ 报告针对未来20年的亚太局势，比《国家安全保障战略》设想的十年期限更长，这说明日本将长期坚持“国际社会主要玩家”的身份定位。

“国际社会的主要玩家”具有强烈的角色身份属性，是通过区域领导

---

① 安倍晋三「新しい国へ」、『文芸春秋』2013年1月号、123頁。

② 『第百八十三回国会における安倍内閣総理大臣施政方針演説』、http://www.kantei.go.jp/jp/96_abe/statement2/20130228siseuhousin.html，访问日期：2017年11月18日。

③ 『国家安全保障戦略について』、http://www.cas.go.jp/jp/siryou/131217anzenhoshou/nss-j.pdf，访问日期：2017年11月18日。

④ 『20年後のアジア太平洋地域秩序と日本の役割』、http://www.mofa.go.jp/mofaj/files/000077719.pdf，访问日期：2017年11月18日。

者、区域安全的“警察”、援助保护国、世界领导力量等多种位置意识和角色诉求体现出来的。① 其背后的动机是使“日本重新成为闪耀在世界舞台中心的国家”。②

角色身份作为日本自我身份建构的最终目标得以内化的主要路径，是针对中国实施的安全化操作。由于身份具有关系性的特性，对身份的自我建构在施动者的潜意识中也时常以重要且有意义的“他者”为参照，而角色身份的特性又决定了这一参照物具有反向身份，特别是具有敌人身份的“他者”。通过安全化操作，实现对他者作为威胁代理的主体间的社会认同建构，便能使施动者达到固化自己角色身份的目的。考察这一时期日本正式公布的关于外交和防务政策的官方文件发现，“中国威胁”无一例外地成为其中的关键词，且用词不断更新、程度不断加重，③ 甚至认为“中国威胁”堪比一战前的德国威胁，以此来展现日本追求角色身份的紧迫性和合理性。

“国际社会的主要玩家”产生的价值认识和规范性要求是，将国际社会视为权力政治的竞技场，大国博弈是其中的主旋律，各大国都以削弱竞争对手为终极目标，对抗乃至战争无法避免，尤其是作为异质的新兴大国的崛起导致的国际体系的混合型模式更可能接近于挑战冲突型的模式。④ 要成为其中的主要玩家，不仅意味着对游戏规则的主导和掌控，更需要有限制乃至击败竞争对手的强大意志和行动。为此，增强遏制能力是应付挑战的最有效手段。“积极和平主义”背后即浓缩了上述认识。它

---

① 陆伟：《身份建构战略与日本“和平宪法”制度化规范的退化》，《日本学刊》2017 年第 3 期，第 30-31 页。

② 「安倍内閣総理大臣平成 27 年年頭所感」、http://www.kantei.go.jp/jp/97_abe/statement/2015/0101nentou.html，访问日期：2017 年 11 月 18 日。

③ 例如 2014 年的《防卫白皮书》涉及中国的内容有 21 页，超过朝鲜半岛的 17 页，可见中国已经取代朝鲜，成为日本威胁认知的最主要对象。参见『平成 26 年度以降に係る防衛計画の大綱』、http://www.mod.go.jp/j/approach/agenda/guideline/2014/pdf/20131217.pdf，访问日期：2017 年 11 月 18 日。

④ PHP“日本のグランド・ストラテジー”研究会編《日本の大戦略——歴史的パワーシフトをどう乗り切るか》、株式会社 PHP 研究所、2012 年、299-305 頁。

作为核心概念频频出现在对外官方文件和政策宣示中，表明现实主义权力政治的价值观念已被日本政治精英认同。

从情感选择的维度来看，“国际社会的主要玩家”的身份要求日本做出如下战略安排，以进一步确立现实主义战略偏好在日本决策层中的主导性地位。第一，所谓“战略性外交”① 使日本外交功能发生了满足角色身份的重大转变。这种外交以遏制中国等竞争对手为基本出发点，以缔结军事上的盟友或伙伴关系为主要导向，以构建多层次的安全网络为根本目标，是“价值观外交”的升级版，凸显了军事安全在日本战略中的优先地位。第二，“联合机动防卫力量”不仅进一步深化了面向“实战”的军力建设理念，而且为强化后方支援基础的一系列制度安排，②使日本的国内动员体制构建向前迈进一大步，从而实现了完整意义上的对内制衡。第三，“集体自卫权”的解禁，使日本能够在本土以外的地区参与战争，为对外发挥自卫队力量的功效扫清了法律障碍。同时，伴随“武器出口禁令”的解除，日本不仅能对结交的盟友或伙伴做出安全承诺，而且获得了有效的利用手段。这样，日本在联盟中无论是作为力量较弱的一方还是作为力量较强的一方，都能做到游刃有余，从而保证联盟战略在日本战略文化转型中起到重要的支撑作用。

总之，角色身份的自我建构通过上述两方面的传导作用已使日本成为“能够对外运用自卫队力量”的国家。这不是由能力和条件的改变带来的，而是基于战略思维和战略选择开始形成的一种习惯性偏好和路径依赖，因而是确定日本转向现实主义战略文化的重要标志。

---

① 参见吴怀中：《安倍“战略外交”及其对华影响评析》，《日本学刊》2014 年第 1 期。

② 陆伟：《“联合机动防卫力量”：日本新军事战略的构建和影响》，《外交评论》2014 年第 5 期，第 59-60 页。

三、现实主义战略文化在日本内化的表现

战略文化是一种动态的发展，重点要考察一种新的战略文化的起始和生成，以及其对一国未来的战略思维和选择产生持久深远的影响。因此，我们以一段时期内决策层普遍认可的战略偏好和行为选择与现实主义战略文化的核心范式和所预测的偏好等级的对应关系，来判断日本现实主义战略文化的存在和性质。具体分析冷战后日本战略文化的演化，本文尝试通过环境认知、政治程序、联盟结构三大变量指标大致衡量现实主义的战略文化在日本决策层中的内化程度。

（一）环境认知

认知范围和内容涉及国家所处的战略环境以及由此决定的竞争对手的性质和战略手段的运用等层面，是国家在战略议题上形成的世界观的第一个特征。在日本决策层的世界观中，“战争威胁的想象”占据了重要位置。这一想象由三个层次的假设构成。首先，在体系层面，20 世纪 90 年代之后欧美国家构建的经济上相互依存、安全上相互信赖和协助的自由主义范式正在发生崩溃，[①] 被迫让位于先进国和新兴国（从行为方式和价值取向来看，就是后现代 VS 现代）的复合体模式。以主权和军事力量为轴心的权力政治再次成为国与国关系的中心，并在国际政治中凸显出来。[②] 其次，在地区层面，有诸多因素导致了东亚安全困境，中国是造

① 山本吉宣「新興国の台頭に思う—従属の逆転—」、『国際問題』2013 年 1・2 月号、2-3 頁。

② 神谷万丈「東アジア地域秩序の動向—リアリズムの立場から」、『国際問題』2013 年 7・8 月号、8 頁。

成这种状况的最主要的推动力量。这些都发生在美国实力相对衰落、整体上呈战略收缩态势的大背景下。因此可以推断，21 世纪初的东亚呈现出类似第一次世界大战前的欧洲的情况，不能排除发生战争的可能性。①最后，在大国关系（作为邻国的日中关系）层面权力转移带来的直接冲击使日本感到主权和安全受到了前所未有的威胁，“危机已迫在眉睫”。②以上三个层次的假设是日本对国际政治极端现实主义的诠释，其使日本战略决策层的世界观退回至地缘政治、大国博弈等传统思维定式中。这一思维逻辑的核心是中国已经成为最大的“假想敌”，竞争、冲突乃至战争将成为国家互动和国际格局演变的最大可能。

日本决策层世界观的第二个特征是对竞争对手零和关系性质的认知。在他们看来，中国的崛起不仅会沿袭新旧大国之间的“修昔底德陷阱”，对外战略也“已发展成为强调中国独特价值观、具有强烈修正主义志向的中国秩序路线”。③其认为中国的目标是从改变既存的规则和制度安排入手，最终实现“将美国从现有的地位拉下来，并取美国而代之”。④在地区层面，则谋求恢复“中国人在漫长历史中已经习惯的中华秩序，即让周边臣服的朝贡体系”。⑤对日本来说，这种零和性是基于“一山难容二虎”的自然法则，表现为日中之间的零和对抗具有多元性和复合性，既涉及主权领海、地位信誉、区域领导、规则制定的“高政治”领域，又涉及金融贸易、基建投资、能源资源、气候环保等“低政治”领域，形成了全方位的冲突。因此，“如果放任中国的行为，则必然要不断地做

---

① 土山實男『21 世紀の東アジアで戦争は起きるだろうか—第一次世界戦争から学ぶべき:「歴史の教訓」』、https://www.tkfd.or.jp/research/eurasia/a00746，访问日期：2017 年 12 月 2 日。

② 『第百八十三回国会における安倍内閣総理大臣施政方針演説』、http://www.kantei.go.jp/jp/96_abe/statement2/20130228siseuhousin.html，访问日期：2017 年 12 月 2 日。

③ 北野充「中国の対外戦略—「四つの潮流」からみる大国化と中国的秩序への志向」、『国際問題』2011 年 9 月号、47-62 頁。

④ 中西輝政「日本はもはや米国を頼れない」、『文芸春秋』2016 年 4 月号、130-131 頁。

⑤ 五百旗頭真、船橋洋一「危うく不気味「中国夢」—地政学的視点からの戦略を」、『中央公論』2014 年 2 月号、103 頁。

出让步”。[①] 基于此，日本决策层一方面把不利于中国作为政策选择的标准，以遏制中国的获利空间作为指导原则；另一方面竭力夸大中国政治、社会发展中的阴暗面，在本国经济不借助外力难以走出长期萧条泥潭的局势下，对中国经济转型出现的暂时困难幸灾乐祸。

日本决策层思维中的第三个现实主义特征，是对硬实力功效的重新认识。战败后半个世纪，日本谋取国际地位主要倚重“经济外交”，但冷战结束以后，尤其是进入21世纪后，日本决策层关于硬实力作用的认识发生了重大转变，其触发的根源是日本决策层基于身份的自我重新建构引起对自卫队功能的再定位。民主党安全政策转向的主要推动者、曾任防卫大臣的森本敏认为，冷战时期“专守防卫”的理念已经不合时宜，防卫任务涉及国家、周边以及除此之外的地区，防卫力量在适应国际协作任务和扩大日美同盟中的独立性上应该大有可为。[②] 随着传统的地缘竞争和大国政治回归，日本决策层更加信奉硬实力的作用，“保险论”是其中颇具代表性的观点，即军事力量如同保险，交付的保费越多，受害时得到的保障就会增加，但与保险不能减少产生损失的风险不同，防卫力量的投资越多，则发生战争和纷争的危险越少。[③]《国家安全保障战略》中正式将防卫力量定义为“国家安全保障的最终担保”。[④] 为此，日本决策层不惜以牺牲民生为代价，通过大规模的财政赤字，实现防卫经费的六年连增（截至2018年），以行动表明了对军事力量重要性的认同。

日本决策层对硬实力的信念在追求进攻性军事力量的过程中得到了进一步强化。近年来，日本防卫战略的最大变化是放弃纯粹的本土防御、转向“跨前沿防卫”，即将防卫的核心范围扩展至以离岛为支点连接而成

---

① 神保謙、長島昭久、林芳正「新たなパワー・バランスと日本の外交戦略」、http://globis.jp/article/2396，访问日期：2017年12月2日。

② 森本敏『日本防衛再考論』、海竜社、2008年、137-139頁。

③ 洗堯「平成の“富国強兵戦略”」、『軍事研究』、2014年5月号、73頁。

④『日本国家安全保障戦略について』、http://www.cas.go.jp/jp/siryou/131217anzenhoshou/nss-j.pdf，访问日期：2017年12月2日。

的大片海域，并相机延伸至东南亚和西太平洋至印度洋交界处。在日本战略精英看来，鉴于地缘政治的特性，确立海空优势将成为确保新防卫战略实施的关键。加之，美国安全承诺的不确定性，必然要求日本进行“由盾转矛”的角色转换，获取远程投送和进攻性能力更被视为重中之重。日本决策层比较普遍的共识是，把军事实力视为衡量日本“正常国家”化的指标。对硬实力的迷信和执着追求，反映了受古典式权力影响颇深的安全文化观。

（二）政治程序

摩根（Forrest E. Morgan）认为文化影响行为但不能构成影响行为的原因，文化不能独立地起作用，文化与战略行为之间存在三个媒介：认知、战略偏好和政治程序。① 这就是说，政治程序是文化影响战略选择的重要变量，是文化对行为发生作用的传导机制之一，因而也是衡量战略文化类型的重要指标。这里所谓的政治程序，是指与战略文化相适应的权力架构、决策运作模式和社会互动方式。现实主义战略文化下的政治程序表现为以军事安全和危机管理为主要议程的制度安排、政军关系的互动和军事力量的社会化进程。

日本政治程序变化的集中体现是国家安全保障会议（NSC）的设置。日本版国家安全保障会议的主要目的是统筹涉及安全事务的各部门，作为政策形成、情报统筹和危机管理的顶层平台。其作为衡量现实主义战略文化在日本内化的指标意义，主要体现在以下三个层面。第一，国家安全保障会议成立的背景是基于战略环境处于既非战时也非平时的“常态化”的判断，反映了战略精英对“准战时”的一致认识，即“（东京）

---

① Forrest E. Morgan, *Compellence and the Strategic Culture of Imperial Japan: Implications for Coercive Diplomacy in the Twenty-first Century* (Westport, Conn: Preager, 2003), pp. 8-27.

政权的政治感觉仍然停留在冷战时期”。[①] 第二，政治程序的改变使阁议在决定外交和安全事务上退居“寡头政治的次席”，[②] 从而确立了安全在政治议程中的优势地位，塑造了决策层保持对非常时期重大危机进行“常态化”运作的决策偏好。第三，国家安全保障会议不仅改变安全事务的决策程序，也使国内社会互动关系因之发生重大变化。它所制定的《国家安全保障战略》及《特定秘密保护法案》，推动了政府与地方、军事与民生一体化局面的加速形成，初步构建起了在应对重大对外安全问题上的国内动员体制。

在一系列政治程序的变化中，因应现实主义战略文化，军事组织政治地位的提升无疑最具风向标意义。“文人治军”是塑造战后日本和平主义战略文化的配套性制度，然而，随着日本安全利益的扩大以及由此带来的对中国“威胁”认知的加深，日本决策层迫切想把自卫队推向前台，使之发挥更大作用，为对外战略的贯彻“保驾护航”，军事部门由此获得了巨大的政治发展空间。

在组织职能上，代表军职官员的“制服组”凭借新修订的《防卫省设置法》获得了与代表文职官员的“西服组”相同的对防卫大臣的辅助权，来自文职官员的制约不复存在。同时，作为三军最高统帅部的统合幕僚监部还从“运用企划局”手里夺回了军事计划的制订权，使自己成为自卫队作战等各项行动的主导核心。在拥有上述两项制度性特权后，“制服组”得以与最高决策层展开频繁互动，在国家安全战略的决定过程中扮演不可或缺的角色。例如，统合幕僚长以前仅是作为防卫大臣和其他文官的随从进入首相官邸，汇报的内容多是防灾抗灾对策和新老交接。安倍再度执政后，统合幕僚长进入首相官邸的次数由一周一次变成每隔两三天就有一次，而且以讲解安全保障形势为主，从而使日本媒体感到，

---

① 豊下楢彦、古関彰一『集団的自衛権と安全保障』、岩波新書、2014 年、158 頁。

② 豊下楢彦、古関彰一『集団的自衛権と安全保障』、岩波新書、2014 年、166 页。

政府已经沦为追认“制服组”意见的工具。①

在组织资源上，安全战略的优先选项为军事部门的利益扩张带来了极大发展良机，防卫省、自卫队借此提出确保财政和人力的要求，扩大组织机构和合法性认同，近年来，日本国防预算的持续攀升，皆源于军事部门的竭力推动。从防卫省每年提交的《概算要求书》来看，② 在各军种中，海上自卫队和航空自卫队的经费增幅最大，陆上自卫队则保持小幅增长态势。另外，情报部门的扩充和海军陆战队、网络部队等新军种的创设也在新预算栏目中占据了较大比例。而“外国能力构建支援项目”“驰援护卫”、装备维修和研究开发、美军基地负担等经费支出，又为自卫队提供了新财源。不断膨胀的经费要求使得国家预算加快向安保支出倾斜，由此加剧了国家财政的入不敷出。例如，2016 年度日本一般会计预算总额为 96.7 万亿日元，税收仅占六成，余下的四成要靠借债维持。③ 国民的民生福利也受挤压。安倍执政四年间，国民的退休金标准下降，70—74 岁老人的医疗自行负担比例增加，对低收入家庭的补助削减。④ 显然，日本政府的财政越来越被无休止的自卫队经费支出绑架。

在组织合法性上，冷战以后自卫队利用国内抗震救灾和国外维和行动两个平台，打破了与世隔绝的樊篱，重塑了在国民心中的形象，但并没有真正形成基于军事角色的认同。自卫队的“社会化”取得实质进展的背后伴随着现实主义战略文化的不断内化，其重要的契机是政治精英对本国战略环境的安全化操作。防卫省、自卫队利用国民对安全的恐惧心理，强化了他们对自卫队的依赖感，使国民对自卫队的认识从看重民

---

① 「（変わる安全保障）制服組、じわり政治の表に統幕長、頻繁に官邸訪れ意見」、http://www.asahi.com/shimen/20160424/index_tokyo_list.html，访问日期：2017 年 12 月 2 日。

② 防衛省、自衛隊『概算要求書』、www.mod.go.jp/j/yosan/，访问日期：2017 年 12 月 2 日。

③ 財務省『平成 28 年度一般会計予算（平成 28 年 3 月 29 日成立）の概要』、http://www.mof.go.jp/tax_policy/summary/condition/002.htm，访问日期：2017 年 12 月 2 日。

④ 「安倍政権が狙う社会保障　これが改悪メニューだ」、『赤旗』2016 年 7 月 8 日。http://www.jcp.or.jp/akahata/aik16/2016-07-08/2016070804_08_1.html，访问日期：2017 年 12 月 2 日。

生保障功能，向重视军事执行能力转变。内阁府每年进行《关于自卫队和安全问题》的民意调查，其中日本卷入战争的危险性、保卫日本安全的手段（通过日美安全保障体制和自卫队维护日本安全）、民众对自卫队的好感度及对其支援的态度等四项指标的变化最引人关注。调查结果显示，这四项数据在最近十余年间均呈直线性上升，至2015年达到1969年有统计以来的峰值，分别占75.5%、84.6%、92.2%、56.8%，[①] 之后也一直在高位徘徊。国民认同自卫队，为其赢得作为国家对外武力执行者的合法身份奠定了民意基础。

总之，自卫队在组织职能、组织资源和组织合法性三方面的提升，使其在政治地位和社会价值上实现了从边缘到中心的根本性转变。这显然是日本现实主义战略文化确立的重要标志。

（三）联盟结构

联盟结构成为日本转向现实主义战略文化的重要指标，是因为日本联盟战略的强化和多元化选择，是受到“被抛弃”恐惧的驱使。其背后的动因，归根结底还是基于对自身军事能力无法保证进攻性安全战略贯彻的忧虑，这是被现实主义均势理念支配的安全文化观。作为日美同盟中的弱势一方，日本采取进攻性安全战略的重要表现就是在对美关系上从以前更多担心“受牵连”，变为更多担心“被抛弃”。近年来，日美同盟的维持和强化就是在不断地赋予进攻性的内涵，而这在很大程度上是日本主动塑造的结果。

然而，日美同盟的强化依然没有消除东京决策层对“被抛弃”的担忧。在日本政治精英看来，鉴于美国推行单极霸权的能力和意愿下降引

---

① 内閣府『自衛隊・防衛問題に関する世論調査』、http://survey.gov-online.go.jp/h26/h26-bouei/gairyaku.pdf，访问日期：2017年12月2日。

起西方各国寻求脱美框架下的防卫路线的现实,① 为美国的“背叛”做好准备，在存在严重缺陷的安全保障问题上采取更多样化的选择。② 显然，东京战略精英对联盟结构的改造不仅针对其单一性，还要改变日本地位的从属性，以便在地缘竞争中形成对己有利的势力均衡。日本追求的联盟体系被冠以“多层次区域安全保障网络”之名，实质上是由双边和三边构成的国家联盟。日本是居于主导地位的一方，从联盟发起、议程设置到军演安排、援助提供再到联盟拓展，日本均发挥了核心作用，处于力量优势地位。从盟友对象来看，包括澳大利亚、印度、越南、菲律宾等，都是与中国存在战略利益对抗的国家，同时，其他一些与中国存在利益分歧的国家也被列入潜在候选国，因此，这种联盟是具有明确假想敌和强烈排他性的军事同盟或准军事同盟。其不单单是美国亚太同盟网状结构转型的延伸，而且是亚太地区出现的新的联盟制度安排。日本联盟结构的改变打破了日本结盟历史上长期居于附属地位的传统，日本开始居于联盟的主导地位；日本的思维动机从更多考虑生存问题转为均势战略考量，这是日本现实主义战略文化的重要体现。

近年来，日本战略偏好和战略行为发生重大变化，推动这种变化的深层次背景在于日本战略文化的重塑和转型。如前所述，日本战略文化的转型来自对本国身份的自我再建构。日本政治精英正是在历经冷战以来三个阶段持续建构，通过体现自我建构的身份规范的价值理念和情感选择两个维度的传导作用，实现了对战略文化的重构。由于日本政治精英所建构的身份具有强烈的角色身份指向，基于其固有的显著性，日本战略文化转型必然以冲突型为依归。日本对环境认知的“战争威胁的想象”和进攻性军事能力的追求，在政治程序上所实施的危机管理的常态

① 「トランプ政権半年　米抜き『新常態』探る世界」、『日本経済新聞』2017 年 7 月 20 日、http://www.nikkei.com/article/DGKKASGM19H25_19072017MM8000/，访问日期：2017 年 12 月 2 日。

② 「日本は米国の裏切りに備えよ」、『選択』2017 年 7 月。

化和政军互动关系的改变，以及对联盟结构进行的以建立有利于日本的势力均衡为目标的改造和制度重新安排等，集中反映了现实主义战略文化在日本的内化程度。

本节可以得出以下推论：一国对自我身份的重构必然导致对与此身份相适应的规范的诉求，引起在价值认知和情感选择两个维度上的重大变化，从而导致战略文化的重塑和转型。转型后的战略文化的类型取决于国家自我建构的身份的性质，而这一战略文化一旦得到内化，即成为被普遍接受的规范，反过来又会固化国家自我建构的身份。因此，国家身份的自我建构构成了该国战略文化重塑的重要机制。

第二节
“日本梦”解构*

一如日本文学家司马辽太郎在长篇历史小说《坂上之云》中所描述的那样，刚刚打开国门的近代日本，“国内无论朝野，万事皆采用西洋近代文明”,① 向往且焦急地学习西方国家的先进文化，就像是“朝着坡上一门心思前进的云”。所谓“坂上的云”就像是日本向往西方的梦幻，追求欧美的“日本梦”。这样的梦想伴随日本走过“脱亚入欧”、称霸亚太及战败投降等曲折历程，而始终追求不渝。中曾根康弘曾将这样的历程表述为，“从第二次世界大战以后的四分之一世纪里，不，应该说从明治以来的一百年里，日本人一直是盯着‘坡上的云’，即以欧美先进国家为目标，聚神竭力地向前追赶过来”。② 美国作为西方世界的典范自然成为日本寻梦的偶像。尤其是基于二战后的“日美同盟”而崇尚美国价值取向的“日本梦”，在日本政坛的“总体保守化”和政治右倾化的背景下，已在当代幻化为追求政治乃至军事大国的追梦过程。继日本民主党政权实施钓鱼岛所谓“国有化”，老牌保守政党自民党再次执政将“修宪”提上议事日程，依托日美同盟“借船出海”已成为日本谋求大国化梦想的重要战略选择。

---

* 作者吕耀东，中国社会科学院日本研究所研究员、副所长，中华日本学会常务理事。本文发表于《日本学刊》2013 年第 1 期。

① 福沢諭吉『脱亜論』、『福沢諭吉選集』第 7 巻、岩波书店、1984 年、224 頁。

② 中曾根康弘：《新的保守理论》，金苏城、张和平译，世界知识出版社，1984，第 7 页。

一、“日本梦”的内涵与实质

“日本梦”在历史的探寻中逐步形成内涵与外延的现实积淀。“日本梦”作为一个概念来说，在日本政治家小泽一郎所著的《日本改造计划》（1993 年）中将其内涵明确表述为，日本要努力实现类似美国“重视个人的社会”的“日本梦（ジャパニーズ・ドリーム）”。①小泽一郎指出，从 20 世纪初开始其黄金时代的美国，作为人们梦想的国度，受到世界的羡慕和期望。美国以强大的经济实力为背景，有能力者、奋斗者，都能够得到机会。这就是美国梦。像在美国学习和生活过的人们的想法一样，“体验过美国生活的人们，将其优秀成分带回本国，希望自己的国家也像美国一样。我们的先辈也是这样的”。② 在小泽一郎看来，美国梦促成日本梦的产生，美国梦对于日本梦的形成影响颇大。

小泽一郎的上述观点点明了日本正在依托日美同盟，以“重经济、轻军备”的吉田路线主导日本实现经济大国梦想的历史事实。二战的惨败，使得日本人再次领略了西方科技文明的威力，也在日本人心中唤起了更为强烈的“追赶意识”。战败国日本确立了以“日美基轴”和“经济外交”为主要支柱的“脱亚入美”理念。二战后，驻日美军对战败的日本进行了“民主主义”塑造：肃清日本军国主义势力，对日本政治、经济、社会、文化等方面进行了重大改革，为日本制定了和平宪法，取消了天皇专制制度；③ 实行经济民主化；改革教育制度，普及国民义务教育。随着冷战的加深，国际形势向着有利于日本的方向发展，美国开始转变对日本的政策，为了将日本建成东方反共阵营的主力军，加大力度

---

① 小沢一郎『日本改造計画』、講談社、1993 年、185 頁。

② 小沢一郎『日本改造計画』、講談社、1993 年。

③ 内田雅敏『戦後の思考』、れんが書房新社、1994 年、44 頁。

帮助日本政府发展经济。美国用“占领地区救济基金”和“占领地区经济复兴基金”的名义，向日本提供巨额援助，使日本经济很快得到恢复和发展。尤其是朝鲜战争的爆发，美国对战备物资的大量需求，使日本的经济迅速发展，出口不断扩大，生产的扩大给大企业带来了巨大的利润，这为日本实现国民经济的现代化创造了条件。

然而，在日本实现经济高速发展、成为世界经济大国之后，当作目标的欧美国家那“坡上的云”业已消散了。异军突起的日本，要与美国平起平生、一争高低的信心日趋增强。但日本人“在丧失了目标之后，经济高速发展所带来的公害等若干遗留问题，还未得到善后处理，就又站到经济低速发展的入口处了，以致许多人感到惘然若失，无所适从”。[①] 但政治家却有自己的想法，他们不甘于日本的现状，而是在寻找新的“坡上的云”，确立日本新的“远航目标”。[②] 那就是，日本不仅梦想成为美国一样的国家，还包括认同美国的价值观、政治体制、文化及生活方式，力求成为政治乃至军事大国。[③]

在小泽一郎看来，“现在看看日本的经济指标，正在具有不劣于美国的力量。但尽管如此，日本之梦的声音还未完全听到”。[④] 为此，小泽一郎系统而全面地构想的“日本梦”不仅包括狭义的“重视个人的社会”，还包括广义的日本“政治改革”、成为“正常国家”等宏大构想。具体来说，第一，在个人层面，要实现“不限于首都圈生活的自由”“不以企业为中心的自由”“摆脱过长时间劳动的自由”“没有年龄性别限制的自由”“废除不合理规章制度的自由”等“五项自由”，[⑤] 使得国民个人从各种束缚中解放出来，构筑起“真正重视个人的社会”。第二，在国家制

① 中曾根康弘：《新的保守理论》，金苏城、张和平译，世界知识出版社，1984，第7页。

② 唐晖、梁明：《大和“超霸”梦》，时事出版社，1996，第85页。

③ 中曾根康弘明确提出日本追求政治大国目标。他于1983年7月28日向故乡群马县民众演讲时表示，使日本成为世界“政治大国”乃是今后要努力实现的目标。为此，要对“战后日本进行总决算”。

④ 小沢一郎『日本改造計画』、講談社、1993年、183頁。

⑤ 小沢一郎『日本改造計画』、講談社、1993年、185頁。

度层面，力求通过政治改革，实现类似美国的保守“两党制”，加强日本政治家的领导力，使得日本承担起大国责任。第三，在国家发展战略层面，使日本争取成为“正常国家”。[①] 所谓“正常国家”需具备两个要素：其一，对于国际社会视为理所当然的事情，就把它作为理所当然的事情来尽自己的责任去实行，特别是在安全保障领域要能够这样说；其二，对为构筑富裕稳定的国民生活而努力的各国，以及对地球环境保护等人类共同课题，尽自己所能进行合作。[②] 可以说，“正常国家论”在强调日本以“经济援助”“地球环境保护”等领域做出一些国际贡献的同时，还要在国际“安全保障”领域有所作为，发挥与经济实力相称的政治大国作用。

小泽一郎在《日本改造计划》中构想“日本梦”之际，正是日本政坛开始“总体保守化”之时。当时日本政坛的保守主义政策具有明显的国家主义倾向，其表现为企图改变战后日本集中力量发展经济的和平发展道路，主张海外派兵，以追求政治大国为目标，试图修改和平宪法，为侵略历史翻案等为特征。日本的国家发展战略开始了历史性的转换，体现为“对内建设丰富、充实的生活，对外担负起大国的责任、对世界做出贡献”的“政治新思维”方面。[③] 这样的理念逐渐脱离战后以“吉田主义”为代表的“重经济、轻军备”传统路线，使日本朝着从经济大

① “正常国家”亦直译为“普通国家”，意指当代日本谋求恢复二战战败被依法剥夺的部分国家对外职能，成为所谓“正常国家”。维基百科全书把“正常国家”解释为是与非正常国家相对的政治学术语。“由非正常国家，朝向正常国家发展，称为国家正常化。该呼声最早出现于二次战后的日本。因为战败，日本由美国托管，日本宪法限制了他们发展国防军备”。“正常国家论”的解释是以日本为主体的自我国家形态的描述，决非他者的理解。对此，2004 年 8 月，卓南生（日本龙谷大学教授）和吴学文（中国中日关系史学会名誉会长）在新加坡《联合早报》发表对谈。卓教授认为，把“正常国家论”庸俗地用“正常”观念来看待，显然不知道日本和平宪法制定的背景及它对“军国日本”之牵制。吴学文指出，小泽一郎的“普通国家论”里面并没有提到要日本真正成为一个独立的国家，取消美国的占领，没有这样提出。其真正目的是，日本能够像其他的国家一样，拥有军队，拥有核武器。这次对谈基本阐明了“正常国家”或曰“普通国家”的本质特性。

② 小沢一郎『日本改造計画』、講談社、1993 年、104 頁、105 頁。

③ 大前研一『平成維新』、講談社、1989 年、19 頁。

国向政治大国的方向发展。在这一重大历史转折时期，以小泽一郎等为代表的新保守主义政治家群体崛起，主张对内进行政治改革，为建立美国式“保守两党制”的目标积极创造条件；对外倡导加强日美同盟，推动日本“正常国家”化进程。

从“日本梦”的实质来看，第一，构筑“真正重视个人的社会”，是因为终身雇佣制和年功序列工资制没落，“一亿总中流”梦想行将破灭，日本需要恢复国民的自信心。所谓“一亿总中流”（或“称一亿总中产”），是1960年以来在日本出现的一种国民意识。在日本社会普遍实行的终身雇佣制下，九成左右的国民都自认为是“中产阶级”。再加上年功序列工资制的作用会使许多员工“从一而终”，并形成“员工与企业独特的相互依存”的理念。这种意识促成了员工在工作中相互协作、配合的“集体精神”。从这个意义上说，员工的归属感和责任心是日本经济高速增长、产品性能优良的基本前提。随着日本经济大国地位的确立，国民的生活水平相应提高，日本社会发生了深刻的变化，中产阶层不断扩大，产生了一种“生活保守主义”的倾向，大多数国民普遍认同保守政党执政带来的经济繁荣，希望维持社会稳定的政治局面。然而，1991年泡沫经济崩溃后，日本经济陷入长期萧条之中，“一亿总中流”意识也随之动摇。其间，日本进行了经济结构改革。终身雇佣制和年功序列制与内部晋升原则已经难以吸引和留住优秀人才。① 一些像工蜂一样仅会苦干而不能巧干、没有掌握先进技术的蓝领职工被迫下岗，一向令日本人骄傲的终身雇佣制受到了严重冲击。另外，由于社会老龄化加剧，年轻人的经济负担加重，很多20岁到40多岁的人基本没有储蓄。日本人开始反思，包括抑制内部竞争、阻止外国企业进入、终身雇佣制和年功序列制等奠定战后日本经济腾飞基石的制度设计是否已经没落。日本一些保守派政治家希望通过构想“真正重视个人的社会”，力求冲淡日本国内日

① 李朝千：《对日本雇佣形态的考察——终身雇佣制和年功序列工资制》，《长江大学学报（社会科学版）》2009年第4期，第228页。

益贫富分化的社会现象。值得关注的是，这样的动听口号模糊了日本社会的阶级矛盾，一些日本民众对于保守政党的认同，正是日本国家主义思潮、政坛总体保守化及政治右倾化的社会土壤。

第二，“政治改革的主要课题之一就是建立新体制，即首相名副其实主政，并且领导政治”。[①] 在保守派政治家小泽一郎看来，“现在世界的倾向是领导者的发言越来越重要”。[②] 为此，小泽明确提出日本需要以“保守两党制”确保政治家主导内政外交。因为“日本已经成为世界大国”“逃避不了作为大国的作用”。日本有义务对“世界做贡献”，[③] 并且成为与其他发达国家平起平坐的“正常国家”。[④] 日本学者浅井基文在《日本新保守主义》中指出：冷战后，“随着国际局势的变化，日本受到了外来压力。认识到外来压力的严厉，并希望确立一种具有对外来压力有效地做出反应和处理机能的政治制度，是小泽政治改革主张的最根本的底蕴”。“那么，小泽设想的政治制度是怎样的呢？他自己有很直接的回答：‘以（所谓的小选举区的）政治改革……尝试建立两大政党体制……’，而且‘其中必须确立较为强有力的领导者’。”[⑤] 可以说，小泽一郎在《日本改造计划》中关于对内实现保守“两党制”、对外实现“正常国家”的政治构想，不仅是日本新保守势力的政治追求，也基本上反映了冷战后日本政治变革的思想潮流。日本保守主义政治理念集中表现为：坚持日美同盟，提高日本国际地位，成为政治大国，依靠包括军事力量在内的综合国力发挥国际作用。重点是强调日本的历史和文化传统、修改宪法第九条或对有关集体自卫权做出新的解释。这样的政治理念必然会影响到日本内政外交的未来走向。这样的“政治诉求”，目的是为了恢

① 小沢一郎『日本改造計画』、講談社、1993年、45頁。
② 小沢一郎『日本改造計画』、講談社、1993年、50頁。
③ 小沢一郎『日本改造計画』、講談社、1993年、16頁。
④ 小沢一郎『日本改造計画』、講談社、1993年、110頁。
⑤ 浅井基文：《日本新保守主义》，刘建平译，林代昭校，新华出版社，1999，第169-170页。

复因二战侵略他国“丧失”的部分国家对外职能，最终成为所谓的“正常国家”。因而，修宪、“争常”并谋求废除联合国宪章中的“敌国条款”，实现“大国化战略”，就成为日本新一代保守派政治家的政治逻辑和政治主题。然而，关于二战侵略战争的责任问题是无法回避的问题，这无疑是日本新一代政治家必须面对的客观现实。“日本人走向社会变革迈出的第一大步是承认侵略战争是‘错误’，是一次失败”。[1] 如果日本新一代保守派政治家群体在强调日本的“历史和文化传统”的同时，对于日本二战侵略历史不加反省的“肯定”，不彻底反思其“历史观”，不仅无法取信于亚洲邻国和国际社会，日本也无法“脱离战后体制”，重塑国际新形象。

第三，日本把成为“正常国家”作为承担所谓“国际责任”的前提。“正常国家论”是小泽一郎在《日本改造计划》一书中提出的日本国家发展战略理念，反映出“日本梦”的长远目标。小泽在书中称：“必须尽早建立起冷战后新的世界秩序，为此，任何国家必须更积极地承担责任和发挥作用，日本不应该选择真正意义上的国际国家之外的道路。”[2] 为此，他认为，日本理应成为“正常国家”。小泽一郎的“正常国家”构想，是以改变日本“战败国家”现状为目的的。从内涵看，“正常国家论”谋求以普遍性取代特殊性，主张把在军事上自我约束的日本变成在国家功能方面与别国毫无二致的日本。从外延看，日本的“正常国家”化在广义上是个尚未完成的历史过程，其内容有二：内在的“正常国家”化是军事大国化，外在的“正常国家”化是行使集体自卫权。[3]“正常国家论”的要害，就在于以“为国际安全做贡献”为由，提倡突破“和平宪法”束缚和国内外舆论牵制，重获对外动用军事手段的

---

① 鲁恩·本尼迪克特：《菊与刀》，吕万和、熊达云、王智新译，商务印书馆，1990，第218页。

② 小沢一郎『日本改造計画』、講談社、1993年、103頁。

③ 刘世龙：《冷战后日本的外交战略》，《日本学刊》2003年第5期。

权利。

“正常国家论”要求将修改日本和平宪法理念作为重点。日本主要保守政党——自民党建党精神之一就是倡导“制定自主宪法”，自主制定宪法可以说是“自民党存在的价值之一”。因而“修宪”已经成为自民党的宿命。自民党曾经于2005年出台的“新宪法草案”表明，将修改宪法第九条规定的日本永远放弃战争手段以及不拥有交战权，致力于实现自民党建党以来“自主制定宪法”目标。在2006年自民党执政的安倍内阁时期，安倍就推崇“强国论”，主张修改宪法，摆脱战败国形象，使日本成为“真正自立”“自信的国家”。安倍立志要在任内确立“新宪法”，具体来说，就是用五年时间采取两个步骤实现“修宪”：一是重新解释宪法，使日本能够行使“集体自卫权”；二是着手具体修改宪法。只是当时安倍内阁存续太短，安倍本人的修宪宏愿未能完成。在2012年再次当选自民党总裁的安倍强调：从日本各大报社做的舆论调查来看，超过一半的日本国民都支持修订现行宪法。在安倍看来，“修宪”是日本成为“正常国家”、实现政治与军事大国的关键所在。安倍立志要制定一部“新宪法”，完成自民党尚未完成的“改革”使命，实现日本的政治军事大国化目标。

在国家发展战略方面，安倍想要将日本建设成为“一个有自信的国家”。他曾表示：在21世纪要让日本人“对自己的国家充满自信和骄傲”，“对日本历史、文化有一种骄傲感”。安倍曾倡导的“教育改革目标”，其核心是要摆脱“自虐性的历史教育”，以便使日本下一代从小“对国家感到自豪”。在对外关系及对华政策方面，安倍强调日本外交和安全保障的支柱是“强化日美同盟”，并表现出对华强硬态度。① 这表明安倍秉承“民族主义”和“现实主义”理念、谋求日本成为政治乃至军事大国的战略构想。

---

① 山本一太：《如果我是日本首相：日本新生代政治家宣言》，当代世界出版社，2004，第17页。

二、“日本梦”的延展及其表现

对于梦想的必要性及社会作用的理解，日本政治家小野晋也认为，“梦”是人类个体成长的精神动力，这种梦想的力量可促进人类社会的发展。① 历史事实表明，“日本梦”作为一种主观见之于客观的感觉存在，已经内化于日本追求“大国化”目标的过程中。并在当代日本的政治、经济和社会现实之中，表现为个人、社会和国家三个层面的种种动态构想，且重点体现在如下若干方面。

（一）国民“一亿总中流”的梦想

“一亿总中流”的由来，可以回溯到战后日本政府采取的以培育中产阶级为主旨的政策理念。二战后，通过解散财阀和一系列的强制性经济民主化措施，平等主义在观念上得到实现，日本各个企业尽量淡化内部上下之间的等级差别观念，随着日本经济的起飞，企业确立了“年功序列制”和“终身雇佣制”。日本社会学家今田高俊认为，日本经济“高速增长引起的社会阶层的改观，与其在于平等化的推进，更不如说是由于中流意识的广泛化、较高的社会移动率、社会地位的非一贯性等，使得阶层非构造化”，“使阶层固有的文化、价值及生活方式等失去了实体”。② 在日本社会变迁中，社会结构的最大变化表现为新中间阶层在日本经济高速发展过程中的逐渐发展壮大，并形成了相对固定的社会群体及群体利益和群体意识。作为一个社会新生力量形成之后，中间阶层自身特有的群体意识，会反映到日本现实社会生活中的各个方面，表达作

① 小野晋也『志力奔流——「人間の森文明」宣言』、致知出版社、2001 年、103 頁。
② 今田高俊：《社会阶层与政治》，赵华敏译，经济日报出版社，1991，第 82-83 页。

为一个社会阶层在政治、经济和文化各个方面的价值和利益要求。“中流意识”的兴盛是战后日本社会阶级阶层意识的最大变化之一，也是导致社会稳定的最重要原因之一。这种群体意识正是“日本梦”在日本社会发展过程中的现实表现。

“中流意识”的兴盛是与战后日本经济的迅速发展分不开的。从1955年到1972年是日本经济高速发展时期，物质生活和思想意识都发生了很大的变化。1960年的日本经济白皮书中，第一次出现了“消费革命”的提法。所谓“消费革命”，不仅是指物质消费方面的变化，而且包含国民生活态度的变化，消费者从传统的节约思想中解放出来，开始追求生活的舒适，进而接受“消费乃美德”的新价值观念。国民中越来越多的人产生所谓“中流阶层意识”。① 整体来讲，“中流意识”是整个日本社会的主流意识，这样的群体意识可以说是贯穿20世纪后半期的整体国民意识。

从整体上来说，日本社会普遍存在的“中流”意识，是经济高速成长期的滞后反映。因为社会意识、大众心理的变化与政治、经济的变化相比，有一定的滞后周期。一方面，它确实是国民生活整体水平提高，收入差距缩小，产生平均化倾向的产物；另一方面，中流意识的出现也有一些不正常因素的促成。所谓“中流”是既无定量又难定性的模糊概念，标准因人而异。有的看重居住环境和生活条件，有的看重经济收入和消费能力，有的看重学历和文化素养。另外，接受调查者出现脱离劳动者身份的倾向、主动将自己纳入中间阶级以提高社会地位是在所难免的。② 其中最关键的是日本经济的高速发展掩盖了日本社会存在的阶级差别，社会的表面繁荣模糊了实际存在的不平等和不公正，尤其是日本大众普遍将生活条件的改善等同于社会地位的提高，加之政府和传媒的宣传，“中流意识”便逐渐成为当时日本国民普遍认同的社会意识和梦想。

---

① 王振锁：《日本战后五十年（1945—1995）》，世界知识出版社，1996，第157页。

② 蒋立峰主编《日本政治概论》，东方出版社，1995，第33-34页。

然而，从1990年开始及至泡沫经济崩坏，日本在经济上经历了“失去的10年”，中流意识逐渐弱化。同时，日本在进行经济结构改革的过程中，未掌握先进技术的职工纷纷下岗，具有日本特色的终身雇佣制也被逐步弃用。进入21世纪初期，日本有“中流”意识的人数呈下降趋势。就连安倍晋三在其著述《致美丽的祖国》中也认为：与“一亿总中流”过去的日本相比，出现了差距确是不可否认的事实。[①] 日本厚生劳动省《2006年国民生活基础调查概况》显示，国民对生活的满意度逐步降低。2001年，被调查者回答生活“很苦”和“比较苦”的分别占20.2%和31.2%，两者合计为51.4%。2006年，被调查者回答生活“很苦”和“比较苦”的比例分别提高到22.8%和33.5%，两者合计提高到56.3%。[②] 另外，由于社会老龄化加剧，年轻人的经济负担加重，导致日本家庭储蓄率逐年下降。日本《2007国民生活白皮书》数据显示，20世纪80年代前后，日本家庭储蓄率最高，1974年曾高达23.2%，1980年亦为17.3%。但是，进入21世纪以来，日本家庭储蓄率日趋下降，2000年已不足10%，2005年已下降到了3.0%。[③] 上述数据表明，有中流意识的日本人逐年减少，日本“一亿总中流”梦想正在逐步失落。

（二）国家主义梦幻的社会基础

日本社会的“中流意识”是日本经济高速增长引起的社会阶层改观的假象，这样的现象掩盖了日本社会的不平等现实，使得日本中下层民众因暂时的生活改观，产生“中流意识”的错觉。经济的增长给人们带来的福利，使人们淡漠了对社会不平等的关心，为了维护自己较好的物质生活水平，使他们多了保守化的特点而少了革新的意识。这样的群体

① 安倍晋三『美しい国へ』、文春新書、2006年、223頁。

② 厚生劳动省：《2006年国民生活基础调查概况》，2007年5月公布。

③ 内阁府：《2007年国民生活白皮书》，2007年9月发行。

意识必然反映到日本的政治层面来，进而成为日本国家主义梦幻的社会基础。

第一，满足现有的生活状况，形成对日本社会现实的认同。在日本"'中流意识'成为茶余饭后谈话主题，自20世纪60年代后期，随着阶级政治时代的告终，汽车、彩电、空调等消费品已不再是可望而不可即，中流生活深入到了大众意识"。① 根据对日本政府从1958年开始到现在的"国民生活舆论调查"中关于从生活程度看阶层归属的调查分析，90%以上的日本国民认为自己的生活程度已经达到中流水平。这样的个体意识已经转化成为群体意识，变成日本的社会意识，并对日本政治生活产生深刻影响。因为，个体意识和群体意识之间的联系主要表现为个体意识和群体意识是相互联系、密切结合的。日本国民个体的中流意识形成国民的整体社会意识，对日本经济发展的认同转化为对民族及国家的肯定。这样就形成了对于国家主义的认同的社会基础和思想基础。譬如，对于近年来日本政府实施"周边事态法""国旗、国歌法"和"侦听通讯法"等国家主义政策的默认，就充分说明日本政治右倾化的国民基础所在。

第二，认同执政的保守政党政治，不愿革新。"高速增长期生活水平的上升、社会移动的增大使阶级的非构造化产生了多样的中间层。人们的意识转向了保护已得到的地位，维护福利制度的权益及商业界、农民、店主、专业团体等各种各样利益团体的权益成了政治上的焦点。"② 经济的发展给日本国民带来了普遍的实惠，过去对革新政党社会党和共产党的支持，变成了现在对保守党联合政府的认同，这样的认同根源于对日本保守政党现行政策所带来的"中流"生活水平的承认和接受。具有"中流意识"的大多数国民开始转向肯定现行体制。日本国民形成这样的群体意识是一个潜移默化的过程，而且具有相对稳定的特点，这种意识反映到政治层面的表现是认同和支持保守政党及其政策，放弃对革新政

① 今田高俊：《社会阶层与政治》，赵华敏译，经济日报出版社，1991，第104页。
② 今田高俊：《社会阶层与政治》，赵华敏译，经济日报出版社，1991，第102页。

党及理念的认同。

第三，日本国民意识的变化在一定程度上加速了日本政界的分化和改组，客观上促进了日本“总体保守化”的进程。随着日本经济发展和社会福利制度的逐步完善，“至少有90%的人认为自己属于中间阶层。尽管有些人不承认中间阶层的说法，甚至认为中间阶层的概念也不甚清楚”。[①] 日本“一亿总中流”的社会意识使许多人既对现状不满，希望变革，但是又不愿意实现过于激烈的改革，害怕触动自己的既得利益。这也是革新势力日趋没落，而保守势力特别是新保守主义思潮能够有较大影响的主要原因。

第四，“中流意识”演变为日本国民“总体保守化”，成为日本政治右倾化和右翼势力形成和扩展的土壤。20世纪90年代以来，日本国民的“中流意识”已经随着日本成为世界第二号经济大国，演变为“大国梦”。“泡沫经济”破灭以来，日本正经历战后前所未有的政治经济危机，日本国民精神也陷入“螺旋性下降”的状态中，对政治的失望而渴望强权人物的出现。2000年日本地方行政长官选举中，右翼政治家石原慎太郎在19位候选人中以166.4万张高票当选东京都知事就是明示。“如果说冷战时期极右势力是一小撮，国家主义在日本仅仅是一种社会思潮的话，那么冷战结束10年后的今天，新保守主义和民族主义正逐步发展成一种日本社会的共识。”而且“大多数国民已经基本接受了保守政党的政策和主张，并明显呈现出‘总体保守化’倾向”。[②] 以日本政府政治右倾化为先导，形成与传媒、公众等各种因素之间的互动，使日本政坛的右倾化和社会保守化进一步加强。当日本政府倾向于政治右倾化，媒体也推波助澜的时候，日本公众不是认同者就是“沉默大多数”，反对者寥寥。

---

① 高富：《中间阶层意识的日本文化内涵》，《日本学论坛》2001年第1期，第61页。

② 张广宇：《“石原现象”与日本国民“总体保守化”》，《中国青年报》2000年5月19日。

（三）从“正常国家论”到“大国梦”

日本在国家发展战略上一直存在着自由派与保守派两条路线的争论。冷战后的“吉田主义分化为两种立场：一是继续以和平的、国际协调的经济国家为中心的立场；二是重视日美同盟，致力于修改宪法和行使集体自卫权，与美国共同维持秩序的立场。前者是站在自由主义国际政治观上的和平发展主义，主张冷战后的日本必须发挥作为‘全球性民生大国’的作用；后者是坚持现实主义观点，主张为保护日本的安全和维持国际秩序，应该在安全保障方面发挥积极作用”,①并提出应以日美同盟为中心，扩大日本在参与国际事务方面的作用，彻底摆脱和平主义的束缚，成为所谓“正常国家”。也就是说，自由派以“全球性民生大国”为国家发展目标，对外主张国际协调主义，以非军事手段发挥国际作用。保守派以“正常国家”为国家发展方向，对外主张自由、自助和自决，进而实现政治军事大国化。“正常国家论”者的共同点是均奉行现实主义对外政策。譬如，小泽一郎主张日本应在联合国发挥更大的安全作用；伊藤宪一、冈崎久彦等人则主张加强日美同盟，推动日本行使集体自卫权。②这样的两种立场经过“战后政治总决算”的洗礼，在“全球性民生大国”与“正常国家”的战略选择中，最终保守派在国家发展战略的论战中逐步取得上风。

在当代日本政坛“总体保守化”的形势下，日本以摆脱战后体制、承担“国际责任”“价值观外交”等方式追求国家利益，力求实现与日本经济实力相对应的政治大国地位。譬如，保守派政治家小泽一郎把日本成为“正常国家”作为承担所谓“国际责任”的前提。为了论证这一

① 五百旗头真：《战后日本外交史（1945—2005）》，吴万虹译，世界知识出版社，2007，第238页。

② 刘世龙：《冷战后日本的外交战略》，《日本学刊》2003年第5期。

观点，小泽以强化日美同盟和参与联合国维和行动为正面理由，以所谓“中国和朝鲜半岛是亚太地区最大不稳定因素，其对日本的行动存在密切的关系和牵制”为反证论据，① 以此说明日本成为“正常国家”的正当性和必要性。从根本上看，“正常国家论”的对外政策理念是要使日本能够修宪派兵，并在“以联合国为中心”的旗号下，为国际做出贡献。但其实质是要抛弃和平宪法第九条，走政治及军事大国路线。

进入21世纪，日本以更加积极的姿态承担“国际贡献”、参与国际事务，甚至不惜以否认侵略历史，重塑日本因战败受挫的民族信心。在这样的大背景下，“民生大国论”以和平的、国际协调的经济国家为中心，主张日本要靠非军事手段发挥国际作用的观点，显然并不符合日本政坛“总体保守化”的大趋势。对于力求摆脱“战后体制”、成为“正常国家”的日本来说，“迷失独立和自尊的和平协调主义，必定招致反对。21世纪初期的日本外交，之所以出现对周边国家坚决贯彻自己的观点和风格，即是其反作用的实例”。② 因此，“民生大国论”逐步让位于对外主张自由、自助和自决，进而实现政治乃至军事大国化的“正常国家论”。“正常国家论”完全成为日本制定外交政策的指导思想。“9・11恐怖事件后，日本扩大了在安全保障方面的国际参与。时任日本首相的小泉纯一郎根据新的立法向印度洋和伊拉克派遣了自卫队。其合法性是依据联合国决议参与国际安全保障框架，而实际上则是强化日美同盟”。③ 随后的安倍内阁、麻生内阁亦将发展日美关系作为外交重点。可见，日本实现“正常国家”，尚需要依托日美同盟来实现。日本出台一系列唯“美”是从的外交政策，就是贯彻“正常国家论”关于对外战略的具体体现。

---

① 小沢一郎『日本改造計画』、講談社、1993年、115頁。

② 五百旗头真：《战后日本外交史（1945—2005）》，吴万虹译，世界知识出版社，2007，第241页。

③ 五百旗头真：《战后日本外交史（1945—2005）》，吴万虹译，世界知识出版社，2007，第238页。

实际上，“正常国家论”实质在于谋求摆脱“战后体制”、实现社会转型、突破宪法第九条的限制，另定安全保障基本法，为组建“国防军”和行使集体自卫权，扫除观念、法制及法规方面的障碍。“正常国家论”的关键在于提升日本参与国际事务的力度、增强日本拥有国际政治权力的深度。到目前为止，尚无任何一届日本政府在其政纲中明确提出实现“正常国家化”的具体计划和目标，但日本政府在思想和舆论准备方面明显加快了追求对外战略目标的步伐，① 不断拓展日本的对外战略空间。日本“正常国家化”战略目标的具体实施，是通过出台相关政策和法案，力求行使集体自卫权，成为政治军事大国，最终实现由战略理念向战略现实的质变。

三、“日本梦”的战略诉求及趋向

“日本梦”是“脱亚入欧”、认同西方的价值观和生活方式，赶超欧美，国民追求“一亿总中流”，国家渴望成为政治军事大国的战略构想。但是，日本在追梦的过程中却屡屡偏离航向，既有与西方经济摩擦产生的挫折，也有“入亚入美”身份认同的迷惑，还有以自身国家利益为中心，不顾中日关系大局、否认侵略历史、恶化东亚安全环境的失衡心态，丝毫看不出日本承担“大国责任”构想的能力和气度。

（一）日本国家利益的战略诉求

日本向来重视对国际环境和外部秩序变动的观察、评估、调整和适应。21 世纪初期，日本有关未来发展战略走向的争论基本形成定论：以

① 刘卫东：《日本“正常国家化”：美国的对策》，《现代国际关系》2007 年第 9 期。

政治、外交及安全领域的一系列重要法体变动为象征，以“正常国家”为主体诉求，谋求摆脱“战后体制”、实现政治军事大国化已经成为日本国家发展的战略目标。接着，日本国内围绕“国家利益”的论争持续升温。其中，“现实主义”观点尤为突出，强调“战后日本外交过于关注国际协调，而忽略了国际利益，所以主张对内对外都应积极谋求日本的国际利益”。[①] 这样的“现实主义”充分反映了日本日益追求“正常国家”战略目标的强烈愿望。作为对现实主义关于国家利益主张的回应，2000年初，在日本官方智库的《21世纪日本的构想》中提出了“开放的国家利益”概念。该报告指出：“不增进国民利益的对外政策在日本国内不可能持久，而盲目地单方面追求本国利益的对外政策在国际上也不能持久。重要点在于追求‘开放的国家利益’。这是站在与他国相互尊重彼此利益的高度，通过加强与他国的友好关系来改善国际环境，长期、间接地满足本国需要的外交战略。”[②] 这样的理念反映出日本追求国家利益的新路径，并将日本的国家利益放在国际体系的范畴之内加以考量，在巩固国际体系内西方发达国家既往价值观念的过程中，把日本的国家利益涂上维护国际利益的保护色。

2002年的《21世纪日本外交基本战略——新时代、新视野、新外交》明确指出，[③] 战略的基础是国家利益，日本必须基于国家利益制定长远战略。该报告亦提出所谓“开放的国家利益”。其体现在如下几个方面：第一，维护日本的和平与安全；第二，维护自由贸易体系；第三，维护自由、民主主义、人权等价值以及推动国际人际文化交往；第四，积极推动以学术、文化和教育为主的国际民间的交流。[④] 可以说，这些内

---

① 小原雅博：《日本走向何方》，加藤嘉一译，中信出版社，2009，第38页。

② 小原雅博：《日本走向何方》，加藤嘉一译，中信出版社，2009，第32页。

③ 2002年11月28日，日本首相小泉纯一郎的咨询机构“对外关系工作组”向小泉提交了一份题为《21世纪日本外交基本战略——新时代、新视野、新外交》的研究报告，就未来日本外交战略的基本方针和实施方案提出了具体建议。

④ 岡本行夫『21世紀日本外交の基本戦略』、首相官邸ホームページ、http://www.kantei.go.jp/jp/kakugikettei/2002/1128tf.html［2002-11-28］。

容不仅反映出日本渴望参与国际事务，确立与其世界经济大国地位相符的政治大国地位，还表现出刻意以意识形态划线的对外战略理念。尽管该报告指出，只顾本国的狭隘国家利益必然导致与他国的对立，只有与他国的国家利益长久共存的才是真正的国家利益，但其中的“价值观理念”势必与不同社会制度国家形成对立与摩擦。事实证明，日本这样的“国家利益”已经成为21世纪初日本追求对外战略目标的指导思想，并贯彻于日本的外交战略之中。

上述确认了日本的“国家利益”，突出了“维护日本的和平与安全”和“维护自由、民主主义、人权等价值”两大“国益”要件，表明日本国家利益核心的同时，进一步确认了其坚持“西方价值观”取向的外交方针。具体落实到日本外交战略方面主要两个关切：一是在安全保障方面，在拓展日本防卫能力的同时，加强以日美同盟为主导的国际合作；二是在日本周边推动可以说，日本对外战略原则是坚持“国家利益”核心，对外战略的侧重点是以日美同盟为主导的安全保障机制和“亚洲外交”。2010年以来，美国不断通过航母游弋以及政治对话，希望取得东亚区域经济一体化的话语权，积极构筑旨在促进亚太地区贸易自由化的“跨太平洋伙伴关系协定”（TPP）框架。基于非对称的日美同盟关系，日本政府放弃“东亚共同体”转而加入美国主导的“跨太平洋伙伴关系协定”，事实宣告日本的“开放的国家利益”是服务于日美同盟及其共同利益的。自民党总裁安倍晋三曾在“新世纪总理宣言”中表明，“外交的目标就是要保护国家利益”，二战后“我们的外交不敢明确阐述这个观点，只是很模糊地表述一下慈善意义上的国际和平。但是我认为我们应该保护日本的国家利益，这是理所当然的”。① 这说明安倍从“国际协调”向“现实主义”倾斜的外交理念，表明安倍力求通过全新的外交政策，使日本成为“正常国家”，并实现政治军事大国化梦想。

---

① 山本一太：《如果我是日本首相：日本新生代政治家宣言》，段跃中，蒋峥译，当代世界出版社，2004，第17页。

（二）日本保守主义内政外交难圆“大国梦”

中曾根康弘在新著《保守的遗言》（2010年版）中指出，日本危机开始于近年来的政治不安、经济停滞和社会泡沫的破灭。鉴于日本社会危机四伏、大国梦断，他呼吁，当今日本要努力克服“迷失的20年”，励精图治、开拓创新，迈向“第三次开国”。他还强调，为了摆脱日趋严峻的国家危机状况，必须重新审视保守主义。他把保守主义特别是具有日本特色的保守主义界定如下：“保守主义乃是一种反激进主义的政治理念：一方面，它全面继承历史传统文化；另一方面，它以自由民主为基础坚持不懈地进行改革。”① 事实上，这样的保守主义一直是日本保守政党的内政外交理念，具体表现为放任否认二战侵略历史的言行、强化日美同盟及恶化亚太安全环境等强权政策。事实证明，在这样的保守主义理念指导下，无论是自民党还是民主党执政，都难以实现日本政治大国的“梦想”。

日本民主党执政似乎接近美式“两党制”梦想，但其未能表现出与自民党抗衡的政治能力及战略气度。尤其是在对外关系方面仍然坚持日美同盟的外交基轴，随着美国战略东移不断起舞，不断渲染“中国威胁”。事实上，日本搅乱亚太地区睦邻环境的功利性外交策略，并不一定能够满足其对外战略的根本目的。民主党政权强化日美同盟、介入“南海问题”和离间周边睦邻关系等作为，大大背离民主党执政初期外交战略的目标，表现出日本外交政策的不确定性和非连续性特征，表现出与日本大国梦想相背离的战略错位。鉴于民主党的执政乏力，保守“两党制”风雨飘摇，准备重温“一党独大”的自民党再次将修改宪法提上议事日程，让世人仿佛感觉到日本大国梦想弥漫的硝烟。

① 董立延：《评中曾根康弘新著〈保守的遗言〉》，《中国社会科学报》2011年7月5日。

松下幸之助曾在其著述《面向21世纪：我的梦和日本的梦》的前言里说得明确：日本有不令人不满意的地方，描绘面向21世纪理想的模式与梦想，将日本构建成为社会和谐、国际协调的国家是可能实现的。① 近年来，“日本梦”开始在历史的、民族主义记忆中探究根本、寻找面向未来的希望。由司马辽太郎同名历史小说改编的“人气”电视剧《坂上之云》，充分表达了作者看着日本一步步发展起来、实现梦想而发出的由衷感慨：“无论是什么社会阶层，什么家庭出身的孩子，只要你有为了取得一定资格而必需的记忆力和耐力，就可以成为博士、官吏、军人、教师的一员。这个时代的乐观豁达，正是来自这种乐天主义。”这段文字道白表达了日本明治维新的民族“进取精神”，也是对“日本梦”的内涵诠释。该剧在经济氛围长期低迷的当代日本社会赢得了极高收视率，起到了鼓舞国民自信心、启迪日本“第三次开国”思潮的积极效果。但也触动了日本昔日军国主义的神经，使得右翼分子和保守势力日益将国家发展战略梦想转向日本的政治及军事大国化选项。可以说，“战后的日本与其他东亚国家在‘和解与民族主义’之间往复徘徊，‘历史问题现实化’和‘现实问题历史化’已形成恶性循环”。② 安倍晋三在其著述《致美丽的祖国》中认为，小泉首相参拜靖国神社“目的是向为我们国家献出生命的人表达尊崇的心情”。他还质疑“东京审判”的法理依据，“因为战犯在国内法上不是罪犯”。③ 这不仅隐约反映出他本人的“皇国史观”残余，④ 而且表达了大多数日本保守派新生代政治家群体的共同心声。他们把歪曲历史与弘扬“民族精神”相结合，力求摆脱“战后体制”，最终实现日本政治军事大国化梦想。正如中曾根康弘在《21世纪日本的国家

① 松下幸之助『私の夢・日本の夢——21世紀の日本』、PHP研究所、1994年、15頁。

② 李薇：《日本的国家定位与历史反思》，《国际经济评论》2012年第4期。

③ 安倍晋三『美しい国へ』、文春新書、2006年、69頁、70頁。

④ “皇国史观”是日本天皇制下占统治地位的意识形态，其核心就是将日本的天皇、国土、种族和宗教等说成世界上最优越的。它把明治维新以来日本发动的对外侵略战争说成“自存自卫”和“解放亚洲”的“正义之举”。——作者注

战略》中表述的那样："作为国家的长远目标，应该追求实现自我。这是以更为理想的方式生存，实现独立，维护安全和追求基于国际责任意识的自我实现。"① 这才是日本真正追求的国家最高层次的对外目标，是日本谋求成为世界大国的梦想，是一种谋求改变日本国家特质的战略思想。然而，这样完美的"日本梦"需要日本真正从"开放的国家利益"出发，反思"正常国家论"，努力营造"与他国相互尊重彼此利益"的国家发展战略。

"日本梦"实质上是"大国梦"，只是实现的手段在各个历史时期具有不同的战略诉求而已。基于"全球性民生大国论"的警世呼唤，"正常国家论"诠释的日本"大国化"路径各异，选择何种道路日本须理性反思历史。尽管"正常国家论"的始作俑者小泽一郎渴望以"国民生活第一党"主导国政、实现"日本梦"，但是，老牌保守党自民党和右翼政党"日本维新会"赢得大多数选民支持，分别获得国会第一、第三大党席位，预示日本将选择政治及军事大国道路。历史事实已明示，实现"日本梦"的手段和方式将决定日本的未来。

---

① 中曽根康弘『二十一世紀日本の国家戦略』、PHP 研究所、2000 年、第 19 頁。

第三节 平成时代日本右翼势力的动向与特点*

2019 年 5 月 1 日，日本从“平成”时代进入“令和”时代，开启了一个新的历史时期。从 1989 年到 2019 年，所谓的平成时代经过了 30 年的时光。一般认为，这是一个和平的年代。明仁天皇在 2018 年 12 月 23 日，即其 85 岁生日之际，总结说：“平成作为一个没有战争的时代，令人心安。”① 不过，和平的表象之下，实际上暗流涌动。平成虽然只是天皇的年号，但巧合的是，作为一个历史阶段，它也是日本经济、社会、政治等发生深刻变动的时代，是重塑战后日本秩序的时代。有的学者主张将近代以来的日本历史分为三个时期，即 1872—1945 年，为帝国时期；1945 年到 20 世纪 80 年代，为战后时期；90 年代以后，为当代时期。② 这说明，平成时代不仅仅是天皇换了人，而且在更重要的方面有所不同，呈现出一些重要的趋势和动向。

政治自然是重要的一个方面。昭和时代的谢幕、平成时代的开启，伴随着国际上的重大变动，例如柏林墙倒塌，冷战结束，苏联解体。其结果就是国际共运遭受巨大挫折，西方意识形态一时风光无两。在国际变局的影响下，日本国内左翼意识形态衰落，建立在冷战基础之上的

---

* 作者张跃斌，中国社会科学院世界历史研究所研究员，中华日本学会常务理事。原文《平成时代日本右翼势力的动向和特点》发表于《晋阳学刊》2020 年第 4 期，略有修改。

① 島康彦「天皇陛下、平成最後の誕生日　涙声で“国民に感謝する”」、『朝日新聞デジタル』2018 年 12 月 23 日。

② Daiki Shibuichi, “Zaitokukai and the Problem with Hate Groups in Japan, ”*Asian Survey* 55, no. 4 (July/August 2015): 718.

“1955 年体制”垮塌，战后政治结构瓦解。在所谓“政治改革”口号下，日本政界开始重新洗牌，局面混沌；但方向性十分清晰，这就是右倾化。在这个过程中，日本右翼势力主动、积极地参与到政治重构的进程中，在改变日本政治生态的进程中发挥着重要的作用。

如果说，战后的昭和时代，左翼进步势力塑造了日本社会的主要特征，那么，平成时代，则似乎是右翼势力牵引着日本社会的方向。在某种意义上，这也可以说是对于昭和时代的“反动”。从这样的认识出发，可以发现，平成时代日本右翼势力凸显了以下三个方面的动向和特点。其一，隐性右翼向显性右翼的转化。其二，网络右翼的出现和活跃。其三，右翼势力进入权力中枢，右翼思想政策化。应该说，这是认识平成时代的锁钥，也是把握日本未来发展的关键。鉴于国内学界尚没有相关的系统性阐述，本文拟就这个问题进行一些粗浅的梳理和分析。

一、隐性右翼走向显性右翼

平成时代日本右翼势力的第一个重大动向，就是一批原来的隐性右翼撕下伪装，粉墨登台，堂而皇之地宣传右翼观点和主张。

有学者认为，日本的右翼阵营由以下三个部分组成。其一，占据多数的右翼利益；其二，小规模的右翼行动团体；其三，在大众传媒上进行宣传的右翼知识分子。① 第一类和第二类右翼团体，乃是战后日本社会长期存在的现象，具有历史的连续性，在此不论。关于第三类右翼，仅仅限定为右翼知识分子似乎不太准确，或者说，不够全面。严格来说，这类右翼处于社会的上层，既包括右翼知识分子，还包括右翼政治家，乃至一些右翼经济界人士。在一定程度上，他们似乎是平成时代的“产

---

① Daiki Shibuichi, “The Yasukuni Shrine Dispute and the Politics of Identity in Japan: Why All the Fuss?” *Asian Survey* 45, no. 2 (March/April 2005): 200.

物”。为什么这么说呢？在昭和时代，这些上层右翼，虽然具有右翼意识，但因为各种社会条件的限制，他们的右翼身份是不公开的，或者是半公开的，他们的言行是低调的。这里，姑且称为“隐性右翼”。不过，平成时代之后，确切地说，是20世纪90年代中期之后，这些右翼分子开始组织化、公开化，不再避讳自己的身份，开始宣传、炫耀自己的思想观点。如是，“隐性右翼”逐步转化为“显性右翼”。

其一，右翼政治家公开宣传右翼观点，高调对抗中间势力和左翼势力。20世纪80年代，是一个重要的过渡期，处于这种历史变动期的前夜。有学者认为，日本的右倾化始于中曾根当政时期，其时“日本政治逐步右倾化，作为一种可以客观观察到的事实，在某种程度上是众所周知的吧”。① 但实际上，中曾根在认识到参拜靖国神社的严重后果之后，便改弦更张，不再参拜。并且，在中曾根之后，日本官方的历史认识，依然持续地得到了程度不同的改善。例如，作为正式的官方态度，1993年的河野谈话、1995年的村山谈话等都显示出日本政府在历史认识问题上的正确态度和良好倾向。同时，20世纪80年代后期和90年代前期，一些右翼政治家在历史问题上大放厥词——舆论称为“失言”或者“暴言”——而被迫辞职。例如，中曾根时期的藤尾正行，竹下登时期的奥野诚亮，羽田孜时期的永野茂门，村山富市时期的樱井新和江藤隆美，等等。这一方面说明，右翼政治家已经蠢蠢欲动，准备摧毁战后的历史认识框架；但另一方面也说明，右翼价值观尚不为当时的日本社会所容许。

比较清晰而明确的变化发生在20世纪90年代中后期。这个时候，右翼政治家结成各种团体，公开在历史问题上发难，开始形成一种所谓的“历史修正主义”思潮。“随着战后五十周年亦即1995年的临近，更加组织化的历史修正主义动向出现了”。② 例如，一些自民党议员成立了“历

---

① 中野晃一『右傾化する日本政治』、岩波書店、2015年、7頁。

② 中野晃一『右傾化する日本政治』、岩波書店、2015年、107頁。

史研究委员会”（众议院 76 人，参议院 29 人），并挑衅性地于 1995 年 8 月 15 日出版《大东亚战争的总结》一书，大肆鼓吹“大东亚战争肯定论”和“自存自卫战争论”，在日本社会造成了很大的骚动。1997 年 1 月，右翼学者西尾干二和藤冈信胜成立“新历史教科书编撰会”，在同年 3 月举办所谓的研讨会，主题是“超越‘自虐史观’”，其中有多名政治家参加。同年 2 月，以中川昭一为代表、安倍晋三为事务局长的“思考日本前途与历史教育年轻议员之会”（教科书议员联盟）成立。同年 5 月，右翼团体“守卫日本国民会议”和“守卫日本之会”合并，成立“日本会议”；为了支持该组织同时成立了“日本会议国会议员恳谈会”。

进入 21 世纪之后，上述趋势愈演愈烈。小泉纯一郎当选日本首相之后，非常执拗地参拜靖国神社，分别于 2001 年 8 月 13 日、2002 年 4 月 21 日、2003 年 1 月 14 日、2004 年 1 月 1 日、2005 年 10 月 17 日、2006 年 8 月 15 日六次参拜，公然挑衅中韩等国人民，造成了十分恶劣的影响。其后，安倍晋三、麻生太郎都是以强硬的右翼言论获得支持，当选首相。这个时候，已经可以观察到下述变化：尽管首相的言行会受到一定程度的限制，但右翼言论不仅不会成为从政的障碍，反而会成为从政的资本。这并非不可理解，因为从历史认识问题来看，已经“不能无视这样的事实：历史修正主义的政治家如今已经是自民党的主流，在其他政党中也为数不少”。① 可以说，随着日本政坛的分化组合，右翼政治家逐渐占据主流，获得优势。

其二，右翼知识分子日趋活跃，更加狭隘、偏激，更具攻击性。右翼知识分子在 20 世纪 80 年代之前，表现得较为低调和克制。但是，进入 90 年代之后，他们以右翼报纸、刊物为据点，右翼观点激进、露骨。

以右翼学者渡部升一为例，其变化就十分明显。1982 年，他在《诸君!》10 月号上发表文章，题目是《万犬吠空的教科书问题》。这虽然是

① 中野晃一『右傾化する日本政治』、岩波書店、2015 年、2 頁。

攻击左翼力量的文章，但对于日本侵略的事实，基本上还是承认的。他在文中说，“日本确实侵略了亚洲大陆和一些岛屿”，“日本在大陆上进行侵略、征服，这没有丝毫的疑问”。[①] 这是他通过认真研究得出的结论，还是口是心非地迎合当时的舆论，不得而知。不过，其观点中的某些客观性还是显而易见的。可是，他的观点后来发生了变化，而且是颠覆性的变化。2008 年，他和田母神俊雄合写了一本书，题目是《日本不是“侵略国家”!》,[②] 公开否认了自己之前的观点和认识。在 2010 年的一本书中，他几乎置所有的历史事实于不顾，罗列了大量的右翼观点：关东军在“满洲事变”中出兵是为了保护居留民；“满洲”建国是文明的解决办法；南京大屠杀是“虚假的”；日美开战是丘吉尔的阴谋；等等。[③] 不止于此。渡部还对一些言论界的领袖进行攻击，称他们为“可笑的人”，是“左翼”，而这些人不过是持有渡部原来的观点而已。在渡部看来，只要认为亚洲太平洋战争是侵略战争的人，就是左翼。

再以右翼刊物为例，同样的变化不难发现。《诸君》（后改为《诸君!》）1969 年创刊，《正论》1973 年创刊。这两种杂志在 20 世纪七八十年代，虽然也是为了对抗左翼，但其作者有各种倾向，而观点也多种多样，较为稳重，不太偏激。例如，猪木正道 1976 年在《正论》发表文章，曾经说：“不能理解、尊重外国人爱国心的爱国心，无疑是赝品。日本人的爱国心，如果不能理解、尊重韩民族的爱国心、中国人的爱国心，我行我素，就堕落为错误的爱国心。”[④] 这样的说法，比较理智、冷静，具有一定的说服力。但从 20 世纪 90 年代后半期之后，《诸君!》《正论》“将北朝鲜、中国、‘东京裁判史观’视为真正的敌人，把方向盘往‘右’打，往‘更右’打”。相应地，两种杂志“抛弃了宽容、节制、谦虚、

---

① 渡部昇一『万犬虚に吠えた教科書問題』、『諸君!』1982 年 10 月号、33 頁。
② 渡部昇一、田母神俊雄『日本は「侵略国家」ではない!』、海竜社、2008 年。
③ 渡部昇一『「昭和の大戦」への道』、ワック2010 年。
④ 猪木正道『愛国心の原点について』、『正論』1976 年 8 月号、55 頁。

谨慎、中庸的美德，变为排斥‘敌人’的狭隘的右派”。① 在靖国神社问题上，其态度的变化引人注目。1985 年 8 月 15 日，中曾根正式参拜靖国神社，引发舆论的广泛批评。即便是《诸君!》《正论》这样的杂志，也发表了很多批评意见。可以说，80 年代后半期，围绕着靖国神社问题，《诸君!》《正论》两份杂志上存在着多样性的言论。但是，这种多样性逐渐遭到侵蚀。2001 年，小泉纯一郎当选日本首相，并在当年参拜靖国神社。这个时候，《诸君!》《正论》清一色都是如下的主张：“东京裁判”是错误的；A 级战犯是“殉难者”；先前的战争不是侵略战争，而是“自存自卫”的战争。而不同的意见几乎没有。2005 年，小泉冒天下之大不韪，悍然在 8 月 15 日参拜靖国神社。对此，《朝日新闻》发表评论称：“通过将强烈反感的中韩树为新的敌人，以获得国民支持，乃是一种危险的手法。”② 但是，在中、韩的反对声浪中，日本右翼力挺小泉，《诸君!》《正论》等杂志成为右翼支持小泉参拜的主要阵地。当月，两份杂志各发表了 5 篇文章，一致赞成小泉参拜，呼吁小泉不要“屈服于中国，大胆参拜靖国神社”，这表明，右翼杂志完全堕入狂热的极端民族主义情绪之中。简单统计一下两种刊物的内容，可以发现，标题中包含“反日”的文章，1980—1989 年，只有 1 篇；1990—1999 年，迅速增加到 32 篇；2000—2009 年，则猛增为 76 篇。何为反日？这两种杂志贴上“反日”标签的，是把亚洲太平洋战争视为侵略战争的人，是中国人、韩国人，以及《朝日新闻》等左翼媒体。这样，一个自然而然的结局就是：在 21 世纪头 10 年后期，一些右翼学者完全主宰了两份杂志。他们是：渡部升一、屋山太郎、中西辉政、西尾干二、樱井良子、小堀桂一郎、藤冈信胜、小林善纪、八木秀次、长谷川三千子、金美龄、远藤浩一、潮匡人、西冈力、吴善花、黄文雄等人。

---

① 上丸洋一『「諸君!」「正論」の研究』、岩波書店、2011 年、360 頁。

② 「小泉流、悠々退場　北朝鮮拉致に風穴『靖国』『イラク』批判も」、『朝日新聞』2008 年 9 月 26 日。

右翼知识分子一方面以自己的形象和地位影响舆论，引导舆论；另一方面也向右翼政治家、利益团体、右翼活动分子提供资料和观点，以对抗日本左翼，或者以批判中国和韩国。[①] 例如，他们可以想到日本殖民者的“一点功绩”，从而论证日本殖民者的“善良”。“欧美列强绝对不会在殖民地建立能够匹敌牛津大学和哈佛大学一流的大学。他们和日本不一样，不愿意殖民地的发展和近代化，也完全不考虑与殖民地共生、成为一个国家的国民。”[②] 或者，他们道听途说一些靠不住的材料，就散布舆论，胡说什么“很多慰安妇在很短的时间里挣了很多钱，或者遇到不错的军人结了婚”。[③] 实在理屈词穷了，他们就诉诸亲情。小林善纪曾经向左翼人士喊话，声称：“我特别理解不了的是，你们这些人到底为什么要如此穷追不舍地将自己的祖父辈定为罪犯呢？”[④] 可以说，从 20 世纪 90 年代之后，右翼知识分子成了日本右翼势力的智囊团，日本右翼思想的阐发者，以及歪理邪说的制造者。

隐性右翼向显性右翼转化，并非孤立的现象，而是与日本社会下述三个方面的变化互相影响、相辅相成的。

第一，日本社会的历史认识发生了重大变化。

20 世纪 90 年代之后，日本社会的历史认识出现了逆转的迹象。右翼团体“新历史教科书编撰会”编写的历史教科书，虽然采用的学校不是太多，但是其发动的全国性的运动却成功地迫使其他出版社，在一些关键的历史记述上出现倒退，不敢再坚持原则。2017 年，该会的发起人之一、右翼学者藤冈信胜声言，其运动取得了巨大的成果，“使人们认识到

---

① Daiki Shibuichi, “The Yasukuni Shrine Dispute and the Politics of Identity in Japan: Why All the Fuss?”*Asian Survey* 45, no. 2 (March/April 2005): 202.

② 水間正憲『未開の国・朝鮮を近代化した「日本統治の真実」はタブーにされた』、『日本人が知っておくべき嘘つき韓国の正体』、小学館、2014 年、52 頁。

③ 金完燮：『「従軍慰安婦」騒動の真実』（上）、『日本人が知っておくべき「慰安婦」の真実』、小学館、2013 年、82 頁。

④ 『小林よしのりvs「43 市民団代」有志激突討論を再録』、『日本人が知っておくべき「慰安婦」の真実』、小学館、2013 年、108 頁。

教科书存在的问题。其他出版社的教科书，几乎全部清理了恶毒的关于（日军）凶残行为的记述”。① 如果教科书不批判、不揭露日军的暴行，那么日本整个社会，尤其是年青一代的历史认识，必然是不健全的、残缺的，甚至是错误的。如此一来，就没有人或者很少有人坚持正确的历史观。2015 年《朝日新闻》的问卷调查表明，右翼历史观正在不断地扩大影响力。例如，对于遭遇战争和殖民统治的受害国人民，有高达 57% 的受访者认为，日本进行了足够的谢罪和赔偿。而认为不充分的，只有 24%。关于日本首相参拜靖国神社，56% 赞成，26% 反对，而 2006 年的同样调查，赞同的为 50%，反对的为 31%；关于中韩等国对日本首相参拜靖国神社的反对，认为政府应该接受的为 31%，认为不应该接受的为 55%；而 2006 年同样的调查，认为应该接受的为 41%，而认为不应该接受的，为 51%。② 其中所显示的趋势令人忧心，其最终结果，就是“随着以摆脱战后体制为目标的安倍政权长期执政，对‘不断重复加害历史并反省、谢罪’感到不满的心理也扎下根来”。③

第二，日本社会的民族主义情绪抬头。平成时代日本的民族自豪感，在很大程度上乃是建立在“重构历史”的基础之上的。

20 世纪七八十年代，以日本文化论等为代表的民族自豪意识，在很大程度上是日本经济高速发展的产物。经济上的成功带来了心理上的优越感，成为日本国民骄傲自豪的资本。但是，进入 90 年代之后，随着泡沫经济的破灭，失落和压抑的气氛在社会上蔓延，经济成功的“自豪感”让位于经济失败带来的“挫折感”。于是，作为一种需求，或者说作为“挫折感”的一种反动，另一种替代的“自豪感”开始出现。这种“自豪感”不是建立在经济的基础之上的，而主要是建立在历

---

① 「（『教育再生』をたどって：9）採択低迷、でも『大きな成果』」、『朝日新聞』夕刊 2017 年 12 月 1 日。

② 「（戦後 70 年）日本とドイツ、意識探る　朝日新聞世論調査」、『朝日新聞』2015 年 4 月 18 日。

③ 明戸隆浩「『普通』を盾に、分断と排除」、『朝日新聞』2019 年 12 月 11 日。

史、传统的基础之上的。针对周边国家要求日本正视侵略历史的动向，针对日本国内的反省侵略历史的进步势力，在右翼的鼓动下，日本社会逐渐兴起了与之相反——美化历史——的意识形态。这也意味着“历史修正主义者”（所谓历史修正主义者，是指“对历史的态度不诚实，只关注符合自己心意的史实的一派人”）在日本社会大行其道。“不知在什么时候，历史修正主义者在日本社会形成了很大的势力”。①

如果以“日本人的骄傲”为关键词检索众参两院的国会议事录，自 1945 年以来，总共有 121 个结果（截至 2019 年 5 月 5 日）。其中，1995 年之后有 98 个，占到总数的 81%。这说明，最近 20 多年来，不仅仅是日本社会大量谈论“日本人的骄傲”，而且“对于为政者来说，其作为一个有着巨大需求的概念，愈来愈加明显”。② 安倍晋三在他的书中声称，“不要从日本的缺点中寻求生存的价值”，“作为日本人，难道不是应该放弃自卑，骄傲地为了开拓未来而奋斗吗?”③ 作为右翼的代表人物之一、原航空幕僚长田母神俊雄曾有过这样的发言：“现在有关日本邪恶的论调太多了。重新审视历史，不是也可以认识到日本是一个良善的国家吗?”④ 于是，我们也就不难理解，一大批扭曲历史的书籍堂而皇之地摆上了畅销书的书架。例如，《感谢日本为我们而战——亚洲盛赞日本和那场战争》《日本为何被亚洲各国爱戴》等。所谓的“大东亚解放战争论”，构成了“厉害了日本”的重要部分。

除了“良善”，右翼势力还渴望“强大”。问题在于，日本军队在第二次世界大战中遭到惨败，这是铁一般的事实。不过，这似乎并没有构成绝对的障碍。1990 年前后，日本出现了一股风潮，即“假想第二次世界大战的风潮”。其表现形式是所谓的“空想战记”“假想战记”，它们

---

① 保阪正康『田中角栄と安倍晋三』、朝日新聞出版、2016 年、22 頁。

② 早川タダノリ『「日本スゴイ」のディストピア 戦時下自画自賛の系譜』、青弓社、2016 年、195 頁。

③ 安倍晋三『新しい国へ』、文藝春秋、2013 年、230 頁。

④ 早川タダノリ『神国日本のトンデモ決戦生活』、筑摩書房、2014 年、62 頁。

“或者以荒诞无稽的新兵器挽回战局，或者以设定各种各样的‘如果’——譬如，如果日本海军在中途岛海战中获胜，来描述与实际战况不同的亚洲太平洋战争”。[①] 当然，在这些战记中，不同于历史上的真实，日本军队变成了获胜的一方。2016 年，作家井上和彦出版了一本博人眼球的作品——《大东亚战争秘录 日本军如此强大!》（双叶社），大肆吹嘘日本军队的“强大”，居然获得了许多共鸣。有人声称读了该书之后，认识到“日本军队在大东亚战争中惊人地活跃，令人自豪。在此我重新认识到了日本人的厉害”。[②]

可以说，正是在这样的背景之下，安倍提出了所谓的“复兴日本”的口号。“缺乏理论体系的这些林林总总的现代日本意识形态，可以说，全部汇总在自民党安倍政权提出的陈腐口号‘复兴日本’之中”。[③] 那么，他要复兴的是哪个日本？这里其实有两种选择：其一是战前的日本，其二是经济高速增长时期的日本。“日本为了恢复世界中的存在感，提高经济上的魅力才是正道”。[④] 但是，安倍提出的“‘复兴日本’一词，所指的只能是在经济、军事上和欧美列强并列的战前日本”。[⑤] 他的想法是，“如果日本拥有强大的军队，能够以实力封锁中国，重新成为世界上的主要玩家。这样的日本才是真正的独立国”。[⑥] 将战前的日本作为奋斗目标，不能不说是十分荒谬的想法。显而易见，日本的民族主义情绪走在一条错误的道路上。

第三，日本社会的意识形态整体右移。可以看到以下的几种表现。

其一，日本政界出现了整体的右倾化。自民党在 1993 年下野之后，就开始急剧右倾化。同时，左翼政党的力量不断削弱，在日本政坛上的

① 吉田裕『日本軍兵士——アジア. 太平洋戦争の現実』、中央公論新社、2017 年、209 頁。

② http://www.hmv.co.jp/artist_ 井上和彦(作家)_000000000439605/item_大東亜戦争秘録-日本軍はこんなに強かった_7205208，访问日期：2020 年 12 月 14 日。

③ 早川タダノリ『神国日本のトンデモ決戦生活』、筑摩書房、2014 年、295-296 頁。

④ 古賀茂明『国家の暴走』、株式会社 KADOKAWA2014 年、64 頁。

⑤ 古賀茂明『国家の暴走』、株式会社 KADOKAWA2014 年、63 頁。

⑥ 古賀茂明『国家の暴走』、株式会社 KADOKAWA2014 年、64 頁。

存在感直线下降。1998 年成立的民主党，虽然一些主张比较温和，但从野田佳彦执政开始，其也“自民党化”了。至于新成立的一些政党，例如日本维新会之类，则可以看作自民党“极右的卫星政党”。日本学者指出，所谓“新右派联合”（新自由主义和国家主义的联合）“几乎全面控制了包括自民党，以及官僚制、媒体和财界的政治体制”。①

其二，自民党的支持者更加多元，更加广泛。一方面，“自民党还获得了中间到稍稍偏左的民众支持，相较于其他政党，其在更加广泛的意识形态立场上赢得支持”。② 这可以看作日本社会整体右移带来的后果之一。另一方面，很多底层民众开始支持自民党。21 世纪之后，日本社会的贫富分化加剧，中产阶级出现分化，出现了数目庞大的贫困阶层。如此，“要求缩小贫富差距和排外主义，只是在社会底层，紧紧地联系在一起。贫困者一方面要求收入再分配、缩小贫富差距，一方面警惕外国人的流入，对于追究战争责任的中国人和韩国人十分反感”。③ 正是排外主义，将他们和自民党联系在一起。

其三，选民更趋于保守。20 世纪 90 年代以来日本民众的意识形态倾向，如果以“革新”和“保守”来描述日本的意识形态光谱的话，可以发现，1993 年，自民党“一党优位”体制崩溃，选民从“革新的”到“中间的”分布减少，保守化进一步发展。进入 21 世纪，譬如在 2005 年的所谓“邮政选举”，以及 2009 年民主党政权诞生的时候，“‘中间’部分超过四成，选民的中道化比较明显。‘革新的’‘比较革新的’约占两成，‘保守的’‘比较保守的’约占四成，虽然呈现出中间高两边低的凸状分布，但倾向于保守的一方”。④ 不难看出，选民意识已经发生了比较大的变化，“日本社会完全走向‘向右转’的方向，这样的政治倾向更加

① 中野晃一『右傾化する日本政治』、岩波書店、2015 年、212 頁。
② 蒲島郁夫・竹中佳彦『イデオロギー』、東京大学出版会、2012 年、179 頁。
③ 橋本健二『新・日本の階級社会』、講談社、2018 年、242 頁。
④ 蒲島郁夫・竹中佳彦『イデオロギー』、東京大学出版会、2012 年、144 頁。

露骨”。①

总之，在国际国内形势发生巨大变化的背景下，日本上层右翼以历史认识为突破口，对战后日本的发展道路、意识形态、经济社会政治结构等发动了猛烈的攻击。其挑动的舆论场上的斗争，具有非常重要的意义。在右翼势力主导了舆论场，控制了话语权之后，日本的内政外交等国家政策就不能不发生相应的调整和变化了。

二、网络右翼的出现和活跃

平成时代日本右翼出现的第二个重要的变化，是网络右翼的出现和活跃。

战后日本右翼的发展轨迹，伴随着国际国内大形势的变化而变化。战后初期，国际上形成了东西方对立的冷战格局。战后初期的右翼团体，大致来说，也就是“反共团体”。他们一改战前反美的极端民族主义主张，高举“亲美反共”的口号，与左翼力量对峙。从本质上而言，他们不过是保守政权的打手和爪牙。在20世纪60年代后期，随着日本经济的发展，民族主义开始抬头。为了对抗当时的左翼学生运动，出现了所谓的“新右翼”，即“民族派学生运动”。他们声称要回归右翼本来的面貌，即提倡“真正”的民族主义，反对美国，反对日美安保体制，反对战后体制即所谓的“雅尔塔—波茨坦”体制。这在一定程度上反映了日本社会思潮的新变化。不过，在当时的条件下，反美只能是一种情绪的表露，其在日本社会缺乏牢靠的根基。随着左翼学生运动的退潮，日美关系的持续强化，新右翼并没有造成很大的影响，后来也逐渐归于沉寂。平成时代之后，如上文所述，日本政界右翼、知识界右翼纷纷粉墨登场，

---

① 保阪正康『安倍“壊憲”政権と昭和史の教訓』、朝日新聞出版、2016年、264頁。

在日本掀起了一股逆流。

21 世纪以来，随着互联网的使用和普及，人们的生活样态发生了巨大的变化，在信息传输、人际交流方面更是呈现了革命性的变化。正是在这样的背景之下，网络右翼应运而生。可以说，网络右翼是平成时代的产物，是日本右翼发展到一定阶段而出现的新变种，标志着战后右翼的又一次阶段性变化。

何谓“网络右翼”？日本社会的相关理解并不十分精确，大致可以说是对“在互联网上以过激的言辞宣扬排外主义等”① 的人的叫法，或者说，是“利用网络，并对现在的大型媒体抱有强烈不满，有时甚至是憎恶、愤怒的人的集团”。② 如果稍微夸大一点其力量和影响力的话，“可以称为言论右翼或者言论恐怖分子”。③ 笔者以为，网络右翼，简言之，就是以网络为工具的右翼分子。21 世纪之后，一些人以网上博客、论坛为据点，发表极端言论，形成了一定规模的网络舆论。其中，最为知名的是所谓的“第二频道”论坛。此外，比较有名的还有从 2001 年起步的“二阶堂网站”，该网站 2004 年改名为“nikaido. com”；2005 年开通的“极右评论”（http://blog.livedoor.jp/the_radical_right/），2007 年改名为濑户弘幸的博客“日本向何处去”；2008 年开设的《新闻速报》《新闻速报+》《朝鲜文》《远东新闻》等，主要是与韩国相关的网站，发布以嫌韩为基调的内容。当然，大部分网络右翼是“散兵游勇”，但也有一部分在线下被组织起来，其中比较出名的，就是“在特会”。

“在特会”全称是“反对在日特权市民之会”，成立于 2007 年。他们之所以能够聚拢在一起，主要依靠网络上的互动，例如，在网上搜集支离破碎的各种信息，或者在网上阅读反对韩国人、散布仇恨的漫画。其

① 「（時代を読む）インターネット気持ちがいい『正義の味方』『ネット右翼』は中高年の男性が意外に多い」、『朝日新聞』2018 年 10 月 22 日。

② 古谷経衡『ネット右翼の逆襲』、総和社、2013 年、186-187 頁。

③ 近藤瑠漫、谷崎晃『ネット右翼とサブカル民主主義』、三一書房、2007 年、156 頁。

以骚扰、辱骂等手段对付在日朝鲜人，冠以反对所谓的“在日朝鲜人的‘特权’”之名。为了扩大影响，该组织也进行游行示威，主要针对中韩等国。例如，2020年2月29日，在头目樱井诚的带领下，该组织以新型冠状肺炎为口实，进行排斥中国人的游行示威。① 2011年，日本警方将该组织定性为“所谓的右派市民团体”，归类于“右翼、行动右翼、右翼团体”。2020年7月，樱井诚参加了东京都知事选举，获得了17.99万张选票，得票数位列第五名。有支持者认为，“虽然仇恨言论不好，但我支持日本第一的主张。低增长时代的日本没有富余，当然要优先援助日本人，而不是给外国人提供福利”。②

相较于传统右翼，网络右翼更多地与“网络”相关。

其一，网络右翼是“以网络为中心进行活跃的右翼的、民族派的言论活动，不属于既成的右翼、民族派团体和组织”。③ 这就是说，网络右翼的活动场所，主要是新技术条件下的虚拟网络空间，并以这个空间的活动为依据，进一步向社会现实辐射。当然，传统右翼也使用网络，但是其更多的是单向的运用，“对于现在的民族右派团体而言，网络并非与大众进行双向交流的工具，只是组织方单向地发布信息，仅仅发挥了‘非纸版的机关报’的作用”。④

其二，作为一种新生事物，日本网络的监管很不充分，因而相关言论的法律责任并不清晰。网上发言可以是匿名的，也可以是实名的，但更多的是匿名的。匿名使一些人摆脱了现实生活中可能面临的束缚，可以更真实地表达自己内心的感受。但同时，这种表达也可能偏向于无所顾忌地攻击他人，或者毫无根据地捕风捉影，甚至是发泄一些阴暗的心

① 「『シナ人』連呼　都内で中国人排斥デモ　新型肺炎口実極右団体」、『神奈川新聞』2010年3月1日。

② 「ヘイトやめぬ党首、国政うかがう 都知事選で17万票、在特会元会長・桜井氏」、『朝日新聞』2020年9月2日。

③ 古谷経衡：『ネット右翼の逆襲』、総和社、2013年、195頁。

④ 古谷経衡『ネット右翼の逆襲』、総和社、2013年、192頁。

理诉求，助长了网民的随意性，乃至肆无忌惮。遗憾的是，日本对于“语言暴力”没有相关的法律规定。“鉴于日本没有颁布任何反歧视的法律，以及禁止或惩罚仇恨言论、具有仇恨动机的攻击行为，在特会等团体的行为是合法的。”①

其三，鉴于网络的便利性，更容易形成聚集性效应，所谓的“乌合之众”更易形成某种破坏性力量。对于某种心理诉求，或者某种政策取向，网民可以轻而易举地在网络上找到同道，形成一种网上群体，进而形成一种网上舆论。可以说，网络右翼正是在特定政治议题上，充分利用了网络的特点，以图达到自身的目的或者目标。

与此同时，在右翼的一些重要特征上，网络右翼与传统右翼一脉相承，甚至能“推陈出新”，“青出于蓝”，这可以概况为以下四个方面。

第一，网络右翼在思想主张上和传统右翼臭味相投，甚至在某些方面更加出格。20 世纪 90 年代，日本右翼势力趋于活跃，尤其在历史认识问题上寻衅滋事，攻击性极强，并逐渐形成了一股巨大的历史“潮流”——确切地说，就是历史逆流。大量的右翼书籍和文章，在言论界兴风作浪，尤其对日本年轻人产生了很大的影响。因此，网络右翼继承了传统右翼的基本思想倾向。日本学者说，“保守系、右翼系专业写手的言论，几乎确定地向网络右翼提供了思维的基本框架、敌人的认定办法、攻击性言论的用法等，并长时间地对他们进行熏陶”。② 可以看到，网络右翼大量地在网络上发表意见，大多数都是言之有据的，都是有“出典”的。它们“基本上来源于《正论》《WiLL》《历史通》等保守论坛杂志”。③

大致来说，网络右翼在宪法问题上主张修改第九条，对护宪派进行批判；在自卫队问题，主张自卫队入宪；在历史认识问题上，反对所谓

① Daiki Shibuichi, “Zaitokukai and the Problem with Hate Groups in Japan,” *Asian Survey* 55, no. 4 (July/August 2015): 722.

② 近藤瑠漫、谷崎晃『ネット右翼とサブカル民主主義』、三一書房、2007 年、157 頁。

③ 菅野完『日本会議の研究』、扶桑社、2016 年、6-7 頁。

的“自虐史观”“东京裁判史观”；拥护、支持自民党的一系列政策主张；在对外关系方面，“嫌韩”“反中”；对部分日本媒体充满了憎恨，因为“尽管大多数国民在感情上嫌韩，但媒体对此并不报道”。① 他们的想法、主张都是支离破碎的，主要原因在于他们从网上搜罗大量的“符合心意”的情报，却没有经过自己头脑的“再加工”，不能深入思考，进行批判性的分析和归纳。也就是说，他们只是囫囵吞枣似的找到许多支持自己观点的资料，然后再原样不动地散布出去。当然，也有一些网络右翼“超越”了传统右翼。“在特会”其之所以引人注目，乃是由于“战后日本传统的激进右翼团体还没有提出过排外主义和种族主义的计划”。②

第二，网络右翼和传统右翼如出一辙，以语言或行动上的威胁、攻击开展活动，甚至更加恶劣。他们排斥理性和科学，而诉诸情绪和本能。网络右翼的攻击性言论，大多数是威胁和咒骂。其中并没有什么高深或者高明的理论和思想，很多都是一些陈腐词语的同义反复。针对各种信息，如果符合自己的意愿，就相信、采用、宣传；而如果不符合自己的意愿，就批驳、谩骂、攻击。在网络上，他们突破了日本社会的诸多“禁忌”，而这些“禁忌”，恰恰是战后日本进步的标志，也就是日本知识精英千辛万苦构筑的“脸面”。

例如，关于森友学园问题，网络右翼分子对安倍进行辩护，其逻辑荒诞不经，并胡乱“贴标签”“扣帽子”，以掩饰其证据的缺乏。有人声称：“森友学园的欺诈当属不假，但这与安倍政权没有任何关系……偷换文件是理财局干的，不能扩大解释，也不能缩小解释。因此，森友问题与政府没有一点关系。”这完全是一副不讲理的架势，故意忽略政府部门的运作程序以及上下级之间的关系，只是在语言上不断重复自己的论点。

---

① 古谷経衡『ネット右翼の逆襲』、総和社、2013 年、184 頁。

② Daiki Shibuichi, “Zaitokukai and the Problem with Hate Groups in Japan, ”*Asian Survey* 55, no. 4 (July/August 2015): 723.

同时，为了进一步打击对手，这些人还找到历史上最臭名昭著的例子，进行联想和比附。譬如，“将森友问题转嫁到安倍昭惠身上，甚至延续到安倍身上，这与纳粹没有什么两样……很多人认为安倍夫妻脱不了干系，那就相当于接受了纳粹的洗脑”。[①] 这就是说，如果谁反对安倍、质疑安倍，谁就是纳粹。这根本不是讨论问题，而是直接抡棒子打人。

传统右翼攻击、威胁的对象，一般是所谓的“当权者”，是某个群体或者势力，而网络右翼则经常将攻击的矛头指向弱势群体，或者个人。“在特会”经常以在日朝鲜人为攻击对象，或者以移民为对象。他们甚至针对一位13岁的中学生进行骚扰活动，令人不齿。

第三，网络右翼和传统右翼同样排外，但又有所不同。相较于传统右翼，网络右翼最突出的主张是反韩、嫌韩。在冷战时代，国际上是两个阵营对立，日本国内则表现为自民党和社会党的对立，即所谓的“五五年体制”。在这种结构性的制约下，当时日本右翼的最大旗帜就是反共。由于韩国处于以美国为首的阵营，日本右翼对于韩国的态度，和日本政府一样，主要是拉拢。不过，21世纪之后，由于历史与现实的复杂纠葛，日本社会对于韩国的看法发生了变化，而网络右翼则成为反韩、嫌韩的急先锋。

当然，除了反韩、嫌韩，网络右翼对于中国、朝鲜也是极力排斥、肆意污蔑。近年来在网络空间上出现了令人关注的事态，即“发泄对于外国的仇视情绪，都是选择对手、限定范围的。也就是说，这样的发泄，针对的不是俄国、美国和欧洲各国，而是对特定国家的憎恶、轻蔑等消极情绪的爆发”。[②] 其中尤为引人注目的，俄国和日本存在着领土争端，其争执并没有成为网络舆论关注的对象。这些特定的国家，就是中国、朝鲜和韩国。

---

① 『名無しさん@お腹いっぱい』、2018年3月21日、https://ikura.2ch.sc/test/read.cgi/manifesto/1489633745/150。

② 近藤瑠漫、谷崎晃『ネット右翼とサブカル民主主義』、三一書房、2007年、35-36頁。

“网络右翼的本质，与其说是意识形态的，不如说是情感的”。[①] 近年来，关于日本下层社会的书籍比比皆是，并且成为畅销书。在这样的情况下，很多人开始认真地考虑社会福利的问题。正因如此，正如“在特会”所宣传的那样，“对福利诈骗的指控，尤其是针对外国人和少数族裔的类似指控，最近在大众传媒上成为一个热门话题”。[②] 所以，可以说，网络右翼的排外行动，在一定程度上反映了日本社会的某种情绪，“网络右翼并没有被大众孤立。体现了大众的‘集体无意识’的正是网络右翼”。[③]

第四，网络右翼对于社会舆论的恶化更加突出。随着技术的进步和普及，网络在舆论形成中的作用日益突出。而网络右翼的最大作用，便是严重毒化了日本的社会舆论环境。

网络右翼在一些方面抑制了日本社会寻找历史真相的努力。例如，日本在第二次世界大战中侵略了中国等其他国家，这是常识。但不可否认，日本“也有人内心不愿意相信”这个事实。他们知道，这“与自己的知识相矛盾，说不出口，但如果有人说出了自己愿意相信的事情，马上变得神清气爽”。保守、右翼的论坛杂志，发挥了这样的作用；而网络右翼，则进一步将这样的作用发挥到极致，使许多人从想说而不敢说的尴尬中解脱出来。但是，如果习以为常，不知不觉，“想相信的事情”就可能优先于“知道的事情”，从而将自己引向一条万劫不复的道路。[④] 故此，网络右翼打击了日本社会理性讨论问题的氛围。在网络右翼的影响下，日本的社会舆论“缺乏理性思考，缺乏客观的、理论的根据，变得轻薄”。不得不说，“舆论确实堕落了。现在的舆论，很难表现出如下的

---

① 近藤瑠漫、谷崎晃『ネット右翼とサブカル民主主義』、三一書房、2007 年、41 頁。

② Daiki Shibuichi, “Zaitokukai and the Problem with Hate Groups in Japan, ”*Asian Survey* 55, no. 4 (July/August 2015): 721.

③ 山崎行太郎『ネット右翼亡国論』、春吉書房、2017 年、42 頁。

④ 「保守・右派誌の広告は語る 『嫌韓嫌中』『愛国』…新聞広告の論調、20 年分析」、『朝日新聞』2015 年 11 月 17 日。

包容性，即努力说服持有不同意见的人，使通过讨论加深思考变得可能，或者倾听少数人的意见并采纳其合理的部分”。①

同时，网络右翼还对日本政治辩论产生了影响。在网络舆论的影响下，政治讨论不再理性。不仅保守的、右倾的政策频出，“而且相关说明极易流于情绪化。安倍政权的修宪讨论和修改教育基本法讨论，执政党中间喷涌而出的议论，都是情绪化地看待日本这个国家的问题。不是理想而是感情，不是理论而是情绪优先的论调在政治讨论的场合越来越多”。② 日本的许多政策，当然包括右倾化政策，在很大程度上正是这些舆论的反映，并非对国家利益、民众利益进行深思熟虑后做出的判断。

总之，网络右翼只是日本社会中的一小部分，但其充分利用了互联网这一新兴的交流工具，掀起了一股极端民族主义的新的浪潮。他们大多数“三四十岁，很多是白领或者个体营业者，其中大学毕业生超过六成，收入也比较高”。③ 这样的现实令人不安，也深刻反映了日本社会的变动。有人指出，“主体构成是日本社会中青年的‘网络右翼’，作为日本民族主义、保守主义势力的潜在‘后备军’，他们身上蕴藏的未来性和能量不能低估”。④ 作为平成时代日本右翼的新动向之一，网络右翼对日本社会的影响值得关注。

三、日本的内外政策呈现右翼色彩

政策滞后于舆论。自平成时代以来，日本的内外政策也处于深度的调整之中。可以看到，一个明显的趋势是，右翼的色彩越来越浓厚。其

① 近藤瑠漫、谷崎晃『ネット右翼とサブカル民主主義』、三一書房、2007 年、184 頁。

② 近藤瑠漫、谷崎晃『ネット右翼とサブカル民主主義』、三一書房、2007 年、184-185 頁。

③ 橋本健二『新・日本の階級社会』、講談社、2018 年、210 頁。

④ 朱忆天：《日本“网络右翼”现象初探》，《华东理工大学学报（社会科学版）》2014 年第 6 期，第 81 页。

中一个阶段性的标志是小泉纯一郎政权时代。其在靖国神社问题上所持立场具有浓厚的右翼色彩。这也不难理解，随着右翼势力的发展壮大，他们的思想和主张最终必然会反映到国家政策上。2012 年 12 月，随着第二届安倍内阁的成立，其内外政策的右翼色彩表现得尤为突出，标志着日本政治进入了一个新的阶段。

（一）安倍晋三与日本右翼

安倍晋三是以右翼政治家的身份起家的。

从 20 世纪 90 年代开始，安倍就一直是自民党内右翼的代表人物。安倍是右翼组织“历史研究委员会”的委员。为了阻止村山富市 1995 年的国会决议，自民党议员成立了“终战 50 周年国会议员联盟”，会长是奥野诚亮，事务局长是板垣正，安倍则是代理事务局长。1997 年，为了支持右翼团体“新历史教科书编撰会”，自民党内成立了“思考日本前途和历史教育青年议员之会”，安倍担任事务局长。2000 年 7 月，安倍担任森喜朗内阁的官房副长官，并在 2001 年小泉纯一郎内阁时获得连任。这个时候，右翼学者西尾干二对于安倍评价很高，以赞许的口吻说：“安倍官房副长官不顾个人安危，是政府中在教科书问题上唯一支持我们（编撰会）的人。”①

2004 年 5 月，时任日本首相小泉纯一郎访问朝鲜。安倍当时强调施压而非对话，获得了受害者家属的信任，也以对朝强硬姿态赢得舆论支持。在民主党执政时期，安倍更是以右翼言论吸引支持者。针对钓鱼岛争端，安倍在 2011 年的一次右翼集会上声称：“长期以来，我国外交方针是，如果不刺激中国的话，日本的领土领海就没有问题。这样的态度

① 西尾幹二『小泉純一郎と安倍晋三　誰が本当の改革者か』、『Voice』2003 年 12 月号、50 頁。

中包含着反省的意思。但是，如此果真能够确保我们的国家利益吗？”[①]在质疑日本外交姿态之后，他进一步明确提出，“我们要做的事情就是表明国家的意志。国家的意志是什么呢？就是表明坚决保卫这个岛屿的决心”。[②] 他渲染中国的“军事威胁”，并将中国在东海正当的油气开采活动诬为“侵略”，煽动民众的危机意识。

安倍第二次执政之后，延续了自己的右翼风格。在 2013 年的时候，他声称外交交涉解决不了领土争端：“尖阁（中国钓鱼岛）海域所需要的，不是交涉，而是——如果不怕误解的话——物理意义上的力量。”[③]他还声称，自民党政权绝不会允许俄罗斯首脑登上北方领土，也不会允许韩国总统登上竹岛（韩国称“独岛”）。安倍强硬派的风格赢得了右翼势力的喝彩。

安倍还与右翼势力关系密切。

安倍和传统右翼，例如日本会议等组织，关系非同寻常。日本会议是安倍首相常年的政策智囊，“首相的反‘东京裁判史观’和教育、安全保障方面的主张，与日本会议的政策相同”。其关系之深，以至于日本会议的干部放言：“安倍首相就是以我们的活动为中心进行实践的一个人。”[④] 也是因为如此，日本会议通过各种方式支持安倍，为其摇旗呐喊。其主要成员小川荣太郎耸人听闻地断定，如果日本在钓鱼岛问题上妥协，中国就会“将其变为军事据点，阻断日本的海上交通，从而使日本成为事实上的附属国家”。为了避免这样的局面，“最重要的，是保持安倍政权的强大，而强大的关键，是支持率。保守势力必须为提高安倍政权的支持率竭尽全力，思谋对策，宣传鼓动”。[⑤] 从另一方面来看，安

① 山崎雅弘『日本会議　戦前回帰への情念』、集英社、2016 年、45-46 頁。

② 山崎雅弘『日本会議　戦前回帰への情念』、集英社、2016 年、46 頁。

③ 安倍晋三『新しい国へ』、文藝春秋、2013 年、248 頁。

④ 「地方から改憲の声、演出日本会議が案文、議員ら呼応」、『朝日新聞』2014 年 8 月 1 日。

⑤ 山崎雅弘『日本会議　戦前回帰への情念』、集英社、2016 年、49 頁。

倍也需要右翼的支持。“安倍为了成为军事大国，就必须全盘否定日本的‘战后’，必须肯定作为军事大国的战前日本。”这样的工作，这样的任务，并不是安倍个人或者自民党能够做到的。为了重塑日本的国民意识，改变战后的价值观念，他就不得不利用右翼团体。“安倍为了完成自己的‘事业’，就无法和这些力量切割。对于安倍来说，无论是‘日本会议’，还是‘制定新宪法国民会议’，以及为了对抗‘九条之会’而提出一千万署名目标的‘制定美丽日本宪法的国民之会’，都超越了朋友的范畴。”① 第三届安倍内阁（2014 年 12 月）成员中，隶属于“日本会议国会议员恳谈会”的共有 16 名，占全体内阁成员的 84.2%。② 这就是一个有力的证据。

安倍和网络右翼，也有非同一般的互动。

网络右翼分子视安倍晋三、麻生太郎等人为他们的领袖。例如，“自民党网上支持者俱乐部”就是一个“自民党公认的志愿支持者组织”。③ 该组织成立于 2010 年 6 月麻生太郎当政时期。面对新闻媒体对麻生的讽刺挖苦，一些支持麻生的狂热网民声称“保护我们的麻生免受媒体的攻击”，④ 组织各种活动，具有一定的影响力。安倍等人依靠网络获得政治能量，这正如网络右翼所言，“战后体制中，作为既得利益者，以大型媒体为首，或者说左翼和自由主义文化人隐然培养的体制的强大力量，就像怪兽一样存在于日本。而网络完全瓦解了它，而毫无疑问，立于先头的政治家就是麻生、安倍两人”。⑤ 对此，一些正直的知识分子将安倍政权描述为“网络右翼政治家和御用文化人维持的政权”。⑥

同时，安倍所代表的自民党即便不能代言网络右翼“所有的主义、

---

① 渡辺治『現代史の中の安倍政権』、株式会社かもがわ出版、2016 年、176 頁。
② 菅野完『日本会議の研究』、扶桑社、2016 年、21 頁。
③ 西田亮介『メディアと自民党』、株式会社 KADOKAWA2015 年、147 頁。
④ 古谷経衡『ネット右翼の逆襲』、総和社、2013、48 頁。
⑤ 古谷経衡『ネット右翼の逆襲』、総和社、2013 年、251-252 頁。
⑥ 山崎行太郎『ネット右翼亡国論』、春吉書房、2017 年、29 頁。

主张，但一直不曾间断地或者表示理解其诉求，或者听取其呼声”。[①]在这种心态的支配下，对于网络右翼的过激行为，安倍政权听之任之，纵容其上蹿下跳，使之服务于自己的政治利益。日本共产党参议员仁比聪平在国会讨论中直言：“不容不同意见，群起攻击自己不喜欢的媒体，这种风潮在社会上蔓延。不得不说，安倍政权显然责任重大。为什么？因为对于网络右翼持续不断的卑劣的攻击行为，安倍政权不置一词。事实上，这就相当于其对网络右翼的行径打开绿灯。”[②]通过传达这种信号，安倍比较成功地争取到了网络右翼的支持，从而获得了网络舆论的声援。因而，在某种意义上，网络右翼逐渐演变为日本保守政党的一支别动队，起到了一种无法代替的作用。

（二）安倍晋三的内外政策特征

既然安倍晋三是在右翼势力的支持下上台的，其本人又有着极其顽固的右翼观念，其政策的走向是显而易见的。鉴于安倍在日本政坛几乎没有制约的力量，在2015年的时候，观察家们注意到，“安倍的政策选择似乎更少受到经常性的限制，而这种限制困扰了日本十余年”。[③]他不仅在众议院大选中大获全胜，使执政联盟获得了2/3以上的议席，而且在参议院选举中获得胜利，掌握了参议院的主导权。当此之时，有媒体哀叹，公明党似乎成了日本和平主义者唯一的希望之所在，因为一个显而易见的事实是，“日本政坛没有左翼力量了”。[④]

---

① 「安倍首相よ、今こそネット右翼と決別せよ！保守論客らが直言！」、『週刊朝日』2013年2月1日、20頁。

② 『国会会議録検索システム：第190回国会』、参議院法務委員会第6号、2016年4月5日、104頁。

③ Robert J. Pekkanen and Saadia M. Pekkanen, “Japan in 2014: All about Abe,” *Asian Survey* 55, no. 1 (January/February 2015): 103.

④ Robert J. Pekkanen and Saadia M. Pekkanen, “Japan in 2014: All about Abe,” *Asian Survey* 55, no. 1 (January/February 2015): 107.

在没有强大约束的前提下，安倍一步步推出了极富安倍色彩的政策方针。其基调是抛弃历史反思而走向“历史修正主义”，其特征则是从谦卑走向自信、霸气、彰显自我；从和平主义走向所谓的“积极的和平主义”；从非军事化走向“再军事化”；从协商、协调走向对抗甚至威胁、恐吓。

第一，强化与中国的对抗。安倍执政时期的对华政策轨迹，大致可以分为三个时期：（1）2006—2007 年，为和解时期；（2）2012—2014 年，为对抗时期；（3）2014 年之后，为第二次和解时期。[①] 之所以有这样的变化，说明安倍依然需要根据不同的形势进行相应的政策调整。

但是，如果整体观察安倍的对华政策，可以看到一个明显的特征，这就是遏制、对抗的色彩前所未有地加强了。

2007 年 1 月，安倍在施政演说中将印度、澳大利亚等国列为“与日本拥有共同价值观”的国家，提出所谓的“价值观外交”。其用意，就是以“价值观”为借口，联合其他国家，企图对中国形成包围之势。价值观只是一个幌子，即便是安倍卖力宣传的“日美共同价值观”，也不过是一种自欺欺人。因为“日本并不认同自由、民主主义、人权、法的支配等价值的绝对普遍性”，而所谓以“价值观”而结成的日美同盟，在日本看来，不过是通过“主动配合美国、实现国家利益”的手段；而在美国看来，“只不过是在自己的世界战略中，即在反恐战争和与反美国家的争斗中，便于界定日本的位置而已”。[②]

2012 年 12 月，安倍提出“亚洲的民主安全菱形”的概念，包含了日本、印度、澳大利亚和美国的夏威夷。他对中国在南海的活动指手画脚，强调四个国家应该“保卫从印度洋延伸到西太平洋的公海”。[③]

---

① Karol Zakowski, “Nationalism vs. Interests: A Neoclassical Realist Perspective on Japan’s Policy towards China under the Second Abe Administration, ”*Pacific Focus* 34, no. 3 (December 2019): 478.

② 柿崎明二『検証　安倍イズム』、岩波書店、2015 年、204 頁、205 頁。

③ Karol Zakowski, “Nationalism vs. Interests: A Neoclassical Realist Perspective on Japan’s Policy towards China under the Second Abe Administration, ”*Pacific Focus* 34, no. 3 (December 2019): 482.

2012年12月，安倍第二届内阁成立后，就提出了所谓的“积极和平主义”路线。其真实目的，就是通过加强日美同盟，强化军事力量，来对抗中国。对此，《朝日新闻》发表社论，指出这是“面对中国的大国化，在对抗心理的驱使下，欲使日本安保政策的基础从专守防卫转向行使实力吧”，并且批评“稳定日中关系的外交战略好像已经被置之脑后”。①

2016年8月，安倍提出“自由开放的印太”战略，其主要目的就是围堵中国，“应对中国崛起，针对中国的地缘战略竞争、对冲和制衡的色彩浓厚”。②

与这一系列动作相呼应的，是安倍不断强化日美同盟。美国这一时期对华关系的主轴是打压中国，日本就扮演了积极配合的角色。这既包括安倍政权对美国遏华政策的配合和支持，也包括日本通过法律强化两国军队的关系，还包括日本从美国采购大量的先进武器来制衡中国。日本有评论认为，“（日本政府）害怕被美国抛弃，就企图抱紧美国”，并通过部分解禁行使集体自卫权，使“对美支援变得不可动摇”。③

第二，制裁和威胁韩国。鉴于中国的强大，安倍内阁时期日本的对华政策还是有所节制的。不过，对于实力不及日本强大的国家，日本已经开始实施所谓的“实力外交”。

2019年7月1日，日本政府宣布对出口韩国的三种半导体材料加强审查与管控，以对抗韩国在历史认识问题上的立场。半导体是韩国的支柱产业，其在这几种重要的原材料上严重依赖日本，因此日本的政策对韩国造成了极大的冲击。深究之下，可以发现，“日本此次以国内法和安全保障为由推出单边限制性贸易措施，并被指有以经济手段解决政治问题的意图，这与美国挑起对华贸易冲突的方式有相似之处”。④ 日本国内

---

① 「（社説）安倍政権の安保戦略　平和主義を取り違えるな」、『朝日新聞』2013年12月18日。

② 吴怀中：《安倍政府印太战略及中国的应对》，《现代国际关系》2018年第1期，第19页。

③ 半田滋「イチからわかる敵基地攻撃 Q& A」、『世界』2020年10月、91頁。

④ 李婷婷：《贸易摩擦与日韩关系新变局》，《现代国际关系》2019年第8期，第3页。

对此也有不同意见，“将政治问题、历史问题与贸易管理关联起来，伤害了日本推进自由贸易的原则”。[①] 但安倍不惜借助实力来贯彻自己的外交主张，这标志着日本外交风格的一个令人担忧的转变。

第三，强化军事力量，摆脱相关限制。推行强硬路线，最终的依托是军事力量。在安倍内阁期间，不断推出摆脱各种制约、强化军事力量的政策，在军事方面动作频频。这些基本上都是右翼分子长期以来的夙愿。

2007 年 1 月，在安倍的强力主导下，日本防卫厅升格为防卫省。这标志着，军队在日本国内政治中的地位上升，也为日本扩大军事力量打开了方便之门。

2014 年 4 月，安倍政权废除了延续 40 多年的“武器出口三原则”，制定了新的“防卫装备转移三原则”，日本武器及其技术的出口从原则上禁止变为原则上放行，“这对期待成为‘军事大国’的右翼政客和军工产业界来说，无疑是一个重大突破”。[②]

2014 年 7 月 1 日，安倍内阁在临时内阁会议上决定行使集体自卫权；2015 年 9 月，日本国会通过了所谓的新“安保法案”。如此，安倍政权摆脱了战后日本军队的两个制约：不能在海外行使武力；不能参与其他国家的武力行动。这样，“从根本上改变战后自民党确立的路线”。与此同时，防卫省和自卫队的角色也与以前截然不同，“自卫队的特质将发生巨大变化。虽然和战前的‘军部’不同，但可能在日本政治体制中出现现代型的‘军部’”。[③]

在第二届安倍内阁的末期，也就是 2020 年 8 月，自民党提议，“在安倍政权之下，有必要做出新的努力，提高包括在对手领土内拦截弹道

---

① 「（社説）日韓の対立　舌戦より理性の外交を」、『朝日新聞』2019 年 7 月 26 日。

② 程蕴：《“武器出口三原则”的突破与日本军工产业的海外扩张构想》，《东北亚学刊》2015 年第 2 期，第 21 页。

③ 「（安全保障法制）『戦後改革』首相我が道　解釈改憲、一強体制で強行」、『朝日新聞』2015 年 5 月 15 日。

导弹的能力等威慑力”。其中，所谓的“对手领土内”，既包括对方的导弹基地，也包括对方政治中枢所在的建筑物等。如此，日本更进一步，可以拥有单独攻击他国的能力，这是一种更加危险的动向。关于攻击敌方基地，自民党以为可以借此来提高威慑力，“但仅仅拥有不完整的攻击力，反而会被抓住弱点，无法形成威慑力。如果开始追求威慑力，就会陷入无穷无尽的军备竞赛，破坏东亚形势的稳定”。[①] 事实上，日本正在忘记战前的一些惨痛教训。

第四，排除异己，控制国内舆论。安倍的一系列政策，在国内遭到了质疑和反对。对于这些质疑和反对，安倍以及自民党采取了高压的政策。“从安倍政权开始，好像只要在选举中获胜，做什么都无所谓，这种无视少数派意见和异议的风潮越来越高涨。网上很多人认为，‘用了税金，当然要听政府的话’，部分国会议员也如此煽动。这点和战前的弹压很相似”。[②] 菅义伟就任首相之后，沿袭了安倍晋三的风格，拒绝任命日本学术会议推荐的 6 名会员，而拒绝任命的真正原因乃是这些人曾经反对安倍的安保政策。“没有被任命的 6 个人没有政治偏向，但几个人都反对安倍政权时期的安保法制和‘共谋罪’等，这是事实”。[③] 当然，还有人认为，2017 年学术会议发表声明不进行军事研究，触怒了自民党当局，从而导致了其在相关人事问题上的杯葛。[④] 该决定干涉了学者的学术自由和言论自由，在社会上引起轩然大波。在这一事件中，令人瞩目的是菅义伟从安倍继承的“对依法统治的轻视”，以及“当权者按照自己意愿恣

---

① 半田滋「イチからわかる敵基地攻撃 Q& A」、『世界』2020 年 10 月、91 頁。

② 「（インタビュー）任命拒否、歴史家の危惧 歴史学者・古川隆久さん」、『朝日新聞』2020 年 11 月 19 日。

③ 「日本学術会議、どんな存在か教育学者・佐藤学さん、科学史家・隠岐さや香さん」、『朝日新聞』2020 年 10 月 6 日。

④ 「日本学術会議、どんな存在か 教育学者・佐藤学さん、科学史家・隠岐さや香さん」、『朝日新聞』2020 年 10 月 6 日。

意解释、运用法律的人为的统治”。[①] 显然，在安倍强力打压之下，日本的舆论环境越来越不宽容、不自由。

在2006年安倍第一次组阁的时候，他就提出了“摆脱战后体制”的口号。所谓战后体制是什么呢？按照安倍的说法，就是战后“以宪法为顶点的行政体制、教育、经济、雇佣、国家和地方关系、外交、安全保障等的基本结构”。[②] 其核心，就是美国占领期间制定的教育基本法和宪法。安倍内阁在2006年12月，已经修改了教育基本法。在2006年11月，安倍流露出修改宪法的紧迫感。“自民党总裁的任期是三年，只能担任两期。希望在自己的任期中修改宪法”。[③] 第一次明确地提出了修宪的日程。他认为，只有这样，日本才能恢复“真正的独立”，“宪法的修改才是‘恢复独立’的象征，才是‘恢复独立’具体的手段”。[④] 实际上，日本通过“解释宪法”已经使战后和平宪法有名无实，而安倍的修宪则将完成对“战后体制”的最后一击。

安倍的各项政策，尤其是对外的强硬政策，得到右翼势力的吹捧。右翼学者中西辉政对安倍有着很高的评价，也有着很高的期待。他说：“安倍首相在集体自卫权问题上做出了历史性的决断，即便说他达成了可与吉田茂、岸信介相媲美的伟业，也不为过。今后，他将朝着政治家的终极目标，即修改宪法这一大课题迈进。”[⑤] 同时，对于安倍迫于形势的一些做法，右翼势力则表示了理解。例如，2006年10月3日，安倍表示继承河野谈话，但是“这一天的答辩，首相是以‘政府的立场’来发言的，关于个人的认识则避而不谈”。[⑥] 对此，右翼人士就表态称：“安倍

---

① 「（憲法を考える）『学問の自由』なぜ関わるの? 日本学術会議、候補6人の任命拒否問題から」、『朝日新聞』2020年10月27日。

② 南塚信吾、小谷汪之、木畑洋一編著『世界史の中の安倍政権』、日本経済評論社、2015年、45頁。

③ 末次俊之編『第一次安倍晋三内閣・資料集』、志学社、2014年、142頁。

④ 安倍晋三『新しい国へ』、文芸春秋、2013年、33頁。

⑤ 中西輝政『救国の 政治家 亡国の政治家』、飛鳥新社、2014年、331-332頁。

⑥ 末次俊之編『第一次安倍晋三内閣・資料集』、志学社、2014年、85頁。

是一个有信念的人，我想他会斟酌适当的时机，在内阁会议上改变‘河野谈话’与‘村山谈话’。”① 或者说：“（安倍的）思考基本上冻结了，但内心没有变化。他不是因理解错误而改变了主张。”② 这表明日本右翼势力对于安倍的充分信任，同时可以看出安倍一些政治立场的策略性一面。

四、小结

日本学者有这样的判断：“现代日本的右倾化是政治主导（更确切地说是政治精英主导），并非社会主导。”③ 有些中国学者也持有相同的看法。不过，正如上述论证中所看到的，实际情况是：上层右翼强力推动，日本社会有所呼应，而网络右翼则煽风点火，共同推进了日本社会的右翼化。也可以说，右翼（如安倍晋三）的“思考、手法”有可能招致“国家主义、全体主义”那样的事态，但同时，日本国民中也“隐藏着期待国家干预的心理”。④ 这样的局面似曾相识。日本哲学家户坂润描述了20世纪30年代日本的意识形态狂热：“日本主义、东洋主义乃至亚洲主义，或者其他这样的势不可挡的某种感情，显而易见支配了现在日本人的生活。这种感情所带来的社会行动，所到之处，令人无法容忍。”⑤ 对照历史，反思现实，确实需要警惕。

平成时代，右翼势力壮大，并且越来越具有攻击性，而缺乏强有力的制约。与此同时，中间势力虽然人数众多，但缺乏一贯的理念，容易受到有意识的舆论操作的影响。如此，日本社会的右倾化潮流不断加强。

---

① 卓南生：《日本的乱象与真相：从安倍到安倍》，世界知识出版社，2013，第31页。
② 末次俊之編『第一次安倍晋三内閣・資料集』、志学社、2014年、118頁。
③ 中野晃一『右傾化する日本政治』、岩波書店、2015年、3頁。
④ 柿崎明二『検証　安倍イズム』、岩波書店、2015年、223頁。
⑤ 戸坂潤『日本イデオロギー論』、白揚社、1935年、115頁。

应该注意的是，这个潮流“是在新自由主义和国家主义的理论指导下，以所谓改革的名义逐渐推进的”，[①] 因而非常具有迷惑性。如果说，在平成时代之前，日本社会、日本政坛主要是左与右的对立和竞争，那么，在平成时代末期，上述对立和竞争不复存在，整体偏右的时代出现了。这是一种全新的场景。同时，以安倍第二次执政为标志，日本右翼势力借助各种有利条件，逐步实现了若干重大政策目标。显而易见，安倍的长期执政具有指标性意义，标志着日本右翼势力实现了从掌控舆论到掌控政策的跨越，预示着一个历史过程的阶段性终结。

因此，从右翼发展的历史轨迹来说，平成时代的实质，与其说是“和平的时代”，不如说是“摆脱和平”的时代。

① 熊达云：《日本政治右倾化是一个长期形成的过程》，《东北亚学刊》2018 年第 6 期，第 35 页。

第四节
“平成日本学”论*

2015年是第二次世界大战结束70周年，是抗日战争胜利70周年，是值得纪念的一年。对于战后日本研究，这也是一个非常重要的时间点。以1945年为起点的当代日本史研究，发展到今天已经有相当深厚的学术积累。从学术发展史角度看，已经到了可以进行学术反思和规划新的研究思路的时候。笔者认为，为更准确认识和把握日本社会的发展变化，当代日本史研究应当将平成时代单独划分为一个独立的历史时期。这一分期不仅有利于更深入地认识研究对象，能够满足当代日本史研究最大程度切近观察时代这一要求，而且符合当代日本社会历史发展的内在逻辑。战后日本社会在昭和后期发展中曾获得了一系列成功经验，这些经验构成了日本当代社会内在秩序的“型”。冷战结束、泡沫经济崩溃、东亚地区现代化进程为整个日本社会的发展带来了根本性变化。一度与日本社会发展完全适应的完成体的“型”，在平成时代开始面临诸多新的压力。伴随世界格局、东亚格局和日本自身发生的剧烈变化，与现实的发展不再适应的“型”发生不断的裂变。“压力”与“破型”构成了平成日本社会历史发展的内在主旋律。本文从政治、经济、文化等角度回顾了日本当代社会内在秩序的“型”以及“破型”的过程，对进行新的时代划分的必要性、合理性做了讨论，并从全球史视角、东亚文化视角、

---

* 作者刘晓峰，清华大学历史系教授。本文发表于《日本学刊》2015年第2期，略有修改。

当代日本社会内部视角、中日比较视角等几个层面对未来平成时代日本史研究的研究方法做了进一步的讨论。

一、“平成日本学”的提出

从断代史角度看，当代日本史研究应将平成时代划分为一个独立的历史时期。这一划分不仅能够满足当代日本史研究最大限度切近观察时代这一要求，而且符合当代日本社会历史发展的内在逻辑。“平成日本学”是一个新的学术领域。立足于这一新的学术领域展开的跨学科、跨领域研究，可以构筑起对日本当代政治、经济、文化等进行多角度、多层面综合分析的新框架。

（一）从平成年号说起

1989 年 1 月日本昭和天皇去世，明仁天皇即位，定年号“平成”。年号之制源于中国，在东亚文化圈内，曾影响到朝鲜、日本、越南等国家，但今天仍旧使用年号的只有日本。一帝一年号的做法是明治时代确定的《皇室典范》。“平成”这一年号，典出两部中国古代的典籍。一是《尚书·大禹谟》的“地平天成”，二是《史记·五帝本纪》的“内平外成”。从汉字本身的字义看，“内平外成”“地平天成”，都不是开拓的意向，在变动与开拓、安宁与守成这两组词语中，“平成”更容易让人们联想到的明显是后面一组，是平和、守成的倾向。

中曾根康弘曾以司马辽太郎的《坂上之云》为喻，指出战后日本一直以欧美为方向奋进。① 1988 年，日本的国民生产总值（GNP）占世界

---

① 参见中曾根康弘：《新的保守理论》，金苏城等译，世界知识出版社，1984，第 7 页。

之比从1960年的2.8%上升到15，而美国从33.3%下降到21%。经济上的成功唤醒了日本人的“大国意识”。一方面，一部分人开始预测21世纪将是“日本的世纪”。石原慎太郎和盛田昭夫合著的《日本可以说“不”——新日美关系的对策》成为畅销书和社会话题，部分日本人开始想象日本将承担起成为新时代中流砥柱的重任。

从20世纪80年代后半期到1990年前后，很多日本学者都对迅速发展的日本今后会走向何方深感焦虑。1990年2月，后来成为“新历史教科书编撰会”主要成员的西尾干二出版了《日本的不安》。本书第一部分“世界史的剧烈转折与日本”中写到这样一个饶有兴趣的细节：西尾干二曾经在1965年留学德国，留德两年中访问过里斯本。1989年旧地重访，心中深为眼前的景象震惊。这座在西欧犯罪率最低的城市的街景和20年前几乎没有多少变化，街上行人悠闲，物价便宜。这种感觉并不是偶然的。留学时代他走过欧洲很多城市，20年后再次做欧洲之旅，所到之处都让他产生这种感觉——说得难听些是停滞，说得好听些是安定。而在过去40年间，日本经济增长了20倍。和变化相对很少的西欧诸国相比较，在他归国后22年间日本发生的变化，甚至让他产生了在人类历史上这是否算是正常的疑问。“尽管到目前为止一切都还没有什么异常，但放眼将来，却感觉看不清楚，所以深觉不安。”①

这份不安，或者就是平成年号产生的思想底流。在1989年那一时点，日本学者面对的问题是：平成日本向何处去？而中国学者今天面临的问题是：平成日本是怎样走过来的？

（二）“平成日本学”的提出

笔者认为，当代日本研究可以考虑以平成元年划线，将平成日本单

① 西尾幹二『日本の不安—世界史の転機に考えること—』、東京：PHP研究所、1990年、7頁。

独列出作为一个独立的历史时期加以研究。如果给这一历史时期的日本研究作一个命名，可以称为“平成日本学”。“平成日本学”以平成时代的日本为研究对象，是立足于新的断代史视点对于平成日本的综合研究。

对于历史研究而言，历史分期是非常重要的研究手段。庖丁解牛，要在切中肯綮。正确的历史时期划分，因为切中历史发展变化的关节点，对于整体把握社会发展的趋势，对于深入分析社会结构和社会形态的变化，都有很重要的意义。日本学者内藤湖南进行历史研究的一个重要特点，就是重视历史分期。他有关“唐宋变革论”和“应仁之乱”的论述，直到今天对于学术界仍旧有着非常大的影响。① 而在中国史研究领域，历史分期问题之所以成为“五朵金花”的第一朵，成为历史学者们长期争论不休的学术热点，原因也正在于此。②

就日本史研究而言，20 世纪 80 年代以来从事日本历史研究的中国学者，通常以明治维新划线，把日本历史划分为古代史（绳纹时代至 1867 年）、近现代史（1868—1945 年）和当代史或称战后史（1945 年至今 ）。这种划分方法直接的参照系，是中国史研究的划分法。传统的中国史划分，就是以鸦片战争为线，将中国历史划分为古代史（上古至 1840 年）、近现代史（1840—1949 年）、当代史（1949 年至今）。从 1980 年的时间点往前追溯，以 1945 年为始点的战后日本有 35 年的历史，将之视为一个历史时期是没有问题的。但是，随着时间的推移，这一框架明显已经老化。到 2015 年，战后日本史已经有整整 70 年。就时间跨度而言，如果我们把古代史、近现代史和当代史的研究比作长镜头、中镜头和短镜头的

① 有关内藤湖南提出的“唐宋变革论”，可参见刘俊文主编、黄约瑟译的《日本学者研究中国史论著选译》第一卷（中华书局，1992）“通论”的《概括的唐宋时代观》一文。内藤湖南有关“应仁之乱”的论述，可参见内藤湖南研究会编、马彪等译的《内藤湖南的世界》（三秦出版社，2005）。

② 中国史研究领域在中华人民共和国成立后前 30 年间史学争鸣的五个热点问题：中国古史分期、封建土地所有制形式、中国封建社会农民战争、资本主义萌芽、汉民族形成。学术界习惯称之为古代史研究的“五朵金花”。相关讨论可参见蒋海升：《“西方话语”与“中国历史”之间的张力——以“五朵金花”为重心的探讨》，山东大学出版社，2009。

话，70 年作为短镜头显然过于漫长，有重新调整的必要。

面对当代日本激烈变化中复杂的历史世相，当代日本史研究学者的任务，在于如何做出选择，如何透过历史表象去揭示历史演变的主题所在。众所周知，历史研究从来都是选择的结果。一如汤因比所说，对任何事物进行任何叙述，都不得不是有选择的，人类的智力并不具备全景式掌握住各种事物总和的那种能力，选择是不可避免的。与此同时，有必要强调指出的是，任何一个国别的当代史研究都要面对这样一个事实，即研究者们既是观察者，同时他们的研究和判断会影响到研究对象，两者之间存在着其他历史时期研究中所不存在的重合性。因此，当代史研究蕴含着深远的导向意义。唯其如此，当代日本史研究，拥有与其他日本历史时段的研究不同的要求。它既要求历史研究者最大程度切近观察时代，又要求他们从当代日本社会纷繁的表象背后，找到其社会发展的基本线索和中心，抓住当代日本社会历史发展的根本特质，借此从宏观的角度把握当代日本社会发展的基本状况和趋势。而单纯地把 70 年历史看成一个混沌整体概述之，就历史研究方法论而言，显然过于笼统，有加以更新改进的必要。思考这一问题，我们还可以从中国当代史这一相邻的学科领域找到参考。最近几年越来越盛行的“新时期”“30 年”研究的出现，就是很好的旁证。

笔者提出以平成元年划线，将平成日本作为一个独立的历史时期单独列出加以研究，是因为这一划分方法将研究时段集中于平成时代的日本社会，能够满足当代日本史研究最大限度切近观察时代这一要求。更因为作为一个相对独立的历史时期，从日本的政治混乱、经济发展迟缓甚至停滞以及思想文化领域的保守化倾向等多方面考察，可以看到平成时代整体上表现出了与前一历史时期截然不同的独特时代属性。因此，这种划分有利于从整体上认识当代日本历史，有利于对日本社会展开深入的分析。

还须补充提及的是，尽管今天平成日本仍是进行时，但以“平成”

作为关键词，从学术角度来审视1989年以后的日本历史发展的学术研究在日本已经起步。2013年，东京大学教授小熊英二组织人员撰著了《平成史》。这部著作由总论、政治、经济、地方与中央、社会保障、教育、信息化、国际环境与民族主义八部分组成，是目前采用历史学方法对于平成日本社会进行分析最有参考价值的著作。“我们生活在怎样的时代？在过去的四分之一个世纪，日本什么变化了？什么没有变？”这是《平成史》这本书腰封上的文字，也是该书组织者小熊英二在文本中所强调的主旨。① 这是该书提出的基本问题，也是日本大众密切关注的问题。2014年，这部著作再版，又追加了“外国人”一章。今后会出现越来越多的以平成时代为研究对象的当代史研究著作。对于我们思考“平成日本学”这一研究课题，日本学术界的这一动向是值得重视和参考的。

二、“平成日本学”的内在历史逻辑

从历史分期的视角，将平成时代的日本作为一个独立的历史时期加以研究，这一观点的提出，可以对原有的“战后日本史”这一框架做出合理的修正，又有利于当代日本史研究更为切近地观察和分析当代日本社会的历史发展。但这只构成提出“平成日本学”的契机。真正为这一历史分期提供实际支撑的，是因为这一划分符合当代日本社会历史发展的内在逻辑。这些内在逻辑的展开，直接构成平成时代日本社会发展的基本特征。

从文化论分析的视角看，战后日本社会在昭和后期发展中获得了一系列成功经验。这些经验构成了日本当代社会内在秩序的“型”。而进入平成时代，世界格局、东亚格局和日本自身都发生了剧烈的变化，一度

① 参见小熊英二编著『平成史』、河出書房新社、2014年增補新版。这是该书腰封上的文字，也是该书组织者小熊英二在文本中所强调的主旨。

与日本社会发展完全适应的“型”，在平成时代开始面临诸多新的压力，并因为与现实的发展不再适应而发生裂变。概言之，“压力”与“破型”，是思考平成时代日本研究两个核心的关键词。

（一）三个泡沫的崩溃与三组矛盾

中曾根康弘在2000年的著述中，把日本的衰微局面概括为三个泡沫的崩溃：（1）政治泡沫的崩溃。自民党分裂和由于金丸信问题[①]等带来的政界的“失序”。首相走马灯一样变换，政局缺乏安定感。（2）经济泡沫的崩溃。现实中金融机构和企业面对长期不景气，正在苦战。（3）社会泡沫的崩溃。从财界到政界、从警察到自卫队，都有贪污问题。每天看新闻，总有恶性犯罪事件和青少年犯罪事件，还有“援助交际”问题。对于价值观认识的变化而言，最大的问题是教育问题。医治战后文明病，欧洲有基督教作为文明的基础，但日本没有。战后在日本流行英国式的功利主义、美国式的实用主义、法国式的自由主义，总之是以经济为中心，个人至上的思想甚嚣尘上，而儒教、朱子学讲的仁义礼智信或者耻感文化、武士道等日本自己认同的“规矩”越来越欠缺。日本人对家庭、地域、公司或国家，一言以蔽之，对集团、对共同体的归属感被弱化。他认为，教育的核心就在于国民，应利用电视和报纸来加强被弱化的日本固有的思想。[②]中曾根康弘所讲到的三个“泡沫”，实际上概括反映的就是日本社会的“1955年体制”这一“型”中的主要问题。

作为平成元年的1989年，在世界历史上也具有一定标志性意义。这一年是世界历史发展的一个重要的转折点，世界史由此进入了大转折时

---

① 金丸信，日本政治家，1987年曾与竹下登联手组成日本自民党内最大政治团体“经世会”，并任会长。1992年，他因违反政治资金规正法罪而辞职，又因偷税漏税违反所得税法被逮捕。因为金丸信受贿偷税丑闻的负面影响，在1993年7月18日的日本众议院选举中，自民党所获议席未过半数，结束了其长达38年的执政历史，自民党也由此分裂。

② 中曾根康弘『二十一世紀日本の国家戦略』、PHP研究所、2000年、84-86頁。

期。以作为两大阵营对抗的最有力标志——柏林墙被推倒为标志，二战后长期存在的冷战格局即将走向结束，社会主义与资本主义两大阵营的意识形态对立和美苏两极的政治对立结构也将走向终结。历史急剧地告别东西两大阵营划分的格局，整个世界由此进入一个全新的历史时期。

战后日本历史发展的国际环境中，有三组主要的矛盾关系：（1）社会主义阵营和资本主义阵营之间的矛盾关系。以美苏为代表的两大意识形态的阵营之间对立以及两者之间力量的消长，对于整个东亚历史、日本历史发展有着决定性的影响。这构成了平成时代日本历史发展的大环境。（2）日美之间的矛盾关系。这一矛盾的展开有一个反反复复的具体过程。第一个反复过程起点是日美对抗性矛盾。1945 年战争结束前，美国与日本之间是敌国，两者之间的矛盾关系属于对抗关系。日本被占领后，这一矛盾伴随红色中国的出现和朝鲜战争的爆发一度由强转弱，日美之间也由对抗转变为协作。第二个反复过程是围绕国际利益形成的日本与美国之间的对立，是在同盟国的框架下通过协调和政治让步等展开的。在 1989 年这一时点，这一对立由于日美经济摩擦再度处于由弱变强的阶段。此后伴随中国的崛起，日美对抗再度由强转弱，由对抗转变为协作。（3）日本与中国、韩国以及东亚地区各国之间复杂的矛盾关系。这一组矛盾关系因为牵涉国家众多，层面比较复杂，变化也最为激烈。这三组矛盾互相关联，互相扭合，整个战后日本历史发展的每一个环节，无不与这三组矛盾密切相关。

日本是冷战体制最大的受益者，是享用冷战红利最多的国家。战后日本的重建过程，是日本成功利用国际形势为自己营造出最佳发展空间的过程。1945 年战败之初，日本国内的经济困难重重。国内工厂、运输设备和基础设施大部分毁于美军轰炸，600 多万人自海外回国，国内出现了通货膨胀和粮食危机。但是，从 1945 年到 1955 年，日本利用其在远东战略地位的提升，很快与美国调整好关系，完成了从敌手到伙伴的转变。战后日本把加工贸易视为立国的经济政策，克服了国土狭小和资源匮乏的劣势。特别是借助朝鲜战争为美国和韩国提供大量的纺织品、钢材等军用物资供给以及各种用于韩国复兴建设的材料这一机遇，迅速完成了战后重建工作。到1955年，日本的国民收入及矿产工业生产额等大体恢复到了战前的水准。政府发布的《经济白皮书》中宣布“已不再是战后”。① 借助这一先行优势和冷战时期身处资本主义阵营的政治优势，从1955年起日本经济开始起飞。1960年以显著提高国民生活水准为目标，日本政府公布了《国民收入倍增计划》，1964年成功举办了东京奥林匹克运动会，并迅速推进横贯日本的运输大动脉的高速公路、高速铁路等基础设施建设。日本经济以高速增长为目标，正式步入快速发展轨道，并连续实现年均9%的高速增长。到1968年，日本的国民生产总值已经上升至资本主义世界第二位。进入20世纪80年代后半期，在经历日元升值和日美贸易摩擦后的日本经济如日中天，国内投机热潮也迅速升温，尤其股票与房地产投资大行其道，泡沫经济走到了顶峰期。也就是在这一时期，日本企业收购了被誉为美国颜面的纽约洛克菲勒中心以及哥伦比亚电影公司，并在艺术市场抢购凡·高、毕加索等全球名家的美术作品，“大国梦”和“说‘不’”作为热词，在日本媒体上频频出现。

然而，冷战结束了。美国与俄罗斯和中国的关系都发生了根本性变化。身处东北亚的日本，在世界政治格局中原有的特殊地缘位置所带来的地理支撑意义弱化，这直接导致日本在政治、经济、外交等领域都面临着越来越严峻的挑战。

20世纪90年代初，尽管为了对抗潜在的“威胁”，日美安保关系依旧存在，但美国在日美关系上越来越不愿意为了国际政治利益而牺牲本国经济利益，而是开始强调维护美国的经济安全。前述第二个矛盾——日美之间矛盾就此出现，贸易摩擦加剧。日美之间的贸易摩擦持续时间很长。自70年代后期起，日美贸易摩擦不断升级。在美国的强烈要求

① 日本経済企画厅『経済白書——日本経済の成長と近代化——』、至诚堂、1956年、2頁。

下，为改善贸易失衡，日本不得不推进钢铁、汽车等自主出口限制措施，并以下调关税、简化进口检查手续等手段，促进来自美国的进口。美国进行贸易战的一个重要手段，就是推动日元升值。从 1971 年美国尼克松总统为克服连年的贸易赤字决定放弃固定汇率制开始，到 1985 年的“广场协议”，日元兑换美元的比价逐渐攀升。进入 90 年代，美国更加用力“敲打日本”。到 1995 年，日元兑美元升至 1 美元兑 79 日元。日元不断升值从根本上打击了依靠加工贸易立国的日本经济。伴随着中国的崛起，在中、美、日之间形成了新的复杂关系。在世界范围内，日本是“中国威胁论”最有市场的地区。为了联手对付迅速发展的中国，日美安保关系确实再次得到强化。但中美关系不是纯粹的对立关系。所以，尽管很多日本政治家仍然一厢情愿地使用冷战思维来考量中美关系，期待把中国推到当年苏联一样的地位，但其有效性显然是极其有限的。这主要是因为中国的大国外交日趋成熟，早已摆脱了以意识形态为旨归的僵化态势而充满弹性，中美关系与中欧关系并没有走向对立，而是一直朝着建设性的互惠互利的方向发展。

构成平成时代日本社会发展的第三个矛盾关系，是日本与中国、韩国以及东亚各国家和地区之间复杂的矛盾关系。亚洲，特别是以中国为中心的东亚地区的工业化对于日本经济构成极大冲击。自 20 世纪 70 年代末起，中国实行改革和开放，在努力发展经济的同时积极参与到国际竞争中。邓小平 1992 年的“南方谈话”进一步推动了中国经济的急速发展。2001 年末，中国加入世界贸易组织，一个多世纪来，中国首次主动接轨发达国家主导的全球经济体系。到 2010 年，中国经济总量跃居全球第二，且直到今天仍然保持着快速发展的势头。此外，从 20 世纪 60 年代起到 80 年代末，被称为亚洲“四小龙”的韩国、中国台湾、新加坡、中国香港经济发展已经引起世界瞩目，进入 90 年代，更有“亚洲四小虎”马来西亚、泰国、印度尼西亚、菲律宾加入快速发展的序列。近年来，越南、缅甸成为投资热点。在国际政治组织方面，1994 年，东盟决定扩大成员，越南、老挝、缅甸、柬埔寨先后正式加入东盟。东盟的成功扩大，是东南亚地域经济成功整合的标志。东亚地区政治、经济在不断发展和进步，特别是整体工业化水平达到了前所未有的高度，其经济总量也达到空前的规模。对于日本而言，尽管在资本、管理和技术领域依旧维持相对的优势，但在东亚新兴经济体环伺的背景下，50年代中期形成的先发优势和依靠冷战政治格局中的政治优势形成的以加工贸易为核心的发展模式已经与全新的世界发展形势不相适应。平成时代，日本经济缓慢以至于停滞的发展历程，就是这样一个面对巨大压力不断自我调整的历程。这一历程与以中国为中心的东亚地区的工业化冲击互为表里。平成年间日本经济的停滞，不仅降低了日本在亚洲和全球的经济影响力，而且对日本国内的政治与文化发展产生了巨大压力，这一局面是与昭和后期完全不同的。

（二）平成元年：当代日本史发展的转折点

世界格局在1989年前后发生的变化，是具有决定性质的结构性变化。这一变化意义巨大，影响深远。而对于日本社会，这也是一个重要的转折点。在政治方面，这一转折的标志有三：（1）左翼的瓦解；（2）保守阵营内部的分裂；（3）第三种势力的抬头。

1. 政党势力的变化

事实上，1989年，日本的左翼力量早已成强弩之末，这方面最有标志性意义的是1989年工会总评议会（总评）解体。战后日本民主体制下，最有代表性的工会组织就是总评。1950年总评建立当初打过“反共”旗号，但一旦组成后马上提出了“和平四原则”，迅速转变为“左倾”反美力量的代表。1953年，总评确定了阶级斗争的基本理念，以改变国内的资本主义制度为斗争目标，在政治上则支持日本社会党。此后，总评一直是日本反战和平运动的重要推动力量，在20世纪60年代的安保斗争中，有着举足轻重的领导地位。历史上，总评的社会影响力非常大。1960年6月4日，总评发动反对《日美安全条约》的全国大罢工，一声号令有640万工人响应并参加。1983年，总评有451万成员，占全国工人数量的36%，是每年劳动者争取提高薪金的"春斗"的核心力量。唯其如此，总评的解体才更是标志性事件。

和总评解体关系密切的是日本社会党的衰败。1945年成立的日本社会党以社会大众党为母体发展起来，基本团结了日本共产党势力以外的左翼力量。在平成元年，日本社会党尽管依旧是国会最大的在野党，但本质已经非常脆弱。社会党领导者不思进取，不能够深入了解民众需要，进而给日本社会提供新的社会发展愿景，而是安于"万年在野党"的地位，甚至与自民党内勾外联，同台做戏。到了平成时代，社会党不仅对于党面临存续危机缺乏认识，而且领导者们利欲熏心，意图利用日本变动的政局攫取一时的实际权力。1993年，社会党为与其他政党合作联合执政，放弃了反对"PKO法案"和"消费税法案"的一贯立场。1994年6月，社会党甚至和老对手自民党及先驱新党共同组成联合政权，为此，公开声明自卫队是合法的，《日美安全条约》是必要的，在国旗、国歌等问题上采取妥协态度。最有代表性的是1994年9月社会党在党的临时大会上，通过了题为《我党对当前政局的基本姿态》的决议。在这一对社会党历史来说具有重大意义的决议中，社会党放弃了非武装中立的立场，承认自卫队合法，坚持《日美安全条约》，在宪法允许的范围内支持派兵参加联合国维持和平活动，承认"日章旗"为国旗、《君之代》为国歌。如此缺乏政治操守的政党当然遭到民众的唾弃。伴随平成时代日本政治的激烈变化，1955年以来，在日本国会长期占有第二大党地位的日本社会党败运连连，发展到2014年12月的众议院大选，已经凋零到仅仅获得两个议席，对现实日本政治构不成任何影响。

2. 政治版图的重新建构

保守阵营在平成时代也进入了剧烈的变革时期，其标志是自民党 20 世纪 90 年代以后的分裂与两度下野。政治改革是贯穿整个平成日本政治的关键词。自 20 世纪 70 年代开始，自民党的“金权政治”与内部大量存在的腐败问题，已经引起民众对政府强烈的不满。这构成了保守阵营不得不进行变革的巨大的外在压力，并成为直接导致自民党分裂、1993 年的联合政权、2009 年的民主党政权成立的根源。自民党内部的分裂，有着深厚的历史背景。“55 年体制”长期持续，使得自民党内部形成了一个个巨大的利益集团——派阀。为了集团利益而采取行动的派阀力量实际上一度在日本政治运行中起着决定性的作用。它是自民党内部政党文化与执政经验固化的标志，与平成时代所面临的变革要求是背道而驰的。在日本，另一个巨大的利益集团是官僚。日本的官僚曾经被认为是最优秀的政府官员。在日本战后复兴过程中，以大藏省、通产省为首的政府官员与企业界和学界通力合作，形成“产官学”的合力，这正是所谓“日本成功经验”的主要部分。但是，由于日本上层政治家的经常性更换，造成国家机关的官僚对于众多国家政策拥有实际的决定权力和支配力量。长期盘踞在各个部门，官僚们也形成了各自的势力范围。在日本经济上升期，尽管各种“御掟”“御法度”① 或明或暗存在着，但运作基本还是有效的。但当变革的时代到来，特别是当变革牵涉到自身利益的时候，情况就发生了变化。出于对自身的利益、规则的坚守，以国会派阀、“族议员”② 和官僚集团组合形成的反对改革的势力，成为日本社会转变的负面力量。正是在这一脉络中，面临着时代变革要求的巨大压

---

① “御掟”“御法度”都是江户以前的用语，指的是日本官僚机关内部存在的各种潜规则。——作者注

② “族议员”，指日本国会中利用出身于某一政府部门或参与某一政府部门委员会从而与某一部门、某一行业或利益集团建立有特殊关系而获得个人利益，并全力在政治上维护该部门、行业或利益集团利益的一类国会议员。——作者注

力，保守阵营内部出现必然的分裂。理解了这一脉络，我们才可能理解取代自民党上台的细川护熙内阁何以会积极推动通过《政治改革相关法案》，理解《中央省厅等改革相关法案》的出台，理解小泉纯一郎推进邮政事业民营化、道路公团民营化为什么会面对巨大的阻力，理解身为自民党总裁的小泉纯一郎何以要“砸碎自民党”。

在这样的背景下的平成日本政治，呈现出一个纷乱复杂的过程。它造成的直接结果，是第三种势力的成长。这里所说的第三种势力，是指区别于原来在日本政坛一时风头无两的自民党和社会党之外的政治势力，这部分势力是最复杂且最难把握的，也是真正掌握着日本社会未来变数的力量。一度整合这一力量取代当年的日本社会党登场的是日本民主党。2009 年日本众议院选举，民主党获得的 308 个议席和鸠山由纪夫内阁启动时 70%的支持率都是这一力量的集中展现。而 2013 年底野田内阁下台，不仅标志着民主党执政的失败，也标志着这一力量遭遇了重大挫折。民主党执政失败有其必然性：一方面，内部力量因为匆匆组合缺乏有效整合；另一方面，很多代表性政治家都缺乏治理国家的实际经验，他们交给民众的试卷是不合格的，甚至被看成“负数”。有人给 2014 年的日本众议院选举做出评价说，是在零和负数之间，大家选择了零。尽管如此，对于日本政治今后变革之路的走向，第三种势力如何演变，依旧是非常重要的变量。

3. 泡沫经济崩溃后的日本经济

平成时代也是日本经济发生深刻变化的时代。平成元年，日本泡沫经济正处于最高区域。翌年 11 月，泡沫经济就开始崩溃，日本经济也从此进入调整期。“平成萧条”成了人们耳熟能详的关键词。泡沫经济以“广场协议”签署后的日元升值为转折点。为援助苦于海外资金的流入与遭遇日元升值的出口产业，日本政府开始实施宽松的金融政策。自 20 世纪 80 年代后期起，日本国内投机热潮涌动，大量的资金涌入股票与房地产市场。1989年末，日经平均股价创下最高纪录38915日元。仅仅5年，股指暴涨了两倍。与此同时，日本大都市地价也飙升了两倍。问题在于，这种远离实体经济支撑的上升趋势背后隐藏着巨大的危机。以1990年日本采取抑制景气政策为分水岭，日本的股价与地价纷纷暴跌，支撑整个日本经济发展的金融体制出现危机。以土地作抵押的巨额贷款，伴随地价下跌而变为不良债权。而银行则因拥有大量的不良债权而陷入经营危机。面临困境的各大银行开始控制融资，这又引发了以中小企业为主的连锁性企业倒闭，其影响波及整个社会。日本经济进入长期低迷状态，这就是所谓的“失去的10年”。此后，日本经济一直处于调整和迟滞状态，发展非常缓慢，而“结构改革”“行政改革”“规制缓和”等成了报纸和杂志经济版的常见词语。进入21世纪以后，尽管各大银行的不良债权处理已近完成，日本经济开始向新经济体制转换，但世易时移，日本经济已经很难重新找回20世纪80年代的繁荣。

平成时代日本经济面临的根本问题，是面对全球化时代的全方位经济竞争，日本如何从原来的“出口加工”的旧“型”中走出来，依靠其所拥有的资本、技术和管理优势找到新的发展道路。从多种角度看，这都是一条充满未知和艰难的道路。第三次安倍内阁打出“安倍经济学”的旗帜。日元贬值、增税等对缓解日本经济的迟滞发展有一定效果。

4. 平成日本的文化转换

从文化领域看，平成日本也显示出转换期特征，拥有非常鲜明的时代特点。如果从大的方向上用一句话概括之，可以说是由“1955年体制”的“左”与“右”的对立，转化为民主主义与民族主义的对立。日语中有一个词叫“空気読め”（Kuuki Yome，“感受氛围”）。社会氛围一如空气，虽然看不见但无所不在。进入平成时代后，日本社会左翼学者阵营急剧缩小，相对消沉，而变革时代引发社会思想动荡，民众要求社会变革的压力转化为对于权威政治的需求。日本民众强烈期待有强人政治家登场改变社会，这种社会气氛正是日本新民族主义滋生的重要条件。

随着冷战结束、两极格局瓦解，在新旧格局发生剧烈转变时期，世界范围内的国家意识、民族意识、国民自我认同都面临剧烈的改变。民族主义情绪在全世界都得到了释放空间，东亚地区也处于民族主义思想活跃期。平成时代的日本，民族主义开始进入前所未有的上升期。这一变化与历史问题和领土争端相联系，在东亚，日本和中国、韩国等东亚诸国之间构成复杂的联动关系，最终导致东亚地区的国际关系发生连续的剧烈变动。

综上所述，和昭和后期相比较，平成时代的日本，在政治、经济、文化各个方面发生了一系列根本性的变化，这些变化实际上都是沿着历史发展的内在逻辑展开的。使用文化论的话语概括之，就是曾经让日本成功完成经济起飞的“1955年体制”的“型”，在诸多压力下不断被打破。笔者所说“压力”与“破型”是理解这一时代的关键词，根据就在于此。

既然因为时代的变化，平成日本在政治、经济、文化等各方面都显示出了与前一历史时期明显不同的特征，那么今天的当代日本历史研究，理当从平成时代社会实际出发，用新的问题意识思考，并对当代日本社会做出研究和判断。

三、“平成日本学”的基本问题

我们在这篇文章里提出了一个新的学术概念“平成日本学”。平成时代日本社会的发展变化，是“平成日本学”研究的基本问题。“平成日本学”把1989年开始的平成时代日本社会作为相对独立的研究对象，利用人文科学和社会科学的各种研究方法在这一新的学术平台与视点上展开研究，从而对日本当代政治、经济、文化等进行多角度、多层面综合分析，逐步构筑起新的框架，以期探讨日本社会内部结构进入平成时代后所发生的新变化，分析平成日本所拥有的新的社会特征，实现当代日本史研究最大限度切近观察当代日本社会变化、推导其未来发展趋势的学术目标。

平成时代日本社会的发展，具有很多与此前不同的整体性特征。以社会运动为例，以 1989 年总评解体为起点，日本的社会运动在规模、目标、组织方式、运作方式等方面都发生了一系列变化。战后社会运动中经常出现的关乎社会性质与结构的政治性诉求被淡化。取而代之的新的运动目标通常是非常具体的，多属于生活层面的。具体的实际的问题多，形而上的意识形态类型的宏观问题少；涉及部分人利益的多，涉及社会整体利益的少。与此相对应，社会运动的组织规模也发生了相应的变化。像总评、日教组（日本最大的教职员工会，简称“日教组”）这样的全国性大组织，有的已经解体不复存在，有的尽管依旧存在，但已经失去了原有的活力，风光远不及当年，影响力也大不如前。与此成为鲜明对比的，是扎根市民阶层中的基层民间组织主导的市民运动此起彼伏，风起云涌，别具气象。

平成时代日本市民运动的蓬勃发展，自有其深厚的基础。战后 70 年的民主体制基本保证了普通市民参与政治与社会事务的权利。经济方面，在一个急速发展的国家开始走进延缓甚至停滞发展的历史时期，社会资源的分配从有和无转变为多和少。在社会整体达到相对富裕后，日本正经历一个多方面沉淀和发酵的过程，不同社会立场的人群都有自己的利益诉求。而城市人口绝对性增加提供的人力资源，文化教育的发展与国际知识的普及，大众媒介的飞速发展，以及信息化时代的到来产生的极大影响等，都构成了平成日本社会市民运动发展的推动性因素。面对市民运动的蓬勃发展，日本政府也认识到了这是社会进步的正面力量，并积极在政府层面完善了相关法律制度。在日本市民运动历史上，民间志愿者积极应对 1995 年阪神大地震事件是一个重要案例，活跃于灾区救助活动各个领域的非政府组织和志愿者们出色的表现，直接推动了日本政府在1998年公布施行《特定非营利活动促进法》（NPO法）。此后日本的非营利组织发展迅速。大量的非营利组织以不同诉求为目标一直活跃于日本各个领域，不断推动着日本社会的进步。而为数众多的非政府组织则活跃于国际社会，为日本树立良好的国际形象、提升国际影响力做出了重大贡献。[①] 这样的形势下，左翼阵营也开始组织形式的转换，最典型的事例是九条会。2004年6月10日，由井上厦、梅原猛、大江健三郎、奥平康弘、小田实、加藤周一、泽地久枝、鹤见俊辅、三木睦子九人发起的九条会，是以保卫日本和平宪法第九条为宗旨的政治性社会组织。该会的成立是基于“对以第九条为中心的日本国宪法加以修改的社会运动达到前所未有的规模”而产生的危机感，呼吁大家为了日本与世界和平的未来，以“保卫日本国宪法”为中心联起手来，号召每个人都开始行动，都尽自己一份能尽到的力量。[②] 九条会的组织方式非常独特，它有异于一般的社会政治团体，没有严格的内部组织形式，也没有为增强团体内在凝聚力而设定的各种规章与制度，只要是支持和赞成宪法第九条的人都可以动员自己身边的同道者组织起来，九个人就可以组织某一地方或某一领域的九条会，再通过各地、各领域的九条会来组织关于宪法第九条的各种学习会和讲演会。2014年12月，九条会在东京日比谷召开了2500人规模的反对安倍内阁修改宪法的政治集会。集会上，九条会发起人、宪法学家奥平康弘和作家泽地久枝发表了演讲，未能与会的九条会发起人大江健三郎和梅原猛都以书面形式表达了坚决维护宪法第九条的决心。大会结束后，会议参加者还在东京举行了政治游行。[③] 这一以保卫宪法第九条为宗旨的政治组织，能够逆势而起并成功坚持下来，首先因为宗旨明确，只以“宪法第九条”为旗帜，舍弃其他一切政治条

---

① 参见胡澎：《日本NGO的发展及其在外交中的作用》，《日本学刊》2011年第4期。

② 『憲法九条、いまこそ旬』、岩波書店、2004年。

③ 参见『“九条会”新聞』第197号、http://www.9-jo.jp/news_list/index.html。

件，在寻求最大多数的支持者方面做得非常成功；其次是全新的、与时代发展合拍的组织方式。化整为零、灵活组合的组织方式，可以说是该会非常鲜明的特色。迄今，数以千计的九条会依旧在为保护宪法第九条而发挥着作用。

上述分散化、多元化不仅仅体现在社会运动一个方面。当今的日本，已经与1945年战败的日本有很多根本的区别。当代日本史研究必须直面的，就是这一变化后的日本。这是一个价值多元化的日本，一个社会构成复杂的日本，一个民主体制与民族主义传统并存的日本，一个拥有后现代社会的权力分散化、非集团、非政治化以及存在碎片化倾向的日本。经历两次下野之后，今天的自民党已经发生很多变化，20世纪80年代中期甚嚣尘上的腐败之风已经得到有效治理，那么此后是否会重新形成自民党一党独大的局面？民主党今后能否成长起来并在日本形成美国式的两大政党轮流执政的局面？日本经济今后的走向如何？日本的民族主义会发展到何种程度？更重要的问题在于，中国学者的日本研究如何能够透过纷繁的历史表象，更贴近地观察今天的日本？中国学者用什么样的方法才能更有效地深入剖析今天的日本社会？从当代日本史研究角度讲，这应当是中国学界对战后日本研究加以整体反思的一个节点。笔者从断代史角度提出建议，为全面而准确地把握平成时代日本社会的发展变化，认为有必要构筑以平成日本为研究对象的"平成日本学"这一新的研究领域。"平成日本学"用平成年号命名，不仅仅是因为这一叫法醒目，便于记忆。在日本研究领域，经常习惯性地把近现代史的断代研究称为"明治时期""大正时期""昭和前期"和"昭和后期"，按照这一旧惯，断代研究中出现"平成时代"是自然而然的事情。"平成日本学"的命名还有以下两个重要缘由：（1）历史上天皇的自然死亡，会带来的年号变更。但年号的变更与历史发展时期的变化并不一定完全一致，然而，发生在平成元年日本帝室的世代更替恰巧与世界历史和日本历史的剧烈变化非常偶然地契合一致，这为这一名称提供了合理性；（2）笔者认为，

“平成”年号使用的“平”“成”这两个汉字本身字义上的平和、守成之意概括地反映了日本平成时代的部分时代属性。在时间跨度上，从1989年的平成元年算起，作为跨越四分之一世纪的一个历史时期，平成已足够长，且呈现出明显的时代特征，完全可以供学者们开展整体性研究。

提出“平成日本学”研究，并非要割裂日本历史发展。平成时代的日本，是昭和后期日本历史的延续，起始于昭和后期的日本民主制度和民主教育、经济成长、文化积淀都最后汇聚于平成日本时代。可以说，平成日本有着昭和后期日本巨大的影子。以“破型”而论，战后日本逐步建立起来的“型”，具有安定、有效、集中的特征，历史上曾经起到非常重要的作用。但早在20世纪70年代初，面对尼克松冲击、中日复交和石油价格冲击，此前逐步固定的“型”就已经部分显得慢慢不适应和内向化，但可惜的是因为有此前成功的经验，日本在体制上开始故步自封，逐步变得惰性化而缺少了改革的锐意。今后，如果要深入分析平成时代的“压力”与“破型”，70年代以来的“破型前史”是必须加以讨论的。与此同时，平成日本又与昭和后期的日本有很多根本的区别。在政治领域，平成时代的政治混乱化是阻碍日本社会发展的一个重要因素。但混乱之中也蕴含着多种可能性。与单纯依靠日美同盟的框架具有完全不同性质的“东亚共同体”这一倡议就出现于这一混乱中。在经济领域，平成时代的日本社会进入了后高速增长时代。尽管和中国经济相比，日本经济发展明显缓慢，但正是在平成时代，日本告别了唯GDP主义，整个社会发展目标进入了多样化时代。这些新的社会发展动向都是“平成日本学”今后重要的研究对象。从这一意义上说，本文所论只是一个大课题的开始。

四、“平成日本学”的研究方法

将平成时代单独划分出来的核心目的，就是有利于更准确认识和把握日本当代社会。而为了实现这一目标，从方法论角度看，在研究中有以下四个方面是需要引起注意的。

（一）全球史的视角

从历史学研究的角度看，20 世纪 80 年代以后，全球化趋势进一步发展，相当一批世界史研究者开始使用全球史观来考察世界历史的发展。实际上，冷战结束为全球化的历史发展提供了更充分的条件，各国相互间的往来和民间的经济文化往来达到空前规模。另一个重要的促进因素是技术的进步，互联网和信息传播技术的飞跃性发展，使全球化趋势进一步增强。正因如此，平成时代的日本史研究，已经不可能是仅仅把目光局限于日本一国的研究，而必须是全球史视野下的平成日本史。例如，导致平成时代日本社会运动领域的上述变化有着许多直接的原因，诸如 20 世纪末在世界范围内社会主义运动遭遇的巨大挫折，导致日本左翼失去了重要的社会依托和理论支持，以及战后 70 年日本社会民主制度和高等教育的普及带来的民众民主意识和权利意识的提升，阪神大地震这一自然灾害刺激了日本民间非营利组织的迅速发展，等等。但如果把日本放进全球史的视野，就会看到上述变化还显示出后工业化社会的典型特征，是日本社会在平成时代进入了后工业化时期的具体表现。日本学者小熊英二从工业化国家与后工业化国家的区别这一角度审视平成日本社会的发展变化，其分析是非常具有启示性的。小熊英二指出，从世界发达国家的总体发展趋势看，经济合作与发展组织（OECD）诸国从 1977 年到 1993 年先后进入后工业化社会。如果以制造业从业者的人数的增加为标志，日本是在 1992 年达到顶点的。① 或者可以把这一时间点视为日本走入后工业化时代的标志性年头。在后工业化社会，整个西方发达国

① 小熊英二编著『平成史』、河出書房新社、2014 年增補新版。

家普遍出现的现象是出现了大量自由从业者。这就打破了工业化社会单一具有均质性的劳动雇佣关系，导致阶级差异变得模糊，并形成对于社会政治关心层面和程度上的巨大差异。日本社会运动的前述变化，是与多数发达国家的发展变化基本同步的。这一事实提醒我们，在一个信息化、网络化和经济全球化的时代，研究平成日本社会已经不能满足于在传统的诸如集团性、耻文化等日本人论的框架下展开分析，它要求学界必须立足于全球史、世界史的角度，对日本进行审视和研究。就现实社会发展而言，平成时代的日本就是国际化时代的日本。日本的国际地位与世界格局变化密切相关，而且由于日本资本与文化的海外扩张，已经构成了一个与本土日本并存的“海外日本”，日本的变化和世界之间也已经构成复杂的联动关系。所有这一切，决定“平成日本学”的研究视野只能是开放的。

（二）东亚文化的视角

从长远的历史发展看，中国、日本和东亚的文化发展，无论在古代还是现代都存在着密不可分、相互交错的影响关系。这是一个以农耕、汉字、佛教与儒教思想为基本文化基础的古代东亚文明共同体。近代以后，西学东渐，面对帝国主义势力的压迫，东亚诸国相继接受了西方文化与文明的冲击，并先后完成了各自的文化转型。中国、日本和东亚国家共同拥有的古代东亚文化基础，在这一转型过程中实际上一直发挥着重要的作用。日本是第一个完成现代化转型的东亚国家，也是第一个进入后现代社会的东亚国家。日本资本主义的成功经验，一如森岛通夫指出的，日本的公司不是通过劳动力之间的竞争，而是通过雇员的相互合作、援助和鼓励而保持了极高的生产效率，忠诚与和谐是最核心的企业精神文化，是与欧美完全异质的集团式的资本主义。① 本来就与强调个人主义的欧美资本主义精神有所不同的日本，在新的时代又开始面对后现代社会这一新的挑战。权力分散化、个人的非集团化和非政治化，后现代社会的非中心主义，对进入后现代的日本社会也产生了巨大的影响。和普通的欧美国家不同的现代化历程，使面对后现代社会诸多变化的日本，承受着一份特别压力。可以说，在社会运动、社会思想层面，平成日本所面临的核心问题之一，是面对"散"而求"聚"，如何与明治时期通过"富国强兵"走进帝国主义行列、昭和时期通过"GDP"至上实现"赶超欧美"一样，重新找到一个能够凝聚整个日本民心的思想，是很多日本政治家最为关注的问题。

从"平成日本学"的研究角度看，右翼政治家代表人物石原慎太郎是日本民族主义的头号代表人物，是最应当认真加以研究的日本政治家。从1989年和盛田昭夫合著《日本可以说"不"》到2014年宣布从政坛隐退，他的政治思想和政治活动与平成时代息息相关，并对于平成日本社会乃至整个东亚社会的发展变化，都产生了巨大的影响。日本进入后现代时期的诸多社会变化，在石原慎太郎看来，就是日本人的堕落。2011年3月11日日本东北部大地震刚过，3月14日晚他在接受记者采访时就表示，地震是对日本的天谴，尽管受灾民众很可怜。私欲已成为日本人的身份标志，今天的日本什么都没有，有的只是私欲、物欲、金钱欲、性欲。日本政治本身就充满私欲，只顾迎合大众口味。日本人有必要利用此次海啸，将长年积累的私欲污垢冲洗干净，日本应该以此为契机进行深刻反省。② 2011年，日本新潮社出版了石原的《新堕落论》，本质上就是"天谴论"的进一步展开。石原自称这本书是抱着"写遗书"的心境完成的。在"堕落论"前加上一个"新"字，是因为这本新书的

① 森岛通夫：《透视日本——"兴"与"衰"的怪圈》，天津编译中心译，中国财政经济出版社，2000。

② 石原慎太郎『新・堕落論——我欲と天罰』、日本新潮社、2012年。

名字源自日本另一位作家坂口安吾的《堕落论》。立身日本战败后的焦土上，坂口安吾深刻体会到日本社会正在发生一个非常重大的变化，那就是战时统治日本的精神秩序之结束。坂口安吾在《堕落论》中写道："半年之内，世事沧桑。自许天皇坚强盾牌的我等，只要是为了天皇，慷慨赴死绝不反顾的我等。年轻人们如樱花般散去了，活下来的活跃在黑市交易中，尽管绝不想贪图长命，而愿为天皇赴死的誓言音犹在耳。以毅然决然之心送走男人的女人们，经过半年岁月的淘洗，如今在夫君牌位前的礼拜已经变得只是一种程序，她们心中开始浮现新面孔的日子绝不会太远。不是人变了。人原来就是如此。变化的不过是世相的表层。"① 很多人在战后感慨日本已经堕落下去，安吾却在这份"堕落"中看到了新的期望，和战时消灭掉了所有个人声音的日本比，和高喊"奢侈就是敌人"、把所有的物质都推向战场的时代比，为生活在黑市中徘徊、跟随自己欲望改嫁的战后寡妇们身上生长出的变化是健康的。而在石原看来，只有"孝敬父母、友于兄弟、夫妇和顺"，一旦发生大事才可能义勇奉公，为国献身。石原在这本书里为改革日本推出药方——"节约、忍耐、禁欲、自我努力"，做到这一切日本才会不再堕落。② 为了做到这一点，石原主张要为社会立规矩，要把让年轻人在集体中参加劳动"制度化"。可以说，当年安吾反对的，就是石原赞成的。这正如站在反战思想基础上的安吾，对于原子弹坚决说不，但是石原却主张为了在外交上握有底牌，日本完全应当拥有核武。有了核武并非一定要使用，却可依靠它，扩大日本的影响力。石原慎太郎足以称为地震后批判日本社会的具有代表性的一极。他的这些思想，和他通过鼓动"购买"钓鱼岛激化日本与中国的矛盾，以此刺激日本人的民族主义情绪，以期求得日本民众思想统一的做法如出一辙，都是面"散"而求"聚"。

在《新堕落论》中，石原慎太郎开出的"孝敬父母、友于兄弟、夫

---

① 坂口安吾『日本文化私观』、評論社、1973年、105頁。

② 石原慎太郎『新・堕落論——我欲と天罰』、新潮社、2012年、136頁。

妇和顺”和“节约、忍耐、禁欲、自我努力”这些药方，并不是日本社会所独有的。前引中曾根康弘著书中为日本人开出的大加弘扬可以强化日本人对家庭、地域、公司或国家、集团、共同体的归属感的药方，内容也包括了“儒教、朱子学讲的仁义礼智信或者日本的耻、武士道等日本自己的规矩”。他们这些主张中很多思想因素都源于古代东亚文明共同体共同的思想库，是为东亚地区长期共同拥有的思想资源。研究平成时代日本社会应对后现代文化过程，特别是东亚文化传统在其中所发生的影响，对我们非常有借鉴意义。我们知道，民族主义是现代民族国家思想动员的利器，但民族主义从来都是“双刃剑”。当代的东亚地区，民族主义思想何以如此空前活跃？对于中日韩三国民族主义的作用该如何分析？在可以预见的将来，韩国、中国以及东亚其他国家和地区都将面对后现代社会的文化冲击。我们是否也只能通过民族主义对抗这一冲击？对于这种应对方式中的正面与负面作用该如何认识？这一切注定是“平成日本学”研究的重要课题。

（三）深入当代日本社会内部观察的视角

平成日本研究的目标在于更准确认识和把握日本当代社会。它要求学界发挥近镜头的优势，沿着日本社会发展的内部纹理，对于当代日本社会做出分层、分类的详细研究，努力反映出日本当代社会各方面的实际变化。

发生在日本社会的变化是非常巨大的。首先，表现在中央与地方的复杂权力关系上。和东亚传统的中央集权体制不同，地方分权是平成日本社会的重要特征。在今天的日本，像东京都和大阪府这样巨大的城市，其知事都拥有非常巨大的政治影响力。不同的地区、不同的自治体也会为自身利益而提出自己的政治诉求。典型的如冲绳县的美军基地问题、东北受灾地区的利益保护问题等。其次，表现为社会阶级的剧烈变化。

过去日本曾经以中产阶级居多、贫富差距较小的“一亿总中流”自傲，但从20世纪90年代末，收入差距加大就成为社会议论的热点问题。2005年，三浦展的《下流社会》就向我们揭示了一个“上流”与“下流”两极分化的日本。作者指出，“1955年体制”所追求的“一亿人口中流化、平等化”的社会模式已经发生了动摇，转变为“阶层化、下流化”的新模式。① 社会分化带来观念的改变，带来一系列新的社会问题，带来社会团体组织的分散化特征。从代际交替的角度看，平成时代也有很多值得分析的层面。在今天的日本，“新人类”世代取代了“团块世代”成为社会的顶梁柱。在他们眼中，“团块世代”在泡沫经济中把日本搞得一团糟，如今却拿着高额的退休金走掉了，留给他们的只是一个烂摊子。紧跟在“新人类”后出生在日本泡沫经济时代的“泡沫世代”，如今也已经开始发出自己整体的声音。2013年，讲谈社出版了出生于1985年的古市宪寿的著作《谁也没有教给我们战争的事情》。评论家高桥源一郎明确指出，喊出“我们不知道战争，我们只能从这一点开始”的古市宪寿和他所代表的这一代人所认识的战争，和自己这些50年代出生的人对于战争的认识是截然不同的。② 在他们之后则是“新人类”子女，是更新的世代。我们究竟该怎样理解他们的生活？怎样理解他们的思想观念和行为？这都是“平成日本学”需要认真研究分析的课题。

深入当代日本社会内部观察的视点是非常重要的。由于历史问题和领土问题的牵制，更本质地说，由于中日在东亚相互角力的关系的存在，今后相当一段时间，在国与国的层面，中日关系可以做大调整的空间可能是有限的。但日本社会多元权力结构的存在、社会分层的多元化、团体组织的分散化以及价值观念的多元化等，实际上为学界从事对日研究提供了非常大的空间。学界应当总结20世纪五六十年代有过“以经促

---

① 三浦展：《下流社会——一个新社会阶层的出现》，戴铮译，文汇出版社，2007，第8页。

② 高橋源一郎「ニッポンの小説・第三部」第18回「一九八五年にうまれて」、『文学界』2013年第10期、357頁。

政”“以民促官”的对日工作成功经验，认真分析今天日本社会内部的变化，为今后的对日工作提供新的思路。

（四）立足于中国的中日比较视角

从近代开始，日本就是中国学习和借鉴的对象。一定意义上，平成日本的社会发展对于中国同样具有重要的学习和借鉴意义。面对日本经济发展的减速、迟滞，有学者把日本平成时代概括为“失去的 10 年”“又失去的 10 年”“失去的 30 年”。前两个 10 年已有定论，结束高速增长后，日本经济 20 多年来一直处在下行通道，但整个社会一直保持着持续的稳定，没有发生重大的社会动荡。即便经历了阪神大地震和东日本大地震这样大的自然灾害，整个日本社会依旧平稳，秩序井然。日本社会在经济逆境中是怎样维持社会稳定的？其中起到决定性作用的因素是什么？对于这些问题学界需要做充分的研究。

本文从断代史角度提出了以平成时代为研究对象的“平成日本学”，这一提法是否能成立、其合理性与不足点何在，还需要经过学界同人深入的讨论才能判定。但如果本文能对学界关于战后日本研究的整体反思有所推动，则幸如之何。

五、结语

转眼之间，日本已经进入令和时代。30 多年的平成时代，作为一个独立的研究对象，已经横置历史研究者面前。站在今天的时间点上，回首再看平成时代，深感《“平成日本学”论》这篇论文有很多需要补充和修改的地方。时间关系，很多问题不能做比较充分的专门讨论，这里只就几个最重要的问题点做一下梳理。

平成时代第一应当认真研究的，是已经退位的日本明仁天皇。按明治时代《皇室典范》的规定，“平成”就是明仁天皇这一世一代所使用的年号，离开明仁天皇就不存在平成时代。但站在历史学家的立场来评述明仁天皇，绝不仅仅是因为平成这一年号。回首平成时代会发现，他是平成时代真正的代表人物。在他象征天皇的30多年生涯中，他做事认真、谨慎、努力、勤恳，从不放松自己。他自我要求非常严格，一直到八十几岁的高龄，依旧带病兢兢业业地工作。他的努力，他的踏踏实实的工作作风感动了很多人。特别是在2011年日本东北大地震后，他不顾各种危险直接奔赴灾区与受灾民众促膝而谈、慰问受灾难民的行动，让他赢得了日本民众普遍的尊重。30年间，他积极宣传和平和友好的重要性。他一次次去旧战场展开慰灵之旅，对于诸如战争问题、历史认识问题、包括影响日本发展方向的修宪问题，他一直都正面发挥很积极的影响。特别是在安倍执政的后一段时间里，他一如既往地公开在舆论领域呼吁和平、反对战争。整个日本平成时代，结束于他主动退位这种方式。从启动退位到完成政权交接，整个过程中他坚守自己的主见，积极与舆论配合，推动修改了明治以来天皇不退位的旧惯，这在日本是“破型”，在最为保守的皇室内部是非常难做到的。但他不顾高龄用坚定的意志完成了这件工作。对于自己的身后事，他同样处之以谦和，为自己经营的陵寝非常之小，并且早已决定火化。他的所作所为为战后象征天皇制赋予了新的色彩与更多的可能性，对于古老的天皇政体在日本今后的命运，他留下的影响是巨大并且是决定性的。

回首看平成时代的日本政治，最引人注目的是下面两个显性特征。第一个显性特征是一个政治家长期执政的现象。我们不妨做一个简单的计算。尽管执政期间四次重组内阁，但连安倍第一届内阁计算在内，整个的平成30年日本政治史中，有将近9年是由安倍来执掌日本政权的。这个长度在整个战后日本政治历史上是非常特殊的，是现象级的。如果把在安倍内阁前的小泉纯一郎连续5年多的长期执政也放到这一视野考

察，那么由安倍和小泉这两位自民党政治家先后执掌的时间长度就接近15年，这已经是半个平成时代了。第二个显性特征是前乱后稳。上述一位政治家长期执政的现象，主要出现在平成时代的后半段。从这个意义上说，2001年小泉纯一郎成为内阁总理大臣是日本政坛强人政治出现的一个非常重要的标志性事件。

总体上看，1991年冷战的结束同样为日本带来了变革的契机。这一变革的根本目标有两个：一是结束“1955年体制”，二是寻求日本政治发展的新模式。第一个目标很容易理解，因为这是与整个时代大潮流一致的。长达将近半个世纪的冷战局面结束了。随之出现的是美国一极超强的一极多元世界新格局。伴随苏联和东欧社会主义阵营的解体，在思想上与政治上以社会主义阵营为依托的左翼势力，已经失去最大的国际支持，其解体只是时间问题。而第二个目标与日本政治的特殊性直接相关。在1989年的时点上，日本政治面临着如何突破臭名昭著的金权政治、陈陈相因的派阀政治，以及打破因循守旧的国家官僚体制这三大任务上面。这是因为日本经济高速发展的高潮，与国土大开发关系密切。而国土大开发过程中，政府官员贪污腐败的痼疾则让执政党最为民众诟病。自民党内的派阀政治，则既是金权政治的结果，又是金权政治发生发展最大的温床，为民众深恶痛绝。战后日本的产官学一体化曾经极大推动日本在世界上的经济竞争能力。但因为相当长时期内作为日本政府最高权力机构的内阁频繁更换，导致国家缺乏来自最高层长期的政治与政策指导，逐渐形成官僚实际掌控国家的体制的现实。在泡沫经济崩溃后，社会舆论普遍认为官僚的因循守旧是罪魁祸首之一。民众渴望结束金权政治、建立清明政治的愿望，在“1955年体制”中寄托于反对党而不得实现，进入平成时代则寄希望于新的政治势力的兴起。日本政治进入激烈的变革期。因此整个平成日本政治以2001年为线，可以分成前后两个阶段。前期的主旋律是变革，后期的主旋律是修复。平成时代日本政治变化，由激烈到平缓，是日本自民党经历下台上台再下台再上台的

反复历程。这一过程中在体质上、在整个的政治运作层面，自民党有了很多新的变化和进步。但是自民党一党独大，党内仍然是派阀政治，整个日本国会议员组成中世袭议员大量存在的政治生态并没有发生根本的变化。该如何评价这个由激烈变革过渡到缓慢修复的过程，这是学界今后的重要工作。

对于平成时代经济如何评价争议颇多。一种看法是这是日本失去的30年；另一种看法认为这30年日本一直处在一个缓慢但增长的过程中。就在进入平成时代之前，1985年美国通过“广场协议”，迫使日本货币升值。日本不得不面对货币急剧升值导致出口受挫的危机局面。在平成时代，一方面日本人隐忍为上，苦练内功，在基础科研和应用技术研究领域积极扩展，相当程度保持了自己科技领先的局面；另一方面将低端制造业转到海外，享受当地廉价劳动力的优势并不断扩大的市场红利。加之政府层面从小泉到安倍，政权均一直以积极有为的姿态不断推动和调整经济发展，其结果是，尽管日本在计算机高端产业技术发展上出现多次判断失误，但日本经济实力依然没有下降。日本依旧维持相当大的技术优势，人均GDP一直维持较高的水平，国民也享有较高的生活水平，总体来看，日本依旧是世界经济强国。

从文化上讲，平成时代也是一个充满了各种变化的时代。在急剧变化的世界面前，如何维持一个相对的稳定性，似乎是整个日本社会共同的选择。可以看到日本整个民族气质在平成时代出现了明显的转变，从明治维新以来的积极对外开拓转向内向保守。调查显示，大量的日本人选择看国产电视剧，日本自己的文化产品在日本受欢迎的程度远超国外产品。在社会取向和文化取向上，这都是很有标志性的文化现象。

以上是笔者关于平成时代的一点思考和初探，希望今后与学界同人一同就这一问题进行更深入和更广泛的探讨。